A DICTIONARY OF INFORMAL
BRAZILIAN PORTUGUESE
(WITH ENGLISH INDEX)

A Dictionary
of
Informal
Brazilian
Portuguese

with English Index

Bobby J. Chamberlain
University of Southern California

Ronald M. Harmon
California State University, Fullerton

Georgetown University Press, Washington, D.C. 20057

To Kay and Maria del Rosario, who endured.

Acknowledgments

Our sincere thanks to Claude L. Hulet of UCLA and John M. Hunter of Michigan State University for their support of this project. Among the hundreds of Brazilian informants who made the Dictionary possible, we would like to give special acknowledgment to Reginaldo S. Franco, Cristina Ramírez, José Luiz Garcia, Eduardo Malamut and Ricardo Silveira.

In addition, we express our deep gratitude to Senator J. William Fulbright and the Fulbright-Hays program for providing us the opportunity to initiate this project.

Frontispiece by Calasans Neto

Library of Congress Cataloging in Publication Data

Chamberlain, Bobby J.
    A dictionary of informal Brazilian Portuguese, with
English index.

    Bibliography: p.
    1. Portuguese language--Provincialisms--Brazil--
Dictionaries--English. 2. Portuguese language--Spoken
Portuguese--Brazil--Dictionaries--English. I. Harmon,
Ronald M. II. Title.
PC5446.C45 1983   469.7'98   84-13735
ISBN 0-87840-091-5

CONTENTS

FOREWORD

A Translator's View

One of the problems encountered by those of us who translate contemporary works is finding a proper meaning for popular expressions that lie outside the dictionary. If we are fortunate, the author is alive and well and willing to collaborate on the project, but these queries take time, given the distance that lies between continents. One cannot rely upon his own experience either as time wreaks changes-- some subtle, some massive --in the meaning and context of expressions. Faced with this problem that cannot be solved by the standard dictionaries, good as they are, the translator is finally constrained to call up a Brazilian friend and see if he or she is familiar with the expression at hand. Often it is too regional; the term may be from Recife and the informant from São Paulo. It can even turn out that the same expression has two quite different and often embarrassing meanings between regions.

This dictionary at hand will solve most of these problems. When I received the manuscript to peruse, it so happened that I was working on a novel by Jorge Amado, Capitães da Areia, one of his early Bahian works and typically replete with dialogue containing a great deal of local expression. I tested the dictionaries I generally use, both bilingual and monolingual and found them inadequate in a couple of cases. Jorge is off and away somewhere and there are no Bahians about at this time. The dictionary solved the problem immediately and it was easy to see that the meaning supplied was just what I needed. Translators must live by a combination of experience, inventiveness, and, above all, dictionaries. We get to know these books well, which ones serve well and which ones are merely convenient for less demanding work. In order to save us from a misconception based on a false interpretation from our experience, or from inventiveness that is too hubristic and bold, we must have dictionaries as a last if not final resort. Any translator who does not admit to this is either prevaricating or doing something wrong.

It is with this in mind that I welcome the volume put together by Professors Chamberlain and Harmon. It could have been called a meta-dictionary as it picks up where others leave off or fear to tread. Brazilian Portuguese is an exceedingly malleable and imaginative language as is illustrated by its gíria, or slang. In this it is rather close to English and it is fitting that this book should serve as a bridge between the two languages. The one problem I foresee for the future is that Chamberlain and Harmon and their successors will have to keep bringing out a series of appendices in order to keep up with the constant modifications and inventions in Brazilian Portuguese. We who deal with the two languages are thankful for its appearance and will soon leave it dog-eared, but use is the highest compliment that can be paid to an instrument or a tool.

Gregory Rabassa
Queens College and the Graduate School,
CUNY

INTRODUCTION

Overview

The importance of Brazil and, thus, of the Portuguese language to the United States continues to grow. With a population approximating 200 million by the year 2000 and a territory greater than that of the contiguous United States, the subcontinent of Brazil merits an important position in the framework of American education, foreign policy and commerce. The U.S. Government has assigned Brazil a top priority in Western Hemisphere relations and continues to view Portuguese as a critical language. However, the study of Portuguese in the United States confronts some formidable obstacles. It suffers from low visibility, limited course offerings and scant teaching materials. Traditionally, American students of Portuguese—including many Brazilianist scholars themselves—assimilate basic grammar and vocabulary in the classroom and then proceed either to a study of literature or to other subject areas where a thorough knowledge of Brazilian Portuguese is crucial. Yet, many such students and scholars are not adequately prepared linguistically either for the in-depth study that literature and other disciplines require or for practical use of the language in the Brazilian context. The problem arises from the gap between the basic, generally simple language learned in the classroom and the preponderance of nonformal and idiomatic language used in Brazilian society on all levels and in contemporary Brazilian literature.

A Dictionary of Informal Brazilian Portuguese is designed primarily as a reference tool to help bridge that gap. It should therefore be regarded first and foremost as a documentation of the informal lexicon of contemporary Brazil. It is intended not only for researchers and for students enrolled in conventional classes, but also for travelers, businessmen, diplomats, clergy, translators and others who need to know the language spoken in Brazil today. It is unique in that it is the only work of its kind directed specifically to speakers of English. Other dictionaries, whether designed for English speakers or not, are usually so broad or specialized in scope or include so many outdated or chiefly formal expressions as to be of limited value to one interested in the informal spoken language. Entries in the present work have thus been limited to what the authors have documented and confirmed in speech, and do not include many terms and idioms which, although listed in other dictionaries, have fallen from use, are used only in writing, or are regarded as formal Brazilian Portuguese. By the same token, over a third of the entries are widely used items that have never before appeared in other Portuguese-English bilingual dictionaries or even in Brazilian Portuguese dictionaries. Thus, in addition to being a useful reference and learning tool, the Dictionary may serve as a fertile source for other linguistic studies.

The main body of the <u>Dictionary</u> lists over 7500 Brazilian expressions, indicates their frequency of usage, defines them in English, and illustrates how they are used, generally with a model sentence. In the English index, the main-body entries are grouped and listed again under general, colloquial English headings. Thus, the work's usefulness is primarily twofold: it enables the English speaker to ascertain the meaning of popular Brazilian expressions encountered in speech and reading, and it affords him a systematic method of enriching his expressiveness by discovering the Brazilian way(s) of conveying a particular English term or idiom.

There are additional features of the <u>Dictionary</u> that are useful for vocabulary enrichment. Many definitions of entries in the main body provide references for English index headings where related expressions may be found. Asterisks, which denote frequency of usage, provide a guide for systematic vocabulary building: double-asterisked items, those very frequently used, would be of first priority for incorporation into one's vocabulary; single-asterisked items, those frequently used, would have second priority. In addition, usage labels serve as markers for specialized vocabulary to be studied (e.g., "sports," "drug culture," "vulgar"), and many entries are conveniently grouped under English index headings (e.g., those including the key word <u>SOCCER</u>).

However important, the pedagogical function of the <u>Dictionary</u>, as we have noted, must, nevertheless, be viewed as secondary to its significance as a linguistic document. For the most part, previous lexicons of the informal register of Brazilian Portuguese have concentrated exclusively on some narrow segment of that register (e.g., slang, regionalisms, argot), often attempting to be exhaustive within their particular category. Others, though more comprehensive in scope, have sometimes included both informal and formal items, not always distinguishing clearly between the two. And still others, whether narrow or broad in compass, have suffered from serious methodological or organizational flaws which have limited their usefulness. Of the early contemporary studies of Brazilian slang (those published shortly after World War II), perhaps the most authoritative are Antenor Nascentes' <u>A Gíria Brasileira</u> (1953) and Manuel Viotti's <u>Dicionário da Gíria Brasileira</u> (1945), later expanded and retitled <u>Novo Dicionário da Gíria Brasileira</u> (1956). Both are considered classics in the field. These have been followed more recently by such serious works as Euclides Carneiro da Silva's <u>Dicionário da Gíria Brasileira</u> (1973) and his <u>Dicionário de Locuções da Língua Portuguesa</u> (1975), by Mário Souto Maior's <u>Dicionário do Palavrão e Termos Afins</u> (2nd ed., 1980), and by broader studies such as Luís da Câmara Cascudo's etymologically oriented <u>Locuções Tradicionais do Brasil</u> (1970) and Cid Franco's three-volume <u>Dicionário de Expressões Populares Brasileiras</u> (1970 or 71), an ambitious undertaking that also includes many colloquial and regional items. The most complete studies of Brazilian Portuguese idioms (generally colloquial or figurative in use) have been Nascentes' <u>Tesouro da Fraseologia Brasileira</u>, which has seen several editions since its initial publication in 1945, and Márcio Pugliesi's <u>Dicionário de Expressões Idiomáticas</u> (1981). Amadeu Amaral's <u>O Dialeto Caipira</u> (1920), Nascentes' <u>O Linguajar Carioca</u> (1922, 1953) and Mário Marroquim's <u>A Língua do Nordeste</u> (2nd ed. 1945), all classic

studies of regional speech, have spawned a good number of similar
works in recent years, such as Florival Seraine's _Dicionário de
Termos Populares_ (_Registrados no Ceará_) (1958), Raimundo Girão's
Vocabulário Popular Cearense (1967), Tomé Cabral's _Dicionário de
Termos e Expressões Populares_ (1972), Alexandre Passos' _A Gíria
Baiana_ (1973) and Bariani Ortêncio's _Dicionário do Brasil Central_
(1983). Edmylson Perdigão's _Linguajar da Malandragem_ (1946),
Ariel Tacla's _Dicionário dos Marginais_ (1968) and Felisbelo da
Silva's _Dicionário de Gíria_ (1969) have sought to record the
argot of Rio, São Paulo and other cities. Yet, none of these
studies has attempted to give a comprehensive lexical picture of
the entire informal register by recording the principal terms and
idioms most often employed today within the various segments of
it. And, of course, none is designed for the English speaker. _A
Dictionary of Informal Brazilian Portuguese_, thus, differs from
most of these works in that it seeks to provide such a record,
while at the same time adhering to a rigorous methodology based
on interviews with native informants.

Data Collection and Methodology

The present work is the product of fifteen years of
systematic research. The initial fieldwork was conducted by the
authors in Brazil in 1968-69 under the auspices of Fulbright-Hays
grants. The resulting material was repeatedly enlarged, revised
and updated over the next fourteen years during several
subsequent periods of research in Brazil (1971, 1973-74, 1980)
and through the use of numerous Brazilian informants traveling or
studying in the U.S. Countless interviews and conversations with
a great variety of informants from seventeen of Brazil's twenty-
four states were the main source of the material (see "Principal
Informants" list). Informants represented a wide range of ages,
professions, socio-economic classes, regions and life styles.
Ads, radio, television, films, popular music, magazines and
literature reflecting popular speech were also utilized in the
compilation. Conventional and specialized dictionaries were
often consulted for reference and clarification. But in every
case, the expression was subsequently confirmed by informants
from at least two major regions of the country in order to avoid
strict regionalisms and to assure contemporary, widespread
distribution of usage.

Interviews generally focused on material collected
previously from conversations and interviews with other
informants, material collected from various published sources and
material generated during the interview in question. Informants
were asked to:
1) Define the word or idiom in Portuguese and provide one or
more sentences using it in its most typical contexts.
2) Distinguish between items that they themselves would be
likely to use in conversation and items more likely to be used by
others or those with which they have either passive knowledge or
no knowledge at all.
3) Distinguish between items used nationwide and those used
only regionally.
4) Distinguish between current items and those that have
fallen into disuse.

5) Distinguish between items employed by their own age groups and those of older or younger generations.
6) Identify the circumstances in which items are used (slang, colloquial, figurative, vulgar, nonstandard or jargon).
7) Identify, whenever possible, the origin of items.
In order to further refine the items' definitions and circumstances of usage, the resulting determinations were then checked and rechecked against those of other informants (always including at least one informant from a different region of the country) and, whenever possible, against the definitions supplied by general and specialized dictionaries. Over the course of the study, some four thousand expressions had to be excluded as inappropriate either because they were found to be too strictly regional in their distribution or they proved to be outdated, extremely rare or largely formal in their usage. Admittedly, some informants were more reliable or more knowledgeable than others. Thus, we tried to depend more heavily on those informants who demonstrated the greatest knowledge of their mother tongue and to exercise closer scrutiny of an item whenever there was any doubt as to the level of an informant's linguistic expertise.

Similar difficulties were sometimes encountered with published materials. Although providing valuable information, many sources suffered from poor organization, partial or imprecise definitions or other deficiencies that in some way limited their usefulness as references for the present study. One problem particularly associated with some Portuguese and English bilingual dictionaries was their occasional repetition and thus perpetuation of inaccurate or misleading English translations of Portuguese terms and idioms. For example, the word _gilete_, "bisexual," is often defined in such dictionaries simply as "homosexual," while the idiomatic expression _cortar pela raiz_, "to wipe out, to eradicate," is rendered in one source as "to nip in the bud."

The criteria for inclusion are manifold and are based more on our sense of what is useful to the English speaker than on conventional lists and dictionaries of slang or idiomatic expressions. Thus, we employ a liberal concept of "informal" language, including, for the most part, terms and idioms which we have classified with the usage labels "slang," "colloquial" and "figurative." These categories are based primarily on the degree of informality reflected:
1) Slang: Items denoted as slang are those used in very informal speech. They tend to be more contemporary, playful, inventive and youth-oriented than colloquial and figurative lexical items and generally serve to enhance group identity as well. Many such expressions are of only fleeting duration. Thus, we have sought to exclude the most ephemeral terms and idioms, recording only those that have enjoyed some currency for a period of at least several years.
2) Colloquial: Colloquial items differ from slang in that they are less informal and occur in broader social circumstances. They are not characteristic of specific groups in society, but are widely accepted and used in everyday, familiar discourse and writing, although usually not in formal circumstances.
3) Figurative: Although slang and colloquial expressions are generally figurative or metaphorical, we reserve the term "figurative" here for a third category. Figurative entries are

not informal per se. Indeed, they are characteristic of formal writing and speech and are often literary or erudite in origin (e.g., Biblical, Classical). Many such items occur in other Western languages. Yet, many frequently appear also in everyday, conversational discourse. We have included these latter items in the Dictionary, but have excluded those that are solely literary or formal in use (e.g., "meter uma lança em África," "ser o ovo de Colombo," "uvas verdes").

Other usage labels designate special circumstances of use:
1) Jargon labels such as "criminal and police," "drug culture," and "sports" denote expressions which originate in groups formed around specialized activities or professions, but which have gained wide recognition and some currency in general society.
2) The "vulgar" label designates those items which are regarded as inappropriate in polite society because they are coarse or obscene. Nevertheless, many items here are widely recognized and used in the absence of social restrictions.
3) "Nonstandard" accompanies expressions which are blatant deviations from what is considered grammatically acceptable, but which are widely used. We have excluded, however, most regional and rural nonstandard forms such as "vosmicê," "sinhá" and "muié"/"mulé."
4) The "obsolete" label (usually accompanying a "slang" designation) was employed conservatively, given the fact that older generations often continue to use some outmoded slang expressions long after their popularity has waned. We preferred not to brand such expressions prematurely as "obsolete" even though they are dated.

Additional labels of origin, part of speech and the like are listed, along with their abbreviations, separately, and are self-explanatory.

There may, of course, be differences of opinion regarding the labels assigned to some entries; indeed, one can often discover a lack of consensus even among authoritative Brazilian lexicographers on many expressions. But every effort has been made to apply the stated criteria uniformly throughout this work.

It would be helpful here to clarify what A Dictionary of Informal Brazilian Portuguese does not include or attempt to do. The entries are limited to what the authors have documented and confirmed in speech, and do not include many terms and idioms which, although listed in dictionaries, have fallen from use, are used only in writing, or have other restrictions for contemporary informal Brazilian discourse. The Dictionary does not comprehensively include proverbs, sayings, standard courtesies, standard comparisons, neologisms, or foreign or literary terms, listing only those occurring regularly in informal speech. Neither is there any systematic listing of historical, folkloric, culinary or other specialized terms; again, such items are included when they have widespread currency in spoken Brazilian Portuguese. We have endeavored not to include strict regionalisms, leaving only those which are widely used or are recognized throughout Brazil. Although it was not possible to delimit the precise geographical distribution of every item, generally, expressions used in at least two major regions do not carry regional labels. We have tried to maintain a balance of

expressions which are characteristic of major parts of the
country, without stressing items used, for example, in the South
at the expense of those used in the North, or vice versa. If any
regional bias does exist, it would be for the prestige dialect of
the Rio-São Paulo axis, which exerts the greatest influence on
contemporary usage nationwide. There may also be a certain
emphasis on urban speech, since Brazil's population is now over
two-thirds urban. Inclusion of an item does not imply that it is
exclusively Brazilian; it may also exist in continental
Portuguese or have a parallel form in Spanish or other languages.
Some items and sample sentences reflect sexist, racist and
ethnocentric attitudes which exist in society, and their
inclusion should not be construed as representing the attitudes
of the authors.

The <u>Dictionary</u> is a synchronic composite of contemporary
informal Brazilian expressions (essentially those in wide use in
the 70s and early 80s). It may also be viewed as a composite of
expressions used among individuals of different generations,
socio-economic classes, professions and regions. Therefore,
probably no one Brazilian will use or be familiar with every item
included.

<u>Format</u>

Entries in the main body have the following format:
1) The key word, listed alphabetically in capital letters,
set slightly into the left margin. This word is the one deemed
most essential to meaning in the following entry (entries). When
a conjugated verb form is key in an idiom, the idiom is listed
under the key word in infinitive form, when a plural noun is key
it generally comes under the key word in singular form, and when
a feminine or plural adjective is key it generally comes under
the key work in masculine singular form. See the remarks on
alphabetization below for ordering priorities for key words.
2) The Brazilian expression, underlined, preceded by one or
two asterisks set into the left margin if it is, respectively, of
frequent or very frequent use, and followed by a superscript
number when the same expression is listed more than once with
different meanings. Lexically or syntactically optional parts of
an idiom are included in parentheses; alternative wordings are
indicated by a diagonal slash. Each noun in an idiom is preceded
by its definite article, except in set expressions. Following
the entry in parentheses are abbreviated labels indicating
etymology or origin, part of speech, and usage, when appropriate.
The only labels for part of speech which are included are those
that indicate transitive and intransitive verbs, interjections,
vocatives, additional syntactic functions (e.g., "also adj."),
and extraordinary syntactic functions (e.g., "<u>jóia</u> [adj.]"). In
a very few instances, pronunciation of an open or close <u>e</u> or <u>o</u> is
indicated in brackets to differentiate homographs (^ denotes
close, ´ denotes open). See the remarks on alphabetization below
for ordering priorities when two or more entries are listed under
the same key word.
3) Definition(s) and/or explanation(s) of meaning in English
(except for entries listed as variants of other entries).
Definitions are separated by commas, except in cases where

discernibly different senses of the expression appear. In such cases, semicolons separate the different senses. Definitions do not always represent the syntactic structure of an idiom, and not every definition given covers its total semantic range. In their entirety, however, the definitions/explanations given under an expression convey the total meaning(s) of that expression. When an entry is referred to another entry with "(same as '. . .')" or "(var. of '. . .')," it refers to all meanings of that other entry, unless the latter carries a differentiating superscript; thus, for example, ser fogo na roupa, listed as a variant of "ser fogo," is a variant of both ser fogo^1 and ser fogo^2. In such references, the expression referred to will have its key word underlined, except when it is a one-word expression or solely a noun preceded by an article. If it appears under a key word having a different form from that appearing in the expression, the underlined key word is found in brackets after the idiom, e.g., "(same as 'vá plantar batatas' [ir])."

4) Model sentence(s) showing the expression in context (except for many entries labeled "vulgar" and for those cross-referenced to other expressions with "(var. of '. . .')," "(same as '. . .')" or "(see '. . .')." These sentences are based on actual spoken examples. They do not, however, always cover all possible shades of meaning or syntactic arrangements of the expression. Multiple sentences are usually given to illustrate different senses of meaning, optional variations, or frequent contexts of the expression.

The format for the English index is as follows:
1) The English heading, listed alphabetically by its key word(s) in capital letters set slightly into the left margin. In cases where the key word(s) constitute(s) the entire heading, nothing more is given. In cases of multiple-word English headings, the key word(s) is (are) followed by a comma, then the entire expression, with a blank space where the key word(s) would fit. See the remarks on alphabetization below for ordering priorities of English headings.
2) The Brazilian expression(s) (unless the entire English heading is cross-referenced to another, preferred heading). The key word under which each expression is found in the main body is underlined, when appropriate. The only usage labels appearing here are "vulgar" and "pejorative," an extra precaution for users. When two or more expressions appear under an English heading, they are listed alphabetically by key word. It should be noted that the presence of two or more expressions under the same English heading does not necessarily imply synonymy. It merely indicates, in the manner of a thesaurus, that the English heading is an approximate translation of all such lexical items. In a few cases, Brazilian expressions are made to conform more closely to the syntax of the particular English heading they are under by the inclusion of supplementary words not found in the main body listing. Such words are printed in brackets. When there are expressions that relate only tangentially to the English heading, they appear parenthetically, in alphabetical order, after the primary listing.
3) Cross-reference(s), in parentheses, to a preferred English heading (with "see '. . .'") or, when helpful, to related English headings (with "see also '. . .'"). Key words in cross-referenced headings are in capital letters.

The primary purpose of the English index is to provide a guide for using the main body; it should not be used independently. In all cases, the user should consult the corresponding main-body entry of a particular Brazilian expression in order to ascertain its specific meaning, nuances and contexts of usage.

Conventional rules of alphabetization in Portuguese and English are generally adhered to in the <u>Dictionary</u>; for Portuguese, the orthography established by Brazilian law number 5765 of 1971 is followed. Still, certain ordering priorites are worthy of mention:

1) For key words in the main body:

a) Words spelled with unaccented vowels precede otherwise identically spelled words with accented vowels, which precede those with a tilde. Words spelled with open <u>e</u> or <u>o</u> precede identically spelled words (discounting accent marks) with close <u>e</u> or <u>o</u>. Thus, <u>O</u> precedes <u>Ó</u>, which precedes <u>Ô</u>, <u>LÁ</u> precedes <u>LÃ</u>, and <u>PÉ</u> precedes <u>PÊ</u>.

b) Words with a <u>C</u> precede otherwise identically spelled words with a <u>Ç</u>.

c) Reflexive infinitives follow nonreflexive infinitives.

2) For expressions listed under the same key word in the main body:

a) Single-word expressions (discounting definite articles) are listed before multiple-word expressions. Masculine nouns precede feminine nouns (<u>o pirata</u> comes before <u>a pirata</u>) except when the noun used is primarily a feminine noun (<u>a banana</u> comes before <u>o banana</u>). For the sake of brevity, nouns and adjectives having the same meaning in both masculine and feminine genders are normally given only in the masculine singular form (e.g., <u>o crente</u>, <u>o punguista</u>, <u>o chutador</u>, <u>bonitinho</u>), unless the feminine forms are derived irregularly (e.g., <u>a tabaroa</u>, <u>boazinha</u>). When a single-word expression appears in different entries as different parts of speech, the order of the entries is determined by the expression's primary, secondary, etc., syntactic functions. Verbs are normally given in infinitive form, and transitive and intransitive verbs are mixed.

b) Multiple-word expressions are alphabetized according to the first word(s) of the expression, taking into account all parenthetical elements, but ignoring initial articles not essential to the expression, as well as word boundaries, hyphens and other punctuation marks, unless two or more items are otherwise spelled identically. In the latter case, a single word precedes a hyphenated word, which precedes two separate words; likewise, expressions not followed by a punctuation mark precede those followed by a question mark, which, in turn, precede those followed by an exclamation point.

c) Point 1a above is applicable to multiple-word expressions (e.g., <u>e assim por diante</u> precedes <u>é assim mesmo</u>).

3) For English-index headings:

a) Single-word headings (discounting definite articles and the infinitive marker "to") are listed before all multiple-word headings involving the same key word(s) with the same syntactic function. Generally, when a single-word item has multiple syntactic functions, nouns precede verbs (e.g., "CHAT, the _____" comes before "CHAT, to _____") and multiple-word headings involving each are alphabetized separately. In other cases, such items are ordered according to their primary, secondary, etc., syntactic functions.

b) Within a particular key word with the same syntactic function, multiple-word headings are alphabetized according to the first word(s) following the comma (including the key word[s] in its [their] proper place within the heading). All other parts of point 2b above are also applicable here, including the counting/discounting of initial articles; for purposes of alphabetizing English-index headings, the infinitive marker "to" in initial position is also ignored.

PRINCIPAL INFORMANTS

(The following list represents only a fraction of the hundreds of informants used for the _Dictionary_, but these individuals were the source of a substantial portion of the material collected; abbreviations refer to states of origin or long-term residence [see "Brazilian State and Territory Abbreviations" list])

Vicente Nogueira (AM)
Jussara Nogueira (AM)
Reginaldo S. Franco (BA)
João Bosco Leite d'Ávila and family (BA)
Carmen Célia Carneiro (BA)
Paulo Apsan (BA)
Antônio Cunha (BA, RJ)
José Leão and family (CE)
Péricles Gasparini Alves (DF)
Cristina Ramírez (ES)
Rivadávia de Gusmão (MG)
Juarez da Silva (MG)
Lica de Carvalho-Neto (MG)
Benjamin Lyra Nunes Machado (PE, RJ)
Antônio Nunes Machado (PE, RJ)
Henrique Koehler (PR)
Ricardo Silveira (RJ)
José Luiz Garcia (RJ)
José S. Monteiro (RJ)
Luiz Soares (RJ)
Ivan Santos (RJ)
Carmen Lúcia Santos Machado (RJ)
José Marinho Bezerra Júnior (RN)
Alex do Nascimento (RN)
José Gilberto Gastal (RS)
Marísia Araújo Vasconcellos (RS)
Eunildo Rebelo (SC)
Friedrich Franzke and family (SC)
Paulo de Carvalho-Neto (SE)
Eduardo Malamut (SP)
Malcolm Kigar (SP)
Paulo Alcântara (SP)

abbrev.	abbreviation	ref.	reference
adj.	adjective	s.	singular
adv.	adverb	sarc.	sarcastic
Afr.	African	sl.	slang
alter.	alteration	South	Southern Brazil
Centr.	Central Brazil	Sp.	Spanish
cf.	compare	sport.	sports
Chin.	Chinese	stud.	student use
cine.	cinema	theat.	theatre
colloq.	colloquial	trans.	translation
comm.	commercial	TV	television
contr.	contraction	var.	variant
corrup.	corruption	vi	intransitive verb
crim.	criminal and police	voc.	vocative (i.e.,
drug.	drug culture		term of address)
East	Eastern Brazil	vt	transitive verb
Eng.	English	vulg.	vulgar
esp.	especially	Yor.	Yoruba
euph.	euphemism		
fem.	feminine		
fig.	figurative		
Fr.	French		
Guar.	Guarani		
int.	interjection		
iron.	ironic		
Ital.	Italian, Italian dialect		
joc.	jocular		
journ.	journalism		
Kimb.	Kimbundu		
Lat.	Latin		
Lunf.	Lunfardo		
Lus.	Lusitanian		
masc.	masculine		
med.	medical		
milit.	military		
mus.	music		
N.B.	nota bene		
NE	Northeastern Brazil		
nonst.	nonstandard		
North	Northern Brazil		
obs.	obsolete		
opp.	opposite		
pej.	pejorative, derogatory		
pers.	personal		
pl.	plural		
polit.	politics		
pron.	pronoun		

Brazilian State and Territory Abbreviations

AC	Acre	PA	Pará
AL	Alagoas	PB	Paraíba
AM	Amazonas	PE	Pernambuco
AP	Amapá	PI	Piauí
BA	Bahia	PR	Paraná
CE	Ceará	RJ	Rio de Janeiro
DF	Distrito Federal	RN	Rio Grande do Norte
ES	Espírito Santo	RO	Rondônia
FN	Fernando de Noronha	RR	Roraima
GO	Goiás	RS	Rio Grande do Sul
MA	Maranhão	SC	Santa Catarina
MG	Minas Gerais	SE	Sergipe
MS	Mato Grosso do Sul	SP	São Paulo
MT	Mato Grosso		

A Dictionary of Informal Brazilian Portuguese

A

A

a de (alguém) (sl.)
one's own "thing," one's "bag"

Vamos curtir a deles.

Estamos na nossa.

Não entro na dele.

Fique na sua!

Estou na minha.

ABACAXI

*o abacaxi[1] (sl.)
the "drag," "pain," dud, "lemon"

Não leia aquilo--é um abacaxi!

*o abacaxi[2] (sl.)
the problem, mess, complication

A morte do sócio deu um abacaxi
danado.

ABAFADO

estar abafado (colloq.)
to be overwhelmed with worries or
work, be swamped, have one's hands
full

Estou abafado à beça, rapaz, que
tenho três provas na próxima
semana.

ABAFADOR

o abafador (sl.)
the thief, light-fingered person

O negócio deve ter sumido no bolso
de algum abafador.

ABAFAR

abafar[1] (vt) (sl.)
to steal, "lift," "rip off"

O cara abafou o relógio e fugiu.

*abafar[2] (vi, vt) (sl.)
to dominate, hold sway (over),
stand out (over), steal the show
(from)

Com essa voz dele, vai abafar na
certa.

*abafar a banca (sl.)
to dominate the field, outshine all
the competition, take the prize,
steal the show

Picasso abafou a banca no mundo da
arte desde o começo do século.

ABARCAR

querer abarcar o mundo com as
pernas (fig.)
to bite off more than one can chew

É um excesso de ambição que leva
Fulano a querer abarcar o mundo com
as pernas.

A.B.C.

o A.B.C. (esp. NE) (colloq.)
poetic form of the literatura de
cordel in which the first word of
each stanza begins with a different
letter of the alphabet in sequence
from a to z (ordinarily used to
celebrate the epic feats of an
individual)

Um homem importante desses merece
um A.B.C. daqueles que são
escritos pelos trovadores
populares.

ABELHUDICE

a abelhudice (colloq.)
the nosiness, prying, snooping

Não aguento a abelhudice daquela
xereta.

ABELHUDO

*abelhudo (colloq.)
nosy, prying, snoopy

Esse fofoqueiro é o mais abelhudo
da paróquia.

ABILOLADO

abilolado (sl.)
crazy, nuts
(same as "biruta")

ABISCOITAR

abiscoitar[1] (vt) (colloq.)
to gain or win luckily or
unexpectedly, come into

Renato abiscoitou um dinheirão
quando o tio morreu.

abiscoitar[2] (vt) (colloq.)
to swipe, steal

Despedi a empregada porque estava
abiscoitando objetos da casa.

ABISMO

estar à beira do abismo (fig.)
to be on the brink of ruin, be on
the verge of disaster

Quando ele tomou posse, o país
estava à beira do abismo.

ABOBRINHA

a abobrinha (sl.)
the one-thousand old cruzeiro note

Fez questão de devolver a
abobrinha.

ABONADO

abonado (colloq.)
rich, well-off

Olha o carro chique que aquele cara
abonado está dirigindo!

ABONECADO

abonecado[1] (sl.)
effeminate, sissy
(same as "fresco[1]")

abonecado[2] (sl.)
affected, pretentious
(same as "fresco[2]")

ABOTOAR

abotoar[1] (vi) (crim.)
to die
(same as "bater as botas")

abotoar[2] (vt) (crim.)
to "bump off," kill
(same as "dar cabo de")

abotoar o paletó (crim.)
to kick the bucket, die
(same as "bater as botas")

abotoar o paletó de (crim.)
to "bump off," kill
(same as "dar cabo de")

ABRAÇO

o abraço de tamanduá (colloq.)
the knife in the back, double-
cross, dirty trick

Esse amigo-da-onça tem fama de dar
abraços de tamanduá nos
companheiros.

o abraço de urso (colloq.)
the double-cross, stab in the back,
dirty trick
(same as "a ursada")

*aquele abraço! (sl.)
so long! hugs and kisses!

Té logo, Maria. Aquele abraço
para você!

**dá um abraço em . . . (colloq.)
say "hi" to . . ., give my regards

to . . .

Se você for à Bahia, dá um
abraço na Carmen, viu?

**um abraço![1] (colloq.)
so long! take it easy!

Até logo, rapaz. Um abraço!

um abraço![2] (colloq.)
that's that! say no more about it!

Não diga mais! Um abraço e
acabou-se!

um abraço geral! (colloq.)
so long, everyone!

Tchau, gente. Um abraço geral!

venha de lá um abraço! (colloq.)
long time no see! (come give me a
hug)

Bons olhos te vejam, rapaz! Venha
de lá um abraço!

ABRE-A-BOCA

o abre-a-boca (sl.)
the bribe to get one to talk

O cabra recebeu um abre-a-boca e
deu logo o serviço.

ABRE-ALAS

o abre-alas (fig.)
the forerunner, precursor, pioneer

Mário de Andrade foi o abre-alas
do Modernismo.

ABRIDEIRA

a abrideira (colloq.)
the apéritif; cachaça

Quer tomar uma abrideira antes do
jantar?

ABRIR

abrir alas (para) (fig.)
to make way for someone to pass,
open up a path through the crowd,
gang way

Abriram alas para a celebridade.

Abre alas! O médico está
chegando para atender o ferido.

abrir as pernas[1] (vulg.)
to have sexual intercourse; be an
"easy lay" (said of a female)

abrir as pernas[2] (vulg.)
to give in, give a break, loosen up
a bit

Aquele professor não abre as
pernas de jeito nenhum.

abrir de rir (sl.)
to roar with laughter, split one's
sides
(same as "morrer de rir/riso")

abrir nos paus (North, NE)
(colloq.)
to run away, get away, take off
(same as "dar no pé")

abrir o jogo (sl.)
to lay one's cards on the table,
speak frankly

Deixou de rodeios e resolveu abrir
o jogo.

abrir os cordões da bolsa (fig.)
to be generous, spend freely,
loosen the purse strings

Quando o Zé cai numa farra, abre
os cordões da bolsa.

abrir os olhos (fig.)
to open one's eyes, recognize the
truth, get wise

Abra os olhos, mano, não vê que
ela está te passando para trás?

abrir os olhos de (fig.)
to open (someone's) eyes, wise
(someone) up

Seu amigo não sabe que está
cultivando chifres. Você devia
abrir os olhos dele.

não abrir a mão (colloq.)
to be stingy, be tight-fisted

Ele não abre a mão nem para jogar
peteca.

*num abrir e fechar de olhos (fig.)
in a flash, in a jiffy, in no time

O pistoleiro sacou o revólver num
abrir e fechar de olhos.

*o tempo abriu (colloq.)
the weather cleared up

Depois de dois dias de chuva, o
tempo finalmente abriu.

vou abrindo (sl.)
I'm leaving, I'm about to go
(same as "vou chegando" [chegar])

ABRIR-SE

abrir-se[1] (fig.)
to open up, speak frankly, get
something off one's chest

No início falou com rodeios; só
depois é que se abriu.

abrir-se[2] (sl.)
to smile or laugh, cut up, cease to
be serious

Ela tem um aspecto sério, mas às
vezes chega se abrindo que nem
pára-quedas.

se abra, não! (sl.)
get serious! cut the clowning!
don't get smart! cut it out!

Se abra, não, menina! Não tenho
paciência para suas brincadeiras

hoje.

ABUSADO

abusado (colloq.)
daring, bold, gutsy, nervy

Precisa-se dum alpinista muito
abusado para conquistar a montanha.

ACA

a aca (colloq.)
the bad smell, stink; body odor
(same as "o bodum")

ACABAR

acabar (vi) (South) (vulg.)
to have sexual orgasm, "come"

acabar com a raça de (sl.)
to wipe out, "knock off," put an
end to, kill
(same as "dar cabo de")

*que não acaba mais (colloq.)
in abundance, galore, no end

Tem mulher boa que não acaba mais!

ACABAR-SE

**(e) acabou-se! (colloq.)
period! and that's that! enough
said!

Vamos fazer o que seu pai disse, e
acabou-se!

ACAMPANAR

acampanar (vt) (crim.)
(var. of "campanar")

ACENDER

acender (vt) (sl.)
to punch, sock, slug

Ficou com raiva e acendeu o
camarada na hora.

ACERTAR

acertar (vt) (sl.)
to obtain, get hold of
(same as "arranjar")

acertar os ponteiros (sl.)
to reach an agreement, come to
terms

Ele está aqui para acertar os
ponteiros para o novo contrato.

ACESO

estar aceso[1] (fig.)
to be excited, be all worked up

Estavam tão acesos com a notícia
que só falavam disso.

estar aceso[2] (sl.)
to be wide awake, be alert

O porteiro do nosso edifício está
sempre aceso à noite.

ficar aceso (sl.)
to get mad, blow one's top, get
steamed up

Quando descobriu que o irmão usou
uma camisa dele ficou aceso.

ACHADO

o achado (colloq.)
the lucky find, godsend, lifesaver,
windfall

Essa livraria foi um achado, pois
tinha todos os livros que eu
precisava.

não se dar por achado (colloq.)
to play dumb, pretend not to hear
or understand an offensive remark
or action

A empregada sabia que as dondocas
estavam falando dela mas não se
deu por achada.

ACHAR

achar ruim (com) (colloq.)
to scold, bawl out

Mamãe vai achar ruim comigo se eu
não chegar na hora, viu?

ÂCIDO

o ácido (drug.)
the L.S.D., "acid"

Quanto tempo dura uma viagem de
ácido?

ACORDAR

acorda para cuspir! (colloq.)
wake up! rise and shine! hit the
deck!

Acorda para cuspir, menino! Já
são onze horas.

AÇU

açu (from Tupi) (sl.)
big, great, large

Ele era o chefe açu da região.

AÇUCARADO

açucarado (colloq.)
mushy, maudlin, sugary
(same as "água-com-açúcar")

ADIANTAR

**adiantar (vi) (colloq.)
to do any good (to), to help (to),
be of use (to)

Não adianta chegar ao teatro na
hora, pois o "show" sempre começa
tarde.

Que é que adianta?

ADIANTAR-SE

adiantar-se (com) (colloq.)
to get fresh (with), take liberties

(with)

Quando o Oliveira se adiantou com o
broto levou uma bolacha nas fuças.

ADMIRAR

*não admira
it's no wonder, it's no surprise

Não admira que o cara beba tanto,
com um problema desses, poxa!

ADORAR

**adorar (vt) (colloq.)
to be crazy about, be wild about

Eu adoro aquela música.

ADUELA

ter uma aduela de mais (colloq.)
to have a screw loose, be crazy
(same as "ter um parafuso de
menos")

ter uma aduela de menos (colloq.)
to have a screw loose, be crazy
(same as "ter um parafuso de
menos")

ADVOGADO

o advogado de porta de xadrez
(colloq.)
the jailhouse lawyer, ambulance
chaser

O réu teve que ficar com um
advogado de porta de xadrez para
defendê-lo.

AÉREO

estar aéreo (sl.)
to be way off in the clouds, be
"out-of-it"
(same as "estar voando" [voar])

AEROPORTO

o aeroporto de mosquito (sl., joc.)

the bald head

Só tem trinta e cinco anos, mas
já tem um aeroporto de mosquito
que eu vou te contar.

AFANADOR

o afanador (sl.)
the thief

Flagraram um afanador de motoca lá
perto da praia.

AFANAR

*afanar (vt) (sl.)
to steal, pilfer, swipe

Aquele malandro ganha a vida
afanando galinhas.

AFANO

o afano (sl.)
the robbery, theft, "rip-off"

Não descobriram o afano até o dia
seguinte.

AFIADO

*estar afiado em/para (colloq.)
to be up on (a subject), be well
prepared for, be sharp in

A Regina está bem afiada em
Literatura Brasileira.

O ciclista está afiado para a
próxima corrida.

AFOBAÇÃO

*a afobação (colloq.)
the hustle-bustle, rush, fluster

Houve tanta afobação que saiu
tudo errado.

AFOBADO

*estar afobado (colloq.)
to be hurried, be confused, be

flustered

A passeata estourou tão de repente
que a polícia ficou completamente
afobada.

AFOBAR

afobar (vt) (colloq.)
to fluster, hurry

Não me afobe, rapaz; tenho que
pensar a coisa com a cabeça fria,
viu?

AFOGADILHO

de afogadilho (colloq.)
hastily, hurriedly

Meu relatório foi feito de
afogadilho e saiu ruim.

AFOGAR

afogar as mágoas (fig.)
to drown one's sorrows, drink to
forget

A recém-desquitada, para se
esquecer do marido, afogou as
mágoas.

afogar o ganso (vulg.)
to have sexual intercourse (said of
a male)

AFOGAR-SE

afogar-se num copo d'água (fig.)
to make a mountain out of a
molehill, make a fuss about nothing

Discutir questão de dois centavos
é afogar-se num copo d'água.

AFRESCALHADO

afrescalhado[1] (sl.)
sissy, effeminate
(same as "fresco[1]")

afrescalhado[2] (sl.)

affected, pretentious
(same as "fresco[2]")

AFRESCALHAR-SE

afrescalhar-se (sl.)
to act affected, gesture affectedly

Aí estava se afrescalhando,
jogando plumas para cima e para
baixo.

AFROUXAR

afrouxar a corda (colloq.)
to give a break, give some room to
breathe, let up a bit

Tomara que o dono afrouxe a corda
um pouquinho, que não posso pagar
o aluguel agora.

AFUNDAR-SE

afundar-se[1] (fig.)
to fail, fall flat on one's face
(same as "estrepar-se")

afundar-se[2] (stud.)
to flunk
(same as "levar pau")

AGALINHAR-SE

agalinhar-se[1] (colloq.)
to chicken out, turn tail (and
run), turn coward

Ele se considera o valentão, mas
numa situação perigosa, aí se
agalinha.

agalinhar-se[2] (sl.)
to run around, be loose (morally)
(said of a woman)

Aquela sirigaita se agalinha com
todo rapaz.

AGARRAMENTO

o agarramento (sl.)
the necking, petting

(same as "a bolina")

AGARRAR-SE

agarrar-se (com) (sl.)
to neck (with), make out (with)
(same as "bolinar")

AGASALHAR

agasalhar a rola (vulg.)
to engage in anal intercourse
(female role); be a homosexual

agasalhar (o) croquete (vulg.)
to engage in anal intercourse
(female role); be a homosexual

AGITAR

agitar (vt) (drug.)
to "turn (someone) on," make "high"
(same as "ligar")

AGORA

**agora[1]
in just a minute, in a little
while, pretty soon

Vou sair, mas volto agora.

**agora[2]
just now

Ele está, sim; chegou agora.

**agora mesmo
right now

É preciso sair agora mesmo!

AGORINHA

*agorinha (colloq.)
in just a minute; just now; right
now
(same as "agora" and "agora mesmo")

ÁGUA

até debaixo d'água (colloq.)
one thousand per cent, through and
through, to the core, dyed-in-the-
wool, from the word "go"

O velho é Integralista até
debaixo d'água.

botar água na fervura (fig.)
to put a damper on things, throw
cold water on things

Quando eles brigam é a mãe quem
bota água na fervura.

botar em água morna/fria (colloq.)
to put (someone) off, stall
(someone)
(same as "cozinhar/botar em banho-
maria")

botar mais água no feijão
(colloq.)
to stretch a meal in order to
accommodate unexpected guests

Você almoça com a gente, rapaz,
que mamãe pode botar mais água no
feijão.

dar água na boca (fig.)
to be mouthwatering
(same as "fazer [crescer] água na
boca")

de água doce (fig.)
second-rate, small-time;
amateurish, armchair

Aquele poeta de água doce banca o
literato por excelência.

desta água não beberei (fig.)
that won't happen to me

Quem pode dizer, "desta água não
beberei"?

fazer (crescer) água na boca
(fig.)
to make one's mouth water, be

mouthwatering

Aquele bonitão é de fazer crescer
água na boca, menina.

ficar/estar na água (sl.)
to get/be drunk, get/be "plastered"
(same as "ficar/estar caneado")

ir nas águas de (fig.)
to follow in the footsteps of,
emulate
(same as "seguir os passos de"
[passo])

**ir por água abaixo (colloq.)
to go down the drain, fail, fall
through

Devido à chuva, meu programa foi
por água abaixo.

jogar água fora da bacia[1] (sl.)
to step out of line, not do what is
expected of one, misbehave

Quem jogar água fora da bacia mais
dia menos dia vai apanhar.

jogar água fora da bacia[2] (sl.)
to display homosexual behavior or
characteristics, appear to be
"gay," be a homosexual

A mulher é que pode afirmar que o
cara não anda jogando água fora
da bacia.

muita água vai passar debaixo da
ponte (fig.)
it'll be a long time (until
something happens)

Muita água vai passar debaixo da
ponte antes de eu voltar a botar os
pés na casa dele.

não dar nem água a pinto
(colloq.)
to be very stingy, be extremely
tight

O cara é pão-duro: não dá nem
água a pinto.

ser aquela água (sl.)
to be a mess, be a real fiasco; be
the same as usual, be the same old
thing

Quando a polícia chegou, foi
aquela água.

A peça foi aquela água.

tirar água do joelho (colloq.,
euph.)
to urinate

ÁGUA-COM-AÇÚCAR

*água-com-açúcar (colloq.)
mushy, overly sentimental, insipid,
childish

Este filme é água-com-açúcar—
eu não agüento tanta frescura.

ÁGUA-MORNA

*o água-morna (colloq.)
the wishy-washy person, milquetoast
(same as "o chove-não-molha")

ÁGUA-QUE-PASSARINHO-NÃO-BEBE

a água-que-passarinho-não-bebe
(sl., joc.)
the cachaça
(same as "a pinga")

AGÜENTAR

**agüenta aí! (colloq.)
hold on! hold your horses! hang in
there!
(same as "espera aí![1]" [esperar])

**agüentar a mão (sl.)
to hold on, wait a minute, hold
one's horses, keep one's shirt on

Agüenta a mão, rapaz, e deixa ele
terminar o que está dizendo.

*agüentar as pontas (sl.)
to hold on, hold one's horses
(same as "agüentar a mão")

agüentar firme (colloq.)
to hold on, wait a minute
(same as "agüentar a mão")

ÁGUIA

o águia (colloq.)
the sharpie, one who knows the
ropes, shrewd fellow, fox

O Costa é um águia que ganhou uma
fortuna na Bolsa de Valores.

AGULHA

procurar agulha em palheiro (fig.)
to look for a needle in a haystack

Não adianta procurar o papel, que
você está procurando agulha em
palheiro.

AH

**ah! (int., colloq.)
aha! oh! ah!

Ah! É isso que você queria dizer!

AH-AH

**ah-ah! (int., colloq.)
uh-huh! yep! yes!

—Você quer?
—Ah-ah! Quero mesmo.

AI

**ai! (int., colloq.)
oh! ah! uh-oh!; ouch! ow!

Ai, que vida triste!

Ai! Você está quebrando meu
braço!

ai de . . .! (int.)
woe is . . .! woe to . . .!

Ai de mim!

Ai de quem se atreve!

AÍ

**aí[1] (colloq.)
then (and there), at that time,
next (used often in stories, jokes
and instructions)

Primeiro subi a escada. Aí entrei
pela porta. Aí um cara me falou
que . . .

**aí[2] (colloq.)
in that case, then

O dinheiro pode não dar. Aí a
gente dá um jeito.

**aí[3] (colloq.)
(a word frequently added in order
to call someone's attention; a sort
of polite "you there")

Me dá o sal aí!

Abre a porta aí! (Abre aí a
porta!)

Escuta aí! Olha aí!

*aí (é que) está! (colloq.)
that's the crux of the matter! you
hit the nail on the head! that's
it!

Aí é que está, amigo! Isso é
que é o problema!

e por aí afora (colloq.)
et cetera, and so on
(same as "e tal")

e por aí vai (colloq.)
and so forth, and that type of
thing
(same as "e tal")

pela aí (for "por aí") (sl.)
around, around here, around there

Tem muita mulher boa andando pela
aí.

pelas aí (sl.)
(var. of "pela aí")

AINDA

ainda agorinha (colloq.)
just now
(same as "agora^2")

**ainda bem (que)
luckily, fortunately, it's a good
thing (that)

Ainda bem que você não foi para a
festa, que todo o mundo foi preso.

AJEITAR

ajeitar (vt) (colloq.)
to get a hold of, acquire
(same as "arranjar")

AJUDA

*dar uma ajuda (colloq.)
to give a hand, help out

Me dá uma ajuda aí, companheiro,
que eu sou velho.

ALABAMA

o alabama (colloq.)
the traveling salesman

Comprei o livro na mão de um
alabama que passou.

ALAÚZA

a alaúza (sl.)
the commotion, uproar, row
(same as "a bagunça^2")

ALCAGÜETAR

alcagüetar (vt) (crim.)
to inform on, squeal on, blow the
whistle on, denounce

Alcagüetou os parceiros às
autoridades.

ALCAGÜETE

o alcagüete (crim.)
the squealer, stoolie

Entre os malandros o alcagüete
não tem futuro.

ALEGRE

alegre (colloq.)
licentious, "loose," forward, fresh

Essa viúva alegre não sabe o que
é luto.

Menina alegre dessas vive namorando
com todos.

Não fique alegre para o meu lado!

ficar/estar alegre (colloq.)
to get/be tipsy

Bebi um pouco e fiquei alegre.

ALEIJADA

a aleijada (sl.)
the virgin

Saiu com uma aleijada e não
conseguiu nada.

ALEMÃO

o alemão (colloq.)
the light-complexioned blond

Eram dois mineiros. Um era mulato
e o outro um alemão, muito branco.

ALFINETADA

a alfinetada[1] (sl.)
the poke with a knife, sword, etc.;
stab

Aí o camponês deu uma alfinetada
na barriga do sujeito.

a alfinetada² (fig.)
the biting remark, barb, taunt

Fingi não perceber as alfinetadas
que ele dava.

ALGO

*ter algo mais (sl.)
to have a certain something, have
charm
(same as "ter um certo quê")

ALGUM

algum (sl.)
(some) money

Ô, meu filho, me empresta algum
para hoje, que eu te pago amanhã,
viu?

Preciso de algum.

ALHO

confundir alhos com bugalhos
(colloq.)
to mix up two things which are very
different, mix apples and oranges

Você está confundindo alhos com
bugalhos, pois esses assuntos são
completamente diferentes.

ALINHADO

*alinhado (sl.)
well-dressed, spruced up

Poxa, que você está tão alinhado
hoje. Vai à missa?

ALIVIAR

aliviar (vt, vi) (sl.)
to steal, swipe

Não precisa comprar; é só
aliviar.

ALMA

botar a alma pela boca (colloq.)

to be huffing and puffing, be out
of breath

Depois de subir dez andares pela
escada, cheguei no apartamento
botando a alma pela boca.

sua alma, sua palma! (colloq.)
don't say I didn't tell you so!
it's your funeral!

Assalta o banco se quiser. Sua
alma, sua palma!

ALMOFADINHA

o almofadinha (colloq., obs.)
the dandy, dude, man who is
clothes-conscious to the point of
affectation

Aí entrou um almofadinha
acompanhado de duas melindrosas das
mais elegantes.

ALÔ

**alô! (int., colloq.)
hello! (over the phone)

--Alô!
--Donde fala?

dar um alô (para) (sl.)
to give a ring (to), phone
(same as "ligar [para]²")

ALOPRADO

aloprado (sl.)
screwy, nuts, crazy
(same as "biruta")

ALTA

da alta (colloq.)
high-class, high-society

Só gente da alta freqüenta aqui.

ALTA-RODA

*a alta-roda (colloq.)

the high society, upper crust

Assim são os esnobes da alta-roda.

ALTO

alto[1] (adv.) (sl.)
a lot, well

Quem fatura alto, come alto.

alto[2] (sl.)
terrific, super, "heavy"

Que alto barato, bicho!

de alto bordo (colloq.)
high-class, distinguished; top-notch, first-rate

O presidente mandou uns oficiais de alto bordo estudarem o assunto.

falar alto e bom som (fig.)
to speak up, speak loudly and clearly

Quem quiser um aparte, que fale alto e bom som para todos os colegas ouvirem.

*ficar/estar alto (colloq.)
to get/be tipsy; get/be "high" (from alcohol or drugs)

Todo mundo ficou alto com o vinho que serviram na recepção.

Aquele viciado está alto o tempo todo.

por alto
superficially, without going into detail

Ele só descreveu por alto os vários acontecimentos da tarde.

ALUCINAR-SE

alucinar-se por (fig.)
to fall in love with, go crazy over, be wild about

Ele se alucinou por essa guria que andava dando sopa para ele.

ALVINEGRO

o alvinegro[1] (also adj.) (sport.)
the Botafogo de Futebol e Regatas soccer team
(same as "o Bota")

o alvinegro[2] (also adj.) (sport.)
the Esporte Clube Corintians Paulista soccer team
(same as "o Timão")

o alvinegro[3] (also adj.) (sport.)
the Clube Atlético Mineiro soccer team
(same as "o Galo")

ALVIRRUBRO

o alvirrubro (also adj.) (sport.)
the Bangu Atlético Clube (a Rio soccer team)

O alvirrubro é atualmente lanterninha: não consegue ganhar.

ALVIVERDE

o alviverde (also adj.) (sport.)
the Coritiba Futebol Clube (a PR soccer team)

O alviverde dominou o tapete verde do princípio ao fim.

AMARGAR

*ser de amargar (colloq.)
to be rough, be "murder," be intolerable
(same as "ser de morte[1]")

AMARRAÇÃO

ser uma amarração (sl.)
to be really something, be terrific
(same as "ser uma coisa")

AMARRADO

estar amarrado (colloq.)
to be tied down (married or
engaged), be out of circulation

Está amarrada, mas vai dar um
chute no noivo.

estar amarrado em (sl.)
to be crazy about, love
(same as "ser louco por")

estar amarrado por (sl.)
to be wild about, love
(same as "ser louco por")

ser amarrado em (sl.)
to like, love, be crazy about
(same as "ser louco por")

AMARRAR

amarrar[1] (vt) (sl.)
to get, get hold of, "bag"
(same as "arranjar")

amarrar[2] (vt) (sl.)
to get oneself (a girl friend or
boyfriend), win, catch, win over

Vou ver se amarro um namorado.

amarrar a cara (colloq.)
to get mad, become visibly angry

Você nem imagina como o Mário
amarrou a cara quando o velho bateu
no carro dele.

amarrar o bode (drug.)
to have a bad "trip"

Não foi um barato legal; amarrou o
bode.

amarrar o burro à vontade do dono
(fig.)
to follow orders, do what one is
told

Sei que não vai dar, mas vou

amarrar o burro à vontade do dono.

onde amarrei a minha égua?
(colloq.)
what mess did I get myself into?
how did I get into this jam?

Que buraco, rapaz! Onde amarrei a
minha égua?

AMARRAR-SE

amarrar-se (colloq.)
to get hitched, get married, tie
the knot
(same as "enforcar-se")

amarrar-se com (sl.)
to go wild over, fall in love with,
get stuck on
(same as "gamar por")

AMEIXA

a ameixa (sl.)
the bullet, slug, lead
(same as "o chumbo")

AMÉLIA

a amélia (fig.)
the understanding, sacrificing wife
or girlfriend

A mulher do Soares tem que ser uma
amélia para agüentar um marido
desses.

AMIGA

*a amiga (colloq.)
the mistress, concubine
(fem. of "o amigo")

AMIGAÇÃO

a amigação (colloq.)
the love affair, shacking up

Você ouviu falar da amigação
dele com uma zinha do circo?

AMIGÃO

o amigão (sl.)
the good buddy, close friend

Esse ê o Juarez, amigão da gente.

amigão (voc., sl.)
good buddy, friend
(same as "meu chapa")

AMIGAR-SE

amigar-se com (colloq.)
to become the lover of, shack up
with

Diz que a Vera Lúcia se amigou com
aquele coronel de Ilhéus.

AMIGO

*o amigo[1] (colloq.)
the lover, paramour

Ele prefere ser amigo duma mulher
casada a casar com uma mocinha
dessas.

o amigo[2] (colloq., pers. pron.)
you
(same as "o nossa-amizade")

amigo (voc., colloq.)
friend, pal
(same as "meu chapa")

o amigo do lado esquerdo (sl.)
the bosom buddy, close pal
(same as "o amigo do peito")

*o amigo do peito (colloq.)
the bosom buddy, close friend

Eu faço qualquer coisa por ele--é
amigo do peito.

meu amigo (voc., colloq.)
friend, pal
(same as "meu chapa")

AMIGO-DA-ONÇA

**o amigo-da-onça (colloq.)
the false friend, friend who gives
bad advice or causes problems

Esse amigo-da-onça fugiu com a
minha namorada, o safado!

AMIGO-DO-ALHEIO

o amigo-do-alheio (colloq., joc.)
the thief, sticky-fingered person

Cuidado com os amigos-do-alheio se
você for de ônibus!

AMIGO-URSO

o amigo-urso (colloq.)
the false friend
(same as "o amigo-da-onça")

AMIGUINHA

a amiguinha (colloq.)
the female friend, lady friend

Não tenho namorada, mas tenho
várias amiguinhas.

AMISTOSO

o amistoso (sport.)
the exhibition game, friendly
match, benefit game (in soccer)

Vão jogar um amistoso com o
Corintians.

AMIZADE

amizade (voc., colloq.)
friend, pal
(same as "meu chapa")

AMOLAÇÃO

*a amolação (colloq.)
the bother, annoyance, nuisance,
"drag"

O discurso foi uma amolação.

Toda essa papelada que a gente tem
que sofrer na alfândega é uma
amolação desgraçada, não acha?

AMOLANTE

*amolante (colloq.)
boring, dull, bothersome
(same as "chato")

AMOLAR

**amolar (vt, vi) (colloq.)
to bother, pester, annoy, "bug"

Não me amole, rapaz, que eu estou
com pressa!

AMOR

amor (voc., colloq.)
dear, honey, love
(same as "meu bem")

fazer (o) amor (sl.)
to make love, have sex

Você não queria fazer amor, minha
filha?

*meu amor (voc., colloq.)
my love, darling, honey
(same as "meu bem")

*pelo amor de Deus! (int., colloq.)
for heaven's sake! for God's sake!
for the love of God!

Pelo amor de Deus, me deixa em paz,
irmão!

*que é um amor (colloq.)
like a dream, splendidly, well

Ele toca piano que é um amor.

**ser um amor (colloq.)
to be cute, be a darling, be a
doll, be so sweet

Seu filhinho é um amor!

É um amor, essa menina.

AMOSTRA

a amostra de gente (colloq.)
the runt, little person, small fry
(same as "o pingo de gente")

ANALFA

o analfa (abbrev. of "o
analfabeto") (sl.)
the illiterate person

Aquele analfa nem sabe assinar o
nome.

ANARQUIA

*a anarquia (fig.)
the mess, disorder
(same as "a bagunça[1]")

ANARQUIZAR

anarquizar (vt, vi) (fig.)
to mess up; cause trouble

Anarquizou a sala toda.

Você só quer mesmo é anarquizar.

ANDAR

andar com (colloq.)
to go to bed with, have sex with

O cara anda com tudo quanto é
mulher na paróquia.

ANGU

o angu (colloq.)
the mess, disorder; uproar,
commotion
(same as "a bagunça")

ANGU-DE-CAROÇO

o angu-de-caroço (colloq.)
the disorder, mess; commotion
(same as "a bagunça")

ANJO

*ser um anjo (fig.)
to be an angel, be a saint, be a
doll

Você é um anjo por ter me ajudado
com este abacaxi.

*sonhar com os anjos (colloq.)
to have pleasant dreams, sleep
tight

Boa noite, meu bem, e sonhe com os
anjos.

virar anjo (colloq.)
to die (said of an infant)

Tive seis filhos. Cinco ainda
estão vivos e um virou anjo.

ANO

para o ano (colloq.)
next year

Se tudo der certo, a gente casa
para o ano.

ANTENA

ficar/estar de antenas ligadas
(sl.)
to keep/have one's eyes and ears
peeled, be on the alert

Fiquem de antenas ligadas, pessoal,
pois dona justa pode aparecer a
qualquer instante.

ANTIGO

o antigo (sl.)
the old cruzeiro (= 1/1000 of a new
cruzeiro, in effect before 1967)

Ela ganha dois milhões de antigos
por mês.

ANTRO

o antro (fig.)
the "dive," joint

(same as "a espelunca")

AONDE

**aonde . . .? (for "onde") (colloq.)
where? in what place?
(cf. "onde . . .?")

Aonde ele está?

APAGAR

apagar[1] (vt) (crim.)
to kill, "snuff out," "blow away"
(same as "dar cabo de")

apagar[2] (vi) (sl.)
to go to sleep, doze off; pass out,
conk out

Com toda aquela conversa para boi
dormir, eu apaguei logo.

O velho pau-d'água apagou na
calçada.

apagar[3] (vi) (crim.)
to die, "croak"
(same as "bater as botas")

o apagar das luzes (sport.)
the final moments of a soccer match

O Santos ganhou ao apagar das
luzes.

apagar o pavio[1] (sl.)
to fall asleep, doze off; pass out
(same as "apagar[2]")

apagar o pavio[2] (sl.)
to die, kick the bucket
(same as "bater as botas")

APAGAR-SE

apagar-se (sl.)
to keep one's mouth shut, keep
quiet

O cara se apagou quando o tira
começou o interrogatório.

APANHAR

**apanhar[1] (vi) (fig.)
to catch it, take a licking, get
beaten up

A mãe do garoto descobriu as
travessuras dele, e aí o capetinha
apanhou.

apanhar[2] (vt) (sl.)
to pick up (procure for sexual
purposes)
(same as "pegar[7]")

apanhar que nem boi ladrão
(colloq.)
to really take a beating, catch a
licking; catch hell

O leva-e-traz andava falando mal da
turma, mas um dia apanhou que nem
boi ladrão.

APAPAGAIADO

apapagaiado (colloq.)
gaudily attired, dressed
tastelessly and in loud colors

Esse cafona chegou todo apapagaiado
que nem suburbano.

APARECER

**apareça! (colloq.)
come and see us some time! drop by
again! come back!

Até logo, rapaz. Apareça, viu?

APÊ

o apê (= "ap.") (sl.)
the apartment

Ele mora num apê legal.

APELAR

apelar (vi) (sl.)
to do something foolish, resort to
stupidity or rudeness
(same as "apelar para a

ignorância")

apelar para a ignorância (colloq.)
to do something foolish, resort to
stupidity or rudeness, do a dumb
thing, lose one's head

Em vez de discutir o assunto
razoavelmente, ele apelou para a
ignorância.

APERTADO

estar apertado (colloq.)
to have to go to the bathroom

Ele estava apertado, de modo que
foi lavar as mãos.

APERTAR

apertar (vt) (drug.)
to roll (a marijuana cigarette)

Tirou um pacote de fumo, um papel
de seda e ficou apertando um
finório.

APERTO

dar um aperto em (fig.)
to clamp down, put the squeeze on,
give a hard time to
(same as "dar um duro em")

APETÊ

o apetê (= "apt.") (sl.)
(var. of "o apê")

APITAR

apitar[1] (vi) (sport. and sl.)
to call a play, express an opinion,
make a judgment or decision, speak
up

Quando ela apitou, todo mundo ficou
de orelhas em pé.

apitar[2] (vi) (sl.)
to show up, appear
(same as "apitar na curva")

apitar na curva (sl.)
to show up, appear

Se ela apitar na curva, vou me
embora.

ficar/estar apitando (colloq.)
to be left holding the bag, have
gotten a raw deal

O Eunildo ficou apitando quando os
outros se mandaram sem pagar.

não apitar (sl.)
to be wishy-washy, give no opinion

D. Otacília era tão mandona que o
marido Joaquim nem apitava.

APITO

não dê seu apito! (sl.)
keep your opinion to yourself!
don't stick your nose in it! don't
butt in!

Não dê seu apito! Já resolvi o
negócio, e acabou-se!

*que apito você toca? (sl.)
what's your line? what do you do
for a living?

Você deve ganhar uma nota, rapaz.
Que apito você toca, hein?

APLICAÇÃO

a aplicação (med. and drug.)
the administration or taking of
drugs, "fix"

O médico me deu uma aplicação.

Eu tomei uma aplicação e fiquei
voando.

APLICAR

aplicar (um golpe, soco, tapa, a
mão, etc.) em (sl.)
to land (a blow) on, throw (a
punch) at
(same as "assentar [um golpe, soco,

tapa, a mão, etc.] em")

APLICAR-SE

aplicar-se (drug.)
to take drugs, inject drugs, "shoot
up"

Ficou doidona depois de se aplicar.

APLICO

o aplico (drug.)
the administration or taking of
drugs, "fix"
(same as "a aplicação")

APORRINHAÇÃO

*a aporrinhação (sl., often vulg.)
the bother, nuisance, bore, "drag"

Escutar a prosa daquela grã-fina
é uma aporrinhação dos diabos.

APORRINHADO

ficar/estar aporrinhado (com) (sl.,
often vulg.)
to become/be annoyed (at), get/be
ticked off (at), get/be peeved (at)

Ele ficou aporrinhado com a
espinafração que levou da velha.

APORRINHAR

*aporrinhar (vt) (sl., often vulg.)
to pester, importune, anger

Se você não deixar de aporrinhar
a gente, seu murrinha, eu mesmo te
boto para fora, viu?

APOSTAR

apostar no azar (colloq.)
to bet on a long shot

Estou apostando no azar, mas se der
certo vou ganhar um dinheirão.

APRONTAR

aprontar (vt, vi) (sl.)
to pester, play tricks; pull off
(pranks); act up, make mischief

Deixe de aprontar, menino!

Ela sempre está me aprontando cada
uma.

APROVEITAR

aproveitar enquanto o Brás é
tesoureiro (colloq.)
to make hay while the sun shines,
get while the getting's good

Aproveita enquanto o Brás é
tesoureiro, que essa sopa vai
acabar!

AQUELA-QUE-MATOU-O-GUARDA

aquela-que-matou-o-guarda (sl.,
joc.)
the cachaça
(same as "a pinga")

AQUELE

**aquele/aquela (carries special
stress) (sl.)
a real, a heckuva, the darnedest
(cf. "daqueles/daquelas," "o/a²")

Quando eu chegar em casa, vou tomar
aquele banho e escutar aquela
música.

Foi aquela bronca!

Aquele abraço, pessoal!

AQUI

aqui, ó! (vulg.) (accompanied by a
vulgar gesture)
shove it! get screwed!

*estou por/até aqui! (colloq.)
I'm fed up! I've had it up to here!
(accompanied by gesture of pointing
to one's throat or forehead)

Vem cá, estou por aqui com tanta
bobagem daquele sujeito, viu?

nem aqui nem na China (colloq.)
not here nor any place else,
nowhere on earth; not at all, no
way

Você não compra um canivete igual
a esse--nem aqui nem na China.

AQUILO

aquilo (colloq., pej.)
that so-and-so

Aquilo não é gente.

AR

dar um ar de sua graça (colloq.)
to put in an appearance, show one's
face

Não quero ficar na festa, mas vou
dar um ar de minha graça.

estar no ar¹ (sl.)
to be left up in the air, be "out-
of-it," be in the dark
(same as "estar voando" [voar])

estar no ar² (fig.)
to be up in the air, be unresolved,
remain uncertain

Ainda não chegaram a nenhum acordo
definitivo; está tudo no ar.

pegar no ar (colloq.)
to guess right, intuit, catch on
right away, figure out immediately

Ela não estuda, mas sempre acerta;
pega as respostas no ar.

ARADO

estar arado (colloq.)
to be very hungry, be "starving"
(same as "estar morrendo de fome"
[morrer])

ARAME

  o arame (sl.)
the money, "dough"
(same as "o tutu")

ARANHA

  a aranha (vulg.)
the vagina

ARAPUCA

  a arapuca (colloq.)
the fly-by-night business, gyp
joint, shady outfit

O colégio da Vanda é uma daquelas
arapucas instaladas em casas
humildes.

ARAQUE

  o araque (sl.)
the lie, falsehood, deception

Aquele otário acredita em qualquer
araque que ouve.

*de araque (sl.)
false, bogus, phony

Se descobrirem que seus documentos
são de araque, rapaz, você vai
entrar pelo cano.

de araque! (int., sl.)
like heck! my eye! come off it!

De araque, rapaz! Não venha com
essa conversa mole!

fazer de araque (sl.)
to pretend to do (something), feign
an action

Fez, nada! Fez só de araque.

ARARA

  o arara (colloq.)
the nitwit, lamebrain, idiot
(same as "o burro")

ARATACA

  o arataca (from Tupi) (colloq.)
the Northerner or Northeasterner
(Brazil)

Em São Paulo tem muitos aratacas
que foram lá procurando emprego.

ARCO-DA-VELHA

  a história/coisa do arco-da-velha
(colloq.)
the whopper, tall tale

A vantagem que conta aquele
faroleiro é tudo história do
arco-da-velha.

AREIA

  botar areia em (colloq.)
to put a damper on, spoil
(same as "jogar areia em")

entrar areia (colloq.)
to be ruined, go down the drain, go
to pot

Eu bolei um programa bacana para
hoje, mas entrou areia.

jogar areia em (colloq.)
to mess up, spoil, put a damper on,
put a wet blanket on

Essa chuva danada jogou areia nas
comemorações que a cidade
planejou.

*tem areia no meio (colloq.)
there's something fishy about this,
there's a catch to this

Quero saber mais desse negócio,
pois tenho quase certeza que tem
areia no meio.

ARIGÓ

  o arigó (sl.)
the fool, sucker
(same as "o otário")

ARMA

a arma (vulg.)
the penis

ARMADO

armado até os dentes (fig.)
armed to the teeth, heavily armed

A patrulha metia medo em todo
mundo; estava armada até os
dentes.

estar armado (vulg.)
to have an erection

ARQUIVAR

arquivar (vt) (colloq.)
to forget about, "file away"

O delegado arquivou a queixa
lavrada contra o oficial do
exército.

ARRAIA-MIÚDA

a arraia-miúda (colloq., pej.)
the dregs of society, rabble,
riffraff

Toda a arraia-miúda freqüenta
aquele frege barra-pesada.

ARRANCAR

arrancar os cabelos (fig.)
to tear one's hair out, be beside
oneself with anger, be furious

O industrial arrancou os cabelos
quando soube da prisão do filho.

ARRANCAR-SE

*arrancar-se (sl.)
to leave, take off, "split"; run
away
(same as "mandar-se")

ARRANCA-RABO

o arranca-rabo (colloq.)
the skirmish, fight, brawl; row,
commotion

Houve um arranca-rabo de lascar
entre os sindicalistas e os guardas
da firma.

ARRANHAR

arranhar (uma língua, etc.)
(colloq.)
just to get by (in a language,
etc.), be able to scrape by, have a
superficial knowledge of

Falo bem o inglês e arranho um
pouco de francês.

ARRANJAR

*arranjar (vt) (colloq.)
to get a hold of, obtain

Você já arranjou uma namorada,
Sérgio?

Vê se me arranja um cachorro
quente e um guaraná, irmão.

Ela arranjou emprego no
Ministério.

ARRANJAR-SE

arranjar-se (colloq.)
to get by, get along, manage

Não preciso de tua ajuda; eu me
arranjo com o dinheiro que tenho.

ARRANJO

o arranjo (colloq.)
the shady deal, racket
(same as "a marmelada")

ARRASTA-PÉ

*o arrasta-pé (colloq.)
the informal dance, hop; cheap
dance party

Podemos ir dançar lá no arrasta-
pé do Zezinho.

ARRASTAR

arrastar a asa (para) (fig.)
to woo, court

Ele anda arrastando a asa para uma
colega de faculdade.

arrastar o pé (colloq.)
to dance

Foram arrastar o pé naquela boate
nova da Rua Chile.

arrastar pela lama (fig.)
to slander, sling mud at, rake over
the coals

No discurso, o político arrastou
pela lama todos os deputados da
oposição.

ARRE

arre![1] (int., colloq.)
get up! get going!
(used to get a horse or other beast
of burden to move)

arre![2] (int., colloq.)
darn it! heck!

Arre! Não posso encontrar o outro
sapato.

ARREBITE

o arrebite[1] (sl.)
the bullet, lead, slug
(same as "o chumbo")

o arrebite[2] (drug.)
the amphetamine, "upper" (trucker
slang)
(same as "a bolinha")

ARREDAR

arredar pé (colloq.)

to leave, take off, go away

Tinha que arredar pé, que já
estava na hora.

ARREGADO

arregado (also noun) (sl.)
(var. of "arreglado")

ARREGADOR

o arregador (also adj.) (sl.)
(var. of "o arreglador")

ARREGAR-SE

arregar-se (sl.)
to give up, call it quits

Quem se arregar é um covarde.

ARREGLADO

arreglado (also noun) (sl.)
cowardly, lily-livered, yellow

Ladrão arreglado entra pelo cano.

ARREGLADOR

o arreglador (also adj.) (sl.)
the coward, "chicken"

Um arreglador desses só vai medrar
na hora agá.

ARREGLO

o arreglo (from Sp.) (sl.)
the agreement, arrangement,
compromise
(same as "o arrego")

ARREGO

o arrego (sl.)
the agreement, arrangement,
compromise
(var. of "o arreglo")

O arrego terminou a briga deles.

ARREPIAR

arrepiar carreira (colloq.)
to turn back, run away, turn tail

Ele não ia arriscar a pele por uma
bobagem dessas; resolveu arrepiar
carreira.

ser de arrepiar (o cabelo) (fig.)
to be hair-raising, be frightening

O filme de ontem foi de arrepiar.

ARRETADO

arretado (NE) (colloq.)
terrific, great, fantastic

Oxente! Que carro arretado!

estar arretado (often vulg.)
to be sexually aroused, be "turned
on"

ficar/estar arretado (com) (NE)
(colloq.)
to get/be mad (at)

O tabaréu ficou arretado quando o
jegue do vizinho entrou na roça
dele.

ARRETAR

arretar (vt) (often vulg.)
to arouse sexually, "turn on,"
excite

Essa vedete arreta tudo quanto é
homem.

ARRIADO

estar arriado dos quatro pneus por
(sl.)
to be crazy about, be head over
heels in love with
(same as "ser louco por")

ARRIAR

arriar (vi) (fig.)

to collapse, keel over, faint

Ele arriou de tanto cansaço e
bebida.

ARRISCAR

arriscar a pele (fig.)
to stick one's neck out, risk one's
life

Não vou arriscar a pele por uma
garota dessas.

ARROCHADO

arrochado (fig.)
difficult, rough, hard

Os tempos estão arrochados.

O teste foi arrochado, menina.

ARROCHAR

arrochar[1] (vt) (fig.)
to be hard on, squeeze, be
demanding on, expect a lot from, be
strict with

O diretor vive arrochando os
empregados; é um caxias.

arrochar[2] (vt) (crim. and sl.)
to arrest, "bust"
(same as "encanar")

ARROCHO

o arrocho (fig.)
the pinch, squeeze, tight spot,
difficulty

Com os preços altíssimos das
importações e a resultante perda
de divisas, o país está
atualmente num arrocho grave.

ser um arrocho (colloq.)
to be demanding, be hard, be strict
(said of a person)

O meu chefe é um arrocho; não dá
colher-de-chá para ninguém, sabe?

ARROMBA

de arromba (colloq.)
terrific, great, "neat"

Você perdeu uma festa de arromba
ontem, minha filha.

ARROMBADOR

o arrombador (colloq.)
the burglar, housebreaker

Quando o arrombador tentou entrar
pela janela, o Natalício acordou.

ARROTAR

arrotar (vi, vt) (colloq.)
to brag, boast; boast of

Vive arrotando nos bares.

Adorava arrotar valentia até as
altas horas da madrugada.

arrotar grandeza (colloq.)
to brag, boast, blow one's own horn

Aqueles grã-finos passam a maior
parte do tempo arrotando grandeza.

ARRUMAR

*arrumar (vt) (colloq.)
to get a hold of, obtain
(same as "arranjar")

arrumar a trouxa (fig.)
to pack one's bags, take off

Se o negócio não der certo, eu
pretendo arrumar a trouxa.

ARRUMAR-SE

arrumar-se (colloq.)
to get by, manage
(same as "arranjar-se")

ARTE

a arte (colloq.)

the prank, trick, mischief,
trickery, prankishness

Isto parece ser arte desse garoto
sapeca.

*fazer arte (colloq.)
to make mischief, act up

E quando chegarem as visitas, nada
de fazer arte, meu filho, viu?

ARTILHEIRO

o artilheiro (sport.)
the ace soccer scorer

Aquele artilheiro do Flamengo
marcou cada gol de letra ontem.

ARTISTA

o artista[1] (colloq.)
the smooth operator, sharpie; con
man

Um bom artista sabe enganar até o
mais cauteloso.

o artista[2] (colloq.)
the brat, mischievous child
(same as "o capeta")

ÁS

o ás (fig.)
the ace, expert, tops, champ
(same as "o craque")

ASA

a asa (sl.)
the arm

O sujeito levou uma facada na asa e
outra na gâmbia.

ASNEIRA

a asneira (colloq.)
the stupid action or remark;
foolishness
(same as "a burrice")

ASNICE

a asnice (colloq.)
the stupid action or remark;
foolishness
(same as "a burrice")

ASNO

o asno (fig.)
the jackass, idiot
(same as "o burro")

ASSENTAR

assentar (um golpe, soco, tapa, a
mão, etc.) em (colloq.)
to throw (a punch) at, land (a
blow) on

O pugilista assentou um soco
daqueles no queixo do adversário.

ASSENTO

o assento (colloq.)
the fanny, seat, behind; anus

Levou um tiro no assento.

ASSIM

*assim (colloq.)
you know, sort of, somewhat

Ele está, assim, de mau humor.

Ela fala, assim, arranhado, sabe?

assim não! (colloq.)
that's no good! that's no way! cut
it out! come off it!

Assim não! Eu não admito tais
liberdades, entende?

*assim, ó (often accompanied by a
gesture) (colloq.)
(just) like this, like so

Ele andava assim, ó!

*assim ou assado (colloq.)
(in) this way or that, (in) one way
or another

Ela fez questão que a gente
fizesse assim ou assado.

*e assim por diante (colloq.)
and so forth, et cetera
(same as "e tal")

*é assim mesmo (colloq.)
that's exactly the way it is,
exactly, that's right

É assim mesmo, ouviu?

nem assim nem assado (colloq.)
in no way whatever, in no case

Eu não vou no carro daquele
maluco, nem assim nem assado.

ser assim (colloq.)
to be close friends, be hand and
glove (said of two persons)
(accompanied by gesture of rubbing
together both extended index
fingers)

Eles são assim, ó, como dois
irmãos.

ASSINATURA

tomar assinatura com (colloq.)
to fuss with, pick on, constantly
tease
(same as "implicar com")

ASSUMIDO

o assumido (sl.)
the blatant homosexual
(same as "a bichona")

ASSUNTAR

assuntar (vt) (colloq.)
to look at, observe, have one's
attention on

Ela deu para assuntar o entra-e-sai
diário do banco.

ASSUSTADO

o assustado (colloq.)
the improvised party or dance,
spur-of-the-moment get-together

A turma resolveu fazer um assustado
para comemorar.

ASTRONÔMICO

astronômico (fig.)
astronomical, large, high,
expensive (said of prices)

Vende tudo a preços astronômicos.

ATACAR

atacar (vt) (sl.)
to perform (a song, etc.); strike
up

Aí o conjunto atacou uma música
baiana e foi o maior desbunde.

atacar (com uma) de (sl.)
to make like a, make with the, do
the . . . bit

Ele atacou (com uma) de ator e fez
muito sucesso.

Vou ver se ataco de música
francesa.

ATA-NÃO-DESATA

o ata-não-desata (colloq.)
the wishy-washy person, namby-pamby
(same as "o chove-não-molha")

ATAQUE

*ter um ataque (colloq.)
to have a fit, get upset

Aquela senhora teve um ataque
quando soube da fuga da filha.

ter um ataque de riso (fig.)
to die of laughter, burst out
laughing
(same as "morrer de rir/riso")

ATAR

não atar nem desatar (colloq.)
to be wishy-washy, be indecisive

Não podemos confiar naquele cara-
-não ata nem desata.

ATÉ

até (colloq.)
so long! see you later!

Vou falar com você amanhã. Até!

ATERRIZAR

aterrize! (colloq.)
come down to earth! stop
daydreaming!

Aterrize! Você está no mundo da
lua, é?

ATIÇAR

atiçar o fogo (fig.)
to fuel the fire
(same as "botar lenha no fogo")

ATIRAR

atirar no que viu e matar o que
não viu (colloq.)
to obtain unexpected results, get
something different from or better
than what one bargained for

O Carneiro atirou no que viu e
matou o que não viu, pois acabou
casando com a irmã de quem
primeiro namorou.

A-TOA

à-toa (colloq.)
useless, insignificant, good-for-
nothing

Ele é um cara à-toa.

ATOLAR-SE

atolar-se (fig.)

to have difficulties, get into a
jam, get bogged down

Bem que eu lhe disse, Carlinhos,
não vá se atolar numa situação
dessas.

ATOLEIRO

o atoleiro (fig.)
the jam, fix, predicament

Só à custa de muito esforço é
que conseguiu sair do atoleiro em
que estava.

ATRACAR-SE

atracar-se com (colloq.)
to embrace tightly, hold (someone)
close

Ela se atracou com ele no corredor.

ATRÁS

levar atrás (vulg.)
to engage in anal intercourse
(female role); be a homosexual

ATRASADO

estar atrasado (sl.)
to be sex-starved, be hard-up, be
"horny"

Depois de várias semanas em alto
mar, os marujos ficam bastante
atrasados.

ATRASO

tirar o atraso (sl.)
to catch up on one's sex life, have
sex at long last (said of a male)
(same as "botar a escrita em dia")

ATRAVESSADO

estar atravessado com (colloq.)
to be at odds with, be on bad terms
with; be peeved at

Estou atravessado com o Luís, pois

ele tem andado me malhando
ultimamente.

ter atravessado na garganta
(colloq.)
not to be able to stomach (someone)

Eu tenho esse chato atravessado na
garganta, sabe?

ATRAVESSADOR

o atravessador (drug.)
the "pusher," source, dealer (of
drugs)

Vou pedir para o atravessador
arranjar mais "coisas" para a
gente.

ATRITAR-SE

atritar-se com (fig.)
to have it out with, fight with,
have a disagreement with

A Glória se atritou novamente com
a vizinha da esquina.

ATRITO

o atrito (fig.)
the fight, disagreement, friction,
clash

Houve muitos atritos no governo do
Neves.

ATUCANAR

atucanar (vt) (colloq.)
to pester, irk, nag
(same as "azucrinar")

AÚ

o aú (sport.)
the cartwheel (in gymnastics and
capoeira)

O nego deu um aú para esquivar a
chutada do adversário.

AUE

o auê (sl.)
the uproar, hubbub, commotion

Esse encrenqueiro apronta cada
auê.

AVACALHAÇÃO

*a avacalhação (colloq.)
the mess, chaos, disorder

Esse país não passa de uma
avacalhação.

AVACALHADO

*avacalhado (colloq.)
sloppy, messy
(same as "bagunçado")

AVACALHAR

*avacalhar (vt) (colloq.)
to mess up, screw up, botch up,
disorganize
(same as "bagunçar")

AVANÇADO

avançado (sl.)
modern, up-to-date, "in"

Para uma senhora idosa, ela é até
avançada.

AVANÇAR

avançar o sinal[1] (fig.)
to be too hasty, jump the gun

Manera, rapaz, não avança o
sinal, pois você ainda não tem
condição econômica para casar.

avançar o sinal[2] (sl.)
to have sex with one's fiancé(e),
"jump the gun"

A criança nasceu aos seis meses de
casados; tinham avançado o sinal.

AVE

*ave Maria! (int., colloq.)
my gosh! my goodness!
(same as "nossa senhora!")

AVEADADO

aveadado (sl.)
sissy, effeminate
(same as "fresco")

AVENIDA

abrir uma avenida em (crim.)
to stab with a knife, "carve up"
(especially someone's face)

Pegou a faca e abriu uma avenida na
cara do rival.

AZAR

azar! (int., colloq.)
too bad! tough luck!

Furou um pneu? Azar, meu filho!
Azar seu!

AZEITE

estar em/com seus azeites (colloq.)
to be in a lousy/rotten mood

Papai está em seus azeites hoje;
levantou com o pé esquerdo.

AZEITONA

a azeitona (sl.)
the bullet, slug
(same as "o chumbo")

botar azeitona na empada de (sl.)
to do a favor for, lend support to,
benefit (someone else rather than
oneself)

Por que você está botando
azeitona na empada do Lúcio, se
ele nem dá bola para você?

AZOUGUE

o azougue (sl.)
the live wire, clever and vivacious
individual

Aquele azougue nunca cansa de
soltar piadas.

AZUCRINAR

azucrinar (vt) (colloq.)
to pester, "bug," bother, irritate

Pelo amor de Deus, deixa de
azucrinar, seu chato!

AZUL

**tudo azul? (sl.)
everything all right? all O.K.?
(same as "tudo bem?")

**tudo azul! (sl.)
everything's rosy! all's fine!
(same as "tudo bem!")

tudo azul com bolinhas brancas!
(sl., joc.)
everything's great! everything's
super!

--Tudo azul?
--Tudo azul com bolinhas brancas!

AZULAR

azular (vi) (colloq.)
to flee, vanish, run off

Assim que o dono da loja apareceu,
o sujeito mal-encarado azulou.

B

BABA

a baba de quiabo (sl.)
the "fast-talk," slick "line," song
and dance

Aquele político tem uma baba de
quiabo que eu vou te contar.

BABABÁ

o bababá (colloq.)
the uproar, disturbance, hubbub,
row
(same as "a bagunça^2")

BABACA

a babaca (vulg.)
the vagina

babaca (also noun) (sl.)
stupid, dumb, idiotic, foolish

Nem um sujeito dos mais babacas
embarca nessa história de tolo.

BABADO

o babado^1 (sl.)
the item of gossip, rumor, "the
latest"

Me conta os babados aí!

o babado^2 (sl.)
the thing, deal, stuff; matter

Quero comer um vatapá com todos os
babados de praxe.

O babado não é esse; são outros
quinhentos.

estar babado por (sl.)
to be crazy about, have flipped
over, have a mad crush on
(same as "ser louco por")

quais (são) os babados? (sl.)
what's the latest (news or gossip)?
what's new? what's up?

Eu passei as férias no interior.
Quais os babados aqui no Rio?

BABALAÔ

o babalaô (from Yor.)
the candomblé soothsayer; voodoo
priest

Babalaô é raro na Bahia, onde
predominam as mães-de-santo.

BABALORIXÁ

o babalorixá (from Yor.)
the voodoo priest
(same as "o pai-de-santo")

BABÃO

o babão (also adj.) (colloq.)
the nitwit, driveling idiot
(same as "o burro")

BABAQUARA

o babaquara (also adj.) (colloq.)
the idiot, simpleton, dummy
(same as "o burro")

BABAQUICE

a babaquice (sl.)
the foolish act or remark;
stupidity
(same as "a besteira^1")

BABAR-SE

babar-se por (sl.)
to fall head over heels for, drool
over
(same as "gamar por")

BABAU

babau! (int., crim. and sl.)
it's all over! all's lost! the
jig's up! that's all she wrote!

Babau! 'Tá pintando tira às
pampas!

BABILA

a babila (crim. and sl.)
the identification paper, I.D.
(same as "o babilaque")

BABILAQUE

o babilaque (crim. and sl.)
the (personal) document, I.D.

O tira olhou os babilaques do
sujeito e aí deixou ele passar.

BABOSEIRA

a baboseira (colloq.)
the stupid remark or action;
foolishness
(same as "a besteira[1]")

BABOSO

o baboso (also adj.) (colloq.)
the driveling idiot, nitwit
(same as "o burro")

BACALHAU

o bacalhau[1] (colloq.)
the skinny person

Vai ver que aquele bacalhau
passaria por debaixo da porta.

o bacalhau[2] (colloq., pej.)
the Portuguese person
(same as "o portuga")

o bacalhau[3] (also adj.) (sport.,
pej.)
the player or fan of the Clube de
Regatas Vasco da Gama (a Rio soccer
team)
(same as "o cruzmaltino")

BACAMARTE

o bacamarte (crim.)

the pistol, gun, revolver
(same as "o berro")

BACANA

o bacana (from Ital.) (crim. and
sl.)
the rich man, moneybags, rich
playboy

Vamos roubar o tutu daquele bacana.

**bacana[1] (sl.)
pretty, gorgeous, lovely

Essa camisa bacana deve ter custado
uma boa nota, não é?

Eta mulher bacana! Bacanérrima!

**bacana[2] (sl.)
great, terrific, "neat," "far-out,"
"out-of-sight"

Todo mundo acha o Jorge um cara
bacana.

Idéia bacana, rapaz!

fazer o bacana (sl.)
to do something nice
(same as "fazer um bonito")

BACANAL

o bacanal (stud.)
the lousy school, "party school"

O que é que você espera aprender
naquele bacanal?

BACANIDADE

a bacanidade[1] (sl.)
the loveliness, beauty

Aquela menina é a própria
bacanidade!

a bacanidade[2] (sl.)
the terrificness, excellence,
marvelousness

A bacanidade do cara é
indiscutível.

BACANO

o bacano (crim. and sl.)
(var. of "o bacana")

BADALAÇÃO

a badalação[1] (sl.)
the publicity, comment,
"trumpeting"

O evento passou sem nenhuma
badalação.

a badalação[2] (sl.)
the party, gala affair, merrymaking

Você se lembra da festinha que a
gente programava para sábado?
Pois, foi aquela badalação!

a badalação[3] (sl.)
the frequent socializing, making of
frequent public appearances

A vida dela é uma badalação
constante na vida social da
capital.

a badalação[4] (sl.)
the gossiping, rumors, indiscreet
disclosure

Quem é que agüenta a badalação
dos fofoqueiros?

a badalação[5] (sl.)
the bootlicking, flattery, abundant
praise
(same as "o puxa-saquismo")

BADALADA

dar uma badalada (sl.)
to knock about, go out walking;
"cruise," be on the make
(same as "badalar[3,5,6]")

BADALADO

o badalado (sl.)
the effeminate man; male
homosexual, "fairy"
(same as "a bicha[1]")

badalado (sl.)
famous, talked about, commented,
acclaimed

Foi um show muito badalado na
imprensa desta praça.

BADALADOR

o badalador[1] (sl.)
the bootlicker, adulator
(same as "o puxa-saco")

o badalador[2] (also adj.) (sl.)
the frequent partygoer, man about
town, socializer

Um badalador desses aparece em
todas as funções sociais.

BADALAR

badalar[1] (vt) (sl.)
to talk a lot about, advertise,
talk up, trumpet, publicize

A imprensa badalou muito o
negócio.

badalar[2] (vt) (sl.)
to heap praise upon, extol, adulate

Badalou o novo livro do amigo.

Ele badala o chefe o tempo todo.

badalar[3] (vi) (sl.)
to knock about, wander around, go
out walking

Eu também estou sem programa;
vamos sair badalando por aí.

badalar[4] (vi) (sl.)
to frequent social events, make the
social scene, parade in public

Ela já badalou em todas as boates
da paróquia.

badalar[5] (vi) (sl.)
to "cruise," go out in search of
sexual companionship (heterosexual
or homosexual)

Saiu badalando para ver se apanhava
um bói.

badalar[6] (vi) (sl.)
to walk the streets (said of a
prostitute)
(same as "fazer o 'trottoir'")

badalar[7] (vt) (sl.)
to blab, reveal indiscreetly

Ele vive badalando todos os
segredos da gente.

BADALAR-SE

badalar-se (sl.)
to blow one's horn, brag

Ela gosta de badalar-se; não
percebe os próprios defeitos.

BADALATIVO

badalativo (sl.)
showy, flashy, ostentatious (said
of a person or thing)

A Lúcia comprou um carrão muito
badalativo.

BADALO

o badalo (vulg.)
the penis

BADERNA

*a baderna (colloq.)
the commotion, row, brawl

A festa começou com muita calma,
mas acabou numa baderna que só
vendo.

BAFAFÁ

*o bafafá (colloq.)
the uproar, disturbance, ruckus,
brouhaha

A vizinha veio bronquear e aí
começou um bafafá daqueles.

BAFO

o bafo (sl.)
the idle talk, hot air; boasting

Tudo o que fala aquele faroleiro é
puro bafo.

BAFO-DE-BOCA

o bafo-de-boca (sl.)
the idle talk, hot air; boasting
(same as "o bafo")

BAFO-DE-ONÇA

o bafo-de-onça (sl., joc.)
the bad breath, alcohol breath

O bafo-de-onça daquele cachaceiro
dava para empestar a casa toda.

BAFO-DE-TIGRE

o bafo-de-tigre (sl., joc.)
the bad breath, alcohol breath
(same as "o bafo-de-onça")

BAGA

a baga (sl., drug.)
the cigarette butt; "roach"
(same as "a guimba")

BAGAÇO

*o bagaço (colloq.)
the thing or person of little
value; trash, junk

Joga esse bagaço fora, que não
presta para nada.

BAGANA

a bagana (sl., drug.)
the cigarette butt; "roach"
(same as "a guimba")

BAGO

os bagos (vulg.)
the testicles

BAGULHO

o bagulho[1] (crim.)
the loot, stolen goods, "haul"

Ele enrustiu o bagulho num
barracão lá do morro.

o bagulho[2] (sl.)
the rubbish, trash
(same as "o bagaço")

o bagulho[3] (drug.)
the marijuana
(same as "o fumo[1]")

BAGUNÇA

**a bagunça[1] (sl.)
the mess, disorder

A casa ficou uma bagunça depois da
festa.

**a bagunça[2] (sl.)
the uproar, commotion, ruckus, row

Houve uma bagunça hoje na
Faculdade.

Foi aquela bagunça quando a
polícia tentou impedir a passeata.

*fazer (uma) bagunça (sl.)
to goof off, horse around, fool
around, raise hell

Você não veio aqui estudar, veio
fazer bagunça, né?

BAGUNÇADA

a bagunçada (sl.)
the mess, disorder; uproar,
commotion
(same as "a bagunça")

BAGUNÇADO

*bagunçado (sl.)
messed up, messy, sloppy

Já se viu uma peça de teatro tão
bagunçada?

A casa toda estava bagunçada.

BAGUNÇAR

**bagunçar (vt) (sl.)
to mess up, turn topsy-turvy, make
sloppy, screw up

Quem bagunçou o governo foi o
Humberto.

BAGUNCEIRO

*o bagunceiro (also adj.) (sl.)
the troublemaker, roughneck

Não convida o Edgard para a festa,
meu caro. É um bagunceiro
incurável.

BAIACU

o baiacu (fig.)
the short and fat person, fatty

Foi gozadíssimo olhar a Marta
dançar com o baiacu.

BAIANA

a baiana (colloq.)
the woman who sells typical Bahian
food at small sidewalk stands (she
is also often dressed in Bahian
traditional costume)

Tem muitas baianas nas ruas do Rio
a vender acarajé e outras comidas
típicas.

BAIANADA

a baianada[1] (South) (colloq.)
the stupid behavior, foolish action

As baianadas desse motorista vão
provocar um acidente.

a baianada[2] (South) (colloq.)
the double-cross, dirty trick, low
blow

Quem fizer uma baianada comigo vai
pagar, viu?

BAIANO

o baiano[1] (South) (colloq., pej.)
the idiot, fool, nincompoop

Onde é que roubou sua carteira de
motorista, seu baiano?

o baiano[2] (South) (colloq., pej.)
the "colored person," Black

Esse crioulinho e um outro baiano
chegaram aqui num carro bacana.

o baiano[3] (South) (colloq.)
the Northerner or Northeasterner
(Brazil)

Está chegando baiano do sertão de
cinco estados!

BAI-BAI

bai-bai! (from Eng. "bye-bye")
(sl.)
bye-bye! good-bye! so long!

Bai-bai! Aquele abraço!

BAILE

dar um baile em (sl.)
to razz, tease, humiliate, show up

Ele deu um baile daqueles no
faroleiro.

levar um baile (sl.)
to be teased, be humiliated

O cara levou o maior baile quando
tropeçou no restaurante.

BAIRRISMO

*o bairrismo
the exaggerated local or regional
loyalty, localism, sectionalism,
provincialism

Vai ver que o bairrismo dos
representantes estraga qualquer
plano nacional.

BAIRRISTA

*o bairrista (also adj.)
one given to excessive
parochialism, "provincial patriot,"
sectionalist, regionalist

Um bairrista desses não quer saber
de integração nacional.

Paulista é muito bairrista, não
acha?

BAITA

baita (colloq.)
big, whopping, enormous

Tinha um baita revólver na mão.

BAITOLA

o baitola (sl., pej.)
the male homosexual, "fag"
(same as "a bicha[1]")

BAITOLO

o baitolo (sl., pej.)
(var. of "o baitola")

BAIÚCA

a baiúca (fig.)
the "dive," shabby joint
(same as "a espelunca")

BAIXAR

baixar (vi) (sl.)
to swoop down, appear, show up,
arrive

Aí a polícia baixou e apanhou o
Luís com a boca na botija.

BAIXO

*estar/andar por baixo (colloq.)
to be down, be down and out, be
destitute; be broke

Ele está muito por baixo; não
consegue se levantar.

BAIXO-ASTRAL

o baixo-astral[1] (sl.)
the jinx, one who gives bad "vibes"
(same as "o pé-frio")

o baixo-astral[2] (sl.)
the bad "vibes," bad luck

Aí senti o baixo-astral e me
arranquei.

BALA

mandar bala (em) (milit. and sl.)
to fire (at), shoot (at)
(same as "passar fogo [em]")

nem a bala! (sl.)
no way! not on your life!
(same as "nem morto!")

ser uma bala (fig.)
to be a fast runner

O Celso ganhou a corrida porque é
uma bala.

BALACOBACO

ser do balacobaco (sl.)
to be terrific, be really something

O show do Simona é do balacobaco.

BALAIO

o balaio (sl.)
the behind, fanny (esp. that of a
female)
(same as "a saúde")

BALANÇA

*pesar na balança (fig.)
to carry a lot of weight, be
important

Vamos levar seu problema para o
senhor Braga, que ele pesa na
balança lá na Faculdade.

BALANÇA-MAS-NÃO-CAI

o balança-mas-não-cai (sl.)
the tenement building of ill repute
(same as "o treme-treme")

BALANÇAR

balançar a rede (sport.)
to score a goal (in soccer)

O Negão balançou a rede três
vezes na partida de ontem.

balançar a roseira (sport.)
to score a goal (in soccer)
(same as "balançar a rede")

balançar o véu-da-noiva (sport.)
to score a goal (in soccer)
(same as "balançar a rede")

BALANÇO

fazer um balanço de (fig.)
to take stock of, survey, examine,
review

Ela resolveu fazer um balanço da
situação.

BALÃO

o balão[1] (sl.)
the lie; baloney, bunk, idle talk

O balão que o Walter está falando
é o mesmo chute de sempre.

o balão[2] (sport.)
the soccer ball
(same as "o couro[1]")

dar um balão (sl.)
to exaggerate, tell a whopper,
stretch the truth, lie
(same as "chutar alto")

estar balão (sl. and drug.)
to be "high" (on alcohol or drugs),
be drunk, be "stoned"

Ela estava balão quando saiu do
embalo.

fazer um balão (sl.)
to make a U-turn, go around the
block, turn around (in a car or
other vehicle)

Vou saltar agora, mas você faz um
balão e me apanha aqui na volta,
viu?

lançar/soltar um balão de ensaio
(fig.)
to send up a trial balloon, put out
a feeler (in order to test public
opinion)

O Prefeito resolveu lançar um
balão de ensaio, espalhando o
boato da sua candidatura à
presidência.

BALÃO-APAGADO

o balão-apagado (crim.)
the sleeping person (who is an easy
target for a pickpocket)

O malandro afanou a carteira de um
balão-apagado no ônibus.

BALDA

às baldas (sl.)
in abundance, galore
(same as "aos montes" [monte])

BALEIA

a baleia (fig.)
the fat person, fatso

Aquela baleia pesa 95 quilos!

BALELA

a balela (colloq.)
the hearsay, false rumor, lie

Não acredita nessa história, pois
não passa de balela.

BALZACA

a balzaca (colloq.)
(var. of "a balzaquiana")

BALZAQUIANA

a balzaquiana (coll.)
the woman in her thirties

Essa balzaquiana está mesmo com
medo de ficar para titia.

BAMBA

*o bamba[1] (sl.)
the tough guy, bully

Ninguém mexe com aquele bamba.

*o bamba[2] (sl.)
the expert, tops, champion, ace
(same as "o craque")

BAMBAMBÃ

o bambambã[1] (sl.)
the bully, tough guy
(same as "o bamba[1]")

o bambambã[2] (sl.)
the expert, ace, champ
(same as "o craque")

BAMBOLÊ

o bambolê[1]

the hoola hoop

Bambolê já não está na onda.

o bambolê[2] (sl.)
the wedding ring

Como ia saber que a mina era casada
se ela não usava bambolê no dedo?

o bambolê de otário (sl.)
the wedding ring
(same as "o bambolê[2]")

BAMBU

o bambu vestido (colloq., joc.)
the beanpole, tall, skinny person
(same as "o varapau")

BANANA

a banana[1] (sl.)
the jam, mess, problem

Seu namoro com aquela pilantra foi
um caso de dar banana.

Deu a maior banana na última
reunião do clube.

a banana[2] (vulg.)
the penis

a banana[3] (colloq.)
"the finger" (vulgar gesture)
(see "dar [a] banana")

*o banana (colloq.)
the softy, milksop, weakling,
pantywaist; wishy-washy person

A Sílvia casou com um banana que
não é de nada.

dar (a) banana (colloq.)
to give "the finger," make a vulgar
gesture (especially with entire
hand and forearm)

O Jacques quase teve um filho
quando a velha lhe deu a banana.

descascar a banana (vulg.)
to masturbate (said of a male)

uma banana! (int., sl.)
bull! my eye!
(same as "uma ova!")

uma banana para você! (vulg.)
screw you! shove it!

BANANEIRA

a bananeira que já deu cacho
(colloq.)
the has-been, no spring chicken
(also said of a person or thing
that has become useless or
unprofitable)

Ele já não dá no couro; é uma
bananeira que já deu cacho.

BANANOSA

estar numa bananosa (sl.)
to be in a pickle, be in a jam
(same as "estar numa sinuca")

BANCA

*botar banca[1] (colloq.)
to act snobbish, put on an act,
brag, show off

Desde que ela ganhou a bolsa, anda
botando banca.

*botar banca[2] (colloq.)
to make a hit, go over big, make a
good impression

Ela botou banca na festa, pois
todos ficaram gostando dela.

*botar banca[3] (colloq.)
to hold the upper hand, dominate,
lay down the law

Ela bota banca em cima do marido.

BANDA

*as bandas (colloq.)
the region, area, parts, neck of
the woods

Eu moro lá por aquelas bandas.

Morreu lá pelas bandas de Minas.

comer da banda podre (colloq.)
to go through hell, have an awfully
rough time of it
(same as "comer fogo")

BANDEIRA

dar bandeira (crim., drug., sl.)
to give oneself away, tip one's
hand, attract (unwanted) attention,
be conspicuous or indiscreet

O maconheiro deu bandeira e foi
preso.

dar uma bandeira (sl.)
to make a slip-up, make an error,
botch up everything
(same as "dar um fora")

dar uma bandeira em (sl.)
to give the brush-off to, get rid
of, tell off, answer gruffly
(same as "dar o fora em'")

BANDEJA

de bandeja (colloq.)
on a silver platter, as a present,
free

Vai ganhar o pão, meu caro, ou
quer que eu te dê de bandeja?

BANDIDO

trabalhar de bandido contra (sl.)
to work against, act against the
interests of

O amigo-da-onça trabalhou de
bandido contra mim, sujando a minha
barra com a namorada.

BANDOLA

dar uma bandola (sl.)
to take a walk
(same as "dar um giro")

BANDULHO

o bandulho (colloq.)
the belly, breadbasket
(same as "a pança")

BANGU

à bangu (sl.)
sloppily, in a slipshod manner,
haphazardly

O cara faz tudo à bangu.

BANGUE-BANGUE

o bangue-bangue (from Eng. "bang-
bang") (sl.)
the cowboy movie, western, shoot-
'em-up

Os garotos do bairro são loucos
pelos bangue-bangues.

BANHAR-SE

banhar-se em água de rosas (fig.)
to gloat, have been proven correct

A Adalgiza banhou-se em água de
rosas quando o negócio do primo
faliu.

BANHO

o banho (sport.)
the trouncing, "slaughter"
(same as "a lavagem")

o banho de língua (vulg.)
the cunnilingus or fellatio

dar um banho em[1] (sport.)
to trounce, "slaughter," drub
(same as "dar uma lavagem em")

dar um banho em[2] (sl.)
to double-cross, betray

Aquele amigo-da-onça deu um banho
nos companheiros, dando o serviço
à polícia.

BANHO-DE-LOJA

tomar um banho-de-loja (sl.)
to go out and buy a bunch of new
clothes, etc., go on a shopping
spree

A Joana tomou um banho-de-loja,
procurando sair da fossa.

BANHO-MARIA

cozinhar/botar em banho-maria (sl.)
to put (someone) off, stall
(someone), give the run-around

Há três semanas que estou
tentando entrevistar o diretor do
instituto, mas ele continua me
cozinhando em banho-maria.

BANZÉ

o banzé (colloq.)
the uproar, disturbance, row,
ruckus
(same as "a bagunça[2]")

BARABADÁ

o barabadá (colloq.)
the idle talk, chitchat
(same as "o blablablá")

barabadá (colloq.)
et cetera, and so on, and so forth
(same as "e tal")

BARÃO

o barão (sl.)
the one-thousand cruzeiro note

Lá vai barão de novo!

BARATA

a barata (colloq.)
the sports car
(same as "a baratinha")

entregue às baratas (colloq.)
abandoned, uncared for, neglected,
gone to the dogs

O carro estava entregue às
baratas.

feito barata tonta (colloq.)
disoriented, confused, like a
chicken with its head cut off

Ele correu do incêndio feito
barata tonta.

BARATINADO

estar baratinado[1] (drug.)
to be "stoned," be "high," be
"tripped out"

Desde que arrumaram essa maconha,
estão baratinados o tempo todo.

estar baratinado[2] (sl.)
to be confused, be all mixed up

Ele ficou tão emocionado que
estava baratinado quando tentou
falar.

BARATINAR

baratinar (vt) (sl.)
to confuse, mix up, disorient,
upset, disturb

Uma experiência dessas é capaz de
baratinar qualquer camarada.

BARATINAR-SE

baratinar-se[1] (drug.)
to get "high," get "stoned," "trip
out"

O broto se baratinou depois de só
uma puxada do crivo.

baratinar-se[2] (sl.)
to become confused, get mixed up,
become disoriented

O Zé sempre se baratina quando
tenta falar com uma guria.

BARATINHA

a baratinha (colloq.)
the roadster, sports car

Você sabe dirigir essas baratinhas
européias?

BARATINO

o baratino[1] (drug.)
the narcotics; marijuana; "high"
(from drugs)

Ele entregou o baratino ao
maconheiro.

O haxixe dá um baratino legal.

o baratino[2] (sl.)
the "line," fast-talk; double-talk

Procurou convencê-lo na base do
baratino.

BARATO

o barato[1] (drug.)
the "high" (from drugs)

Você não faz idéia do barato que
essa erva dá.

o barato[2] (sl.)
the "gas," "groove," fun; something
terrific
(same as "a onda[6]")

o barato[3] (sl.)
the thing, matter, "deal,"
"business"

Que barato é esse que o sujeito
falou?

que barato! (sl.)

what a "gas"! what a "trip"!

Música linda. Que barato!

*ser um barato (sl.)
to be "far-out," be terrific, be a
"trip"

Passar o fim de semana em Cabo Frio
é um barato, rapaz--um tremendo
barato!

Essa mulher é o maior barato.

tirar um barato[1] (drug.)
to get "stoned," get "high"

Ele pegou um "dólar" e logo estava
tirando um barato.

tirar um barato[2] (sl.)
to act snobbish, put on airs
(same as "tirar uma onda")

BARBA

botar as barbas de molho (fig.)
to take precautions, be cautious,
be on one's guard

Bota as barbas de molho, rapaz, que
vai enfrentar muitas dificuldades
na semana que vem.

nas barbas de (colloq.)
under the nose of, in the very
presence of

Assaltaram o banco nas barbas da
polícia.

ter barbas (colloq.)
to be old, be stale (said of a joke
or story)

Você já contou essa piada muitas
vezes--tem barbas.

BARBADA

*a barbada[1] (sl.)
the sure thing, cinch; shoo-in,
sure winner

Quem não apostar nessa barbada é
ruim da cabeça.

a barbada[2] (sl.)
the hot tip

O Edu me deu uma barbada que deu
certo no dia seguinte.

ser barbada (sl.)
to be a cinch, be easy, be a sure
thing
(same as "ser sopa")

BARBADO

o barbado (sl.)
the man, fellow, guy, adult male

Esse barbado não presta, menina.

BARBARIZAR

barbarizar (vi) (sl.)
to be a hit, be a big success

Esse conjunto está barbarizando
numa boate da Barra.

BÁRBARO

**bárbaro (sl.)
terrific, great, "far out"

Ele tem uma voz bárbara.

Você precisa ver, rapaz; é um
carango bárbaro.

BARBEIRAGEM

a barbeiragem[1] (colloq.)
the poor driving, dangerous driving

Veja só a barbeiragem daquele
motorista!

a barbeiragem[2] (sl.)
the bungling, incompetency,
clumsiness; clumsy action

Uma empresa eficiente não pode
admitir uma barbeiragem dessas.

BARBEIRO

*o barbeiro[1] (colloq.)
the poor driver, dangerous driver,
"cowboy"

Aprenda a dirigir, seu barbeiro!
Quer morrer?

o barbeiro[2] (sl.)
the clumsy person, bungler, klutz,
incompetent

Esse cirurgião é um barbeiro.

BARCA

a barca da cantareira (Rio) (sl.,
obs., joc.)
the bisexual
(same as "o gilete")

BARCO

estar no mesmo barco (colloq.)
to be in the same boat, share the
same predicament

É bom vocês colaborarem conosco,
que estamos todos no mesmo barco.

BARNABÉ

o barnabé (colloq.)
the petty bureaucrat, government
pencil pusher

Se lavrar uma queixa, vai ter que
tratar com tudo quanto é barnabé
no governo municipal.

BARRA

a barra (sl.)
the situation, "scene"; issue,
matter

Eu não quis forçar a barra, de
modo que não fiz questão que ela
me contasse tudo.

Estudei a barra. Não estava leve,
não. Estava pesadíssima.

a barra leve (sl.)
the good neighborhood, safe
environment

Não se preocupe, que onde eu moro
não é favela--é barra leve.

a barra pesada (sl.)
the rough neighborhood, dangerous
place, "shady" environment

Nem a polícia bota os pés numa
barra pesada daquelas.

como vai/está a barra? (sl.)
how is it going? how is everything?

Como está a barra, irmão? Tudo
jóia?

de barra pesada (sl.)
"shady," disreputable; dangerous
(same as "barra-pesada[1]")

BARRACA

a barraca (colloq.)
the beach umbrella

Está fazendo um sol dos diabos
hoje e acho melhor a gente levar a
barraca para a praia.

BARRA-LIMPA

barra-limpa (sl.)
terrific, "neat," nifty

Aquela boate é barra-limpa, viu?

BARRANCO

pegar barranco (sl.)
to eat/get the leftovers (also
fig.)

Chegou tarde e só pegou barranco.

BARRA-PESADA

barra-pesada[1] (sl.)
"shady," low, bawdy; dangerous
(said of places and persons)

Vambora daqui, rapaz, que a
freguesia é barra-pesada.

barra-pesada[2] (sl.)
difficult, rough, a "bear," a "bad
scene"

A prova foi barra-pesada.

BARRICÃO

ficar no barricão (NE) (colloq.)
to become an old maid
(same as "ficar para titia")

BARRIGA

estar de barriga (colloq.)
to be pregnant

Não têm filhos ainda, mas vão
ter, pois ela está de barriga.

minha barriga está dando horas
(colloq.)
my stomach's growling (from hunger)

Quando é que a gente vai boiar?
Minha barriga está dando horas.

minha barriga está roncando
(colloq.)
my stomach's growling (from hunger)
(same as "minha barriga está dando
horas")

tirar a barriga da miséria
(colloq.)
to eat at long last, have one's
fill, stuff oneself (esp. after a
long privation)

Vamos aproveitar o festão para
tirar a barriga da miséria.

BARRIGA-VERDE

o barriga-verde (colloq.)
the native of Santa Catarina

Os barrigas-verdes de Blumenau são
completamente diferentes dos de
Florianópolis.

BARRIGUDA

a barriguda (sl.)
the bottle of dark beer, dark beer

Vamos tomar uma barriguda.

estar barriguda (colloq.)
to be pregnant
(same as "estar de barriga")

BARRIL

o barril de chope (colloq.)
the fat person, fatso, butter-ball

Esse barril de chope não consegue
passar pela porta.

BARULHO

fazer (um) barulho (colloq.)
to raise a ruckus, create a
commotion, make a fuss

Aí uns penetras furaram a festa e
começaram a fazer um barulho
danado.

ser do barulho (sl.)
to be terrific, be outstanding

O Zé é do barulho--legal, da
pesada!

BASE

é tudo na base de (colloq.)
it's all a matter of, it's all
based on

Capoeira é tudo na base do ritmo
do berimbau.

ir/estar naquela base (sl.)
to be in the same familiar way or
situation

Ele bebeu demais ontem e hoje está
naquela base, sabe?

BASEADO

o baseado (drug.)
the "joint," "reefer," marijuana
cigarette

Encontraram dois baseados no bolso
do maconheiro.

BASTA

dar o/um basta (em) (colloq.)
to put an end (to), put a stop (to)

O Ronaldo chegou e deu um basta na
briga.

BATALHA

a batalha[1] (sl.)
the work, job, livelihood

Ele passa o dia todo na batalha.

a batalha[2] (sl.)
the "cruising," woman-chasing;
streetwalking

Vi duas mulheres lá que estavam na
batalha.

BATALHAR

batalhar[1] (vt) (colloq.)
to make a play for, try to land,
"chase," go after (something or
someone)

Ele batalhou aquele emprego como
quem batalha uma menina.

batalhar[2] (vi) (sl.)
to work, to do one's job

Se você quiser vencer na vida,
precisa batalhar.

batalhar[3] (vi, vt) (sl.)
to be on the make, "cruise," try to
pick up (a person of the opposite
sex); streetwalk

Era prostituta e batalhava na
Praça da República.

Vamos sair para batalhar mulher.

BATATA

o batata (sl.)
one who is always right or
accurate, good guesser

Aquele batata nunca erra.

a batata quente (colloq.)
the "hot potato," annoying problem,
troublesome or controversial issue

O caso podia causar um escândalo.
Não tinha dúvida; estava com uma
batata quente na mão.

botar uma batata quente na língua
(colloq.)
to shut up, keep quiet

Se não pode falar bem do defunto,
bota uma batata quente na língua.

*na batata[1] (sl.)
on the button, on the nose

Adivinhou na batata.

*na batata[2] (sl.)
with certainty, surely

Não se preocupe, pois isto se
resolve na batata.

*ser batata (sl.)
to be exact, be on the nose, be
precise

É batata--847 cruzeiros.

ser batata que (sl.)
to be certain that, be definite
that

É batata que o grupo chega
amanhã.

BATE-BOCA

*o bate-boca (colloq.)

the heated argument, shouting match

Ele teve um bate-boca com o genro.

BATE-BOLA

o bate-bola (sport.)
the soccer practice session

Ele quer que eu assista o bate-bola
do time para ver como jogam os
vários futebolistas.

BATE-CAIXA

o bate-caixa (sl.)
the chat, conversation
(same as "o bate-papo")

BATE-COXA

o bate-coxa (colloq.)
the cheap dance or ball

Se você quiser dançar, acho que
tem algum bate-coxa por aí que a
gente poderia pegar.

BATEDOR

o batedor de carteiras (crim. and
colloq.)
the pickpocket

Anda com cuidado, meu caro, pois o
elevador Lacerda está cheio de
batedores de carteiras.

BATE-FUNDO

o bate-fundo (sl.)
the commotion, hubbub, row

O bate-fundo da rodoviária era de
enlouquecer.

BATELADA

uma batelada de (fig.)
a lot of, loads of, a boatload of
(same as "uma porção de")

BATENTE

*o batente (sl.)
the job, work

Chegou no batente às dez horas da
manhã.

BATE-PAPO

**o bate-papo (colloq.)
the informal conversation, chat,
rap session

Tive um bom bate-papo com ele
depois do almoço.

BATER

bater (vt) (fig.)
to top, beat, defeat

Nesse negócio de pintura ninguém
bate meu amigo.

bater a bota (colloq.)
(var. of "bater as botas")

bater asas (fig.)
to take off, run away, fly the coop

O sujeito abafou a pulseira e bateu
asas.

**bater as botas (colloq.)
to kick the bucket, drop dead, die

Depois de uma doença muito longa a
velha bateu as botas.

bater boca (colloq.)
to have an argument, exchange
words, engage in a shouting match

Não adianta bater boca com a
polícia.

bater bola (sport.)
to practice soccer

Tinha uma porção de rapazes
batendo bola no terreno baldio.

bater calçada (colloq.)
to walk, "leg it," pound the
pavement

Vida de jornalista é bater
calçada todo o santo dia.

bater carteiras (crim.)
to pick pockets

Aquele descarado ganha a vida
batendo carteiras.

bater cordas (colloq.)
to be able to pick out a few chords
(on a guitar)

Ela não toca o violão muito bem
mas sabe bater cordas.

bater em (colloq.)
to end up in, wind up in

Ele foi bater no xadrez depois do
pega-pra-capar.

bater em boa porta (fig.)
to come/go to the right place

--Quem pede a Deus bate em boa
porta, disse o padre.

bater em má porta (fig.)
to come/go to the wrong place

O Zé Maria bateu em má porta
quando pediu dinheiro ao ricaço.

bater em outra porta (fig.)
to ask someone else for help

Vai bater em outra porta, que eu
não vou botar a mão no fogo por
você.

bater mundo (colloq.)
to wander around, travel about,
roam
(same as "bater pernas")

bater na mesma tecla (fig.)
to harp on the same string

Como ela enche, batendo na mesma
tecla todo dia!

bater na porta de (fig.)
to seek help from, appeal to for
assistance

Em tempo de vacas magras, sempre
batem na minha porta.

bater na porta errada (fig.)
to come/go to the wrong place
(same as "bater em má porta")

bater o pé (fig.)
to put one's foot down, not budge
an inch

Tem que bater o pé com aquela
gente; senão anda te azucrinando.

bater para (colloq.)
to head for, take off for, beat it
(for)

Há pouco o Paulo bateu para o
escritório para apanhar um pacote
que deixou lá.

bater pernas (colloq.)
to wander, roam about, travel

Nós passamos quase o dia inteiro a
bater pernas pelas estreitas ruas
de Ouro Preto.

*bater (uma) chapa (de) (colloq.)
to take a snapshot (of), shoot a
picture (of)

Quer que eu bata uma chapa de você
ao lado do monumento?

bater um crioulo (para) (sl.)
to give a ring (to), give a buzz
(to), phone
(same as "ligar [para]^2")

*bater um fio (para) (sl.)
to give a ring (to), give a buzz
(to), phone
(same as "ligar [para]^2")

bater um telefone (para) (sl.)
to give a buzz (to), phone
(same as "ligar [para]^2")

BATER-SE

bater-se para (colloq.)
to head for, take off for
(same as "bater para")

BATERA

a batera (for "bateria") (mus.)
the drums, "skins"

Ele castigou a batera que eu vou te
contar!

BATE-SACO

o bate-saco (vulg.)
the cheap dance or ball, dancing
(same as "o bate-coxa")

BATIDA

*a batida^1 (colloq.)
the cachaça-and-fruit-juice
cocktail (often made with lemon,
coconut or passion-fruit juice)

Dia de sábado a turma se reúne no
Mercado Modelo para tomar batidas
de limão.

a batida^2 (crim.)
the police raid, "bust"

A batida se deu numa boca-de-fumo.

a batida^3 (colloq.)
the crash, collision, "fender-
bender"

Os motoristas tiveram um bate-boca
danado depois da batida.

dar uma batida (em) (crim.)
to make a search (of), raid (said
of the police)

Aí os "homens" baixaram e deram
uma batida na maloca dos

assaltantes.

BATIZAR

batizar (vt) (colloq., joc.)
to water down, dilute

Tenho a impressão que aquela
cachaça que comprei foi batizada.

BATOTA

a batota[1] (colloq.)
the cheating (at cards); trickery,
fraud

Só ganha na batota.

a batota[2] (sl.)
(var. of "a patota")

BATOTEIRO

o batoteiro (colloq.)
the cheater (at cards), cardsharp

Não jogue baralho com ele, que é
batoteiro dos piores.

BATUCADA

a batucada (colloq.)
the rhythm, "beat," drum cadence

Quando ouço aquela batucada quero
logo sambar.

BATUTA

batuta[1] (also noun) (colloq.)
swell, nice

O André é um cara batuta, sabe?

É um filme batuta.

batuta[2] (colloq.)
clever, smart, talented

O Alceu é batuta demais para cair
naquela armadilha.

sob a batuta de (fig.)
under the direction of, under the
leadership of

A firma já está sob a batuta do
novo diretor.

BEATA

a beata (drug.)
the marijuana cigarette butt,
"roach"; marijuana cigarette,
"joint"

O viciado puxou a beata até
queimar os beiços.

BEATRIZ

a beatriz (drug.)
the "roach"; "joint"
(same as "a beata")

BÊBEDO

ficar/estar bêbedo como um gambá
(colloq.)
to get/be drunk as a skunk, get/be
stinking drunk

O orador não conseguia se
levantar. Estava bêbedo como um
gambá.

BEBER

beber como um funil (colloq.)
to drink like a fish
(same as "beber como um peixe")

beber como um gambá (colloq.)
to drink like a fish
(same as "beber como um peixe")

beber como um peixe (colloq.)
to drink like a fish

Cá entre nós, o Silveira foi
demitido porque deu a beber como um
peixe.

BEBIDO

ficar/estar bebido (colloq.)
to get/be high or drunk
(same as "ficar/estar caneado")

BEBINHO

ficar/estar bebinho (sl.)
to get/be drunk
(same as "ficar/estar caneado")

BEBO

ficar/estar bebo (sl.)
to get/be drunk
(same as "ficar/estar caneado")

BEBUM

o bebum (sl.)
the boozer, drunkard, sot
(same as "o cachaceiro")

ficar/estar (de) bebum (sl.)
to get/be drunk
(same as "ficar/estar caneado")

BECA

a beca (sl.)
the suit of clothes; clothes,
"threads" (esp. nice clothes)

Quero comprar uma beca legal para a
festa.

Olha aqui a minha beca de embalo.

BEÇA

**à beça (colloq.)
galore, in great quantity; quite,
very

Opa, rapaz, tinha brotinhos à
beça na praia hoje!

Esse livro é bom à beça.

BECAR-SE

becar-se (sl.)

(var. of "embecar-se")

BECO-SEM-SAÍDA

o beco-sem-saída (fig.)
the impasse, blind alley

Não adianta discutir; estamos num
beco-sem-saída

BEDELHO

*meter o bedelho (em) (colloq.)
to butt in, stick one's nose in,
pry (into)
(same as "meter a colher [em]")

BEICINHO

fazer beicinho (colloq.)
to pout, sulk

A criança se zangou e agora está
fazendo beicinho.

BEIÇO

estar de beiço caído por
(colloq.)
to have a mad crush on, be crazy
about
(same as "ser louco por")

BEIJAR

beijar[1] (vt) (colloq.)
to take a sip from (a glass, a
bottle, etc.)

Esse cachaceiro beija a garrafa
toda noite.

beijar[2] (vt) (colloq.)
to lightly bump against (another
car), touch fenders with

Não foi batida não. Os carros
só se beijaram e pronto.

beijar a lona (sport.)
to "kiss the canvas" (be knocked
down or knocked out in boxing);
bite the dust

O nego beijou a lona duas vezes na
mesma noite.

BEIJOCA

a beijoca (colloq.)
the kiss, "smack"

O casal se despediu com uma
beijoca.

BEIJOCAR

beijocar (vt) (colloq.)
to kiss, "smack"

A dona tomou um pileque e andou
beijocando meio mundo.

BEIRA

roer beira de penico (sl.)
to have a rough time, go through
hell

Roeu beira de penico antes que
conseguisse arranjar um emprego.

BEIRADA

a beirada (crim.)
one's cut, share

Cadê a minha beirada, major?

BELACAP

a belacap (abbrev. of "bela
capital") (sl.)
Rio de Janeiro (city)

A família Pereira vai passar uma
temporada de férias na belacap.

BELELÉU

o beleléu (colloq.)
the jail, "clink," "poky"
(same as "a cadeia")

bater o beleléu (colloq.)
to die, kick the bucket
(same as "bater as botas")

ir para o beleléu[1] (colloq.)
to die, kick the bucket
(same as "bater as botas")

ir para o beleléu[2] (colloq.)
to get messed up, fall on one's
face
(same as "entrar pelo cano")

mandar para o beleléu (colloq.)
to tell where to go, tell to get
lost
(same as "mandar às favas" [fava])

BELEZA

estar de beleza (sl.)
to be loafing, be taking it easy,
not lift a finger

O Antenor estava de beleza enquanto
os companheiros davam um duro
danado.

*que beleza! (colloq.)
how pretty! what a lovely sight!

Que beleza! Você é um fotógrafo
de mão-cheia, menino!

*que é uma beleza (colloq.)
beautifully, splendidly, well

O Elci fala inglês que é uma
beleza.

BELEZOCA

a belezoca (colloq.)
the good-looking female, beauty
(same as "a boa")

BELISCAR

beliscar[1] (vt, vi) (colloq.)
to pick at (one's food), nibble

Se continuar só beliscando a
comida, meu filho, pode sair da
mesa, viu?

beliscar[2] (vt, vi) (sl.)

to earn, rake in

Eu estou beliscando muito pouco
mesmo com esse troço aí.

beliscar uma nota (sl.)
to earn a lot of money, make a
bundle, make a mint
(same as "faturar")

BELO-ANTÔNIO

o belo-antônio[1] (sl.)
the impotent male
(same as "o broxa")

o belo-antônio[2] (sl.)
the object that is showy but
doesn't work, attractive dud

Aquele meu carro é um belo-
antônio: é bacana mas não anda
bem.

BELTRANA

a beltrana (colloq.)
(fem. form of "o beltrano")

BELTRANO

o beltrano (colloq.)
(see "fulano, beltrano e sicrano")

BEM

bem (noun) (voc., colloq.)
dear, darling, honey
(same as "meu bem")

bem (adj.) (sl.)
high-class, upper-class, society

Só tinha damas bem na estréia da
peça.

*bem feito! (colloq., sarc.)
it serves you (him, her, them)
right! that's what you get! you
asked for it! way to go!
(sarcastically)

Bem feito, rapaz! Eu não te falei
que não devia mexer com aquele
sujeito?

estar bem do seu (colloq.)
to be minding one's own business

Eu estava bem do meu, quando o
sujeito entrou com a maior cara-
de-pau e me tacou a mão no bico.

fazer o bem sem ver a quem
(colloq.)
to do good for its own sake, expect
no reward for one's good deeds

Quem quiser ser feliz, faça o bem
sem ver a quem.

*meu bem (voc., colloq.)
my love, darling, sweetheart

Ô, meu bem, você sabe que eu te
adoro!

**tudo bem? (colloq.)
is everything all right, how is
everything?

Como vai, rapaz? Tudo bem?

**tudo bem!
everything's fine! all OK!

--Tudo bem?
--Tudo bem!

BEM-APANHADO

bem-apanhado (sl.)
pretty, handsome, good-looking

Eta menina bem-apanhada!

BEM-BOM

o bem-bom (colloq.)
the comfort, ease, good life

Não quer nada--está no bem-bom.

BEM-QUERER

meu bem-querer (voc., colloq.)
sweetheart, my darling
(same as "meu bem")

BÊNÇÃO

a bênção!
give me your blessing! (traditional
form of salutation used by children
to address their elders)

A bênção, meu pai!

BENEDITO

será o Benedito? (colloq.)
can this be possible? well, I'll
be! well, I declare!

Você casado? Será o Benedito?
Não é possível!

BENJAMIM

o benjamim (fig.)
the youngest son, favorite son
(esp. the youngest)

Eu sou o benjamim da minha
família.

BERIMBAU

pensar que berimbau é gaita
(colloq.)
to mistake one thing for another,
get one's wires crossed;
underestimate something

Você está pensando que berimbau
é gaita, irmão? Mas, já são
outros quinhentos.

BERLINDA

*estar na berlinda (colloq.)
to be in the limelight, be the
center of attention; be on the spot

O Ministro das Relações
Exteriores adora estar na berlinda.

BERNABÉ

o bernabé (colloq.)
(var. of "o barnabé")

BERRANTE

o berrante (crim.)
the gun, revolver, "piece"
(same as "o berro")

BERREIRO

abrir o berreiro (colloq.)
to cry one's eyes out, weep, bawl
(same as "abrir o bué")

BERRO

o berro (crim.)
the gun, revolver, "piece"

Aí o secreta sacou o berro e
mandou bala.

BESOURAR

besourar (vt) (vulg.)
to have anal intercourse with (male
role)

BESOURO

o besouro[1] (sl.)
the Volkswagen bug, "beetle"
(same as "o fusca")

o besouro[2] (vulg.)
one who engages in anal intercourse
(male role)

BESOURRAR

besourrar (vt) (vulg.)
(var. of "besourar")

BESSA

**à bessa (colloq.)
(var. of "à beça")

BESTA

*o besta (fig.)
the fool, idiot, jackass, imbecile,
nitwit

Aquele besta não distingue o rabo
das calças.

*besta (fig.)
asinine, idiotic; pretentious,
pompous

Esse livro novo é besta.

Esse seu primo besta andou
chateando todo mundo na aula.

a besta quadrada (sl.)
the total jackass, complete idiot,
utter fool
(same as "o burro quadrado")

fazer de besta (colloq.)
to make a fool of
(same as "fazer de bobo")

fazer-se de besta (sl.)
to be pretentious, show off, act
snobbish

Enquanto ela se fizer de besta, eu
não dou bola para ela de jeito
nenhum.

ficar besta (colloq.)
to be amazed, be astonished, be
dumbfounded

Fiquei besta com a bobagem que ela
falou.

BESTALHÃO

o bestalhão (also adj.) (colloq.)
the nincompoop, idiot, fool

Aquele bestalhão não sabe
escrever o próprio nome.

BESTEIRA

**a besteira[1] (colloq.)

the stupid action or remark;
foolishness, nonsense

Mário fala cada besteira quando
enche a cuca.

Fiz uma besteira quando entrei no
teatro sem apagar os faróis do
carro.

a besteira[2] (colloq.)
the pittance, insignificant amount
(same as "a miséria")

*besteira! (int., colloq.)
it was nothing! don't mention it!
(same as "bobagem!")

falar/dizer besteiras
to cuss, swear, use profanity

Deixe de falar besteiras na
presença das crianças, seu
grosseiro!

BESTEIRADA

a besteirada (colloq.)
the whole string of besteiras;
stupid blunder

Aquele sujeito encheu a cara e
lascou uma besteirada daquelas.

BESTIFICADO

ficar/estar bestificado (colloq.)
to be dumbfounded, be amazed

A moça ficou bestificada quando
viu o namorado com outra.

BIABA

a biaba (from Ital.) (crim. and
sl.)
the beating, drubbing, licking;
fight

Levou uma biaba quando entrou no
bar da Ladeira da Montanha.

BIBLIOTECA

a biblioteca viva (colloq.)
the walking encyclopedia, very
learned person

Ele sabe tudo--é uma biblioteca
viva.

BIBOCA

a biboca (from Tupi) (colloq.)
the small bar

Tomaram um chope numa biboca perto
da praia.

BICA

estar na bica (para) (colloq.)
to be about to, be on the verge of;
be close at hand, be imminent

Ela estava na bica para arrumar um
bom emprego quando o chefe morreu.

A nomeação do Ministro está na
bica.

BICADA

a bicada (sl.)
the swig, swallow, gulp

Depois de tomar duas bicadas de
pinga, o garoto se apagou.

dar uma bicada em (sl.)
to take a bite of, taste (also
fig.)

Dá uma bicada aqui neste bolo.

BICÃO

o bicão[1] (sl.)
the fast-talker, B.S.'er, sweet-
talker

Ela passou a noite inteira
escutando o chute daquele bicão.

o bicão[2] (sl.)
the party-crasher, gate-crasher

(same as "o penetra")

BICAR

bicar (vt) (colloq.)
to sip or nibble at (drink or food)

Vou bicar um pouco da tua cerveja
para ver se dá para o gasto.

BICARIA

a bicaria (sl.)
the fast-talk, "line"
(same as "a cantada")

BICHA

**a bicha[1] (sl., often pej.)
the male homosexual, "queer," "fag"
(esp. one who plays the female
role); sissy

Aquela bicha pinta a cara e as
unhas.

a bicha[2] (also Lus.) (South)
(colloq.)
the line of people, queue

Ele falou para a gente fazer uma
bicha bem junto desse muro.

o bicha (sl., often pej.)
(var. of "a bicha[1]")

a bicha louca (sl., pej.)
the very effeminate male
homosexual, "flaming fag"
(same as "a bichona")

ser uma bicha danada (sl.)
to be "something else," be hard-
to-beat
(same as "ser fogo[2]")

BICHANA

a bichana (sl., often pej.)
the male homosexual
(same as "a bicha[1]")

BICHANO

o bichano (colloq.)
the kitty, pussycat, kitten

Que bichano bonito! Caça
camundongo?

BICHÃO

o bichão (colloq.)
the ace, whiz, champ
(same as "o craque")

bichão (voc., sl.)
friend, pal
(same as "rapaz")

BICHARADA

a bicharada[1] (sl.)
the group of friends, "gang"
(same as "a turma[1]")

a bicharada[2] (sl., pej.)
group of male homosexuals

A bicharada toda freqüenta aquele
bar lá na boca-do-luxo.

BICHAROCA

a bicharoca (sl., pej.)
the very effeminate male
homosexual, "flaming fag"
(same as "a bichona")

BICHEIRO

*o bicheiro (colloq.)
the bookie, bookmaker (in Brazilian
numbers game, "o jogo-do-bicho")

É gozado, ele é um bicheiro, mas
nunca joga no bicho.

BICHICE

a bichice[1] (sl.)
the homosexuality; effeminacy
(same as "a frescura[1]")

a bichice[2] (sl.)
the finickiness, affectation,
prissiness
(same as "a frescura[2]")

BICHINHO

meu bichinho (voc., colloq.)
dear, sweetie, my darling
(same as "meu bem")

BICHO

o bicho[1] (colloq.)
the expert, ace, whiz
(same as "o craque")

o bicho[2] (stud.)
the university freshman
(same as "o calouro")

**o bicho[3] (sl.)
the guy, "dude"
(same as "o cara")

o bicho[4] (sport.)
the bonus, gratification (received
by soccer players from their teams
for their successes)

O goleiro está beliscando uma nota
violenta mesmo sem os bichos.

o bicho[5] (sl.)
the Brazilian illegal numbers game
(same as "o jogo-do-bicho")

o bicho[6] (sl.)
the scandal, uproar, "stink"

Vai dar o maior bicho se ela souber
do cacho do marido.

**bicho (voc., sl.)
man, pal
(same as "rapaz")

e outros bichos (sl.)
and the like, and so forth, et
cetera
(same as "e tal")

que bicho te mordeu? (sl.)
what's eating/bugging you? what's
gotten into you?

Que bicho te mordeu, que não come,
Zé?

BICHO-CARPINTEIRO

ter o bicho-carpinteiro (colloq.)
to be a restless, fidgety person

O garoto tem o bicho-carpinteiro:
não pode ficar sentado por dois
minutos.

BICHO-DE-SETE-CABEÇAS

o bicho-de-sete-cabeças (fig.)
the fix, rough problem, jam, mess
(same as "o galho[1]")

fazer um bicho-de-sete-cabeças
(fig.)
to make a mountain out of a
molehill, make a big to-do about
nothing, create a commotion

Não faz um bicho-de-sete-cabeças,
rapaz, que o caso não é para
tanto.

BICHO-DO-MATO

o bicho-do-mato (fig.)
the extremely shy person, shrinking
violet

Ela é muito expansiva, mas a irmã
é um verdadeiro bicho-do-mato.

BICHONA

a bichona (sl., pej.)
the very effeminate male
homosexual, "flaming fag"

O general do exército botou o
filho na rua quando descobriu que o
rapaz era bichona.

BICHO-PAPÃO

o bicho-papão (colloq.)
the boogyman

Quase toda criança tem medo do
bicho-papão.

BICICLETA

a bicicleta (sport.)
the backward kick of the soccer
ball made by a player using a
pedaling motion while both feet are
off the ground

O Pelé deu uma bicicleta, chutando
o couro para o Jairzinho.

BICO

*o bico[1] (colloq.)
the mouth, "kisser"

Calou o bico.

*o bico[2] (colloq.)
the part-time job

Este ano vou é arranjar um bico
para pagar as despesas da
Faculdade.

o bico[3] (sl.)
the fast-talk, "line"; bunk, idle
talk; lies
(same as "o chute")

o bico[4] (sport. and sl.)
the kick, "boot"

Ele deu um bico na bola e marcou um
gol de letra.

abrir o bico (colloq.)
to snitch, squeal, inform
(same as "dar o serviço[1]")

cala o bico! (colloq.)
shut up! quiet!

Cala o bico, seu papagaio, pelo
amor de Deus!

dar uma de bico (sl.)

to make with the fast-talk, talk
one's way into a party, dance, etc.

É só dar uma de bico, rapaz, e
você entra tranqüilo.

dar (um) bico em[1] (sl.)
to trick; swindle, hoodwink
(same as "trapacear")

dar (um) bico em[2] (sl.)
to walk out on, get rid of, brush
off
(same as "dar o fora em[1]")

dar (um) bico em[3] (sl.)
to jilt, "can," break up with (a
girl friend or boyfriend)
(same as "dar o fora em[2]")

fazer bico (colloq.)
to pout, sulk
(same as "fazer beicinho")

levar/passar no bico (sl.)
to hand a "line," coax, sweet-talk,
convince by fast-talk

Ele levou a guria no bico e ela
não pôde resistir.

levar um bico[1] (sl.)
to be taken, be fed a line, be
hoodwinked
(same as "levar um chute[1]")

levar um bico[2] (sl.)
to be given the brush-off, be
turned down
(same as "levar um fora[1]")

levar um bico[3] (sl.)
to be jilted, be "dumped" (by a
girl friend or boyfriend)
(same as "levar um fora[2]")

meter o bico (em) (colloq.)
to stick one's nose in, butt in,
pry (into)
(same as "meter a colher [em]")

molhar o bico (colloq.)
to wet one's whistle, take a drink
(i.e., of liquor)

Vamos lá na lanchonete molhar o
bico com um chope, topa?

não abrir o bico (colloq.)
not to open one's mouth; keep a
secret

A mulher dele não abriu o bico
durante a noite toda.

passar o bico em (sl.)
to feed a "line," coax, sweet-talk
(same as "levar/passar no bico")

pegar no bico da chaleira (colloq.)
to bootlick, polish the apple, bow
and scrape

Só arranjou emprego porque vive
pegando no bico da chaleira.

ser bom de bico[1] (colloq.)
to be a smooth talker, have a way
with words

Para ser político é importante
ser bom de bico.

ser bom de bico[2] (colloq.)
to have a nice singing voice

O Martinho da Vila é bom de bico.

BICO-DOCE

ser bico-doce (colloq.)
to be a smooth talker
(same as "ser bom de bico[1]")

BIDU

o bidu (sl.)
the good guesser, one who is always
right

Esse nego é um bidu--já adivinhou
correto cinco vezes seguidas.

bidu (sl.)
terrific, super, "neat"
(same as "legal")

(é) bidu! (int., sl.)
right! correct! exactly!

É bidu, rapaz! Como é que você
sabia?

BIFE

o bife (sl.)
the punch in the face, "knuckle
sandwich"

A mulher esquentou a cabeça e
aplicou um bife nas fuças do
marido.

BIGODEAR

bigodear (vt) (sl.)
to trick, fool; cheat, swindle
(same as "trapacear")

BIGU

o bigu (NE) (sl.)
the lift, (free) ride
(same as "a carona")

dar um bigu (para) (NE) (sl.)
to give a ride
(same as "dar uma carona [para]")

pegar um bigu (NE) (sl.)
to hitch a ride, catch a lift
(same as "pegar uma carona")

BIGUE

bigue[1] (from Eng. "big") (sl.)
big, huge, large

Me dá um bigue chope, moço.

Ela me fez foi um bigue bem.

bigue[2] (from Eng. "big") (sl.)
terrific, great, "neat"

Vai ser um bigue show, rapaz. No
duro!

BIJU

o biju (from Fr. "bijou") (sl.)
the good-looking female, "dish"
(same as "a boa")

BIJUJA

a bijuja (sl.)
the money, "dough"
(same as "o tutu")

BILHETE

dar o bilhete azul (a)[1] (colloq.)
to fire, give the sack, give the
pink slip

O chefe falou que vai dar o bilhete
azul a quem encontrar cochilando no
serviço.

dar o bilhete azul (a)[2] (colloq.)
to jilt, "dump," give one's walking
papers (to) (a girl friend or
boyfriend)
(same as "dar o fora em[2]")

receber o bilhete azul[1] (colloq.)
to be fired, get the sack, get the
pink slip

O Tavares recebeu o bilhete azul
logo depois do Carnaval.

receber o bilhete azul[2] (colloq.)
to be jilted, be given one's
walking papers (by a girl friend or
boyfriend)
(same as "levar um fora[2]")

BIMBA

a bimba[1] (South, East) (vulg.)
the vagina

a bimba[2] (North, NE) (vulg.)
the penis

BIMBADA

a bimbada (vulg.)
the copulation, sexual intercourse

dar uma bimbada (vulg.)
to have sexual intercourse

BIMBAR

bimbar (vi, vt) (vulg.)
to copulate (with)

BIÔNICO

biônico (also noun) (sl.)
artificial, unauthentic,
illegitimate, fabricated, contrived

Tem surgido muito líder biônico
nos partidos ultimamente.

o senador biônico (sl.)
the senator elected by indirect
vote, appointed senator

"Elegeram" o Freitas como senador
biônico.

BIRITA

a birita (sl.)
the cachaça; booze

Eles passaram a noite em claro
emborcando birita.

BIRITEIRO

o biriteiro (also adj.) (sl.)
the drunkard, souse
(same as "o cachaceiro")

BIROSCA

a birosca (colloq.)
the cheap grocery store or saloon
(esp. one located in a favela)

Vai lá na esquina comprar uma
xícara de leite na birosca do Seu
Salomão, vai.

BIRUTA

**biruta (sl.)
crazy, mad, nutty, "bananas"

O cara ficou biruta de tanto olhar
a lua.

BIRUTICE

a birutice (sl.)
the crazy action; craziness,
madness

Quem agüenta as birutices do cara?

BIRUTO

biruto (sl.)
(var. of "biruta")

BISBILHOTAR

*bisbilhotar (vi) (colloq.)
to gossip; pry, snoop, be nosy

A pobre viúva não tem um minuto
de descanso que seja com tantas
más-línguas a bisbilhotar por
aí.

BISBILHOTEIRO

*o bisbilhoteiro (also adj.)
(colloq.)
the gossiper; busybody, snoop

Aquele bisbilhoteiro se preocupa
apenas com a vida alheia.

BISBILHOTICE

*a bisbilhotice (colloq.)
the gossip, rumor, hearsay;
snooping, snoopiness

A bisbilhotice atinge até os mais
inocentes e muitas vezes faz
bastante prejuízo.

BISCATE

o biscate[1] (colloq.)
the part-time, supplementary job

(same as "o bico^2")

with clues (for an exam)

o biscate^2 (sl.)
the prostitute; slut

Ninguém me bizurou antes da prova,
mas saí bem mesmo assim.

Lá vinha um biscate rua abaixo,
rodando a bolsa.

BLÁ

ter blá (sl.)
(var. of "ter plá")

BISCOITO

o biscoito (sl.)
the paper coaster that accompanies
a glass of draft beer
(same as "a bolacha^2")

BLABLABLÁ

o blablablá (colloq.)
the idle talk, chitchat

O homem está falando o mesmo
blablablá de sempre.

BITOLADO

*bitolado (sl.)
narrow-minded, close-minded,
intolerant, bigoted, "square"

blablablá (colloq.)
blah-blah-blah, et cetera
(same as "e tal")

O diretor da empresa é tão
bitolado que nem quer ouvir a
opinião dos outros.

BLEFAR

blefar (vi, vt) (colloq.)
to bluff; deceive

BIZU

o bizu^1 (stud.)
the key (to a test), answer sheet

Eu topo a parada, porque acho que
você está blefando.

Comprou o bizu da prova na mão de
um bedel.

Blefou os sócios e fugiu com o
lucro.

o bizu^2 (sl.)
the tip, pointer, "low-down," clue
(same as "a dica")

BLEFE

o blefe (from Eng. "bluff")
(colloq.)
the bluff, bluffing

dar o bizu (sl.)
to show someone the ropes, give
someone the low-down
(same as "dar a/uma dica")

Ganhou no jogo na base do blefe.

Esse papo dele é puro blefe.

qual é o bizu? (sl.)
what's the low-down? what's new?
what's up? what's on the agenda?

BLOCO

Qual é o bizu, rapaz? Vamos sair?

o bloco (colloq.)
the Carnival parade unit

Quando é que esse bloco vai
desfilar na Avenida?

BIZURAR

bizurar (vt) (stud.)
to coach, give hints to, supply

botar o bloco na rua (sl., joc.)
to die, croak, kick the bucket

(same as "bater as botas")

BOA

**a boa[1] (sl.)
the attractive female, "dish,"
"knockout"

O sortudo do Fidelino casou com uma
boa.

a boa[2] (colloq.)
the cachaça
(same as "a pinga")

boa! (colloq.)
good afternoon! good evening! good
night!; hello!

Boa! Como vai hoje?

essa foi boa! (colloq.)
that was a good one! (said of a
joke)

Essa foi boa, amigo--onde é que
ouviu essa piada?

estar em boa (colloq.)
to be in a jam, be in a fine mess
(same as "estar numa sinuca")

*numa boa (sl. and drug.)
riding high, doing great, in a good
way, "high," feeling good

Ele já estava numa boa quando a
festa terminou.

Ligou o rádio, fechou os olhos e
entrou numa boa.

pregar uma boa em (colloq.)
to play a trick on
(same as "pregar uma partida em")

BOA-BISCA

a boa-bisca (sl.)
the scoundrel, rascal

Aquela boa-bisca tomou a cerveja e

azulou sem pagar nada.

BOA-CONVERSA

a boa-conversa (sl.)
the good talker, good
conversationalist
(same as "o papo[5]")

BOA-GENTE

boa-gente (voc., sl.)
friend, pal, good buddy
(same as "meu chapa")

BOA-PINTA

o boa-pinta (colloq.)
the handsome male, cute guy
(same as "o pão")

*boa-pinta (colloq.)
handsome, cute (said of a guy)

Esse pão é muito boa-pinta.

BOA-PRAÇA

*a boa-praça (also adj.) (colloq.)
the nice guy, nice person, terrific
individual

O Dorival é uma boa-praça--um
cara cem por cento!

Ela é uma boa-praça.

BOATE

a boate (from Fr. "boîte") (stud.)
the "party school"
(same as "o pagou-passou")

BOA-TERRA

a Boa-Terra (colloq.)
the state of Bahia

Que saudades eu tenho da Boa-Terra!

BOA-VIDA

*o boa-vida (colloq.)
the loafer, bon-vivant

Sou boa-vida de profissão e
médico nas horas vagas.

BOAZUDA

a boazuda (colloq.)
the "knockout," good-looking female
(same as "a boa[1]")

BOBAGEADA

a bobageada (colloq.)
the whole series of bobagens; real
blunder
(same as "a besteirada")

BOBAGEM

**a bobagem[1] (colloq.)
the foolish or stupid action;
nonsense

Ele fez a bobagem de viajar sem
passaporte.

Deixa de falar bobagens!

a bobagem[2] (colloq.)
the insignificant thing or amount,
trifle

Não precisa agradecer--foi uma
bobagem.

*bobagem! (int., colloq.)
it was nothing! don't mention it!

Bobagem! Os amigos são é para
ajudar.

falar/dizer bobagens (colloq.)
to use profanity, swear
(same as "falar/dizer besteiras"
[besteira])

BOBAJADA

a bobajada (colloq.)

(var. of "a bobageada")

BOBEAR

bobear (vi) (colloq.)
to act foolishly, bungle, fumble;
be caught off-guard

Ela bobeou nas respostas.

BOBEIRA

a bobeira (colloq.)
the foolishness; foolish action
(same as "a besteira[1]")

estar de bobeira (sl.)
to be loafing, be taking it easy
(same as "estar de beleza")

BOBINA

o bobina (sl.)
the swindler, con man, sharpie
(same as "o trapaceiro")

BOBO

o bobo (crim.)
the wristwatch, pocketwatch

Relógio é chamado de "bobo"
porque trabalha de graça.

Ele viu o bobo aí dando sopa e
resolveu passar a mão.

o bobo alegre (colloq.)
the fool, sucker, dumbbell

Um bobo alegre desses é pinto para
engrupir.

bancar o bobo (colloq.)
to play the fool, play dumb

Você acha que eu vou bancar o bobo
enquanto ela continuar tirando a
sua casquinha por aí?

fazer de bobo (colloq.)
to make a fool of, play for a

sucker, take advantage of

Não vai me fazer de bobo, seu
vigarista.

fazer-se de bobo (colloq.)
to play dumb
(same as "bancar o bobo")

BOBOCA

*boboca (also noun) (colloq.)
stupid, dumb, foolish

Não adianta ele estudar, que é
boboca demais para aprender.

BOCA

a boca[1] (sl.)
the part-time job
(same as "o bico[2]")

a boca[2] (sl.)
the place, spot

Não está só nesse ponto; está
em todas as bocas da cidade.

a boca[3] (sl.)
the chance, opportunity, break
(same as "a brecha")

a boca[4] (sl.)
the sinecure, easy job; good-
thing-going

Arranjou uma boca no governo do
Magalhães.

a boca[5] (drug.)
the place where illegal drugs may
be obtained
(same as "a boca-de-fumo")

à boca pequena (fig.)
in a whisper, in a low voice,
softly

Contavam o caso à boca pequena.

a minha boca é um túmulo
(colloq.)
my lips are sealed, I won't tell a
soul, I can keep a secret

--Moita, rapaz!
--Não se preocupe, que a minha
boca é um túmulo.

boca de siri! (sl.)
mum's the word! button your lip!

Boca de siri, pessoal! Não abra o
bico para ninguém!

botar a boca no mundo (fig.)
to shout, scream, yell out

Aí quando a velha viu a cobra,
botou a boca no mundo.

botar a boca no trombone (sl.)
to squeal, inform, spill one's guts
(same as "dar o serviço[1]")

cair na boca do lobo (fig.)
to fall into a dangerous situation,
get into a terrible jam, be caught
in a trap one hoped to avoid

Conseguiu se salvar do perigo
durante muito tempo, mas finalmente
caiu na boca do lobo.

**cala a boca! (int., colloq.)
shut up! keep quiet!

Cala a boca, que não tenho mais
saco para essas besteiras, viu?

com a boca cheia (colloq.)
frankly, with all candor, without
reservations, straight out

Vamos falar com a boca cheia, pois
o problema é sério.

de boca cheia (colloq.)
frankly, candidly, straight out
(same as "com a boca cheia")

estar em todas as bocas (fig.)

to be the talk of the town, be
talked about by everyone

A Gabriela está em todas as bocas
por causa do escândalo que deu.

estar na boca do povo (fig.)
to be the talk of the town
(same as "estar em todas as bocas"
[boca])

eu e minha boca grande! (colloq.)
me and my big mouth!

Eu e minha boca grande! Não devia
ter prometido uma coisa dessas!

ficar/estar de boca aberta (fig.)
to be dumbfounded, be astonished

Ficaram de boca aberta ao ouvir a
notícia.

ser de/ter boa boca (colloq.)
to be a good eater

Quem tem boa boca come tudo quanto
está na mesa.

vira essa boca para lá! (colloq.)
bite your tongue! don't say such a
thing!

Vira essa boca para lá, rapaz!
Não convém dizer uma coisa dessas
em ambiente familiar.

BOCA-DA-NOITE

a boca-da-noite (colloq.)
the nightfall, twilight

Eles saíram à boca-da-noite.

BOCA-DE-ESPERA

estar na boca-de-espera (sl.)
to be waiting, be looking on, be
standing by

Ela estava lá na boca-de-espera
quando eu dei as caras.

BOCA-DE-FUMO

a boca-de-fumo (drug.)
the place where marijuana or other
illegal drugs may be obtained

A polícia deu uma batida numa
boca-de-fumo lá perto de casa.

BOCA-DE-TROMBONE

o boca-de-trombone (sl.)
the informer, snitch; blabbermouth

Mal chegando, o boca-de-trombone
bateu com a língua nos dentes.

BOCADINHO

um bocadinho (colloq.)
a little while, a short time

Poderia falar um bocadinho com o
senhor?

um bocadinho de (colloq.)
a little bit of, a dab of

Só quero um bocadinho de açúcar.

BOCADO

um bocado (colloq.)
a little while
(same as "um bocadinho")

*um bocado de (colloq.)
a bit of; quite a bit of, a good
amount of

Me dá só um bocado de leite, por
favor.

Tenho um bocado de coisas a fazer e
o tempo está fugindo.

BOCA-DO-LIXO

a boca-do-lixo (sl.)
the red-light district
(same as "a zona")

BOCA-DO-LUXO

a boca-do-luxo (sl.)
the high-class red-light district

Saiu badalando pela boca-do-luxo,
lá perto do Hotel Hilton.

BOCAGEM

a bocagem (colloq.)
the swear word, four-letter word,
profanity

Soltou uma bocagem e logo pediu
desculpas.

BOCA-RICA

a boca-rica (sl.)
the good-thing-going, good deal,
good set-up, gravy train

Fulano estava amigado com uma
brasa, mas teve que largar a boca-
rica quando a patroa desconfiou.

BOCA-SUJA

boca-suja (colloq.)
foul-mouthed
(same as "desbocado")

BOCETA

*a boceta (vulg.)
the vagina

BOCETA-DE-OURO

a boceta-de-ouro (vulg.)
the good-looking female, "knockout"

BOCHE

o boche (also adj.) (colloq., pej.)
the German (esp. during W.W. I and
II)

Aí os boches resolveram bombardear
a fortaleza.

BOCHECHA

dizer nas bochechas de (fig.)
to say to (someone's) face

Pelo menos ela tinha a coragem de
dizer tudo nas bochechas da outra.

BOCHINCHO

o bochincho (sl.)
the rumor, hearsay

Os bochinchos estão correndo para
todos os lados.

BOCÔ

bocô (also noun) (colloq.)
idiotic, dumb, foolish, childish

O namorado dela é tão bocô que
não liga duas palavras.

BODE

o bode[1] (sl.)
the problem, snag, complication;
uproar, commotion
(see "dar [um] bode")

o bode[2] (drug.)
the bum trip; bad trip

Ele estava numa de bode.

o bode[3] (sl.)
the bad experience, bummer, downer

Um bode desses deixa a gente
deprimida paca.

o bode[4] (North, NE) (colloq.)
the menstrual period
(same as "o paquete")

o bode expiatório (fig.)
the scapegoat, fall guy

O assessor negou-se a ser um bode
expiatório no escândalo.

*dar (um) bode (sl.)
for all hell to break loose, a fuss
to be created; create complications
(same as "dar [um] bolo")

estar de bode[1] (North, NE)
(colloq.)
to be having one's period
(same as "estar de paquete[1]")

estar de bode[2] (drug.)
to have a bad "trip," be depressed
(under the effect of drugs)
(same as "estar numa de horror")

BODEADO

estar bodeado (sl.)
to be irritated, be upset, be out
of sorts, be depressed

Eu estive bodeada o dia todo.

BODEGA

a bodega (sl.)
the trash, junk, crap

Que é que eu vou fazer com essa
bodega, hem?

BODUM

o bodum (colloq.)
the stink; body odor, B.O.

Com um bodum desses, o cara vai ser
manjado de saída.

BOFE

o bofe[1] (colloq.)
the "dog," ugly person

Como é que um bofe desses
conseguiu casar tão bem?

o bofe[2] (sl.)
the male homosexual, "gay"
(same as "a bicha[1]")

botar os bofes pela boca (colloq.)

to be huffing and puffing, be out
of breath
(same as "botar a alma pela boca")

ser de/ter maus bofes (colloq.)
to be a grouch, be a sourpuss, be a
crab apple

O velho é de maus bofes; não se
dá com ninguém.

BÓI

o bói (colloq. and sl.)
(var. of "o boy")

BOI

o boi (North, NE) (colloq.)
the menstrual period
(same as "o paquete")

estar de boi (North, NE) (colloq.)
to have one's period, be
menstruating
(same as "estar de paquete[1]")

ser mais fácil um boi voar (fig.)
to be as likely as hell freezing
over, be harder than hell

Eu, ganhar uma bolsa para os
States? É mais fácil um boi
voar!

ter boi na linha (colloq.)
for there to be a monkey wrench in
the works, for there to be a hitch,
for an unexpected difficulty to
exist

Sempre tem boi na linha quando a
gente tenta aumentar o orçamento.

BÓIA

*a bóia (milit. and colloq.)
the chow, grub, eats, food

Será que não tem bóia nessa
festa?

BOIAR

*boiar (vi) (milit. and colloq.)
  to eat, chow down

Vamos boiar e dar logo no pé.

*estar boiando (colloq.)
  to be in the dark, be "out-of-it,"
  not have the least idea of what is
  going on or being said
  (same as "estar voando" [voar])

BOLA

a bola[1] (colloq.)
  the head, noggin; wits, mind
  (same as "a cuca")

*a bola[2] (sl.)
  the bribe, pay-off

Tem guarda aí que ganha mais de
bola do que de salário.

a bola[3] (colloq.)
  the (ball of) poisoned food (given
  to animals)

Alguém botou uma bola no quintal e
o cachorro comeu e morreu.

a bola[4] (sport.)
  soccer

A bola caiu muito desde a partida
do Pelé.

bolas! (int., colloq.)
  nuts! shucks! golly!

Bolas! Eu perdi o lugar.

boa bola! (colloq.)
  good joke! that's a good one!

Boa bola, rapaz! Você sabe contar
cada uma!

*comer bola (sl.)
  to take a bribe, be "on the take"

Em vez de multar o motorista, o
guarda comeu bola e deixou o cara
em paz.

**dar bola (para)[1] (colloq.)
  to care (about), pay attention
  (to), give a darn (about)

O Ramiro não dá bola para os
estudos, de modo que sempre leva
pau.

**dar bola (para)[2] (sl.)
  to lead on, flirt (with)
  (same as "dar sopa [para]")

dar bolas (para) (sl.)
  (var. of "dar bola [para]")

dar tratos à bola (colloq.)
  to rack one's brain

Tem que dar tratos à bola para
não levar bomba no vestibular,
rapaz.

dar um show de bola (sport.)
  to put on a real show (in soccer)

O Bahia deu um show de bola que só
vendo.

estar com uma bola branca (colloq.)
  to be sitting on top of the world,
  have everything, be sitting pretty

Aquele esperto deu um golpe-do-baú
e hoje está com uma bola branca.

não dar bola para a torcida (sl.)
  not to pay any mind, not care

A menina está dando sopa, mas é
melhor não dar bola para a
torcida.

não ser certo da bola (colloq.)
  to be touched in the head, be crazy
  (same as "sofrer da bola")

ser bom de bola (sport.)

to be a good soccer player

Já viu o Alex jogar futebol? É
bom de bola.

ser uma bola[1] (fig.)
to be a butterball, be fat

O marido da Leica é baixinho e
gordo--é uma bola.

ser uma bola[2] (sl.)
to be a card, be a scream, be a
funny fellow
(same as "ser um número")

ser virado da bola (colloq.)
to be touched in the head, be nuts
(same as "sofrer da bola")

sofrer da bola (colloq.)
to be out of one's mind, be a
little off, not be all there

Diz que o velho não gira bem, que
está sofrendo da bola.

ter uma bola de mais (colloq.)
to have a screw loose, be crazy
(same as "ter um parafuso de
menos")

ter uma bola de menos (colloq.)
to have lost one's marbles, be
crazy
(same as "ter um parafuso de
menos")

BOLAÇÃO

a bolação (sl.)
the idea, plan, brainstorm,
creation

Essa bolação foi tremenda.

BOLACHA

a bolacha[1] (colloq.)
the slap, smack

Aquela mulher aplicou uma bolacha

na fachada do paquera.

a bolacha[2] (sl.)
the paper coaster that accompanies
a glass of draft beer.

Tira o chope daí um momento, que
quero dar uma olhadinha na bolacha.

BOLAÇO

o bolaço (sport.)
the well-executed soccer play

A jogada do Tostão foi um bolaço.

BOLADA

a bolada (colloq.)
the wad, pile, bundle (of money);
pretty penny

Tirou a bolada do bolso.

O menino ganhou uma bolada vendendo
sorvete na praia.

BOLA-FORA

a bola-fora (colloq.)
the mistake, slip-up, goof
(same as "a mancada")

BOLÃO

o bolão (sport.)
the well-executed soccer play
(same as "o bolaço")

BOLAR

**bolar (vt, vi) (colloq.)
to plan, conceive, work out,
create, cook up

O cara que bolou o plano do viaduto
deve ter sido um louco varrido,
pois o viaduto não é muito bem
bolado, não.

bolar as trocas (sl., joc.)
to goof, get all balled up
(joc. alter. of "trocar as bolas")

BOLETA

a boleta (drug.)
the amphetamine, "upper"
(same as "a bolinha")

BOLETIM

o boletim (stud.)
the report card

Papai estrilou quando viu meu
boletim.

BOLHA

o bolha[1] (also adj.) (sl.)
the bore, pest, nuisance
(same as "o chato")

o bolha[2] (also adj.) (sl.)
the idiot, dumbbell

Você acha mesmo que esse bolha é
capaz de resolver o problema?

BOLHA-D'ÁGUA

o bolha-d'água (sl.)
(var. of "o bolha")

BOLHUFAS

bolhufas (sl.)
(var. of "bulhufas")

BOLINA

a bolina (sl.)
the necking, petting, making out

Acenderam as luzes e todo mundo na
bolina. Imagine só!

BOLINAÇÃO

a bolinação (sl.)
the necking, petting
(same as "a bolina")

BOLINAR

bolinar (vi, vt) (sl.)
to neck (with), make out (with),
engage in sexual play (with)

Foram lá bolinar um pouco na
escuridão.

Ele vivia bolinando as moças no
cinema.

BOLINHA

a bolinha (drug.)
the pep pill, "upper," "doll,"
amphetamine, drug in pill form

Foi preso quando encontraram um
monte de bolinhas no carro dele.

BOLINHO

não ser bolinho (sl.)
not to be easy, be no piece of
cake, be rough

Ganhar a vida desse jeito não é
bolinho, irmão.

BOLO

o bolo (sl.)
the problem, snag, complication;
fuss, commotion
(see "dar [um] bolo")

#dar o bolo em (colloq.)
to stand (someone) up, keep
(someone) waiting

Ela ficou braba porque o namorado
deu o bolo nela ontem.

#dar (um) bolo (sl.)
for hell to break loose, for a fuss
to be created; create complications

Deu um bolo danado quando o militar
tachou o Governador de "comuna".

Mentir à mãe sempre dá bolo,
hein, Bentinho?

levar o bolo (colloq.)
to be stood up, be kept waiting

Marcaram para as nove, mas ela não
pintou e ele acabou levando o bolo.

ser um bolo fofo (colloq.)
to be a fatso, be a butterball
(same as "ser uma bola'")

BOLSA

rodar a bolsa (sl.)
to streetwalk, engage in
prostitution
(same as "fazer o 'trottoir'")

BOLSO

meter no bolso (colloq.)
to dupe, trick; cheat; get the
better of, wrap around one's finger

Botou o juiz no bolso com aquela
cantada de sempre.

BOLUFAS

bolufas (sl.)
(var. of "bulhufas")

BOM

bom mesmo é . . .(colloq.)
what's really good is . . .

Bom mesmo é tomar uma cerveja e
comer amendoim enquanto a gente
bate um papinho quente, legal.

do bom e do melhor (colloq.)
the very best (of), of the highest
quality

Na nossa loja, senhor, só temos
terno do bom e do melhor.

*. . . dos bons (colloq.)
a real good . . ., . . . as good as
you'll find

Eu quero um chapéu de palha dos
bons.

Me dá uma cachacinha das boas.

**está bom? (colloq.)
all right? OK?

Vou dar um pulinho ali, está bom?

**está bom! (colloq.)
OK! all right! fine!

Está bom! Faça o que bem quiser.

ser bom para o fogo (colloq.)
to be good for nothing, be useless
(said of a thing)

Este feijão michuruca só é bom
para o fogo, viu?

**tudo bom? (colloq.)
everything all right?
(same as "tudo bem?")

**tudo bom! (colloq.)
everything's OK! all's fine!
(same as "tudo bem!")

*você está bom? (colloq.)
how are you? everything OK?

Como vai, Zé? Você está bom?

Você está boa, Lisa?

BOMBA

*a bomba[1] (sl.)
the flop, dud, "lemon," real "bomb"

Essa peça foi péssima, rapaz, uma
bomba das piores.

a bomba[2] (sl.)
the ugly person (esp. a woman),
"dog"
(same as "o bucho[2]")

a bomba[3] (colloq.)
the surprise, bombshell

A notícia da morte do político

foi uma bomba.

cair como uma bomba (colloq.)
to hit like a bombshell, come as a
great surprise, be a bolt out of
the blue (said of events, news,
etc.)

A morte da jovem estrela de cinema
caiu como uma bomba.

dar bomba em (stud.)
to flunk, give a failing grade to
(same as "dar pau em")

#**levar bomba** (stud.)
to flunk, receive a failing grade
(same as "levar pau")

BOMBADA

dar uma bombada (vulg.)
to have sexual intercourse

BOMBARDEADO

estar bombardeado[1] (colloq.)
to be worn out, be exhausted, be
"burnt out"

Não quero saber de festa; estou
bombardeado paca.

estar bombardeado[2] (colloq.)
to be sick, be in bad health

O elemento estava bombardeado e foi
parar no hospital.

BOM-BICO

ser bom-bico[1] (colloq.)
to be a smooth talker
(same as "ser bom de bico[1]")

ser bom-bico[2] (colloq.)
to have a good singing voice
(same as "ser bom de bico[2]")

BOM-CABELO

o bom-cabelo (sl.)
the Negro, Black

O gringo chegou com um bom-cabelo
que era mestre de capoeira.

BOM-COPO

o bom-copo (colloq.)
the drinker who holds his liquor
well

Eu não sou bom-copo para uma farra
dessas.

BOM-GARFO

o bom-garfo (colloq.)
the good eater, big eater

Para esse bom-garfo aqui, o que
não mata, engorda.

BOM-PAPO

o bom-papo (sl.)
the good conversationalist, good
talker
(same as "o papo[5]")

BONDE

#**o bonde**[1] (from Eng. "bond")
(colloq.)
the street car, tram, trolley

Santos é uma das poucas cidades no
Brasil que ainda têm bondes.

o bonde[2] (sl.)
the swindle, gyp, raw deal, bill of
goods

Aquele negócio do petróleo é
bonde na certa.

comprar um bonde (sl.)
to be taken, be cheated, buy the
Brooklyn Bridge

Ô, meu caro, você comprou um
bonde, pois estas ações são de

uma companhia que faliu há seis
meses atrás.

pegar o bonde andando (sl.)
to join (something) already in
progress, come in on the middle of
(a program, conversation, etc.)

Vamos ter que começar logo.
Assim, ele vai ter que pegar o
bonde andando quando chegar.

tomar/pegar o bonde errado (sl.)
to make the wrong move, fall flat
on one's face, lose out

Quem investiu nessa empresa tomou o
bonde errado.

vender um bonde a (sl.)
to swindle, sell the Brooklyn
Bridge, sell a bill of goods

O trapaceiro vendeu um bonde ao
gerente da empresa, conseguindo que
ele comprasse aqueles terrenos sem
valor.

BONDINHO

*o bondinho (colloq.)
the cable-car, skyway, elevated
cableway

É preciso tomar o bondinho para
chegar até lá em cima do Pão de
Açúcar.

BONÉ

apanhar seu boné (sl.)
to leave, take off
(same as "pedir seu boné")

pedir seu boné (sl.)
to take one's leave; leave, take
off, "split"

Aí ele pediu seu boné para não
ter que aguentar o resto do
discurso.

BONECA

a boneca[1] (sl.)
the girl, "honey"; good-looking
female, "doll"

Ah, eu quero conhecer essa boneca!

a boneca[2] (sl., pej.)
the effeminate male, sissy; male
homosexual, "fairy"
(same as "a bicha[1]")

boneca (voc., sl.)
darling, honey, babe; kiddo, girl
(used to address a female)

Ah, boneca, não quer me fazer um
favor?

a boneca deslumbrada[1] (sl., pej.)
the affected female

Tem boneca deslumbrada que não
acaba mais no chá-dançante.

a boneca deslumbrada[2] (sl., pej.)
the effeminate man; male
homosexual, "fairy"
(same as "a bicha[1]")

sentar na boneca (vulg.)
to engage in anal intercourse
(female role); be a homosexual

BONECO

o boneco[1] (crim. and journ.)
the mug shot

Manjei a pinta do vigarista quando
vi o boneco no jornal.

o boneco[2] (sl.)
the passenger, "fare" (taxi and bus
driver slang)

O último boneco me deu uma gruja.

BONITINHO

*bonitinho (colloq.)

cute, darling

Eu adoro aquele cachorro bonitinho
da vizinha.

BONITO

fazer um bonito (colloq.)
to do something nice, do a good
deed

Aí fiz um bonito e deixei a dona
passar primeiro.

BONZÃO

bonzão (also noun) (colloq.)
great, terrific, fabulous, very
good (said of a person)

O Henrique é um cara bonzão.

O bicho é bonzão no futebol e em
matéria de mulher.

BONZINHO

*bonzinho/boazinha (colloq.)
nice (said of a person)

Não é que eu não goste do
Isnard, entende? Ele é até muito
bonzinho. Mas para namorar?

Seja boazinha na casa da vovó,
viu, Martinha?

bancar o bonzinho (colloq.)
to play the nice guy

O Léo está bancando o bonzinho,
pedindo desculpas àquele cretino.

BOQUEJAR

boquejar (vi) (colloq.)
to chat, converse, talk
(same as "bater [um] papo")

BOQUINHA

*fazer uma boquinha (colloq.)
to eat a bite, snack

Vamos fazer uma boquinha antes de
ir à praia, tá bem?

BORA

*bora! (for "vamos embora!")
(colloq.)
let's go! come on!
(same as "embora!")

bora lá! (for "vamos embora lá!")
(colloq.)
let's go! come on!
(same as "embora!")

BORANDÁ

borandá! (for "vamos embora
andar") (colloq.)
let's get going! come on!
(same as "embora!")

BORDEJO

dar um bordejo (sl.)
to take a walk
(same as "dar um giro")

BOROCOXÔ

borocoxô (sl.)
weak, soft, broken, decrepit

É um velho borocoxô.

BOROGODÓ

o borogodó (sl.)
the charm, that certain something

Você sabe que o filho-de-meu-pai
fatura alto porque tem aquele
borogodó.

BORORÓ

bororó (colloq.)
corny, hickish, without class or
taste

Olha a roupa dele--que bororó!

BORRA-BOTAS

o borra-botas (colloq.)
the nobody, Joe Blow
(same as "o joão-ninguém")

BORRACHA

a borracha (sl.)
the car, "wheels"
(same as "o carango")

BORRACHO

ficar/estar borracho (South)
(colloq.)
to get/be drunk
(same as "ficar/estar caneado")

BORRAR-SE

borrar-se (vulg.)
to be scared witless, chicken out
(same as "cagar-se")

BOSSA

*a bossa[1] (sl.)
the style, mode, fashion

Esta é a bossa que colou no Rio
nesses dias.

**a bossa[2] (sl.)
the knack, flair, talent, style all
one's own

Essa mulatinha tem bossa: sabe
dançar que só ela.

a bossa[3] (sl.)
the thing, "business," matter,
thingamajig

Ô, onde quer que eu bote esta
bossa?

O cara tem coragem, honra,
inteligência, é boa pinta--enfim,
essas bossas todas.

*a bossa nova[1] (sl.)
the modern way, latest thing,

dernier cri

Os coroas não entendem a bossa
nova dos jovens na roupa e no
comportamento.

**a bossa nova[2] (sl.)
bossa nova, a popular music of the
1950s and 60s blending Brazilian-
style samba with American jazz.

Você gosta mais da bossa nova ou
do iê-iê-iê?

essas bossas (sl.)
et cetera, and so on, and the like
(same as "e tal")

BOSSA-NOVA

bossa-nova (adj.) (sl.)
modern, new-fangled

Você gosta dessa pintura bossa-
nova da jovem guarda?

BOSTA

a bosta[1] (colloq.)
the excrement

a bosta[2] (colloq.)
the piece of junk, trash
(same as "a merda[2]")

o bosta (colloq.)
the nobody, louse, good-for-nothing
(same as "o merda")

BOTA

o Bota (sport.)
the Botafogo de Futebol e Regatas
soccer team (of Rio de Janeiro)

O Bota marcou um golaço logo no
segundo tempo.

BOTA-FORA

o bota-fora (colloq.)
the going-away party, farewell

party, send-off

O bota-fora está marcado para o dia 10, pois ele viaja no dia 11.

BOTÃO

o botão (vulg.)
the anus

com os seus botões (colloq.)
to oneself, inwardly

Aí eu disse com os meus botões: "Será que eu quero mesmo fazer um troço desses?"

BOTAR

**botar[1] (from Rio northward)
to put (in Brazil regularly replaces verb "pôr")

botar[2] (vi) (vulg.)
to copulate

botar pra acabar (sl.)
to go all out
(same as "botar pra quebrar")

botar pra derreter (sl.)
to go all out
(same as "botar pra quebrar")

botar pra efe (sl., euph.)
to go all out
(euph. for "botar pra foder")

botar pra esbuguelar (sl.)
to go all out
(same as "botar pra quebrar")

botar pra foder (vulg.)
to go all out

botar pra jambrar (sl.)
to go all out
(same as "botar pra quebrar")

*botar pra quebrar (sl.)
to go all out, pour it on, go for broke, shoot the works

Não vamos perder este jogo, gente! Vamos botar pra quebrar!

botar pra rachar (sl.)
to go all out
(same as "botar pra quebrar")

BOTECO

o boteco (colloq.)
the bar, saloon

Neste boteco a barra é pesada.

BOTUCA

a botuca (sl.)
the eye, "peeper"

A criança escancarou as botucas quando ouviu o grito na escuridão.

BOY

*o boy[1] (colloq.)
the errand boy, office boy

Quando o boy voltar, manda ele dar um pulo no Banco do Brasil.

o boy[2] (sl.)
the male homosexual (esp. a young homosexual who plays the female role)
(same as "a bicha[1]")

BOZÔ

o bozô
the voodoo offering
(same as "o despacho")

BRABO

**ficar/estar brabo (com) (colloq.)
to get/be mad (at), get/be furious (with)
(var. of "ficar/estar bravo [com]")

O cara ficou brabo comigo, mas eu
disse foi a verdade.

**ficar/estar mais brabo que siri na
lata** (sl.)
to get/be mad as a hornet, get/be
hopping mad

Quando ele souber do acontecido,
vai ficar mais brabo que siri na
lata.

BRAÇADA

às braçadas (fig.)
galore, in abundance, by the
armload
(same as "aos montes" [monte])

BRAÇO

abrir os braços a (fig.)
to open one's arms to, welcome
warmly

Abriu os braços ao amigo.

cruzar os braços (fig.)
to do nothing, stop all activity,
not lift a finger

Todos os operários cruzaram os
braços; não quiseram trabalhar.

#dar o braço a torcer (colloq.)
to give in, say uncle

Quando o sujeito viu que tudo
estava perdido, deu o braço a
torcer.

de braço(s) dado(s)
arm in arm

Eles andavam de braços dados.

estar de braços cruzados (fig.)
to twiddle one's thumbs, do
nothing, not lift a finger

Não quero estar aqui de braços
cruzados--vamos fazer alguma coisa,
gente.

meter o braço em (colloq.)
to beat up, wallop, clobber, bash

O chifrudo meteu o braço na mulher
quando ficou sabendo do amante.

receber de braços abertos (fig.)
to receive with open arms, welcome
warmly

Recebeu de braços abertos a
proposta do chefe.

BRAÇO-DE-FERRO

o braço-de-ferro (fig.)
one who exercises his authority
energetically; iron-handed despot

O novo chefe é um braço-de-ferro
que não é mole, não!

BRAÇO-DIREITO

o braço-direito (fig.)
the right-hand man

Aquele mulato é o braço-direito
do Governador.

BRAHMA

a brahma (trademark) (sl.)
the (bottle of) beer (esp. a
"Brahma" product)

Ô chefe! Me arranja uma brahma
geladinha, por favor.

BRAMA

a brama (sl.)
(var. of "a brahma")

BRAMOTA

a bramota (sl.)
(var. of "a brahma")

BRANCARANA

a brancarana (colloq.)
the light-skinned mulata

Ela era uma brancarana--mais
chegada a branca do que a negra.

BRANCO

branco como a neve (colloq.)
as white as snow

A sua pele é branca como a neve.

o branco da Bahia (colloq., iron.)
the mulatto (esp. one from Bahia
who "passes" for white)

Ele era desses grã-finos da Graça
e da Barra-Avenida que são
denominados com freqüência os
"brancos da Bahia".

dar um branco (em)[1] (sl.)
for a feeling of uneasiness to
arise (in), for there to be an
uncomfortable silence (on the part
of)

Deu um branco no salão.

dar um branco (em)[2] (sl.)
for a blank to be drawn (by), for
something to be forgotten (by)

Deu um branco nele; não podia se
lembrar da palavra.

se um diz branco, o outro diz preto
(colloq.)
they're in constant disagreement,
they're always contradicting each
other

Eu não compreendo a amizade deles.
Se um diz branco, o outro diz
preto.

BRANQUINHA

a branquinha (colloq.)
the cachaça
(same as "a pinga")

BRASA

a brasa[1] (sl.)

the "dish," good-looking female
(same as "a boa[1]")

a brasa[2] (sl.)
the spectacular person, sensation,
great guy or gal

Você vai gostar mesmo do meu
amigo--é uma brasa.

a brasa[3] (sl.)
the bullet, slug
(same as "o chumbo")

estar em brasa (sl.)
to be sexually aroused, be sexually
excited

Ela estava toda em brasa, e ele
resolveu aproveitar.

largar brasa (em) (sl.)
to fire (on), shoot (at)
(same as "passar fogo [em]")

lascar brasa (em) (sl.)
to shoot (at), fire (on)
(same as "passar fogo [em]")

**mandar brasa[1] (sl.)
to go to town, go at it, let 'em
have it, give 'em hell

Manda brasa, pessoal, que a gente
precisa ganhar esse jogo.

O Zezinho mandou brasa no violão.

mandar brasa[2] (sl.)
to neck, make out; have sexual
relations, "go at it"

Lá no randevu eles mandam brasa a
noite toda.

mandar brasa em[1] (sl.)
to ruin, shoot to hell, spoil

A chuva mandou brasa no meu
programa.

mandar brasa em^c (sl.)
to fire at, shoot at
(same as "passar fogo [em]")

puxar a brasa para a sua sardinha
(colloq.)
to look out for one's own
interests, feather one's own nest

Cada ministro procurava puxar a
brasa para a sardinha dele.

ser uma brasa (sl.)
to be sensational, be terrific

A nova música dela é uma brasa!

BRASEADO

braseado (sl.)
animated, lively, spectacular,
terrific (said of things)

Poxa, irmão, a Festa da Uva esteve
braseada!

BRASUCA

brasuca (also noun) (sl.)
Brazilian

É uma companhia brasuca.

O cara é brasuca, mas a esposa é
francesa.

BRAVO

ficar/estar bravo (com) (colloq.)
to get/be mad (at), get/be furious
(with)
(same as "ficar/estar brabo [com]")

BRECHA

a brecha (sl.)
the opportunity, chance, break

Ele viu uma brecha e aproveitou na
hora.

BREGUEÇO

o bregueço (sl.)
the piece of junk, something old

A patroa finalmente jogou fora um
monte de bregueços que atulharam a
casa durante anos.

BREJO

ir para o brejo (sl.)
to go down the drain, flop
(same as "ir por água abaixo")

BREQUE

o breque (sl.)
the shoe

Entrou usando um pano legal e
breques novos.

BREVIÁRIO

rezar/ler pelo mesmo breviário
(fig.)
to think alike, be of one mind
(same as "rezar/ler pela mesma
cartilha")

BRIGA

ser bom de briga (colloq.)
to be a good fighter

O cara não é lá muito
inteligente, mas é bom de briga.

BRIGAR

brigar como gato e cachorro
(colloq.)
to fight like cats and dogs

Esse pessoal é desordeiro pra
valer; vive brigando como gato e
cachorro.

BRINCADEIRA

a brincadeira (colloq.)
the improvised get-together, spur-
of-the-moment party

(same as "o assustado")

mas nem de brincadeira! (colloq.)
don't even think such a thing! no
way! you must be kidding!

Eu aceitar essa proposta sua? Mas
nem de brincadeira!

**não ser brincadeira (colloq.)
to be no joke, be no laughing
matter, be something that should
not be taken lightly, be something
that should not be sneezed at, not
be easy

Esse negócio de casamento não é
brincadeira não, meu chapa.

O tráfego não foi brincadeira
hoje!

que não é brincadeira (colloq.)
like you wouldn't believe, like
nobody's business

Lá tem mulher boa que não é
brincadeira.

Ele joga tênis que não é
brincadeira.

BRINCAR

brincar com fogo (fig.)
to play with fire, play a dangerous
game

Você está brincando com fogo se
contrariar o coronel, viu?

mas nem brincando! (colloq.)
don't even think such a thing!
you've got to be kidding!
(same as "nem de brincadeira!")

*não brinca! (int., colloq.)
don't put me on! you're kidding!
(same as "não diga!" [dizer])

não brincar em serviço (sl.)
not to fool around, not waste time

O sujeito é vivo; não brinca em
serviço.

BRINCO

estar um brinco (colloq.)
to be shipshape, be all in order,
be spick-and-span

Depois da limpeza o apartamento
estava um brinco.

BRISA

estar de brisa (sl.)
to be broke, live on little or
nothing
(same as "estar duro")

estar/viver de brisa (sl.)
to loaf, bum around

Vá arranjar um emprego por aí,
meu filho, que você não vai poder
viver de brisa a vida toda.

BROCA

a broca (vulg.)
the penis

estar com a broca (South) (sl.)
to be hungry, be "famished"
(same as "estar morrendo de fome"
[morrer])

estar de broca (South) (sl.)
to be very hungry
(same as "estar morrendo de fome"
[morrer])

BROCO

broco (colloq.)
senile, doting, feebleminded
(same as "gagá")

BRONCA

*a bronca[1] (sl.)
the scolding, dressing down, show
of anger

Teve que agüentar a bronca da
vizinha irritada.

*a bronca[2] (sl.)
the gripe, complaint, beef

Esse freguês sempre tem bronca da
comida.

a bronca[3] (sl.)
the uproar, outcry, row

Para evitar uma bronca esperaram
até o Carnaval para desvalorizar o
cruzeiro.

*dar uma bronca em (sl.)
to scold, chew out, gripe to, get
mad at

O motorista não parou no ponto e
uma senhora aí deu uma bronca nele
que não foi brincadeira.

levar uma bronca (sl.)
to get a scolding

O menino levou uma bronca daquelas.

meter bronca (sl.)
to go to town, go at it
(same as "mandar brasa")

BRONHA

bater bronha (vulg.)
to masturbate (said of a male)

BRONQUEADO

ficar/estar bronqueado (com) (sl.)
to get/be mad (at), get/be furious
(with)

Não vou na casa da namorada hoje
porque ela está bronqueada comigo.

BRONQUEAR

bronquear (vi) (sl.)
to gripe, squawk; get mad

Se você quebrar isso ele
bronqueia, viu?

Ele bronqueou com o colega por uma
bobagem.

BROTAR

brotar como cogumelo (colloq.)
to spring up like mushrooms, sprout
and multiply almost overnight

As barracas começaram a brotar no
morro como cogumelo da noite para o
dia.

BROTINHO

*o brotinho (colloq.)
the young teenage girl, young lady

A Maria José é um brotinho lindo
de quinze anos.

BROTO

o broto (colloq.)
(var. of "o brotinho")

BROXA

o broxa (also adj.) (vulg.)
the sexually impotent male

Um broxa desses não anda com
mulher.

BROXAR

broxar (vi) (vulg.)
to be or become sexually impotent,
not be able to achieve an erection
(temporarily or permanently) (said
of a male)

O velho broxou; já não dá mais
no couro.

BROXURA

a broxura (vulg.)
the sexual impotence (said of a
male)

Apesar da broxura, deu para
paquerar os brotinhos.

BRUACA

a bruaca (sl.)
the ugly woman, hag
(same as "a bruxa")

BRUCUTU

o brucutu (sl.)
the ugly person, "dog"
(same as "o mondrongo")

BRUXA

a bruxa (fig.)
the hag, "witch," ugly female

Uma bruxa dessas custa a pegar
homem--há de ficar para titia.

BUCETA

a buceta (vulg.)
(var. of "a boceta")

BUCHA

a bucha de canhão (sl.)
the ugly woman, "dog"
(same as "a bruxa")

BUCHÊ

o buchê (from the Fr.) (vulg.)
the fellatio

BUCHO

o bucho[1] (colloq.)
the stomach, belly
(same as "a pança")

o bucho[2] (sl.)
the ugly person (esp. a woman),
"dog"

Eu não saio com um bucho desses.

BUÉ

abrir o bué (colloq.)
to turn on the waterworks, cry
one's eyes out

Quando eu falei para ela que não
íamos ao festival, aí abriu o
bué.

BUFAR

bufar (vi) (colloq.)
to gripe, complain, squawk

Qualquer coisa que não lhe agradar
e aí está ele a bufar de novo.

BUFUNFA

a bufunfa (sl.)
the money, "bread"
(same as "o tutu")

BUGALHO

o bugalho (colloq.)
the eye, eyeball, "peeper"
(same as "a botuca")

BUGRE

o bugre[1] (from the Fr.) (colloq.,
pej.)
the boor, unrefined person, hick
(same as "o índio")

o bugre[2] (sl.)
the dune buggy

Você conhece aquele cara que anda
de bugre?

BULHUFAS

*bulhufas (sl.)
nothing, nil, not a word

Não entendi bulhufas do discurso.

Ele não sabe bulhufas.

bulhufas de nada (sl.)

nothing, not a thing
(same as "bulhufas")

BULIR

bulir com (sl.)
to have sexual contact with, "fool
around" with

Se bulir com essa moça, vai levar
um tiro na cuca.

BULUFAS

bulufas (sl.)
(var. of "bulhufas")

BUM

bum! (int., colloq.)
boom! bang! pow!
(same as "bumba!")

BUMBA

bumba! (int., colloq.)
boom! bang! wham!

Escorregou numa casca de banana e
bumba!

BUMBUM

o bumbum (colloq., baby talk and
euph.)
the bottom, derrière, fanny (euph.
for "a bunda")

Caiu foi no bumbum.

BUNDA

**a bunda (from Kimb.) (colloq.)
the butt, rump; anus

Não sente ali, rapaz, que você
suja a bunda.

bunda (vulg.)
crummy, lousy, crappy, shoddy;
despicable, low-down

Cara bunda desses só merece morar

numa casa bunda daquelas.

botar na bunda de (vulg.)
to give hell to, give a hard time
to, be rough on

O professor botou na bunda de todos
os alunos.

dar a bunda (vulg.)
to engage in anal intercourse
(female role); be a homosexual

meta na bunda! (vulg.)
shove it! go to hell!

tomar na bunda (vulg.)
to engage in anal intercourse
(female role); be a homosexual

BUNDA-MOLE

o bunda-mole (vulg.)
the coward, chicken
(same as "o cagão^2")

BUNDÃO

o bundão (vulg.)
the coward, chicken
(same as "o cagão^2")

BUNDA-SUJA

o bunda-suja (vulg.)
the nobody, insignificant guy; dumb
slob, "turkey"

Bunda-suja desses não pode pesar
na balança.

BURACO

o buraco^1 (sl.)
the "pad" (apartment or house),
one's place

Meu buraco é lá na Boa Viagem.

o buraco^2 (vulg.)
the anus

o buraco é mais embaixo (sl.)
I don't buy that, you can't fool
me, I know better than that, it's
not that way at all

O Governo diz que vai providenciar,
mas o buraco é mais embaixo.

que buraco! (sl.)
what a mess! what a predicament!

Que buraco, rapaz! Não sei como
me meto em maus lençóis tão
facilmente.

querer enfiar-se num buraco
(colloq.)
to just want to dig a hole and
crawl in it, feel so embarrassed

Que vexame, menina! Fiquei tão
envergonhada que eu só queria me
enfiar num buraco, sabe?

ser (um) buraco (colloq.)
to be a difficult situation, be
rough, be an ordeal, be a mess

Vida de operário é um buraco,
sabe?

BURRADA

a burrada (colloq.)
the stupid action or remark;
foolishness
(same as "a burrice")

BURRICE

*a burrice (colloq.)
the stupid action or remark;
foolishness

Ela fez uma burrice contando o
segredo do chefe.

BURRO

**o burro (fig.)
the dummy, ignoramus, jackass,
idiot, imbecile, fool

Esse burro não deu uma dentro na
prova.

Qualquer burro podia fazer--e você
não?

**burro (colloq.)
stupid, dumb, dense

Nunca conheci uma menina mais burra
na minha vida.

o burro quadrado (sl.)
the total idiot, complete jackass,
perfect fool

Ele é mais que burro--é um burro
quadrado.

dar com os burros n'água (colloq.)
to fall on one's face, fail
(same as "entrar pelo cano")

**pra burro (sl.)
a lot, galore; quite, very

Reclamaram pra burro.

O velhote tem livros pra burro.

Ela é inteligente pra burro.

BURRO-DE-CARGA

o burro-de-carga (fig.)
the workhorse, hard worker

Ele é um burro-de-carga no
trabalho: pega no pesado o dia
todo.

BURRO-SEM-RABO

o burro-sem-rabo (sl.)
the complete dunce, idiot

Esse burro-sem-rabo não sabe fazer
direitinho a coisa mais simples.

BUTE

o bute (from Eng. "boot") (sl.)
the shoe, boot
(same as "o breque")

BUZINAR

buzinar (vi) (crim.)
to inform, "squeal," "sing"
(same as "dar o serviço")

C

CABACISMO

o cabacismo (vulg.)
the "cult of virginity,"
prudishness (puritan preoccupation
with guarding one's virginity)

A gente não tem vez com o
cabacismo delas.

CABAÇO

o cabaço[1] (vulg.)
the hymen; virginity

o cabaço[2] (vulg.)
the virgin

Será que ela é cabaço?

perder o cabaço (vulg.)
to lose one's virginity (said of a
female)

Perdeu o cabaço aos catorze anos.

tirar o cabaço a (vulg.)
to deflower (a virgin)

Está querendo tirar o cabaço ao
brotinho.

CABAÇUDA

a cabaçuda (also adj.) (vulg.)
the virgin

Essa cabaçuda não casa nunca.

CABEÇA

o cabeça (fig.)
the ringleader; instigator,
rabble-rouser

Diz que o Mendonça é o cabeça da
pandilha.

O cabeça da revolta foi um
operário de São Bernardo do
Campo.

abaixar a cabeça (fig.)
to come down a peg; be crestfallen
(same as "abaixar a crista")

abaixar a cabeça de (fig.)
to cut down to size, take down a
peg
(same as "abaixar a crista de")

botar a cabeça para funcionar
(colloq.)
to use one's head, put on one's
thinking cap, think

Eu botei a cabeça para funcionar e
bolei um troço de louco.

dar com a cabeça na parede
(colloq.)
to knock one's head against the
wall, make useless attempts, waste
one's efforts

Não vai conseguir, não; vai dar
com a cabeça na parede.

dar na cabeça (que) (colloq.)
to get it into one's head (that),
decide suddenly (that), get a
notion (that)

Deu-lhe na cabeça que seria bom
tomar uma batida de limão e acabou
caneado.

de cabeça fria (fig.)
coldly, impartially, rationally;
cooled off, calmed off

Se não agir de cabeça fria no
assunto, ele vai matar alguém.

É melhor você não dizer nada
até ficar de cabeça fria.

fazer a cabeça (drug.)
to take drugs, get high, trip out

Pretendia fazer a cabeça antes de

pintar na festa.

fazer a cabeça de (sl.)
to convince, persuade, talk
(someone) into something

Esse político sabe fazer a cabeça
de qualquer cristão.

ficar de cabeça inchada (sport.
and colloq.)
to be disappointed, hang one's head
(esp. due to the defeat of one's
favorite soccer team)

A torcida do Botafogo ficou de
cabeça inchada após a derrota do
time.

levar na cabeça (colloq.)
to get messed up
(same as "estrepar-se")

meter na cabeça (colloq.)
to learn, get (it) into one's head

Eu vou ter que meter toda aquela
coisa na cabeça antes do exame.

não caber na cabeça de ninguém
(colloq.)
to make no sense, be
incomprehensible, be inconceivable
(same as "não entrar na cabeça")

não estar com a cabeça para nada
(colloq.)
to be unable to think straight (at
a given moment)

Eu não estava com a cabeça para
nada quando falei essa bobagem.

não estar com cabeça para
(colloq.)
not to have the mental disposition
to, not feel like

Não estive com cabeça para
estudar ontem devido à notícia
triste.

não saber onde está/estava com a
cabeça (colloq.)
not to know where one's head
is/was, wonder what one is/was
thinking

Não sei onde eu estava com a
cabeça quando fiz isso.

#perder a cabeça (colloq.)
to lose one's head, lose control,
fail to restrain oneself

Quando ela descobriu a safadeza
perdeu a cabeça e disse algumas
verdades à vizinha.

que cabeça (a minha)! (colloq.)
how stupid of me! what could I have
been thinking!

Que cabeça! Como é que eu podia
esquecer uma coisa dessas?

saber de cabeça (colloq.)
to know off hand; know cold, know
by heart

A letra da música? Não sei assim
de cabeça.

ser uma cabeça (colloq.)
to be a brain, be a smart person
(same as "ser um crânio")

ter a cabeça fria (fig.)
to be cool-headed

Pergunte ao João, que ele tem a
cabeça fria.

tirar da cabeça (colloq.)
to get (it) out of one's head,
forget (it), put (it) out of one's
mind

Tira da cabeça essa idéia boboca!

tomar na cabeça (colloq.)
to get messed up, get "burned"
(same as "estrepar-se")

CABEÇA-CHATA

o cabeça-chata (colloq., often
pej.)
the native of Ceará (also extended
to natives of neighboring states)

Ele é um cabeça-chata de
Fortaleza.

CABEÇADA

dar cabeçadas (colloq.)
(var. of "dar uma cabeçada")

dar uma cabeçada (colloq.)
to put one's foot in it, bungle
something up

Tudo será jóia se aquele pateta
não der uma cabeçada.

CABEÇA-DE-BAGRE

o cabeça-de-bagre (sport.)
the lousy soccer player
(same as "o fuleiro")

CABEÇA-DE-MOTIM

o cabeça-de-motim (colloq.)
the rabble-rouser, instigator

O cabeça-de-motim foi manjado logo
pela polícia.

CABEÇA-DE-PAU

a cabeça-de-pau (colloq.)
the blockhead, idiot
(same as "o burro")

CABEÇA-DE-PORCO

a cabeça-de-porco (colloq.)
the tenement, slum dwelling

Ele morava numa cabeça-de-porco
lá perto do Mangue.

CABEÇA-DE-VENTO

o cabeça-de-vento (colloq.)
the empty-headed or scatter-brained
person, lamebrain, idiot, fool

O Ramires é um cabeça-de-vento
que só ele mesmo.

CABEÇA-DURA

o cabeça-dura (colloq.)
the thickhead, stubborn person
(same as "o queixo-duro")

CABEÇA-FRESCA

o cabeça-fresca (sl.)
the "cool head," one who keeps a
cool head, one who remains calm and
collected

O Henrique é um cabeça-fresca;
não esquenta a cuca.

CABEÇUDO

cabeçudo (fig.)
stubborn, pig-headed, hard-headed

Ele não se manca; é cabeçudo pra
cachorro!

CABELO

o cabelo de bom-bril (sl., pej.)
the kinky hair (esp. that of a
Black person) ("Bom-bril" is the
name of a popular steel-wool
cleaning pad)

estar de cabelos em pé (fig.)
to be terrified, be scared stiff,
have one's hair standing on end

O filme era de arrepiar. Na
saída, todo mundo estava de
cabelos em pé.

ter cabelos na venta (colloq.)
to be a hothead, be touchy

Cuidado com ela, que tem cabelos na
venta.

tirar o(s) cabelo(s) da venta

(colloq.)
to calm down (after losing one's
temper), simmer down

Tira os cabelos da venta, rapaz,
senão eu me mando na hora.

CABELO-DE-FOGO

o cabelo-de-fogo (sl.)
the redhead, "carrot-top"

Ele é cabelo-de-fogo, mas a irmã
é bem morena.

CABELUDO

cabeludo[1] (fig.)
obscene, coarse, foul (said of
language, words, etc.)

Eles trocaram várias palavras
cabeludas antes de chegarem às
vias de fato.

cabeludo[2] (fig.)
complicated, involved, complex,
difficult

É uma situação meio cabeluda,
entende?

CABER

não caber em si de contente (fig.)
to feel happy as a lark, be pleased
as Punch, jump for joy

O molinete foi um ótimo presente
de aniversário. O Betinho não
cabe em si de contente.

não caber na pele de contente
(colloq.)
to be happy as a lark, jump for joy
(same as "não caber em si de
contente")

não caber nem mais um alfinete
(colloq.)
for there to be no more room (due
to overcrowding), for a place to be
jam-packed

O ônibus estava superlotado; não
cabia nem mais um alfinete.

CABIDE

ser um cabide de empregos (colloq.)
to hold down several jobs,
moonlight

É preciso que um professor seja
cabide de empregos para se defender
na vida.

CABIMENTO

não ter cabimento (fig.)
not to be fitting, not be proper;
be ridiculous, be inconceivable, be
incomprehensible

Não tem cabimento que uma senhora
bem educada faça uma besteira
dessas.

Não tem cabimento que nosso
candidato tenha perdido a
eleição.

CABO

dar cabo de (crim. and sl.)
to do away with, "bump off," kill

A cambada deu cabo do dedo-duro
assim que saiu do xadrez.

de cabo a rabo (colloq.)
from beginning to end, from head to
toe

Eu li o romance do Jorge de cabo a
rabo.

Ele estava sujo de cabo a rabo
depois de trabalhar o dia todo na
roça.

dobrar o cabo da Boa Esperança
(sl.)
to pass one's prime, be over the
hill; become a has-been

Aquela mulher já é coroa; dobrou
o cabo da Boa Esperança há
séculos.

CABOCLO

**o caboclo (from Tupi) (also adj.)
the person of mixed Indian and
white ancestry, mestizo (esp. one
from the interior)

Ele era um caboclo de Goiás; ela,
uma mulatinha carioca.

CABRA

#o cabra[1] (colloq.)
the thug, hoodlum
(same as "o capanga")

o cabra[2] (sl.)
the guy, fellow
(same as "o sujeito")

CABRA-DA-PESTE

o cabra-da-peste (NE) (colloq.)
the scoundrel, rascal

Fora daqui, seu cabra-da-peste, ou
eu mesmo vou te chutar para fora.

CABRAL

o cabral (sl.)
the one-thousand old cruzeiro note

Não tenho trocado; só tenho um
cabral para pagar o ônibus.

CABRA-MACHO

o cabra-macho (colloq.)
the bully, tough guy
(same as "o bamba")

CABRÃO

o cabrão (colloq.)
the cuckold

Se chifre fosse flor, testa daquele
cabrão era jardim!

CABREIRO

cabreiro (colloq.)

foxy, sly, cunning
(same as "esperto")

CABRITA

a cabrita (sl.)
the teenage girl, young lady
(same as "o brotinho")

CÂBULA

o câbula (stud.)
the student who cuts classes,
"ditcher"
(same as "o gazeteiro")

CABULAGEM

a cabulagem (stud.)
the truancy, cutting classes
(same as "a matação [de aula]")

CABULAR

cabular (vi) (stud.)
to cut class, play hooky
(same as "matar")

CABULOSO

cabuloso (stud.)
truant

Minha turma tem um aluno tão
cabuloso que a gente chama de
"turista".

CACA

ser caca (colloq.)
to be dirty, be nasty, be filthy
(used in speaking to a small child)

Isso é caca, Zezinho. Não toque,
não!

CAÇADA

dar uma caçada (sl.)
to be on the make, "cruise," look
for sexual companionship
(heterosexual or homosexual)

Ele deu uma caçada lá na Prado
Júnior para ver se pegava um
cobertor-de-orelha.

CAÇADOR

o caçador de dote (colloq.)
the male gold digger, one
interested in marrying a woman for
her money

Esse caçador de dote vai acabar
dando o golpe do baú.

CAÇA-NÍQUEL

o caça-níquel (also adj.)
(colloq.)
the slot machine, "one-armed
bandit"

Jogou na roleta e aí passou para
os caça-níqueis.

CACARECO

os cacarecos (colloq.)
the belongings, gear, one's things
(same as "os troços" [troço])

CACAU

o cacau (sl.)
the money, "dough"
(same as "o tutu")

CACETA

caceta! (int., vulg.)
hell! damn!

CACETADA

a cacetada[1] (sl.)
the bore, "drag," annoyance
(same as "a amolação")

a cacetada[2] (vulg.)
the sexual intercourse

dar uma cacetada (vulg.)
to have sexual intercourse

e cacetada (colloq.)
and then some (used after a round
number)
(same as "e lá vai fumaça")

uma cacetada de (vulg.)
a lot of, a mess of

CACETÃO

um cacetão de (vulg.)
a lot of, a mess of

CACETE

o cacete[1] (sl.)
the skirmish, fuss, brawl
(same as "a lenha[1]")

o cacete[2] (vulg.)
the penis

*cacete (colloq.)
boring, dull, annoying, bothersome
(same as "chato")

cacete! (int., vulg.)
hell! damn!

baixar o cacete em[1] (sl.)
to beat up, trounce, thrash
(same as "baixar pau em[1]")

baixar o cacete em[2] (sl.)
to run down, criticize, backbite
(same as "tesourar")

e o cacete (vulg.)
and the like, and such, et cetera

. . . o cacete! (int., vulg.)
. . . my eye!
(same as "uma ova!")

pra cacete (vulg.)
a lot, galore, very much; quite

ser do cacete (vulg.)

to be really something, be terrific
(same as "ser do caralho")

peça a não ser que me paguem um
bom cachê.

CACETEAÇÃO

*a caceteação (colloq.)
the bore, "drag," annoyance
(same as "a amolação")

CACETEAR

cacetear (vt, vi) (colloq.)
to pester, bore
(same as "chatear")

CACETUDO

o cacetudo (vulg.)
the lover boy, ladies' man

CACHAÇA

a cachaça (colloq.)
one's "passion," hobby, cup of tea

Conquistar mulheres é a cachaça
daquele faroleiro.

pensar que cachaça é água
(colloq.)
to mistakenly think something's a
cinch, underestimate something

Ele pensa que cachaça é água,
mas vai descobrir logo que aquilo
não é tão mole assim, não.

CACHACEIRO

*o cachaceiro (also adj.) (colloq.)
the drunkard, lush, boozer

Os cachaceiros do bairro
freqüentam o bar de seu Mêndez
porque ele vende fiado.

CACHÊ

o cachê (from Fr. "cachet")
(theat., cine. and TV)
the entertainer's fee, honorarium

Eu não vou fazer ponta nenhuma na

CACHIMÔNIA

a cachimônia (colloq.)
the noggin, noodle, head; brains,
intelligence
(same as "a cuca")

CACHO

*o cacho (sl.)
the love affair; lover
(same as "o caso")

*estar de cacho com (sl.)
to be having an affair with, have
something going with
(same as "estar de caso com")

CACHOLA

a cachola (colloq.)
the noggin, "noodle"
(same as "a cuca")

CACHORRA

a cachorra (colloq., pej.)
the slut; prostitute
(same as "a cadela")

estar com a cachorra (sl.)
to be in a bad mood, be out of
sorts, be down in the dumps

Tentei animar a mina, que ela
estava com a cachorra.

CACHORRO

*o cachorro[1] (colloq.)
the scoundrel, rascal, heel, louse

Esse cachorro é capaz de passar a
perna na própria mãe.

o cachorro[2] (sl., joc.)
the rump, behind (esp. that of a
female)
(same as "a saúde")

pra cachorro (sl.)
a lot, galore; very
(same as "pra burro")

soltar os cachorros em cima de
(colloq.)
to tell off, let one have it
(verbally), lash out at

Quando eu reclamei, ela soltou os
cachorros em cima de mim.

CACHORRO-QUENTE

*o cachorro-quente (trans. from the
Eng.) (colloq.)
the hot dog

Comi um cachorro-quente numa
lanchonete lá na Rua da Praia.

CACILDA

cacilda! (int., sl., euph.)
heck! darn!
(euph. for "cacete!")

CAÇOLETA

bater a caçoleta (colloq.)
to die, kick the bucket
(same as "bater as botas")

CAÇULA

o caçula (from Kimb.) (colloq.)
the youngest child, "baby" of the
family

Quem casou primeiro foi o caçula.

CADA

*cada[1] (colloq.)
so many

Tem cada mulata bacana na Bahia,
mano!

**cada[2] (colloq.)
the darnedest, the most
extraordinary

Aquele moleque faz cada uma.

Ela conta cada piada.

Ele tem cada idéia.

*cada coisa (colloq.)
the darnedest things; so many
things

Acontece cada coisa na zona do
meretrício.

Tem cada coisa boa nessa loja!

*cada uma (colloq.)
the darnedest things

Esse capeta faz cada uma!

contar/dizer cada uma (colloq.)
to tell the darnedest jokes, say
the darnedest things

Aquele gozador conta cada uma,
rapaz.

fazer cada uma (colloq.)
to do the strangest things

Esse cara esquisito faz cada uma
que deixa a gente com a boca
aberta.

CADÁVER

o cadáver (sl.)
the creditor

Esse caloteiro vive fugindo dos
cadáveres.

só passando por cima do meu
cadáver! (colloq.)
over my dead body!

Você não há de casar com esse
sem-vergonha. Só passando por
cima do meu cadáver!

CADÊ

**cadê . . .? (for "que é de . .

.?") (colloq.)
where is . . .? where are . . .?
what happened to . . .?

Cadê o livro que eu estava lendo
ontem?

O Arnaldo não veio? Cadê ele?

CADEIA

**a cadeia (fig.)
the jail, prison

O motorista começou a espinafrar o
guarda e parou na cadeia.

CADEIRA

sacudir as cadeiras (sl.)
to dance
(same as "arrastar o pé")

CADELA

a cadela (colloq., pej.)
the bitch, slut; prostitute

Não quero nada com aquela mulher,
cadela sem-vergonha.

CAFÉ-COM-LEITE

café-com-leite (colloq.)
light brown, tan, beige, coffee-
colored (said esp. of skin color)

É um mulato claro, café-com-leite
na cor.

CAFÉ-PEQUENO

ser café-pequeno (colloq.)
to be a cinch, be a breeze; be
small potatoes

Essa partida é café-pequeno.

Perto de mim, ele é café-pequeno.

CAFETÃO

o cafetão (colloq.)
the pimp, procurer

Parece que tem mais cafetão do que
piranha aqui na zona.

CAFETINA

a cafetina (colloq.)
the madam (of a brothel)

Já é cafetina mas antigamente se
virava como as outras.

CAFIFA

a cafifa (sl.)
the rotten luck
(same as "a urucubaca")

CAFIOLA

o cafiola (sl.)
the pimp, procurer
(same as "o cafetão")

CAFIOLO

o cafiolo (sl.)
(var. of "o cafiola")

CAFONA

*cafona (from Ital.) (also noun)
(sl.)
gaudy, corny, in poor taste,
hickish, square, "out-of-it"

O chapéu cafona daquela mulher
provocou riso em toda a
vizinhança.

Aquele cafona está por fora.

CAFONICE

a cafonice (sl.)
that which is cafona; gaudiness

A roupa fresca dela é a própria
cafonice.

CAFUNDÓ-DE-JUDAS

no cafundó-de-judas (colloq.)
in the sticks, out in the middle of

nowhere
(same as "no fim-do-mundo")

CAFUZO

o cafuzo (also adj.)
the person of mixed Indian and
Black ancestry, zambo

O amazonense era um cafuzo de pele
escura.

CAGAÇO

o cagaço (vulg.)
the fear, dread

O covarde morreu de cagaço.

CAGADA

dar uma cagada (vulg.)
to defecate

dar uma cagada em[1] (vulg.)
to do (someone) dirty, play a dirty
trick on
(same as "cagar em")

dar uma cagada em[2] (vulg.)
to chew out, give a tongue-lashing
to, bawl out

O dono da loja deu uma cagada no
Januário depois do roubo.

fazer uma cagada (vulg.)
to screw up, make a mess of
everything

Esse ignorante só faz cagadas.

na cagada (vulg.)
by sheer luck, by chance, guessing
(same as "no chute")

CÁGADO

o cágado (fig.)
the slowpoke
(same as "a lesma")

CAGALHADA

uma cagalhada de (vulg.)
a lot of, a whole mess of

CAGALHÃO

o cagalhão (vulg.)
the mass of excrement, turd

CAGANEIRA

a caganeira (vulg.)
the diarrhea

CAGANIFÂNCIA

a caganifância (colloq.)
the trifle, hill of beans

Você não vai fazer questão por
uma caganifância dessas, vai?

CAGÃO

o cagão[1] (vulg.)
the idiot, nitwit, blockhead

Um cagão desses é incapaz de
vestir a própria calça.

o cagão[2] (vulg.)
the chicken, coward

O cagão se agalinhou e entregou os
pontos logo de saída.

CAGAR

cagar (vi) (vulg.)
to defecate

cagar e andar (para) (vulg.)
not to give a darn (about)
(same as "cagar [para]")

cagar em (vulg.)
to do (someone) dirty, play a dirty
trick on

O político cagou no partido dele
quando passou para a oposição.

cagar (para) (vulg.)
not to be able to care less
(about), not give a darn (about)

Ele vai viajar? E daí? Eu cago
para ele, viu?

cagar regras (vulg.)
to advise others without personal
risk, not put one's money where
one's mouth is, kibitz

O Alberto caga regras a toda hora,
mas ele mesmo nunca se compromete.

não cagar nem desocupar a moita
(vulg.)
to be indecisive, be wishy-washy
(same as "não atar nem desatar")

CAGAR-SE

cagar-se[1] (vulg.)
to fall flat on one's face, get
screwed up

Quem se cagou foi ela mesma. Quem
mandou se meter com ele?

cagar-se[2] (vulg.)
to be scared witless, chicken out

Não vá se cagar quando a polícia
chegar!

cagar-se de rir (vulg.)
to split a gut laughing

CAGA-REGRAS

o caga-regras (vulg.)
the know-it-all, kibitzer, one who
advises others without personal
risk

Aquele caga-regras sempre mete a
colher onde não é chamado.

CAGÜETAR

cagüetar (vt) (crim.)
(var. of "alcagüetar")

CAGÜETE

o cagüete (crim.)
(var. of "o alcagüete")

CAGÜIRA

a cagüira (colloq.)
the rotten luck, jinx
(same as "a urucubaca")

CAIÇARA

o caiçara (colloq.)
the beach bum, beachcomber

Vou passar as férias dando uma de
caiçara em Cabo Frio.

CAÍDO

estar caído por (colloq.)
to be wild about, be in love with
(same as "ser louco por")

CAI-NÃO-CAI

estar cai-não-cai (colloq.)
to be about to fall, be on the
verge of falling, be shaky

A empresa de meu tio está cai-
não-cai; tudo depende do
empréstimo que pediu.

CAIPIRA

**o caipira (from Tupi) (also adj.)
(colloq.)
the hick, hillbilly

Diz que caipira não é lá muito
tagarela.

As festas caipiras do interior de
São Paulo são um espetáculo!

CAIPIRINHA

*a caipirinha (colloq.)
the cocktail of cachaça with
sliced lemon and sugar

Caipirinha é diferente da batida

de limão

CAIPORA

o caipora (from Tupi) (also adj.)
(colloq.)
the unlucky person; jinx

O Fernando é um caipora que não
tem jeito para vencer na vida.

CAIPORISMO

o caiporismo (colloq.)
the bad luck
(same as "a urucubaca")

CAIR

cair (vi) (colloq.)
to fall for it, be tricked, be
taken in

Márcio passa o conto e todo mundo
cai.

caindo de (sl.)
full of, having a lot of,
overflowing with

Conhecemos um sujeito caindo de
importância.

A Lúcia, caindo de bossa, dançou
um samba quente.

Eu prefiro um vatapá assim, caindo
de pimenta.

cair com os cobres (colloq.)
to pay, come across with the money,
foot the bill

Se não cair com os cobres, eu te
levo na delegacia.

cair como um patinho (colloq.)
to fall for it, be taken in, be
tricked or cheated
(same as "cair como um pato")

cair como um pato (colloq.)
to swallow something hook, line and
sinker, fall for it; be swindled

Caiu como um pato quando a mulher
começou a chorar.

cair da cama (colloq.)
to fall flat on one's face, fail

O cara deu uma cantada ruim na
menina e caiu da cama.

cair de costas (colloq.)
to be floored, fall over backwards,
be overcome with surprise or
astonishment

A velha caiu de costas quando a
filha falou que ia casar com aquele
vagabundo.

cair de língua em (vulg.)
to perform cunnilingus on

cair de pé (fig.)
to land on one's feet, bounce back,
come back up fighting

Ela sofreu uma série de
infortúnios, mas caiu de pé.

cair do cavalo (colloq.)
to fail, fall flat on one's face,
flop

Ele tem uma tendência marcada para
cair do cavalo em assuntos
amorosos.

cair do céu (fig.)
to be a godsend, arrive in the nick
of time

Esse dinheiro caiu do céu.

cair duro (sl.)
to drop dead, keel over (dead)

O nego levou dois tecos no peito e
caiu duro.

*cair em (colloq.)
to be taken in by, fall for (a

"line," story, etc.)

Caiu logo no conto do vigarista.

Não caio nessa, não.

cair em si (fig.)
to come to one's senses, come back
to reality

Só caiu em si quando deu pela
falta dos companheiros.

cair na arapuca (fig.)
to fall into the trap, take the
bait, be taken in
(same as "cair na armadilha")

cair na armadilha (fig.)
to take the bait, fall in the trap;
be taken in, be swindled

O trapaceiro passou o papo no
bancário, e este caiu logo na
armadilha.

*cair na conversa (no papo, no
chute, na milonga, etc.) de
(colloq.)
to fall for (someone's) "line," be
strung along by

Eu entrei pelo cano porque caí na
conversa do vigarista.

cair na esparrela (fig.)
to fall into the trap, take the
bait; be tricked
(same as "cair na armadilha")

cair na ratoeira (fig.)
to fall for it; fall into the trap;
be tricked
(same as "cair na armadilha")

cair no anzol (fig.)
to take the bait; fall for it
(same as "cair na armadilha")

cair no buraco (fig.)
to be taken in, fall into the trap
(same as "cair na armadilha")

cair no laço (fig.)
to fall into the trap, take the
bait; be swindled
(same as "cair na armadilha")

estar caindo de sono (colloq.)
to be very sleepy

Estou caindo de sono que não
agüento mais.

CAITITU

o caititu (from Tupi) (mus.)
the promotion man (of a song, a
record, etc.)

O caititu conseguiu divulgar o
disco do Zeca.

CAITITUAGEM

a caitituagem (mus.)
the promotional campaign, promotion
(of a song, a record, etc.)

Pretendem popularizar a música por
meio da caitituagem.

CAITITUAR

caitituar (vi, vt) (mus.)
to put on a promotional campaign
(for a song, a record, etc.)

Se a gente não caitituar o samba,
não cola.

CAIXA

bater (uma) caixa (sl.)
to talk, chat, shoot the breeze
(same as "bater [um] papo")

estar de caixa alta (sl.)
to be well-to-do, be in the chips,
be "loaded"

Quem está de caixa alta não se
preocupa com a sorte dos pobres.

estar de caixa baixa (sl.)
to be poor, be down and out; be low

on funds, be broke

Perdeu uma fortuna na Bolsa e já
está de caixa baixa.

CAIXA-ALTA

o caixa-alta (sl.)
the rich man, moneybags

Esse caixa-alta comprou um bocado
de terrenos lá na Barra da Tijuca.

CAIXA-BAIXA

o caixa-baixa (sl.)
the poor man, one who is down and
out

Aquele caixa-baixa não tem nem
para alimentar as crianças.

CAIXA-PREGO(S)

lá em caixa-prego(s) (colloq.)
in the boondocks, in the sticks
(same as "no fim-do-mundo")

CAIXINHA

a caixinha (colloq.)
the "kitty," pot

Ô, meu distinto, bota esta
gorjetinha aí na caixinha.

a caixinha de fósforos (colloq.)
the trifle, next to nothing;
"matchbox"

Aquele cocoroca tem a mentalidade
de uma caixinha de fósforos.

A casa dele era pequena pra
chuchu--uma verdadeira caixinha de
fósforos.

CALA-A-BOCA

o cala-a-boca (sl.)
the bribe; pay-off to keep one
quiet, hush money

Os bicheiros dão um cala-a-boca

mensal ao delegado e não têm
problema nenhum.

CALÇA

a calça de pegar/pescar siri
(colloq., joc.)
the "high-water" trousers (pants
whose legs come down no further
than the ankles)

Essa calça velha que está usando
parece ser uma calça de pegar
siri.

usar calças (colloq.)
to wear the pants, rule the roost;
"be a man," be macho

A mulher é que usa calças nessa
casa.

Não mexe com ele, que usa calças.

CALCANHAR

dar no calcanhar (sl.)
to take off, take to one's heels;
run away
(same as "dar no pé")

CALCANHAR-DE-JUDAS

*no calcanhar-de-judas (colloq.)
in the sticks, at the ends of the
earth
(same as "no fim-do-mundo")

CALCANTE

no calcante (crim. and sl.)
on foot, walking

Atravessei a cidade toda no
calcante.

CALÇAR

calçar o peito (sl.)
to eat, chow down

É bom calçar o peito antes de
partir.

CALDO

o caldo requentado (colloq.)
the has-been, something warmed
over, old hat
(same as "a bananeira que já deu
cacho")

CALHAMBEQUE

#o calhambeque (colloq.)
the jalopy, "heap," rattletrap

Você está maluco se acha que vai
até a Bahia neste calhambeque.

CALHORDA

o calhorda (colloq.)
the jerk, skunk, scoundrel

O nosso clube não tem lugar para
um calhorda desses.

CALO

dar nos calos (sl.)
to take off, leave; run away
(same as "dar no pé")

pisar nos calos de (colloq.)
to strike a nerve with, touch a
sore spot of

Você vai pisar nos calos daquele
racista se falar em miscigenação.

CALOR

#estar calor (colloq.)
to be hot (the weather)

Puxa! Com esse mormaço está
calor, companheiro.

CALOTE

o calote (sl.)
the bad debt, welshing
(see "dar o calote [em]")

#dar o calote (em) (sl.)
to leave or go on without paying,
evade payment of debts, welsh

Quando você não pode pagar o
aluguel é muito simples, rapaz--é
só dar o calote.

passar o calote (em) (sl.)
to leave without paying
(same as "dar o calote [em]")

CALOTEAR

calotear (vi) (sl.)
not to pay one's debts, welsh

Ele se vira caloteando.

CALOTEIRO

#o caloteiro (sl.)
one who doesn't make good his
debts, welsher

O Vadinho é um caloteiro exemplar:
cada mês mora numa pensão
diferente, mas bate asas antes de
ter que pagar.

CALOURO

#o calouro (stud.)
the university freshman

Vamos passar um trote nos calouros.

CALUNDU

o calundu (from Kimb.) (colloq.)
the anger, touchiness, "temper"
(said esp. of a Black or Mulatto)

O calundu dessa mulatinha não é
brincadeira, não.

CALUNGA

o calunga (colloq.)
the trucker's helper

Esses calungas descarregam um
caminhão num abrir e fechar de
olhos.

CAMA

cair na cama (colloq.)
to hit the sack, hit the hay, go to
bed

Quando dou duro todo o dia gosto de
cair na cama cedo.

ir para a cama com (colloq.)
to go to bed with, have sex with,
sleep with

Só vai para a cama com a namorada.

ser bom de cama (vulg.)
to be good in bed, be a good lover

CAMA-DE-GATO

a cama-de-gato (sport.)
the soccer tactic in which a player
is made to fall backwards over a
crouching opponent

Derrubaram o jogador adversário
com uma cama-de-gato.

CAMARÃ

camará (voc., colloq.)
(var. of "camarada")

CAMARADA

*o camarada (colloq.)
the guy, fellow
(same as "o sujeito")

camarada (voc., colloq.)
friend, pal, buddy
(same as "meu chapa")

ser camarada (sl.)
to be reasonable, be kind, be
cooperative

Seja camarada, rapaz, e me dê uma
colher-de-chá.

CAMARADINHA

o camaradinha (sl.)
the friend, pal, buddy

Todos os meus camaradinhas vão
pegar praia amanhã.

CAMARÃO

parecer um camarão (fig.)
to be as red as a lobster
(sunburned, blushing, etc.)

Esse cabelo-de-fogo parece mesmo um
camarão de tão queimado que
está.

CAMAROTE

assistir de camarote (colloq.)
to have a ringside seat, witness
closely

Assistiu a briga de camarote.

CAMBALACHO

o cambalacho (colloq.)
the racket, shady deal
(same as "a marmelada")

CAMBAUS

(e) os cambaus (sl.)
etc., and the like, and what not
(same as "e tal")

CAMBISTA

o cambista (colloq.)
the scalper, one who sells tickets
at a price above the official one

Compramos os ingressos na mão de
um cambista, já que o guichê
estava fechado.

CAMBURÃO

o camburão (sl.)
the police paddy-wagon
(same as "o tintureiro")

CAMELO

o camelo (sl.)
the bicycle, bike
(same as "a magrela")

CAMINHO

botar no bom caminho (fig.)
to put back on the right track
(same as "botar nos eixos" [eixo])

estar no mau caminho (fig.)
to have gone astray (morally), be
on the road to perdition

Você está no mau caminho com essa
vida de farras e pilantragem que
está levando.

pegar o caminho da roça (colloq.)
to hit the road, take off, head for
home

Ô gente, vamos pegar o caminho da
roça, que já está ficando muito
tarde.

CAMISA

a camisa (colloq.)
(var. of "a camisa-de-vênus")

estar numa camisa de onze varas
(fig.)
to be in a predicament, be in a
fix, be in hot water

O que fará a nossa heroína?
Parece estar numa camisa de onze
varas da qual não há de sair
facilmente.

mudar de camisa (sport. and sl.)
to change sides, be a turncoat,
change teams
(same as "virar a casaca")

CAMISA-DE-VÊNUS

a camisa-de-vênus (colloq.)
the condom, prophylactic, "rubber"

CAMISA-DEZ

camisa-dez (sl.)
first-rate, tops, excellent,
terrific
(N.B.: number ten belonged to the
world-famous soccer star, Pelé)

Essa é uma idéia camisa-dez.

CAMÕES

ser um Camões (fig.)
to be an Einstein, be a brain, be a
genius

Maluco nada! Ele é é um Camões!

CAMPANA

o campana (from Lunf.) (crim.)
the look-out, scout; "tail,"
"shadow"

Você é o campana, assim tem que
ficar de antenas ligadas.

O campana perdeu o suspeito.

estar na campana (crim.)
to be looking on, be watching, be
observing; be "tailing" (someone)

O Porciúncula estava de campana
quando o negociante saiu com os
cobres.

CAMPANAR

campanar (vt) (crim.)
to watch, observe, keep an eye on;
"tail," "shadow"

Você campana a loja, José, e
qualquer pilantragem, me avisa,
viu?

CANA

**a cana[1] (colloq.)
the cachaça
(same as "a pinga")

*a cana[2] (sl.)

the jail, "clink," "slammer"
(same as "a cadeia")

*o cana (sl.)
the cop, uniformed policeman

O cana levou o bicheiro para o
distrito.

*entrar/ir em cana (sl.)
to go to jail, land behind bars, be
arrested, get "busted"

Não mexe com a filha desse
mandachuva, ou você vai acabar
entrando em cana.

Foi em cana logo depois do assalto.

*estar em cana (sl.)
to be in jail, be behind bars

Ela mora sozinha, já que o marido
está em cana.

meter em cana (sl.)
to lock up, jail, arrest
(same as "encanar")

CANASTRÃO

o canastrão (theat.)
the ham actor, bad actor

Ora bolas, só tem canastrão nesse
dramalhão!

CANÇÃO

a mesma canção (fig.)
the same old tune, same old story

Não houve novidade alguma no
discurso do prefeito--foi a mesma
canção de sempre.

CANCHA

ter cancha (colloq.)
to have experience, be experienced,
be qualified
(same as "ter tarimba")

CANDANGO

o candango[1] (colloq.)
the workman, laborer (referring to
the Northerners who came down and
built Brasília)

Candango é que construiu a nova
capital.

o candango[2] (also adj.) (colloq.)
the resident of Brasília,
brasiliense

Candango tem orgulho de morar na
capital.

CANDINHA

a candinha (sl.)
the gossiper, talebearer
(same as "o fofoqueiro")

CANDOMBLÉ

**o candomblé (of Afr. origin) (NE)
the Afro-Brazilian fetichistic
religious cult of Yoruban origin,
Brazilian voodoo; place of worship
of such a cult

O candomblé baiano é semelhante
à macumba carioca e ao xangô
pernambucano.

Vamos lá no candomblé da
Menininha.

o candomblé de caboclo (NE)
a candomblé sect that combines
African and Amerindian rites

CANDONGA

a candonga (sl.)
the rumor, hearsay, gossip
(same as "a fofoca")

CANDONGUEIRO

o candongueiro (also adj.) (sl.)
the gossiper, rumormonger
(same as "o fofoqueiro")

CANEADO

#ficar/estar caneado (sl.)
to get/be drunk, get/be plastered

Claro que você não se lembra da
farra de ontem, rapaz, se você
estava caneado.

CANEAR-SE

canear-se (sl.)
to get drunk, get "bombed," get
"smashed"

Não vai se canear no bar do
sírio, viu?

CANHÃO

o canhão[1] (sl.)
the ugly woman, hag
(same as "a bruxa")

o canhão[2] (sport.)
the hard-kicked ball (in soccer)
(same as "o petardo")

CANINO

estar com uma fome canina (colloq.)
to be "starving," be "famished," be
very hungry
(same as "estar morrendo de fome"
[morrer])

CANIVETE

o canivete (vulg.)
the penis

afiar canivete (vulg.)
to have sexual intercourse (said of
a male)

amolar o canivete (vulg.)
to have sexual intercourse (said of
a male)

CANJA

ser canja (sl.)

to be a cinch, be duck soup
(same as "ser sopa")

CANJEBRINA

a canjebrina (colloq.)
the cachaça
(same as "a pinga")

CANJICA

mostrar as canjicas (sl., joc.)
to smile, crack a smile

Ô, Maurício, mostre as canjicas,
que não é para tanto.

CANO

o cano (sl.)
the failure, difficult situation,
problem

A economia está um cano total.

Não faça isso; é cano na certa.

dar o cano em (sl.)
to put one over on, trick; swindle
(same as "trapacear")

dar o cano (em) (sl.)
to leave without paying, not pay
one's debts, welsh
(same as "dar o calote [em]")

CANOA

estar numa canoa furada (colloq.)
to be up the creek, be in a
dangerous situation, be in a tight
spot

Se não dermos um jeito logo, vamos
estar numa canoa furada.

CANSAR

cansar a beleza de (sl.)
to "bug," pester, try the patience
of

Faz favor de não cansar a minha

beleza!

cansar o T.B.S. de (sl.)
to try the patience of
("T.B.S." stands for "talento,
beleza e sexo")
(same as "cansar a beleza de")

CANTADA

**a cantada (sl.)
the sweet-talk, "line," "story,"
fast-talk, "snow job"

É só aplicar uma cantada na
garota e ela está no papo.

O guarda caiu na cantada, e o Brito
entrou de graça.

**dar/passar uma cantada em (sl.)
to sweet-talk, fast-talk, con
(same as "cantar")

CANTAR

**cantar (vt) (sl.)
to hand a "line," sweet-talk,
fast-talk, con

Cantar essa moça vai ser fogo, que
é uma papa-hóstia dos diabos.

cantar de galo (fig.)
to wear the pants, rule the roost

É a mulher quem canta de galo na
casa dele.

CANTIGA

a cantiga (sl.)
the "line," "story," fast-talk
(same as "a cantada")

a mesma cantiga (fig.)
the same old tune
(same as "a mesma canção")

CANTILENA

a cantilena (sl.)

the long, boring talk or story

Não há quem agüente a cantilena
daquele político.

CANTO

*o canto (colloq.)
the place, spot, locale

O Mauro já esteve em tudo quanto
é canto na Europa.

Eu não vou naquele canto. É
barra-pesada.

CÃO

o cão[1] (fig.)
the jerk, rat, rascal, scoundrel
(same as "o cachorro")

o cão[2] (colloq.)
the devil, Satan

Esse malandro é o próprio cão.

Diz que o cão faz ponto naquela
encruzilhada.

o cão de fila (fig.)
the bodyguard, "watchdog," lackey,
stooge

Não trato com cão de fila, só
com o chefe mesmo.

CÃO-TINHOSO

o cão-tinhoso (colloq.)
the devil, Satan
(same as "o cão[2]")

CAPACHO

o capacho (fig.)
the "doormat," servile flatterer

Você não precisa concordar com
tudo que o chefe diz--não seja um
capacho!

fazer de capacho (fig.)

to make a doormat out of, walk all
over

Ela procura fazer todo mundo de
capacho.

CAPANGA

o capanga (from Kimb.) (colloq.)
the thug, hired gunman, hood,
gangster

O líder da cambada mandou o
capanga dar cabo do dedo-duro.

CAPAR

capar o gato (North) (colloq.)
to turn tail, flee, get the hell
out

Quando o tempo fechou capei o gato,
rapaz.

CAPAZ

**ser capaz de (colloq.)
to be likely to, be liable to

Vamos levar os guarda-chuvas--é
capaz de chover hoje.

CAPETA

o capeta[1] (colloq.)
the devil, Satan
(same as "o cão[2]")

o capeta[2] (colloq.)
the imp, brat, little devil

Cada um dos filhos dela é um
capeta danado.

CAPIAU

o capiau (also adj.) (East)
(colloq.)
the hick, backwoodsman
(fem.: a capioa)
(same as "o caipira")

CAPITÃO-DA-AREIA

o capitão-da-areia (colloq.)
the street urchin, beach waif,
juvenile delinquent

Cadê aquele grupo de capitães-
da-areia que sempre está aqui na
praia batendo bola?

CAPIXABA

o capixaba (also adj.) (colloq.)
the native of Espírito Santo

Diz que Roberto Carlos é capixaba.

CAPOEIRA

**a capoeira (from Tupi)
the Afro-Brazilian leg-fighting
(both a sport and a form of self-
defense)

Pulam capoeira lá em frente do
Mercado Modelo.

CAPOEIRISTA

o capoeirista
one skilled in capoeira leg-
fighting

Não mexa com ele, que é
capoeirista dos bons.

CAPOTAR

capotar[1] (vi) (sl.)
to pass out, conk out, fall asleep
(same as "apagar[2]")

capotar[2] (vi) (sl.)
to die, "croak"
(same as "bater as botas")

CAQUEIRADA

a caqueirada (sl.)
the slap, sock, punch

O Rubens levou uma caqueirada nas
fuças no rolo de ontem.

e caqueirada (colloq.)
and then some (used after a round
number)
(same as "e lá vai fumaça")

CARA

*a cara[1] (colloq.)
the look, appearance, facial
expression

Não venha com essa cara de bobo.

Esse prato tem cara de fígado.

*a cara[2] (sl.)
the woman, dame, broad

Quem transar com aquela cara vai
ser passado para trás.

**o cara (sl.)
the guy, fellow, "character,"
"cat," "dude"

Tenho que falar com um cara lá na
repartição hoje.

O cara se mandou logo depois do
jantar.

**cara (voc., sl.)
man, pal, buddy
(same as "rapaz")

a cara comprida (colloq.)
the long face, gloomy facial
expression

Todo mundo pulando Carnaval, e
você com essa cara comprida--por
quê?

a cara de (alguém) (sl.)
someone

Eu não vou com a cara dele.

Você está gozando minha cara.

a cara de missa-de-sétimo-dia
(colloq.)
the long face, gloomy expression,

frown
(same as "a cara comprida")

cara ou coroa?
heads or tails?

Vamos tirar isso na moeda. Cara ou
coroa?

com a cara (sl.)
without sufficient preparation,
"cold"
(same as "com a cara e a coragem")

com a cara e a coragem (sl.)
unprepared, without the necessary
preparation, "cold"

Entrou na Faculdade com a cara e a
coragem.

Fez a prova com a cara e a coragem.

com que cara . . .? (colloq.)
how could (someone) have the nerve
to . . .? just where does (someone)
get off . . .?

Com que cara ele ia dizer uma coisa
dessas?

*dar a cara (sl.)
(var. of "dar as caras" [cara])

dar a cara a tapa (colloq.)
to eat one's hat

Se o negócio não der certo, eu
dou a cara a tapa.

*dar as caras (sl.)
to show up, appear, arrive, show
one's face

Disse que vinha à reunião, mas
não deu as caras.

dar de cara com (colloq.)
to happen upon, run into, run
across

Dei de cara com a mulher dele no

supermercado.

*dar na cara (colloq.)
to be very conspicuous, give
oneself away, call attention to
oneself

Se aparecermos lá juntos vamos dar
na cara, sabe?

*de cara (sl.)
right off the bat, promptly,
without delay
(same as "de saída")

estar com cara de cachorro que
quebrou prato/panela (colloq.)
to look like the cat that swallowed
the canary, have guilt written all
over one's face

Você estava com cara de cachorro
que quebrou prato quando te pegamos
com a boca na botija.

estar com a cara limpa (sl.)
to be sober
(same as "estar careta")

estar de cara limpa (sl.)
(var. of "estar com a cara limpa")

*estar na cara (que) (sl.)
to be obvious (that), be as plain
as the nose on one's face (that)

Se eu estou doente? Não está na
cara?

Estava na cara que eles não
gostavam do programa.

fazer cara feia (para) (colloq.)
to turn up one's nose (at), show
one's dislike (for)

A criança fez cara feia para o
prato de mingau.

ficar com a cara na parede
(colloq.)
to become embarrassed

(same as "ficar sem jeito")

ficar com a cara no chão (colloq.)
to become embarrassed
(same as "ficar sem jeito")

ficar com a mesma cara (colloq.)
to have no shame, remain unabashed,
go on shamelessly as if nothing had
happened

O cara levou uma esculhambação e
ficou com a mesma cara.

ficar com cara de bunda (sl.)
to become embarrassed
(same as "ficar sem jeito")

ficar com cara de tacho (colloq.)
to become embarrassed
(same as "ficar sem jeito")

ficar/estar com a cara cheia (sl.)
to get/be drunk

Todo mundo já estava com a cara
cheia quando a partida começou.

gozar a cara de (sl.)
to make fun of, poke fun at, razz

Todo mundo goza a cara do Adalberto
porque ele não sabe mesmo falar
direito.

livrar a cara (colloq.)
to get out of a jam, save one's
skin

Ela ficou sabendo e eu não
consegui livrar a cara.

*meter a cara (sl.)
to stand up to the situation, take
the bull by the horns, tackle a
task head-on

Se quiser mandar na vida, tem que
meter a cara, irmão.

meter a cara (em) (colloq.)

to butt in, stick one's nose in,
pry (into)
(same as "meter a <u>colher</u> [em]")

<u>não</u> <u>livrar</u> a <u>cara</u> <u>de</u> (colloq.)
not to spare, not exempt

Acabei com a raça de todo mundo;
não livrei a cara de ninguém.

<u>não</u> <u>saber</u> <u>onde</u> <u>enfiar</u> a <u>cara</u>
(colloq.)
to be embarrassed, not dare to show
one's face
(same as "ficar sem <u>jeito</u>")

<u>partir</u> a <u>cara</u> <u>de</u> (colloq.)
to punch (someone) in the face,
give a beating to
(same as "<u>quebrar</u> a cabeça de")

*<u>quebrar</u> a <u>cara</u> (sl.)
to fall flat on one's face, fail,
flop

Ela quebrou a cara quando tentou
paquerar o gostosão.

<u>ser</u> a <u>cara</u> <u>de</u> (colloq.)
to be the spitting image of, be the
likeness of
(same as "ser o <u>retrato</u> de")

<u>ter</u> <u>cara</u> <u>de</u> (colloq.)
to show signs of, forebode, appear
to be

O céu tem cara de chuva.

Esse prédio tem cara de treme-
treme.

<u>ter</u> <u>cara</u> <u>de</u> <u>poucos</u> <u>amigos</u> (colloq.)
to be in a bad mood, look irritable
or mad

O chefe tem cara de poucos amigos
hoje, de modo que é melhor evitar
discussões com ele.

<u>ter</u> <u>cara</u> (para) (colloq.)
to have (the) courage (to), have

the guts to, have the heart to

Quem tem cara para enfrentar um
negócio desses?

<u>ter</u> <u>duas</u> <u>caras</u> (fig.)
to be two-faced, be hypocritical

Não acredite no que aquele sujeito
diz, pois ele tem duas caras.

CARA-CHATA

<u>o</u> <u>cara-chata</u> (also adj.) (sl.,
pej.)
the Japanese, Japanese-Brazilian
(same as "o <u>japona</u>")

CARA-DE-MAMÃO-MACHO

<u>o</u> <u>cara-de-mamão-macho</u> (colloq.)
the idiot, simpleton, nitwit

Está perdendo o tempo perguntando
a esse cara-de-mamão-macho.

CARA-DE-PAU

<u>a</u> <u>cara-de-pau</u> (colloq.)
the brazenness, arrogance,
shamelessness, gall, chutzpa

O Plínio entrou com a maior cara-
de-pau e pediu para minha namorada
sair com ele.

**<u>o</u> <u>cara-de-pau</u> (also adj.) (colloq.)
the pushy, tactless individual,
person with a lot of gall, wise
guy, smart aleck

Aí o cara-de-pau se convidou para
o jantar com a maior sem-vergonhice
e se sentou à mesa.

CARA-DE-QUEM-COMEU-E-NÃO-GOSTOU

<u>a</u> <u>cara-de-quem-comeu-e-não-gostou</u>
(colloq.)
the disappointed look

O filme deve ser ruim, pois todos
estão saindo com cara-de-quem-
comeu-e-não-gostou.

CARADURA

o caradura (also adj.) (colloq.)
the nervy, pushy individual
(same as "o cara-de-pau")

CARALHO

o caralho (vulg.)
the penis

caralho! (int., vulg.)
damn it! hell!

. . . o caralho! (int., vulg.)
. . . my eye!
(same as "uma ova")

pra caralho (vulg.)
a lot, galore; very

ser do caralho (vulg.)
to be something special, be "really
something," be terrific

A festa foi do caralho.

CARAMBA

caramba! (int., colloq.)
gosh! gee! shucks!

Que calor! Caramba!

pra caramba (sl.)
a lot, galore; quite
(same as "pra burro")

CARA-METADE

a cara-metade (colloq., joc.)
the wife, missus, "better-half"

Eu quero lhe apresentar a minha
cara-metade.

CARAMINGUÁ

os caraminguás (from Guar.)
(colloq.)
the small change, pocket money,
spending money

Tirou uns magros caraminguás do
bolso e deu ao mendigo.

CARAMINHOLA

a caraminhola (sl.)
the nonsense, crazy notion, bunk
(same as "a minhoca")

CARANGA

a caranga (sl.)
(var. of "o carango")

CARANGO

o carango (sl.)
the car, "wheels," "machine"

O meu carango está na oficina.
Quer me dar uma carona?

CARANGUEJO

andar como caranguejo (colloq.)
to go backwards, regress

Ultimamente eu não tenho ido para
a frente no negócio. Só ando
como caranguejo.

CARÃO

o carão (colloq.)
the scolding, reprehension
(same as "o pito")

levar um carão (colloq.)
to get a scolding, be bawled out
(same as "levar um pito")

passar um carão em (colloq.)
to scold, bawl out
(same as "passar/dar um pito em")

CARAPUÇA

a carapuça (fig.)
the insinuation, innuendo, hint

Um patife desses nao calunia
diretamente, preferindo recorrer a
mexericos e carapuças.

a carapuça lhe serviu? (fig.)
if the shoe fits, wear it! if that
applies to you, okay!

--Pode deixar de insinuações!
Você estava se referindo a mim,
né?
--A carapuça lhe serviu?

CARAVANA

a caravana de estudantes (stud.)
the student excursion group

A Faculdade de Filosofia está
formando uma caravana de estudantes
para passar as férias no Rio.

CARBURADOR

o carburador (sl.)
the drunkard, boozer
(same as "o cachaceiro")

CARBURANTE

o carburante (sl.)
the liquor, booze

Sempre tomava uma dose de
carburante para facilitar a
digestão.

CARBURAR

carburar (vt) (drug. and sl.)
to smoke (a cigarette, "joint,"
etc.)

Eu vou carburar aquele crivo antes
de deitar.

CARCAMANO

o carcamano (also adj.) (colloq.,
pej.)
the Italian, Italian-Brazilian

Só tinha carcamano naquele bairro.

CARECA

estar careca (colloq.)
to be "bald" (said of a worn tire)

Tive que comprar um pneu novo para
o fusca, que o velho já estava
careca.

estar careca de (colloq.)
to be tired of, be sick of, be used
to

Estamos carecas de ouvir as queixas
da mamãe.

Mas, como estamos todos carecas de
saber, o dinheiro é que vale.

CARETA

o careta[1] (sl.)
the guy, "dude"
(same as "o cara")

*o careta[2] (also adj.) (sl.)
the "square," old-fogy, stick-in-
the-mud

Aquele careta não gosta de roupa
pra-frentex; só usa paletó e
gravata.

o careta[3] (also adj.) (drug.)
one who is "straight" (not a drug
user)

O careta não puxa fumo.

estar careta (drug. and sl.)
to be "clean," be sober (not to be
under the influence of drugs or
alcohol)

Não puxei não; estou careta.

CARETICE

a caretice (sl.)
something old-fashioned, something
that is out-of-it, "squaresville,"
old hat

A festa foi uma caretice total.

CARGA

por que cargas d'água . . .?
(colloq.)
why in heaven's name . . .? why in
the world . . .?

Por que cargas d'água você fez
essa bobagem?

CARIDADE

fazer caridade (vulg.)
to be an "easy lay"

Diz que a irmã do Lúcio faz
caridade.

CARIOCA

**o carioca (from Tupi) (also adj.)
(colloq.)
the native of the city of Rio de
Janeiro

Carioca sabe é se divertir, nego,
e eu sou carioca da gema.

o café carioca (sl.)
the coffee diluted with hot water

Ela sempre pede um café carioca
com pão torrado.

CARITÓ

ficar no caritó (NE) (colloq.)
to become an old maid
(same as "ficar para titia")

CARNÁ

o carná (sl.)
Carnival, Brazilian Carnival

Onde você vai passar o carná
deste ano?

CARNAVAL

o carnaval (fig.)
the commotion, disorder, "circus"

Foi aquele carnaval quando a mulher
descobriu o cacho do marido.

CARNE

em carne e osso (fig.)
in person, in the flesh

Ansiava conhecê-la em carne e
osso.

não ser carne nem peixe (colloq.)
to be non-committal, be neither pro
nor con, be indecisive, be wishy-
washy

O tipo não se define; não é
carne nem peixe.

tem carne debaixo desse angu (sl.)
there's something fishy, there's
something more to that; I smell a
rat

Parece um mar de rosas, mas o amigo
vai ver que tem carne debaixo desse
angu.

CARNE-DE-PESCOÇO

a carne-de-pescoço (sl.)
the tough customer
(same as "um osso duro de roer[1]")

CARNE-SECA

estar montado/sentado na carne-seca
(sl.)
to be well-off
(same as "estar por cima da carne-
seca")

estar por cima da carne-seca (sl.)
to well-off, be in the chips, be
prosperous

Esse industrial está por cima da
carne-seca.

CARO

*meu caro (voc., colloq.)
my good friend, pal
(same as "meu chapa")

CAROCHINHA

o conto/a história da carochinha
(colloq.)
the fairy tale, tall tale, old
wives' tale; fib, lie

Você acredita mesmo nesse conto da
carochinha?

CAROÇO

o caroço (sport.)
the soccer ball
(same as "o couro[1]")

CARONA

**a carona (colloq.)
the lift, (free) ride

Eu vou pedir uma carona àquele
chofer.

o carona (sl.)
the person who gets a free ride or
enters without paying admission;
party-crasher, gatecrasher

Quem deixou aquele carona entrar?

**dar (uma) carona (para) (colloq.)
to give a ride (to), give a lift
(to)

Você está de carro; pode dar uma
carona para a gente.

**pegar (uma) carona (colloq.)
to hitch a ride, get a lift

Pegou uma carona com um motorista
de caminhão.

CARPINA

o carpina (colloq.)
the carpenter

Leva essa cadeira para o carpina
consertar.

CARRADA

às carradas (colloq.)
by the carload, in abundance,
galore
(same as "aos montes" [monte])

CARRÃO

o carrão (sl.)
the big car (esp. an American-made
gas-guzzler)

O Freitas chegou num carrão do
tamanho dum bonde.

CARRAPATO

o carrapato (fig.)
the pest, nuisance, hanger-on

Aquele carrapato é mais chato do
que o outro.

CARRASPANA

a carraspana (colloq.)
the drunkenness, drunken spree,
binge

Ainda estou sentindo a carraspana
de anteontem.

CARREGADO

ficar/estar carregado (colloq.)
to get/be drunk, get/be loaded
(same as "ficar/estar caneado")

CARREGADOR-DE-BANDEJA

o carregador-de-bandeja (sl., joc.)
the effeminate male, sissy; male
homosexual (esp. one with
effeminate gestures)

Aí entrou um carregador de
bandeja, todo bonitinho e maquiado,
desmunhecando por aí.

CARREGAR

carregar a mão em (colloq.)
to have a heavy hand with; pile on

O cozinheiro carrega a mão nos temperos.

carregar em (colloq.)
to exaggerate, go overboard with, use in excess

Diz que o Freitas carrega muito na cachaça.

CARREIRA

às carreiras (colloq.)
hurriedly, hastily, in a rush

Mudou a roupa às carreiras e foi ter com o Vieira.

estar/chegar na carreira dos cinqüenta (oitenta, etc.) (colloq.)
to be in/get to one's fifties (eighties, etc.)
(same as "estar/chegar na casa dos cinqüenta [oitenta, etc.]")

CARRETA

a carreta (sl.)
the car, "wheels"
(same as "o carango")

CARRINHO

o carrinho (sport.)
the stealing of the ball from a soccer player by a second player who slides at him feet-first to kick it away, "sliding tackle"

Apropriou-se da bola, dando um carrinho no adversário.

CARRO

colocar o carro adiante dos bois (fig.)
to put the cart before the horse

Agüenta aí, rapaz, pois temos que fazer isto primeiro--você está querendo colocar o carro adiante dos bois.

CARROÇA

a carroça[1] (sl.)
the slow, old car; jalopy
(same as "o calhambeque")

a carroça[2] (sl.)
the slowpoke
(same as "a lesma")

CARRO-CHEFE

o carro-chefe (sl.)
the headliner, lead song (in a show), lead article (in a newspaper), highlight

Aquela canção era o carro-chefe do show de Elis Regina.

CARTA

botar as cartas na mesa (fig.)
to lay one's cards on the table, be open

Deixe de rodeios e bote logo as cartas na mesa!

dar as cartas (fig.)
to run the show, have the upper hand, call the shots, deal the cards

O Leopoldo não é o chefe, está certo, mas quem dá as cartas na repartição é ele, morou?

ser carta fora do baralho (fig.)
to be out of the picture, no longer count

Já não tratamos com o Braga; ele é carta fora do baralho.

ter carta branca (fig.)
to have carte blanche, have free rein

Estes especialistas têm carta branca para fazer o que acharem melhor.

CARTADA

a cartada (fig.)
the move, play, action

Essa foi boa cartada, rapaz, que
acabou prendendo todos os
criminosos.

jogar a última cartada (fig.)
to use one's last resort, play
one's final hand
(same as "queimar o[s] último[s]
cartucho[s]" [cartucho])

CARTÃO

o cartão (sl.)
the braggart; show-off
(same as "o faroleiro")

CARTAR

cartar (vi, vt) (sl.)
to show off, pretend, feign

Não acredita no que ele diz.
Está é cartando.

cartar marra (sl.)
to feign bravery or courage,
pretend to be tough

Não precisa cartar marra comigo.
Eu te conheço!

CARTAZ

*o cartaz[1] (colloq.)
the fame, renown, name, reputation,
popularity

O cartaz daquele cantor vai
garantir o sucesso do show.

É um jogador de pouco cartaz.

o cartaz[2] (colloq.)
the attention, importance

Um fichinha daqueles não merece
cartaz.

estar em cartaz (theat., cinem.)
to be playing (said of a movie or
play)

Esse filme já passou--já não
está em cartaz.

*ter cartaz (colloq.)
to have a name, be famous, be
popular, be well-known

Cantor novo ainda não tem cartaz.

Aquele mal-encarado tem cartaz de
capanga, sabe?

CARTILHA

rezar/ler pela mesma cartilha
(fig.)
to think alike, be of the same
mind, have similar ideas

Pode votar em qualquer dos dois,
pois ambos rezam pela mesma
cartilha.

CARTOLA

o cartola (sport. and colloq.)
the bigwig, boss; socialite, snob

Como é o nome do cartola dono do
Fluminense?

CARTUCHO

o cartucho (sl.)
the "pull," "connections";
influential sponsor
(same as "o pistolão")

queimar o(s) último(s) cartucho(s)
(fig.)
to fire one's last shot, use the
last resort

Quando esse plano pifou, a Malu
resolveu queimar o último
cartucho.

CARVÃO

o carvão (sl.)

the money, "dough"
(same as "o tutu")

CASA

**está em casa! (colloq.)
make yourself at home!

Está em casa, camarada; puxa uma
cadeira e a gente tira uma prosa.

estar/chegar na casa dos cinqüenta
(oitenta, etc.) (colloq.)
to be in/get to one's fifties
(eighties, etc.)

Quando o homem chega na casa dos
cinqüenta, começa a queimar óleo
40.

não estar na casa da mãe Joana
(colloq.)
not to be where one can do as one
pleases, not be in a pigsty
(same as "não estar na casa da
sogra")

não estar na casa da sogra
(colloq.)
not to be in one's own home, not be
in a pigpen, have no right to act
up

Se abra não, meu filho! Você
não está na casa da sogra, viu?

sair de casa (NE) (colloq.)
to lose one's virginity (said of a
female)

Deu um vexame dos diabos quando o
pai soube que a filha saiu de casa.

*ser de casa (colloq.)
to be like one of the family, be
close and thus require no formal
treatment

Você é de casa; não precisa
pedir licença.

tirar de casa (NE) (colloq.)
to deflower (a virgin)

Ouvi falar que o sujeito tirou a
Angélica de casa.

CASACA

virar a casaca (fig.)
to become a turncoat, change sides

Aquele político vira a casaca
conforme a política vigente.

CASA-DA-BANHA

a casa-da-banha (trade name) (sl.)
the fatso, "tub of lard"

Olha lá a casa-da-banha caminhando
pela calçada!

CASA-DAS-PRIMAS

a casa-das-primas (colloq., joc.,
euph.)
the brothel, cathouse

Ele freqüenta a casa-das-primas
lá perto da Monte-Carlo.

CASA-DE-LOUCOS

a casa-de-loucos (fig.)
the pandemonium, madhouse

Morar nessa casa-de-loucos? Deus
me livre!

CASA-DE-PUTARIA

a casa-de-putaria (vulg.)
the whorehouse
(same as "o puteiro")

CASAR

casar na igreja-verde (colloq.)
to shack up, cohabit, live together
in common-law marriage

Casados, uma ova! Eles são
casados é na igreja-verde.

casar no padre e no juiz (colloq.)
to be married in both religious and

civil ceremonies

As moças de família quase sempre
casam no padre e no juiz.

CASCA

passado na casca do alho (NE)
(colloq.)
shrewd, sly, clever
(same as "esperto")

passado na casca do angico (NE)
(colloq.)
(var. of "passado na casca do
alho")

CASCA-GROSSA

casca-grossa (colloq.)
rude, coarse, rough, unrefined in
manners

Aquele jeca dá mostras de ser
muito casca-grossa.

CASCAR

cascar (vi, vt) (vulg.)
to copulate (with)

CASCATA

a cascata (sl.)
the hearsay, idle talk, bunk; lies;
"line"
(same as "o chute")

arriar cascata em (sl.)
to fast-talk, B.S., give a "line"

Aquele chutador adora arriar
cascata em todo mundo.

CASCATEAR

cascatear (vi) (sl.)
to talk idly, B.S., lie
(same as "chutar")

CASCATEIRO

o cascateiro (sl.)
the liar, B.S.'er, idle talker
(same as "o chutador")

CASCO

o casco (colloq.)
the empty bottle

Se você devolve os cascos, paga
menos pelos refrigerantes.

CASCUDO

o cascudo (colloq.)
the thump or rap on the head

O cego deu um cascudo na cabeça do
Lazarillo.

CASO

*o caso (sl.)
the extramarital affair, love
affair; lover

É um homem casado, mas tem seus
casos por aí.

*contar casos (colloq.)
to tell jokes, stories, anecdotes

O Jaime é um gozador que vive
contando casos.

criar casos (colloq.)
to cause trouble, make waves

Esse encrenqueiro vive criando
casos.

*estar de caso com (sl.)
to be having a love affair with,
have a thing going with

É gozado, pois ele está de caso
com a mulher do chefe.

fazer caso de
to pay attention to, pay some mind
to, heed

Ele não fez caso das minhas objeções.

*qual é o caso? (colloq.)
what's up? what's new?
(same as "[o] que [é que] há?")

ser um caso (sl.)
to be really something, be terrific
(same as "ser uma coisa")

ser um caso perdido (fig.)
to be a hopeless case, be beyond
help (said of a person)

Você é um caso perdido, Costa.
Não se emenda jamais.

ser um caso sério (colloq.)
to be nothing to be laughed at, be
nothing to be sneezed at, be really
something

Não brinca, rapaz, pois é um caso
sério.

CASÓRIO

o casório (colloq.)
the wedding, marriage

O casório deles foi uma cerimônia
íntima; havia poucas pessoas
presentes.

CASQUINHA

casquinha (sl.)
stingy, tight, miserly
(same as "fominha")

tirar a sua casquinha (sl.)
to make the most of a situation;
get one's kicks (too), fool around,
have a good time

A Elisete tira as casquinhas dela
quando o marido viaja.

tirar uma casquinha (sl.)
to neck, make out

Foi tirar uma casquinha com o rapaz
lá na sombra do quintal.

CASTANHA

tirar a castanha com a mão do gato
(colloq.)
to get someone else to pull one's
chestnuts out of the fire
(same as "tirar a sardinha com a
mão do gato")

CASTELO

o castelo (NE) (colloq.)
the rendez-vous for illicit love
affairs; love nest, trysting place

A Márcia era dona de um castelo
lá perto da zona.

o castelo de cartas (fig.)
the house of cards, something
fragile or precarious

Todos os planos dele são castelos
de cartas.

fazer castelos no ar (fig.)
to build castles in the air, devise
impractical schemes

Esse chove-não-molha só faz
castelos no ar; não chega a pôr
nada em prática.

CASTIGAR

castigar[1] (vt) (sl.)
to perform (a song, etc.)
(same as "atacar")

castigar[2] (vt) (sl.)
to really go at it (with), go to
town (on); play well (a musical
instrument)

O Dorival castiga o violão que é
uma delícia.

castigar[3] (vt) (sl.)
to have sexual contact with, have
sex with (said of a male)

Vivia castigando as meninas-de-
programa que freqüentavam aquela
boate.

castigar um crivo (drug. and sl.)
to smoke a cigarette, smoke a
"joint"

Eu castiguei um crivo enquanto o
cara deu uma cantada na mina.

CASTIGO

dar um castigo em (sl.)
to have sexual contact with
(same as "castigar³")

CATA-PIOLHO

o cata-piolho (colloq.)
the index finger
(same as "o fura-bolo")

CATAR

catar cavaco (colloq.)
to twiddle one's thumbs, do nothing
(same as "chupar o dedo")

catar ficha(s) (sl.)
to be sprawled on all fours or in a
prostrate position as the result of
a fall

Dei um murro nele e caiu no chão
catando fichas.

catar milho (sl.)
to hunt and peck (on the
typewriter), be a lousy typist

Não sou datilógrafo; só sei
catar milho.

estar catando minhoca no asfalto
(sl.)
to be in a bad way, be up the creek

Se o negócio pifar, eu vou estar
catando minhoca no asfalto.

CATARINA

o catarina (colloq., pej.)
the native of Santa Catarina

Tem um grupo de catarinas lá no
hotel fazendo muito barulho.

CATATAU

o catatau (colloq.)
the shorty, runt
(same as "o tampinha")

um catatau de (colloq.)
a lot of, scads of, a whole mess of
(same as "uma porção de")

CATIMBA

a catimba (sport.)
the nuisance tactics (i.e.,
stalling, irritating actions,
excuses, etc.) used in sports, esp.
in order to rattle one's opponent

Esse técnico acha a catimba um
elemento essencial no futebol
atual.

CATIMBAR

catimbar (vi) (sport.)
to resort to nuisance tactics
(i.e., stalling, irritating
actions, excuses, etc.) in sports,
esp. in order to rattle one's
opponent

Só catimbando é que conseguiram
ganhar a partida.

CATIMBEIRO

o catimbeiro (also adj.) (sport.)
the player who resorts to nuisance
tactics (i.e., stalling, irritating
actions, excuses, etc.) in sports,
esp. in order to rattle the
opponent

Um catimbeiro desses vive
inventando desculpas e irritando o
adversário.

CATIMBÓ

o catimbó (colloq.)
the witchcraft, black magic,
sorcery

Religião, coisa nenhuma! Isso é
que é catimbó.

CATIRIPAPO

o catiripapo (sl.)
the punch, sock
(same as "o tapa[1]")

CATÓLICO

não ser muito católico[1] (colloq.)
not to be too kosher, not be
according to Hoyle, not be too
cricket

Talvez não seja muito católico
trocar as placas, mas ninguém vai
ficar sabendo.

não ser muito católico[2] (colloq.)
not to be too dogmatic, not be too
fanatical

Ele diz que é comunista, mas não
é lá muito católico, não.

CATRAIA

a catraia (sl.)
the prostitute
(same as "a mulher-da-vida")

CAVAÇÃO

a cavação (colloq.)
the working hard to get along
(either by licit or illicit means)

O único jeito para vencer na vida
é a cavação, meu caro.

CAVACO

os cavacos do ofício (colloq.)
the occupational hazards

A vida é essa, rapaz. São os
cavacos do ofício.

dar o cavaco (colloq.)
to take offense, become annoyed,
get bent out of shape (over an
offensive remark)

Aí o sujeito deu o cavaco, vendo
que zombavam dele.

dar o cavaco por (colloq.)
to be mad about, be crazy about, be
wild about

Ele dá o cavaco por um bom
vatapá.

CAVADOR

o cavador (colloq.)
the go-getter, hustler; wheeler-
dealer; one who really works to get
ahead (either legally or illegally)

Aquele cavador é o mais
trabalhador de todos os bicheiros
do Rio.

CAVALÃO

o cavalão (fig.)
the idiot, stupid lug, big and
clumsy oaf

Aquele cavalão é casado com uma
mulher burra.

CAVALGADURA

a cavalgadura (fig.)
the clod, boor, stupid oaf, idiot
(same as "o cavalo")

CAVALICE

a cavalice (colloq.)
the stupid action or remark;
foolishness
(same as "a burrice")

CAVALO

o cavalo (fig.)

the clod, boor, lout, clumsy oaf

Um cavalo desses só dá patadas em festa de gente fina.

o cavalo batizado (sl., joc.)
the clod, lout, ignoramus, dummy
(same as "o cavalo")

*tirar o cavalo da chuva (colloq.)
to give it up, drop the idea, throw in the towel, call it quits

Pode tirar o cavalo da chuva, que o troço não tem jeito.

CAVALO-DE-BATALHA

fazer um cavalo-de-batalha de
(fig.)
to make a big to-do about, make a mountain out of a mole hill

Esse camarada faz um cavalo-de-batalha de qualquer coisa.

CAVAR

cavar a vida (colloq.)
to get by one way or another, have a hard life, scrape by, eke out a living

Estes pescadores não têm muito, mas sabem cavar a vida.

CAVAR-SE

cavar-se (colloq.)
to get by, manage by some means
(same as "virar-se'")

CAVEIRA

fazer a caveira de (colloq.)
to criticize, run down, lambaste
(same as "tesourar")

ficar/estar com a caveira cheia
(sl.)
to get/be drunk
(same as "ficar/estar com a cara cheia")

querer ver a caveira de (colloq.)
to wish (someone) ill, want to see (someone) suffer, want to see (someone) dead

Os dois são inimigos mortais; um quer ver a caveira do outro.

CAVERNOSO

cavernoso (sl.)
terrible, crummy, lousy

Por que você puxou conversa com aquele cara cavernoso da boate?

CAXIAS

o caxias (colloq.)
the straight-laced, overly disciplined person; stickler for rules, disciplinarian (a reference to the Brazilian soldier and statesman, the Duque de Caxias)

O velho professor é um caxias que eu vou te contar!

C.C.

o c.c. (= "cheiro de corpo") (sl.)
the b.o., body odor

Sentiu o c.c. dos mendigos que se apinhavam no elevador.

C.D.A.

o c.d.a. (stud., euph.)
the very studious person
(euph. for "o cu-de-aço")

C.D.A.I.

o c.d.a.i. (stud., euph.)
the very studious person
(euph. for "o cu-de-aço-inoxidável")

C.D.F.

*o c.d.f. (stud., euph.)
the bookworm, studious person
(euph. for "o cu-de-ferro")

Mas o Joãozinho é um c.d.f.,
mamãe!

CÊ

**cê (corrup. of "você") (colloq.)
you (s.)

Cê quer alguma coisa, irmão?

CECÊ

o cecê (sl.)
(var. of "o c.c.")

CÊ-DÊ-A

o cê-dê-a (stud., euph.)
(var. of "o c.d.a.")

CÊ-DÊ-A-I

o cê-dê-a-i (stud., euph.)
(var. of "o c.d.a.i.")

CÊ-DÊ-EFE

o cê-dê-efe (stud., euph.)
(var. of "o c.d.f.")

CEGO

cego como uma toupeira (colloq.)
blind as a bat

Sem os óculos, ele é cego como
uma toupeira.

CEM-POR-CENTO

*cem-por-cento (colloq.)
fabulous, great, tops

Esse cara é cem-por-cento, meu
chapa.

CENA

fazer uma cena (fig.)
to make a scene
(same as "dar/fazer um escândalo")

CENTAVO

estar sem um centavo (colloq.)
to be penniless, not have a red
cent to one's name
(same as "estar duro")

CERA

fazer cera (sport. and colloq.)
to stall, dawdle, waste time

O jogador fazia cera já que o time
dele estava ganhando.

O Luís só está fazendo cera
porque não quer pagar a conta.

CERIMÔNIA

de cerimônia (colloq.)
formal, requiring formal treatment

Se porte bem, meu filho, que essa
gente é de cerimônia.

**fazer cerimônia (colloq.)
to act stiff and formal, act
polite, stand on ceremony

Não faça cerimônia, rapaz!
Está em casa e pode ficar à
vontade.

CERTINHA

a certinha (sl.)
the "dish," pretty girl, real
beauty
(same as "a boa[1]")

CERTO

**certo! (int., colloq.)
sure! OK! that's right!

Certo! É isso mesmo, rapaz.

certo como a morte (colloq.)
as sure as death and taxes,
inevitable

Aqui a inflação é coisa certa--
certa como a morte.

tão certo como dois e dois são
quatro (colloq.)
as sure as I'm standing here, as
sure as two and two are four, as
sure as can be

Fumar esses mata-ratos é câncer
certo--tão certo como dois e dois
são quatro.

tão certo quanto eu me chamo . . .
(colloq.)
as sure as my name is . . ., as
sure as I'm standing here

A empresa é dinheiro certo--tão
certo quanto eu me chamo Abdias.

*tudo certo? (colloq.)
everything OK? everything all
right?
(same as "tudo bem?")

*tudo certo! (colloq.)
everything's OK! all's fine!
(same as "tudo bem!")

CERVEJADA

a cervejada (colloq.)
the beer party, beer bust

Com tanto chope na geladeira parece
que vai ter uma cervejada aqui,
né?

CÉU

botar no céu (fig.)
to rave about, praise highly

Do jeito que ela bota o marido no
céu, qualquer pessoa achava que
já morreu.

estar no sétimo céu (fig.)
to be in seventh heaven, be
ecstatic

Desde que o João pediu a mão da
Maria os dois estão no sétimo
céu.

revolver/mexer/mover céus e terra
(fig.)
to move heaven and earth, go all
out

O Governo está disposto a mover
céus e terra para resolver o
problema da inflação.

CHÁ

o chá (drug.)
the marijuana, "pot"
(same as "o fumo")

não ter tomado chá em pequeno
(colloq.)
to be ill-mannered

Rapaz tão grosseiro não deve ter
tomado chá em pequeno.

CHACOALHAR

chacoalhar (vt, vi) (sl.)
to pester, be a nuisance, annoy
(same as "amolar")

CHACRINHA

a chacrinha (sl.)
the clique, circle of friends
(same as "a panelinha")

fazer chacrinha (sl.)
to gossip, talk idly
(same as "fofocar")

CHÁ-DE-CADEIRA

tomar chá-de-cadeira (colloq.)
to be a wallflower, sit out a dance

Ninguém quis dançar com ela, de
modo que acabou tomando chá-de-
cadeira.

CHÁ-DE-COZINHA

o chá-de-cozinha (colloq.)
the wedding shower
(same as "o chá-de-panela")

CHÁ-DE-PANELA

o chá-de-panela (colloq.)
the wedding shower

Fizeram um chá-de-panela para a
noiva.

CHÁ-DE-SUMIÇO

tomar chá-de-sumiço (colloq.)
to disappear, make oneself scarce,
get lost, drop out of sight

Quando a ex-namorada chegou na
festa, o Gilberto tomou chá-de-
sumiço.

CHÁ-DE-TREPADEIRA

tomar chá-de-trepadeira (colloq.)
to sprout up, grow like a weed
(said of a child)

O Osvaldo deve ter tomado chá-de-
trepadeira, pois no ano passado
cresceu doze centímetros.

CHAFÉ

o chafé (blend of "chá" and
"café") (sl., joc.)
the weak coffee (said by Brazilians
especially when referring to
American-style coffee)

Brasileiro não gosta do chafé
americano.

CHALEIRA

o chaleira (colloq.)
the kiss-up, servile flatterer,
bootlicker
(same as "o puxa-saco")

CHALEIRAR

chaleirar (vt) (colloq.)
to flatter, kiss up to, lick the
boots of
(same as "puxar [o] saco [de]")

CHAMAR

não me chamo mais . . . se . . .
(colloq.)
if . . . then my name isn't . . .

Não me chamo mais José se esse
cara é engenheiro.

CHAMBÃO

o chambão (sl.)
the kick, "boot"

Eu vou te dar um chambão no rabo,
viu?

CHAMEGO

o chamego[1] (colloq.)
the intimate friendship (between
persons of the opposite sex); love,
infatuation; attraction

O caso deles é chamego de jovem.

o chamego[2] (colloq.)
the necking, petting
(same as "a bolina")

CHAMPIGNON

o champignon (Fr.) (sl.)
that something extra added,
something to top it off, "spice"
(same as "o molho")

CHANCA

a chanca (colloq.)
the large foot or shoe
(same as "a lancha")

CHANCHADA

a chanchada (theat., cine.)
the farce, slapstick farce; grade-B
play or movie

O cinema nacional deixou de
produzir só chanchadas vagabundas
e fez alguns filmes de gabarito.

CHAPA

#meu chapa (voc., sl.)
friend, pal, buddy, mack

Ô meu chapa, tem um cigarro aí?

CHAPA-BRANCA

a chapa-branca (colloq.)
the government vehicle (alluding to
its white license plate)

Tinha duas chapas-brancas na
garagem.

CHAPÉU

o chapéu (sport.)
the short pass (kick) to oneself
over opponent's head (in soccer)

Deu um chapéu no adversário e
seguiu com a bola.

*fazer cortesia com (o) chapéu
alheio* (fig.)
to be generous with the property of
others

Ele me convidou para jantar na casa
do amigo, assim fazendo muita
cortesia com o chapéu alheio.

tirar o chapéu a (fig.)
to take off one's hat to, pay
homage to

Tiro o chapéu ao meu colega, pois
os argumentos que apresentou são
bem bolados.

CHAPÉU-DE-LAVADEIRA

o chapéu-de-lavadeira (sl., joc.)
the sucker, dupe, easy mark (a pun
on the word "trouxa," which means
both "bundle of clothes" [a trouxa]
and "sucker" [o trouxa])
(same as "o trouxa")

CHAPEUZINHO

#o chapeuzinho (colloq.)

the circumflex accent mark

"Antônio" tem chapeuzinho, não
tem?

CHARLA

a charla (sl.)
the idle talk; "line," lie, fast-
talk
(same as "o chute")

CHARLAR

charlar (vt) (sl.)
to give a "line," fast-talk; trick,
hoodwink

O trapaceiro tentou me charlar, mas
saquei logo e me mandei.

CHARME

#fazer charme (from the Fr.)
(colloq.)
to turn on the charm; put on airs,
play hard to get

Quando ela deseja qualquer coisa
faz charme que só vendo.

CHARMINHO

fazer charminho (colloq.)
(var. of "fazer charme")

CHARMOSO

charmoso (colloq.)
charming, alluring; put-on, stuck
up (said of persons)

Aquela senhora charmosa virou a
cabeça de todos.

CHARRO

o charro (drug.)
the marijuana cigarette, "joint,"
"duby"
(same as "o baseado")

CHARUTO

o charuto (vulg.)
the penis

CHATEAÇÃO

**a chateação (colloq.)
the bore, "drag," "bummer";
pestering, annoyance

O concerto foi uma chateação
tremenda.

A chateação daquele pivete já é
demais.

CHATEADO

**ficar/estar chateado (com)
(colloq.)
to get/be annoyed (at), get/be
peeved (at), get/be put out (with);
to get/be bored (with)

Estou chateada com você.

Fiquei chateado com a prosa
incessante daquele morrinha.

CHATEAR

**chatear (vt, vi) (colloq.)
to irritate, pester, bother, bore

Esse discurso está chateando pra
burro!

Ela continua chateando meio mundo
com aquele papo.

CHATEAR-SE

*chatear-se (com) (colloq.)
to get peeved (at), be annoyed
(by); get bored (with)

Ela se chateou com o namorado pela
besteira que ele fez.

Eu me chateio com aquelas
telenovelas.

CHATICE

a chatice (colloq.)
the bore, "drag," annoyance
(same as "a amolação")

CHATO

**o chato[1] (colloq.)
the pest, nuisance, bore, creep

Ele é um chato de pai e mãe, que
fica amolando a gente o tempo todo.

**o chato[2] (colloq.)
the killjoy, wet blanket,
spoilsport
(same as "o desmancha-prazeres")

**chato (colloq.)
boring, dull, annoying, tiresome

Não, ir visitar o tio Sílvio é
chato; eu fico em casa.

O filme não presta--é chato.

Essa mulher é chata pra burro.

o chato de galocha (sl., joc.)
the latent or not-so-obvious pest

Um chato de galocha desses só
começa a aporrinhar depois da
gente sacar o jogo dele.

o chato de guizo (sl., joc.)
the glaringly obvious pest, creep
who comes on strong

Com aquela chata de guizo só falta
anunciar nos jornais.

ficar/estar chato da vida (com)
(colloq.)
to get/be mad (at), get/be furious
(with)
(same as "ficar/estar danado [da
vida] [com]")

CHATURA

a chatura (sl.)

the vexatiousness, unpleasantness, obnoxiousness

A chatura de seu irmãozinho está enchendo o saco, meu caro.

CHAVE

fechar com chave de ouro (fig.)
to finish with a bang, end with a flourish

Começamos bem, mas agora vamos fechar com chave de ouro.

CHECAPE

o checape (from Eng. "checkup")
(colloq.)
the medical checkup, physical examination

A dona Hilda foi fazer um checape com o cardiologista.

CHECAR

checar (from Eng. "to check") (vt)
(colloq.)
to check, verify, confirm, examine

Ele ainda não checou o endereço do cara.

CHEFÃO

o chefão (colloq.)
the big boss, big wheel, "godfather"

O Duarte é diretor, mas o chefão sou eu.

CHEFE

chefe (voc., sl.)
mack, pal, buddy

Ô chefe, vê se me arranja dois chopes estupidamente gelados, viu?

CHEGADA

dar uma chegada em (colloq.)
to go over to, drop by; get closer to

Vou dar uma chegadinha ali na mesa dele.

CHEGAR

**chega de . . .! (colloq.)
cut the . . .! that's enough . . .!

Chega de conversa--vamos agir!

Chega de aporrinhar, viu?

chega para cá! (colloq.)
come closer! move it closer!

Chega para cá, meu bem--quero dar-te um beijo!

Chega para cá a sua cadeira!

chega para lá! (colloq.)
move over! move it away!

Chega para lá um pouquinho para eu poder sentar!

O sofá está muito perto da janela. Chega para lá um pouquinho!

chegar a hora de (fig.)
for one's time to arrive, be about to die

O bandido bem sabia que a hora dele tinha chegado.

**chegar (para) (fig.)
to be enough (for)

A bóia não chega para a turma toda.

Chega, rapaz, eu só queria dois dedos de cana.

era lá que eu queria chegar
(colloq.)
that's what I was getting at, that's the point I was trying to make

Eis aí a minha solução. Era lá
que eu queria chegar.

onde é que você queria chegar?
(colloq.)
what are you getting at? what are
you driving at? what's the point
you're trying to make?

Não estou entendendo o seu
argumento. Onde é que você
queria chegar?

vou chegando (sl.)
I'm leaving, I'm about to "split"

Vou chegando, rapaz, mas eu volto
amanhã.

CHEIA

estar cheia (vulg.)
to be pregnant

A empregada dos Sousa está cheia e
o namorado tomou um chá-de-
sumiço.

CHEIO

o cheio (drug.)
the marijuana cigarette, "joint"
(same as "o baseado")

*cheio da nota (da grana, da gaita,
da erva, etc.) (sl.)
rich, "loaded," well-heeled

Ele é boa pinta e cheio da nota.

Lá mora só mesmo gente cheia da
erva.

*cheio de coisa(s) (colloq.)
fussy, finicky, full of "hang-ups"
(same as "cheio de luxo")

cheio de dedos[1] (colloq.)
all thumbs, awkward, clumsy,
flustered

Cheia de dedos, a velha procurou
escrever o nome.

cheio de dedos[2] (colloq.)
fussy, finicky, hard-to-please,
hard-to-get-along-with
(same as "cheio de luxo")

cheio de frescura (sl.)
finicky, full of "hang-ups";
affected

Era tão cheio de frescura que
ficava insuportável.

cheio de grilos (sl.)
full of "hang-ups"

O cara é cheio de grilos: só dá
trabalho.

*cheio de luxo (colloq.)
picayunish, fussy, hard-to-please

Eu não agüento menina tão cheia
de luxo.

cheio de me-deixes (colloq.)
fussy, sensitive, touchy; prudish
(same as "cheio de não-me-toques")

cheio de merda (vulg.)
fussy, full of "hang-ups"
(same as "cheio de luxo")

cheio de não-me-toques (colloq.)
finicky, prissy, sensitive; prudish

Ele é tão cheio de não-me-toques
que você nem pode falar palavrão
na presença dele.

cheio de nós-pelas-costas
(colloq.)
finicky, fussy, hard-to-please
(same as "cheio de luxo")

*cheio de nove-horas (colloq.)
fussy, finicky, full of "hang-ups"
(same as "cheio de luxo")

cheio de si
conceited, vain, stuck on oneself,
snobbish

Essa gente grã-fina é muito cheia
de si.

dar em cheio (fig.)
to hit directly (on), hit squarely
(in)

A bala deu em cheio no braço dele.

estar cheio de (fig.)
to be full of, be covered with,
have all over one

Estou todo cheio de mordidas de
mosquito, está vendo?

estar cheio (de) (colloq.)
to be fed up (with), have had
enough (of)

Ela diz que está cheia daquela
turma toda.

ficar/estar cheio de cana (pinga,
etc.) (sl.)
to get/be drunk, get/be "crocked"
(same as "ficar/estar caneado")

ser cheio de (colloq.)
to be full of, plagued with,
bothered by

Ele é cheio de problemas e
complexos.

ser/estar cheio de gente (colloq.)
to be crowded (with people), be
packed

A praia estava cheia de gente, ô!

CHEIRAR

não cheirar nem feder (colloq.)
to be insipid, be dull, be
mediocre, be wishy-washy (said of a
person)

Não é que seja um mau elemento,
só que não cheira nem fede.

CHEQUE

o cheque atleta (sl., joc.)
the check that one must race to the
bank to cover
(same as "o cheque voador")

o cheque borrachudo (sl., joc.)
the rubber check
(same as "o cheque de borracha")

o cheque bumerangue (sl., joc.)
the rubber check
(same as "o cheque de borracha")

o cheque de borracha (sl., joc.)
the rubber check, check that
bounces

Meu chapa, se você continuar
escrevendo cheques de borracha, vai
parar no xadrez.

o cheque voador (sl., joc.)
the check with insufficient funds
that one must race to the bank to
cover

Escreveu um cheque voador; teve que
correr logo ao banco para que não
ficasse borrachudo.

CHERLOQUE

dar uma de cherloque (sl.)
(var. of "dar uma de Sherlock")

CHIAR

chiar (vi) (colloq.)
to complain, squawk, kick

Mamãe vai chiar se não voltarmos
cedo.

CHIBABA

a chibaba (drug.)
(var. of "a xibaba")

CHIBATA

a chibata (vulg.)
the penis

CHIBIU

o chibiu (NE) (vulg.)
the vagina

CHIBUNGO

o chibungo (colloq., pej.)
the male homosexual, "queer"
(same as "a bicha")

CHICLETE

o chiclete (sl.)
the constant pest, hanger-on
(same as "o carrapato")

CHICO

o chico (colloq.)
the menstrual period
(same as "o paquete")

CHICOTE

o chicote (NE) (vulg.)
the anus

CHIFRAR

chifrar (vt) (sl.)
to cuckold
(same as "botar [os] chifres em"
[chifre])

CHIFRE

#botar (os) chifres em (colloq.)
to cuckold, be unfaithful to,
"cheat" on

Ela anda botando os chifres no
marido.

CHIFRUDO

#o chifrudo[1] (also adj.) (colloq.)

the cuckold

O marido daquela vaca nem sabe que
é um chifrudo.

o chifrudo[2] (sl., joc.)
the electric bus (because of its
hornlike upward-protruding
electrical connection)

Vou pegar o chifrudo para casa.

CHILIQUE

o chilique (colloq.)
the fainting spell, swoon; nervous
attack, fit

Aí ela teve um chilique e caiu no
chão.

CHINA

a china (South) (colloq.)
the prostitute
(same as "a mulher-da-vida")

(lá) na China (colloq.)
at the ends of the earth, in the
sticks
(same as "no fim-do-mundo")

ser da China (colloq.)
to be all Greek, be unintelligible,
be strange

Esse livro é da China. Não manjo
patavina.

CHINCHA

a chincha (drug.)
the marijuana, "pot"
(same as "o fumo")

chamar na chincha (sl.)
to put pressure on, bear down on,
put the squeeze on
(same as "dar um duro em")

CHINCHEIRO

o chincheiro (drug.)
the marijuana smoker, "pothead"
(same as "o puxa-fumo")

CHINELO

botar no chinelo (colloq.)
to top, outshine, outclass, put to
shame

Em matéria de estudos, ela me bota
no chinelo.

CHINÊS

você está falando chinês
(colloq.)
what you're saying is all Greek to
me

Você está falando chinês, meu
caro, pois não estou entendendo
nem a metade.

CHINFRA

da chinfra (sl.)
in style, stylish
(same as "na onda")

ser uma chinfra (sl.)
to be terrific, be "far-out"
(same as "ser um barato")

tirar uma chinfra (sl.)
to act snobbish, put on airs
(same as "tirar uma onda")

CHINFREIRO

chinfreiro (sl.)
stylish, "in," faddish
(same as "na onda")

CHINFRIM

o chinfrim[1] (colloq.)
the disorder, uproar, disturbance
(same as "a bagunça[2]")

o chinfrim[2] (sl.)
the shindig, party

Vamos lá no Afonso, que vai ter um
chinfrim bacana à beça.

chinfrim (colloq.)
cheap, crummy, shoddy
(same as "vagabundo")

CHIQUE

**chique (from Fr. "chic") (colloq.)
chic, elegant, stylish

Essa camisa é muito chique,
chiquérrima até.

Ô Marlene, você está muito
chique hoje.

CHIQUEIRO

você foi criado num chiqueiro?
(colloq.)
were you raised in a pigpen? you're
certainly messy!

Que bagunça, rapaz! Você foi
criado num chiqueiro?

CHOCHOTA

*a chochota (vulg.)
the vagina

CHOCOLATEIRA

a chocolateira[1] (sl.)
the face, "mug," "kisser"
(same as "a lata")

a chocolateira[2] (sl.)
the butt, rump

Levei um tiro na chocolateira.

CHOFER-DE-FOGÃO

o chofer-de-fogão (sl., joc.)
the cook

A lanchonete empregou um novo

chofer-de-fogão.

Esta é a Vera, a nossa chofer-de-fogão aqui em casa.

CHONGAS

chongas (sl.)
nothing, "beans"
(same as "bulhufas")

CHOPADA

a chopada (colloq.)
the draft-beer bust; beer bust

Vamos fazer uma chopada lá em casa!

CHORAMINGAS

o choramingas (colloq.)
the crybaby, whiner

Não tenho pena dum choramingas daqueles; só sabe abrir o bué.

CHORAR

chorar a morte da bezerra (colloq.)
to cry over spilled milk

Isso já aconteceu e não tem mais jeito, rapaz; não adianta chorar a morte da bezerra.

chorar como (um) bezerro desmamado (colloq.)
to bawl like a baby, cry at the top of one's lungs

Bateram na criança, que ficou chorando como bezerro desmamado.

chorar de barriga cheia (colloq.)
to complain for no good reason, have no cause to gripe

Esse ricaço não tem por que reclamar; está chorando de barriga cheia.

chorar lágrimas de sangue (fig.)

to shed bitter tears, feel deep sorrow, suffer greatly

Chorei lágrimas de sangue quando tive que despedir o velho empregado.

chorar o preço (colloq.)
to haggle, bargain, argue about the price

Os turistas ficam trapaceados porque não sabem chorar o preço como a gente.

chorar pitangas (colloq.)
to cry one's eyes out

Joãozinho chorou pitangas quando o cachorrinho fugiu.

CHOVE-NÃO-CHOVE

estar chove-não-chove (colloq.)
to look like it might rain, look as if it can't decide whether to rain or not

Está chove-não-chove hoje--acho que não vale a pena pegar praia.

CHOVE-NÃO-MOLHA

*o chove-não-molha (colloq.)
the wishy-washy person, milquetoast, namby-pamby

Aquele chove-não-molha deixa-se levar pelo nariz.

CHOVER

chover (vi) (fig.)
to exist in abundance, for there to be a lot of

Está chovendo garota bacana, e você que diz que não pode arranjar namorada!

chover a cântaros (colloq.)
to rain cats and dogs
(same as "chover canivetes")

*chover canivetes (colloq.)
to rain cats and dogs

Vamos esperar um pouquinho para
sair, que agora está chovendo
canivetes.

chover no molhado (colloq.)
to make a useless effort, waste
one's effort or words, carry coals
to Newcastle

Você está chovendo no molhado com
aquele argumento michuruca.

não chover nem molhar (colloq.)
to be wishy-washy, be vacillating
(same as "não atar nem desatar")

nem que chovam canivetes (colloq.)
come hell or high water, rain or
shine, come what may

Eu vou convencê-lo nem que chovam
canivetes.

para lá está chovendo! (sl.)
there's nothing worthwhile over
there, better keep away from over
there!

Vamos para cá, rapaz, que para lá
está chovendo.

quer chova quer faça sol (fig.)
come rain or shine, come what may

Vou cumprir a palavra quer chova
quer faça sol.

CHUCHU

*o chuchu (sl.)
the good-looking woman, "dish"
(same as "a boa")

chuchu beleza (sl.)
pretty, good-looking, a "beaut,"
snazzy

O meu carro é chuchu beleza.

**pra chuchu (sl.)
a lot, in abundance; very
(same as "pra burro")

CHUCRUTE

o chucrute (sl., pej.)
the German

Diz que aquele chucrute é filho de
pastor protestante.

CHUÉ

chué^1 (colloq.)
lousy, crummy, shabby

Que festa chué!

chué^2 (sl.)
sick, ill, sickly

O cara está chué; está tossindo
pra burro.

CHULÉ

o chulé (colloq.)
the bad foot odor

Não tira os sapatos, não, rapaz,
que não agüento o chulé.

CHUMBADO

estar chumbado (sl.)
to be tired, be beat, be "bushed"
(same as "estar pregado")

ficar/estar chumbado (colloq.)
to get/be drunk
(same as "ficar/estar caneado")

CHUMBAR

chumbar (vt) (colloq.)
to shoot, "fill full of lead," fire
at

Chumbaram dois soldados em plena
avenida.

CHUMBAR-SE

chumbar-se (colloq.)
to get drunk, get "bombed"
(same as "canear-se")

CHUMBO

o chumbo (sl.)
the bullet(s), slug(s), "lead"

A justa mandou muito chumbo na
maloca dos malandros.

cuspir chumbo (em) (crim.)
to shoot, "fill full of lead," fire
away (at)
(same as "passar fogo [em]")

levar chumbo (colloq.)
to fall on one's face, strike out
(same as "entrar pelo cano")

CHUPADA

a chupada (vulg.)
the cunnilingus; fellatio

dar uma chupada em (vulg.)
to perform fellatio or cunnilingus
on

CHUPADEIRA

a chupadeira (also adj.) (vulg.)
the female who performs fellatio

CHUPADO

chupado (colloq.)
very skinny, skinny as a rail

Aquele indivíduo é tão chupado
que precisa dar uma corrida no
chuveiro só para se molhar.

CHUPADOR

o chupador[1] (also adj.) (sl.)
the boozer, sot
(same as "o cachaceiro")

o chupador[2] (also adj.) (vulg.)
one who performs cunnilingus or
fellatio (said of a male)

CHUPÃO

o chupão[1] (sl.)
the passionate kiss

Ela deu um chupão daqueles nos
lábios do menino.

o chupão[2] (sl.)
the hickey (mark on the skin from
sucking or kissing)

A Martinha usou gola roulée para
esconder o chupão no pescoço.

o chupão[3] (vulg.)
one who performs cunnilingus or
fellatio (said of a male)

CHUPAR

chupar[1] (vi) (sl.)
to guzzle, drink heavily
(same as "entornar")

chupar[2] (vt) (vulg.)
to perform fellatio or cunnilingus
on

chupar o dedo (colloq., joc.)
to twiddle one's thumbs, do nothing

Ficamos lá chupando o dedo a tarde
toda antes de conseguir ver o cara.

chupar o sangue de (fig.)
to reap the fruits of (someone
else's) labor, suck the blood out
of; be a parasite to, "bleed"

Aquele gigolô chupa o sangue da
amante.

CHUPA-SANGUE

o chupa-sangue (fig.)
the leech, he who reaps the fruits
of someone else's labor, moocher,

parasite

Vá trabalhar, seu chupa-sangue;
não te dou mais nada!

CHURUPITAR

churupitar (vt) (sl.)
to suck (in), drink, slurp

O garotinho não falou nada--só
churupitava uma coca-cola.

CHUTADOR

o chutador (sl.)
the liar, B.S.'er, idle talker

O velho demagogo é um chutador
desgraçado.

CHUTAR

$chutar^1$ (from Eng. "to shoot,"
meaning "to kick" in soccer) (vi)
(sl.)
to lie, talk idly, B.S.

Eu nunca sei se o Wanderley está
falando sério ou se está só
chutando.

$chutar^2$ (vt) (sl.)
to toss, throw away, throw out

Chuta esses papéis, pois não
valem nada.

$chutar^3$ (vt) (sl.)
to pass, hand, give

Ô seu Vivaldo, me chuta uma
cerveja aí, por favor, que estou
com uma sede danada.

$chutar^4$ (vt) (sl.)
to trick; gyp, cheat
(same as "trapacear")

$chutar^5$ (vt) (sl.)
to get rid of, brush off, send
packing

Pretendo chutar aquele chato assim
que puder.

$chutar^6$ (vt) (sl.)
to jilt, "dump" (a boyfriend or
girl friend)
(same as "dar o $fora$ em^2")

$chutar^7$ (vt) (sl.)
to guess at, fake, B.S. on

Não estudou, de modo que teve que
chutar as respostas.

chuta! (sl.)
shoot! say it! speak up!

Você ia falar uma coisa? Chuta!

chutar alto (sl.)
to exaggerate, stretch the truth,
tell tall tales, lay it on thick

Lá vem o faroleiro novamente,
chutando alto como ele só.

CHUTE

**o chute (sl.)
the pack of lies, idle talk,
"bull," hot air, fast talk

Não liga para isso, meu filho; é
puro chute.

$dar um chute em^1$ (sl.)
to trick; swindle, give a raw deal
(same as "trapacear")

$dar um chute em^2$ (sl.)
to give the brush-off to, walk out
on, get rid of, kick out
(same as "dar o $fora$ em^1")

$dar um chute em^3$ (sl.)
to jilt, "dump," cast aside (a girl
friend or boyfriend)
(same as "dar o $fora$ em^2")

$levar um chute^1$ (sl.)
to be gypped, be taken in, be

cheated

Quem cair no papo daquele bicão
vai levar um chute.

levar um chute[2] (sl.)
to be sent packing, get the brush-
off, be turned down
(same as "levar um fora[1]")

levar um chute[3] (sl.)
to be jilted, be "dumped" (by a
girl friend or boyfriend)
(same as "levar um fora[2]")

no chute (sl.)
by chance, by sheer luck, by
accident

Não estudou para a prova, mas
acertou no chute.

CHUTEIRA

a chuteira (sport. and sl.)
the shoe
(same as "o breque")

encostar as chuteiras (sport. and
sl.)
to retire, hang up one's spurs
(same as "pendurar as chuteiras"
[chuteira])

pendurar as chuteiras (sport. and
sl.)
to retire, go into retirement, hang
up one's spurs

Resolveu pendurar as chuteiras só
depois de trinta anos de serviço.

CHUVA

ficar/estar na chuva (sl.)
to get/be drunk, get/be soused
(same as "ficar/estar caneado")

CHUVEIRINHO

o chuveirinho (sport.)
the high pass (kick) to a teammate

Com o chuveirinho do companheiro,
ele pôde marcar o primeiro gol.

CHUVEIRO

mandar para o chuveiro (sport.)
to expel (a player) from a soccer
game, "send to the showers"

O treinador mandou esse jogador
para o chuveiro no segundo tempo.

CIAO

**ciao! (Ital.) (colloq.)
(see "tchau!")

CIDADÃO

cidadão (voc., sl.)
mack, friend, pal
(same as "Zé")

CIDADE

a cidade maravilhosa (colloq.)
Rio de Janeiro (city)

A Tânia, de volta à cidade
maravilhosa, vai estrear sexta-
feira no Canecão.

CIDADE-DOS-PÉS-JUNTOS

*a cidade-dos-pés-juntos (colloq.,
joc.)
the graveyard, cemetery

Ela mora lá defronte da cidade-
dos-pés-juntos.

ir/embarcar para a cidade-dos-
pés-juntos (colloq., joc.)
to die, kick the bucket
(same as "bater as botas")

CIGARRA

o cigarra (sl.)
the husband who remains in the city
working during the summer while his
wife and children spend the
vacation at some resort,

"summertime bachelor"

Solteiro, nada! Ele é um dos
chamados cigarras cariocas!

CIMA

*dar em cima de[1] (colloq.)
to get on (someone's) back, put
pressure on

O chefe começou a dar em cima da
gente.

dar em cima de[2] (colloq.)
to make passes or advances at, woo,
get fresh with

Esse caradura anda dando em cima de
tudo quanto é mulher.

estar para cima e para baixo
(colloq.)
to be all over the place, be
everywhere

Quando tem uma festa, o Sousa
sempre está para cima e para
baixo, fofocando com todos os
convidados.

*estar por cima (colloq.)
to be on top of the heap, be well-
to-do, be in the money; be top dog

Quem está por cima é quem manda.

estar por cima da jogada (sl.)
to be sitting on top of the world,
be rich; run the show
(same as "estar por cima")

para/em cima de (alguém) (sl.)
on or toward (someone)

Deixa de botar banca para cima de
mim!

CINCO

cinco minutos para daqui a pouco
(colloq., joc.)
two freckles past a hair (humorous

response to someone who asks for
the time)

CINEMA

o cinema (sl.)
the put-on, airs, showing off
(same as "a fita[2]")

fazer cinema (sl.)
to put on, pretend, show off
(same as "fazer fita")

CINTO

apertar o cinto (fig.)
to tighten one's belt, cut
expenses, economize

Vamos ter que apertar o cinto,
gente, que as vacas estão magras.

CIRCO

o circo está em pé (vulg.)
(it is obvious that) he has an
erection

ser de circo (colloq.)
to be a shrewdy, be wise

O Vivaldo é de circo; não sabe
perder no jogo.

CIRCULADA

dar uma circulada (sl.)
to take a walk, stroll
(same as "dar um giro")

CIUMEIRA

a ciumeira (colloq.)
the jealous fit

A mulher dele está com uma
ciumeira danada por causa da nova
empregada.

CLANDESTINO

o clandestino (colloq.)

the stowaway; person illegally in a
country or place

Viajou como clandestino num navio
da Lloyd.

O prazo do seu visto venceu,
professor, e você é um
clandestino aqui, não sabia?

CLARINETA

a clarineta (vulg.)
the penis

CLARO

**claro!
of course! certainly!

Se eu quero ajudar? Claro!

claro como água (colloq.)
crystal-clear, obvious, plain as
day, plain as the nose on your face

A solução é clara como água.

claro como a noite (colloq., iron.)
clear as mud, unclear, obscure,
unintelligible

A sua lógica é clara como a
noite.

claro como um dia de sol (colloq.)
plain as day, obvious
(same as "claro como água")

CLASSE

ter classe (colloq.)
to have class, be classy

Ela tem classe, mas o cara não.

CLIQUE

dar o clique (em) (sl.)
to dawn on (one), for a brainstorm
to come (to)
(same as "dar o estalo [em]")

COBAIA

ser/servir de cobaia (fig.)
to be/serve as a guinea-pig

Vai achar um otário qualquer, que
"o papai" não vai servir de
cobaia.

COBERTO

estar coberto (crim.)
to be armed

Não mexe com aquele sujeito, que
ele está coberto.

COBERTOR-DE-ORELHAS

o cobertor-de-orelhas (sl., joc.)
the casual bed partner, "lay" (male
or female), one-night stand

Ele leva algum cobertor-de-orelhas
para os castelos cada noite.

COBERTURA

a cobertura[1] (colloq.)
the penthouse, top-story luxury
apartment

A cobertura daquele playboy é uma
beleza que eu vou te contar!

a cobertura[2] (journ.)
the coverage (of a news story)

A cobertura do vôo espacial foi
muito bem feita.

dar cobertura a (crim.)
to "cover," protect against gunfire
(same as "cobrir²")

COBRA

*o cobra (sl.)
the expert, tops, champion
(same as "o craque")

a cobra está fumando (sl.)
the situation looks dangerous;

there are storm clouds on the horizon

Se a cobra estiver fumando, vou tirar o corpo fora.

dizer cobras e lagartos de (colloq.)
to run down, badmouth, speak ill of (same as "tesourar")

COBRÃO

*o cobrão (sl.)
the champion, ace, top expert
(same as "o craque")

COBRE

*os cobres (colloq.)
the money, "bread"
(same as "o tutu")

entrar nos cobres (colloq.)
to come into some money, get rich

O velho entrou nos cobres quando acertou na loteria esportiva.

COBRIR

cobrir[1] (vt) (journ.)
to cover (a news story)

Quem é o repórter que vai cobrir o discurso do Presidente, chefe?

cobrir[2] (vt) (crim.)
to "cover," protect against gunfire, ensure the retreat (of)

O Márcio cobriu os camaradas enquanto assaltavam o banco.

COCA

a coca[1] (sl.)
the Coca-Cola, Coke

Ele vai de guaraná e eu vou de coca.

a coca[2] (drug.)
the cocaine, "coke"
(same as "o pó")

COÇA

dar uma coça em (colloq.)
to give a beating to, give a licking to

Eu preciso dar uma coça naquele rapaz.

COÇAÇÃO

a coçação (sl., euph.)
the loafing, dawdling

Você poderia trabalhar e parar com essa coçação?

Deixe de coçação, que agora a gente tem que dar um duro.

a coçação de saco (vulg.)
the loafing, dawdling, wasting time

Acaba com essa coçação de saco e vem me ajudar, viu?

COCA-COLA

coca-cola (trademark) (adj.) (sl.)
two-bit, light-weight, would-be, presumptuous

Banca o durão, mas não passa de um malandro coca-cola.

COCADA

a cocada (sl.)
(var. of "a cocadinha")

COCADINHA

a cocadinha (sl.)
the cute girl, cutie pie
(same as "a tetéia")

COCADOR

o cocador (colloq.)

the peeping Tom, voyeur

Flagraram um cocador lá perto da janela.

COCAR

cocar (vi, vt) (colloq.)
to peep (at), spy (on), engage in voyeurism

Aí estava ele a cocar quando a dona tirou a roupa.

COÇAR

coçar (vi) (sl., euph.)
to loaf, twiddle one's thumbs, do nothing, dawdle

Só cocei essa semana todinha.

*coçar o saco (vulg., joc.)
to kill time, loaf, twiddle one's thumbs, do nothing special

Não, não fiz nada ontem--fiquei coçando o saco o dia todo.

coçar um as costas do outro (colloq.)
to scratch each other's back, help one another

Político é assim, meu filho: um coça as costas do outro.

COÇAR-SE

não poder se coçar (colloq.)
to have no time to think (be in an urgent or dangerous situation)

A Jerusa não podia se coçar, que o ladrão já tinha fugido.

não se coçar (colloq.)
not to offer to pay the bill, let someone else pick up the tab

Ele não se coçou quando o garçom trouxe a conta.

CÔCEGA

sentir cócegas na língua (colloq.)
to be itching to speak
(same as "ter cócega na língua")

ter cócega na língua (colloq.)
to be itching to say something, be dying to speak

O fofoqueiro tinha cócega na língua, mas ficou na moita.

COCHILADA

tirar uma cochilada (colloq.)
to nap, take a snooze
(same as "tirar um cochilo")

COCHILAR

**cochilar[1] (colloq.)
to nap, snooze

A conferência era tão chata que aproveitei para cochilar um pouco.

cochilar[2] (colloq.)
to make an oversight, be caught off-guard

Quem cochilar na prova vai levar bomba.

COCHILO

o cochilo[1] (colloq.)
the nap, snooze

Depois do cochilo, almoçou.

o cochilo[2] (colloq.)
the slip, inadvertency, oversight

Aproveitou o cochilo do inimigo.

**tirar um cochilo (colloq.)
to take a nap, snooze, catch a few winks, get some shut-eye

De modo geral, após o almoço seu Oliveira tira um cochilo antes de voltar ao trabalho.

dessas--quero mulher de verdade!

COCO

o coco (colloq.)
the head, noodle, noggin
(same as "a cuca")

ser coco (vulg.)
to be an "easy lay," be a slut
(said of a female)

Ela é coco; dá mais do que chuchu
na serra.

tirar um coco (vulg.)
to have sexual contact; have sex,
copulate

COCÔ

*o cocô[1] (colloq.)
the excrement

o cocô[2] (colloq.)
the piece of junk, trash
(same as "a merda[2]")

o cocô[3] (colloq.)
the nobody, good-for-nothing
(same as "o merda")

fazer cocô (colloq.)
to defecate

COCÔ-BOY

o cocô-boy (sl., pej.)
the teenybopper (male),
bubblegummer (male)

Lá vem o cocô-boy tirando uma de
maconheiro.

COCÔ-GIRL

a cocô-girl (sl., pej.)
the teenybopper (female),
bubblegummer (female)

Não vou sair com uma cocô-girl

COCOROCA

o cocoroca (sl.)
the ninny, fool, dummy

Aquele cocoroca fala cada besteira!

COCOROCADA

a cocorocada (sl.)
the foolish action or remark;
foolishness
(same as "a besteira[1]")

COCOTA

o/a cocota[1] (sl.)
the member of the "in crowd," young
person who is always in style and
frequents night clubs, dances, etc.

Um cocota desses tem cabritas às
pampas.

o/a cocota[2] (pej., sl.)
the teenybopper, young teenager who
tries to be "hip"

Ela não passa de uma cocota metida
a misse.

COELHO

o Coelho (sport.)
the América Futebol Clube (a MG
soccer team)

O Coelho levou uma surra das boas
do Galo Carijó.

matar dois coelhos de uma cajadada
(fig.)
to kill two birds with one stone

Pode visitar os dois ao mesmo
tempo; assim você mata dois
coelhos de uma cajadada só.

COICE

dar coices (colloq.)

to behave rudely or coarsely

O caipira só deu coices na festa
da grã-fina.

dar coices na sombra (colloq.)
to be irascible, be over-sensitive,
be grouchy

Nãọ discuta política com o
Silveira, pois ele é de dar coices
na sombra.

COIÓ

o coió (NE) (sl.)
the wolf, Don Juan (often ironic),
ridiculous beau

Aquele coió sem sorte custa a
faturar.

coió (colloq.)
stupid, foolish, silly

Este cargo é para valer--não é
para sujeito coió como ele.

COISA

a(s) coisa(s)[1] (colloq.)
the fussiness, pickiness,
prissiness
(same as "o luxo")

a(s) coisa(s)[2] (drug.)
the drugs, dope

Você está com as coisas, bicho?

*o coisa (colloq.)
so-and-so, what's his name

Pretendo convidar a Maria, o Zé, a
Solange, o Tom, a Bárbara e o
coisa, namorado dela.

aí tem coisa (colloq.)
there's something fishy, there's a
catch somewhere

Bem que eu lhe disse: --Aí tem
coisa.

aí vem coisa! (colloq.)
something (bad) is going to happen!

Não mexe com ele que aí vem
coisa, menina!

coisa de (colloq.)
about, around, approximately

Morreu há coisa de cinco meses.

*coisa nenhuma! (int., colloq.)
nonsense! not at all! like heck!
(same as "que nada!")

*. . . coisa nenhuma! (int.,
colloq.)
. . . my eye! . . . like heck!
(same as ". . . nada!")

coisas e loisas (colloq.)
this, that and the other thing; one
thing and another; various things

O professor falou coisas e loisas,
e eu no mundo da lua.

como vão as coisas? (colloq.)
how are things going? how goes it?

Como vão as coisas? Tudo em
ordem?

*dar uma coisa em (colloq.)
for something strange to get into
(someone)
(same as "dar a louca em")

*e coisa e tal (colloq.)
and so forth, and the like, et
cetera
(same as "e tal")

*essas coisas (colloq.)
and the like, and so on, et cetera
(same as "e tal")

estar com as coisas na cuca (drug.)
to be "high" on marijuana, be
"stoned"

Ela não está careta; está com as coisas na cuca.

#(mas) tem uma coisa (colloq.)
(but) there's something else, (but) there's a catch

Pode fazer isso se quiser, mas tem uma coisa . . .

#não ser lá essas coisas (colloq.)
to be no big deal, not be all that important, be nothing to brag about

Pode dar um escândalo no jornal, mas não é lá essas coisas.

#que coisa! (int., colloq.)
my gosh! goodness gracious! of all things!

Já estão cobrando quinhentos cruzeiros? Que coisa!

#que coisa é essa? (colloq.)
what's the meaning of this? what kind of thing is that to say/do? what's the big idea?
(same as "que é isso?")

ser muita coisa (colloq.)
to be quite a lot, be a great deal, be excessive

É muita coisa pagar por cavalo velho como esse.

**ser uma coisa (colloq.)
to be quite something, be really great, be terrific

O Festival de Música este ano é uma coisa!

ser (uma) coisa de louco (sl.)
to be fantastic, be "wild," be really something
(same as "ser uma coisa")

ser uma coisa louca (sl.)
to be fantastic, be "wild," be really something

(same as "ser uma coisa")

COISA-A-TOA

o coisa-à-toa (colloq.)
the good-for-nothing, bum

Se você casar com aquele coisaà-toa, minha filha, vai ter uma vida cheia de mágoas.

COISA-FEITA

a coisa-feita (colloq.)
the curse, spell, witchcraft

Acidente nada! Isso foi coisafeita.

COISA-RUIM

o coisa-ruim (colloq.)
the bum, louse, scoundrel

Aquele coisa-ruim ainda não pagou o dinheiro que me deve.

COISÍSSIMA

coisíssima nenhuma (colloq.)
nothing, not a blessed thing

O cara não sabe coisíssima nenhuma do assunto.

coisíssima nenhuma! (int., colloq.)
(var. of "coisa nenhuma!")

. . . coisíssima nenhuma! (int., colloq.)
(var. of ". . . coisa nenhuma!")

COLA

a cola[1] (stud.)
the cheating (on examinations), copying of answers

Vamos pôr fim à cola nas provas.

a cola[2] (stud.)

the cheat sheet (for examinations)

Foi pego com a cola na mão e foi
suspenso.

COLADOR

o colador (stud.)
the cheater (on an exam), copier of
answers

Aquele colador tirou nota nove na
prova.

COLAR

colar[1] (vi) (colloq.)
to go over, catch on (said of a
style, joke, plan, etc.)
(same as "pegar[1]")

colar[2] (vi) (sl.)
to go over, be believed, "wash,"
hold water (said of a story,
explanation, etc.)
(same as "pegar[2]")

colar[3] (vi) (stud.)
to cheat (on exams), copy answers

Quando o professor saiu, todo mundo
começou a colar.

COLARINHO

o colarinho (colloq.)
the head (on beer)

Não gosto de colarinho grande no
meu chope.

COLCHA

a colcha de retalhos (fig.)
the hodgepodge, patchwork,
mishmash, conglomeration

Filosofia nada! As idéias dele
são só uma colcha de retalhos.

COLETIVO

o coletivo (sl.)

the bus

Esses coletivos não param no
Jardim Paulista.

COLHÃO

os colhões (vulg.)
the testicles

ter colhões (vulg.)
to have a lot of guts, "have
balls," be brave

Esse bambambã é valente paca--tem
colhões!

COLHER

de colher (colloq.)
on a silver platter
(same as "de bandeja")

*meter a colher (em) (colloq.)
to stick one's nose in, butt in,
meddle (in), pry (into)

Não mete a colher nesse assunto,
viu?

meter a colher enferrujada (em)
(colloq.)
to butt in, meddle (in), pry (into)
(same as "meter a colher [em]")

ser de colher (sl.)
to be easy, be a cinch, be a breeze
(same as "ser sopa")

COLHERADA

meter a colherada (em) (colloq.)
to butt in, meddle (in), pry (into)
(same as "meter a colher [em]")

COLHER-DE-CHÁ

*dar (uma) colher-de-chá (para)
(sl.)
to give a break (to), do a favor
(for), facilitate something (for)

O motorista deu colher-de-chá para
o fusca entrar no túnel primeiro.

COLHER-DE-SOPA

dar (uma) colher-de-sopa (para)
(sl.)
to give a big break (to), do a big
favor (for)

Colher-de-chá nada! Você está
é pedindo para eu lhe dar uma
colher-de-sopa tamanho-família!

COLHUDO

ser colhudo (vulg.)
to be brave, have guts, "have
balls"
(same as "ter colhões" [colhão])

COLÍRIO

ser colírio para os olhos (sl.)
to be a treat to the eyes, be
good-looking (said of a member of
the opposite sex)

Essa boneca é colírio para os
meus olhos.

COLORADO

o colorado (also adj.) (sport.)
the player or fan of the Esporte
Clube Internacional (a RS soccer
team)

Os colorados marcaram o último gol
da partida.

COLORED

o/a colored (from the Eng.) (sl.)
the "colored person," Black

Na esquina tinha uma colored
vendendo acarajé.

COLOSSO

ser um colosso (fig.)
to be terrific, be tremendous, be
really something

(same as "ser um espetáculo")

COLUNÁVEL

colunável (also noun) (sl.)
newsworthy, important, well-known,
famous (said of a person)

Havia muita gente colunável na
platéia.

COMADRE

a comadre (colloq.)
the female gossip, female busybody

Aquelas comadres passam o dia
inteiro matracando sobre a vida
alheia.

COMEDOR

o comedor (also adj.) (vulg.)
the "stud," promiscuous male

COME-E-DORME

o come-e-dorme (also adj.) (sl.)
the lazy bum, freeloader, moocher,
deadbeat

O cara é um come-e-dorme que vive
à custa do genro pequeno-burguês.

COMER

*comer (vt) (vulg.)
to have sexual intercourse with,
"lay," have sex with (person of
same or opposite sex)

Ele come qualquer puta.

Esse cachaceiro prefere comer os
moleques da vizinhança.

comer angu e arrotar peru (sl.)
to feign wealth, keep up false
appearances, put on the dog

A família está muito por baixo,
mas o cara vive comendo angu e
arrotando peru.

comer com a testa (colloq.)
not to be able to have what one
sees, be left hopelessly coveting

O cara viu a cabrocha com os olhos
e comeu com a testa.

comer com os olhos (fig.)
to devour with one's eyes

Quando aquela peça passou, todos
os rapazes comeram com os olhos.

comer como um leão (colloq.)
to eat like a king, eat heartily,
have a royal feast

Brasileiro no almoço come como um
leão.

comer como um lobo (colloq.)
to eat like a pig, wolf down one's
food

Quebrou o jejum, comendo como um
lobo.

comer como um passarinho (fig.)
to eat like a bird, eat very little

Ele é muito magro; come como um
passarinho.

comer da/na mesma gamela (fig.)
to be as thick as thieves, be in
cahoots

Aqueles dois políticos comem da
mesma gamela, de forma que
controlam juntos tudo quanto
acontece nos arredores.

comer fogo (colloq.)
to go through hell, have it rough

Ele comeu fogo na guerra da Ásia.

comer moscas (sl.)
to be taken in, be tricked, get
caught napping; be left holding the
bag

Passou o papo na Eliane, que

também comeu moscas.

comer no mesmo cocho (fig.)
to be as thick as thieves
(same as "comer da/na mesma
gamela")

comer por quatro (fig.)
to eat a lot, eat like a horse

Esse menino está crescendo--já
come por quatro.

comer tampado (NE) (colloq.)
to have a rough time, go through
hell
(same as "comer fogo")

estar comendo capim pela raiz (sl.,
joc.)
to be six feet under, be pushing up
daisies, be dead

Quem não calar o caso logo vai
estar comendo capim pela raiz.

COMES

os comes e bebes (colloq.)
the food and drinks, refreshments

Por que não vai à reunião,
menina? Vai ter comes e bebes e
muito rapaz boa-pinta.

COMÍCIO-RELÂMPAGO

o comício-relâmpago (polit. and
colloq.)
the rapidly scheduled and executed
political street rally designed to
confuse police

Os estudantes fizeram vários
comícios-relâmpago por toda a
cidade, baratinando os soldados da
polícia.

COMIDA

a comida (vulg.)
the sexual intercourse

COMIGO

comigo não! (sl.)
don't give me that! come off it!
not with me you (they, etc.) don't!

Essa história de vampiro não
pega. Comigo não!

COMISSA

o comissa (for "o comissário")
(crim.)
the police comissário (an official
subordinate to a delegado)

Não mexa com o comissa; senão vai
preso na certa.

COMÍVEL

a comível (also adj.) (sl.)
the sexy woman, "knockout"

Você viu essa comível ali de
remelexo gostoso?

COMO

como assim?
how's that? what do you mean by
that?

Como assim? Não entendi bem o que
você quer dizer.

#como é que é? (colloq.)
how's that? what did you say? come
again! beg your pardon!

Como é que é? Não ouvi bem.

como não! (colloq.)
certainly! of course! (acceding to
a request)

Como não! Pode se servir!

e como! (colloq.)
and how! you bet!

Se eu gosto dele? E como!

COMPADRE

compadre (voc., colloq.)
pal, friend, buddy
(same as "meu chapa")

COMPANHEIRO-DE-BRINQUEDO

o companheiro-de-brinquedo
(colloq.)
the playmate

Ela era minha companheira-de-
brinquedo quando a gente era
criança.

COMPINCHA

o compincha (sl.)
the pal, buddy, friend

Ele e os compinchas caíram na
farra.

COMPRAR

comprar a briga de (fig.)
to fight someone else's battle for
him

Eu não compro a briga de ninguém
e, além disso, o Brás é muito
meu amigo.

comprar briga(s) (colloq.)
to look for trouble, be spoiling
for a fight

É melhor não convidar o Cláudio,
que ele compra brigas e não se dá
com ninguém.

comprar nabos em saco (fig.)
to buy a pig in a poke, buy
something sight unseen

Ele comprou nabos em saco quando se
tornou acionista dessa empresa
nova.

COMPREENDER

**compreende? (colloq.)
understand? see?

(same as "compreendeu?"
[compreender])

**compreendeu? (colloq.)
understand? see? get it? hear?

Aí eu comecei a gritar,
compreendeu?

COMUNA

o comuna (sl., pej.)
the commie, communist

O Governo acha que todo estudante
é comuna!

CONA

a cona (vulg.)
the vagina

CONCLUSÃO

conclusão . . . (colloq.)
the upshot of it all is (that) . .
., the result is (that) . . .,
thus, therefore

Ele não tinha a grana para pagar.
Conclusão, passou o calote.

CONDUÇÃO

a condução (colloq.)
the vehicle or vehicle
transportation

Vai lá na esquina pegar
condução.

Quem vai pagar condução não sou
eu.

CONEXÃO

fazer uma conexão (para) (colloq.)
to phone, place a call (to)
(same as "ligar [para]^2")

CONFA

a confa (abbrev. of "confusão")

(sl.)
the commotion, uproar, ruckus
(same as "o bafafá")

CONFINS-DE-JUDAS

nos confins-de-judas (colloq.)
out in the sticks, in the boondocks
(same as "no fim-do-mundo")

CONFUSÃO

fazer/criar confusão (colloq.)
to raise hell, make a fuss
(same as "fazer [um] barulho")

CONHECER

conhecer de outros carnavais (sl.)
to know (someone) from way back
when, have known (someone) when
he/she was different

Eu conheço ele de outros
carnavais. Era um joão-ninguém e
não tinha um tostão.

CONQUISTADOR

o conquistador barato (sl.)
the sexually agressive male who
tries to make time with anything in
skirts, Don Juan

Ela não vai com qualquer
conquistador barato.

CONSCIÊNCIA

ter a consciência elástica
(colloq.)
not to be overly scrupulous, have a
flexible code of ethics, change
position according to which way the
wind is blowing

Não é que o Prefeito seja
desonesto, mas diz que tem a
consciência elástica, sabe como
é?

CONSOLADOR

o consolador (vulg.)

the dildo, artificial phallus

CONSOLO-DE-VIÚVA

o consolo-de-viúva (vulg.)
the dildo
(same as "o consolador")

CONSULTAR

consultar os botões (colloq.)
to think something over

Antes de dar uma resposta para
você, eu preciso consultar os
botões.

consultar o travesseiro (colloq.)
to sleep on it, defer a decision
until the next day

Deixa-me consultar o travesseiro e
te falo amanhã o que decidir, 'tá
OK?

CONTA

ajustar contas com (fig.)
to get even with, settle a score
with, get back at

O criminoso jurou que ia ajustar
contas com o juiz

*dar conta do recado (colloq.)
to come through, deliver the goods,
cut the mustard, perform with
flying colors

O Clemenceau é um brincalhão
daqueles, mas na hora H ele dá
conta do recado.

*fazer de conta (que)
to make believe (that), pretend
(that)

Eu fiz de conta que era um
cavaleiro da Távola Redonda e as
crianças gostaram demais.

ficar/estar por conta (da vida)
(com) (colloq.)

to get/be furious (at), become/be
irate (with)

Todos estavam por conta com aquele
cachaceiro que penetrou a festa.

*levar em conta
to take into account, bear in mind

É preciso levarmos em conta as
opiniões do próximo.

não dar (mais) conta do recado
(sl.)
to be sexually impotent
(temporarily or permanently)

Aquele velhinho não dá mais conta
do recado, coitado.

*não ser da conta de (colloq.)
to be none of (someone's) business,
be no skin off (someone's) nose

Não meta a colher, que aquilo não
é da sua conta, viu?

por sua conta e risco
on one's own, on one's own account

Tudo o que eu fiz foi por minha
conta e risco.

saldar contas (com) (fig.)
to even the score (with), get back
(at)
(same as "ajustar contas com"
[conta])

*tomar conta de
to take care of, watch over, take
charge of

Ele tomou conta das crianças
quando a mulher estava no hospital.

CONTADOR

o contador de farol (sl.)
the braggart, blowhard
(same as "o contador de papo")

o contador de papo (sl.)
the braggart, blowhard

Não passa de um contador de papo;
nunca esteve em guerra nenhuma.

o contador de prosa (sl.)
the braggart, blowhard
(same as "o contador de papo")

CONTAGEM

abrir a contagem (sport.)
to score the first goal (in
soccer), open the scoring

O Fluminense abriu a contagem, mas
o Flamengo ganhou a partida.

CONTAR

não lhe conto nada! (colloq.)
you haven't heard anything yet!
you're not going to believe this!
get a load of this!

Eu sabia que a dona tinha dinheiro.
Não lhe conto nada! Acontece que
era milionária das mais ricas.
Já pensou?

nem te conto! (colloq.)
you won't believe this! but that
isn't the half of it!
(same as "não lhe conto nada!"
[contar])

poder contar nos dedos (colloq.)
to be able to count them on one
hand

Só ficaram poucos, muito poucos.
Podia contar nos dedos.

*(que) eu vou te contar! (sl.)
like you wouldn't believe! quite
(a) . . .!; believe you me! take it
from me!

Ela tinha um corpo que eu vou te
contar!

O cara era inteligente que eu vou
te contar!

Como ele era rico! Eu vou te
contar!

CONTO

*o conto[1] (colloq.)
the one thousand old cruzeiros

Ele pagou mil contos pelo negócio.

*o conto[2] (colloq.)
the "line," "story," lie; scam,
con-game, bunko scheme

Passar um conto naquele trouxa é
moleza, viu?

aplicar o conto em (sl.)
to trick; con, flim-flam
(same as "trapacear")

passar o conto em (colloq.)
to trick; swindle, con
(same as "trapacear")

CONTO-DO-VIGÁRIO

o conto-do-vigário (colloq.)
the con-man's line or trick; con
game, scam

Verdade coisa nenhuma! É um
conto-do-vigário para engrupir os
incautos.

passar o conto-do-vigário em
(colloq.)
to trick; con, swindle
(same as "trapacear")

CONTRA

ser do contra (colloq.)
to be contrary, be against
everything, be a killjoy by nature

Claro que o Zé não topa o
programa--ele é do contra.

CONTRABANDO

o contrabando (sl.)

the lover, mistress

É casado mas tem seu contrabando.

CONTRAVAPOR

o contravapor (sl.)
the punch, shove

Aí o cara levou um contravapor e
caiu catando fichas.

CONVENCIDO

*convencido (colloq.)
stuck-up, cocky, smug, conceited

Ele é convencido e se considera o
máximo.

CONVENCIMENTO

o convencimento (colloq.)
the conceit, arrogance, cockiness

O convencimento desse faroleiro é
do tamanho dum bonde.

CONVERSA

**a conversa (colloq.)
the idle talk; "line," bunk, cock-
and-bull story, hearsay

Essa história dele saber chinês
é conversa.

*a conversa fiada (colloq.)
the "line"; idle talk
(same as "a conversa")

*a conversa mole (colloq.)
the idle talk; "line"
(same as "a conversa")

*a conversa mole para boi dormir
(sl.)
the idle talk, chit-chat
(same as "a conversa para boi
dormir")

*a conversa para boi dormir (sl.)

the idle talk, chit-chat

A reunião foi um saco--só
conversa para boi dormir.

conversa vai, conversa vem
(colloq.)
after some conversation, after
talking a while, in the course of
the conversation

Conversa vai, conversa vem, o
assunto do casamento surgiu.

dar/passar uma conversa em
(colloq.)
to hand a "line," sweet-talk,
fast-talk
(same as "cantar")

deixa de conversa(s)! (colloq.)
stop beating around the bush! come
to the point!

Vende logo seu peixe e deixa de
conversa!

não ter conversa (colloq.)
to be unquestionable, for there to
be no two ways about it, for there
to be no ifs, ands or buts about it

Que seja bom não tem conversa.

o resto é conversa
anything else just doesn't make the
grade, anything else just isn't the
same

Isto é que é café, o resto é
conversa.

CONVERSADA

*dar uma conversada em (sl.)
to sweet-talk, hand a "line"
(same as "cantar")

CONVERSAR

*conversar (vt) (colloq.)
to give a "line," sweet-talk
(same as "cantar")

COOPER

fazer cooper (from the Eng.
surname) (sl.)
to jog, run for exercise

Lá tem uma pista para a gente
fazer cooper.

COQUEIRO

o coqueiro (sl., joc.)
the beanpole, tall, thin individual
(same as "o varapau")

COQUELUCHE

a coqueluche (from the Fr.)
(colloq.)
the rage, fad, "in" thing

Essa moda virou coqueluche.

COQUETEL

*o coquetel (from Eng. "cocktail")
the cocktail party

Ele foi convidado para um coquetel
em casa do Dr. Ferreira.

COR

saber de cor e salteado (colloq.)
to know by heart, know backwards
and forwards
(same as "saber na ponta da
língua")

CORAÇÃO

de todo o coração (fig.)
wholeheartedly, with all one's
heart, sincerely

Ela se dedicou ao projeto de todo o
coração.

falar com o coração nas mãos
(fig.)
to speak from the heart

Resolveu tirar a máscara, falar
com o coração nas mãos. Para

que mentir mais?

*meu coração (voc., colloq.)
my love, my darling
(same as "meu bem")

CORAÇÃO-DE-MÃE

o coração-de-mãe (crim. and sl.,
joc.)
the paddy wagon

Tintureiro é chamado de
"coração-de-mãe" porque sempre
cabe mais um.

CORAGEM

não ter coragem (para) (colloq.)
not to feel like, not be in the
mood (to), not have the heart (to)

Olhe, não tenho coragem para falar
com aquele chato agora,
compreendeu?

CORDA

dar corda (em)[1] (colloq.)
to be attentive (to), lead on,
flirt (with)
(same as "dar sopa [para][1]")

dar corda (em)[2] (colloq.)
to get (someone) started, get
(someone) "wound up" (on a subject
he likes to talk about for a long
time)

Se você der corda nele, fala pra
chuchu!

estar com a corda na garganta/no
pescoço (fig.)
to be in a fix, be in a difficult
or dangerous situation, have a rope
around one's neck

Estou com a corda na garganta, e se
você não me ajudar não sei o que
faço.

estar com a corda toda (colloq.)

to be all "wound-up," be in high
gear, be going strong (said of
someone rushing around or talking
incessantly)

Não adianta você querer falar
quando ele está com a corda toda
assim como está.

ser corda e caçamba (colloq.)
to be hand and glove, be as thick
as thieves, be constant companions

Aqueles rapazes sempre andam
juntos--são corda e caçamba.

ser pior que andar na corda bamba
(colloq.)
to be very dangerous, be like
walking a tightrope

Este negócio de ir de táxi em
Salvador é pior que andar na corda
bamba, viu?

CORDÃO

o cordão (colloq.)
the group of Carnival celebrants

Ele foi pular Carnaval com o
cordão lá da Faculdade.

COR-DE-BURRO-QUANDO-FOGE

cor-de-burro-quando-foge (also
noun) (colloq.)
of indefinite color

O carro? Sei lá! Era cor-de-
burro-quando-foge.

CORDEL

o cordel (esp. NE) (colloq.)
the chapbook verse
(same as "a literatura de cordel")

*a literatura de cordel (esp. NE)
the popular chapbook poetry (so
called because it is usually sold
by street vendors who hang the
booklets from a length of twine for
display purposes)

A literatura de cordel aparece em
folhetos, muitas vezes com uma
xilogravura na capa.

CORETO

bagunçar o coreto de (sl.)
to spoil things for, cramp the
style of, foil the plans of

Vá pentear macacos! Você está
bagunçando meu coreto.

balançar o coreto de (sl.)
to spoil things for, cramp the
style of
(same as "bagunçar o coreto de")

michar o coreto de (sl.)
to spoil things for, cramp the
style of
(same as "bagunçar o coreto de")

CORNEAR

cornear (vt) (colloq.)
to cuckold
(same as "botar [os] chifres em"
[chifre])

CORNÉLIO

entrar na confraria de São
Cornélio (sl., joc.)
to be cuckolded, be cheated on by
one's wife or husband

Foi naquela época que o nosso
distinto amigo conseguiu entrar na
confraria de São Cornélio com a
leal ajuda da benemérita cônjuge.

CÓRNER

chutar para córner (from the Eng.,
as used in soccer) (sl.)
to jilt, cast aside, "dump"
(same as "chutar para escanteio")

CORNO

*o corno (colloq.)
the cuckold, betrayed husband

(same as "o chifrudo[1]")

os cornos (sl.)
the head; face, "kisser"

Deu um tapa nos cornos do cara.

#botar (os) cornos em (colloq.)
to cuckold
(same as "botar [os] chifres em"
[chifre])

o corno convencido (sl.)
the passive, acquiescent cuckold
(same as "o corno manso")

o corno manso (sl.)
the cuckolded husband who knows,
but doesn't care

É um corno manso que nem liga para
os chifres.

COROA

#o/a coroa (sl.)
the oldster, old guy or lady

Os hotéis de luxo estão cheios de
coroas ricos, a maioria turistas
estrangeiros.

o coroa (sl.)
one's father, "old man"
(same as "o velho")

a coroa (sl.)
one's mother, "old lady"
(same as "a velha")

os coroas (sl.)
one's folks (father and mother),
one's parents

Não posso ir à praia hoje porque
os coroas não deixam.

a coroa doida (sl.)
the old lady who tries to act and
dress like a spring chicken

Que frescura essa daquela coroa
doida que anda bancando o brotinho.

COROADA

a coroada[1] (sl.)
the group of oldsters, old folks

A coroada toda estava lá. Não
dava para puxar fumo, não.

a coroada[2] (sl.)
one's parents
(same as "os coroas" [coroa])

COROCA

o coroca (colloq.)
the old, senile person; old man

Agora o coroca está fazendo onda
no hospital, xingando todo mundo e
reclamando que nem turista.

CORONEL

#o coronel[1]
the rural political boss; big
land-owner with political power

Os coronéis são os verdadeiros
mandachuvas no interior.

o coronel[2] (colloq.)
the sugar daddy (wealthy, elderly
man who spends freely on a younger
woman in exchange for her sexual
favors)

Aquele coronel paga o apartamento
de várias mulheres.

o coronel de mulher (colloq.)
the sugar daddy
(same as "o coronel[2]")

CORPO

corpo a corpo (fig.)
hand to hand

Estão lutando corpo a corpo.

de corpo e alma (fig.)
body and soul, wholeheartedly,
completely

Entreguei-me de corpo e alma ao
projeto.

fazer corpo mole (colloq.)
to dawdle, lie down on the job,
goldbrick; malinger, attempt to
shirk a responsibility

Na hora de dar duro, ele sempre faz
corpo mole.

fechar o corpo (colloq.)
to make (the body) invulnerable by
means of witchcraft

A velha sabia rezas para fechar o
corpo.

#tirar o corpo fora (colloq.)
to turn tail, get away; take off,
"split"

Quando o pai da mina surgiu na
porta, aí eu tirei o corpo fora.

CORRA

corra! (int., colloq., euph.)
heck! darn it!
(euph. for "porra!")

CORRE-CORRE

#o corre-corre (colloq.)
the commotion, hustle-bustle, rush,
dashing about

Você não faz idéia do corre-
corre dos gaúchos lá na Rua da
Praia.

CORREDOR

o corredor polonês (crim.)
the gantlet; two lines of policemen
who beat prisoners forced to run
between them (a form of torture)

Estudante só endireita com
cassetete e corredor polonês.

CORRENTE

ir contra a corrente (fig.)
to go against the tide, swim
against the current, buck the
majority

Se você for contra a corrente, vai
se estrepar.

CORRER

se tudo correr bem (colloq.)
if all goes well, if everything
works out all right

Se tudo correr bem, para o mês
estou na Europa.

CORRETIVO

dar um corretivo em (fig.)
to teach (someone) a lesson, punish

Vou dar um corretivo no garoto para
ele aprender a respeitar a gente.

CORRIDA

ver as corridas de submarinos (sl.,
joc.)
to "park" (in order to neck),
"watch the submarine races"

Ô menina, vamos parar o carro aqui
para ver as corridas de submarinos.

CORRIDO

corrido (colloq.)
quick; quickly, hurriedly

Vou comer um sanduíche corrido.

A gente precisa fazer tudo corrido.

CORRIOLA

a corriola (sl.)
the gang, group of friends or of
malefactors
(same as "a patota")

CORTAR

cortar (vt) (colloq.)
to get rid of; jilt, break up with
(same as "dar o _fora_ em²")

*corta essa! (sl.)
come off it! cut the crap! cut it
out! don't give me that!

Corta essa, bicho! Não cola.

corta _isso_! (sl.)
come off it! cut it out!
(same as "corta essa!" [_cortar_])

cortar a _onda_ de (sl.)
to spoil the fun of
(same as "_cortar_ o barato de")

cortar _as asas de_ (fig.)
to clip the wings of

O Governo cortou as asas do
Gonçalves, demitindo-o do cargo.

cortar o _barato_ de (sl.)
to spoil the fun of

Ele quis cortar meu barato pedindo
para meus amigos se mandarem.

cortar _pela raiz_ (fig.)
to wipe out, root out, eradicate,
destroy totally

Ele resolveu cortar pela raiz o
problema da subversão.

cortar _pelos dois lados_ (sl.)
to be bisexual, "go both ways"

O cara é gilete--corta pelos dois
lados.

cortar _uma volta_ (colloq.)
to have a rough time, sweat it out

Cortei uma volta com a prova de
ontem.

de _cortar_ o _coração_ (fig.)
heartbreaking, sad, touching

A história da vida daquele velho
coitado é de cortar o coração.

CORTIÇO

o _cortiço_ (colloq.)
the tenement building, crowded slum
construction

O cortiço foi derrubado nos
primeiros anos deste século.

CORTINA

por _trás da cortina_ (colloq.)
under the table, under the counter
(same as "por baixo do _pano_")

CORUJA

a _coruja_ (sl.)
the ugly woman, hag
(same as "a bruxa")

coruja (colloq.)
overpraising of one's children,
doting (said of parents)

Precisa levar em conta que essas
palavras são de um pai coruja.

CORUJISMO

o _corujismo_ (colloq.)
the practice of overpraising one's
children

Ela elogia os filhos como se fossem
anjos, mas é puro corujismo.

COSME

Cosme _e Damião_ (colloq.)
the gold-dust twins (often said of
two policemen on same beat); two
things or people always found
together
(cf. "Romeu e Julieta")

Lá vem Cosme e Damião rondando
pela calçada.

COSTA

ter às costas (fig.)
to be responsible for, have on
one's head

Ele tem três mortes às costas.

ter (as) costas largas[1] (colloq.)
to be able to withstand a lot, be
able to take the heat, be thick-
skinned

É preciso ter costas largas para
suportar a malhação das más-
línguas.

ter (as) costas largas[2] (colloq.)
to have "pull"
(same as "ter [as] costas quentes[1]"
[costa])

ter (as) costas quentes[1] (colloq.)
to have good backing, have
protection, have "pull"

O Batista vai ganhar a eleição
porque tem as costas quentes, sabe?

ter (as) costas quentes[2] (colloq.)
to be able to take the heat
(same as "ter [as] costas largas[1]"
[costa])

voltar as costas a (fig.)
to turn one's back on, rebuff,
abandon, desert

Como é que eu posso voltar as
costas a um velho amigo desses?

COSTADO

bater/dar com os costados em
(colloq.)
to end up in, wind up in

O bicheiro foi bater com os
costados na cadeia.

de quatro costados (fig.)
full-blooded, pure-blooded, on all
sides of the family; one-hundred

percent, through-and-through

Ele é um paulista de quatro
costados.

COSTELA

a costela (colloq., joc.)
the missus, wife, "better half"

Eu não queria comprar uma nova
televisão, mas a costela insistiu.

COSTURAR

costurar[1] (vi, vt) (sl.)
to weave in and out (in traffic)

Ela vinha costurando o trânsito
antes da batida.

costurar[2] (vt) (sl.)
to machine-gun, fill full of holes

Sacou a metralhadora e costurou os
presos.

COTIA

a cotia (crim.)
the contraband or stolen
automobile, hot car

Quem comprar essa cotia está
doido.

COTOVELO

falar pelos cotovelos (colloq.)
to talk a blue streak, be a
chatterbox

Ele é um bom-papo, mas fala pelos
cotovelos.

COTRUCO

o cotruco (colloq., pej.)
the Portuguese person
(same as "o portuga")

COTUCADA

a cotucada (colloq. and sl.)
(var. of "a cutucada")

COTUCAR

cotucar (vt) (colloq. and sl.)
(var. of "cutucar")

COURO

o couro[1] (sport.)
the soccer ball

Aí o Pelé chutou o couro,
marcando um gol de placa.

o couro[2] (colloq.)
the skin, "hide" (of a person)

Ficou com o couro queimado depois
do dia de praia.

o couro[3] (sl.)
the ugly female, hag, "dog"
(same as "a bruxa")

cair no couro de (sl.)
to pester, get under (someone's)
skin, get on (someone's) nerves

Esse chato adora cair no couro do
professor.

dar no couro (sl.)
to cut the mustard, do the trick,
make the grade, deliver the goods,
come through

Está muito velho; já não dá no
couro.

tirar o couro de (fig.)
to exploit, "bleed"

A indústria estrangeira está
tirando o couro deste país.

COVA

virar-se na cova (fig.)

to turn over in one's grave

O vovô ia se virar na cova se
soubesse que o neto é travesti.

COXA

o coxa (also adj.) (sport.)
the player or fan of the Coritiba
Futebol Clube
(same as "o coxa-branca[2]")

aprender nas coxas (colloq.)
to learn by experience, learn the
hard way, pick (something) up along
the way

Ninguém me ensinou a jogar
baralho; aprendi nas coxas.

fazer nas coxas (colloq.)
to do a botch-up job (of), mess up,
throw together, do in a slipshod,
careless or casual manner

Ele fez o curso nas coxas.

Aquele trabalho foi feito nas
coxas.

nas coxas (colloq.)
in a slipshod manner, sloppily and
hastily

Foi um curso feito nas coxas lá no
interior.

COXA-BRANCA

o coxa-branca[1] (colloq., pej.)
the German, German-Brazilian

Esse barriga-verde é coxa-branca-
-filho de alemão de Curitiba.

o coxa-branca[2] (also adj.) (sport.)
the player or fan of the Coritiba
Futebol Clube (a PR soccer team)

Os coxas-brancas não têm nenhuma
chance contra uma defesa tão
raçuda.

COXIA

a coxia[1] (sl.)
the old worthless thing or person,
junk

Os móveis daquela casa antiga são
coxias que nem valem a pena de
vender.

a coxia[2] (sl.)
the cigarette butt

O cinzeiro estava cheio de coxias.

COZINHA

a cozinha do ônibus (colloq.)
the back of the bus

Trinta e três horas de viagem na
cozinha do ônibus não é mole,
não!

COZINHAR

cozinhar (vt) (colloq.)
to shelve, table, postpone the
solution of

Vamos cozinhar o assunto.

CRACÃO

o cracão (sport. and sl.)
the expert, superstar, champ
(same as "o craque")

CRANIAR

craniar (vt) (sl.)
to think up, plan, conceive, cook
up
(same as "bolar")

CRÂNIO

*ser um crânio (sl.)
to be a brain, have a head on one's
shoulders, be super-intelligent

O Otávio é um crânio--recebe
boas notas em todas as matérias.

CRAQUE

*o craque (from Eng. "crack")
(sport. and colloq.)
the ace, expert, crackerjack,
champion, tops

O Leopoldo é um craque na
Matemática, mas não no futebol.

CRENTE

o crente[1] (colloq.)
the Protestant

A grande maioria aqui é católica,
mas também tem alguns crentes por
aí.

o crente[2] (stud.)
the studious person, bookworm
(same as "o cu-de-ferro")

estar crente (que) (colloq.)
to think (that), believe (that),
suspect (that)

Eu estava crente que ia chover, mas
não choveu não.

CRER

crer como num Evangelho (colloq.)
to accept as the gospel truth,
believe implicitly

Ele crê nas palavras da esposa
como num Evangelho.

podes crer! (sl.)
take it from me! you'd better
believe it! you said it!

Foi uma bagunça dos diabos. Podes
crer, amizade!

CRESCER

cresça e apareça! (colloq.)
act your age! grow up! come back
when you grow up!

Cresça e apareça, seu palhaço!

CRETINO

o cretino (also adj.) (fig.)
the idiot, simpleton, lamebrain,
cretin

Um cretino desses não sabe a
quantas anda.

CRIADO

este seu criado (fig.)
yours truly, I, myself, me

Pode contar com este seu criado.

CRIADOR

o criador de casos (colloq.)
the troublemaker, one who makes
waves

Esse jogador não presta--é um
criador de casos.

CRIANÇA

a criança (sport.)
the soccer ball
(same as "o couro[1]")

fazer de criança (colloq.)
to pull (someone's) leg, tease, put
(someone) on

Não me faça de criança, que eu
já morei na jogada.

CRIAR

criar fama e deitar-se na cama
(fig.)
to rest on one's laurels

Esse poeta é bananeira que já deu
cacho; criou fama e deitou-se na
cama.

CRICA

a crica (vulg.)
(var. of "a quirica")

crica (also noun) (sl.)
dull, boring, bothersome (said of a
person)
(same as "cricri")

CRICRI

cricri (also noun) (sl.)
very boring, dull, annoying (said
of a person)

Nunca vi pessoa mais cricri na
minha vida.

CRIOULO

o crioulo[1]
the Negro, Black

É crioulo ou branco?

o crioulo[2] (sl.)
the telephone

Aí peguei o crioulo e bati um fio
para o Machado.

CRISTA

a crista (sl.)
the hair (on one's head)

Quando entrou, estava com a crista
molhada.

abaixar a crista (fig.)
to come down a peg, be cut down to
size; be crestfallen

Abaixou a crista depois da surra
que levou.

abaixar a crista de (fig.)
to cut down to size, take down a
peg

Bambambã daqueles precisa é de
alguém para lhe abaixar a crista.

estar na crista da onda (sl.)
to be on top of the heap, be riding
high, be well-off, enjoy a
prominent position

Esse romancista está na crista da onda, com dois <u>best-sellers</u> e um filme popularíssimo em cartaz.

CRISTÃO

<u>o cristão</u> (colloq.)
the person, guy, individual

Como é o nome daquele cristão?

Isso enche o saco de qualquer cristão.

CRISTINA

<u>a cristina</u> (drug.)
the drugs, narcotics; marijuana

Vou ver cristina, bicho.

CRISTO

<u>pegar para cristo</u> (colloq.)
to make a scapegoat of, make a fall guy of

O coitado não era culpável, mas os outros pegaram ele para cristo.

<u>ser um cristo</u> (fig.)
to ba a saint, be an angel
(same as "ser um <u>anjo</u>")

CRIVO

<u>o crivo</u> (sl. and drug.)
the cigarette, "smoke"; "joint"

Ele fumou dois crivos e saiu.

CROCODILAGEM

<u>a crocodilagem</u> (sl.)
the dirty trick, betrayal, double-cross

É difícil perdoar uma crocodilagem dessas, sabe?

CROCODILO

<u>o crocodilo</u> (sl.)
the false friend, traitor, hypocrite, double-crosser

Aquele crocodilo diz que é amigo da gente, mas é amigo é da onça.

CRUZ

<u>estar entre a cruz e a caldeirinha</u> (fig.)
to be between the devil and the deep blue sea
(same as "estar entre a <u>espada</u> e a parede")

CRUZA

<u>a cruza</u> (sl.)
the cruzeiro
(same as "a prata")

CRUZMALTINO

<u>o cruzmaltino</u> (also adj.) (sport.)
the player or fan of the Clube de Regatas Vasco da Gama (a Rio soccer team)

O artilheiro dos cruzmaltinos deu um show de bola.

CU

*<u>o cu</u> (vulg.)
the butt; ass; anus

<u>dar o cu</u> (vulg.)
to engage in anal intercourse (female role); be a homosexual

<u>enfie no cu!</u> (vulg.)
shove it! go to hell!

<u>fazer cu doce</u> (vulg.)
to play hard to get, want to be coaxed

Não faz cu doce comigo, rapaz--você vai ou não vai à festa?

<u>nascer de cu para a lua</u> (vulg.)
to have been born lucky, be very

lucky

Olha só a sorte daquele
indivíduo; nasceu de cu para a
lua.

o que tem o cu com as calças?
(vulg.)
what does one thing have to do with
the other? what's the connection?

O que tem o cu com as calças?
Você está falando de duas coisas
totalmente diferentes.

ter cu (vulg.)
to be very lucky

É preciso ter cu para ganhar tanto
no jogo.

tirar o cu da seringa (vulg.)
to turn tail, get away
(same as "tirar o rabo da seringa")

toma no cu! (vulg.)
shove it! go to hell!

tomar no cu (vulg.)
to engage in anal intercourse
(female role); be a homosexual

CUCA

**a cuca[1] (sl.)
the head, noggin

Vai cair e quebrar a cuca.

*a cuca[2] (sl.)
the mind, brains

Esse cara tem cuca.

estar com a cuca fundida[1] (sl.)
to be crazy, be loco, be flipped
out

A mãe dele está com a cuca
fundida desde a morte do marido.

estar com a cuca fundida[2] (sl.)
to be disoriented, be confused
(same as "estar baratinado[2]")

ficar/estar com a cuca cheia (sl.)
to get/be drunk
(same as "ficar/estar com a cara
cheia")

fundir a cuca[1] (sl.)
to lose one's mind, go crazy, crack
up, flip out; strain one's brain

Aquele professor é muito
esquisito--acho que fundiu a cuca
estudando tanta história medieval.

fundir a cuca[2] (sl.)
to become disoriented, become
confused
(same as "baratinar-se[2]")

fundir a cuca de[1] (sl.)
to drive crazy, drive out of one's
mind, strain one's brain

Um troço desses funde a cuca de
qualquer bicho.

fundir a cuca de[2] (sl.)
to disorient, confuse, mix up
(same as "baratinar")

ser um cuca (sl.)
to be brainy, have a lot of smarts
(same as "ser um crânio")

ter a cuca frouxa (sl.)
to have a screw loose, be nuts
(same as "ter um parafuso de
menos")

CUCA-FRESCA

o cuca-fresca (sl.)
the "cool head," one who remains
calm
(same as "o cabeça-fresca")

CUCUIA

ir para cucuia (sl.)
to go down the drain, fizzle out
(same as "ir por água abaixo")

CU-DA-PERUA

no cu-da-perua (vulg.)
way out in the sticks, in the
middle of nowhere
(same as "no fim-do-mundo")

CU-DE-AÇO

o cu-de-aço (stud., vulg., joc.)
the extreme bookworm
(see "o cu-de-ferro")

CU-DE-AÇO-INOXIDÁVEL

o cu-de-aço-inoxidável (stud.,
vulg., joc.)
the extreme bookworm
(see "o cu-de-ferro")

CU-DE-BOI

o cu-de-boi (vulg.)
the disturbance, row, fight

Houve o maior cu-de-boi ontem lá
no Bar Bossa.

CU-DE-FERRO

*o cu-de-ferro (stud., vulg., joc.)
the bookworm, studious person

Cu-de-ferro daqueles vive na
biblioteca.

CU-DE-JUDAS

no cu-de-judas (vulg.)
in the middle of nowhere, in the
boondocks
(same as "no fim-do-mundo")

CU-DE-MÃE-JOANA

o cu-de-mãe-joana (vulg.)
the affair in which everyone
meddles, subject about which all
feel the need to express an
opinion, matter on which all try to
get into the act

Deixa de mexer na minha vida; não
é o cu-de-mãe-joana.

CUJO

o cujo (sl.)
that guy, said person
(same as "o dito")

CULHÃO

os culhões (vulg.)
(var. of "os colhões" [colhão])

CULPA

ter culpas no cartório (fig.)
to be mixed up in a crime, have
one's hands dirty

Quem tem culpas no cartório não
baixa pau nos outros.

CUMBUCA

meter a mão em cumbuca (colloq.)
to swallow the bait; be swindled,
be taken

Macaco velho não mete a mão em
cumbuca.

CUMPINCHA

o cumpincha (sl.)
(var. of "o compincha")

CÚMULO

*ser o cúmulo (fig.)
to be the last straw, be the limit

Isso foi o cúmulo--não agüento
mais!

CUPIM

dar cupim (sl.)

to be spoiled, go down the drain
(same as "entrar areia")

CUPINCHA

o cupincha (sl.)
(var. of "o compincha")

CURIBOCA

o curiboca (from Tupi) (sl.)
the dummy, fool, idiot
(same as "o burro")

CURRA

a curra (sl.)
the gang rape, "gang bang," brutal
rape

Mataram a moça depois da curra
horrenda.

CURRADA

a currada (sl.)
the female who is brutally raped or
"gang-raped"

Com a ajuda da currada, os
criminosos foram identificados.

CURRADOR

o currador (sl.)
one who participates in a gang rape

Pegaram os curradores em flagrante.

CURRAR

currar (vt) (sl.)
to gang-rape, "gang bang"

Os rapazes pretendiam currar a
empregada, mas ela pressentiu o
perigo e conseguiu fugir.

CURRIOLA

a curriola (sl.)
(var. of "a corriola")

CURRO

o curro (sl.)
the brothel

Esse bairro está cheio de curro.

CURSINHO

o cursinho (stud.)
the crash course taken to bone up
on material to appear on the
vestibular exam

O Flávio está tirando um cursinho
para o próximo vestibular de
Direito.

CURTIÇÃO

a curtição^1 (drug.)
the "high," "trip" (from drugs)
(same as "o barato^1")

a curtição^2 (sl.)
the experience, "groove," "trip,"
fun, enjoyment

Política para ele é pura
curtição.

CURTIR

curtir^1 (vt) (fig.)
to suffer, stand, undergo

O chove-não-molha curtiu a
espinafração da mulher sem dizer
nada.

curtir^2 (vt) (drug.)
to get high on (drugs), "trip out"
(on)

Vamos curtir um fino!

**curtir^3 (vt) (sl.)
to enjoy, indulge in, experience,
"groove on"

Depois de curtir uma praia, vou
curtir aquele chope.

Ele curtiu uma temporada em

Búzios.

curtir uma (onda) de (sl.)
to make like a, pretend to be
(same as "dar uma de")

CURVA-DA-PROSPERIDADE

a curva-da-prosperidade (colloq.,
joc.)
the pot belly, big stomach

O Zezinho já é homem feito: tem
três filhos e já ficou com uma
curva-da-prosperidade.

CUSPIDO

cuspido e escarrado (colloq.)
the spitting image
(same as "escarrado")

CUSPIR

cuspir (vi) (sl.)
to chip in, contribute, cough up
(money)
(same as "pingar")

cuspir fora do caco (sl.)
to step out of line, misbehave
(same as "mijar fora do penico")

cuspir no prato em que come (fig.)
to bite the hand that feeds one

Não falo mal do patrão, não--por
que hei de cuspir no prato em que
como?

CUSTAR

não custa nada (fig.)
you have nothing to lose by, it
can't hurt to

Olhe, rapaz, não custa nada falar
com o cara, e é capaz de tudo dar
certo, até.

CUTRUCO

o cutruco (colloq., pej.)
(var. of "o cotruco")

CUTUCADA

a cutucada[1] (colloq.)
the nudge, poke

Só lembrei do troço depois da
cutucada dele.

a cutucada[2] (sl.)
the stab with a knife
(same as "a alfinetada[1]")

CUTUCAR

cutucar[1] (vt) (colloq.)
to nudge, poke, prod with the elbow

Ela me cutucou para que eu não
esquecesse da pergunta.

cutucar[2] (vt) (sl.)
to stab, stick, prick

Ele me cutucou com a ponta da faca.

D

DÂ-E-COME

o dá-e-come (vulg.)
the male bisexual, ac-dc

DAÍ

**e daí? (colloq.)
(and) so what? what of it?

É, fui eu quem fiz. E daí?

DAMA

a dama (NE) (colloq.)
the prostitute
(same as "a mulher-da-vida")

ser uma dama (fig.)
to be a real gentleman/lady, have
impeccable manners, be very polite

Ele é uma dama no trato.

DANADO

**danado (colloq.)
a heckuva, the darnedest

Estou com uma fome danada, rapaz.

Ele deu um duro danado ontem.

danado de (sl.)
very, quite, extraordinarily

É um cara danado de bom.

**ficar/estar danado (da vida) (com)
(colloq.)
to get/be mad (at), become/be
furious (with)

Fiquei danado da vida com o cara
que me xingou e apliquei um soco no
bico dele.

ser danado em (colloq.)
to be a whiz or brain in, be sharp
in

Ele é danado em Física.

DANAR-SE

*danar-se[1] (colloq.)
to get mad, hit the ceiling, blow
one's top

Não se dane, meu chapa, que não
foi tão ruim assim.

danar-se[2] (sl.)
to take off, dart off, rush away

Surripiou o relógio e se danou.

e danou-se (colloq.)
and then some (used after a round
number)
(same as "e lá vai fumaça")

DANÇAR

dançar[1] (vi) (crim.)
to get "busted," go to jail

Se ele continuar naquela vida, vai
dançar.

dançar[2] (vi) (sl.)
to get messed up, go down the
tubes; get taken

Se acreditar nesse cara, você vai
dançar.

Vai dançar bonito. Bonito mesmo.

dançar conforme a música (fig.)
to dance to the music played, play
the game whatever the rules, do
whatever is called for, be
adaptable

Pode fazer como quiser, que eu
danço conforme a música.

dançar conforme tocam (fig.)
to dance to the tune played, play

the game, be flexible
(same as "dançar conforme a
música")

dançar na corda bamba (fig.)
to walk a tightrope, be in a
dangerous situation, be in a jam

O Bastos está dançando na corda
bamba e, se não tiver cuidado, vai
quebrar a cara.

DAONDE

**daonde . . .? (for "de onde")
(colloq.)
from where . . .?
(cf. "aonde . . .?")

Daonde você é?

DAQUELES

**daqueles/daquelas (sl.)
a heckuva, a real, the darnedest
(cf. "aquele/aquela," "o/a²")

Peguei uma gripe daquelas!

Estou com uma fome daquelas!

Está fazendo um frio daqueles!

DAQUI

ser daqui (accompanied by gesture
of pinching the ear lobe) (colloq.)
to be great, be terrific, be choice

Essa cachacinha é daqui, ó!

DAR

dar (vi) (vulg.)
to be an "easy lay," "put out"
(said of a female or homosexual)

Essa galinha dá para todo mundo.

Será que ela dá?

dá nisso! (colloq.)
that's what you get

Dá nisso, rapaz; você não devia
ter brincado com esse descarado.

**dar certo (colloq.)
to come out right, work out

Espero que teu programa dê certo.

dar condição (para) (colloq.)
to work out (to), for there to be a
way (to)
(same as "dar pé [para]")

*dar em¹ (colloq.)
to result in, lead to, come to

Essa discussão de futebol deu
naquele bode!

*dar em² (colloq.)
to get into (someone), happen to
(someone)

Que deu em você, meu bem? Parece
que você mudou.

dar em³ (colloq.)
to give it to (someone), beat up,
clobber, strike

O mocinho deu no bandido que não
foi mole.

dar mais do que chuchu na serra
(vulg.)
to be an "easy lay," really "put
out" (said of a promiscuous female)

dar no saco (de) (sl., often vulg.)
to get on (someone's) nerves, be a
nuisance (for)
(same as "encher o saco [de]")

dar para¹ (colloq.)
to take to, turn to, make a
practice of

Depois do incêndio, ele deu para
ficar no quarto o dia todo.

dar para² (colloq.)

to be cut out for, be suited to
(being)

Ele não dá para advogado.

**dar (para)[1] (colloq.)
to be adequate (to), be enough (to)

Meu fraco conhecimento do inglês
dá para safar onça.

Esqueça o cinema--meu dinheiro
não dá.

**dar (para)[2] (colloq.)
to work out (to), for there to be a
way (to)
(same as "dar pé [para]")

**dar pé (para) (colloq.)
to work out (to), for there to be a
way (to)

Se eu pudesse chegar lá antes do
jogo, fazia, mas não dá pé.

Tem sol hoje, de modo que vai dar
pé para a gente pegar praia.

dar pedal (para) (sl.)
to work out (to)
(same as "dar pé [para]")

dar pela coisa (colloq.)
to catch on, "get it," understand

Primeiro ela não sabia de nada,
mas finalmente deu pela coisa e
riu.

dar pela falta de (colloq.)
to notice (someone) is missing

Alguém falou o nome do Andrade, e
foi só nesse momento que a gente
deu pela falta do cujo.

*dar uma de[1] (sl.)
to make like (a), pretend to be,
act like (as if one were) a, play
the

Ele deu uma de inteligente quando

acertou a resposta da pergunta.

Tem que dar uma de Superhomem para
sair dessa.

dar uma de[2] (sl.)
to make (a move) with the, achieve
something with the

Aí o Agnaldo deu uma de bico e
penetrou a festa.

é no que dá! (colloq.)
that's what you get
(same as "dá nisso" [dar])

para dar e vender (fig.)
galore, coming out of one's ears,
in abundance

Ela tem roupa para dar e vender.

Essa velha tem saúde para dar e
vender.

DÉBIL

o débil mental (colloq.)
the mental weakling, mental midget,
idiot

O cara é um idiota, um verdadeiro
débil mental.

DEBILÓIDE

o debilóide (also adj.) (sl.)
the mental weakling, idiot
(same as "o débil mental")

DEBOCHADO

o debochado (colloq.)
the mocker, prankster; smart aleck,
wise guy

Aquele debochado goza a cara de
todo mundo.

DEBOCHAR

debochar (vi, vt) (colloq.)
to mock, make fun (of)

Você está debochando, hein, seu
sem-vergonha?

DEBOCHATIVO

debochativo (colloq.)
mocking, mischievous

Um aluno cara-de-pau fez um gesto
debochativo para gozar o professor.

DEBOCHE

o deboche (colloq.)
the mocking, mockery

Chega de deboche, seu safado, ou
quer que eu te aplique um tapa nos
cornos?

DE-COMER

o de-comer (sl.)
the eats, food, grub
(same as "a bóia")

DECRETO

nem por decreto!
not on your life! no way!
(same as "nem morto!")

DEDÃO

o dedão (do pé) (colloq.)
the big toe

Aí a Raimunda deu uma topada no
armário e quebrou o dedão.

DEDAR

dedar (vt) (sl.)
to finger, inform on
(same as "dedurar")

DEDO

dois dedos de (colloq.)
a little bit of, a taste of, a few
words of (conversation); two
fingers of (a beverage)

Tirei dois dedos de conversa com o
pai dela.

Só quero dois dedos de cachaça.

dois dedos de prosa (colloq.)
just a word (or a few words) of
conversation

Vamos tirar dois dedos de prosa,
meu chapa.

escolher a dedo (fig.)
to choose carefully, hand-pick

Todos os candidatos foram
escolhidos a dedo.

não mover/levantar um dedo (para)
(fig.)
not to lift a finger (for/to)

O João não moveu um dedo para
ajudar a limpar a casa.

pôr o dedo na chaga (fig.)
to touch a sore spot, hit home
(same as "pôr o dedo na ferida")

pôr o dedo na ferida (fig.)
to touch a sore spot, hit a nerve;
put one's finger on the problem,
hit home

Também mencionou o problema da
pobreza, e aí pôs o dedo na
ferida.

ter dedo (para) (colloq.)
to have talent (for), have a knack
(for)
(same as "ter jeito [para]")

um dedo de (colloq.)
a very little bit of, a dab of
(same as "um pingo de")

DEDODURAR

dedodurar (vt) (sl.)
to inform on, finger
(same as "dedurar")

DEDO-DURO

*o dedo-duro (sl.)
the informer, squealer, stoolie,
"finger man" (often said of a
political informer)

Que tem um dedo-duro na Faculdade,
lá isso tem.

DEDURAR

dedurar (vt) (sl.)
to squeal on, fink on, finger, put
the finger on

Ameaçado pela polícia, o
maconheiro dedurou todos os
puxadores da erva que conhecia.

DEFEITO

para ninguém botar defeito (sl.)
excellent, top-notch, second-to-
none

Fulano é um goleiro para ninguém
botar defeito.

DEFENDER-SE

defender-se (colloq.)
to get along, manage, get by, hold
one's own

Ela não fala italiano direitinho,
mas se defende.

DEFESA

a defesa (colloq.)
the way of getting by (licit or
illicit)

Esse trabalho não dá muito
dinheiro, mas é uma defesa.

DEFUNTO

o defunto era maior (colloq., joc.)
what baggy clothes you're wearing
(said to someone whose clothes are
too big for him)

Olha que mangas tão compridas,
rapaz! O defunto era maior, hein?

DEGAS

*o degas (sl.)
I, yours truly, myself, "the kid"

O degas é que está escrevendo
estas mal traçadas linhas.

Ninguém mexe com o degas, viu?

DEGRINGOLAR

degringolar (from the Fr.) (vi)
(colloq.)
to fall apart, go to pot, go down
the drain, deteriorate

Vai ver que a economia degringola
todinha.

DEITAR

deitar (vi) (sl.)
to make the most of a situation
(same as "deitar e rolar")

deitar e rolar (vi) (sl.)
to make the most of it, take
maximal advantage of the situation

Se uma oportunidade surgir, eu vou
deitar e rolar.

deitar em (sl.)
to ride, tease, make fun of

Todo mundo deitou no nego quando
escorregou na casca de banana.

DEITAR-SE

deitar-se com (colloq.)
to have sex with, go to bed with,
sleep with

Diz que ela se deita com muito
gringo.

DEIXA

a deixa (theat. and fig.)

the cue; clue, hint

O ator perdeu a deixa e não entrou
em cena.

pegar a deixa (colloq.)
to catch the hint, catch on

Pegou a deixa e respondeu na
batata.

DEIXA-DISSO

a turma do deixa-disso (sl.)
those always ready to break up a
fight or argument (generalized to
mean "ever-present group of
killjoys")

Sempre que há um arranca-rabo
legal, lá pinta a turma do deixa-
disso para estragar a festa.

DEIXAR

**deixa de . . .! (colloq.)
cut (out) the . . .!

Deixa de frescura, seu melindroso!

*deixa disso! (colloq.)
cut it out! come off it!

Deixa disso, rapaz! Já era!

*deixar a desejar
to leave something to be desired,
not come up to expectations

Não é que seja um mau plano, mas
vamos dizer que deixa a desejar.

deixar andar (colloq.)
to let things take their course
(same as "deixar o barco correr")

deixar cair[1] (sl.)
to let one's hair down, hang loose

Ô, não te grila com essas coisas
aqui na festa, bicho--deixa cair!

deixar cair[2] (sl.)
to make a hit, be a smash

Esse cantor está deixando cair nas
boates de Paris.

deixar cair[3] (sl.)
to let it drop, forget it

Deixa cair, que não tem
importância.

deixar correr (colloq.)
to let things take their course
(same as "deixar o barco correr")

*deixar o barco correr (colloq.)
to let things take their course,
wait and see, let it ride

Deixa o barco correr, meu caro;
talvez esse galho se quebre sem
mais nada.

deixar o barco rolar (colloq.)
to let things take their course
(same as "deixar o barco correr")

*deixar para lá (sl.)
to forget (about) it, skip it,
never mind, not worry about it

É questão de só vinte
cruzeiros--deixa para lá!

deixar rolar (colloq.)
to let things take their course
(same as "deixar o barco correr")

DEIXE-QUE-EU-CHUTO

o deixe-que-eu-chuto (sl., joc.)
the cripple, one who limps

Dei de cara com um deixe-que-eu-
chuto capengando na calçada.

DELEGA

o delega (for "delegado") (crim.)
the police precinct chief

Entra aqui no camburão, amizade,
que vamos levar um papo com o
delega, viu?

DELÍCIA

que é uma delícia (colloq.)
delightfully, like a dream,
splendidly
(same as "que faz gosto")

DEMAIS

*demais! (sl.)
and how! a whole lot!

Eu fiquei gostando dela demais!

--Você se divertiu?
--Demais!

ser demais (sl.)
to be "too much" (said of a person
or thing) (positive or negative)

O show do Gil foi demais!

Aquele capeta é demais!

DEMO

o demo (abbrev. of "demônio")
(colloq.)
the devil, Satan
(same as "o cão²")

DEMÔNIO

como o demônio (colloq.)
as the devil
(same as "como o diabo")

do demônio (colloq.)
a heckuva, the darnedest
(same as "dos diabos" [diabo])

dos demônios (colloq.)
a heckuva, the darnedest
(same as "dos diabos" [diabo])

DENDECA

a dendeca (sl.)
the cute girl

Se você conhece aquela dendeca, me
apresenta, rapaz.

DENTE

bater os dentes (fig.)
to have one's teeth chattering,
shiver

Foi um frio danado--todo mundo
ficou batendo os dentes.

dar um dente por (colloq.)
to think a lot of, appreciate, give
a lot for, like a lot

Eu dou um dente por um bom amigo
desses.

tem dente de coelho (colloq.)
there's something fishy, there has
to be a catch

Eu dou a cara a tapa se aqui não
tem dente de coelho.

DENTE-DE-LEITE

dente-de-leite[1] (also noun)
(sport.)
little-league (in soccer)

Esse menino é jogador do futebol
dente-de-leite.

dente-de-leite[2] (sl.)
pre-teen, junior; childish

Parece que muitas dessas gírias
começam com a turma dente-de-
leite.

Essa moda é meio dente-de-leite,
não acha?

DENTRO

conhecer por dentro e por fora
(colloq.)

to know (someone) inside and out,
know (someone) like a book
(same as "conhecer como a palma da
mão")

dar uma dentro (sl.)
to hit it right, be on the mark,
come through well

O político espera dar uma dentro
na próxima eleição.

O Joaquim não deu uma dentro no
exame de ontem.

*estar por dentro[1] (sl.)
to be "in" (a person or thing), be
up-to-date, be modern, be in with
the "in crowd," be in style, be
with it

Vamos perguntar ao Benjamim, que
ele está por dentro da moda atual.

Está por dentro usar botas.

*estar por dentro[2] (sl.)
to understand (something) well, be
in the know

O cara que deu a palestra está
muito por dentro da matéria.

DENTUÇA

a dentuça (colloq.)
the buckteeth

Se ela não tivesse essa dentuça,
era uma moça bacana.

DENTUÇO

dentuço (colloq.)
bucktoothed

Tinha um cara dentuço lá com um
jeito esquisito de falar.

DEPENAR

depenar (vt) (sl.)
to rob, clean out, plunder, strip

Ela foi depenada pelos ladrões.

Depenaram a casa.

DERRETER-SE

derreter-se por (colloq.)
to flip over, go wild over
(same as "gamar por")

DERRETIDO

estar derretido por (colloq.)
to be wild about, be crazy about
(same as "ser louco por")

DERRUBADA

dar uma derrubada em (vulg.)
to have sex with, "lay" (said of a
male)
(same as "derrubar")

DERRUBAR

derrubar (vt) (vulg.)
to have sex with, "lay" (said of a
male)

Depois da gafieira, costumava
derrubar uma cabrocha no fundo do
quintal.

DESACATAR

desacatar (vi, vt) (sl.)
to wow, impress, dazzle, make a hit
(with one's beauty, intelligence,
etc.), knock 'em dead

A esposa do diretor desacatou todo
mundo com sua beleza na
inauguração do novo cinema.

DESACATO

o desacato (sl.)
the hit, smash, howling success

O show foi um desacato que só
vendo, mano!

DESAGUADA

dar uma desaguada (vulg.)
to urinate

DESAJUSTADA

a desajustada (social) (colloq.,
euph.)
the prostitute, woman of easy
virtue

A distinta senhora escandalizou-se
ao ser interpelada na rua por uma
desajustada social.

DESAPERTAR

desapertar (vt) (sl.)
to swipe, steal, "rip off," "lift"

Desapertou a sacola e saiu bancando
o inocente.

DESBOCADO

desbocado (fig.)
foul-mouthed

Cale a boca, seu velho desbocado!

DESBUM

o desbum (sl., euph.)
(euph. for "o desbunde")

DESBUNDADO

ficar/estar desbundado (sl.)
to become/be embarrassed

Quando ela começou a gritar, eu
fiquei desbundado.

DESBUNDANTE

desbundante (sl.)
overwhelming, impressive, mind-
blowing, extraordinary, fantastic

O filme foi desbundante.

DESBUNDAR

desbundar[1] (vt) (sl.)
to impress, awe, overwhelm, dazzle,
blow the mind of

Essa música me desbundou.

desbundar[2] (vi) (sl.)
to make a hit, steal the show,
shine, stand out

Diz que o cantor desbundou no show
de ontem.

desbundar[3] (vi) (sl.)
to lose control of oneself, flip
out, make a scene, make an ass out
of oneself

Depois de beber umas e outras, ela
desbundou, querendo roubar o marido
da Lisete.

desbundar[4] (vi) (sl.)
to let one's hair down, become
uninhibited, let it all hang out,
show one's true self

Ela desbundou sob o efeito do fumo.

DESBUNDE

o desbunde (sl.)
the success, hit, smash, phenomenon

A festa foi um desbunde tremendo.

DESCABAÇAR

descabaçar (vt) (vulg.)
to deflower (a virgin)
(same as "tirar o cabaço a")

DESCACETADO

descacetado (vulg.)
a helluva, the darnedest
(same as "danado")

DESCADEIRADO

descadeirado (colloq.)

tired, "pooped," "bushed"

O Carlinhos deu duro o dia todo e
chegou em casa completamente
descadeirado.

DESCALÇAR

descalçar a bota (colloq.)
to get out of a jam
(same as "descascar o abacaxi")

DESCARAÇÃO

a descaração (for standard "o
descaramento") (colloq.)
the audacity, shamelessness, gall

A descaração daquele sujeito é
tanta que ele não pede dinheiro--
exige!

DESCASCAR

descascar (vt) (colloq.)
to criticize, excoriate, rake over
the coals
(same as "tesourar")

descascar a bota (colloq.)
to get out of a jam
(same as "descascar o abacaxi")

#descascar o abacaxi (sl.)
to solve a rough problem, get out
of a jam

Foi ele quem complicou tudo, e
agora somos nós que temos que
descascar o abacaxi.

DESCLASSIFICADA

a desclassificada (colloq., euph.)
the prostitute, woman of easy
virtue
(same as "a desajustada [social]")

DESCOBRIR

descobrir o jogo (sl.)
to lay one's cards on the table,
speak frankly

(same as "abrir o jogo")

descobriu a pólvora! (colloq.,
sarc.)
you don't say! you must be kidding!
is that so? (sarcastic response to
a truism or piece of old news)

Descobriu a pólvora, meu filho!
Se meu pai não morresse, estaria
vivo!

descobriu o Brasil! (colloq.,
sarc.)
is that so? (sarcastic response to
a truism)
(same as "descobriu a pólvora!"
[descobrir])

DESCOLAR

descolar (vt) (sl.)
to get, come up with, get a hold of
(same as "arranjar")

DESCOMPENSAR

descompensar (vi) (sl.)
to flip out, go bananas, go off the
deep end

Quando a mulher o deixou, ele
descompensou.

DESCOMPOR

descompor (vt) (fig.)
to bawl out, give a dressing down;
scold

O técnico descompôs o goleiro
depois daquele frango.

DESCOMPOSTURA

a descompostura (fig.)
the dressing down, bawling out,
scolding

O rapaz levou uma descompostura
daquelas quando o pai ficou sabendo
das encrencas dele.

DESCONFIÔMETRO

o desconfiômetro (sl., joc.)
the ability to perceive one's
shortcomings or that one is making
a nuisance of oneself

O desconfiômetro dela não estava
funcionando; acabou chateando a
turma toda.

DESCONTRAÇÃO

a descontração (sl.)
the relaxation, recreation
(same as "o descontraimento")

DESCONTRAÍDO

descontraído (sl.)
relaxed, informal, hang-loose

Já descontraído, ele tirou o
problema de letra.

É um ambiente meio descontraído.

DESCONTRAIMENTO

o descontraimento (sl.)
the relaxation, ease, recreation

Quem me dera gozar o
descontraimento de um lugar de
veraneio!

DESCONTRAIR-SE

descontrair-se (sl.)
to relax, take it easy, unwind

Esse exercício é bom para se
descontrair.

DESCUIDISTA

o descuidista (crim.)
the burglar or pickpocket who preys
on victims who are unaware or
napping

Descuidista é ladrão dos mais
vivos. Não durma não!

DESEMBUCHAR

#desembuchar (vi, vt) (colloq.)
to get something off one's chest,
"spit it out," confess

Desembucha, rapaz; aí você se
sente melhor.

DESENCUCAR

desencucar (vi) (sl.)
to stop worrying, clear one's head,
get one's head together

Desencuquei logo depois da prova.

DESENCALHAR

desencalhar (vt) (colloq., joc.)
to marry off (one's daughter, esp.
an old maid)

A filha é titia; não conseguiu
desencalhá-la.

DESENCARNAR

desencarnar (vi) (sl.)
to die, give up the ghost

Depois da longa doença,
desencarnou, como dizem os
espíritas.

desencarna! (sl.)
scram! shoo! get! shove off!
(same as "desliga!" [desligar])

DESENFERRUJAR

desenferrujar (vt) (colloq.)
to loosen up, exercise, "dust off,"
get into shape

Aula de conversação dá uma boa
oportunidade para a gente
desenferrujar o português.

desenferrujar as pernas (colloq.)
to stretch one's legs, take a walk
(same as "estirar as pernas")

DESERTO

pregar/clamar no deserto (fig.)
to preach on deaf ears, cry in the
wilderness

Prevenir aquela gente do perigo que
está correndo é pregar no
deserto.

DESGRAÇADO

#desgraçado (colloq.)
a heckuva, the darnedest
(same as "danado")

DESGRAMADO

desgramado (colloq.)
a heckuva, the darnedest
(same as "danado")

DESGUIAR

desguiar (vi) (sl.)
to shove off, leave, go; run away

É bom você desguiar, que não
pode fazer ponto aqui na calçada.

desguia! (sl.)
scram! get out! go away!
(same as "desliga!" [desligar])

DESINFETAR

desinfeta! (sl.)
shove off! scram!
(same as "desliga!" [desligar])

DESINTERESSAR

desinteressa! (sl.)
scram! scoot! shove off!
(same as "desliga!" [desligar])

DESLANCHAR

deslanchar (vi) (sl.)
to really take off, really get
going

O meu carro começa devagar, mas

depois ele deslancha.

O programa não teve sucesso nos
primeiros dois meses; só depois é
que deslanchou.

DESLIGADO

desligado (sl.)
"square," old-fashioned, "out-of-
it"
(same as "quadrado")

estar desligado^1 (sl.)
to be "out-of-it," be unattentive,
not have the slightest
(same as "estar voando" [voar])

estar desligado^2 (sl.)
not to be "with it," be "out-of-
it," be "square"
(same as "estar por fora^1")

DESLIGAR

desligar (vi) (sl.)
to faint, go out like a light

Desligou na hora ao ver a seringa.

desliga! (sl.)
shove off! scram! get lost!

Desliga, seu morrinha, e deixa a
gente em paz!

DESLIGAR-SE

desligar-se (sl.)
to keep one's mouth shut, clam up

Ela se desligou quando a gente
começou a falar em dedo-duro.

DESLUMBRADO

o deslumbrado (sl.)
the impressionable enthusiast,
someone who is easily dazzled

Esse deslumbrado vem elogiando tudo
quanto é americano desde que
chegou aqui nos States.

DESMANCHA-PRAZERES

*o desmancha-prazeres (colloq.)
the party-pooper, killjoy,
spoilsport

Não seja um desmancha-prazeres;
vá dançar com a garota.

DESMUNHECADO

o desmunhecado (sl., joc., pej.)
the male homosexual, "queer," "fag"
(esp. one with effeminate gestures)
(same as "a bicha[1]")

desmunhecado (sl., joc., pej.)
effeminate (said of a man), fruity,
limp-wristed
(same as "fresco[1]")

DESMUNHECAR

desmunhecar[1] (vi) (sl.)
to be or become a homosexual (said
of a male)

Diz que o Emerson desmunhecou.

desmunhecar[2] (vi) (sl.)
to gesture in an affected or
effeminate manner, swish, be limp-
wristed

Essa bicha anda desmunhecando para
cima e para baixo.

desmunhecar[3] (vi) (sl.)
to be a disappointment, be a let-
down, not come up to expectations
(said of a person)

Poxa, eu tinha muita confiança no
cara, mas ele desmunhecou.

DESPACHO

o despacho
the votive offering, usually
consisting of pieces of chicken,
herbs, candles, coins, cigars,
etc., made to an Afro-Brazilian
voodoo divinity in order to place a
spell or curse on someone

Lugar de despacho é encruzilhada.

DESPEJAR

despejar o saco (colloq.)
to get everything off one's chest,
make a clean breast of it all
(same as "desembuchar")

DESPENTELHADO

despentelhado (vulg.)
a helluva, the darnedest
(same as "danado")

DESPIR

despir um santo para vestir outro
(fig.)
to rob Peter to pay Paul

Você só está despindo um santo
para vestir outro se pedir mais
empréstimos para pagar suas
dívidas.

DESPOTISMO

um despotismo de (colloq.)
worlds of, a powerful lot of, a
great deal of
(same as "uma porção de")

DESPROPÓSITO

um despropósito de (fig.)
an overabundance of, a great deal
of, a lot of
(same as "uma porção de")

DESSES

**desses/dessas (colloq.)
like that, such a, of that type

A gente não precisa fazer uma
coisa dessas.

DEUS

abaixo de Deus, só . . . (colloq.)
there's no one finer/more important
than . . ., . . . is the salt of

the earth

O Amaro é um santo. Abaixo de
Deus, só ele.

Deus lhe pague! (colloq.)
may God reward you! (beggars'
expression of thanks for alms)

Assim, eu posso comprar o remédio
que a minha querida mãezinha está
precisando. Deus lhe pague,
doutor!

*Deus me livre! (int., colloq.)
heaven forbid! God forbid!

Eu, racista? Deus me livre!

Deus me livre e guarde! (int.,
colloq.)
(var. of "Deus me livre!")

é Deus no céu e . . . na terra
(colloq.)
there's no one better than . . ., .
. . is tops

Em matéria de poesia, é Deus no
céu e Drummond na terra.

*meu Deus! (int., colloq.)
my goodness! gracious!
(same as "nossa senhora!")

*meu Deus do céu! (int., colloq.)
my goodness! heavens!
(same as "nossa senhora!")

vá com Deus!
may God be with you! Godspeed!
farewell!

Boa viagem, meu bem. Vá com Deus!

valha-me Deus!
God help me!; my goodness! good
heavens!

Valha-me Deus! O que é que eu fiz
para merecer um castigo desses?

DEUS-DARÁ

ao deus-dará[1]
aimlessly; at random
(same as "à toa")

ao deus-dará[2]
in God's hands, to fate, to one's
own devices

Abandonaram a criança ao deus-
dará.

DEUS-NOS-ACUDA

o deus-nos-acuda (colloq.)
the commotion, uproar, pandemonium

Foi um deus-nos-acuda dos demônios
quando a polícia procurou furar a
greve.

DEVAGAR

devagar (adj.) (sl.)
"square," behind-the-times, old-
fashioned
(same as "quadrado")

devagar! (sl.)
calm down! take it easy!

Devagar, rapaz, não esquenta a
cabeça por causa disso!

devagar com a louça! (colloq.)
be careful! take it slowly! take it
easy! don't rush it!

Não se adiante com esse brotinho,
bicho! Devagar com a louça!

devagar com o andor (que o santo é
de barro)! (colloq.)
be careful! take it slowly! don't
rush!
(same as "devagar com a louça!")

DEVAGAR-QUASE-PARANDO

devagar-quase-parando (adj.) (sl.)
(var. of "devagar")

DEZ

bater com as dez (colloq.)
to die, kick the bucket
(same as "bater as botas")

DEZ-RÉIS

não ter dez-réis (colloq.)
not to have a dime, be penniless
(same as "estar duro")

DIA

estar com os dias contados (fig.)
to have one's days numbered, have
little time left to live, not be
long for this world

Aquele fugitivo sabe que está com
os dias contados.

mais dia, menos dia
sooner or later, one of these days

Mais dia, menos dia, você me paga,
ouviu, seu malandro?

no dia de São Nunca (colloq.)
never, when hell freezes over

Esse caloteiro vai te pagar é no
dia de São Nunca.

um belo dia
one fine day

Um belo dia os milicos se
apoderaram do governo.

DIABO

diabo! (int., colloq.)
darn it! hell! heck!

Diabo! Que é isso?

*como o diabo (colloq.)
as the devil, as hell, very

Ela é inteligente como o diabo.

*o diabo de . . . (colloq.)
the blasted . . ., the darned . .
., the confounded . . .

Cadê o diabo do rapaz que ficou de
dar um pulo aqui?

o diabo é que . . . (colloq.)
the hell of it is that . . ., the
darnedest thing about it is that .
. .

O diabo é que a firma quer que eu
trabalhe como contador e não sei
nada daquilo.

**o diabo está andando solto (na
rua)** (colloq.)
all hell has broken loose

Com todos estes assaltos de bancos,
parece que o diabo está andando
solto.

do diabo (colloq.)
a heckuva, the darnedest
(same as "dos diabos" [diabo])

*dos diabos (colloq.)
a heckuva, the darnedest

Foi um trabalho dos diabos carregar
todas aquelas caixas para o
escritório.

enquanto o diabo esfrega um olho
(colloq.)
in a jiffy, in the wink of an eye
(same as "num abrir e fechar de
olhos")

*(e) o diabo (colloq.)
and the like, and what have you,
you name it

Ela escreve contos, romances,
poesias, roteiros, o diabo . . .

estar com/ter o diabo no corpo
(colloq.)
to be unbearably mischievous,
ornery or mean, be full of mischief

Aquele pivete está com o diabo no corpo.

*fazer o diabo (para) (colloq.)
to do one's darnedest (to), move heaven and earth (to)

Eu fiz o diabo para chegar na hora, e os outros nem estavam!

mandar para o diabo (colloq.)
to tell to go to the devil, tell to get lost

A dona deu um tapa no paquera e mandou ele para o diabo.

onde o diabo perdeu as botas (colloq.)
in the sticks, in the middle of nowhere
(same as "no fim-do-mundo")

pra diabo (sl.)
a lot, galore; quite
(same as "pra burro")

que diabo! (int., colloq.)
darn it! hell! heck!

Que diabo! Deixa de chatear, viu?

*que diabo . . .? (colloq.)
what the hell . . .? what in heaven's name . . .? what in the world . . .?

Que diabo é isso?

Que diabo você está fazendo aí, hein?

ser o diabo (colloq.)
to be rough, be hell, be really something

Não é mole, não, meu filho--é o diabo.

vai haver/ter o diabo (colloq.)
all hell will break loose

Se a velha descobrir meu cacho vai haver o diabo!

DIACHO

o diacho (colloq., euph.)
the devil, Satan
(same as "o cão[2]")

DIAMBA

a diamba (drug.)
the marijuana
(same as "o fumo[1]")

DICA

**a dica (from "indicação") (sl.)
the tip, pointer, clue, hint;
"low-down," "dope"
(see "dar a/uma dica")

Aproveitou as dicas do colega para quebrar o galho.

**dar a/uma dica (sl.)
to show the ropes, give a tip or pointer, give a hint, "clue in"

Não precisa dizer a solução, mas porque não me dá uma dica?

Deixa eu te dar uma dica de como você pode fazer isso.

DICIONÁRIO

o dicionário (colloq.)
the walking encyclopedia
(same as "a biblioteca viva")

o dicionário vivo (colloq.)
the walking encyclopedia, learned person
(same as "a biblioteca viva")

DIFERENÇA

tirar uma diferença com (fig.)
to get even with, get things straight with, settle a score with

Preciso tirar uma diferença com

esse salafrário que me passou pra
trás.

DIFÍCIL

falar difícil (colloq.)
to use difficult or big words

Aquele crânio gosta de tirar onda
falando difícil.

DINDINHA

a dindinha (colloq.)
(children's affectionate term for)
godmother

A dindinha vem almoçar aqui em
casa.

DINDINHO

o dindinho (colloq.)
(children's affectionate term for)
godfather

O dindinho vai com a gente à praia
hoje, papai?

DINHEIRAMA

a dinheirama (colloq.)
the pile of money, "bundle," "mint"
(same as "o dinheirão")

DINHEIRÃO

o dinheirão (colloq.)
the pile of money, "bundle,"
"pretty penny"

Vai custar um dinheirão fazer essa
viagem.

DINHEIRO

o dinheiro vivo (sl.)
the hard cash

O prêmio paga dez mil dólares--
tudo dinheiro vivo.

jogar dinheiro pela janela

(colloq.)
to throw money down the drain,
waste money

Não compre não, que você está
jogando dinheiro pela janela, viu?

ter dinheiro como água (colloq.)
to have money to burn, be rich

Ela tem dinheiro como água; não
precisa trabalhar.

DIREITO

direito como anzol (colloq., iron.)
as honest as a used-car salesman,
dishonest, as crooked as they come

O Ribeiro, um homem direito?
Direito como anzol!

DIRETO

o direto (sport. and sl.)
the jab (in boxing), bull's-eye
punch

Apliquei um direto no nariz dele.

DISCO

mudar o disco (colloq.)
to change the subject (also used
sarcastically when everything is
quiet or there is nothing to say)

É melhor evitar certos assuntos.
Vamos mudar o disco?

virar o disco[1] (colloq.)
(var. of "mudar o disco")

virar o disco[2] (sl.)
to become a homosexual (said of a
male)

Diz que o cara virou o disco, que
já anda paquerando homem.

DISCURSAR

discursar (vi) (sl.)

to "squeal," inform, "sing"
(same as "dar o serviço")

DISENTERIA

a disenteria verbal (joc.)
the running-off at the mouth,
"diarrhea of the mouth"

Ô seu papagaio, você está com
uma disenteria verbal hoje, né?

DISPOR

*disponha! (colloq.)
you're welcome

--Obrigado pela ajuda!
--Disponha!

DISSE-QUE-DISSE

o disse-que-disse (colloq.)
(var. of "o diz-que-diz")

DISTINTO

distinto (voc., sl.)
buddy, mack, friend
(same as "meu chapa")

meu distinto (voc., sl.)
buddy, mack, friend
(same as "meu chapa")

DISTRITO

o distrito (crim.)
the police station, "precinct"

Aí os tiras levaram o malandro no
distrito.

DITO

o dito (sl.)
that guy, said person

Quando descobriram que foi o Raul
que era o responsável pela
bagunça, o dito caiu fora.

dar o dito por não dito (colloq.)
to retract what has been said, eat
one's words

A Beth deu o dito por não dito,
procurando evitar um atrito.

dito e feito (colloq.)
no sooner said than done, as fast
as you can say Jack Robinson

Quer que eu lhe traga um chope?
Dito e feito.

DITO-CUJO

o dito-cujo (sl.)
that guy, said person
(same as "o dito")

DIVINO

divino! (colloq., cliché)
gorgeous! darling! smashing! simply
divine!

Quando viu a piscina a grã-fina
exclamou: --Divina! Maravilhosa!
Bacanérrima!

DIZER

bem que eu lhe/te disse! (colloq.)
I told you so!

Bem que eu lhe disse, rapaz! Mas
você não quis dar bola e aí
entrou pelo cano.

*diga![1] (int., colloq.)
speak up! what is it? yes?

Diga! O que está te preocupando?

*diga![2] (int., colloq.)
what'll you have? what will it be?

--Diga!
--Uma cerveja bem gelada, viu?

dizer o que vem à boca (fig.)
to shoot off one's mouth, spout
off, blab

Ele é tão cara-de-pau que vive
dizendo o que lhe vem à boca.

*diz que . . . (colloq.)
they say that . . .

Diz que tem um bom filme no centro
esta semana.

é como eu lhe digo! (colloq.)
that's right! indeed! you said it!
(used as a crutch in speech)

Pois é! É como eu lhe digo! É
isso mesmo! Sabe como é?

eu não disse?
didn't I tell you so? I told you
so!
(same as "bem que eu lhe/te disse!"
[dizer])

isso é o que você diz! (colloq.)
that's what you think! that's just
your opinion! that's not right!

Isso é o que você diz! Mas a
verdade é outra.

*não diga! (int., colloq.)
you're kidding! you don't say!

Não diga! Você sabe mesmo, no
duro?

não lhe digo nada! (colloq.)
listen to this! you'll never
believe this!
(same as "não lhe conto nada!"
[contar])

não ser lá para que se diga
(colloq.)
to be no big thing, be nothing to
brag about
(same as "não ser lá essas
coisas" [coisa])

DIZ-QUE-DIZ

o diz-que-diz (colloq.)
the gossip, hearsay, rumor

(same as "a fofoca[1]")

DOBRADINHA

a dobradinha (sl.)
the double feature, double bill,
two in a row (said of movies,
songs, records, etc.)

E agora, queridos ouvintes, vamos
escutar mais uma dobradinha:
primeiro um sambinha da Elisete e
logo uma música do Roberto Carlos.

fazer uma dobradinha (sl.)
to make a bet, wager
(same as "fazer uma fezinha")

DOCE

acabou-se o que era doce (colloq.)
the party's over, the picnic's over

Tinha um governo legal às pampas.
Mas acabou-se o que era doce, meu
filho.

doce como o açúcar (colloq.)
sweet as sugar, very or excessively
sweet; maudlin, mushy
(same as "mais doce do que o mel")

fazer doce (sl., euph.)
to play hard to get, want to be
coaxed
(euph. for "fazer cu doce")

mais doce do que o mel (colloq.)
sweeter than honey, very or
excessively sweet; mushy,
oversentimental

Esse molho não serve para a carne;
é mais doce do que o mel.

O romance é água-com-açúcar,
mais doce do que o mel.

meu doce (voc., colloq.)
my darling, sweetheart
(same as "meu bem")

DOCE-DE-COCO

o doce-de-coco (sl.)
the good-looking girl or guy

Se ela é linda? Pois é um doce-
de-coco, rapaz!

DODÓI

o dodói (colloq.)
the hurt, sore, pain, "boo-boo,"
illness (used in speaking to a
small child)

Ô meu amorzinho, você tem um
dodói aqui no dedinho, é?

DOENÇA

a doença (colloq., euph.)
the social disease, V.D.

Era melhor desistir, pois a mina
estava com uma doença.

pegar uma doença (colloq., euph.)
to get venereal disease

Pegou uma doença na zona.

DOENÇA-DO-MUNDO

a doença-do-mundo (colloq., euph.)
the social disease, V.D.
(same as "a doença")

DOER

ser bom (bonito, etc.) que dói
(colloq.)
to be so good (pretty, etc.) it
hurts

Esta feijoada, minha mãe, é
gostosa que dói!

ser de doer (colloq.)
to be rough, be "murder"
(same as "ser de morte")

DOIDÃO

estar doidão (drug.)
to be "high"
(same as "estar louco")

DOIDO

andar doido por (colloq.)
to be wild about, love
(same as "ser louco por")

doido de pedras (sl.)
with rocks in one's head, totally
nuts, completely crazy

Do jeito esquisito que ele fala,
parece ser doido de pedras.

o doido varrido (colloq.)
the complete maniac, raving madman

Meio biruta, uma ova! Ele é é um
doido varrido.

estar doido (drug.)
to be "stoned," be "high," be
"spaced out"
(same as "estar louco")

estar doido por (colloq.)
to be crazy about, love
(same as "ser louco por")

*ser doido por (colloq.)
to be crazy about, be wild about
(same as "ser louco por")

DOIS

não tem dois (colloq.)
there's no one else like him, he
(it, etc.) is one-of-a-kind, he
(it, etc.) is unique

Ele é o cobrão no assunto. Não
tem dois.

DÓLAR

o dólar (drug.)
the small bag of marijuana;

marijuana cigarette, "joint"

Aquele dólar que eu comprei na
mão do cara deu um barato que eu
vou te contar!

DOLOROSA

*a dolorosa (trans. of Fr.
"douloureuse") (colloq., joc.)
the bill, tab, check, "damage"

Vamos pagar a dolorosa e dar no
pé, 'tá?

DONA

a dona[1] (sl.)
the lady (as opposed to "dame")

Uma dona rica me comprou vinte
revistas ontem.

a dona[2] (colloq.)
the missus, "better-half," wife

Se a dona não tiver nenhum
programa para amanhã à noite, a
gente aparece, tá O.K.?

a dona boa (sl.)
the "knockout," good-looking female
(same as "a boa[1]")

DONDOCA

a dondoca (sl.)
the high society lady or girl,
overly elegant woman

Na festa de gala tinha todas as
dondocas da cidade.

dondoca (sl.)
super-elegant, smart, dazzling; all
spruced up

Oba, menina, você tem algum
programa especial hoje, para sair
tão dondoca assim?

DONO

o dono da bola (colloq.)
the top dog, person who calls the
shots or runs the show, big shot
(same as "o mandachuva")

não ter dono (fig.)
to be uncontrolable

Conversa de doido não tem dono.

ser dono de si (fig.)
to be one's own master

Ele já é muito dono de si, embora
tenha cara de menino.

ser dono do seu nariz (colloq.)
to be one's own master
(same as " ser senhor do seu
nariz")

DOR-DE-CORNO

a dor-de-corno (sl.)
the jealousy; envy
(same as "a dor-de-cotovelo")

DOR-DE-COTOVELO

a dor-de-cotovelo (sl.)
the jealousy; envy

O cara ficou com uma dor-de-
cotovelo daquelas quando viu que a
mina gostava mais do irmão dele.

DOR-DE-VIÚVA

a dor-de-viúva (colloq.)
the funny-bone pain, pain in the
elbow

Ela sentiu uma dor-de-viúva quando
bateu com o cotovelo na porta.

DORMIDA

a dormida (sl.)
the sexual intercourse

dar uma dormida com (sl.)
to have sex with, sleep with
(same as "dormir com")

DORMINHOCO

o dorminhoco (colloq.)
the excessive sleeper, "sleeping
beauty," sleepyhead

Acorda para cuspir, seu dorminhoco!

DORMIR

dormir a sono solto (colloq.)
to sleep like a log, be sound
asleep

Meu marido estava dormindo a sono
solto quando houve uma explosão e
nem acordou.

dormir com (colloq.)
to have sex with, sleep with, go to
bed with

Não se pode dormir com todas as
mulheres do mundo, meu filho.

dormir com um olho aberto e outro
fechado (colloq.)
to sleep with one eye open, be on
guard while one is asleep

Não entra ninguém, nem de noite,
que o porteiro dorme com um olho
aberto e outro fechado.

dormir como uma pedra (colloq.)
to sleep like a log, be sound
asleep
(same as "dormir a sono solto")

dormir de touca (sl.)
to miss an opportunity, get caught
napping
(same as "dormir no ponto")

dormir ferrado (fig.)
to sleep like a log, sleep soundly
(same as "dormir a sono solto")

*dormir no ponto (colloq.)
to be caught napping (by an
opportunity), miss a chance, be
caught off-guard

O nego estava dormindo no ponto;
por isso foi passado para trás.

dormir sobre os louros (fig.)
to rest on one's laurels

Quem dorme sobre os louros mais dia
menos dia há de perder o cartaz.

DOSE

a dose do santo (colloq.)
the "saint's share," small portion
of cachaça poured on the ground
before one starts drinking (as if
an offering to the Afro-Brazilian
divinities)

Depois de derramar a dose do santo,
emborcou a garrafa todinha.

a dose para elefante (sl.)
too much (to take), enough for a
horse, king-sized or an inordinate
amount; rough

Não consigo fazer tanto trabalho;
é dose para elefante.

a dose para leão (sl.)
too much; rough
(same as "a dose para elefante")

DOURAR

dourar a pílula (fig.)
to sugar-coat (something
unpleasant), exaggerate the good
qualities of something

Essa prosa sua é só para dourar a
pílula, mas eu sei que o negócio
não vai ser tão mole assim, não.

DOUTOR

doutor (voc., colloq.)
sir, mister (term of respect)

Sim, doutor, o senhor é que manda!

DRAGA

a draga (crim.)
the gun, revolver, "piece"
(same as "o berro")

DRAMA

ser um drama[1] (fig.)
to be an ordeal, be an emotional
trial, be a sticky situation

O divórcio do jovem casal foi um
drama para as duas famílias.

ser um drama[2] (colloq.)
to be "something else," be a real
case, live a continuous drama (said
of a person)

O Juvêncio é um drama--vive de
crise em crise.

DRAMALHÃO

o dramalhão (colloq.)
the melodrama, tear-jerker

Ela chorava que nem num dramalhão
da TV.

DRIBLAR

driblar[1] (from Eng. "dribble") (vt)
(sport.)
to fake out, dribble past (an
opponent in soccer) (dodge opposing
player while maintaining control of
ball with feet)

Driblou o zagueiro e atirou para as
redes.

driblar[2] (vt) (sl.)
to con, trick; cheat, swindle
(same as "trapacear")

DRIBLE

o drible (from Eng. "dribble")
(sport.)

the fake-out (in soccer) (dodging
opposing player while maintaining
control of ball with feet)

O Garrincha era cobrão no drible.

DRINQUE

**o drinque (from Eng. "drink")
(colloq.)
the drink, alcoholic beverage

Vamos tomar um drinque?

DROGA

**a droga (sl.)
the bore, "drag," "bummer," "pain"

Ter aula aos sábados é uma droga.

droga! (int., colloq.)
darn it! heck! what a drag!

Droga! Que negócio furado!

dar em droga (colloq.)
to come to nothing, turn out badly,
fail, come to naught

Escuta, rapaz, não discute com o
guarda, que isso só dá em droga.

ô droga! (int., colloq.)
heck! darn it! shoot!

Ô droga! Quebrei outro!

DROMEDÁRIO

o dromedário (journ.)
the veteran reporter

Foca como você devia imitar um
dromedário desses.

DUCA

ser duca (sl., euph., often vulg.)
to be terrific, be great
(euph. for "ser do caralho")

DUCHA

a <u>ducha</u> (<u>fria</u>) (fig.)
the damper, "cold water"

A derrota do time foi uma ducha
fria no seu entusiasmo.

DUQUE

o <u>duque</u> (sl.)
the two-hundred old cruzeiro note

Me empresta um duque, irmão.

DURA

dar <u>uma</u> <u>dura</u> <u>em</u> (sl.)
to chew out, take to task, give a
dressing down to

Deu uma dura no parceiro pela
mancada.

DURANGO

estar <u>durango</u> (sl., joc.)
to be broke, be "busted"
(same as "estar <u>duro</u>")

estar <u>durango</u> <u>kid</u> (sl., joc.)
(var. of "estar <u>durango</u>")

DURÃO

o <u>durão</u> (colloq.)
the tough customer, roughneck,
bully
(same as "o bamba[1]")

bancar <u>o</u> <u>durão</u> (colloq.)
to play hard to get

Esse bonitão banca o durão com
todas as garotas.

estar <u>durão</u> (sl.)
to be flat broke, be penniless
(same as "estar <u>duro</u>")

ser <u>durão</u> (sl.)
to be insistent, be adamant, stick

to one's guns, be resolute

O René é durão no assunto--não
se dá por vencido.

DUREZA

a <u>dureza</u> (sl.)
the pennilessness, being broke

Eu comprava o rádio logo, se não
fosse pela dureza, sabe como é?

ser <u>dureza</u> (sl.)
to be difficult, be hard

Conseguir tutu daquele pão-duro é
dureza, rapaz. Não é moleza
não.

DURO

**<u>duro</u> (fig.)
hard, difficult, rough

A vida é dura.

É duro fazer um troço desses.

**dar <u>(o/um)</u> <u>duro</u> (sl.)
to work hard, hustle, go at it,
plug away

Quem dá duro todo dia gosta de
brincar no fim de semana.

Vai ter que dar um duro danado para
ter sucesso.

*dar <u>um</u> <u>duro</u> <u>em</u> (sl.)
to crack down on, give a hard time
to, make it rough on, come down
hard on

O novo reitor deu um duro na
estudantada.

<u>duro</u> <u>como</u> <u>uma</u> <u>pedra</u> (colloq.)
hard as a rock; insensitive, as
hard as nails

Essa madeira é dura como uma
pedra.

O cara é duro como uma pedra;
parece não sentir nada.

duro de roer[1] (colloq.)
hard to deal with, rough, hard to
take
(see "um osso duro de roer")

Não topo com uma pessoa tão dura
de roer.

duro de roer[2] (colloq.)
tops, hard-to-beat

O camarada é batuta no jogo; é
duro de roer.

duro na queda (sl.)
strong, tough, resistant,
unshakeable, thick-skinned

Eu, que sou duro na queda, não me
abalo com uma notícia dessas.

**estar duro (sl.)
to be broke, be hard up for money

Não posso nem ir ao cinema--estou
duro, rapaz, mas duro mesmo!

estar mais duro do que pau de
tarado (vulg.)
to be stone broke, be flat busted

**no duro (sl.)
really, for certain, surely,
without a doubt

Vamos nos divertir no duro.

**no duro? (sl.)
no fooling? honest? really? on the
level?
(same as "é mesmo?")

**no duro! (sl.)
no kidding! really! honest!
(same as "é mesmo!")

ser um duro (danado) (colloq.)
to be rough, be a heck of a lot of

work

Lavar esse carrão americano é um
duro danado.

E

EBÔ

o ebô (from Yor.)
the voodoo offering
(same as "o despacho")

EFE

com todos os efes e erres (colloq.)
in great detail, with all the p's
and q's

Descreveu a viagem com todos os
efes e erres.

ÉGUA

a égua (North) (colloq., pej.)
the prostitute; slut
(same as "a puta")

EH

*eh![1] (int., colloq.)
wow! gee! ooh!

Eh! Que onça enorme!

eh![2] (int., colloq.)
get up! move!; whoa! (used to get
horses to move or stop)

EIRA

estar sem eira nem beira (colloq.)
to be down and out, be broke, have
no money at all

Eu estava sem eira nem beira quando
cheguei no Rio.

EIXO

botar nos eixos (fig.)
to put (something or someone) back
on the right track, set straight

Vamos botar esta bagunça nos eixos

para resolver o negócio logo.

Os pais do menino querem botá-lo
nos eixos antes que ele pare na
cadeia.

entrar nos eixos (fig.)
to get back on the right track,
shape up, mend one's ways
(same as "entrar na linha")

sair (fora) dos eixos (fig.)
to step out of line, misbehave
(same as "sair da linha")

ELA

*aí é que são elas! (colloq.)
that's the crux of the matter
(same as "aí é que está!")

elas por elas (colloq.)
tit for tat, an eye for an eye

Você vai me pagar, seu safado--
elas por elas!

ELEFANTE

o elefante (fig.)
the fat person, fatso, tubby

Eu não vou dançar com um elefante
desses.

o elefante branco (fig.)
the burdensome gift, white elephant
(same as "o presente de grego")

ser gracioso/delicado como elefante
em cristaleira (colloq., iron.)
to be as graceful as a bull in a
china shop

Romeu, você é um sem-jeito na
dança, é gracioso como elefante
em cristaleira.

ter um elefante (sl., joc.)
to have a kitten, have a fit, get
all bent out of shape
(same as "ter um ataque")

ELEMENTO

o elemento (sl.)
the fellow, guy
(same as "o sujeito")

ELEPÊ

o elepê
the LP, long play record

Ouviu o novo elepê da Simone?

EMBAIXADA

a embaixada (sport.)
the skillful manipulation of the
soccer ball by a player,
"acrobatics" with the ball

As repetidas embaixadas desse
jogador destacaram-no dos colegas.

a embaixada de estudantes (stud.)
the student excursion group
(same as "a caravana de
estudantes")

EMBALADO

embalado[1] (colloq.)
fast, lickety-split, speeding

O carro passou embalado.

embalado[2] (sl.)
terrific, "swinging," "in," "far-
out"
(same as "pra-frente")

estar embalado (drug.)
to be "high," be "spaced out"

O cara estava embalado quando pulou
do edifício.

EMBALO

o embalo[1] (sl.)
the party; bash, great party, wild
party

Teve muito boa-pinta no embalo do

Gérson.

o embalo[2] (drug.)
the "high" (from drugs)
(same as "o barato")

o embalo[3] (sl.)
the fad, style, "in" thing

Ele é pra-frente; está no embalo.

aproveitar o embalo (sl.)
to follow someone's lead, jump on
the bandwagon; seize the
opportunity

Você já esquentou a água? Eu
aproveito o embalo para preparar um
café.

do embalo (sl.)
"in," terrific, "far-out"
(same as "pra-frente")

estar no embalo (sl.)
to be "in," be with it, be in the
swing of things, be in style
(same as "estar na onda")

EMBANANAR-SE

embananar-se (sl.)
to get tied in knots, get mixed up,
get all balled up

A assembléia de estudantes se
embananou porque ninguém podia
concordar num plano.

EMBANDEIRAR-SE

embandeirar-se (sl.)
to get all dressed up, get spruced
up

Ele se embandeirou todo para sair
com a namorada.

embandeirar-se (com) (sl.)
to behave rudely towards, get smart
with, be obnoxious toward, get
fresh with

Ela se embandeirou comigo, assim
que eu dei uma bronca nela.

Ele sempre se embandeira para o meu
lado.

EMBARCAR

embarcar (vi) (sl.)
to die, kick the bucket
(same as "bater as botas")

embarcar em (sl.)
to be taken in by, fall for (a
story, "line," etc.)
(same as "cair em")

não embarcar em canoa furada (sl.)
not to let oneself be fooled; not
stick one's neck out, not take
risks

O "papai" é vivo; não embarca em
canoa furada, não.

não embarcar nessa canoa (sl.)
not to fall for that, not buy that,
not be fooled; take no risks
(same as "não embarcar em canoa
furada")

EMBECAR-SE

embecar-se (sl.)
to dress (oneself) up, put on
(nice) clothes

O cara sempre se embecava com uma
roupa prafrentex.

EMBIRUTAR

embirutar (vi) (sl.)
to go crazy, go nuts

Embirutou depois do acidente.

EMBOCETAR

embocetar[1] (vi) (vulg.)
to hit a snag, get all messed up

embocetar[2] (vt) (vulg.)
to mess up, screw up

EMBORA

**embora![1] (colloq.)
let's go! come on! let's get going!

Embora, menina! Está na hora.

embora![2] (int., colloq.)
go away! scram! get lost!

Embora, seu cretino! Vá tomar
banho!

EMBORCAR

emborcar (vi, vt) (colloq.)
to drink (alcoholic beverages),
guzzle, booze it up
(same as "entornar")

EMBROMAÇÃO

a embromação[1] (colloq.)
the stalling, dawdling, wasting
time

Chega de embromação--paga logo o
que deve e cai fora.

a embromação[2] (colloq.)
the swindle, fraud; hoax
(same as "a trapaça")

EMBROMADOR

o embromador[1] (colloq.)
the staller, dawdler

Embromador desses faz cera o tempo
todo.

o embromador[2] (colloq.)
the con man, swindler; fast-talker
(same as "o trapaceiro")

EMBROMAR

embromar[1] (vi, vt) (colloq.)
to stall (for time), dawdle, beat

around the bush, put (someone) off

Fala logo o que quer, meu chapa, e
deixa de embromar.

embromar[2] (vt) (colloq.)
to swindle, hoodwink; put one over
on
(same as "trapacear")

EMBRULHADA

a embrulhada (colloq.)
the predicament, mess, jam,
difficulty
(same as "o embrulho[1]")

EMBRULHADO

embrulhado (colloq.)
confused, confusing, mixed up,
messed up
(same as "bagunçado")

EMBRULHADOR

o embrulhador (colloq.)
the con man, hoodwinker
(same as "o trapaceiro")

EMBRULHAR

embrulhar[1] (vt) (colloq.)
to confuse, mess up
(same as "bagunçar")

embrulhar[2] (vt) (colloq.)
to swindle, con; trick
(same as "trapacear")

EMBRULHO

o embrulho[1] (colloq.)
the mess, jam, imbroglio

Não vá se meter num embrulho
desses, rapaz!

o embrulho[2] (colloq.)
the gyp, swindle; hoax
(same as "a trapaça")

EMBURRAR

emburrar (vi) (colloq.)
to get sulky, get stubborn and
angry

Essa criança cheia de vontades
está sempre a emburrar.

EMENDA

ser pior a emenda que o soneto
(fig.)
for the cure to be worse than the
ailment

Nesse caso é melhor não mudar,
pois eu desconfio que a emenda é
pior que o soneto.

EMENDAR

emendar a noite (com o dia)
(colloq.)
to stay up all night
(same as "passar a noite em claro")

emendar de bico (sport.)
to kick (a soccer ball)

Ele emendou a bola de bico e entrou
nas redes.

EME-PÊ-BÊ

a eme-pê-bê (sl.)
(var. of "a m.p.b.")

EMINHOCADO

estar eminhocado (sl.)
to be batty, be nuts; be full of
hang-ups
(same as "estar com minhocas na
cabeça" [minhoca])

EMPACOTAR

empacotar (vi) (sl.)
to die, kick the bucket
(same as "bater as botas")

EMPATA

o empata (sl.)
the "fifth wheel," someone who gets
in the way

Aquele empata, irmão da minha
namorada, fez questão de nos
acompanhar à praia.

EMPATA-FODA

o empata-foda (vulg.)
(var. of "o empata")

EMPELICADO

nascer empelicado (colloq.)
to be born lucky, be born under a
lucky star

Aquele sortudo nasceu empelicado.

EMPERIQUITAR-SE

emperiquitar-se (colloq.)
to doll oneself up, dress up fit to
kill
(same as "empetecar-se")

EMPETECAR

empetecar (vt) (colloq.)
to dress (someone) up fit to kill,
doll up

Empetecaram a garota antes de
levá-la à missa.

EMPETECAR-SE

empetecar-se (colloq.)
to doll (oneself) up, spruce up to
extremes, primp

Tanto se empeteçou que ficou com
cara de suburbana.

EMPLACAR

emplacar[1] (vi) (sl.)
to make a hit, be a smash

Essa novela emplacou no Rio.

emplacar[2] (vt, vi) (sl.)
to last for/until, be around
for/until, reach (a certain age or
chronological milestone), celebrate
a birthday or anniversary

Ele vai emplacar 70 no próximo
mês.

O velho está tão doente que não
vai emplacar no próximo ano.

Não emplaca um ano na faculdade.

EMPOMBAR

empombar (com) (sl.)
to get mad (at), get upset (at)

Empombou com eles pela sujeira que
fizeram.

EMPRESTAR

emprestar de (nonst.)
to borrow from

Emprestei duas pratas do dono do
boteco.

EMPURRÃO

dar um empurrão em (colloq.)
to give a boost to, "push," favor,
give an (unfair) advantage to
(often in exchange for a bribe)

O senhor não podia dar um
empurrãozinho no projeto da gente?

EMPURRAR

empurrar (vi, vt) (vulg.)
to copulate (with) (said of a male)

EMPUTECER

emputecer (vt) (vulg.)
to "bug," pester, anger

ENCADERNAÇÃO

a encadernação (sl.)
the clothes, "threads," "rags"

(same as "os panos" [pano])

ENCADERNADO

encadernado (sl.)
dressed, dressed up

Ih! Você está bem encadernado
hoje, Wilson! Quem morreu?

ENCADERNAR-SE

encadernar-se (sl.)
to dress (oneself) up (esp. in new
clothes)

Ele se encadernou com uma beca
jóia.

ENCALACRAR-SE

encalacrar-se (colloq.)
to get in a jam, get in a tight
spot

Investi a grana naquele negócio e
me encalacrei.

ENCALHAR

encalhar (vi) (colloq., joc.)
to become an old maid, not be able
to find a husband

Moça feia muitas vezes encalha.

ENCANADO

estar encanado (sl.)
to be in jail
(same as "estar em cana")

ENCANAR

encanar (vt) (sl.)
to lock up, throw in jail, put
behind bars

Encanaram meia dúzia de malandros
depois da batida na boca-de-fumo.

ENCANGAR

encangar grilos (colloq., joc.)
to twiddle one's thumbs, do
nothing, "swat flies"
(same as "chupar o dedo")

ENCANTO

*ser um encanto (colloq.)
to be darling, be cute, be a dream
(same as "ser um amor")

ENCARNAR

encarnar em (sl.)
to pester, tease, constantly
bother, pick on

Esse chato encarnou no cara e não
o deixa em paz.

ENCENAÇÃO

a encenação (sl.)
the put-on, airs, showing off
(same as "a fita²")

fazer encenação (sl.)
to put on, pretend, show off
(same as "fazer fita")

ENCHARCADO

ficar/estar encharcado (sl.)
to get/be drunk, get/be
"plastered," get/be "stewed"
(same as "ficar/estar caneado")

ENCHARCAR-SE

encharcar-se (sl.)
to get drunk
(same as "canear-se")

ENCHEÇÃO

a encheção (sl.)
the pestering, annoyance, getting
on one's nerves

Não agüento toda a encheção
daquele locutor de rádio.

a encheção de lingüiça
the beating around the bush, hot
air, empty words, stalling

A conversa dele é toda encheção
de lingüiça.

ENCHER

**encher[1] (vt, vi) (sl. euph.)
to get on (someone's) nerves,
pester, get in someone's hair
(euph. for "encher o saco [de]")

Esse sujeito é um chato que enche
pra burro.

Deixa de encher, menino!

encher[2] (vt) (vulg.)
to "knock up," get (someone)
pregnant

Deu um escândalo dos demônios
quando se soube que o prefeito
encheu a mulher do colega.

*encher a barriga (colloq.)
to eat one's fill

No rega-bofe todo mundo encheu a
barriga.

*encher a cara (sl.)
to get drunk, get "smashed"

Houve um bafafá danado na casa de
seu Lourenço e agora ele está
enchendo a cara no bar da esquina.

encher a cara de (colloq.)
to beat up, clobber, bash

O Rodrigo encheu a cara do moleque
que andava falando mal da irmã.

*encher a caveira (sl.)
to get drunk, get "plastered"
(same as "encher a cara")

*encher a cuca (sl.)
to get drunk
(same as "encher a cara")

encher a moringa (sl.)
to get drunk
(same as "encher a cara")

*encher a paciência (de) (sl.,
euph.)
to try (someone's) patience
(euph. for "encher o saco [de]")

encher a pança (colloq.)
to eat one's fill, fill one's
stomach
(same as "encher a barriga")

*encher as medidas (fig.)
to fulfill expectations, satisfy
completely, fill the bill

Um água-morna desses não vai
encher as medidas de jeito nenhum.

encher as medidas (de) (colloq.)
to try (someone's) patience, get on
(someone's) nerves

Aquele besta me enche as medidas.

encher a vista (colloq.)
to be an eyeful, be a pleasant
sight
(same as "encher os olhos")

encher de confetes (colloq.)
to lick the boots of, play up to,
servilely flatter

Não procure me encher de confetes,
que isso eu não agüento.

encher o bucho (colloq.)
to eat one's fill
(same as "encher a barriga")

encher o papo (colloq.)
to eat one's fill
(same as "encher a barriga")

**encher o saco (de) (sl., often
vulg.)
to try (someone's) patience, get on
one's nerves, importune, be a

nuisance

Não enche o saco, rapaz, que eu
já te dei uma negativa no assunto!

Um chato desses enche o saco de
qualquer um.

encher os bagos (de) (vulg.)
to pester, get on (someone's)
nerves
(same as "encher o saco [de]")

encher os colhões (de) (vulg.)
to pester, get on one's nerves
(same as "encher o saco [de]")

encher os olhos (colloq.)
to be an eyeful, be pleasing to the
eye

Aquele rapaz enche os olhos,
menina!

A casa dele é de encher os olhos.

ENCHER-SE

*encher(-se) (de) (colloq.)
to have one's fill of, get sick of,
get fed up with

Já enchi dos filmes dele, que o
enredo é sempre o mesmo.

ENCOMENDA

sair melhor que a encomenda (fig.)
to turn out better than expected

Meu namoro com ela saiu melhor que
a encomenda.

vir de encomenda (fig.)
to come at the right time, come in
the nick of time, be made to order

Essa herança veio de encomenda,
pois a gente estava na pior.

ENCOSTAR

encostar[1] (vt) (sl.)

to park (a car)

Encosta o carro ali perto daquele
fusca e eu vou saltar, viu?

encostar[2] (vi) (sl.)
to pull up, show up, arrive, draw
near

Estava o maior bafafá quando a
justa encostou.

Encosta aqui, amigo; quero lhe
contar um troço.

ENCRENCA

*a encrenca (colloq.)
the problem, difficulty, hitch,
snag; jam

Se não der nenhuma encrenca, a
gente termina o projeto até a data
marcada.

*estar numa encrenca (colloq.)
to be in a fix, be in a jam
(same as "estar numa sinuca")

ENCRENCÃO

o encrencão (colloq.)
the troublemaker
(same as "o encrenqueiro")

ENCRENCAR

encrencar[1] (vi) (colloq.)
to become stuck (a car, bus, etc.)

Quando nosso ônibus encrencou lá
no interior, todos tiveram que
descer para empurrar.

encrencar[2] (vt) (colloq.)
to mess up, screw up
(same as "bagunçar")

encrencar[3] (vi) (colloq.)
to hit a snag, get messed up,
become complicated

O negócio encrencou.

ENCRENQUEIRO

o encrenqueiro (colloq.)
the troublemaker, one who creates
problems

Bota esse encrenqueiro para fora ou
vai embrulhar tudo.

ENCRICRIZAR

encricrizar (vt, vi) (sl.)
to pester, "bug"
(same as "chatear")

ENCUCADO

ficar/estar encucado (com) (sl.)
to get/be worried (about), get/be
upset (over), get/be hung up (over)

O bicho estava encucado com a
namorada.

ENCUCAR

encucar (vt) (sl.)
to worry, distress, upset

Ela me encucou com essa história
de assassino.

encucar (com) (sl.)
to worry (about), imagine the worst
(about), get upset (about)

Eu fiquei encucando quando ele me
contou o que houve.

encucar em (sl.)
to flip out over, go crazy over;
get hung-up on

Encucou na menina e já não queria
sair com outras.

ENCUCAR-SE

encucar-se (com) (sl.)
(var. of "encucar [com]")

ENFEITAR

enfeitar (colloq., joc.)
to cuckold
(same as "botar chifres em"
[chifre])

ENFEZADO

ficar/estar enfezado (com)
(colloq.)
to get/be annoyed (at), get/be
irritated (at)

Quem ficar enfezado não vai poder
pensar de cabeça fria.

ENFEZAR-SE

enfezar-se (com) (colloq.)
to get annoyed (at), get peeved
(at)

Ela se enfezou comigo por uma
bobagem.

ENFIADA

a enfiada[1] (sport.)
the "slaughter" (in soccer), great
quantity of goals
(same as "a goleada")

a enfiada[2] (vulg.)
the copulation

dar uma enfiada (vulg.)
to have sexual intercourse

ENFIAR

enfiar (vi) (vulg.)
to copulate, have sexual
intercourse

enfiar a carapuça (colloq.)
to take the hint personally
(see "a carapuça," "a carapuça
lhe serviu?")

ENFORCAR

enforcar (vt) (colloq.)
to cut (class), take off (from
work, etc.) (esp. on a day between
two holidays)

Vou enforcar o trabalho para tirar
mais um dia de férias.

ENFORCAR-SE

*enforcar-se (colloq., joc.)
to get hitched, get married

Cuidado com esse negócio de namoro
sério, amigo, que você acaba se
enforcando.

ENGABELAÇÃO

a engabelação (colloq.)
the swindle, con; hoax; fast-talk

Não resistiu à engabelação do
picareta.

ENGABELADOR

o engabelador (colloq.)
the con man, swindler; fast-talker

Um engabelador desses leva qualquer
cristão na conversa.

ENGABELAR

engabelar (vt) (colloq.)
to trick, con, dupe; cheat by
fast-talking

É sopa engabelar um trouxa desses.

ENGAIOLAR

engaiolar (vt) (sl.)
to put in jail, lock up, put behind
bars
(same as "encanar")

ENGAMBELAÇÃO

a engambelação (colloq.)
(var. of "a engabelação")

ENGAMBELADOR

o engambelador (colloq.)
(var. of "o engabelador")

ENGAMBELAR

engambelar (vt) (colloq.)
(var. of "engabelar")

ENGANAR

enganar a barriga (colloq.)
to eat enough to tide one over,
appease one's hunger, eat

Um sanduíche dá para enganar a
barriga até o jantar.

ENGATILHAR

engatilhar[1] (vt) (sl.)
to prepare, arrange, set up

Pronto! Está tudo engatilhado.

Ela tem sempre uma resposta
engatilhada.

engatilhar[2] (vt) (sl.)
to get a hold of, obtain, arrange
for
(same as "arranjar")

engatilhar[3] (vt) (sl.)
to doctor up (a used car)
(same as "envenenar")

ENGATINHAR

engatinhar (vi) (colloq.)
to be a beginner, be a novice, be
in the crawling stage

Você vai aprender, rapaz. Ainda
está engatinhando.

ENGAVETAR

engavetar (vt) (sl.)
to lock up, jail, throw in the
"slammer"
(same as "encanar")

ENGOLIR

engolir (vt) (colloq.)
to fall for, swallow, be taken in
by (a story, "line," etc.)

Eu não sou boba para engolir uma
história dessas.

engolir a pílula[1] (colloq.)
to swallow a bitter pill, take it
lying down; swallow an insult

Ele não reage à acusação do
outro; prefere engolir a pílula.

engolir a pílula[2] (colloq.)
to fall for (a story, "line,"
etc.), swallow the bait

Um trouxa desses engole a pílula.
É só passar o papo nele.

engolir as próprias palavras
(colloq.)
to eat one's (own) words

O Henrique teve que engolir as
próprias palavras quando soube do
acontecido.

engolir em seco[1] (colloq.)
to fail to get what one wants, come
up empty-handed

Teve que engolir em seco quando o
rapaz casou com outra.

engolir em seco[2] (colloq.)
to bite one's tongue (keep one's
mouth shut); swallow an insult or
reprimand

Engoliu em seco, fazendo que não
entendia o insulto.

engolir uma afronta (colloq.)
to swallow an insult

É preciso ter as costas largas
para engolir uma afronta dessas.

engolir um frango (sport.)

to let someone make an easy soccer
goal (said of an incompetent
goalie)

Aquele goleiro ruim engole cada
frango!

engolir um gol (sport.)
to let someone make an easy goal
(said of an incompetent soccer
goalie)
(same as "engolir um frango")

engolir (um) sapo (colloq.)
to swallow an insult, take it lying
down, "lump it"
(same as "engolir uma afronta")

ENGOMA-CUECA

o engoma-cueca (vulg.)
the cheap dance or ball, dancing
(same as "o bate-coxa")

ENGRAÇADINHO

*engraçadinho (colloq.)
cute

O chapéu dela é engraçadinho,
não acha?

ENGRENAR

engrenar (vi) (sl.)
to click, fall into place, jell,
work out

O negócio engrenou, deu certo
mesmo.

engrenar um papo (sl.)
to chat, strike up a conversation
(same as "bater [um] papo")

ENGROSSAR

engrossar[1] (vi) (colloq.)
to become coarse, become gross,
become obscene (said of a
conversation)

Aí a conversa engrossou, e eu dei

no pé.

engrossar[2] (vi) (colloq.)
to become gross (said of a person);
get nasty or rude

O cara encheu a cara e engrossou
com todo mundo.

Se ela tentar engrossar comigo, eu
me arranco.

ENGRUPIR

engrupir (vt) (sl.)
to trick; cheat, hoodwink; fast-
talk

Esse leiloeiro vende paca porque
sabe engrupir a freguesia.

ENGUIÇADO

#enguiçado (colloq.)
broken down, out of order

Meu carro está enguiçado--vamos
no seu.

ENGUIÇAR

#enguiçar (vi) (colloq.)
to break down, go out of order
(said of a machine, car, etc.)

O liqüidificador enguiçou depois
de usá-lo só duas vezes.

ENGUIÇO

#o enguiço[1] (colloq.)
the breakdown

O enguiço da televisão deixou o
Malcolm sem nada a fazer.

o enguiço[2] (colloq.)
the hitch, snag, problem
(same as "o galho")

ENLATADO

o enlatado (TV)

the filmed or video-taped foreign
TV program imported for broadcast
in Brazil

Parece que a televisão brasileira
tem favorecido os enlatados,
prejudicando os atores nacionais.

ENORMIDADE

uma enormidade (sl.)
a lot, a great deal

Eles faturaram uma enormidade com
esse negócio.

ENQUADRAMENTO

o enquadramento (milit. and sl.)
the punishment, disciplinary action

O enquadramento do manifestante foi
duro.

ENQUADRAR

enquadrar (vt) (milit. and sl.)
to punish, discipline

O praça foi enquadrado pelo
sargento.

ENRABAR

enrabar (vt) (vulg.)
to have anal intercourse with (male
role)

ENRABICHADO

estar enrabichado por (colloq.)
to be wild or crazy about, have a
mad crush on
(same as "ser louco por")

ENRABICHAR-SE

enrabichar-se por (colloq.)
to go crazy over, get a mad crush
on
(same "gamar por")

ENRASCADA

  a enrascada (colloq.)
  the jam, fix, pickle

  Meteu-se numa enrascada dos diabos.

  estar numa enrascada (colloq.)
  to be in a jam, be in a tight spot
  (same as "estar numa sinuca")

ENRASCADO

  estar enrascado (colloq.)
  to be in a pickle, be in a jam
  (same as "estar numa sinuca")

ENRASCAR-SE

  enrascar-se (colloq.)
  to get into hot water, get in a jam
  (same as "encalacrar-se")

ENROLAÇÃO

  a enrolação[1] (colloq.)
  the mix-up, mess, confusion,
  imbroglio

  Houve uma enrolação tremenda no
  horário.

  a enrolação[2] (colloq.)
  the hoax, sham; swindle
  (same as "a trapaça")

ENROLADO

  *enrolado (colloq.)
  confused, mixed up, complicated,
  messed up

  Ele fala todo enrolado.

  Que história enrolada!

  mais enrolado do que papel
  higiênico (sl., joc.)
  very confused, quite complicated
  (see "enrolado")

  mais enrolado do que pentelho de

  africano (vulg., joc.)
  very confused, quite complicated
  (see "enrolado")

ENROLÃO

  o enrolão (colloq.)
  the swindler, con man

  Aquele enrolão é capaz de vender
  bloco de gelo a esquimó.

ENROLAR

  *enrolar[1] (vt) (colloq.)
  to confuse, confound, complicate

  Deixa eu terminar, rapaz, que você
  está me enrolando.

  *enrolar[2] (vt) (colloq.)
  to trick; cheat, swindle
  (same as "trapacear")

ENROLAR-SE

  *enrolar-se (colloq.)
  to get confused, get all balled up

  A minha palestra ia muito bem até
  que várias pessoas interromperam-
  -aí me enrolei.

ENRUSTIDO

  enrustido (sl.)
  introverted, introspective
  (same as "incubado")

ENRUSTIR

  enrustir (vt) (crim. and sl.)
  to stash, hide, conceal

  Enrustiu a maconha e deu logo no
  pé.

ENSINAR

  ensinar o padre a rezar missa
  (colloq.)
  to try to teach fishes to swim
  (same as "ensinar o padre-nosso ao

vigário")

ensinar o padre-nosso ao vigário
(colloq.)
to try to teach fishes to swim,
attempt to give advice to someone
more experienced

Se eu sei jogar sinuca? Você
está ensinando o padre-nosso ao
vigário.

ENTENDER

entender (vi) (sl.)
to be a homosexual or bisexual

Não sei se ele entende ou se vai
somente com mulher.

**entende? (colloq.)
understand? see? get it?
(same as "entendeu?" [entender])

**entendeu? (colloq.)
understand? you see? get it?

Mas a coisa não vai ser tão mole
assim, entendeu?

ENTENDIDO

o entendido (sl.)
the male homosexual, "gay"; male
bisexual, ac/dc (usually one who is
is not obvious about it)

Não precisa jogar plumas para ser
um entendido.

Não tem pinta de bicha, mas é um
entendido.

ENTORNAR

entornar (vi, vt) (colloq.)
to guzzle (alcoholic beverages),
booze it up, hit the bottle, gulp
down

Aí estava o Silva entornando como
ele só.

Entornou cinco uísques seguidos.

entornar o caldo[1] (colloq.)
to upset the applecart, botch
things up, spoil everything, be
disruptive or rude

Não vai entornar o caldo, falando
tudo a mamãe, viu?

Aí uns bagunceiros penetraram a
festa e entornaram o caldo.

entornar o caldo[2] (colloq.)
to spill the beans, let the cat out
of the bag

Entornou o caldo e a gente teve que
mudar o plano.

ENTORTAR

ser de entortar o cano (sl.)
to be really something, be terrific
(same as "ser de morte[2]")

ENTRADA

de entrada (colloq.)
right off, immediately, on the spot
(same as "de saída")

ENTRÃO

o entrão (colloq.)
the pushy, impudent person, wise
guy; meddler

Quem convidou esse entrão a meter
a colher?

ENTRAR

entrar bem (sl.)
to get all fouled up, get all
screwed up, put one's foot in it

Entrei bem, meu filho. Perdendo o
emprego e a pequena ao mesmo tempo.

entrar com (colloq.)
to start in with, join in with,
contribute, bring

Aí ela entrou com uma crítica do
livro.

Ele vai entrar com o dinheiro.

entrar de alegre (em) (sl.)
to push one's way in, horn in
(same as "entrar de sola [em]")

entrar de beiço (sl.)
(var. of "entrar no beiço")

entrar de bico (sl.)
to fast-talk one's way in

Pode entrar de bico se você é uma
boa-conversa.

*entrar de carona (sl.)
to get in free, enter without
paying, crash the gate

O jovem tentou entrar de carona,
mas um guarda pegou e botou para
fora.

entrar de gaiato (em) (sl.)
to go barging in like a wise guy,
thrust one's way in(to), rush into
something
(same as "entrar de sola [em]")

entrar de pára-quedas (em) (sl.)
to enter by one's connections, go
through the back door
(same as "entrar pela janela
[em]")

entrar de peru (colloq.)
to get in free, crash the gate
(same as "entrar de carona")

entrar de rijo (em) (sl.)
to jump right into something, barge
in
(same as "entrar de sola [em]")

entrar de sola (em) (sl.)
to rush headlong into something,
barge into something, go or start
into something with a bang; come on
strong

Entrei de sola naquele exame e

terminei logo.

Quem entra de sola numa conversa
precisa ter cara de pau.

entrar em[1] (colloq.)
to go along with, accept, take

Você vai discordar ou vai entrar
no programa?

entrar em[2] (colloq.)
to be taken in by, fall for (a
story, "line," etc.)
(same as "cair em")

*entrar na conversa, (etc.) de
(colloq.)
to be strung along by, fall for
(someone's) "line"
(same as "cair na conversa [etc.]
de")

entrar na dança (sl.)
to join in, jump on the bandwagon,
get into the act; get oneself mixed
up in something

Quando montaram aquele negócio do
petróleo, muito comerciante entrou
na dança.

entrar na lenha (colloq.)
to get beaten up, get bashed
(same as "entrar no pau")

entrar na pua (sl.)
to get beaten up
(same as "entrar no pau")

entrar na roda (sl.)
to fall into line, jump on the
bandwagon, follow the pack
(same as "entrar no cordão")

entrar no beiço (sl.)
to get in free, crash
(same as "entrar de carona")

entrar no cordão (sl.)
to fall into line, jump on the

bandwagon, join in

Todas as amizades do Isnard
deixaram crescer o cabelo e ele
entrou no cordão.

entrar no pau (colloq.)
to take a beating, get clobbered

Quando os pê-êmes chegaram na
passeata os estudantes todos
entraram no pau.

entrar pela janela (em)[1] (colloq.)
to enter (a job, school, etc.) by
one's connections, go through the
back door

Diz que o Júlio levou bomba no
vestibular, mas entrou na faculdade
pela janela porque tem pistolão.

entrar pela janela (em)[2] (colloq.)
to crash, barge into
(same as "penetrar")

entrar pela tubulação (sl., joc.)
to go down the tubes, fall on one's
face
(same as "entrar pelo cano")

**entrar pelo cano (sl.)
to fall on one's face, go down the
tubes, get screwed up, come out
badly

Se você se arriscar, meu filho,
vai entrar pelo cano.

não entrar na cabeça (colloq.)
to be inconceivable, be
incomprehensible, make no sense

Não entra na cabeça uma coisa
dessas. Não entra mesmo.

ENTREGAR

entregar o jogo[1] (sl.)
to speak frankly, lay one's cards
on the table
(same as "abrir o jogo")

entregar o jogo[2] (sport.)
to throw the game

Diz que o atleta comeu bola para
entregar o jogo.

entregar o ouro aos bandidos (sl.)
to hand (something) over
unwittingly to one's opponent, let
(a game, advantage, etc.) slip away

Estava tudo no papo, mas ele deu
uma mancada e entregou o ouro aos
bandidos.

*entregar os pontos (colloq.)
to give up, throw in the towel,
call it quits

Não entrega os pontos, meu caro,
que você ainda pode ganhar.

ENTREGUE

estar entregue (colloq.)
to be dead tired, be "bushed," be
exhausted, be worn out

Ele estava entregue e dormiu logo.

ENTRELINHA

ler nas entrelinhas (fig.)
to read between the lines, detect a
latent or hidden meaning

Ele não disse precisamente isso,
mas eu posso ler nas entrelinhas,
não é?

ENTROSAR-SE

entrosar-se (fig.)
to find a group of friends, fit in
with a crowd, integrate oneself

Ela se entrosou bem na turma da
minha irmã.

ENTUBAR

entubar (vt) (vulg.)
to have anal intercourse with (male
role)

ENTUPIDO

estar entupido[1] (colloq.)
to have a head cold, have one's
nose stopped up

Ainda estou entupido, pois não me
recuperei completamente do
resfriado da semana retrasada.

estar entupido[2] (colloq.)
to be constipated

Vá ver o médico se você está
entupido assim, meu filho.

ENTURMAR-SE

enturmar-se (colloq.)
to get into a crowd of friends,
make friends with a group of
people, get into a turma[1]

Quando cheguei nesta cidade não
conhecia ninguém, mas logo me
enturmei lá no Esporte Clube.

ENVELOPE-DE-MADEIRA

o envelope-de-madeira (crim., joc.)
the coffin
(same as "o paletó-de-madeira")

ENVENENADO

envenenado (sl.)
terrific, "out-of-sight"
(same as "pra-frente")

ENVENENAR

envenenar (vt) (sl.)
to soup up or doctor (a used
automobile) (for one's own
enjoyment or to palm it off as
being in good running condition)

Diz que ele envenenou o fusca para
poder vendê-lo àquele trouxa.

ENXAME

o enxame (fig.)
the crowd of people, multitude, mob

Houve um enxame barulhento na
manifestação.

ENXERIDO

*enxerido (colloq.)
snoopy, meddlesome, busybodyish
(same as "abelhudo")

ENXUTO

enxuto (fig.)
shapely, well-proportioned, good-
looking

Dá uma olhada para essas duas
garotas enxutas aí!

o enxuto (sl.)
the male homosexual (esp. one who
plays the female role), "gay,"
transvestite

Tinha cada boneca deslumbrada no
baile dos enxutos!

EPA

*epa! (int., colloq.)
wow! gee whiz!

Epa! Ele acertou de novo.

ÉPOCA

fazer época (colloq.)
to stand out (in history), be
epoch-making, make history

O Kennedy fez época na história
dos E.U.A.

fazer segunda época (stud.)
to take a second, make-up exam in
order to pass a course; repeat a
course (if one has failed more than
two courses)

Vou ter que fazer segunda época em
Matemática, pois fui reprovado na
primeira tentativa.

ERRADO

errado (sl.)
clumsy, uncoordinated

Pessoa errada como ele não presta
nem para jogar futebol, nem para
fazer discursos.

ERREPÊ

a errepê (sl.)
(var. of "a r.p.")

-ÉRRIMO

-érrimo (suffix) (sl.)
(legitimate erudite augmentative
ending for adjectives, e.g.,
paupérrimo, magérrimo; used by
analogy in slang or affected speech
or for emphasis)

Aquela festa do Chico foi
bacanérrima!

Que vestido chiquérrimo!

ERRO

o erro de cabo-de-esquadra
(colloq.)
the goof, stupid error

Quem poderia cometer tal erro de
cabo-de-esquadra?

ERVA

a erva[1] (drug.)
the marijuana, "grass," "pot"
(same as "o fumo[1]")

a erva[2] (sl.)
the money, dough, "green stuff"
(same as "o tutu")

a erva maldita (drug.)
the marijuana
(same as "o fumo[1]")

a erva viva (sl.)
the money; hard cash

O Sr. Oliveira vende só na base da
erva viva.

ESBALDAR-SE

esbaldar-se (sl.)
to poop out, tire from hard work

Depois de só dez minutos jogando
basquete eu me esbaldei.

ESBÓRNIA

a esbórnia (from Ital. "sbornia")
(colloq.)
the orgy, revelry, drunken spree,
binge

A festa do Rogério acabou numa
esbórnia daquelas!

ESBREGUE

o esbregue (colloq.)
the scolding, chewing-out,
dressing-down

Quem agüenta um esbregue daqueles?

dar um esbregue em (colloq.)
to chew out, tell off, scold

O guarda deu um esbregue no
motorista pelas suas barbeiragens.

ESCAFEDER-SE

escafeder-se (colloq.)
to sneak off, slip away

O criminoso conseguiu se escafeder
antes da justa pintar.

ESCALAFOBÉTICO

escalafobético (sl.)
strange, odd, unusual, weird

Nunca ouvi caso tão
escalafobético na minha vida!

ESCALDADO

escaldado (colloq.)
cautious (from experience), wary,
"scalded"

O candidato entrou na eleição
escaldado de perdas anteriores.

ESCAMAR-SE

escamar-se (colloq.)
to slip out, sneak away
(same as "escafeder-se")

ESCAMOSO

escamoso (sl.)
false, two-faced, unreliable;
undesirable, troublemaking

Não se trata com aquele sujeito
escamoso.

ESCÂNDALO

*o escândalo (fig.)
the commotion, scene, stink, fuss

Você viu o escândalo que deu
quando o Sílvio levou uma
esculhambação da noiva?

*dar/fazer um escândalo (fig.)
to make a scene, raise a ruckus,
make a fuss

Ele dá um escândalo toda vez que
toma um pileque.

ESCANTEIO

chutar para escanteio (sl.)
to get rid of, cast aside, jilt,
pay no attention to

Ela me chutou para escanteio quando
conheceu aquele gostosão.

ESCAPAR

*escapar de boa (colloq.)
to get out of a jam, get out of a
tight spot, have a close call

Escapei de boa, meu caro, pois o
carro quase me atropelou.

ESCARCÉU

fazer um escarcéu (colloq.)
to raise a ruckus, make a racket,
make a scene
(same as "fazer [um] barulho")

ESCARRADO

escarrado (colloq.)
the spitting image

Ele é o avô escarrado.

Ela é a mãe escarrada.

ESCARRO

o escarro (colloq.)
the scoundrel, rat, despicable
person

Aquele escarro não merece
respeito.

ESCOLA

*a escola de samba (colloq.)
the "samba school" (a group
organized to present elaborate
dances and pageantry during
Carnival in competition with other
such groups)

O Salgueiro ganhou o prêmio para a
melhor escola de samba no ano
passado.

fazer escola
to set a style, create a following

Ela fez escola na música popular.

ESCOLADO

escolado (colloq.)
shrewd, wise; seasoned, experienced
(same as "esperto")

ESCONDER

esconder (vi) (vulg.)
to engage in anal intercourse
(female role); be a homosexual

esconder cobra (vulg.)
to engage in anal intercourse
(female role); be a homosexual

esconder o jogo (colloq.)
to hide one's intentions, have
something up one's sleeve, be
tricky

Ele está escondendo o jogo; a
gente não sabe o que vai fazer.

esconder (o) leite (colloq.)
to be keeping something from
somebody, be holding something
back, be hiding something

Você está escondendo leite, seu
safado, não está?

ESCONDIDAS

às escondidas
on the sly, in secret

Se formos lá às escondidas
ninguém descobre, não.

ESCORNADO

escornado (sl.)
"pooped out," exhausted, tired

O Lúcio ficou escornado de tanto
corre-corre.

ESCOTEIRA

a escoteira (sl.)
the prostitute
(same as "a mulher-da-vida")

ESCOVADO

escovado[1] (colloq.)
smooth, refined, sharp

Ela fala um inglês escovado que
faz gosto ouvir.

escovado[2] (colloq.)
shrewd, sly, foxy
(same as "esperto")

ESCOVÃO

o escovão (sl.)
the big, bushy mustache

Beijo com cara que tem um escovão
desses é o fim, menina!

ESCRACHADO

estar/ser escrachado (crim.)
to have/acquire a police record
(same as "estar/ser fichado")

ESCRACHAR

escrachar[1] (vt) (sl.)
to talk badly about, run down,
backbite
(same as "tesourar")

escrachar[2] (vt) (sl.)
to chew out, give a tongue-lashing,
tell off
(same as "esculhambar[1]")

ESCRACHO

o escracho (sl.)
the scolding, tongue-lashing
(same as "a espinafração[1]")

ESCRETE

o escrete (from Eng. "scratch")
(sport.)
the national all-star soccer
selection team

Acha que o nosso escrete vai ganhar
este ano?

ESCREVER

escreveu, não leu, o pau comeu

(colloq.)
he (she, etc.) had it coming, he
(she, etc.) asked for it, it serves
him (her, etc.) right

O sujeito mereceu o castigo;
escreveu, não leu, o pau comeu.

ESCREVINHADOR

o escrevinhador (colloq.)
the lousy writer, hack writer

Há muitos escrevinhadores que
ficaram famosos.

ESCRITA

botar a escrita em dia[1] (colloq.)
to catch up or catch someone up on
current events, the latest gossip,
etc.

Na volta, o exilado foi logo
perguntando as últimas; precisava
botar a escrita em dia.

botar a escrita em dia[2] (sl.)
to catch up on one's sex life, have
sex at long last (said of a male)

Vou ver se faturo hoje; preciso
botar a escrita em dia.

ESCRITO

escrito (colloq.)
the spitting image
(same as "escarrado")

estava escrito (fig.)
it was inevitable, that's the way
it was meant to be, it was in the
cards

Coincidência, nada! Tinha que
acontecer; estava escrito.

ESCROTIDÃO

a escrotidão (vulg.)
the lousy, repugnant thing;
rubbish, crap

Cai fora com essa revista! É uma
escrotidão.

ESCROTO

escroto (vulg.)
lousy, crummy, disgusting, crappy

Que filme escroto!

ESCULACHADA

dar uma esculachada em (sl.)
to scold, reprimand
(same as "dar uma esculhambação
em")

ESCULACHADO

esculachado (sl.)
messed up, messy, sloppy
(same as "esculhambado")

ESCULACHAR

esculachar[1] (vt) (sl.)
to tell off, give a dressing-down
to, bawl out
(same as "esculhambar[1]")

esculachar[2] (vt) (sl.)
to mess up, screw up
(same as "bagunçar")

ESCULACHO

o esculacho[1] (sl.)
the tongue-lashing, bawling out
(same as "a esculhambação[1]")

o esculacho[2] (sl.)
the mess, sloppiness, disorder
(same as "a esculhambação[2]")

dar um esculacho em (sl.)
to reprimand, tell off, scold
(same as "dar uma esculhambação
em")

ESCULHAMBAÇÃO

**a esculhambação[1] (sl., often
vulg.)
the dressing-down, severe
reprehension, tongue-lashing

A esculhambação do dono entrou
por um ouvido do moleque e saiu
pelo outro.

**a esculhambação[2] (sl., often
vulg.)
the mess, sloppiness, disorder

Antes de mais nada, pessoal, temos
que arrumar esta esculhambação.

**dar uma esculhambação em (sl.,
often vulg.)
to chew out, give a tongue-lashing
to, scold

Vou dar uma esculhambação no cara
se ele não se mancar logo.

ESCULHAMBADA

dar uma esculhambada em (sl., often
vulg.)
to scold, chew out
(same as "dar uma esculhambação
em")

ESCULHAMBADO

**esculhambado (sl., often vulg.)
messy, sloppy, all messed up, all
screwed up

Que quarto mais esculhambado! Você
se criou num chiqueiro, rapaz?

ESCULHAMBAR

**esculhambar[1] (vt) (sl., often
vulg.)
to give a dressing-down to, tell
off, chew out

Esculhambou a menina, dizendo-lhe
umas verdades.

**esculhambar[2] (vt) (sl., often

vulg.)
to mess up, screw up, ball up
(same as "bagunçar")

ESCURINHO

o escurinho (colloq., euph.)
(var. of "o escuro")

ESCURO

o escuro (colloq., euph.)
the "colored person" (euph. for a
middle-class Black)

Um dos cantores é louro e o outro
é um escuro.

escuro como (o) breu (colloq.)
dark as night, pitch-black

A noite estava escura como o breu.

estar no escuro (fig.)
to be in the dark, be "out-of-it"
(same as "estar voando" [voar])

ESCUTA

ficar na escuta (sl.)
to stand by, wait for further word

Fique na escuta, que o pessoal
avisa logo.

ESCUTADOR

o escutador de bolero (sl., joc.)
the ear
(same as "o escutador de novela")

o escutador de novela (sl., joc.)
the ear

É bom você botar os escutadores
de novela para funcionar para não
perder palavra.

ESCUTAR

**escuta! (int., colloq.)
listen! say!

Escuta! Quem topa um cinema?

ESFAQUEAR

esfaquear (vt) (sl.)
to put the bite on, touch for money
(same as "dar uma facada em")

ESFERA

a esfera (sport.)
the soccer ball
(same as "o couro[1]")

ESFÉRICO

o esférico (sport.)
the soccer ball
(same as "o couro[1]")

ESFOLAR

esfolar (vt) (fig.)
to exploit, fleece, "bleed," "soak"

Os bancos estão me esfolando.

ESFREGAÇÃO

a esfregação (colloq.)
the necking, petting
(same as "a bolina")

ESFREGAR

esfregar na cara de (colloq.)
to shove (proof, evidence, etc.) in
(someone's) face, show evidence
proving a doubter or critic wrong

Vou esfregar este recibo na cara
daquele funcionário respondão.

ESFREGAR-SE

esfregar-se (com) (colloq.)
to neck (with), make out (with)
(same as "bolinar")

ESGAR

o esgar (colloq.)

the face, "mug"
(same as "a lata")

ESMO

a esmo (fig.)
aimlessly; at random
(same as "à-toa")

ESNOBAÇÃO

a esnobação (colloq.)
the snobbishness, snobbery, airs

Isso dele dizer que fala seis
línguas é pura esnobação.

ESNOBADA

dar uma esnobada (colloq.)
to act like a snob, put on airs,
show off
(same as "esnobar")

ESNOBAR

*esnobar (vi) (colloq.)
to act like a snob, show off, put
on airs

Ela freqüenta as festas de gala
só para esnobar.

ESNOBE

*o esnobe (from Eng. "snob") (also
adj.) (colloq.)
the snob, one who is stuck-up

Sou uma pessoa simples e não quero
nada com esses esnobes que andam
por aí.

ESNOBISMO

o esnobismo (colloq.)
(var. of "a esnobação")

ESPADA

estar entre a espada e a parede
(fig.)
to be between the devil and the

deep blue sea, have one's back
against the wall

Qualquer posição que eu adotar,
vou me prejudicar--estou entre a
espada e a parede.

ESPALHA-BRASA

o espalha-brasa (colloq.)
the roughneck, rowdy, hot-head,
troublemaker

Um espalha-brasa entrou porta
adentro e começou a fazer anarquia
logo de saída.

ESPANADOR

o espanador da lua (sl., joc.)
the beanpole; tall, thin person
(same as "o varapau")

ESPANTA-NEGO

o espanta-nego (colloq., joc.)
the cheap perfume

Passou um pouco de espanta-nego na
cara e saiu para a rua.

ESPÉCIE

causar espécie
to cause a lot of discussion, be
controversial, come as a surprise,
raise a few eyebrows

Escândalo desses causa espécie.

ESPELUNCA

a espelunca (sl.)
the "dive," joint, honky-tonk

Só malandro mesmo faz ponto nessa
espelunca.

ESPERANÇA

que esperança! (colloq.)
no chance! fat chance! you're
dreaming! don't you wish!

Vai ganhar no bicho, é? Que
esperança!

ESPERAR

esperar (vi, vt) (colloq., euph.)
to be "expecting," be pregnant

A mulher dele está esperando um
filho. Mas quem diria?

**espera aí![1] (colloq.)
just a minute! hold your horses!
wait!

Espera aí, que eu volto já já!

*espera aí![2] (colloq.) (often with
extra stress on "aí")
now wait just a minute! come off
it! I can't buy that!

Espera aí! Que é isso? Tenho
lá cara de trouxa?

pode esperar sentado! (colloq.,
joc.)
don't hold your breath! I wouldn't
count on it! not a chance!

Vai ganhar na loteria, é? Pode
esperar sentado!

ESPERNEAR

espernear (vi) (colloq.)
to complain, gripe, kick, squawk

O pinta estava esperneando porque
foi reprovado.

ESPERTALHÃO

espertalhão (colloq.)
shrewd, crafty, sly
(same as "esperto")

o espertalhão (colloq.)
the shrewd person, fox; know-it-
all, wise guy

O Plínio é um espertalhão nesse
negócio de cantar mulher.

ESPERTO

**esperto (also noun) (colloq.)
shrewd, sly, cunning

Eu desconfio dos tipos espertos que
têm mel na língua.

ESPETACULAR

*espetacular (colloq.)
spectacular, tremendous, fabulous

Você vai gostar muito do meu tio-
-é um cara espetacular.

ESPETÁCULO

*ser um espetáculo (colloq.)
to be fabulous, be spectacular, be
really something

Este novo romance é mesmo um
espetáculo.

ESPETO

o espeto (fig.)
the beanpole, skeleton, skin and
bones

O irmão daquele espeto é gordo
pra chuchu, já pensou?

ser espeto (sl.)
to be rough, be hard, be difficult

Vencer o Santos é espeto.

ESPIANTAR

espiantar (vi) (sl.)
to get away, escape, run off

A pequena espiantou quando a mulher
do cara deu as fuças.

ESPIANTAR-SE

espiantar-se (sl.)
(var. of "espiantar")

ESPINAFRAÇÃO

a espinafração (colloq.)
the scolding, tongue-lashing
(same as "a esculhambação")

dar uma espinafração em (colloq.)
to give a tongue-lashing to,
reprehend
(same as "dar uma esculhambação
em")

ESPINAFRAR

*espinafrar (vt) (colloq.)
to give a tongue-lashing to, scold,
tell off, chew out
(same as "esculhambar[1]")

ESPÍRITO-DE-PORCO

o espírito-de-porco[1] (colloq.)
the contrariness, pigheadedness,
"party-pooperism"

Ninguém vai ter sucesso com esse
espírito-de-porco.

o espírito-de-porco[2] (colloq.)
the spoilsport, party-pooper
(same as "o desmancha-prazeres")

ESPÍRITO-SANTO-DE-ORELHA

o espírito-santo-de-orelha (stud.,
joc.)
the person who whispers answers
during a test
(same as "o soprador")

ESPONJA

a esponja (colloq., joc.)
the boozer, drunkard, "sponge"
(same as "o cachaceiro")

passar a/uma esponja sobre (fig.)
to forget about, erase, blot out

Vamos passar a esponja sobre aquela
briga para recomeçar.

ESPORRAR-SE

esporrar(-se) (vulg.)
to ejaculate, have a sexual climax
(said of a male)

esporrar(-se) **de** **rir** (vulg.)
to split a gut laughing

ESPORRETEADO

esporreteado (also noun) (vulg.)
reckless, rash, foolhardy, kind of
crazy

Ele, quando dirige, é um motorista
esporreteado.

ESPORRO

o **esporro** (vulg.)
the chewing out, tongue-lashing

Ainda se lembra do esporro do pai
naquela ocasião.

dar **um** **esporro** **em** (vulg.)
to bawl out, scold, chew out

Vai ver que ele dá um esporro no
empregado por isso.

ESPORTIVA

perder **a** **esportiva** (sl.)
to lose one's cool, be a poor
sport, lose one's sense of humor,
fly off the handle

Foi uma gozação inocente, mas o
Zeca perdeu a esportiva e deu o
fora.

ESQUADRÃO

o **esquadrão** **da** **fumaça** (drug.)
the group of pot smokers
(same as "a **esquadrilha** **da**
fumaça")

o **esquadrão** **da** **morte** (polit. and
sl.)
the "death squad" (right-wing

vigilante gang that assassinates
political enemies and those it
considers hardened criminals)

Diz que o assassínio do bicheiro
foi obra do esquadrão da morte.

ESQUADRILHA

a **esquadrilha** **da** **fumaça** (drug.)
the group of marijuana smokers

Lá vem a esquadrilha da fumaça,
todo mundo baratinado.

ESQUELETO

balançar **o** **esqueleto** (sl.)
to dance

Puxa! Esse casal de coroas sabe
balançar o esqueleto, não acha?

descansar **o** **esqueleto** (sl.)
to rest, rest one's bones, take it
easy

Preciso descansar o esqueleto um
pouco antes de voltar ao serviço.

ser **um** **esqueleto** (colloq.)
to be skin and bones, be extremely
thin

É um esqueleto--come como um
passarinho.

ESQUENTAMENTO

o **esquentamento** (sl.)
the "clap," gonorrhea

Ele pegou um esquentamento quando
se meteu com uma pistoleira lá no
Mangue.

ESQUENTAR

*****esquentar** **a** **cabeça** (sl.)
to get mad, get heated up, lose
one's cool

Sempre que o Oscar discute
política esquenta a cabeça e

começa a brigar.

Não esquenta a cabeça, que não
adianta, viu?

esquentar o couro de (colloq.)
to tan (someone's) hide, give
(someone) a whipping or licking

Papai esquentou o couro do
Joãozinho quando apanhou ele
fumando.

não esquentar lugar (colloq.)
not to hold any one job or stay in
any one place for long

Ela não esquenta lugar em
repartição nenhuma.

ESQUENTAR-SE

esquentar-se (com) (colloq.)
to get upset (at), get heated up
(at), get mad (at)
(same as "queimar-se [com]")

ESQÜER

esqüer (from Eng. "square") (sl.)
"square," old-fashioned
(same as "quadrado")

ESSA

*****essa** (colloq.)
this/that one (often replaces
neuter isso with "thing,"
"situation," "question," "matter,"
"action," or the like being
understood as antecedent)
(cf. "cada uma")

Não gosto dessa, rapaz.

Essa foi boa!

Manjou essa?

Sai dessa!

*****essa não!** (colloq.)
don't hand me that! not that! cut
it out! come off it!

Essa não rapaz! Você não faz
uma coisa dessas comigo.

por essas e outras (colloq.)
for these and other reasons

Por essas e outras a Jandira voltou
para o Ceará.

ESSE

fazer esses (sl.)
to stagger, reel, walk from side to
side
(same as "trocar pernas")

ESTADO

estar em estado interessante
(colloq., euph.)
to be "expecting," be pregnant

O casal é recém-casado mas ela
já está em estado interessante.

ESTALO

dar o estalo (em) (colloq.)
to suddenly dawn on (one), for a
brainstorm to come (to)

Durante uma hora eu tentei me
lembrar do nome do cantor. Aí me
deu o estalo.

de estalo (colloq.)
suddenly, rapidly, abruptly

O trem parou de estalo e várias
pessoas caíram.

ESTALO-DE-VIEIRA

dar o estalo-de-Vieira (em)
(colloq.)
(var. of "dar o estalo [em]")

ESTAPAFÚRDIO

estapafúrdio (colloq.)
absurd, extravagant, outlandish,
odd

Que programa estapafúrdio que a
gente viu!

ESTAR

*está aí! (colloq.)
that's it! that's correct! right!
yes!

Está aí, rapaz, é isso mesmo!

estar na de (sl.)
to be into (someone's) "thing," be
on the same wavelength as, know
where (someone) is "at"

Eu estou na tua, bicho.

A gente está na dela.

Você está na minha, não é?

estar na sua (sl.)
to be doing one's (own) "thing"

Não amola, que estou na minha.

Você está na sua.

O Mário está na dele, curtindo
uma boa.

já não está aí quem falou
(colloq.)
I take it back, I stand corrected

Você me convenceu. Já não está
aí quem falou.

ESTARRAR

estarrar (vt) (crim.)
to hold up, rob

Ontem um malandro estarrou a mulher
do Prefeito.

ESTEIRA

ir na esteira de (fig.)
to follow closely; follow the lead
of, follow in the footsteps of

A meninada toda vai na esteira do

cantor.

Ela foi na esteira da irmã,
dedicando-se também ao
magistério.

na esteira de (fig.)
in the wake of, on the heels of

O assassínio aconteceu na esteira
de dois seqüestros políticos.

ESTIA

a(s) estia(s) (sl.)
the money, "coin"
(same as "o tutu")

ESTICA

estar na estica (colloq.)
to be well-dressed, be all spruced
up

Ele estava na estica, vestindo a
roupa domingueira.

ESTICADA

fazer/dar uma esticada (sl.)
to prolong a party or good time by
going out on the town

A festa ia acabando mas a gente
resolveu fazer uma esticada naquele
bar da esquina.

ESTICAR

esticar (vi) (colloq.)
to die
(same as "bater as botas")

*esticar as canelas (colloq.)
to die, kick the bucket, "croak"
(same as "bater as botas")

ESTIRAR

estirar as pernas (colloq.)
to stretch one's legs, take a walk

Vamos estirar as pernas; já não

agüento ficar aqui sentado.

ESTÔMAGO

estar com o estômago embrulhado
(colloq.)
to have a stomach ache, have one's
stomach tied up in knots

Fiquei com o estômago embrulhado
depois de comer aquela pizza.

ter estômago de avestruz (colloq.)
to have a cast-iron stomach, be
omnivorous

Ela come muito pouco, mas o marido
tem estômago de avestruz--come
tudo.

ESTOURA-PEITO

o estoura-peito (sl.)
the strong cigarette

Fumar um estoura-peito desses dá
câncer na certa.

ESTOURAR

estourar[1] (vt) (crim.)
to break into, raid

Mano, tem cuidado em escolher tua
maloca para a polícia não poder
estourar.

estourar[2] (vi) (sl.)
to fizzle out, fail
(same as "furar[1]")

estourar[3] (vi) (sl.)
to make a hit, be a great success,
go over big

A música dele estourou no Norte
depois de passar despercebida no
Rio.

estourar (com) (fig.)
to blow up (at), get mad (at)

Você não devia ter estourado com

o tira, meu chapa, pois isso é
brincar com fogo!

estourar de rir/riso (fig.)
to burst with laughter, split one's
sides laughing
(same as "morrer de rir/riso")

estourar dinheiro (sl.)
to blow money, waste money, spend
freely
(same as "torrar dinheiro")

ESTOURO

o estouro (crim.)
the gun, revolver
(same as "o berro")

dar o estouro (fig.)
to get mad, blow one's top, raise a
howl
(same as "dar o estrilo")

dar um estouro na praça (sl.)
to declare false bankruptcy
(same as "dar um tiro na praça")

ser um estouro (sl.)
to be really something, be
extraordinary
(same as "ser uma coisa")

ESTRAGA-FESTAS

o estraga-festas (colloq.)
the party pooper, wet blanket,
spoilsport
(same as "o desmancha-prazeres")

ESTRAGA-PRAZERES

o estraga-prazeres (colloq.)
the spoilsport, wet blanket
(same as "o desmancha-prazeres")

ESTRELA

a Estrela Solitária (sport.)
the Botafogo de Futebol e Regatas
soccer team

(same as "o Bota")

ver estrelas (colloq.)
to see stars (experience luminous,
flashing sensations, esp. from a
blow on the head)

Levou na cabeça e ficou vendo
estrelas.

ESTREPAR-SE

*estrepar-se (sl.)
to get fouled up, get balled up,
get "screwed," get all messed up

Bem que te disse, Manuel: vai se
estrepar com essa turma.

ESTREPE

o estrepe (sl.)
the hag, ugly woman
(same as "a bruxa")

ESTRIBADO

estribado (colloq.)
rich, well-to-do, well-heeled

Naquele clube luxuoso só entra
gente estribada.

ESTRIBEIRA

perder as estribeiras (colloq.)
to lose one's bearings, become
flustered; lose one's cool, temper
or control, go too far

Quando recebeu a notícia da
falência, perdeu as estribeiras.

ESTRILAR

estrilar (vi) (sl.)
to get mad, blow one's top, raise a
howl
(same as "dar o estrilo")

ESTRILO

dar o estrilo (from Ital.

"strillo") (sl.)
to blow one's top, raise the roof,
get mad

O professor deu o estrilo e baixou
pau nos alunos.

ESTROVENGA

a estrovenga (vulg.)
the penis

ESTRUMBICAR-SE

estrumbicar-se (sl.)
(var. of "trumbicar-se")

ESTUPIDAMENTE

estupidamente (sl.)
very, extremely, "mighty"

Moço, me traz uma cerveja
estupidamente gelada!

ETA

eta! (int., colloq.)
wow! gee!

Eta! Olha só essa peça rebolando
rua abaixo.

*eta . . .! (int., colloq.)
what a . . .!

Eta mulher boa!

eta ferro! (int., colloq.)
(same as "eta!")

eta mundo! (int., colloq.)
(same as "eta!")

eta pau! (int., colloq.)
(same as "eta!")

EU

eu, hein?[1] (sl.)
wow! gee! well, I'll be! really!

what do you know!
(same as "puxa!")

eu, hein?[2] (sl.)
come now! come on! really! come off
it!

Se eu paguei meu imposto de renda?
Eu, hein? Você acha que eu vou te
dizer?

EXEMPLAR

exemplar (vt) (colloq.)
to punish, discipline, make an
example of, teach a lesson

Resolveram exemplar o bicheiro para
os outros não abrirem o bico.

EXISTIR

não existir (sl.)
to be too good to be true, be out
of this world, be unbelievable

O cara não existe; fala inglês
que nem americano.

EXÓTICO

exótico (colloq.)
strange, odd, unusual, peculiar;
ugly

Era um sujeito exótico, com cara
de cavalo morto.

EXU

o exu (from Yor.) (colloq.)
the devil, Satan (from the
confusion of the Afro-Brazilian
divinity, Exu, with Satan)
(same as "o cão[2]")

F

FÃ

o fã (from Eng. "fan") (sl.)
the fan, rooter, devotee

Ele é fã do Chico Anísio.

FABULOSO

*fabuloso (colloq.)
marvelous, fabulous, terrific

Gente fabulosa! Papo fabuloso!
Tudo lindo de morrer!

FACA

a faca (vulg.)
the penis

amolar a faca (vulg.)
to have sexual intercourse (said of
a male)

entrar na faca (sl.)
to go under the knife, be operated
on

Ele teve que entrar na faca para
operar um tumor nas costas.

levar à ponta de faca (fig.)
to take too seriously

Estou brincando. Você não devia
levar à ponta de faca, não.

passar a faca (vulg.)
to have sexual intercourse (said of
a male)

ser uma faca de dois gumes (fig.)
to be a two-edged sword

Desconfio que essa questão é uma
faca de dois gumes; sou capaz de
perder, seja qual for o resultado.

ter a faca e o queijo na mão
(fig.)
to have control of the situation,
have everything in hand, have the
means to carry out something

Agora que ela tem a faca e o queijo
na mão já pode resolver o
negócio.

FACADA

dar uma facada em (sl.)
to hit (somebody) up for money,
touch for money, put the bite on

Vou ter que dar uma facada no velho
para pagar isto.

FACADISTA

o facadista (sl.)
the sponger (of money), touch
artist

Se aquele facadista telefonar, diz
que eu estou viajando.

FACE

a outra face da medalha (fig.)
the dark side of the picture, the
other side of the coin

Seria bom considerar a outra face
da medalha antes de agirmos.

FACHA

a facha (sl.)
the face, "mug"
(same as "a lata")

FACHADA

a fachada (sl.)
the "mug," face
(same as "a lata")

FÁCIL

a fácil (sl.)
the loose woman, slut

Eu estava paquerando uma fácil
quando a justa baixou e pediu meus
documentos.

ser mais fácil do que tirar doce
de criança (colloq.)
to be like taking candy from a
baby, be easy as pie, be a piece of
cake, be a cinch

Ganhar partida contra esse time é
mais fácil do que tirar doce de
criança.

FACULDADE

*fazer faculdade (stud. and colloq.)
to go to college

Ele trabalha numa companhia
americana, mas a irmã faz
faculdade.

FACILITAR

facilitar (vi) (vulg.)
to make oneself sexually available,
be an "easy lay" (said of a female)

Diz que essa sirigaita facilita.

FAIXA

meu faixa (voc., sl.)
buddy, pal
(same as "meu chapa")

FAJUTAR

fajutar (vt) (sl.)
to fake, falsify

Ela mandou fajutar os documentos
para poder entrar no país.

FAJUTICE

a fajutice (sl.)
the falseness, phoniness; hoax,
dirty trick

Eu não esperava tanta fajutice de
um cara tão pra-frente.

FAJUTO

fajuto (sl.)
phony, fake, false, bogus

Ela pagou a conta com uma nota
fajuta.

FALAR

falar alto (com)
to speak coarsely (to), give a
dressing-down (to)

O aluno não tinha preparado a
lição e o professor teve que
falar alto com ele.

falar como (um) papagaio (colloq.)
to chatter like a magpie, yak on
and on, talk nonsense
(same as "tagarelar")

falar com São Pedro (colloq.,
joc.)
to die, kick the bucket
(same as "bater as botas")

falar com sete pedras na mão (sl.)
to speak rudely, talk back

O amigo não vai conseguir bulhufas
falando assim com sete pedras na
mão.

falar da boca para fora (colloq.)
to speak insincerely, say one thing
and mean another

Como confiar em alguém que só
fala da boca para fora?

falar entre os dentes (fig.)
to mumble, mutter

O nego ficou safado da vida e foi-
se embora falando entre os dentes.

falar mais do que o homem da cobra
(colloq.)
to talk a blue streak, be long-
winded
(same as "falar pelos cotovelos"

[cotovelo])

falar mais do que o preto do leite
(colloq.)
to be a chatterbox, talk a blue
streak, be long-winded
(same as "falar pelos cotovelos"
[cotovelo])

falar no mau, preparar o pau!
(colloq.)
speak of the Devil!

Falar no mau, preparar o pau! Lá
vem o Flávio.

falar para valer (colloq.)
to mean business

Quando o chefe fala, você escuta,
que ele fala para valer.

**falou! (int., sl.)
you said it! all right! right on!
right you are! O.K., uh-huh!

--Eu acho ela antipática.
--Falou, bicho!

--Me dá um cigarro aí, irmão.
--Falou!

falou e disse! (int., sl.)
(var. of "falou!" [falar])

nem se fala! (colloq.)
I'll say! certainly! indeed! it
goes without saying! and how!

Se jogam futebol no Brasil? Nem se
fala!

sabe com quem está falando?
(colloq.)
do you realize who you're talking
to? how dare you speak to me like
that!

Chega de palavrão, seu sem-
vergonha! Sabe com quem está
falando?

FALECIDO

o falecido era maior (colloq.,
joc.)
what baggy clothes you're wearing
(same as "o defunto era maior")

FALSETA

a falseta (sl.)
the broken promise, double-cross,
dirty trick

Esse amigo urso me fez uma falseta
no ano passado que eu não posso
deixar para lá.

FALSO

falso como Judas (colloq.)
as false as Judas, two-faced,
treacherous

Não se pode confiar nesse sem-
vergonha. É falso como Judas.

FALTAR

*era o que faltava! (colloq., iron.)
that was all I needed! (iron.)

Era o que faltava--receber um
presente de grego desses!

FAMÍLIA

família (adj.) (sl.)
conservative, puritanical, stuffy,
"square"

A festa estava muito família,
assim que a gente se arrancou.

estar em família (colloq.)
to be treated as a member of the
family, be among friends

Fala à vontade, meu chapa, que
você está em família.

FANÁTICO

não ser muito fanático (colloq.,
joc.)

not to be all that manly, be
(somewhat of) a sissy, be a
homosexual

Não é que o Fabinho seja uma
trichona de jogar plumas, mas ele
também não é lá muito
fanático.

FANCHONA

o fanchona (sl., pej.)
the male homosexual (esp. one who
plays the male role); pederast

Nesse bar só tinha fanchona
paquerando bicha louca.

a fanchona (sl., pej.)
the lesbian
(same as "o sapatão")

FANDANGO

o fandango (colloq.)
the commotion, disorder, fuss, stir
(same as "a bagunça²")

FANIQUITO

dar faniquito (colloq.)
to have a fit, have a conniption,
have a mild nervous attack

Ela vai dar faniquito se souber do
troço.

FANTASIA

*a fantasia (colloq.)
the Carnival costume

Que fantasia você vai usar no
Carnaval?

FANTASIAR-SE

fantasiar-se (colloq.)
to dress (oneself) up in Carnival
costume

No Carnaval, homem se fantasia
muitas vezes de mulher.

FANTASMA

parecer ter visto um fantasma
(colloq.)
to look as if one has just seen a
ghost, be visibly frightened

Estava pálido, todo arrepiado.
Parecia ter visto um fantasma.

FAREJAR

farejar (vt) (fig.)
to smell out, sniff out, discover

Um cara vivo pode farejar uma
marmelada dessas de longe.

FARINHA

ser farinha do mesmo saco (fig.)
to be birds of a feather, be cut
from the same cloth, share the same
character defects

Pilantras, os dois. São farinha
do mesmo saco.

FARISCAR

fariscar (vt) (fig.)
to sniff out, recognize, discover
(same as "farejar")

FARJUTO

farjuto (sl.)
(var. of "fajuto")

FARO

o faro (fig.)
the instinct, knack, flair

É preciso ter faro para realizar
um trabalho desses.

ir pelo faro (fig.)
to follow one's nose, play it by
ear, go by instinct

Se vou pelo faro jamais me estrepo.

FAROESTE

o filme de faroeste (from Eng. "far
west") (colloq.)
the western movie, cowboy movie
(same as "o bangue-bangue")

FAROFA

a farofa (colloq.)
the boasting, bragging
(same as "a garganta")

fazer uma farofa (sl.)
to make a big to-do, make a fuss

Ele fez uma farofa dos demônios
por uma bobagem.

FAROFEIRO

o farofeiro (also adj.) (colloq.)
the braggart, blowhard

Um farofeiro suburbano desses aqui
na cidade só pode parecer cafona.

FAROL

o farol^1 (sl.)
the bragging; showing off

Não venha com esse farol de
sempre, camarada.

o farol^2 (crim.)
the look-out (accomplice who
watches for the police)

O farol avisou o bicheiro quando a
rapa vinha chegando.

contar farol (sl.)
to brag, toot one's horn
(same as "contar vantagem")

*fazer farol (sl.)
to blow one's own horn, boast; show
off

O egoísta faz farol toda vez que
pode.

FAROLEIRO

*o faroleiro (also adj.) (sl.)
the braggart; show-off

Esse faroleiro vive contando
vantagem.

FARRA

**a farra^1 (from Lunf.) (colloq.)
the spree, binge, revelry, merrymaking; orgy

Todo mundo encheu a cuca na farra
de ontem.

a farra^2 (colloq.)
the jest, game, fun, lark

O trote que a gente passou foi uma
simples farra da turma, sabe como
é?

**cair na farra (colloq.)
to go out on a spree, go on a
binge, celebrate, carouse

Depois do último exame o pessoal
todo vai cair na farra.

só de/por farra (colloq.)
just for the fun of it, just for
kicks, as a joke, on a lark

Inscrevi a minha candidatura só de
farra.

FARREAR

farrear (vi) (colloq.)
to go on a spree, celebrate
(same as "cair na farra")

FARRISTA

o farrista (colloq.)
the reveler, merrymaker

Esse boa-vida é o maior farrista
da paróquia.

FARTUM

o fartum (colloq.)
the stench; body odor
(same as "o bodum")

FATURAR

faturar[1] (vt, vi) (sl.)
to make a mint (often by devious
means), clean up, make good,
achieve success

Esse mascate fatura muito no
interior.

O Brasil está faturando alto na
Copa do Mundo.

Faturou uma boa nota nesse
negócio.

faturar[2] (vt) (sl. and sport.)
to chalk up, score, achieve

Ainda no primeiro tempo faturou o
segundo gol.

Ela está faturando sucesso na
Europa.

faturar[3] (vt, vi) (sl.)
to "score" (with), succeed in
having sex (with), have sex (with)

Aquele gostosão sempre fatura
muitas gurias.

FAVA

mandar às favas (colloq.)
to tell where to go, tell to jump
in the lake

Se o cara começar a falar alto
comigo, eu mando ele às favas.

ser favas contadas (colloq.)
to be in the bag, be on ice, be a
sure thing
(same as "estar no papo[2]")

FAVELA

**a favela (colloq.)
the slum, shantytown, squatter
settlement (often located on a
hillside, esp. in Rio de Janeiro)

Todos os morros do Rio já tinham
favelas.

FAVELADO

#o favelado (colloq.)
the slum-dweller, inhabitant of a
favela

O favelado diz que vive mais perto
do céu lá no alto do morro.

FAVOR

faça-me o favor! (colloq., iron.)
please don't! cut it out! spare me!
come off it!

Faça-me o favor! Deixe de
besteiras, hein?

fazer favores (vulg.)
to be an "easy lay," grant sexual
favors
(same as "fazer caridade")

FAXINA

fazer faxina (milit.)
to do K.P. duty, do clean-up

Ele fica sempre na cozinha fazendo
faxina.

FAXINEIRO

o faxineiro (colloq.)
the janitor

Trabalhei de faxineiro por dois
meses.

FAZ-DE-CONTA

o (mundo do) faz-de-conta
the make-believe world

Toda criança vive no mundo do
faz-de-conta.

FAZER

dar que fazer (a) (colloq.)
to give trouble (to), give a bad
time (to), be troublesome (to)

Aquele menino traquinas dá que
fazer à pobre da mãe.

fazer e acontecer (vi) (colloq.)
to do whatever one pleases, have it
all one's own way, pull all the
strings, rule the roost

Esse mandachuva faz e acontece lá
na fazenda dele.

**não faz mal (colloq.)
that's all right, it doesn't matter

Não, não faz mal, rapaz. Podemos
fazê-lo assim mesmo como você
diz.

FAZER-SE

fazer-se (sl.)
to go to town, clean up, make a
fortune, make it

O Miranda se fez com a herança que
ganhou do tio.

FÉ

de boa fé
in good faith

Ele prometeu de boa fé não contar
para ninguém.

fazer uma fé (sl.)
(var. of "fazer uma fezinha")

fé em Deus e pé na tábua! (sl.)
go to it! go to town!

Ela vai ser dura de paquerar, mas
fé em Deus e pé na tábua!

FECHAÇÃO

a fechação (sl.)
the big hit, smash, success

O disco foi uma fechação entre a
rapaziada.

FECHADA

dar uma fechada em (colloq.)
to cut off (a car)
(same as "fechar³")

FECHADO

fechado (fig.)
introspective, not outgoing, "cold"

Americano é mais fechado do que
brasileiro.

FECHA-FECHA

o fecha-fecha (colloq.)
the rapid closing of houses and
shops as a panic reaction to
imminent violence

Quando os milicos apareceram com
metralhadoras foi aquele fecha-
fecha no comércio.

FECHAR

fechar[1] (vi) (crim.)
to die
(same as "bater as botas")

fechar[2] (vt) (crim.)
to kill, "bump off"
(same as "dar cabo de")

fechar[3] (vt) (colloq.)
to cut off (a car)

O motorista de ônibus tentou
fechar um fusca e foi aquela
batida!

fechar[4] (vi) (sl.)
to make a hit, be a smash

Ele está fechando com o novo livro
dele.

fechar a cara (colloq.)
to get mad, show signs of anger
(same as "amarrar a cara")

fechar a porta/janela na cara de
(fig.)
to slam the door in someone's face,
turn (someone) down, rebuff
(same as "dar/bater com a porta na
cara/no nariz de")

fechar a raia (sport. and sl.)
to come in last (in a race, etc.),
bring up the rear

Meu irmão treinou à beça para
essa corrida, mas acabou fechando a
raia.

fechar o paletó (crim.)
to die, "croak"
(same as "bater as botas")

fechar o paletó de (crim.)
to kill, do away with
(same as "dar cabo de")

fechar os olhos a (fig.)
to close one's eyes to, ignore,
pretend not to see

Fechou os olhos aos defeitos do
marido.

ser de fechar (sl.)
to be good-looking
(same as "ser de fechar o
comércio")

ser de fechar o comércio (sl.,
joc.)
to be a real knockout (a female),
be enough to stop traffic

Aquela boazuda é de fechar o
comércio, rapaz!

FECHAR-SE

fechar-se[1] (colloq.)
to clam up, keep quiet

Quisemos saber do problema, mas ela
se fechou.

fechar-se[2] (sl.)
to become serious, stop acting up

Depois da esculhambação que levou
da mãe o capeta se fechou todinho.

fechar-se em copas (colloq.)
to clam up, keep quiet
(same as "fechar-se[1]")

FÊ-DA-PÊ

o fê-da-pê (sl., euph.)
(euph. for "o filho-da-puta")

FEDERAL

federal (sl.)
enormous, gigantic, monumental

Ela fez uma bagunça federal.

FEIO

fazer (cada) feio (colloq.)
to behave (very) badly, (really)
act up

É um descarado que faz cada feio
que é de morte!

*ficar feio (colloq.)
to look bad, look amiss, not look
proper

Fica feio uma moça de família
entrar sozinha numa boate dessas de
noite.

ser feio como o mapa do inferno
(sl., joc.)
to be as ugly as sin
(same as "ser mais feio do que a
necessidade")

ser feio como o pecado (colloq.)
to be as ugly as sin
(same as "ser mais feio do que a
necessidade")

ser feio que nem briga de foice (no
escuro) (sl.)
to be very ugly, be a horrible
sight (said of persons and
situations)

O Costa é boa praça, mas é feio
que nem briga de foice no escuro.

ser mais feio do que a necessidade
(colloq.)
to be very ugly, be as ugly as sin

A coitada da mulher é mais feia do
que a necessidade.

FEIRA

a feira do "hippie" (sl.)
the handicraft bazaar, art and
craft sale (usually held in a
public square)

Comprou um quadro e um chapéu de
couro na feira do "hippie".

FEITIÇO

virar o feitiço contra o
feiticeiro (fig.)
for something to backfire, for
someone to be caught in his own
trap or web, for someone to be
hoist by his own petard

Virou o feitiço contra o
feiticeiro quando os fuxicos sobre
a mexeriqueira chegaram aos ouvidos
da família dela.

FEITO

*feito (colloq.)
like

A Lisa atravessou a porta feito uma
fera.

Os dois brigaram feito loucos.

estar feito (sl.)
to have it made, be a success, be
well-off

Ele está feito--herdou uma fortuna
do tio.

FELICIDADE

*felicidades! (sl.)
so long! ciao!

Até terça, meu velho,
felicidades!

FELIZARDO

o felizardo (colloq.)
the lucky dog, lucky stiff

Oh, seu felizardo, ganhou na
loteria, hein?

FERA

a fera[1] (fig.)
the hothead, fury, beast, fiend,
monster

Uma fera dessas é capaz de mandar
acabar com todo mundo.

*a fera[2] (sl.)
the champion, champ, superstar, ace
(same as "o craque")

a fera[3] (stud.)
the hard teacher

A matéria não é lá muito ruim,
mas o professor é uma fera.

atirado às feras (fig.)
thrown to the lions, left to fend
for oneself

Aí estava ela, atirada às feras,
sem nenhum ponto de apoio que
fosse.

*ficar uma fera (fig.)
to get mad, hit the ceiling

O professor ficou uma fera quando
soube do apelido que lhe deram.

FÉRIA

fazer a féria (colloq.)
to clean up, make a mint (in
business)
(same as "faturar[1]")

FERIDA

tocar na ferida (fig.)
to touch a sore spot, strike a
nerve; hit home
(same as "pôr o dedo na ferida")

FERRADO

estar ferrado (vulg., euph.)
to be messed up, be "screwed"
(euph. for "estar fodido")

FERRAMENTA

a ferramenta (vulg.)
the penis

amolar a ferramenta (vulg.)
to have sexual intercourse (said of
a male)

FERRAR

ferrar (vt) (vulg., euph.)
to have sex with

ferrar no sono (fig.)
to fall fast a sleep, sleep soundly

Cheguei em casa pregado para chuchu
e ferrei logo no sono

FERRAR-SE

ferrar-se (vulg, euph.)
to get messed up, get "screwed"
(euph. for "foder-se")

FERRO

o ferro[1] (sl.)
the money, "dough"
(same as "o tutu")

o ferro[2] (vulg.)
the penis

a ferro e (a) fogo (fig.)
by any means at hand, by hook or
crook, using all available
resources

Resolveram terminar o trabalho a
ferro e fogo a fim de chegarem
antes que o prazo vencesse.

bater (n)o ferro enquanto está
quente (fig.)
to strike while the iron is hot,
make hay while the sun shines

Vamos bater no ferro enquanto está
quente, pois se não aproveitarmos
agora, vamos perder o negócio.

ferro na boneca! (sl.)
go to it! go to town!

Ferro na boneca, bicho, que essa
gata está dando sopa, viu?

levar ferro (colloq.)
to fall on one's face, strike out
(same as "entrar pelo cano")

passar o ferro (vulg.)
to have sexual intercourse (said of
a male)

sentar o ferro (vulg.)
to have sex (said of a male)

ser de ferro (fig.)
to be insensitive, be immune to
human frailties, be superhuman

Se vou comer mais? Vou, sim, que
ninguém é de ferro.

FERVER

ferver (vi) (sl.)
to show off, call attention to
oneself, move in a flamboyant
manner

A Cíntia ia fervendo pela avenida
se afrescalhando que nem estrela de
cinema.

FESTA

estragar a festa (colloq.)
to be a party-pooper, spoil the fun

Ele não devia acompanhar a gente,
pois sempre estraga a festa.

fazer festas a[1] (fig.)
to make a fuss over, give a warm
welcome to

Quando viu a namorada, começou a
fazer-lhe festas.

fazer festas a[2] (fig.)
to fondle, caress

Ela me fazia festas e me beijava.

a festa de arromba (colloq.)
the great party, big bash, blowout

Teve uma festa de arromba na casa
do Mafra ontem.

a festa de embalo (sl.)
the wild party, swinging party,
real blowout, orgy

Diz que houve muita gente puxando
erva naquela festa de embalo.

a festa embalada (sl.)
the blowout, wild party, orgy
(same as "a festa de embalo")

FESTÃO

o festão (colloq.)
the big party, great party, big
bash

Sábado a gente vai fazer um
festão daqueles!

FESTIVO

a esquerda festiva (polit.)
the pseudo-left

Ele diz que é da esquerda, mas
antes parece que é da esquerda
festiva.

FEZINHA

fazer uma fezinha (sl.)
to make a bet, risk a little money,
wager

De vez em quando faço uma fezinha
no jogo-do-bicho.

FIBRA

a fibra[1] (fig.)
the moral fiber, inner strength,
character

É um homem de fibra.

a fibra[2] (sport.)
the surfboard
(same as "a prancha de surf")

FICAR

#fica por isso mesmo! (colloq.)
let it be that way! have it that
way! so be it! let's leave it at
that!

Então, se assim for mais fácil,
fica por isso mesmo!

#fique sabendo! (colloq.)
well, now you know! take notice!
get it into your head!

Você não sabia disso? Pois,
fique sabendo, meu chapa!

FICHA

dar a ficha de (colloq.)

to give the low-down on (someone),
tell the inside facts about
(someone), fill one in about
(someone)

Me dá a ficha dela, faz favor,
para eu passar um trote nela.

meter ficha (sl.)
to go at it, plug away, go to town
(same as "mandar brasa")

na ficha (sl.)
in cash

Tem que pagar na ficha se quer
levar agora.

saber a ficha de (colloq.)
to know all about (someone), know
(someone) like a book, have
(someone's) number

Aquele cara não me passa para
trás, não, pois eu sei a ficha
dele.

tacar ficha (sl.)
to go at it, go to town
(same as "mandar brasa")

ter a ficha limpa (crim. and sl.)
to have a clean slate, have a clean
record, have a good reputation

A justa soltou o camarada porque
tinha a ficha limpa.

ter uma ficha (crim.)
to have a police record

Esse malandro tem uma ficha do
tamanho dum bonde.

FICHADO

estar/ser fichado (crim.)
to have/acquire a police record,
have been/be booked

Quando souberam que o sujeito já
estava fichado, foi logo em cana.

FICHINHA

o fichinha (sl.)
the nobody, person of minor or no
importance, pipsqueak
(same as "o joão-ninguém")

FIGA

de uma figa (colloq.)
despicable, low-down, no-good, no-
account, two-bit

Seu safado de uma figa, sai da
minha frente!

fazer figa (colloq.)
to "cross one's fingers" (that is,
to make the Brazilian sign for good
luck by making a fist with the left
hand with the thumb sticking up
between the index and middle
fingers)

Vamos fazer figa para vocês
ganharem o jogo.

FIGUEIREDO

o figueiredo (sl., joc.)
the liver

Como vai o figueiredo depois do
tremendo pileque que você tomou
ontem?

FIGURA

a figura (colloq.)
the real character, oddball
(same as "a figurinha")

FIGURÃO

o figurão (colloq.)
the bigwig, big shot, boss
(same as "o mandachuva")

FIGURINHA

a figurinha (colloq.)
the oddball, eccentric, strange
bird

O Antônio é uma figurinha que só
vendo, rapaz!

FIGURINO

como manda o figurino
as it should be, as is proper,
comme il faut

Eu pretendo fazer tudo como manda o
figurino.

Está funcionando direitinho, como
manda o figurino.

FILA

em fila indiana (colloq.)
in single file

O grupo se formou em fila indiana
para comprar as entradas.

FILA-BÓIA

o fila-bóia (sl.)
the freeloader, moocher, one who
sponges free food off another

Esse fila-bóia só aparece na hora
do jantar.

FILANTE

o filante (colloq.)
the sponger, moocher, freeloader

Eu sou o tipo do filante que só
fuma cigarro se-me-dão.

FILAR

*filar[1] (vt) (colloq.)
to sponge, mooch, bum (a cigarette,
etc.)

Ele vive filando bóia e pedindo
dinheiro.

Posso filar um cigarro aí, que
esqueci de comprar hoje?

filar[2] (vt, vi) (NE) (stud.)
to cut (a class), ditch, be truant

(same as "matar[1]")

FILÉ

o filé (sl.)
the best part, cream, tops,
"choice"

Meu carro é o filé.

Aquela menina é o filé, não é?

FILHA

é a filha da vovó! (int.,
colloq., pej.)
(euph. for "é a mãe!")

*minha filha (voc., colloq.)
my dear, darling; kiddo, girl (used
to address a female)

Me dá um beijo, minha filha.

Olha aqui, minha filha, você não
pode fazer isso.

FILHADAPUTICE

a filhadaputice (vulg.)
the dirty trick, low blow
(same as "a sujeira[1]")

FILHINHO-DA-MAMÃE

o filhinho-da-mamãe (colloq.)
the mama's boy

O filhinho-da-mamãe é um
choramingas que só vendo, rapaz.

FILHINHO-DO-PAPAI

o filhinho-do-papai (colloq.)
(var. of "o filhinho-da-mamãe")

FILHO

*meu filho (voc., colloq.)
darling, my dear; my friend, pal,
son (used to address a male)

Você é um pão, meu filho.

Venha cá, meu filho, que vou te
dar uma dica.

ser filho de seu pai (colloq.)
to be a chip off the old block

Não admira que o Juquinha também
tenha entrado na política, pois se
é filho de seu pai.

também ser filho de Deus (colloq.)
to be just as good as anybody else

Negro também é filho de Deus.

ter um filho (sl., joc.)
to have a kitten, have a fit
(same as "ter um ataque")

ter um filho pela boca (sl., joc.)
to have a fit
(same as "ter um ataque")

FILHO-DA-MÃE

o filho-da-mãe (sl., euph., often
vulg.)
the son of a gun, s.o.b.
(euph. for "o filho-da-puta")

filho-da-mãe (often vulg.)
lousy, crummy, damned, bloody
(euph. for "filho-da-puta")

Esse livro filho-da-mãe não
presta.

FILHO-DA-PÊ-QUÊ-PÊ

o filho-da-pê-quê-pê (sl.,
euph.)
(var. of "o filho-da-p.q.p.")

FILHO-DA-P.Q.P.

o filho-da-p.q.p. (="puta que
pariu") (sl., euph.)
(euph. for "o filho-da-puta")

FILHO-DA-PUTA

*o filho-da-puta (vulg.)
the son-of-a-bitch, "bastard"

Se o filho-da-puta aparecer por
aqui, vai levar uma surra danada!

filho-da-puta (vulg.)
lousy, crummy, crappy, damned

Nunca conheci um lugar mais filho-
da-puta na minha vida!

FILHO-DE-MEU-PAI

o filho-de-meu-pai (colloq., joc.)
I, yours truly
(same as "o degas")

FILHO-DE-MINHA-MÃE

o filho-de-minha-mãe (colloq.,
joc.)
I, yours truly
(same as "o degas")

FILHO-DE-(UMA)-ÉGUA

o filho-de-(uma-)égua (vulg.)
the s.o.b.
(same as "o filho-da-puta")

FILIAL

a filial[1] (sl.)
one's lover (as opposed to one's
legal wife)

Esse filho não é da matriz; é da
filial.

a filial[2] (sl., joc.)
Brazil or any other client state of
the United States

A filial nem sempre cumpre as
ordens da matriz.

FILME

o filme de mocinho (colloq.)
the cowboy movie, shoot-'em-up,

western picture
(same as "o bangue-bangue")

o filme de putaria (vulg.)
the stag film, dirty movie, "skin
flick"

Só tem filme de putaria naquele
cinema.

FIM

(e) fim de papo! (sl.)
and that's that! period!
(same as "acabou-se" [acabar-se])

*estar a fim de (sl.)
to feel like, be game for, be
interested in (something or
someone)

Você está a fim de ir ao cinema
hoje à noite?

Estou a fim daquele boa-pinta,
menina!

*ser o fim (colloq.)
to be horrible, be the limit, be
the last straw, be "the pits"

O comportamento daquele cara-de-pau
é o fim.

FIM-DA-PICADA

*ser o fim-da-picada[1] (colloq.)
to be horrible, be terrible, be
dreadful; be the last straw, be the
limit
(same as "ser o fim")

ser o fim-da-picada[2]
to be "the most," be the greatest,
be the "living end"

Ah, menina, esse bonitão é o
fim-da-picada.

FIM-DO-MUNDO

*no fim-do-mundo (colloq.)
in the sticks, at the ends of the

earth, out in the boondocks

Poxa, ele mora lá no fim-do-mundo!

ser o fim-do-mundo (colloq.)
to be horrible, be the last straw
(same as "ser o fim")

FININHO

o fininho (drug.)
the marijuana cigarette, "joint"
(same as "o baseado")

de fininho (colloq.)
secretly, on the sly

Ele está morando com ela de
fininho.

FINO

o fino (drug.)
the "joint," marijuana cigarette
(same as "o baseado")

ser o fino (sl.)
to be the living end, be the
utmost, be terrific

Pegar praia na Montenegro aos
domingos é o fino, bicho.

tirar um fino (em) (colloq.)
to almost sideswipe, nearly hit
(another car)

O safado tirou um fino no meu carro
e sumiu.

FINÓRIO

o finório (drug.)
the "joint"
(same as "o baseado")

FINTA

a finta (from the Ital.) (sport.)
the fake-out (in soccer) (dodging
an opposing player while
maintaining control of the ball

with the feet)
(same as "o drible")

FINTAR

fintar (vt) (sport.)
to fake-out (in soccer) (dodge an
opposing player while maintaining
control of the ball with the feet)
(same as "driblar[1]")

FIO

a fio (fig.)
on end, in a row, at a time

Ela passa horas a fio grudada à
janela.

de fio a pavio (colloq.)
from beginning to end, from head to
toe

Bom, vai discutir o assunto de fio
a pavio.

estar por um fio (fig.)
to be just barely holding on, be
hanging by a thread, be on one's
last legs

O velho estava por um fio--morre-
não-morre.

Eu estava por um fio; qualquer
coisa podia me arruinar.

perder o fio (fig.)
to lose the thread (of a
conversation, story, etc.), lose
one's train of thought

Pode explicar isso de novo? Eu
perdi o fio da conversa.

perder o fio da meada (fig.)
to lose the thread (of a
conversation, story, etc.), lose
one's train of thought
(same as "perder o fio")

por um fio (fig.)
by the skin of one's teeth, barely

Fiquei apavorado, meu filho, pois
escapei por um fio.

FIOFÔ

o fiofó (vulg.)
the butt, rump; anus
(same as "a bunda")

FIO-MARAVILHA

o fio-maravilha (from the nickname
of a noted soccer player) (sl.)
the ugly person (esp. a man), "ugly
duckling"

O camarada é um fio-maravilha, mas
canta que é uma beleza.

FIRMÃO

ser firmão (sl.)
to be determined, be adamant, be
resolute
(same as "ser durão")

FIRME

firme? (sl.)
really? no kidding?
(same as "é mesmo?")

firme como o Pão de Açúcar
(colloq.)
solid as a rock, solid as the Rock
of Gibraltar
(same as "firme como uma rocha")

firme como uma rocha (colloq.)
solid as the Rock of Gibraltar,
solid as a rock

O muro está firme como uma rocha.

FIRULA

a firula (sl.)
the affectation; gaudy
ornamentation, gingerbread, frills

Tudo o que ele diz e faz é cheio
de firula.

fazer firula (sport.)
to show off, "grandstand" (in
soccer)

Esse jogador só sabe fazer firula.

FIRULETE

o firulete (sl.)
the affectation; gaudy
ornamentation
(same as "a firula")

FISCAL

o fiscal da natureza (sl., joc.)
the loafer, lounger, beach bum,
do-nothing

Ele se diz um fiscal da natureza;
passa o dia todo na praia tomando
chope.

FISGAR

fisgar (vt) (sl.)
to pick up (procure for sexual
purposes)
(same as "pegar⁷")

FISSURADO

estar fissurado em (sl.)
to be wild about, be hung up on, be
stuck on
(same as "ser louco por")

FISSURAR

fissurar em (sl.)
to flip over, go crazy over; get
hung-up on
(same as "gamar por")

FITA

a fita¹ (sl.)
the movie, "flick"
(same as "a tela")

a fita² (colloq.)
the put-on, airs, affectation,
showing off

Deixa de fita, que eu não admito
falsidade.

A cultura dele é pura fita.

*fazer fita (colloq.)
to put on an act, put on airs, show
off

Não dá bola para aquele
faroleiro; anda fazendo fita em
tudo quanto é canto.

FITEIRO

fiteiro (also noun) (colloq.)
put-on, affected, given to showing
off

Mais fiteiro do que ele--só um
ator de melodrama!

FITTIPALDI

o Fittipaldi (sl.)
the fast driver (an allusion to the
race-car driver, Emerson
Fittipaldi)

Eu não vou no táxi daquele
Fittipaldi.

FLA

o Fla (sport.)
the Clube de Regatas do Flamengo (a
Rio soccer team)

O Fla continua dando banho nos
outros times.

FLA-FLU

o Fla-Flu (sport.)
the soccer match between Flamengo
and Fluminense (a traditional
rivalry in Rio)

Vai assistir o Fla-Flu na semana
que vem?

FLAGA

dar o flaga (em) (crim.)

(var. of "dar o _flagra_ [em]")

no _flaga_ (crim.)
(var. of "no _flagra_")

FLAGRA

dar _o_ _flagra_ _(em)_ (crim.)
to catch in the act, catch red-
handed, surprise

Quando dei o flagra no punguista,
ele botou o pé no mundo.

no _flagra_ (crim.)
in the act, red-handed, in
flagrante delicto

Ele foi apanhado no flagra.

FLAGRAR

flagrar (vt) (crim.)
to catch red-handed, surprise
(same as "dar o _flagra_ [em]")

FLAUTA

a _flauta_ (vulg.)
the penis

levar _na_ _flauta_
not to take seriously, take lightly

Homem sério, coisa nenhuma! Leva
tudo na flauta.

tocar _(na)_ _flauta_ (vulg.)
to perform fellatio

FLAUTEAR

flautear (vi) (colloq.)
to loaf, be idle

Flauteou a vida toda; nunca
trabalhou.

FLIPERAMA

o _fliperama_ (sl.)

the penny arcade, pin-ball
establishment

A gente passa horas a fio lá no
fliperama.

FLOR

a _fina_ _flor_ (fig.)
the elite, cream, very best
(same as "a nata")

não _ser_ _flor_ _de_ _se_ _cheirar_ (sl.)
(var. of "ser _flor_ que não se
cheira")

não _ser_ _flor_ _que_ _se_ _cheire_ (sl.)
(var. of "ser _flor_ que não se
cheira")

ser _flor_ _que_ _não_ _se_ _cheira_ (sl.)
to be a bad egg, be a shady
character

É melhor não falar com Joaquim,
que ele é flor que não se cheira.

FLOZÔ

ficar _de_ _flozô_ (sl.)
to sit there looking pretty, just
sit there and not move a finger,
loaf

Só fica de flozô; não quer saber
de trabalho.

FLU

o _Flu_ (sport.)
the Fluminense Futebol Clube (a Rio
soccer team)

Vai ver que, perto do Mengão, o
Flu é pinto.

FLUMINENSE

*_o_ _fluminense_ (also adj.) (colloq.)
the native of Rio de Janeiro State
(not including the city of Rio de
Janeiro)

Não discuta com cara de Niterói,
pois fluminense é bairrista
demais.

FOCA

o foca (journ.)
the cub reporter, fledgling
journalist

Sempre mandam os focas fazerem as
reportagens michas.

FOCINHO

o focinho (colloq.)
the face, "mug"
(same as "a lata")

FODA

a foda[1] (vulg.)
the copulation, sexual intercourse

a foda[2] (vulg.)
the "drag," "bummer," "hell,"
something unpleasant or difficult

Esse exame foi foda.

dar uma foda (vulg.)
to copulate, have sex

tirar uma foda (vulg.)
to copulate, have sex

FODÃO

fodão (vulg.)
fearless, gutsy, "tough"

Esse capoeirista é um camarada
fodão.

FODEDOR

o fodedor (also adj.) (vulg.)
the "stud," promiscuous male

FODELANÇA

a fodelança (vulg.)
the copulating, having sex

FODE-MANSINHO

o fode-mansinho (vulg.)
the pest, bore

Esse fode-mansinho vive
aporrinhando a gente.

FODER

*foder[1] (vt, vi) (vulg.)
to copulate (with), have sex (with)

foder[2] (vt) (vulg.)
to mess up, screw up

Aquele filho-da-mãe fodeu tudo
quanto a gente fez.

foder[3] (vt, vi) (vulg.)
to pester, "bug" the hell out of

Embora daqui, seu chato, e deixa de
foder!

não foder nem sair de cima (vulg.)
to be irresolute, be wishy-washy
(same as "não atar nem desatar")

FODER-SE

foder-se (vulg.)
to get messed up, get fouled up,
get "screwed"

Vai ver que ele se fodeu com esse
negócio da padaria.

fodeu-se o cafezal da viúva!
(vulg.)
everything went down the drain! all
was lost!

FODIDA

a fodida (vulg.)
the copulation

dar uma fodida (vulg.)
to copulate, have sex

tirar uma fodida (vulg.)
to copulate, have sex

FODIDO

fodido (vulg.)
screwed up, a helluva, lousy

Que situação mais fodida!

estar fodido (vulg.)
to be messed up, be "screwed"

Se ela não trouxer a grana logo,
estamos fodidos.

estar fodido e mal pago (vulg.)
to be really messed up, be
"screwed" royally (said of a
person)

FOFO

fofo (also voc.) (sl.)
good-looking, cute (said by girls
of a guy)

Aquele pão é fofo.

Vem cá, fofinho.

FOFOCA

**a fofoca[1] (sl.)
the gossip, rumor, hearsay

Essa moça não trabalha; passa o
dia inteiro fazendo fofoca.

*a fofoca[2] (sl.)
the commotion, hubbub, uproar
(same as "a bagunça[2]")

FOFOCAR

**fofocar (vi) (sl.)
to gossip, tell tales

Um bisbilhoteiro desses passa a

vida fofocando.

FOFOQUEIRO

**o fofoqueiro (also adj.) (sl.)
the gossiper, busybody

Diga para aquele fofoqueiro trancar
o bico.

FOGO

*o fogo[1] (sl.)
the "light" (for a cigarette),
match

Ô, irmão, você tem fogo aí?

o fogo[2] (sl.)
the drunkenness

Essa cachaça, meu filho, dá um
fogo que não é mole não.

botar no fogo (sl.)
to put (someone) in a bad spot, get
(someone) in a jam

Esse sacana me botou no fogo com o
que disse.

estar de fogo morto (colloq.)
to be shut down (a refinery or
factory)

A fábrica está de fogo morto
desde o início da greve.

estar entre dois fogos (fig.)
to be in a crossfire, be between
the devil and the deep blue sea; be
on the horns of a dilemma

Não podia vencer, fizesse o que
fizesse, que ela estava entre dois
fogos.

ficar/estar de fogo[1] (sl.)
to get/be drunk, get/be "high"
(same as "ficar/estar no fogo")

ficar/estar de fogo[2] (sl.)

to get/be sexually excited, get/be
"turned on"

Fiquei de fogo com essa boazuda.

*ficar/estar no fogo (sl.)
to get/be drunk

O Frederico ficou no fogo na farra
de ontem.

negar fogo (vulg.)
not to be able to get an erection,
be impotent (said of a man)

passar fogo (em) (fig.)
to fire (on), shoot (at)

Os soldados estão prestes a passar
fogo nos manifestantes.

**ser fogo[1] (colloq.)
to be hard, be rough, be "murder"

A prova de Química vai ser fogo,
meu caro, mas fogo mesmo!

**ser fogo[2] (colloq.)
to be hard-to-beat, be outstanding,
be terrific, be lively, be "hot
stuff"

Aquele cantor é fogo; para o
samba, só ele mesmo.

A chopada do Zé vai ser fogo.

ser fogo na jaca (sl.)
(var. of "ser fogo")

ser fogo na jacutinga (sl.)
(var. of "ser fogo")

**ser fogo na roupa (colloq.)
(var. of "ser fogo")

ter fogo no rabo (vulg.)
to be oversexed, be hot-blooded, be
passionate (said esp. of a female)

Mulher namoradeira, aquela. Diz
que tem fogo no rabo.

FOGO-DE-PALHA

o fogo-de-palha (colloq.)
the passing fancy, temporary burst
of enthusiasm, flash-in-the-pan
interest

O cacho deles foi fogo-de-palha:
brotou e morreu da noite para o
dia.

ser fogo-de-palha (colloq.)
to be a fickle enthusiast, easily
lose one's initial enthusiasm

O Bernardino é fogo-de-palha, pois
se apaixona por tudo, mas nunca
dura muito tempo.

FOGUEIRA

pular/saltar a fogueira (fig.)
to get out of a big jam, escape
great danger

Parece incrível que a gente tenha
conseguido pular a fogueira, pois a
barra estava super-pesada.

FOGUETE

ser foguete (sl.)
(var. of "ser fogo")

soltar um foguete (vulg.)
to break wind, fart

FOGUETEIRO

meter-se a fogueteiro (colloq.)
to get in over one's head, play
with fire and get burned, stick
one's neck out and suffer the
consequences

Eu não me meto a fogueteiro, pois
disso não entendo patavina.

FÔLEGO

de um só fôlego (fig.)

at one sitting, all at one time,
without a break, at a single
stretch

Preferia terminar o trabalho de um
só fôlego, sem parar para
descansar.

ter fôlego de gato (fig.)
to have nine lives, possess great
resistance

Esse criminoso tem fôlego de gato;
não morre nunca.

FOLGADO

ser (um) folgado (sl.)
to be a lazy bum, be a loafer

Nem fala de trabalho ao David, que
o cara é um folgado de nascença.

FOLHA

a(s) folha(s) (sl.)
the money, "dough," "bread"
(same as "o tutu")

FOLHA-SECA

a folha-seca (sport.)
the suddenly sinking or curving
direct goal kick (in soccer)

Ele é craque na folha-seca.

FOLIA

por folia (colloq.)
for fun, just for the heck of it,
just for laughs

O cara se fantasiou de mulher só
por folia.

FOMINHA

fominha (sl.)
tight, stingy, greedy, tight-fisted

Ele é tão fominha que dá bom dia
com a mão fechada.

FONE

o fone (colloq.)
the telephone; telephone number

Você sabe o fone dele, menina?

FONTE

saber de fonte limpa
to know/have it on good authority,
know from a reliable source

Sabemos de fonte limpa que certo
casal grã-fino pretende se
divorciar no próximo mês.

FOOTING

fazer footing (pseudo-Eng. through
Fr.) (colloq.)
to promenade on the avenue or
public square (in order to flirt
with members of the opposite sex)

As meninas saíram para a rua para
fazer footing lá na Avenida Sete.

FOQUE-FOQUE

o foque-foque (vulg.)
(var. of "o fuque-fuque")

FORA

fora![1] (int., colloq.)
scram! beat it! get out of here! go
home!

Fora, seu safado!

Fora os dedos-duros!

fora![2] (int., colloq.)
boo! (shout of disapproval)

A vaia começou logo: --Fora!
Fora!

*cai fora! (sl.)
scram! shove off! get lost!

Cai fora, seu safado! E não
apareça mais, viu?

*cair fora (sl.)
to leave, take off; beat it, run
away

Aí a gente caiu fora.

dá o fora! (sl.)
scram! shove off!
(same as "cai fora!")

*dar o fora (sl.)
to leave; run away
(same as "cair fora")

*dar o fora em[1] (colloq.)
to give the brush-off to, snub, get
rid of, ditch, walk out on

Resolveu dar o fora no mau-
caráter.

*dar o fora em[2] (colloq.)
to jilt, break up with, "dump" (a
girl friend or boyfriend)

Deu o fora no namorado quando soube
que era casado.

*dar um fora (sl.)
to commit a faux-pas, make a slip-
up, make a mistake, stick one's
foot in it

O gringo deu um fora daqueles
tentando cantar a moça, e logo
levou uma bolacha nas fuças.

estar fora (colloq.)
to be out, not be at home
(same as "estar na rua[1]")

estar mais por fora do que arco de
barril (sl., joc.)
to be really "out-of-it," be
completely in the dark
(see "estar por fora[2]")

estar mais por fora do que asa de
avião (sl., joc.)
to be really "out-of-it," be
totally in the dark
(see "estar por fora[2]")

estar mais por fora do que umbigo
de vedete (sl., joc.)
to be totally "out-of-it," be
completely in the dark
(see "estar por fora[2]")

*estar por fora[1] (sl.)
to be (a) "square," not be "in" (a
person), be out of style (a person
or thing)

O meu professor está por fora;
ninguém dá bola para ele.

Aquela música está por fora já
há muito tempo.

*estar por fora[2] (sl.)
not to have the foggiest, not
understand, be "out-of-it," be in
the dark
(same as "estar voando" [voar])

fora de mão (fig.)
out of one's way, difficult to
reach

Eu te dava uma carona, mas isso
está fora de mão para mim.

*levar um fora[1] (colloq.)
to be brushed off, be sent packing,
be snubbed, be turned down

Foi pedir dinheiro ao genro, mas
levou um fora.

*levar um fora[2] (colloq.)
to be jilted, be turned down, be
"canned" (by a girl friend or
boyfriend)

Levou um fora da namorada e entrou
na fossa.

não ser de jogar/botar fora (sl.)
not to be easily brushed off; not
be one to be set aside or ignored

O cara tentou me chutar. Mas eu
não sou de jogar fora.

*ser de fora (colloq.)

to be a stranger, be from out of
town

Você é natural daqui ou é de
fora?

FORA-DE-SÉRIE

fora-de-série (also noun) (sl.)
exceptional, one-of-a-kind, unique,
terrific, fantastic, excellent

Ele é um sujeito fora-de-série,
não tem dois.

FORÇA

como vai essa força? (sl.)
how is it going? how are you doing?

Como vai essa força, meu chapa.
Tudo azul?

FORÇAR

forçar a barra (sl.)
to insist, force the issue, go
overboard

Eu prefiro esperar para não
forçar a barra, entendeu?

FORD

o Ford bigode (colloq.)
the model-T Ford, vintage model
Ford

Esse teu calhambeque parece mais
velho que um Ford bigode.

FORMA

estar em forma
to be in shape, be in condition, be
fit (said of a person)

Joguei tênis hoje de manhã e
descobri logo que não estou em
forma.

FORMIDÁVEL

*formidável (colloq.)

terrific, great, "neat," fantastic

Eu achei um filme formidável.

FORMIGA

ter formiga no rabo (colloq.)
to be restless, be fidgety, have
ants in one's pants

Esse menino não pára nunca; tem
formiga no rabo.

FORMIGUEIRO

o formigueiro (fig.)
the crowd, a lot of people; crowded
place

O formigueiro de pessoas no centro
hoje foi de morte.

FORRA

ir à forra (sl.)
to get even, get back, take revenge

Ele jurou que ia à forra pelo que
o cara lhe fez.

tirar uma forra (sl.)
to get even, take revenge
(same as "ir à forra")

FORRADO

estar bem forrado (sl.)
to be in the money, be well-heeled,
be rich

Para vencer na política, tem que
estar bem forrado, sabe?

estar forrado (sl.)
to be full, have eaten one's fill

Não podia comer mais nada; estava
forrado.

FORRAR-SE

forrar-se (sl.)
to fill one's stomach, eat one's

fill

Resolveu se forrar antes da viagem, pois estava com uma fome danada.

FORRÓ

o forró (sl.)
(var. of "o forrobodó")

FORROBODÓ

o forrobodó[1] (sl.)
the shindig, popular dance, party

Forrobodó desses sempre termina em briga.

o forrobodó[2] (sl.)
the commotion, disturbance, ruckus, row
(same as "a bagunça[2]")

FORTALEZA

a fortaleza (crim.)
the bookie's headquarters

O bicheiro Euclides foi em cana depois que a justa estourou a fortaleza dele.

FOSSA

*a fossa (sl.)
the sadness, depression, blues, "dumps"

A ida do Jarbas me deu a maior fossa.

entrar na fossa (sl.)
to become depressed, get to feeling down in the dumps

Entrou na fossa depois de levar bomba na prova.

*estar na fossa (sl.)
to be blue, be depressed, be down in the dumps

Estava na fossa, pois tinha levado

um chute da guria.

tirar da fossa (sl.)
to cheer (someone) up, raise (someone's) spirits

Vamos fazer um programa para tirar o Benjamim da fossa.

FRACO

ter um fraco por (fig.)
to have a weakness for, be crazy about

Eu tenho um fraco pelas louras, sabe, e essa aí é boa demais!

FRAGA

dar o fraga (em) (crim.)
(var. of "dar o flagra [em]")

no fraga (crim.)
(var. of "no flagra")

FRAJOLA

frajola (sl., obs.)
elegant, smart, chic

Eta mulata frajola!

FRAJUTO

frajuto (sl.)
(var. of "fajuto")

FRALDA

mal saído das fraldas (fig.)
wet behind the ears, just out of diapers

Você está namorando essa garota mal saída das fraldas?

FRANCÊS

falar francês como uma vaca espanhola (trans. from the Fr.)
(colloq., joc.)

to speak French poorly, butcher the
French language

Que parisiense que nada! Fala
francês como uma vaca espanhola.
Vai ver que é baiano.

FRANGO

o frango[1] (sport.)
the easy goal due to goalie's
inefficiency in soccer

O goleiro deixou passar um frango
porque estava dormindo no ponto.

o frango[2] (North, NE) (colloq.,
pej.)
the male homosexual
(same as "a bicha[1]")

o frango assado (vulg.)
a sexual position in which the
female wraps her legs around her
partner's back or kneels on all
fours

o frango marítimo (sl., joc.)
the fish, sardine (esp. when served
as a meal or snack at a bar,
luncheonette, etc.)

Ô moço, me arranja aí uma loura
suada e um prato de frangos
marítimos, viu?

FRANGUEIRO

o frangueiro (sport., pej.)
the incompetent soccer goalie

Aquele frangueiro perna-de-pau não
presta nem para bater bola.

FREGE

o frege[1] (colloq.)
(var. of "o frege-moscas")

o frege[2] (colloq.)
the commotion, hubbub; brawl

Houve um frege lá na esquina e

meio mundo entrou em cana.

FREGE-MOSCAS

o frege-moscas (colloq.)
the greasy-spoon, cheap restaurant

A comida daquele frege-moscas nem
serve para cachorro.

FREGUÊS

o freguês (sport.)
the losing team, habitual loser,
underdog

Um, dois, três, Flamengo é
freguês!

FRENTE

pela frente
ahead of one, in front of one

Já passei dois meses de férias e
tenho mais um mês pela frente.

pra frente (sl.)
(var. of "pra-frente")

FRESCÃO

o frescão (sl.)
the air-conditioned executive bus

Pega o frescão, que você chega
tranqüilo, tranqüilo.

FRESCAR

frescar (vi) (sl.)
to act in an affected manner; act
finicky, act ridiculous
(same as "fazer frescura")

FRESCO

**o fresco (sl., pej.)
the male homosexual; effeminate
male, sissy
(same as "a bicha[1]")

**fresco[1] (sl., pej.)
sissy, effeminate, fruity

Ele é o mais fresco de todas as
bichas da paróquia.

**fresco[2] (sl.)
put-on, affected, pretentious

Essa mulher é tão fresca no modo
de falar e vestir que só vendo!

FRESCURA

**a frescura[1] (sl.)
the homosexuality; effeminacy

A frescura dele não dá na vista.

**a frescura[2] (sl.)
the affectation; finickiness,
prissiness

Ele tem um anel para cada dia da
semana. Que frescura!

Deixa de frescura e fica à
vontade.

*a frescura[3] (sl.)
the nonsense, foolishness

Não leva a sério, que é só
frescura dele.

**fazer frescura (sl.)
to act affected, behave in a prissy
or ridiculous manner

Ele sempre faz frescura quando
entra numa festa.

Deixe de fazer frescura, que a
conta fica comigo!

FRESCURAGEM

a frescuragem (sl.)
(var. of "a frescura")

FRETAR

fretar (vt) (sl.)

to lead on, flirt with, try to put
the make on, pick up

Ela está fretando o cara de
calção azul.

FRETE

o frete (sl.)
the "pick-up"; prostitute

A gente fez um programa michuruca
com dois fretes lá na Prado
Júnior.

procurar frete (sl.)
to be on the make, streetwalk, look
for someone to pick up

Depois de terminar com o primeiro
freguês, a pistoleira saiu de novo
procurando frete.

FRETEIRA

a freteira (also adj.) (sl.)
the "pick-up"; prostitute
(same as "o frete")

FRIA

dar uma fria em (colloq.)
to give the cold shoulder to, snub,
rebuff

Eles não se falam desde que ela
deu uma fria nele.

*entrar em fria[1] (sl.)
to get into a mess; fall flat on
one's face

Não caia na conversa daquele vivo
ou você entra em fria, viu?

entrar em fria[2] (crim.)
to be locked up, go to jail
(same as "entrar/ir em cana")

*estar numa fria (sl.)
to be in a mess, be in a jam

Estou numa fria danada, rapaz, pois

a velha soube do caso.

levar uma fria (colloq.)
to be given the cold shoulder, be
snubbed

Levou uma fria dos colegas depois
do que fez.

FRICOTE

*o fricote (sl.)
the finickiness, pickiness,
fussiness

Deixa de fricote, seu calhorda!

FRICOTEIRO

fricoteiro (also noun) (sl.)
finicky, fussy, fastidious

Ele é tão fricoteiro que até dá
vontade de rir.

FRIGIDEIRA

sair da frigideira para o fogo
(fig.)
to jump from the frying pan into
the fire

Mais valia ficar no mesmo lugar do
que sair da frigideira para o fogo.

FRIO

frio (crim. and sl.)
false, forged; stolen, "hot"
(opp. of "quente")

Estamos quites: você me trocou um
carro frio por um cheque frio.

Esse carro tem chapa fria.

Não posso viajar; meus documentos
são frios.

o cara frio (sl.)
the killjoy, wet blanket, "cold
fish," "square"
(same as "o desmancha-prazeres")

o cheque frio (sl.)
the rubber check, bogus check

Comprou a geladeira com um cheque
frio.

estar frio (colloq.)
to be "cold" (far from the correct
answer in a game), be way off the
mark

Não, você está frio; não vai
acertar a resposta assim.

frio como gelo (colloq.)
as cold as ice, ice-cold

Apertei a mão dele. Estava fria
como gelo.

Não é muito carinhoso não. É
frio como gelo.

FRITAR

ser de fritar bolinho(s) (sl.)
to be good for nothing, be wishy-
washy (said of a person)

O cara não é de nada--é só de
fritar bolinhos.

FRITO

*estar frito (colloq.)
to have one's goose cooked, be in
trouble, be in a jam

Olha, se você der essa mancada na
reunião amanhã, a gente está
frito, viu?

FRITZ

o fritz (colloq., pej.)
the German, German immigrant

Ninguém pescava patavina da fala
macarrônica do fritz.

FRONTISPÍCIO

o frontispício (sl.)
the face, "mug"

(same as "a lata")

FROUXO

frouxo (also noun) (colloq.)
cowardly, weak, soft

Ele é tão frouxo que quando a
mulher lhe fala alto ele sai com o
rabo entre as pernas.

FROZÔ

ficar de frozô (sl.)
(var. of "ficar de flozô")

FRUTA

a fruta (sl., pej.)
the male homosexual, "fruit"
(same as "a bicha'")

FUBECA

a fubeca (sl.)
the beating, trouncing

O nego levou uma fubeca de criar
bicho.

FUBECADA

a fubecada (sl.)
(var. of "a fubeca")

FUBECAR

fubecar (vt) (sl.)
to trounce, thrash, beat

Os dois saíram no braço e o
grande fubecou o outro que eu vou
te contar.

FUBICA

a fubica (sl.)
the jalopy, "heap"
(same as "o calhambeque")

FUCA

o fuca (South) (sl.)
(var. of "o fusca")

FUÇA

as fuças (sl.)
the face, "kisser," "mug"

O cara-de-pau saiu levando uma
bolacha nas fuças.

ir às fuças de (sl.)
to punch, slug, sock, attack

Quando o descarado me xingou fui
logo às fuças dele.

meter as fuças (em) (sl.)
to stick one's nose in, butt in,
snoop (into), pry (into)
(same as "meter a colher [em]")

nas fuças de (sl.)
to/in the face of (someone), in
front of, under the nose of

Bati a porta nas fuças do
camarada.

O moleque afanou a laranja nas
fuças do guarda.

FUÇAR

fuçar (em) (sl.)
to stick one's nose in, butt in,
snoop (into), pry (into)
(same as "meter a colher [em]")

FUDER

fuder (vt, vi) (vulg.)
(var. of "foder")

FUGIDINHA

dar uma fugidinha (colloq.)
to go out for a second, step out a
minute

Olhe, quer atender o telefone

enquanto eu der uma fugidinha?

FUGIR

fugir de alguém como o diabo da
cruz (colloq.)
to avoid someone like the plague

Ele foge daquele chato como o diabo
da cruz.

FULANA

a fulana (colloq.)
so-and-so, what's-her-name, Jane
Doe
(the fem. form of "o fulano")

a fulana de tal (colloq.)
so-and-so, Jane Doe
(same as "a fulana")

FULANO

*o fulano (colloq.)
so-and-so, what's-his-name, John
Doe

Você conheceu o fulano, meu
vizinho do lado?

fulano, beltrano e sicrano
(colloq.)
Tom, Dick and Harry; Smith, Jones
and Brown (referring to any series
of three unknown or unnamed
persons; in a series of two either
"beltrano" or "sicrano" may be
omitted)

Olhou o desfile: lá vinha fulano,
seguido de beltrano e sicrano.

Esse trapaceiro fala uma coisa para
fulano e outra para sicrano.

o fulano de tal (colloq.)
so-and-so, John Doe
(same as "o fulano")

FULEIRO

o fuleiro[1] (sport.)
the lousy soccer player

O fuleiro deixou a bola passar duas
vezes.

o fuleiro[2] (sl.)
the bum, rowdy, roughneck,
troublemaker

Não topo com a cara daquele
fuleiro.

fuleiro (sl.)
cheap, crummy, lousy
(same as "vagabundo")

FULO

ficar/estar fulo (de raiva/da vida)
(com) (colloq.)
to get/be hopping mad (at), get/be
furious (at)
(same as "ficar/estar danado [da
vida] [com]")

FULUSTRECA

o fulustreca (colloq., pej.)
the son-of-a-gun, the so-and-so

Que é isso, seu fulustreca?

FUMAÇA

e lá vai fumaça (colloq.)
and then some, plus a lot more, and
a great deal more to boot (used
after a round number)

Não só gastou os quinhentos
contos. Gastou os quinhentos e lá
vai fumaça.

sair fumaça (colloq.)
for there to be trouble, for hell
to break loose

Se fizerem uma passeata lá perto
da prefeitura, vai sair fumaça,
viu?

FUMAR

fumar apagado (vulg.)
to perform fellatio

fumar numa quenga (NE) (colloq.)
to get mad, hit the ceiling, get
all hot under the collar

Depois da discussão, ele saiu
fumando numa quenga.

FUMO

*o fumo[1] (drug.)
the marijuana, "pot"

Vamos lá na casa da Beatriz puxar
fumo, topa?

o fumo[2] (vulg.)
the penis

levar fumo (sl.)
to fall on one's face, get messed
up
(same as "entrar pelo cano")

FUNDO

fundo (sport. and sl.)
inexperienced, clumsy, ignorant
(said esp. of a soccer player)

Aquele goleiro é fundo, rapaz,
está engolindo frango pra burro!

FUNDURA

meter-se em funduras (fig.)
to get oneself in hot water, get
into a jam

Se não pagar suas dívidas, vai se
meter em funduras, rapaz.

FUQUE

o fuque (South) (sl.)
(var. of "o fusca")

FUQUE-FUQUE

o fuque-fuque (from Eng. "fuck")
(vulg.)
the copulation

fazer fuque-fuque (vulg.)
to copulate

FURA-BOLO

o fura-bolo (colloq.)
the index finger, forefinger

Fura-bolo também não serve para
aliança.

FURADA

a furada (vulg.)
the deflowered female, non-virgin

dar uma furada (sl.)
(var. of "dar um furo")

FURADO

furado (sl.)
lousy, worthless, crummy

Deixa de bolar programas furados,
rapaz, e vamos cair na farra.

FURADOR

o furador (colloq.)
the pushy person; meddler
(same as "o entrão")

FURÃO

o furão (colloq.)
the pushy person, one with a lot of
gall; meddler
(same as "o entrão")

FURAR

furar[1] (vi) (sl.)
to fizzle out, go down the drain,
fall through, flop

O nosso programa furou ontem por
causa da chuva.

furar[2] (vt) (colloq.)
to butt in, cut in (a line)

Espera aí! Esse cara-de-pau furou
a fila.

furar[3] (vt) (colloq.)
to crash (a party, dance, etc.)
(same as "penetrar")

furar[4] (vt) (vulg.)
to deflower (a virgin)
(same as "tirar o cabaço a")

FURDÚNCIO

o furdúncio (sl.)
the revelry, wild party; disorder,
commotion

Você nem imagina o furdúncio que
deu na praça Mauá por causa da
greve dos estivadores.

FURDUNÇO

o furdunço (sl.)
(var. of "o furdúncio")

FÚRIA

ficar uma fúria (fig.)
to hit the ceiling, see red, become
furious

Quando viu o prejuízo, ficou uma
fúria.

FURO

o furo[1] (journ.)
the "scoop," exclusive news story,
news breakthrough

Foi o maior furo do ano, a notícia
do escândalo.

O foca sortudo deu um furo em todos
os repórteres veteranos.

o furo[2] (vulg.)
the anus

dar um furo (sl.)
to make a slip-up, blunder
(same as "dar uma mancada")

estar três furos acima de
(colloq.)
to be considerably better than, be
several cuts above

Talvez eu não seja o melhor
jogador, mas estou três furos
acima dele.

FUROR

fazer furor (colloq.)
to make a hit, be the rage, go over
big

Esse artista fez furor na década
de 40.

FURRUNDU

o furrundu[1] (sl.)
the shindig, party

Depois desse furrundu, como era que
vocês ainda tinham forças para
dar uma esticada?

o furrundu[2] (sl.)
the commotion, disorder, uproar
(same as "a bagunça[2]")

FUSCA

*o fusca (sl.)
the Volkswagen "bug"

Meu fusca foi fabricado em São
Paulo.

FUSSA

as fussas (sl.)
(var. of "as fuças" [fuça])

FUTICAR

futicar (vi, vt) (colloq.)
to mess (with), fool around (with),
meddle (with); meddle (in)

Tanto futicou que descobriu o
segredo do irmão.

Deixe de futicar meus livros!

FUTRICA

a futrica (colloq.)
the gossip, small talk
(same as "a fofoca[1]")

FUTRICAR

futricar (vi) (colloq.)
to gossip, tell tales
(same as "fofocar")

FUTRIQUEIRO

o futriqueiro (also adj.) (colloq.)
the gossiper, talebearer
(same as "o fofoqueiro")

FUTUCAR

futucar (vi, vt) (colloq.)
(var. of "futicar")

FUXICAR

*fuxicar (vi) (colloq.)
to gossip, tell tales
(same as "fofocar")

FUXICO

*o fuxico (colloq.)
the gossip, rumor, "tale"
(same as "a fofoca[1]")

FUXIQUEIRO

*o fuxiqueiro (also adj.) (colloq.)
the gossiper, talebearer
(same as "o fofoqueiro")

FUZARCA

a fuzarca[1] (colloq.)
the carousing, revelry

O festival acabou numa fuzarca
legal.

a fuzarca[2] (colloq.)
the uproar, disorder, commotion
(same as "a bagunça[2]")

FUZILAR

fuzilar com os olhos (fig.)
to stare daggers at

Fiquei apavorado quando aquele
velho esquisito continuava me
fuzilando com os olhos.

FUZUÊ

o fuzuê (colloq.)
the commotion, uproar, disorder

Eles fizeram um fuzuê dos diabos
no boteco.

G

GABARITADO

gabaritado (fig.)
well-qualified, high-caliber
(same as "de [alto] gabarito")

GABARITO

de (alto) gabarito (fig.)
high-caliber, highly qualified,
top-notch

O Paes é um vigarista de alto
gabarito; caso contrário, não
estava em cana.

GABIRU

o gabiru (sl.)
the shrewdy, sharpie, scoundrel

O mascate é um gabiru em tudo
quanto é negociata.

GABOLA

o gabola (colloq.)
the braggart, boaster
(same as "o garganta")

GADO

o gado (colloq., pej.)
the womenfolk, females

Ô, meu filho, o "papai" conhece
bem o gado dele.

GAFE

fazer/cometer uma gafe (from Fr.
"gaffe") (colloq.)
to make a faux pas, blunder, goof
(same as "dar uma mancada")

GAFIEIRA

a gafieira (colloq.)
the "dive," honky-tonk; third-rate
dance hall or dance

Sábado à noite os homens dos
bairros pobres vão às gafieiras
para se divertirem.

GAGÁ

gagá (from the Fr.) (colloq.)
feebleminded, doting, senile

Quando o velho gagá abriu a boca a
turma toda gozou.

GAIOLA

a gaiola (fig.)
the jail, "clink," calaboose
(same as "a cadeia")

o gaiola (North, NE) (colloq.)
the small riverboat, steamboat used
to navigate such rivers as the
Amazon, its tributaries and the
São Francisco.

Peguei um gaiola em Januária.

estar com a gaiola aberta (sl.)
to have one's fly open (said of a
male)

GAITA

*a gaita (sl.)
the money, "bread," "dough"
(same as "o tutu")

solta/larga a gaita! (crim. and
sl.)
hand over the "dough!" give me all
your money!

GAITADA

dar uma gaitada (colloq.)
to give a loud horse laugh, give a
belly laugh, burst out laughing

Aí o Noronha deu uma gaitada que
teve mais graça do que a piada que
contou.

GAJA

a gaja (Lus.) (colloq., pej.)
the dame, "broad"
(same as "a sujeita")

GAJO

o gajo (Lus.) (colloq.)
the guy, fellow, "character"
(same as "o sujeito")

GALA

a gala (NE) (vulg.)
the semen, sperm

GALALAU

o galalau (colloq.)
the tall man, bean-pole

O galalau andava com um branco
baixinho.

GALEGO

*o galego (colloq., pej.)
the Portuguese person
(same as "o portuga")

GALERA

a galera (for "galeria") (sport.)
the fans, those in the stadium
galleries, sports fans

A galera não vai com a cara desse
goleiro.

GALHO

*o galho[1] (sl.)
the snag, hitch, problem,
complication

Acho que não vai haver galho
nenhum se você seguir direitinho
as instruções.

o galho[2] (sl.)
the part-time job
(same as "o bico[2]")

balançar o galho (NE) (vulg.)
to break wind, fart

#dar galho (sl.)
to lead to trouble, create a snag;
for complications to arise

Se der galho, meu chapa, eu saio de
baixo, ouviu?

Esse erro vai dar galho, amigo.

##quebrar (um) galho (sl.)
to solve a rough problem (esp. with
a makeshift or stopgap solution),
surmount great obstacles

Olha, meu irmão! Será que você
pode me quebrar um galho? Tenho
mulher e filhos, mas 'tou duro.

GALHUDO

o galhudo (sl., joc.)
the cuckold
(same as "o chifrudo[1]")

GALINHA

a galinha[1] (colloq.)
the chicken, coward

Não seja galinha, Miguel. Pega a
onda da gente!

a galinha[2] (sl., pej.)
the male homosexual
(same as "a bicha[1]")

a galinha[3] (colloq.)
the "tease"; "loose woman," slut

Essa galinha você fatura com
certeza; é tiro e queda.

dormir/deitar-se com as galinhas
(fig.)
to go to bed with the chickens

O Moacir está tão agarrado às
saias da mãe que nunca sai de casa
e dorme com as galinhas.

matar a galinha dos ovos de ouro
(fig.)
to kill the goose that lays the
golden egg, spoil a good thing (for
oneself)

Quem estragou o negócio não fui
eu. Você acha que eu ia matar a
galinha dos ovos de ouro?

muita galinha e pouco ovo! (sl.,
joc.)
nothing new! (rhyming answer to, "O
que é que há de novo?")

--Oi, bicho. O que é que há de
novo?
--Muita galinha e pouco ovo!

quando as galinhas tiverem dentes
(colloq.)
when hell freezes over, that'll be
the day, never

Casar com ele? Caso--quando as
galinhas tiverem dentes.

GALINHAGEM

a galinhagem[1] (colloq.)
the cowardice, chicken-heartedness

A galinhagem daquele banana é
notória.

a galinhagem[2] (sl.)
the homosexuality; effeminacy
(same as "a frescura")

GALINHA-VERDE

o galinha-verde (polit., pej.)
the Integralist (supporter of the
Ação Integralista Brasileira, a
fascist political movement of the
1930s whose members dressed in
green shirts)

GALIPÃO

o galipão (sl.)
the jalopy, "heap," old car
(same as "o calhambeque")

GALO

o galo[1] (colloq.)
the lump, knot (on the head)

A pancada que levei na cuca deixou
um galo danado.

o galo[2] (sl.)
the fifty old-cruzeiro note

Não pude pagar; só tinha dois
galos e uma perna.

o Galo (sport.)
the Clube Atlético Mineiro (a MG
soccer team)

O Galo deu olé no time
adversário.

o Galo Carijó (sport.)
the Clube Atlético Mineiro
(same as "o Galo")

ouvir o galo cantar, mas não saber
(a)onde (colloq.)
to have only a vague idea of
something

Não entendo bem o que ele falou.
Quer dizer que ouvi o galo cantar,
mas não sabia aonde.

ser um galo (vulg.)
to have an orgasm quickly (said of
a male)

ver onde o galo está cantando
(colloq.)
to size up the situation
(same as "ver de que lado sopra o
vento")

GALO-DE-BRIGA

o galo-de-briga (colloq.)
the troublemaker, quarrelsome
person, roughneck

Não se pode discutir coisa nenhuma
com um galo-de-briga desses.

GAMAÇÃO

a gamação (sl.)
the passion, love, fondness

A gamação dele pela vizinha não
era de araque, não.

ser uma gamação (sl.)
to be cute, be darling
(same as "ser um amor")

GAMADO

estar gamado em (sl.)
to be crazy about, love
(same as "ser louco por")

*estar gamado por (sl.)
to be wild about, be crazy about,
have a crush on
(same as "ser louco por")

ser gamado em (sl.)
to be wild about, love
(same as "ser louco por")

ser gamado por (sl.)
to be wild about, love
(same as "ser louco por")

GAMAR

gamar em (sl.)
to flip over, go crazy over
(same as "gamar por")

*gamar por (sl.)
to go wild over, flip over, fall in
love with

Ele gamou pela menina.

GAMAR-SE

gamar-se em (sl.)
to go wild over, flip over
(same as "gamar por")

gamar-se por (sl.)
to go wild over, flip over

(same as "gamar por")

GAMBÁ

o gambá[1] (colloq.)
the boozer, drunkard
(same as "o cachaceiro")

o gambá[2] (colloq.)
the person with B.O.

Não agüento esse ônibus comum,
menina, que está cheio de gambás.

ficar/estar gambá (colloq.)
to get/be stinking drunk
(same as "ficar/estar caneado")

GÂMBIA

a gâmbia (crim. and sl.)
the leg, "gam"

O ladrão quebrou uma gâmbia na
fuga.

GANCHO

o gancho (colloq.)
the part-time job
(same as "o bico[2]")

estar no gancho (stud.)
to have flunked a course

Levou pau nos exames, foi reprovado
na matéria e já está no gancho.

GANDAIA

cair na gandaia (colloq.)
to have a fling, go on a spree,
live it up

Quando a mulher foi visitar a mãe,
ele caiu na gandaia.

GANGO

o gango (sl.)
(var. of "a gangue")

GANGUE

a gangue (from Eng. "gang") (sl.)
the gang, group of friends or
malefactors
(same as "a patota")

GANHA-PÃO

o ganha-pão (fig.)
the livelihood, job

Era bom ter um ganha-pão bem pago
para não ter sempre que poupar
cada centavo.

GANHAR

ganhar (vt) (sl.)
to catch, conquer, win over (a girl
friend or boyfriend)
(same as "amarrar^2")

ganhar, mas não levar (sl.)
to win the game but lose the prize,
win by rights but not in actuality

Na briga, ele ganhou mas não
levou, pois a garota saiu com outro
cara.

ganhar o mundo (colloq.)
to take to one's heels, run away;
leave

Depois de derrubar a cerca do
curral, o alazão ganhou o mundo e
nunca mais pintou por essas bandas.

ganhar o pão (fig.)
to earn one's bread, bring home the
bacon, make a living

Quem ganha o pão deles é a mãe,
que o velho anda sempre bêbado.

não ganhar nem para o cafezinho
(colloq.)
to earn a pittance, make next to
nothing

Um vagabundo desses não ganha nem
para o cafezinho; filha minha não
casa com ele.

GANSO

o ganso (vulg.)
the penis

GARANHÃO

o garanhão (colloq.)
the wolf, lover boy, Don Juan, stud

Esse garanhão faz ponto na esquina
perto do Colégio das Freiras.

GARAPA

a garapa (colloq.)
the cinch, something desirable and
easily obtainable

Não tem problema nenhum para
arrumar isso, rapaz--é aquela
garapa.

GARFO

o garfo (colloq.)
the good eater, big eater
(same as "o bom-garfo")

GARGANTA

a garganta (colloq.)
the bragging, hot air, boastfulness

Não acredite na história, que é
tudo garganta.

o garganta (colloq.)
the blowhard, braggart; liar

Não adianta ligar para o que diz
aquele garganta, que é tudo
mentira.

molhar a garganta (colloq.)
to wet one's whistle, drink
(same as "molhar o bico")

não passar na garganta (colloq.)
to be unstomachable, be intolerable
(said of a person)

Já tentei ser amigo do Brás, mas

ele não me passa na garganta,
rapaz.

GARGAREJO

ser da turma do gargarejo (sl.,
joc.)
to sit habitually in the first row
(at movies, in class, etc.)

O Joãozinho é da turma do
gargarejo: só assiste filme na
primeira fila e tem que olhar
assim, ó.

GARNISÉ

o garnisé (colloq.)
the bantam cock, impudent little
squirt, pipsqueak, twerp

Aquele garnisé pode ser baixinho,
mas não é fraco nem calado.

GAROA

a garoa (colloq.)
the mist, fog

O aeroporto vai ter que fechar por
causa da garoa, não acha?

GAROTA

a garota (colloq.)
the girl friend, sweetheart
(same as "a pequena²")

a garota de fé (sl.)
the steady girl friend or fiancée
(as opposed to other more passing
romantic interests)

Quem morreu foi a amásia dele, e
não a garota de fé.

GAROTA-DE-PROGRAMA

a garota-de-programa (sl.)
the "party girl," "pick-up"
(same as "a menina-de-programa")

GAROTA-PROPAGANDA

a garota-propaganda (TV)
the ad girl

A TV Globo tem cada garota-
propaganda espetacular que eu vou
te contar!

GAROTO

o garoto (sl.)
the small glass of draft beer

Me arranja um garoto estupidamente
gelado, chefe!

GARRA

a garra (colloq.)
the spirit, pep, enthusiasm, drive,
persistence

Esse time está mandando brasa
porque tem garra.

Vamos entrar com garra; senão a
gente entra bem.

as garras (fig.)
the clutches, hands, control

O guerrilheiro caiu nas garras do
exército e logo depois foi
fuzilado.

Eu já podia sentir as garras do
assassino na garganta quando a
polícia chegou.

GÁS

faltar gás (colloq.)
to run out of steam, poop out
(same as "perder o gás")

perder o gás (colloq.)
to run out of steam, poop out, give
out

Perdi o gás no meio do exame e
levei pau nele.

soltar um gás (colloq., euph.)

to break wind, pass gas

ter muito gás (colloq.)
to have a lot of energy, have get-
up-and-go

É preciso ter muito gás para
jogar bola com o Santos.

GASOSA

a gasosa (sl.)
the gasoline, petrol

Vou botar gasosa no carro antes de
partir para Petrópolis.

GASTAR

gastar botina (colloq.)
to walk one's legs off
(same as "gastar pernas")

gastar pernas (colloq.)
to walk one's legs off, pound the
pavement

Foca naquele jornal gasta pernas o
dia todo e não ganha quase nada.

GASTO

*dar para o gasto (sl.)
to do, suffice, be enough to get
along, be adequate

A casa não é grande coisa, rapaz,
mas dá para o gasto, né?

GATA

a gata (sl.)
the passionate, sexy woman, "fox";
rich party girl; girl

Com uma gata dessas a gente nem
olhava para outra mulher.

não poder com a gata pelo rabo
(colloq.)
to be as weak as a mouse

Eu brigar com o Luís? Ele não

pode com a gata pelo rabo.

GATA-BORRALHEIRA

a gata-borralheira (fig.)
the Cinderella, menial homebody

Gata-borralheira dessas merece um
feriado de vez em quando.

GATILHO

o gatilho (sl.)
the trick, artifice; fraud, swindle

Cuidado, que o cara é cobra em
gatilho.

GATINHA

a gatinha (sl.)
the sexy female, party girl; girl
(same as "a gata")

de gatinhas (colloq.)
on all fours, on one's hands and
knees

Brinca com o filhinho andando de
gatinhas e fazendo de conta que é
um cavalo.

GATO

o gato[1] (sl.)
the thief, robber
(same as "o gatuno")

o gato[2] (journ.)
the printing error, "typo"

As provas estavam cheias de gatos.

comer/comprar gato por lebre
(colloq.)
to buy a bill of goods, be
swindled, be gypped

Foi barato demais; vai ver que
você comeu gato por lebre.

o gato comeu! (colloq.)

the cat ate it!

--Cadê meu isqueiro?
--Sei lá, o gato comeu!

o gato comeu sua língua? (colloq.)
has the cat got your tongue?

Por que não fala, meu velho? O
gato comeu sua língua?

o gato escondido com o rabo de fora
(colloq.)
the open or poorly kept secret,
inadvertent disclosure, dead
giveaway

Já não é mais segredo, faça o
que fizer. É gato escondido com o
rabo de fora.

ter um gato (sl.)
to have a kitten, have a fit
(same as "ter um ataque")

vender/passar gato por lebre
(colloq.)
to gyp, swindle, sell a bill of
goods

Não compre, não, que o cara está
querendo vender gato por lebre.

GATO-MESTRE

meter-se a gato-mestre (colloq.)
to set oneself up as a know-it-all

Embora ele se meta a gato-mestre,
logo se vê que é um ignorante de
pai e mãe.

GATO-PINGADO

o gato-pingado[1] (colloq.)
the nobody, unimportant person
(same as "o joão-ninguém")

o gato-pingado[2] (colloq.)
one of the few people always
attending any function

Não tinha ninguém na palestra,

nem gato-pingado!

GATO-SAPATO

fazer gato-sapato de (colloq.)
to walk all over, use (someone) as
a doormat

Vão fazer gato-sapato desse
fichinha.

GATUNO

o gatuno (colloq.)
the thief, robber

Gatuno de mão-cheia, ele está
beliscando uma nota violenta.

GAÚCHO

**o gaúcho (colloq.)
the native of Rio Grande do Sul

Você é gaúcho e não conhece
essa música rio-grandense?

GAVETA

a gaveta (crim.)
the jail, "clink," "pen," "stir"
(same as "a cadeia")

GAVIÃO

o gavião (sl.)
the woman-chaser, wolf, Don Juan

Esse gavião anda paquerando todas
as minas da paróquia.

GAZEAR

gazear (vt, vi) (stud.)
to cut (a class), play hooky
(same as "matar")

GAZETA

a gazeta (stud.)
the truancy, ditching (school, a
class)
(same as "a matação [de aula]")

fazer gazeta (stud.)
to cut class, play hooky
(same as "matar[1]")

GAZETEAR

gazetear (vt, vi) (stud.)
(var. of "gazear")

GAZETEIRO

o gazeteiro (also adj.) (stud.)
the "ditcher" (of classes), class-
cutter

Aquele gazeteiro do Afrânio nunca
assiste a aula de Espanhol.

GAZUA

a gazua (colloq.)
the lock pick, jimmy, false key

Os lalaus usaram uma gazua para
abrir a porta.

GELADA

entrar numa gelada (sl.)
to get into a mess
(same as "entrar em fria[1]")

GELADEIRA

a geladeira (crim.)
the jail, "cooler," "clink,"
"slammer"
(same as "a cadeia")

botar na geladeira[1] (sl.)
to table, put off until later,
shelve, put on ice

Vamos botar isso na geladeira, que
não tem importância agora.

botar na geladeira[2] (sl.)
to give (someone) the cold
shoulder, pay no attention to
(same as "dar uma fria em")

estar na geladeira (colloq.)

to be sitting out a dance, be a
wallflower
(same as "tomar chá-de-cadeira")

GELAR

gelar[1] (vt) (sl.)
to give (someone) the cold shoulder
(same as "dar uma fria em")

gelar[2] (vi) (sl.)
to fizzle, flop
(same as "furar[1]")

GELO

dar o gelo em (sl.)
to give the cold shoulder to
(same as "dar uma fria em")

GELO-BAIANO

o gelo-baiano (sl., joc.)
the small concrete traffic divider

Atravessando a rua, ele tropeçou
no gelo-baiano e caiu de costas.

GEMA

*da gema (fig.)
real, genuine, to the core,
through-and-through, born and
raised

Sou carioca da gema; nasci e fui
criada no Rio.

GENIAL

*genial (sl.)
terrific, "out-of-sight," fantastic
(same as "legal")

GÊNIO

o gênio (colloq.)
the irascibility, ill-humor,
"temper"

O gênio daquele velhote chateia
todo mundo.

GENIOSO

genioso (colloq.)
grouchy, grumpy, crabby

Como é que a gente pode se dar bem
com uma pessoa geniosa que nem ele?

GENTE

**gente (voc., colloq.)
folks, gang, everyone

Oi, gente! Tudo jóia, gente?

Tchau, gente. Um abraço geral!

**a gente (colloq.)
we, us; I, me; one

Não, a gente não está em casa
às oito porque tem um compromisso
a essa hora.

Você dá um telefonema para a
gente primeiro, e se eu estiver em
casa, pode dar um pulo lá, viu?

A Bíblia diz que a gente não
devia roubar.

como gente grande (colloq.)
a lot, a great deal; very well,
splendidly, like a champ

Ele come como gente grande--é um
bom garfo mesmo!

Se ele sabe jogar capoeira? Ora,
joga como gente grande, rapaz!

**da gente (colloq.)
our(s), my (mine), one's

O livro é da gente mas você pode
levar se quiser.

ficar gente (colloq.)
to become an adult, get to be a
grown-up, grow up

Quando ficou gente resolveu ganhar
o mundo.

a gente bem (sl.)
the high society, upper crust

Aqui é bairro de gente bem.

ó gente! (int., colloq.)
my gosh! wow! come on now!

Ó gente! Você pode imaginar uma
coisa dessas?

*ser/estar assim de gente (colloq.)
to be (over-)crowded with people
(accompanied by gesture, repeatedly
closing one's thumb against the
other fingers together, pointing
up)

Nem conseguimos entrar no cinema,
pois estava assim de gente!

*ser gente boa (colloq.)
to be a nice guy, be a good person,
be good people

O Paulo é gente boa--todo mundo
gosta dele.

também ser gente (colloq.)
to be just as good as anyone else
(same as "também ser filho de
Deus")

GENTE-BOA

gente-boa (voc., sl.)
friend, pal
(same as "meu chapa")

GERAÇÃO

a geração pão-com-cocada (sl.)
today's youth, younger generation

A geração pão-com-cocada não
pinta mais nessa buate. Já era.

GESTO

o belo gesto
the fine gesture, nice gesture

Foi um belo gesto que ele fez,

oferecendo o paletó à moça
quando começou a chover.

GIBI

o gibi (sl.)
the comic book, adventure comic
book

Todo sábado, tudo quanto é menino
se reúne em frente do cinema para
trocar gibi.

não estar (escrito) no gibi (sl.)
to be unique, be out of the
ordinary, be unheard of, be
exceptional

Essa namorada que eu arranjei não
está escrita no gibi. É fora-
de-série.

GILETE

o gilete (from the trademark
"Gillette") (sl., joc., pej.)
the male bisexual, ac-dc (a fig.
reference to the double-edged razor
blade)

Bicha louca? Não sei, mas é
gilete na certa.

GINGA

a ginga (sl.)
the "swing," "pizzazz," "spice,"
life, something extra

Vamos meter uma ginga, rapaz.

GIRA

gira (colloq.)
screwy, crazy, nutty
(same as "biruta")

GIRAFA

a girafa (fig., joc.)
the beanpole, tall, slender person
(same as "o varapau")

GIRAR

não girar bem (colloq.)
to be off one's rocker, be screwy,
be nutty

Essa figurinha não gira bem, sabe?

GIRO

dar um giro (colloq.)
to take a walk, go for a stroll,
"circulate"

Vamos dar um giro antes do jantar,
pois o ar fresquinho é gostoso.

GIZ

o giz (sl.)
the cigarette

Não deu tempo para fumar um giz.

giz! (int., colloq.)
cheese! (said by one posing for a
photograph in order to produce the
appearance of a smile)

Vamos tirar retrato, gente? Um
grande sorriso, hein? Giz!

GLORIOSA

bater a gloriosa (vulg.)
to masturbate (said of a male)

GOIABA

o goiaba[1] (sl.)
the pest, nuisance, bore
(same as "o chato")

o goiaba[2] (sl.)
the fool, sucker, idiot
(same as "o burro")

GOL

o gol antológico (sport.)
the well-executed soccer goal
(same as "o gol de placa")

o gol de letra[1] (sport.)
the well-executed goal in soccer
(esp. a difficult one that is made
to look easy)

O Pelé marcou um gol de letra no
apagar das luzes.

o gol de letra[2] (sl.)
the good move, tour de force,
master stroke
(same as "o golpe de mestre")

o gol de placa (sport.)
the well-executed soccer goal

Um gol de placa, esse que foi feito
agora!

GOLAÇO

o golaço (sport.)
the well-executed goal in soccer
(same as "o gol de placa")

GOLE

tomar um gole (colloq.)
to take a drink (i.e., of liquor)
(same as "tomar um trago")

GOLEADA

a goleada (sport.)
the "slaughter" (in soccer),
trouncing, great quantity of points

Ah! Foi uma goleada, que a outra
equipe nem chegou perto.

GOLEADOR

o goleador (also adj.) (sport.)
the high scorer (in soccer)

Um goleador desses vale o seu peso
em ouro.

GOLEAR

golear (vt) (sport.)
to "slaughter," trounce, give a
thorough drubbing (esp. in soccer)

O Flamengo goleou o outro time.

GOLPE

o golpe[1] (fig.)
the move, play, action, deed; coup,
master stroke

Um golpe desses não adianta nada.

O plano que você bolou foi um
golpe--mas um golpe de mestre!

o golpe[2] (crim.)
the "job," trick, swindle, criminal
action

O gatuno deu o golpe no dono do
bar.

aplicar um golpe em (sl.)
to trick; cheat
(same as "trapacear")

dar um golpe em (sl.)
to trick, pull a fast one on; con,
swindle
(same as "trapacear")

de um golpe (fig.)
all at one time, with one blow, at
one sitting, in one fell swoop

Terminou o trabalho todo de um
golpe.

o golpe baixo (sl.)
the low blow, dirty trick

Esse negócio de malhar a gente
pelas costas é um golpe baixo.

o golpe de mestre (fig.)
the master stroke, tour de force,
brilliant move

Essa jogada tua foi um golpe de
mestre, irmão.

GOLPE-DO-BAÚ

o golpe-do-baú (sl.)

the marrying for/into money

Ele deu o golpe-do-baú quando
casou com a filha daquele ricaço.

GOLPISTA

o golpista (colloq.)
the swindler, crook, wheeler-
dealer, con man

Um golpista desses passa o conto e
logo tira o corpo fora.

GONGO

ser salvo pelo gongo (colloq.)
to be saved by the bell, escape
just in the nick of time, have a
close call

Escapou por um triz; foi salvo pelo
gongo.

GORDA

gorda (voc., colloq.)
dear, honey (used to address a
female)
(same as "nega")

GORDO

gordo (voc., colloq.)
darling, honey (used to address a
male)
(same as "nego[1]")

nunca ter visto mais gordo
(colloq.)
to have never seen in one's life,
never have laid eyes on

Como é que eu ia reconhecer o
sujeito se nunca tinha visto mais
gordo?

GORGOTA

o gorgota (sl.)
the sucker, fool
(same as "o otário")

GORILA

o gorila (sl., pej.)
the soldier, military man (esp. one
who takes power by coup d'état)

Os gorilas colocaram o preso no
pau-de-arara.

GORJETA

a gorjeta (colloq.)
the bribe, "inducement"

Aí é só dar uma gorjeta ao cana
e te deixa em paz.

COROROBA

*a gororoba (milit. and sl.)
the chow, grub, poor quality food
(same as "a bóia")

GOSTAR

(eu) gosto que me enrosco! (sl.)
I'm just wild about it (him, her,
them, etc.)

Se gosto? Gosto que me enrosco,
minha filha!

GOSTO

o gosto de cabo de guarda-chuva
(sl., joc.)
the unpleasant taste in one's mouth
(esp. during a hangover)

Não tomo uísque porque eu sempre
fico com gosto de cabo de guarda-
chuva na boca no dia seguinte.

*que faz gosto (colloq.)
like a dream, splendidly, well

Poxa, menino, ele toca violão que
faz gosto!

GOSTOSÃO

o gostosão[1] (sl.)
the lover boy, good looker (a
male), beautiful hunk of man

Diz que esse gostosão fatura alto.

o gostosão[2] (sl., obs.)
the big shiny, new bus

Vou ver se pego o gostosão no
Largo do Machado.

GOSTOSO

gostoso (also noun) (colloq.)
good-looking (said of member of
opposite sex)

Que gostosa essa mina, rapaz!

GOTA

a gota d'água que faz transbordar
o copo (fig.)
the straw that broke the camel's
back, last straw

Eu engoli as outras afrontas, mas
essa é a gota d'água que faz
transbordar o copo.

parecerem-se como duas gotas
d'água (colloq.)
to look just like one another, be
as much alike as two peas in a pod

Embora não sejam nem parentes, se
parecem como duas gotas d'água,
não acha?

ser a última gota (fig.)
the be the last straw

Mas quando o cara tentou novamente
me tapear foi a última gota e aí
dei o estrilo.

uma gota d'água no oceano (fig.)
a drop in the bucket

Comparada com a riqueza dos Estados
Unidos, a daquele país não passa
de uma gota d'água no oceano.

uma gota de (colloq.)
a bit of, a dab of, a drop of
(same as "um pingo de")

GOVERNO

para o governo de (colloq.)
for (someone's) information, for
the record

Não tem grande importância,
rapaz, mas para o seu governo, não
fui eu quem fiz.

GOZAÇÃO

*a gozação (sl.)
the joke, jest; playing, teasing,
mockery; "scream," "gas"

Essa conversa é pura gozação.

Esta cobra de plástico foi a maior
gozação na festa de ontem.

GOZADO

**gozado[1] (colloq.)
funny, humorous, comical

A piada foi gozada.

**gozado[2] (colloq.)
odd, strange, weird

Mas é gozado que ela seja a única
aluna a passar no exame.

GOZADOR

o gozador[1] (colloq.)
the loafer, idler
(same as "o boa-vida")

o gozador[2] (sl.)
the joker, wisecracker, cutup, wag

O gozador carioca já é
antológico.

o gozador barato (sl.)
the gratuitous joker or wisecracker

Aquele gozador barato não deixa de
pegar cada palavra para fazer
trocadilho.

GOZAR

**gozar[1] (vt) (colloq.)
  to poke fun at, tease, rib

  Você está me gozando--fala
  sério!

  gozar[2] (vi) (vulg.)
  to have a sexual orgasm, "come"

GOZO

  o gozo[1] (sl.)
  the jest; "scream"; teasing
  (same as "a gozação")

  o gozo[2] (vulg.)
  the sexual climax, orgasm

GRAÇA

  *de graça (fig.)
  cheap(ly), inexpensive(ly)

  Esse livro é de graça.

  Todo mundo está querendo entrar de
  graça.

  *ficar sem graça (colloq.)
  to become uneasy, get embarrassed
  (same as "ficar sem jeito")

  *(não) ter graça (colloq.)
  to be (no) fun; (not) be funny

  Tocar violino num enterro não tem
  graça, seu descarado.

  Aquele chato não tem graça
  nenhuma.

  perder a graça[1] (colloq.)
  not to be fun/funny anymore, cease
  to be fun/funny

  Não sou velho de bengala, mas para
  mim tomar um pileque todo fim de
  semana já perdeu a graça.

  perder a graça[2] (colloq.)

to become uneasy, be embarrassed
(same as "ficar sem jeito")

*qual é a sua graça? (colloq.)
what's your first name?

  Aí o cara me perguntou: "--Qual é
  a sua graça?" E eu, que não
  agüento essa expressão, respondi:
  "--Pelé".

*que é uma graça (colloq.)
like a dream, well, splendidly

  A garotinha canta que é uma
  graça.

*ser uma graça (colloq.)
to be cute, be darling
(same as "ser um amor")

GRACINHA

  ser uma gracinha (colloq.)
  to be darling, be cute
  (same as "ser um amor")

GRADE

  a(s) grade(s) (sl.)
  the jail, "clink," "pen"
  (same as "a cadeia")

GRÃ-FINAGEM

  a grã-finagem (colloq.)
  the upper-crust, high society

  Você pintou naquela badalação da
  grã-finagem a semana passada?

GRÃ-FINO

  *o grã-fino (also adj.) (colloq.)
  the socialite; rich snob

  Baile de grã-finos não tem
  graça.

  Aquela dona grã-fina não presta.

GRAHAM BELL

bater um Graham Bell (para) (sl.,
joc.)
to telephone, give a ring (to)
(same as "ligar [para]²")

GRALHA

a gralha (colloq.)
the chatterbox, windbag, "magpie"
(same as "o tagarela")

GRALHAR

gralhar (vi) (colloq.)
to yak, talk a blue streak, chatter
(same as "tagarelar")

GRAMBEL

bater um grambel (para) (sl., joc.)
(var. of "bater um Graham Bell
[para]")

GRAMOFONE

o gramofone (sl.)
the chatterbox, windbag
(same as "o tagarela")

GRAMPEAR

grampear (vt) (crim. and sl.)
to arrest, "bust," jail
(same as "encanar")

GRAMPO

dar o grampo em (crim. and sl.)
to "bust," arrest, jail
(same as "encanar")

GRANA

*a grana (sl.)
the money, "dough"
(same as "o tutu")

GRANFA

o granfa (also adj.) (sl.)

the socialite; rich snob
(same as "o grã-fino")

GRANFO

o granfo (also adj.) (sl.)
(var. of "o granfa")

GRAVAR

*gravar (na memória) (colloq.)
to memorize, commit to memory,
remember

Ô, você se lembra do nome da rua?
Eu não gravei na memória.

Não consigo gravar nomes de jeito
nenhum.

GRAVATA

a gravata (sport. and crim.)
the strangle-hold (in wrestling and
criminal slang)

Aí a piranha aplicou uma gravata
no caloteiro.

GREGO

contentar/agradar gregos e troianos
(fig.)
to please everyone, reconcile all
sides

O político vai quebrar a cara se
continuar tentando contentar gregos
e troianos.

ser grego para (colloq.)
to be Greek to, be unintelligible
to, be over the head of

Isso para mim é grego, meu filho.
Não entendo bulhufas de nada.

você está falando grego (colloq.)
what you're saying is Greek to me
(same as "você está falando
chinês")

GRELO

 o grelo (vulg.)
 the clitoris

GRETA

 a greta (vulg.)
 the vagina

GREVE-TARTARUGA

 a greve-tartaruga (colloq.)
 the work slow-down; slow-down
 strike

 Operário que participar da greve-
 tartaruga será posto na rua.

GRILADO

 ficar/estar grilado (com) (sl.)
 to get/be bugged (about), get/be
 "hung-up" (over), get/be upset
 (about)

 A mina ficou grilada com o galho
 que teve no trabalho.

GRILAR

 grilar (vt) (sl.)
 to upset, spoil, mess up
 (same as "bagunçar")

GRILAR-SE

 grilar-se (com) (sl.)
 to worry (about), get bothered
 (about), get bugged (about), get
 all "hung-up" (about)

 Não vai te grilar com um negócio
 desses; não chega para tanto.

GRILEIRO

 o grileiro (colloq.)
 the squatter, one who claims land
 illegally, esp. with a falsified
 title

 Favelado não é grileiro, meu
 irmão, que a terra é de Deus e

Deus é de todo mundo.

GRILO

 o grilo[1] (colloq.)
 the land illegally obtained, esp.
 with a falsified title; squatter's
 land

 O cara montou uma fábrica no grilo
 que tinha roubado.

 o grilo[2] (sl.)
 the "drag," "bummer," bum trip
 (same as "a droga")

 *o grilo[3] (sl.)
 the problem, hang-up, worry, hassle
 (same as "o galho[1]")

 dar grilo (sl.)
 to lead to trouble, create a snag;
 for complications to arise
 (same as "dar galho")

 não tem grilo! (sl.)
 there's no problem!
 (same as "não tem mosquito!")

GRIMPA

 abaixar a grimpa (fig.)
 to come down a peg; be crestfallen
 (same as "abaixar a crista")

 abaixar a grimpa de (fig.)
 to cut down to size, take down a
 peg
 (same as "abaixar a crista de")

GRINFA

 a grinfa (sl.)
 the Black woman or mulata; dame,
 woman

 Aquela grinfa não presta para
 empregada, que rouba tudo quanto
 pode.

GRINFO

o grinfo (sl.)
the Black man or mulato; guy

O grinfo era baiano, filho de uma
mãe-de-santo.

GRINGADA

a gringada (colloq., pej.)
the group of foreigners, foreigners
in general (esp. those who are
fair-haired)

A gringada toda estava reunida lá
no consulado.

GRINGO

**o gringo (colloq., pej.)
the foreigner (esp. one with fair
hair)

Era alto e louro--o tipo do gringo
que chega da Alemanha ou da
Itália.

GRITO

no grito (sl.)
by force, violently; by hook or
crook, one way or another

O time dele só sabe ganhar é no
grito.

num grito (sl.)
in a jiffy, in no time, in nothing
flat
(same as "num abrir e fechar de
olhos")

GROGUE

ficar/estar grogue (from Eng.
"groggy") (colloq.)
to get/be tipsy
(same as "ficar/estar alegre")

GRUDAR

grudar^1 (vi) (colloq.)
to go over, catch on, find

acceptance (said of a style, joke,
plan, etc.)
(same as "pegar^1")

grudar^2 (vi) (colloq.)
to go over, be swallowed; be
"bought" as true, "wash" (said of a
story, explanation, etc.)
(same as "pegar^2")

GRUDE

*o grude (sl.)
the chow, grub, food
(same as "a bóia")

GRUJA

a gruja^1 (sl.)
the tip, gratuity

Esqueceu de deixar uma gruja para o
garçom.

a gruja^2 (sl.)
the bribe, "inducement"
(same as "a gorjeta")

GRUPO

o grupo (sl.)
the pack of lies; "bull"; "line";
hoax
(same as "o chute")

o grupo (escolar) (stud.)
the public elementary school

O Joãozinho não foi para o grupo
hoje, que estava com uma febre
alta.

GUARDA

a jovem guarda (fig.)
the younger generation, young
people

A jovem guarda já não venera os
autores consagrados.

a velha guarda (fig.)

the old guard, old school, older
generation, "establishment"

Sou tradicionalista. Prefiro os
costumes da velha guarda.

GUARIBAR

guaribar (vt) (sl.)
to doctor or soup up (a car)
(same as "envenenar")

GUARNAPA

o guarnapa (sl.)
the cop, policeman
(same as "o cana")

GUIMBA

a guimba (sl., drug.)
the cigarette butt; "roach"

Jogou a guimba na calçada antes de
entrar no hotel.

GUITA

a guita (crim.)
the money, "dough," "coin"

Como é que a gente arruma guita
para sair dessa, Zé?

GUITARRA

a guitarra (crim. and sl.)
the machine for counterfeiting bank
notes; printing worthless or
counterfeit money

Se guitarra não existisse, também
não tinha governo nesse país de
uma figa.

botar a guitarra para funcionar
(sl.)
to print worthless or bogus money
(said of the government or of
crooks)

A justa morou logo na jogada quando
os malandros botaram a guitarra
para funcionar.

GUITARRISTA

o guitarrista (crim.)
the counterfeiter

Pegaram uma corriola de
guitarristas a semana passada.

GURI

o guri (South) (colloq.)
the little boy, little kid

Você não viu o guri que estava
pedindo esmola ali na esquina?

GURIA

*a guria[1] (South) (colloq.)
the girl

Vê se a gente arranja duas gurias
para sair hoje, tá?

a guria[2] (South) (colloq.)
the girl friend
(same as "a pequena[2]")

H

HÃ

hã! (int., colloq.)
aha! oh!

Hã! Agora estou vendo.

HEIN

**hein? (colloq.)
(var. of "hem?")

HEM

**hem?[1] (colloq.)
beg your pardon? what did you say?
huh? eh?

Hem? Que é que você falou?

**hem?[2] (colloq.)
isn't that so?

Você acha ela bonita, hem?

HI-FI

o hi-fi (pron. as in Eng.)
(colloq.)
the "screwdriver" (vodka and orange
juice drink)

Ô chefe, vê se me arranja um hi-
fi e dois cuba-libres.

HISTÓRIA

*a história[1] (colloq.)
the lie, "story," "line," bull

Deixa de histórias, menina!

Não venha com essa história--não
cola!

a história[2] (colloq.)
the problem, complication, hang-up

Um encrenqueiro desses só cria
histórias e chateações.

a história[3] (colloq.)
the thing, thingamajig, "deal"
(same as "o troço'")

ficar para contar a história
(fig.)
to be left to tell the story,
survive the ordeal

Foi um massacre total; não ficou
ninguém para contar a história.

*que história é essa? (colloq.)
what kind of thing is that to
say/do? what's the big idea?
(same as "que é isso?")

HOMEM

o homem (colloq.)
the devil, Satan
(same as "o cão[2]")

os homens (crim.)
the police, the "man"
(same as "a justa")

o homem de bem
the man of honor, honorable man,
man of his word

Homem de bem não falta à palavra.

homem de Deus! (int., colloq.)
man alive! gee whiz!

Homem de Deus! Você está
pensando que eu sou rico, é?

os homens da lei (sl.)
the cops, the "heat," the "law"
(same as "a justa")

ser homem (colloq.)
to be a real man, be macho

Só vai quem é muito homem.

ser homem com H maiúsculo
(colloq.)
to be a real he-man, be very macho
(same as "ser homem")

HOMEM-DE-PALHA

o homem-de-palha (fig.)
the straw man, figurehead
(same as "o testa-de-ferro")

HOMESSA

homessa! (int., colloq.)
gosh! my goodness! shucks!

Homessa! Como é que pode, hein?

HONRA

por honra da firma (colloq.)
in order to uphold one's good name,
out of a sense of duty, to maintain
appearances

Só cumpriu a missão por honra da
firma, já que perdera toda a
importância estratégica.

HONRAR

honrar a firma (colloq.)
to uphold one's good name, do one's
duty, keep up appearances

Paguei a conta apenas para honrar a
firma.

HORA

a horas mortas
late at night, in the wee hours

Reuniam-se a horas mortas num
botequim da Lapa.

às altas horas da madrugada/noite
(colloq.)
in the wee hours, very late at
night

A festa continuou até às altas
horas da noite.

*estar na hora (de) (colloq.)
to be time (to)

Está na hora de partir, meu bem.

Está na hora, gente!

estar pela hora da morte (colloq.)
to be sky-high, be expensive, be
hard to come by

O custo da vida está altíssimo.
Até feijão e arroz estão pela
hora da morte.

fazer hora com (colloq.)
to poke fun at, make light of, kid
(same as "fazer pouco de")

*fazer hora(s) (colloq.)
to kill time (while awaiting a
scheduled event, appointment,
etc.); stall

Lá ficou fazendo horas até a
chegada do trem.

Ficamos jogando cartas só para
fazer hora.

a hora da onça beber água
(colloq.)
the opportune time, critical
moment, moment of truth

O Bastos é o tipo do cara que fala
muito bonito; mas na hora da onça
beber água, ele não resolve.

a hora H (="agá") (colloq.)
zero hour, the critical moment

Programou tudo muito direitinho.
Mas na hora H não conseguiu cair
com os cobres.

*tem as horas (aí)? (colloq.)
do you have the time?

Ô, cidadão, tem as horas aí, por
favor?

HORINHA

*na horinha (colloq.)
right on time, on the dot, on the
button

Ela chegou na horinha.

HORIZONTAL

pegar uma horizontal (sl.)
to nap, snooze, catch some shut-eye
(same as "tirar um cochilo")

HORRÍVEL

estar uma coisa horrível (colloq.)
to be terrible, be "murder"

O calor está uma coisa horrível
hoje.

HORROR

horrores (sl.)
a whole lot, a great deal, loads

Ele prometeu horrores, mas nunca
enche as medidas.

Aquele tagarela fala horrores.

Estão faturando horrores nesse
negócio.

estar na de horror (sl.)
to be in the worst way
(same as "estar na pior")

estar numa de horror (drug.)
to be on a bad "trip," have a "bum
trip"

Ela estava numa de horror quando a
gente chegou.

*que horror! (int., colloq.)
how horrible! how terrible!

Que horror! Ter que passar a noite
toda num elevador enguiçado!

um horror de (colloq.)

a whole slew of, gobs of, a passel
of
(same as "uma porção de")

I

IACI

o iaci (sl.)
the moon

O iaci tá bacana hoje.

IALORIXÁ

a ialorixá (from Yor.)
the voodoo priestess
(same as "a mãe-de-santo")

IBOPE

dar ibope[1] (acronym of "Instituto
Brasileiro de Opinião Pública e
Estatística") (sl.)
to have high ratings, have a large
home audience (said of a TV or
radio program)

O novo programa dele deu muito
ibope.

dar ibope[2] (sl.)
to be popular, be a big hit

O cantor deu ibope na festa, sabe?

IDÉIA

a idéia (sl.)
the mind, head or thinking

Que é que você vai fazer se uma
coisa dessas te der na idéia,
rapaz?

IDEM

*idem (Lat.) (colloq.)
also, likewise; me too, the same,
ditto

--Eu vou de hamburger.
--Idem!

IGREJINHA

*a igrejinha (colloq.)
the clique
(same as "a panelinha")

IH

*ih! (int., colloq.)
oh! ah! ooh!

Ih, rapaz! Olha o que está aí!

ILUSTRE

o ilustre desconhecido (colloq.,
iron.)
the nobody, John Doe, unknown

Aí o ilustre desconhecido subiu no
palco para cantar um sambinha
quente.

ÍMÃ

ter um ímã (fig.)
to have personal magnetism, have
charisma, have charm

Para ser político popular é
preciso ter um ímã.

IMPLICÂNCIA

estar de implicância com (colloq.)
to be constantly picking on, have
it in for

Ela sempre estava de implicância
com os irmãos quando era
pequenininha.

IMPLICAR

implicar com (colloq.)
to fuss with, not get along with;
pick on, tease, annoy

Mamãe, a Maria está implicando
comigo, viu?

IMPRENSA

a imprensa marrom (journ.)

the sensationalist press, yellow-
journalism newspapers

A imprensa marrom desse país
noticia cada coisa de fazer gelar-
se o sangue.

IMPRESSIONAR

impressionar o eleitorado (sl.)
to impress everyone, put on airs

O nego só fuma para impressionar o
eleitorado, viu?

IMPRESTÁVEL

o imprestável (also adj.)
(colloq.)
the deadwood, useless person

Esse ministro não deixa de ser um
imprestável para o Governo.

IN

estar "in" (from the Eng.) (sl.)
to be "in," be "with it," be "hip,"
be in style
(same as "estar por dentro[1]")

INANA

vai começar/começou a inana (sl.)
the fireworks are about to
start/have started, all hell is
about to break/has broken loose

Eu estava na Praça Castro Alves
quando a inana começou.

INCREMENTADO

incrementado (sl.)
terrific, "far-out," stylish, "in"
(same as "pra-frente")

INCREMENTAR

incrementar (vt) (sl.)
to build up, embellish, enliven,
jazz up, stretch (the truth)

Aquele repórter tem o hábito de

incrementar os crimes que ele
noticia.

INCUBADO

incubado (sl.)
introspective, introverted

É tão incubado, esse rapaz, que
faz que não ouve quando se
pergunta a hora para ele.

INDA

inda (for "ainda") (colloq.)
still, yet

Inda não tinha falado com ela.

INDIGESTO

indigesto (colloq.)
pestering, hard to take, repugnant
(said of a person)
(same as "intragável")

ÍNDIO

o índio (colloq., pej.)
the clod, uncultured person, hick,
boor

Ela não vai sair com um índio
desses.

INDIVÍDUA

a indivídua (colloq., pej.)
the dame, "broad"
(same as "a sujeita")

INDIVÍDUO

o indivíduo (colloq.)
the fellow, guy
(same as "o sujeito")

INFERNAL

infernal (sl.)
out-of-this-world, "out-of-sight,"
terrific

Essa mulher é infernal!

INFERNINHO

o inferninho (sl.)
the "dive," joint, hell-hole
(same as "a espelunca")

INGLÊS

*(só) para inglês ver (colloq.)
just for show, in order to impress

Para a chegada da Rainha Elizabeth,
pintaram o Mercado Modelo--mas só
para inglês ver.

INGLESA

pagar à inglesa (colloq.)
to go Dutch treat, pay each his own
way

Vamos pagar à inglesa, rapaz, que
ninguém é podre de rico, viu?

INHACA

a inhaca[1] (from Tupi) (colloq.)
the bad smell, body odor, stench
(same as "o bodum")

a inhaca[2] (colloq.)
the bad luck, tough luck
(same as "a urucubaca")

INSERIDO

inserido (no contexto) (sl.)
"in," "with it," in style, up-to-
date
(same as "pra-frente")

INSTRUMENTO

o instrumento (vulg.)
the penis

INTER

o Inter (sport.)
the Esporte Clube Internacional (a
RS soccer team)

O técnico do Inter tirou o time do
campo.

INTIMIDADE

as intimidades (colloq.)
the close friends

É melhor ter muitos colegas e
poucas intimidades.

INTRAGÁVEL

intragável (colloq.)
intolerable, unstomachable (said of
a person)

Esse cu-de-ferro é o cara mais
intragável de todo o primeiro ano.

INTRUJÃO

o intrujão (crim.)
the receiver of or dealer in stolen
goods, "fence"

Se você puder comprar na mão de
um intrujão, vai ver que poupa uma
boa nota.

INTRUJAR

intrujar (vt) (crim.)
to receive or sell stolen goods,
"fence"

O Jackson vive intrujando coisa
roubada, enquanto a justa faz a
vista grossa.

INTRUJICE

a intrujice (crim.)
the receipt or sale of stolen
goods, "fencing"

Intrujice é boca-rica com essa
inflação!

INVOCADO

ficar/estar invocado (com) (sl.)

to get/be peeved (at), get/be
bugged (at)

Eu fiquei invocado com esse pivete
que anda afanando jornais.

INVOCADOR

o invocador (also adj.) (sl.)
the pest, nuisance, bore

Quem der cabo daquele invocador vai
ser condecorado.

INVOCAR

invocar (vt) (sl.)
to pester, "bug," nag, drive
(someone) up the wall

Sempre tem gente que nos invoca com
as suas manias bestas e
antipáticas.

IR

ir a meias (colloq.)
to go halves, split the expenses,
share equally in participation

Se a gente for a meias, aí não
discute quem vai convidar na
próxima vez.

*ir andando[1] (colloq.)
to be getting along all right
(same as "ir indo'")

*ir andando[2] (colloq.)
to get going, shove off, be
leaving, "split"

Eu vou andando, rapaz, que o tempo
é pouco mas as visitas são
muitas.

ir com a cara de (sl.)
to like (someone), go for (someone)

Vai ver que o rapaz vai com a tua
cara, menina.

ir com/em (colloq.)

to go for, approve of

Assaltar o banco? Não vou com
isso, não!

*ir de (colloq.)
to choose, take, order

Eu vou de guaraná. O que é que
você quer beber? E seu irmão vai
de quê?

ir empurrando (colloq.)
to be getting along, be doing OK
(same as "ir indo'")

*ir indo[1] (colloq.)
to be getting along well, be
getting by

As aulas vão indo apesar de ter
muito trabalho.

*ir indo[2] (colloq.)
to be going, shove off, be leaving,
"split"

Se eu vou indo? Você está
querendo me botar na rua?

ir lá dentro[1] (colloq.)
to penetrate someone's ideas or
thinking, sink in

Ouviu o que a Gilda falou do
capitalismo? Parece que o Marx foi
lá dentro, né?

ir lá dentro[2] (colloq., euph.)
to go to the john, visit the rest
room

Cadê o Rodrigo? Ah, diz que foi
lá dentro.

*ir levando[1] (colloq.)
to be getting along well

Ele ia levando quando pegou uma
gripe danada.

*ir levando[2] (colloq.)

to get going, shove off, be leaving

Vai levando!--Não tem carro por trás.

*ir na/pela conversa (etc.) de (colloq.)
to be strung along by, fall for (someone's) "line"
(same as "cair na conversa [etc.] de")

ir navegando (colloq.)
to be getting along all right
(same as "ir indo")

ir remando (colloq.)
to be getting along
(same as "ir indo")

ir rolando (por aí) (colloq.)
to be getting along, be fine
(same as "ir indo")

não ir com a cara de (sl.)
to dislike or despise (someone), not be able to take (someone), hate (someone's) guts

Você diz que gosta do Soares, mas eu não vou com a cara dele.

*não ir nessa/nisso (colloq.)
not to go along with that, not let oneself be fooled by that, not agree with that

Eu não vou nessa, não, meu filho--é pura mentira.

ou vai ou racha! (colloq.)
it'll work or else! it'll make or break!

Vou escrever tudo numa folha só-- ou vai ou racha!

vá à merda! (vulg.)
go to hell!

Vá à merda, seu trapaceiro!

**vá amolar o boi! (colloq.)
get lost! go fly a kite! scram!
(same as "vá plantar batatas!" [ir])

vá apitar longe! (colloq.)
go jump in the lake! scram!
(same as "vá plantar batatas!" [ir])

vá baixar em outro terreiro! (sl.)
get lost! go fly a kite! scram!

Vá baixar em outro terreiro, meu chapa, que você está amolando, viu?

vá catar cavaco! (colloq.)
go fly a kite! scram!
(same as "vá plantar batatas!" [ir])

vá catar piolhos! (colloq.)
go fly a kite! scram!
(same as "vá plantar batatas!" [ir])

vá catar pulgas! (colloq.)
go fly a kite! scram!
(same as "vá plantar batatas!" [ir])

vá comer capim! (sl.)
you idiot! you jackass!
(same as "vá pastar!" [ir])

vá fritar bolinho! (sl.)
go fly a kite! scram!
(same as "vá plantar batatas!" [ir])

*vai bem? (colloq.)
how goes it? everything OK?

Bom dia, meu chapa. Vai bem?

vai daí (colloq.)
therefore, so, thus

Ela era muito alta. Vai daí, todo mundo zombava dela.

vá lamber sabão (colloq.)
go jump in the lake! scram!
(same as "vá plantar batatas!"
[ir])

vá levando! (colloq.)
scram! get moving! shove off!
(same as "cai fora!")

***vamos lá!** (colloq.)
let's try it! let's go (see)! let's
start! let's get to work!

Quer ensaiar de novo? Vamos lá!

vamos nessa! (sl.)
let's get going! let's go to it!
here we go!

E agora, radiouvintes, um sambinha
quente do Chico Buarque. Vamos
nessa, pessoal!

vamos que . . . (colloq.)
let's say that . . ., let's suppose
that . . .

Vamos que sua mãe esteja doente.
Que é que você faz nesse caso?

vá para a China! (colloq.)
get lost! scram!
(same as "vá plantar batatas!"
[ir])

vá para a puta que te pariu!
(vulg.)
go to hell! get screwed!

Está querendo me sacanear, hein?
Então, vá para a puta que te
pariu!

vá para caixa-prego! (colloq.)
get lost! go fly a kite! scram!
(same as "vá plantar batatas!"
[ir])

vá para o diabo (que te carregue)!
(colloq.)
go to hell! damn you!

Vá para o diabo com essa merda de
projeto!

vá para o inferno! (colloq.)
go to hell!

Vá para o inferno, seu filho da
puta!

vá pastar! (sl.)
you idiot! you jackass!

Que idiotice! Vá pastar, seu
burro!

****vá pentear macacos!** (colloq.)
go jump in the lake! go fly a kite!
scram!
(same as "vá plantar batatas!"
[ir])

****vá plantar batatas!** (colloq.)
go fly a kite! go jump in the lake!
get lost! scram!

Deixe de besteiras--vá plantar
batatas, viu!

vá pregar noutra freguesia!
(colloq.)
don't give me that! go tell it to
the marines! get out of here!

Eu não caio nessa. Vá pregar
noutra freguesia!

vá procurar a sua turma! (sl.)
go fly a kite! get lost! scram!
(same as "vá plantar batatas!"
[ir])

****vá tomar banho!** (colloq.)
go jump in the lake! get lost!
scram!
(same as "vá plantar batatas!"
[ir])

vá ver se eu estou na esquina!
(colloq.)
get lost! scram!
(same as "vá plantar batatas!"
[ir])

IRMAO

irmão (voc., colloq.)
brother, friend, mack, pal
(same as "meu chapa")

ISCA

morder/engolir a isca (fig.)
to swallow the bait, be taken in

O trouxa mordeu a isca e o
vigarista faturou uma nota
violenta.

ISCAMBAU

iscambau (sl.)
(var. of "[e] os cambaus")

ISSO

é isso aí (sl.)
that's right, right on
(same as "é isso [mesmo]")

é isso aí, bicho (sl.)
(var. of "é isso aí")

**é isso (mesmo) (colloq.)
exactly, that's right

Pois é, rapaz. É isso mesmo.

*isso de (colloq.)
this matter of, this business of

Isso de entregar abaixo-assinado
não voga.

*isso não! (colloq.)
not that! none of that! come off
it!
(same as "essa não!)

**que é isso? (colloq.)
what kind of behavior is that? what
kind of thing is that to say/do?
come off it! what's the big idea?

Que é isso, irmão? Você está
louco?

IT

ter "it" (from the Eng.) (sl.)
to have that certain something,
have charm, have sex appeal, have
"it"

Ela nem dá no couro, nego, pois
não tem "it" de jeito nenhum!

ITA

o ita (colloq., obs.)
the north-south coastal-navigation
ship (the designation is taken from
the first syllable of many of the
vessels' names, of Tupi origin)

O ita só chegava na véspera do
feriado.

ITAMARATI

**o Itamarati (polit.)
the Brazilian Ministry of Foreign
Relations (so named for the
building where it was formerly
housed in Rio)

A nova lei originou-se no
Itamarati.

J

JÁ

até já! (colloq.)
see you later! so long! see you in
a little while!

Eu te vejo às três em ponto.
Até já!

*isso já é outra coisa (colloq.)
that's something else again, that's
a horse of a different color

Mas, não vem ao caso, rapaz. Isso
já é outra coisa.

*já era! (sl.)
that's passé! that's old hat!
that's out!

Bossa nova? Já era, bicho!

*já já (colloq.)
in a moment, in a jiffy, in no
time, right away

Pode continuar a piada, que eu
volto já já.

*ser para já (colloq.)
to be for right now

A cerveja é para botar na
geladeira ou é para já?

JABACULÊ

o jabaculê (sl.)
the bribe, bribery, graft

Quando descobriram o jabaculê,
cassaram seis deputados e um
senador estadual.

JABURU

o jaburu (fig.)
the tall, clumsy person

Aquele jaburu é seu namorado, é?
Não é possível!

JACA

a jaca (sl.)
the behind, "tail" (esp. that of a
female)
(same as "a saúde")

JACARÉ

o jacaré (fig.)
the ugly, person, "dog"
(same as "o mondrongo")

fazer jacaré (sport.)
to body surf; surf

Fazer jacaré é ótimo de manhã
cedinho quando não tem quase
ninguém na praia.

JACU

o jacu (East) (colloq.)
the hillbilly, hick, country cousin
(same as "o caipira")

JAGUNÇO

o jagunço (colloq.)
the thug, hoodlum, gangster
(same as "o capanga")

JAMEGÃO

o jamegão (colloq.)
the signature, John Hancock

Meta o jamegão aqui no contrato.

JANELINHA

a janelinha (crim.)
the shirt or breast pocket

O batedor de carteira enfiou a mão
na janelinha do cara.

JANTA

*a janta (for "jantar") (colloq.)
the dinner, evening meal

Eu fui convidado para uma janta na
casa delas.

JANTAR

jantar (vt) (sl.)
to punch, sock, clobber

Eu vou jantar o filho-da-mãe se
ele pintar de novo por aqui.

JANUÁRIA

a januária (colloq.)
the cachaça
(same as "a pinga")

JAPA

o japa (also adj.) (colloq., pej.)
(var. of "o japona")

JAPONA

o japona (also adj.) (colloq.,
pej.)
the Japanese, Japanese-Brazilian

O motorista era um japona de São
Paulo.

JARARACA

a jararaca (colloq.)
the shrew, old witch

Homem não tem vez se vive com uma
jararaca dessas, viu?

JARDINEIRA

a jardineira (colloq.)
the rural bus, open bus with
benches

Chegando lá, é preciso pegar a
jardineira para viajar até o outro
povoado.

JECA

o jeca (also adj.) (South)
(colloq.)
the hillbilly, hick (a reference to
the Monteiro Lobato literary
character, Jeca Tatu)
(same as "o caipira")

JEGUE

o jegue (NE) (fig.)
the idiot, dummy
(same as "o burro")

JEITÃO

o jeitão (colloq.)
one's own personal or particular
way or habit, one's style

Isso não é nada demais, rapaz!
É o jeitão dele!

JEITINHO

o jeitinho (colloq.)
the skill, flair, know-how
(same as "o jeito")

dar um jeitinho (colloq.)
(var. of "dar um jeito")

JEITO

**o jeito (colloq.)
the skill, way, talent, flair,
knack, know-how (esp. that used to
cut red tape)

Se o americano dispõe do "know-
how" técnico, o brasileiro tem o
famoso jeito.

Pergunte ao Djalma, que ele tem
jeito para essas coisas.

com jeito (colloq.)
skillfully, ably, adeptly,
tactfully

É preciso proceder, mas proceder
com jeito.

daquele jeito (sl.)
in a bad way (ref. to humor,
health, etc.)

Mamãe ficou daquele jeito quando a
gente falou palavrão.

**dar um jeito (colloq.)
to find a way, fix it, pull
strings, figure out a solution

Pode dar um jeito para arranjar
duas entradas para a gente, chefe?

Se não funcionar direito, a gente
vai ter que dar um jeito.

dar um jeito em (colloq.)
to fix, fix up, repair

Vou ver se papai dá um jeito no
meu carrinho para ele andar melhor.

de jeito maneira! (sl., joc.)
no way! by no means!
(same as "de jeito nenhum!")

*de jeito nenhum! (colloq.)
by no means! no way! not at all!

Eu não vou lá não. De jeito
nenhum!

*ficar sem jeito (colloq.)
to become embarrassed, be ill-at-
ease, not know what to do

Você não imagina como fiquei sem
jeito por causa da gafe.

**não ter jeito (colloq.)
for there to be no way (out), be no
use, for there to be nothing that
can be done about it

Vou no carro dele, pois não tem
jeito com o meu, que está no
prego.

ser o jeito (colloq.)
to be the only/best way, for that
to be (just) the way it is

Parece que se tem de aparecer
pessoalmente. É o jeito, né?

Que era preciso dar duro, era.
Mas, era o jeito.

**ter jeito (para) (colloq.)
to be talented (in), have skill
(in), have a knack (for), have a
way (with)

Ela tem jeito para química.

Quem não tiver jeito, não mexa no
troço!

JEITOSO

ser jeitoso (colloq.)
to be skillful, have a "way" of
doing things, have a knack

Esse rapaz é jeitoso pra burro em
tudo quanto é instrumento musical.

JERERÊ

o jererê (drug.)
the marijuana, "grass"
(same as "o fumo'")

JERICO

o jerico (colloq.)
the imbecile, fool, idiot
(same as "o burro")

JILÓ

o jiló (sl., pej.)
the male homosexual
(same as "a bicha'")

comer jiló (vulg.)
to engage in anal intercourse

JIRAU

o jirau (sl.)
the one-thousand old cruzeiro note

Eu te dou por dois jiraus, 'tá?

JIRIPOCA

a jiripoca (sl.)
the money, "dough"
(same as "o tutu")

JOÃO

joão (voc., colloq.)
mack, friend, pal
(same as "zé")

JOÃO-NINGUÉM

*o joão-ninguém (colloq.)
the unimportant individual, the
nobody

Eu nunca me incomodo com um joão-
ninguém desses, rapaz. Não
presta para bulhufas de nada!

JOÃO-SEM-BRAÇO

dar uma de joão-sem-braço (sl.)
to play innocent, play dumb

Ainda que soubesse a verdade,
preferiu dar uma de joão-sem-
braço.

JOAQUIM

o joaquim (colloq., pej.)
the Portuguese person
(same as "o portuga")

JOÇA

a joça (sl.)
the thing, contraption, "deal"

Botaram uma joça no motor e nunca
mais bateu pino.

JOGADA

a jogada[1] (sl.)
the play, move, action

Namorar essa menina foi uma boa
jogada.

a jogada[2] (sl.)
the matter, affair, thing, "bit,"
situation

Você ainda não morou na jogada.
A jogada é a seguinte . . .

a jogada[3] (sl.)
the chance, opportunity
(same as "a brecha")

JOGADO

jogado (colloq.)
forgotten, abandoned, cast aside,
neglected

O cara vive ali jogado; ninguém
dá bola.

JOGÃO

o jogão (sport.)
the great game

O Fla-Flu de hoje vai ser um jogão
de verdade.

JOGAR

jogar com pau de dois bicos
(colloq.)
to play both ends against the
middle, be two-faced

Sujeito desses é de duas caras,
pois vive jogando com pau de dois
bicos.

jogar no bicho (colloq.)
to play the numbers game
(clandestinely)

Joguei no bicho ontem e perdi uma
bolada!

jogar no outro time[1] (colloq.)
to be on the other side, belong to
the opposing camp

O João Bosco não é partidário
da gente; joga no outro time.

jogar no outro time⁰ (sl., joc.)
to be a homosexual

Desconfio que esse teu "machão"
joga no outro time.

jogar no time de (colloq.)
to be on the side of, like, get
along well with

Eu jogo no time do Juarez, que ele
é um cara cem-por-cento.

JOGO

descobrir/perceber o jogo de (fig.)
to find (someone) out, figure out
(someone's) game, get (someone's)
number, see through (someone)

Descobri o jogo do malandro logo
depois dele entrar.

estar em jogo (fig.)
to be at stake, be in jeopardy

É preciso ter cuidado, que muita
coisa está em jogo aqui.

fazer o jogo de (fig.)
to play (someone's) game, go along
with (someone)

Eu não faço o jogo dele de jeito
nenhum porque eu não vou puxar
saco a vida toda.

o jogo de empurra (colloq.)
the passing the buck

Foi aquele jogo de empurra de
sempre quando pedi para aquele
burocrata me atender.

o jogo limpo (fig.)
the fair play, fair treatment,
ethical behavior; good
sportsmanship

É sujeira fazer uma coisa dessas.
Não é jogo limpo não.

o jogo sujo (fig.)

the unethical behavior, foul play;
low blow, dirty trick, "dirty pool"

Não é preciso recorrer ao jogo
sujo para se atingir a meta
desejada.

JOGO-DO-BICHO

*o jogo-do-bicho (colloq.)
the Brazilian illegal numbers game

Jogo-do-bicho no Brasil é quase
uma instituição nacional.

JOGUETE

fazer de joguete (colloq.)
to play for a sucker, take
advantage of
(same as "fazer de bobo")

JÓIA

a jóia (colloq.)
the initiation fee, entrance fee to
a club, organization, etc.

Para ser sócio desse clube, você
vai ter que pagar a jóia.

**jóia (adj.) (sl.)
terrific, super, "far-out,"
fantastic

Eu vou sair com uma menina jóia.

Esse filme é jóia.

**tudo jóia? (sl.)
everything OK? how's it going?
(same as "tudo bem?)

**tudo jóia! (sl.)
everything's OK!
(same as "tudo bem!")

JORNAL

ser jornal de ontem (colloq.)
to be old news, be nothing new

Mas quais são as últimas, rapaz?

Isso é jornal de ontem.

(same as "o otário")

JUBA

a juba (sl.)
the big, bushy mop of hair, "mane"

Tinha uma juba loura e carregava
uma prancha de surf debaixo do
braço.

JUDAS

onde Judas perdeu as botas
(colloq.)
in the sticks, in the toolies
(same as "no fim-do-mundo")

JUDEU

o judeu (also adj.) (colloq., pej.)
the miser, tightwad, stingy person
(same as "o pão-duro")

JUÍZO

juízo! (int., colloq.)
behave! be good! (often used
ironically upon taking leave of
someone)

Até logo . . . e juízo, viu?

*perder o juízo (colloq.)
to lose one's mind, go crazy, lose
one's marbles

Se você não deixar de ler
romances, vai perder o juízo,
Alonso.

tomar/criar juízo (colloq.)
to get some sense, become
reasonable, mature mentally, wise
up

Se não tomar juízo, você vai
bater com os costados no xadrez.

JULIÃO

o julião (crim.)
the sucker, patsy, "mark"

JUNTAR-SE

juntar-se com (colloq.)
to cohabit with, live together in
common-law marriage with, shack up
with

Diz que a Marta se juntou com
aquele nego que trabalha na
padaria.

JURURU

jururu (from Tupi) (colloq.)
sad, blue

Por que você está tão jururu
assim, Manfredo? Levou um chute da
namorada?

JUSTA

a justa (crim.)
the cops, police, the "heat"

No momento que os assaltantes
estavam fugindo a justa chegou e
grampeou a turma toda.

dona justa (crim.)
the cops, the "heat," the "law"
(same as "a justa")

JUSTINA

dona justina (crim.)
(var. of "dona justa")

L

LÃ

#lá (colloq.)
all that, exactly, particularly, so
(used in negative, ironic
constructions, often
understatements)

Ela não é lá muito católica.

Ele não sabe lá muita coisa.

lá isso . . . (colloq.)
indeed, you bet

Se ele é macho? Lá isso é!

lá pelas tantas (colloq.)
very late at night, in the wee
hours

O Daniel chegou lá pelas seis e
saiu lá pelas tantas.

para lá de (sl.)
very, extremely

Essa garota é para lá de boa.

LÃ

ir buscar lã e sair tosquiado
(fig.)
to have something backfire on one,
be hoist by one's own petard

O trapaceiro foi buscar lã e saiu
tosquiado quando tentou passar o
conto na mulher do comissário.

LABIOSO

labioso (colloq.)
fast-talking; shrewd, sly

De todos o trampolineiros da
cidade, ele é o mais labioso.

LADAINHA

a ladainha (colloq.)
the long, boring talk or story
(same as "a cantilena")

LADINO

ladino (also noun)
sly, foxy, shrewd, sneaky, clever
(same as "esperto")

LADO

o lado (de alguém) (sl.)
one's interests

Eu tenho que defender o meu lado,
não é?

de lado! (int., sl.)
like heck! like fun! my eye! come
off it!
(same as "de araque!")

do lado de cá/lá (colloq.)
on this/that side

Eu estava do lado de cá e a mina
estava do lado de lá quando
atravessei a rua.

para o lado de (alguém) (sl.)
to, at, toward, in the direction of
(someone)

Você está esnobando para o meu
lado.

sai de lado! (colloq.)
get out of the way!

Sai de lado, pessoal, que eu
preciso passar.

LÁGRIMA

as lágrimas de crocodilo (fig.)
the crocodile tears, false tears or
sympathy

O líder oposicionista chorou
lágrimas de crocodilo quando o

Presidente foi derrubado.

LALAU

o lalau (crim.)
the thief, robber

O lalau entrou pela janela dos
fundos e limpou a casa todinha.

LAMA

sair da lama e cair/meter-se no
atoleiro (fig.)
to jump from the frying pan into
the fire
(same as "sair da frigideira para o
fogo")

LAMBADA

a lambada (colloq.)
the licking, beating, lambasting
(same as "a fubeca")

LAMBANÇA

a lambança (sl.)
the idle talk; lies; "line";
boasting

Nego desses arranja namorada na
base da lambança.

LAMBEDEIRA

a lambedeira (colloq.)
the knife
(same as "a peixeira")

LAMBEDOR

o lambedor (colloq.)
the bootlicker, apple-polisher
(same as "o puxa-saco")

LAMBE-LAMBE

o lambe-lambe (colloq.)
the sidewalk photographer

Se precisar de algumas fotos logo,
vai à praça, que está cheia de
lambe-lambes.

LAMBER

lamber (vt) (vulg.)
to perform cunnilingus or fellatio
on

lamber as botas de (fig.)
to lick the boots of
(same as "puxar [o] saco [de]")

lamber os beiços (fig.)
to lick one's chops, gloat

Teve cada deputado oposicionista
lambendo os beiços durante o
escândalo do governo.

lamber sabão (sl., joc.)
to twiddle one's thumbs, do nothing
(same as "chupar o dedo")

LAMBISCAR

lambiscar (vt, vi) (colloq.)
to snack, nibble, pick (at one's
food)

O Jorginho não come muito no
almoço, mas gosta de lambiscar o
dia todo.

LAMBISGÓIA

a lambisgóia (colloq.)
the old bag, meddling old woman

Lambisgóia dessas devia ir presa
por tanto fofocar. Você não
acha?

LAMBRETA

a lambreta (from the trademark
"Lambretta") (colloq.)
the motorbike, scooter

Pretendo comprar uma lambreta, que
a cidade está crescendo demais
para bater calçada.

LAMBRETA-DE-BAIANO

a lambreta-de-baiano (sl., joc.)
the jackhammer, hand-held pneumatic
digger

A gente já não podia ouvir nada
depois que o operário ligou a
lambreta-de-baiano.

LAMBUJA

de lambuja (colloq.)
(var. of "de lambujem")

LAMBUJEM

de lambujem (colloq.)
to boot, on top of that, in the
bargain
(same as "de quebra")

LAMBUZAR

lambuzar (vt) (colloq.)
to smudge, smear, dirty

Tive que lavar a roupa de novo, que
esse moleque lambuzou tudo de lama
enquanto estava secando ao sol.

LANÇA

estar de lança em riste (vulg.)
to have an erection

LANÇA-PERFUME

o lança-perfume (colloq.)
the Carnival perfume squirter,
scented ether bomb

Já se foram os dias do entrudo
antigo, com peças galhofeiras e
lança-perfumes.

LANCE

*o lance[1] (fig. and sl.)
the happening, event, occurrence,
incident, action, move

Eu acompanhei o lance de perto.

Ele "dançou" no lance.

Foi um dia cheio de lances fora-
de-série.

o lance[2] (sport.)
the play, move, action (in soccer)

Esse bolaço foi um lance jóia.

o lance[3] (sl.)
the story

Vou contar o lance tal como ouvi.

o lance[4] (sl.)
the situation, matter, affair,
"deal," thing

O lance está um tanto difícil.

O lance é outro, meu filho.

o lance[5] (sl.)
the exhibition of one's private
parts (intentional or inadvertent)

Você pegou o lance que a Sônia
deu no ônibus?

dar um lance (sl.)
to intentionally or inadvertently
exhibit or give a view of one's
private parts, "give a show"

Quando a mina debruçou na janela
deu um lance que só vendo!

LANCEAR

lancear (vt) (crim.)
to pick (pockets), snatch (wallets,
purses, etc.)
(same as "punguear")

LANCEIRO

o lanceiro (crim.)
the pickpocket
(same as "o batedor de carteiras")

LANCHA

a lancha (sl.)
the clod-hopper, big shoe or foot

Esse gringo usa umas lanchas que
davam em pé de elefante!

LANCHAR

*lanchar (vi, vt) (colloq.)
to snack, have a bite; snack on,
have as a snack

Fui lanchar, que a janta ia
demorar.

Lanchou um sanduíche e um café
com leite.

LANCHE

**o lanche (from Eng. "lunch")
(colloq.)
the snack, light meal

Vamos fazer um lanche, pessoal.

LANCHONETE

*a lanchonete (from Eng.
"luncheonette") (colloq.)
the luncheonette, café or snack
bar, lunch counter

Você almoçou naquela lanchonete
da Galeria Bruni, é?

LANTERNA

a lanterna (sport.)
the last-place team, "cellar-
dweller"

Meu time vai dar uma lavagem nessa
lanterna, rapaz.

LANTERNINHA

a lanterninha (sport.)
(var. of "a lanterna")

LASCA

a lasca (vulg.)
the vagina

LASCADO

lascado (colloq.)
fast, in a hurry, lickety-split

O carro saiu lascado.

LASCAR

lascar (vt) (colloq.)
to blurt out, let go with, come out
with
(same as "soltar")

de lascar (sl.)
a heckuva, the darnedest

Deu uma risada de lascar.

Teve uma idéia de lascar.

ser de lascar[1] (sl.)
to be "murder," be too much to
take, be rough
(same as "ser de morte[1]")

ser de lascar[2] (sl.)
to be "really something," be
terrific, be hard-to-beat
(same as "ser de morte[2]")

ser de lascar o cano (sl.)
(var. of "ser de lascar")

LASCAR-SE

lascar-se (sl.)
to get screwed up, get hurt, fall
on one's face
(same as "estrepar-se")

LATA

a lata (sl.)
the face, "mug," "kisser"

Aí o James Bond deu um tapa na

lata do cara.

dar a lata em (sl.)
to jilt, "can" (a girl friend or
boyfriend)
(same as "dar o fora em^2")

a lata velha (sl.)
the jalopy, "heap"
(same as "o calhambeque")

levar a lata (sl.)
to be jilted, be "canned" (by a
girl friend or boyfriend)
(same as "levar um fora^2")

LATAGÃO

o latagão (colloq.)
the big bruiser, giant, strapping
person

Quando o latagão saiu no tapa eu
tirei o time de campo.

LATIFÚNDIO

o latifúndio dorsal (colloq.,
joc.)
the behind, bottom, hind quarters

Posso ser magra, mas o meu
latifúndio dorsal não deixa a
desejar.

LATIM

perder/gastar o (seu) latim (fig.)
to waste one's words, waste one's
breath; waste one's effort or time

Não perca o seu latim com aquele
cabeçudo.

LAVADEIRA

a lavadeira (sl.)
the chatterbox, real talker
(same as "o tagarela")

LAVAGEM

a lavagem (sport.)
the drubbing, trouncing,
"slaughter," shellacking

A partida de futebol foi uma
lavagem total.

dar uma lavagem em (sport.)
to give a thorough drubbing to,
"slaughter," trounce

O América deu uma lavagem no outro
time ontem.

LAVAR

lavar a burra^1 (sport. and sl.)
to win by a mile
(same as "lavar a égua^1")

lavar a burra^2 (sl.)
to clean up, make a mint
(same as "lavar a égua^2")

*lavar a égua^1 (sport. and sl.)
to win by a mile, win hands down,
clean up

Ela lavou a égua no concurso de
Ciências Naturais.

*lavar a égua^2 (sl.)
to make a mint, do a good business,
clean up

O Ribeiro está lavando a égua
vendendo fuscas.

*lavar as mãos (colloq., euph.)
to use the restroom, "get cleaned
up," powder one's nose

Vou lavar as mãos antes do jantar.

lavar as mãos de (fig.)
to wash one's hands of, have
nothing more to do with, relinquish
responsibility for

Acabou lavando as mãos do
escândalo; essa gente não merecia

o apoio dele.

lavar o cavalo[1] (sport. and sl.)
to win by a mile
(same as "lavar a égua[1]")

lavar o cavalo[2] (sl.)
to clean up, make a mint
(same as "lavar a égua[2]")

LEÃO

ter força de leão (colloq.)
to be as strong as an ox
(same as "ter força de touro")

LEÃO-DE-CHÁCARA

o leão-de-chácara (sl.)
the bouncer, nightclub doorman

A nova boate tem um leão-de-
chácara que é um latagão
daqueles.

LEBRE

levantar a lebre (fig.)
to expose a scandal, uncover
something fishy, blow the whistle

O investigador levantou a lebre
quando descobriu a verdadeira
identidade do acusado.

LEGAL

**legal (sl.)
great, fine, "neat," terrific, OK

Não, não vai ter problema algum
com o Eduardo--é um cara legal.

Bolei um programa legal, gente.

**(está) legal! (sl.)
OK! fine! sure!

Está legal! Então eu te busco
ali lá pelas oito horas.

**tudo legal? (sl.)

is everything OK? how goes it?
(same as "tudo bem?")

**tudo legal!
everything's OK! all's fine!
(same as "tudo bem!")

LEITE

fedendo a leite (colloq.)
wet behind the ears
(same as "mal saído das fraldas"
[fralda])

LEITE-DE-ONÇA

o leite-de-onça (colloq.)
the cachaça-and milk cocktail

O cara traçou seis caipirinhas,
três uísques e um leite-de-onça.

LEITERIA

a leiteria (vulg.)
the breasts, "knockers" (of a
female)
(same as "os pára-choques"
[pára-choque])

LELÉ

lelé (sl.)
nuts, crazy, loony
(same as "biruta")

lelé da cuca (sl.)
(var. of "lelé")

LENÇOL

o lençol (sport.)
the short pass (kick) to oneself
over opponent's head (in soccer)
(same as "o chapéu")

estar em lençóis difíceis
(colloq.)
to be in a tight spot
(same as "estar numa sinuca")

estar em maus lençóis (colloq.)
to be in a tight spot, be in a jam
(same as "estar numa sinuca")

LENGALENGA

a lengalenga (colloq.)
the monotonous story, boring tale,
same old tune

Oh! Aquela tagarela chata está
começando com a lengalenga de
sempre.

LENHA

*a lenha[1] (colloq.)
the fight, skirmish; beating

Teve uma lenha violenta na festa
quando o furão tentou penetrar.

a lenha[2] (vulg.)
the penis

botar lenha no fogo (fig.)
to add fuel to the fire, fan the
flames, feed the fire

Você botou lenha no fogo quando
provocou o cara ainda mais depois
que ele esquentou a cabeça.

mandar lenha[1] (sl.)
to go to town, go at it
(same as "mandar brasa[1]")

mandar lenha[2] (sl.)
to neck, make out; have sex
(same as "mandar brasa[2]")

meter a lenha em[1] (colloq.)
to beat, spank, clobber
(same as "baixar pau em[1]")

meter a lenha em[2] (colloq.)
to criticize, run down
(same as "tesourar")

ser (uma) lenha (sl.)
to be hard, be rough

Vencer nesta vida é lenha, meu
caro, é lenha!

LENHAR

lenhar[1] (vt) (sl.)
to beat, thrash

Aí o tira lenhou o sujeito
horrivelmente.

lenhar[2] (vi, vt) (North) (vulg.)
to copulate (with)

LEONOR

a leonor (sport.)
the soccer ball
(same as "o couro[1]")

LÉRIA

a léria (colloq.)
the baloney, hooey, idle talk
(same as "o blablablá")

LERO-LERO

o lero-lero (sl.)
the idle talk, chit-chat, baloney
(same as "o blablablá")

LESCO-LESCO

o lesco-lesco (sl.)
the daily work routine, daily
grind, rat race

Esse lesco-lesco de escritório
está me enchendo o saco.

LESEIRA

a leseira (colloq.)
the idiocy, crazy action or remark,
nonsense

Que leseira é essa, rapaz--
estacionar o carro no meio da rua?

LESMA

a lesma (sl.)
the slowpoke, "snail," "turtle"

Ô, seu lesma, depressa!

LESO

leso (colloq.)
crazy, nuts, screwy
(same as "biruta")

LETRA

com letra maiúscula (fig.)
with a capital letter, real,
complete, utter

Você é um burro com letra
maiúscula, entende?

de letra (sl.)
easily, with the greatest of ease,
handily, with one's eyes closed

A prova não era lá muito simples,
mas ela fez de letra.

ser de letra (sl.)
to be a cinch, be easy as pie
(same as "ser sopa")

LÉU

ao léu (colloq.)
aimlessly; at random
(same as "à toa")

LEVADO

*levado (colloq.)
naughty, mischievous

Por que a senhora não exempla esse
menino levado quando ele faz tais
besteiras?

*levado da breca (colloq.)
naughty, mischievous
(same as "levado")

LEVA-E-TRAZ

o leva-e-traz (colloq.)
the tale-bearer, gossiper

É um leva-e-traz que não cansa de
fofocar.

LEVANTAR

levantar (vt) (vulg.)
to cause to have an erection,
arouse, "turn on"

Aquele boazuda é capaz de levantar
um defunto.

levantar com o pé esquerdo (fig.)
to get up on the wrong side of the
bed

Você deve ter levantado com o pé
esquerdo hoje, pois está rabugento
pra cachorro.

LEVAR

levar[1] (vi) (colloq.)
to go on, leave, take off, get
going

O fusca já passou. Já pode
levar, meu filho.

levar[2] (vi) (colloq.)
to catch it, take a beating
(same as "apanhar[1]")

levar a breca (sl.)
to fall flat on one's face, get
messed up
(same as "estrepar-se")

*levar na conversa (no papo, etc.)
(colloq.)
to convince by fast-talk, coax;
swindle

É só levar o cara na conversa,
pedir o dinheiro, e cair fora--é
tiro e queda.

levar (o cabaço) a São Pedro

(vulg., joc.)
to die a virgin

Ela é cheia de não-me-toques; vai
levar a São Pedro.

LHUFAS

lhufas (sl.)
(var. of "bulhufas")

LIAMBA

a liamba (drug.)
(var. of "a diamba")

LIDA

dar uma lida em (colloq.)
to read, give a reading to

Eu dei uma lida rápida no seu
livro ontem e gostei mesmo.

LIGA

meu liga (voc., sl.)
pal, buddy, friend
(same as "meu chapa")

LIGAÇÃO

fazer ligação direta (sl.)
to "hot-wire" a car, truck, etc.

Ele puxa carros, fazendo ligação
direta.

fazer uma ligação (para) (sl.)
to make a phone call (to)
(same as "ligar [para][2]")

LIGADA

dar uma ligada (para) (sl.)
to phone, call up
(same as "ligar [para][2]")

LIGADO

estar ligado (drug.)
to be "stoned," be "tripped out"

(same as "estar baratinado[1]")

estar ligado (em) (sl.)
to be "turned on" (to), be "high"
on, be wild about

O pessoal estava ligado na música
do Tim Maia.

LIGAR

ligar (vt) (drug.)
to "turn on" (someone), make
(someone) "high"

O LSD vai te ligar muito mais do
que a maconha, bicho.

**ligar (para)[1] (sl.)
to care (about), give a darn
(about), pay attention (to)

Não ligo para questões de
política internacional.

Tentei falar mas ninguém ligou.

Eu não te ligo.

*ligar (para)[2] (sl.)
to phone, give a ring (to), call up

Liguei para a casa do Milton seis
vezes ontem mas ninguém atendeu.

não ligar a mínima (para)
(colloq.)
not to care at all (about), not pay
the least attention (to)

Eu não ligo a mínima para ele e
para o que diz.

não ligar duas palavras (colloq.)
to be stupid, not know which way is
up

É um burro quadrado, não liga
duas palavras.

LIGAR-SE

ligar-se (drug.)

to "turn on," get "stoned," get
"high"
(same as "baratinar-se[1]")

LIMÃOZINHO

o limãozinho (colloq.)
the cachaça-and-lemon-juice
cocktail, batida de limão

Ô moça, me arruma outro
limãozinho, faz favor!

LIMPAR

limpar (vt) (sl.)
to clean out, steal everything
from; bankrupt, "break"

Os gatunos limparam a casa inteira.

O sortudo limpou o casino.

limpar a barra (sl.)
to clear one's name, regain one's
reputation

Depois de um escândalo desses,
limpar a barra vai ser fogo.

limpar a barra de (sl.)
to clear the name of, restore the
reputation of

Vou ver se consigo limpar a tua
barra com algumas mentirinhas.

LIMPEZA

a limpeza[1] (sl.)
the pennilessness, poverty
(same as "a dureza")

a limpeza[2] (sl.)
the theft of everything, "cleaning
out," thorough robbery

Os ladrões fizeram uma limpeza na
casa.

estar limpeza (crim. and drug.)
for the coast to be clear

Está limpeza; pode ficar
tranquilo, irmão.

ser limpeza (sl.)
to be all right, be great, be
terrific

O cara é limpeza.

tudo limpeza? (sl.)
everything OK? is everything all
right?
(same as "tudo bem?")

tudo limpeza! (sl.)
everything's OK!
(same as "tudo bem!")

LIMPO

*estar limpo (sl.)
to be broke, be cleaned out
(same as "estar duro")

tirar a limpo (fig.)
to clear up, get to the bottom of,
clarify (a situation)

O detetive resolveu tirar a limpo o
mistério.

LINDO

*lindo de morrer (sl.)
beautiful, utterly dazzling,
ravishing, simply gorgeous (often
sarcastic)

Minha filhinha, esse cachorrinho é
lindo de morrer, não achas?

LÍNGUA

afiar a língua (colloq.)
to backbite, dish out the dirt,
engage in malicious gossip

Quando aquela velha afia a língua,
até xinga os mortos.

bater/dar com a língua nos dentes
(sl.)

to blab, let the cat out of the bag, shoot off one's mouth

O cachaceiro se embebedou e deu com a língua nos dentes.

dobrar a língua (colloq.)
to bite one's tongue, watch one's words, take back what one has said, show more respect in speaking of someone or something

Quando você fala de mim, dobre a língua, ouviu?

em língua de gente (colloq.)
in plain Portuguese

Agora explique isso em língua de gente.

pagar pela língua (colloq.)
to live to regret one's words, pay dearly for one's vicious tongue, be punished for something malicious that one has said

Ele critica as faltas dos outros. Mas um dia há de cometer um erro cem vezes pior e aí vai pagar pela língua.

ter a língua comprida (colloq.)
to be a chatterbox, be talkative

Não discuta com o cara, pois ele tem a língua comprida e você não sai nunca dali.

ter língua afiada (colloq.)
to have a sharp tongue, be a backbiter

Cuidado com essa fofoqueira, que tem língua afiada.

ter língua de prata (colloq.)
to have a sharp tongue, be abusive
(same as "ter língua afiada")

ter língua de sogra (colloq.)
to have a sharp tongue, be a malicious gossip

(same as "ter língua afiada")

ter uma língua ferina (fig.)
to have a vicious tongue, be abusive
(same as "ter língua afiada")

ter uma língua viperina (fig.)
to have a vicious tongue, be a malicious gossip
(same as "ter língua afiada")

LÍNGUA-DE-TRAPO

o língua-de-trapo (colloq.)
the blabbermouth, indiscreet gabber

O língua-de-trapo vomitou a verdade logo de cara.

LINGÜIÇA

a lingüiça (journ.)
the "padding" (irrelevant material used to lengthen a story, book, etc.)

O relatório tem algumas conclusões válidas, mas também está cheio de lingüiça.

*encher lingüiça (colloq.)
to beat around the bush, stall, drag out a story, pad, fill up space

Deixa de encher lingüiça e desembucha, pelo amor de Deus!

LINHA

cruzar linhas com (colloq.)
to flirt with, make eyes at

No banco comecei a cruzar linhas com uma guria boa à bessa.

entrar na linha (fig.)
to fall into line, shape up, mend one's ways

Ou você entra na linha, meu filho, ou você fica na rua, viu?

a linha dura (polit.)
the hard line, conservative wing

As reformas propostas são boas,
mas a linha dura nunca vai
aceitá-las.

perder a linha (fig.)
to lose one's cool, lose one's
head, lose one's self control

Aí o Governador perdeu a linha e
deu uma bronca no repórter
atrevido.

sair da linha (fig.)
to step out of line, misbehave

Se saírem da linha, o cara mete
pau.

tirar uma linha (colloq.)
to flirt, make eyes

A menina está dando sopa, sim.
Não viu que tirou uma linha?

LINHA-DURA

linha-dura (polit.)
hard-line, hawkish, law-and-order

Está chovendo político linha-dura
neste país.

LIQUIDAR

liquidar (vt) (colloq.)
to kill, liquidate, "eliminate"
(same as "dar cabo de")

LISO

*estar liso (sl.)
to be broke, be flat busted
(same as "estar duro")

estar liso, leso e louco (NE) (sl.)
to be flat broke, not have a penny
to one's name
(same as "estar duro")

liso como bundinha de nenê
(colloq.)
smooth as a baby's bottom,
beardless (said of the face)

Ele tem o rosto liso como bundinha
de nenê.

LISTA

a lista de bicho (colloq.)
the list of results of the illegal
jogo-do-bicho (usually affixed to a
post or wall)

LISTÃO

o listão (polit. and sl.)
the blacklist, list of those whose
political rights have been revoked
by the government

O novo listão traz o nome de
sessenta cassados.

LIVING

o living (from Eng. "living room")
the living room

O apartamento tem cinco quartos e
um living enorme.

LIVRE

livre como o ar (colloq.)
as free as the breeze
(same as "livre como um pássaro")

livre como um pássaro (colloq.)
as free as a bird

Aí estava o Luís Antônio, livre
como um pássaro, desde a partida
da mulher.

LIVRO

o livro de bolso
the pocket book, small paperback

Não tem edição de luxo, só
mesmo livro de bolso.

o livro de cabeceira (colloq.)
the book for bedtime reading,
favorite book

Pegou um livro de cabeceira e leu
até cair no sono.

ser um livro aberto (fig.)
to be an open book, be known to
all, be no secret

A minha vida é um livro aberto.

LIXO

ser um lixo (sl.)
to be lousy, be crummy, be trashy

Aquele cantor é um lixo.

LOBISOMEM

o lobisomem (fig.)
the ugly person
(same as "o mondrongo")

LOBO

o lobo em pele de cordeiro (fig.)
the wolf in sheep's clothing

Vai ver que aquele Fulano é um
lobo em pele de cordeiro, menina.

LOCA

o loca (sl.)
(var. of "o loque")

LÓGICO

*lógico! (colloq.)
of course! certainly!

Lógico, não podia ser de outro
jeito.

LOGO

**até logo! (colloq.)
so long! bye! see you later!

Até logo, rapaz! Um abraço!

logo de cara (sl.)
right off, immediately
(same as "de saída")

logo de entrada (colloq.)
right off, immediately
(same as "de saída")

logo de saída (colloq.)
right off, immediately
(same as "de saída")

logo mais (colloq.)
pretty soon, shortly

Sente um pouquinho; ele volta logo
mais.

LOGRAR

*lograr (vt) (colloq.)
to trick; hoodwink, swindle, rook

Não conseguiram lograr a Maria,
que ela é escolada.

LOGRO

*o logro (colloq.)
the swindle, gyp, cheating

O senhor não percebeu o logro
daquele vigarista?

LOMBO

o lombo (vulg.)
the behind, "tail," derrière

ter cinqüenta (oitenta, etc.) anos
no lombo (colloq.)
to be fifty (eighty, etc.) years
old, have fifty (eighty, etc.)
years under one's belt (said of a
person)

Já não era tão nova assim; tinha
sessenta e dois anos no lombo.

LONA

*estar na (última) lona (colloq.)

to be broke, be down to one's last
dime
(same as "estar duro")

LONGE

ir longe (fig.)
to go far, get ahead, be promising

Esse rapaz é inteligente. Vai
longe.

longe de mim tal coisa! (colloq.)
far be it from me!

Assaltar um banco? Longe de mim
tal coisa!

nem de longe (colloq.)
not in the least, by no means, not
by a long shot

Ele não é comunista--nem de
longe!

LOQUE

o loque (sl.)
the sucker, patsy
(same as "o otário")

LOROTA

a lorota (colloq.)
the lie, fib, "story," whopper

Papai conta cada lorota sobre suas
aventuras na guerra.

LOTECA

a Loteca (colloq.)
the official sports lottery

Ganhou uma nota violenta na Loteca
da semana passada.

LOUCA

a louca (sl., pej.)
the very effeminate male homosexual
(same as "a bichona")

*dar a louca (sl.)
to go wild, go haywire; go berserk,
run amok

Meu rádio deu a louca e não
presta mais.

Ela deu a louca e matou o filho.

*dar a louca em (sl.)
for something strange to get into
(someone)

Deu a louca nele e saiu de estalo
arrancando toda a roupa.

LOUCO

*louco (colloq.)
extraordinary, uncommon,
tremendous, smashing

Foi um sucesso louco.

estar louco (drug.)
to be "stoned," be "high," be
"spaced out"

O sujeito está louco; puxou erva a
tarde toda.

estar louco por (colloq.)
to be crazy about, love
(same as "ser louco por")

ficar/estar louco (da vida) (com)
(colloq.)
to get/be furious (at), get/be mad
(at)
(same as "ficar/estar danado [da
vida] [com]")

ser de louco (sl.)
(var. of "ser coisa de louco")

**ser louco por (colloq.)
to be crazy about, be wild about,
love

Você sabe que sou louca por ti,
meu bem.

Eu sou louco por bombons de

chocolate, sabe?

LOUCURA

*ser uma loucura (colloq.)
to be a sensation, be really
something, be out of this world

O show dela foi uma loucura.

LOUQUETE

louquete (sl.)
somewhat crazy, a bit tetched, not
all there

O sujeito teria que ser um tanto
louquete para falar tanta besteira.

LOURA

a loura (sl., joc.)
the beer (esp. one that is light in
color)

Tomou duas louras antes de dormir.

a loura suada (sl., joc.)
the ice-cold beer (esp. one that is
light in color)

Ô chefe, dá uma loura suada para
a gente aqui!

LUA

a lua (colloq.)
the mood, disposition, humor

Não sei se vai aceitar; depende da
lua dele.

andar no mundo da lua (colloq.)
to be way off somewhere in the
clouds, be daydreaming

Ele não prestou atenção; andava
no mundo da lua.

de lua (colloq.)
whimsical, moody

Ele é de lua; é capaz de fazer

qualquer bobagem.

estar de lua (colloq.)
to be in a strange mood, be cross,
be out of sorts

O Bernardo está de lua hoje; foi
reprovado numa prova ontem.

LUCA

a luca (sl.)
the one-thousand old cruzeiro note

Você tem uma luca aí para pagar a
condução da gente?

LUFA-LUFA

a lufa-lufa (colloq.)
the fuss, stir, rush, hustle-bustle
(same as "o corre-corre")

LUNETA

as lunetas[1] (sl.)
the eyeglasses

Não pode ver nada sem as lunetas.

as lunetas[2] (sl.)
the eyes

Abra as lunetas, rapaz!

LURDINHA

a lurdinha (sl.)
the machine gun

Pego a lurdinha e costuro a cara de
quem entrar primeiro, entende?

LUVA

as luvas (comm. and colloq.)
the initial amount a tenant pays a
landlord over and above the monthly
rent, premium payment, bonus

Com esse aluguel, mais as luvas,
você vai pagar uma boa nota, viu?

assentar/cair como uma luva
(colloq.)
to fit like a glove, be a perfect
fit

Essa calça lhe assenta como uma
luva, rapaz. Pega bem em você.

tratar com luvas de pelica (fig.)
to treat with kid gloves, treat
with delicacy

Ela resolveu tratar do assunto com
luvas de pelica.

LUXENTO

luxento (colloq.)
fussy, finicky, hard-to-please
(same as "cheio de luxo")

LUXO

o luxo (colloq.)
the fussiness, finickiness,
prissiness

Deixe de luxo, que você não é
tão inocente assim, não!

LUZ

a luz (fig.)
the knowledge, learning, wisdom

É um homem de muita luz.

Parece ser uma pessoa de poucas
luzes.

a todas as luzes (fig.)
in all respects, in every way

É, a todas as luzes, um plano bem
concebido e executado.

*dar à luz[1] (fig.)
to give birth (to), have (a baby)

Deu à luz um menino.

Quando ela vai dar à luz?

dar à luz[2] (fig.)
to publish, bring out

Deu à luz um romance.

lançar luz sobre (fig.)
to shed light on, clarify

O relatório visa a lançar luz
sobre tal questão.

sair à luz (fig.)
to be published, come out

O livro saiu à luz o ano passado.

ver a luz (fig.)
to be born, come into the world,
first see the light of day

Ele viu a luz há 67 anos num
pequeno povoado do interior de
Minas.

vir à luz (fig.)
to come to light, appear, be
disclosed

Essa informação só veio à luz
com a recente publicação das
memórias dele.

M

MACACA

dar/levar o tiro na macaca
(colloq.)
to become an old maid, have passed
thirty without marrying (said of a
female)
(same as "ficar para titia")

MACACADA

a macacada (colloq.)
the "gang," group of friends, one's
friends
(same as "a turma[1]")

MACACA-DE-AUDITÓRIO

a macaca-de-auditório (TV and
mus.)
the female fan (of TV stars),
"groupie" (often hanging around
studios)

Ele tem mais macacas-de-auditório
do que Roberto Carlos.

MACACO

o macaco[1] (fig.)
the mimic, imitator, impressionist,
aper

Esse macaco sabe imitar
perfeitamente o Presidente.

o macaco[2] (sl., pej.)
the Negro, Black

o macaco[3] (sl.)
the phone, telephone

A lista telefônica está aí perto
do macaco.

o macaco[4] (sl., pej.)
the military policeman

Tem dois macacos ali na esquina com
metralhadoras.

o macaco[5] (colloq.)
the ugly person, "dog"
(same as "o mondrongo")

está perguntando se macaco quer
banana! (colloq.)
does a fish like water? does a bee
like honey? of course I like it!

Seu eu gosto de feijoada? Está
perguntando se macaco quer banana!

macacos me mordam! (int., colloq.)
I'll be (darned)! I'll be a
monkey's uncle! I'll eat my hat!

Macacos me mordam se esse moleque
está dizendo a verdade!

o macaco velho (colloq.)
the shrewd customer; old hand, one
who has been around

Aquele macaco velho é vivo; não
cai na conversa do chutador.

MAÇADA

a maçada (colloq.)
the "drag," bore, "pain"
(same as "a amolação")

MAÇANTE

maçante (colloq.)
boring, dull, tiresome, bothersome
(same as "chato")

MACAQUICE

fazer macaquices (colloq.)
to cut up, clown around

O Décio só faz macaquices durante
as provas.

MACAQUINHO

ter macaquinhos no sótão

(colloq.)
to have bats in one's belfry, be
nuts, be screwy

O cara é tão esquisito que deve
ter macaquinhos no sótão.

MACETE

*o macete (sl.)
the key, secret, trick, tip, "the
ropes"

Você precisa me dar o macete do
jogo.

Sabendo os macetes da profissão,
você está feito.

*dar o(s) macete(s) (sl.)
to give the necessary clues, show
(one) how (to do something), show
the tricks of the trade, show the
ropes

Me dá os macetes, por favor, que
eu não sei como é que a gente
consegue fazer esse troço aí.

MACETEADO

maceteado (sl.)
well-designed, well-constructed,
full of desirable features, clever,
first-rate

É um plano bem bolado e maceteado.

MACHEZA

a macheza (colloq.)
the virility, manliness

Abalou a macheza dele quando ela
saiu com o outro.

MACHISMO

o machismo (colloq.)
the virility, manliness; male
chauvinism

Só insistiu em ter uma família
tão grande por machismo.

MACHISTA

o machista (colloq.)
the male chauvinist, advocate of
machismo

Esse machista não reconhece nenhum
direito da mulher.

MACHONA

a machona (colloq.)
the masculine woman, tomboy;
lesbian

Essa machona sabe brigar que nem
homem.

Ela só gosta de machona.

MACHUCAR-SE

machucar-se (sl.)
to strike out, fall flat on one's
face, mess up
(same as "estrepar-se")

MACIOTA

na maciota (colloq.)
easily, handily

Menino moderno quer fazer tudo na
maciota, sem batalhar.

MACONHADO

estar maconhado (colloq.)
to be high on marijuana

O bicho está maconhado.

MACONHAR-SE

maconhar-se (colloq.)
to get "high" on marijuana, smoke
marijuana

Os marujos se maconhavam toda noite
no bar do cais.

MAÇUDO

maçudo (colloq.)

boring, monotonous, bothersome
(same as "chato")

MACUMBA

**a macumba[1] (from Kimb.) (esp. East)
the Afro-Brazilian fetichistic
religious cult, voodoo
(see "o candomblé")

a macumba[2] (colloq.)
the voodoo offering
(same as "o despacho")

MACUMBEIRO

o macumbeiro (also adj.)
the Brazilian voodoo devotee or
priest, one who practices macumba

Ele era um macumbeiro, devoto de
São Jorge.

MADAME

a madame[1] (colloq.)
the lady of the house

A madame não está aqui agora, mas
volta já já.

a madame[2] (sl.)
the madam (of a brothel)
(same as "a cafetina")

MADEIRA

a madeira (vulg.)
the penis

bater na madeira (colloq.)
to knock on wood (out of
superstition)

Até hoje eu não tive um acidente.
Vou bater na madeira.

MADRUGA

a madruga (abbrev. of "madrugada")
(sl.)
the early morning, wee hours

Chegou bem cedinho, lá pelas duas
da madruga.

MADRUGADA

pela madrugada! (int., sl., joc.)
my goodness! goodness gracious!

Pela madrugada! Que susto que
você me deu!

MÃE

mãe (adj.) (sl.)
great, terrific, "swell,"
sensational

Eu tive uma idéia mãe!

é a mãe! (int., colloq., pej.)
your old lady's one! (insulting
response to an insult)

--Você é um cachorro!
--É a mãe!

pela mãe do guarda! (int., sl.,
joc.)
my goodness!
(same as "pela madrugada!")

MÃE-DE-SANTO

*a mãe-de-santo
the high priestess and spiritual
leader of a candomblé or macumba

Ela é mãe-de-santo de um
importante terreiro baiano.

MAFUÁ

o mafuá[1] (sl.)
the commotion, disorder, uproar
(same as "a bagunça[2]")

o mafuá[2] (sl.)
the old house

Morar num mafuá desses seria o fim
do mundo, não acha?

MAGIA

a magia branca
umbanda, "white magic"
(see "o umbanda")

MÁGICO

o mágico (sl.)
the effeminate male, male
homosexual
(same as "a bicha[1]")

MAGRELA

a magrela (sl.)
the bicycle, bike

Montou na magrela e sumiu.

MAGRO

ser magro como um palito (colloq.)
to be as skinny as a toothpick, be
as skinny as a rail

Não pesa quase nada. É magro
como um palito.

MAIOR

*o/a maior (colloq.)
the biggest . . . that you can
imagine, the biggest ... around,
the darnedest

Levei a maior bronca ontem.

Foi o maior barato!

Aquele sem-vergonha é o maior
pau-d'água.

*o maior (colloq.)
the greatest, tops
(same as "o máximo")

o/a maior . . . da paróquia
(colloq.)
the biggest . . . around, the
darnedest
(same as "o/a maior")

*o/a maior . . . do mundo (colloq.)
the biggest . . . around, the
darnedest
(same as "o/a maior")

ser maior e vacinado (colloq.)
to be one's own master, be a big
boy, have to answer to no one

Não preciso dar satisfação para
ninguém, que eu sou maior e
vacinado, viu?

MAIORAL

o maioral (colloq.)
the big shot, boss, chief
(same as "o mandachuva")

MAIOR-DE-TODOS

o maior-de-todos (colloq.)
the middle finger
(same as "o pai-de-todos")

MAIS

*mais (colloq.)
so, how

Que moça mais linda!

Que tempo mais maluco, né?

mais essa! (colloq.)
not again! now this on top of
everything else! not this, too!

Mais essa! É o cúmulo, seu
safado!

mais para lá do que para cá[1]
(colloq.)
in a bad way, pretty far gone (esp.
as the result of too much alcohol)

Quando eu vi o Pastinha ele já
estava mais para lá do que para
cá de tanta cachaça.

mais para lá do que para cá[2]
(colloq.)
at death's door, with one foot in

the grave

Estava morre-não-morre, mais para
lá do que para cá.

sem mais nem menos
for no apparent reason,
unexpectedly, without warning, out
of the blue

Um dia, sem mais nem menos, o
sujeito bateu asas, e a mulher
nunca mais viu.

MAJOR

major (voc., sl.)
pal, mack, buddy

Ô, major, me arranja uma "loura
suada".

MAL

estar de mal com (colloq.)
not to be on speaking terms with,
be on bad terms with, be on
(someone's) blacklist

A Lúcia está de mal com a Sônia
por causa da fofoca que esta fez.

fazer mal a (colloq., euph.)
to deflower (a virgin)

Deu um escândalo quando o Esdras
fez mal à filha do Prefeito.

ir de mal a pior
to go from bad to worse

A situação foi de mal a pior.

MALA

a mala[1] (vulg.)
the penis, male genitalia

a mala[2] (NE) (vulg.)
the rump, bottom

estar de mala feita (sl.)

to have it made, be "set," be rich

Há dez anos atrás meu irmão
aplicou um pequeno capital na Bolsa
e hoje está de mala feita.

fazer a mala (sl.)
to make a mint, make one's fortune
(same as "faturar")

MAL-ACABADO

mal-acabado (colloq.)
funny-looking, odd-looking, ugly
(said of a person)

A Maria não quer sair com um cara
tão mal-acabado como ele.

MAL-ACOSTUMADO

mal-acostumado (colloq.)
spoiled, ill-bred

Os filhos dele são todos mal-
acostumados.

MALHAÇÃO

a malhação (colloq.)
the criticism, disparagement
(same as "o piche")

MALHAR

**malhar (vt) (colloq.)
to run down, badmouth, backbite
(same as "tesourar")

malhar em ferro frio (fig.)
to waste one's time in a useless
task, waste one's effort

Tentar convencer esse garoto é
malhar em ferro frio.

MÁ-LÍNGUA

o má-língua (colloq.)
the gossiper, scandalmonger,
backbiter

Quem pode suportar todo o fuxico

dos más-línguas deste bairro?

a mamãe aqui (sl.)
(var. of "a mamãe")

MALOCA

a maloca (crim.)
the hideout, cache of stolen or
contraband goods

Ontem a justa deu uma batida na
maloca desses lalaus.

MALOCAR

malocar (vt) (crim. and sl.)
to stash, hide
(same as "enrustir")

MALOCAR-SE

malocar-se (sl.)
to hide out, lie low

O malandro se malocou para não ir
preso.

MALOQUEIRO

o maloqueiro (sl.)
the bum, vagrant

Só tem maloqueiro numa favela
dessas.

MAMADO

ficar/estar mamado (sl.)
to get/be drunk
(same as "ficar/estar caneado")

MAMÃE

a mamãe (sl.)
I, me, yours truly (as used by a
female)

A mamãe é viva; não cai numa
conversa dessas.

**mamãe (voc., colloq.)
mom, mommy, mamma

Mamãe, mamãe, o Zezé tá batendo
em mim!

MAMÃE-DO-CÉU

Mamãe-do-céu (colloq.)
the Virgin Mary

Quem reza uma ave-maria está
falando com Mamãe-do-céu.

MAMAR

mamar (vt) (fig.)
to exploit, "milk," "bleed," fleece

Esse vigarista tentou mamar uma
velha rica.

MAMAR-SE

mamar-se (sl.)
to get drunk, get "bombed"
(same as "canear-se")

MAMATA

a mamata (sl.)
the corruption; shady deal, racket;
good-thing-going, "plum"

O Zé-Maria perdeu a mamata quando
o Ministro morreu.

MAMBEMBE

mambembe[1] (sl.)
cheap, shoddy, two-bit

Ele morreu foi num quarto mambembe
da Ladeira do Tabuão.

mambembe[2] (also noun) (sl.)
stupid, dumb

Aquele cara mambembe nem enxerga um
palmo adiante do nariz.

MANA

mana (voc., colloq.)
sis, sister

Ô, mana, me chuta uma toalha aí.

MANCADA

*a mancada (sl.)
the slip-up, blunder, goof

Por causa da mancada dele, todos
pararam nas grades.

*dar uma mancada (sl.)
to make a slip-up, goof, make a
faux pas

O ladrão deu uma mancada, deixando
a porta aberta depois de forçá-
la.

MANCAR-SE

*mancar-se[1] (sl.)
to wise up, get the message,
straighten up, learn one's lesson,
take the hint

Precisa fazer isso de outra
maneira. Já se mancou?

Esse chato não se manca.

mancar-se[2] (sl.)
to make a slip-up, goof
(same as "dar uma mancada")

*vê se te manca! (sl.)
get wise! straighten up! learn a
lesson! get with it!

Bêbedo no volante não é
brincadeira. Vê se te manca, meu
filho!

MANCHETE

virar manchete (sl.)
to make headlines (also often "to
become a statistic," meaning to be
injured or die)

Ô, seu barbeiro, quer virar
manchete, é?

MANCÔMETRO

o mancômetro (sl., joc.)
the ability to perceive one's own
obnoxiousness
(same as "o desconfiômetro"; see
"mancar-se")

MANDAÇÃO

a mandação de brasa (sl.)
really going at it, going to town,
burst of energetic activity

Que mandação de brasa, rapaz!
Você sabe dançar que nem o
Travolta, hein?

MANDACHUVA

**o mandachuva (colloq.)
the big wheel, big shot, boss,
political boss

O Silveira é o mandachuva da
paróquia.

MANDÃO

o mandão (colloq.)
the big shot, boss
(same as "o mandachuva")

mandão (colloq.)
bossy, domineering

É ela que canta de galo; é muito
mandona.

MANDAR

mandar (vt) (crim.)
to steal, rob, rip off

Onde você mandou esse carango,
camarada?

Mandaram o bobo do balão apagado.

manda! (sl.)
shoot! speak up!
(same as "chuta!" [chutar])

mandar (alguém) a (colloq.)
to tell (someone) to go to

Eu mandei ele à puta que o pariu.

Ela me mandou à merda.

mandar em (colloq.)
to boss around, be (someone's) boss

Ninguém manda no "papai"--nem a
patroa, viu?

mandar desta para melhor (fig.)
to kill, send to kingdom come, do
in
(same as "mandar para o outro
mundo")

mandar para o outro mundo (fig.)
to "bump off," do in, kill, send to
kingdom come

O mocinho sacou a pistola e mandou
o bandido para o outro mundo.

mandar passear (colloq.)
to send (someone) away, get rid of
(someone), send (someone) packing,
give (someone) his walking papers

Eu mandei ele passear quando
começou a engrossar.

mandar (um golpe, soco, tapa, a
mão, etc.) em (sl.)
to throw (a punch) at
(same as "assentar [um golpe, soco,
tapa, a mão, etc.] em")

mandar ver (sl.)
to go to it, go to town
(same as "mandar brasa'")

*que é que você/o senhor manda?
(colloq.)
what would you like? may I help
you? what can I do for you?

Que é que o senhor manda? Quer um
guaraná?

MANDAR-SE

**mandar-se (sl.)
to take off, leave, "split"; run
away

Já é tarde; vou me mandar.

Ele se mandou com o dinheiro do
patrão.

MANDINGA

a mandinga
the witchcraft, black magic,
sorcery

Vai ver que o pai-de-santo faz
mandinga para você adoecer.

MANDRAQUE

o mandraque (from the comic-strip
character, "Mandrake the Magician")
(sl.)
the shrewd customer, sharpie,
trickster, swindler

Vai ver que o mecânico é um
mandraque. Cuidado com ele!

MANÉ

o mané (sl.)
the sucker, fool
(same as "o trouxa")

MANECA

a maneca (abbrev. of "manequim")
(sl.)
the fashion model, mannequin
(female)

A Josete é uma maneca de fama
internacional.

MANEIRA

de maneira nenhuma! (colloq.)
by no means! not at all!
(same as "de jeito nenhum!")

MANEIRAR

maneirar[1] (vi) (sl.)
to calm down, simmer down, take it
easy

Maneira, rapaz--isto não dá para
tanto.

maneirar[2] (vi) (sl.)
to get by, manage, get along;
figure out a solution

A gente maneira dando um jeitinho.

MANEIRO

maneiro (sl.)
terrific, "far-out," nifty
(same as "legal")

MANERAR

manerar (sl.)
(var. of "maneirar")

MANGA

arregaçar as mangas (fig.)
to get down to business, roll up
one's sleeves

Sem mais preâmbulos, vamos
arregaçar as mangas e entrar logo
no assunto.

botar as mangas de fora (colloq.)
to let one's hair down, hang loose

Ela pode ser uma coroa, mas quando
vai a uma festa bota as manguinhas
de fora.

a manga de colete (colloq., joc.)
something rare, as scarce as hen's
teeth, no such thing

Dinheiro neste bairro é manga de
colete.

MANGABA

ser mangaba (sl.)

to be a cinch, be a snap
(same as "ser sopa")

MANGO

o mango (sl.)
the cruzeiro
(same as "a prata")

MANGUE

o mangue[1] (sl.)
the red-light district (a reference
to the Mangue district of Rio)
(same as "a zona[1]")

o mangue[2] (sl.)
the mess; "dump," "dive"
(same as "a zona[2]")

MANHA

a manha (colloq.)
the childish whining, tearful
complaint, making up of excuses or
sob stories

A manha desse choramingas é de
matar; vive reclamando.

MANHÊ

manhê! (voc., colloq.)
mommy! hey, mom!

Manhê! Cadê você?

MANHOSO

manhoso (colloq.)
whiny, whining, fussy

Menino manhoso aquele! Chora por
qualquer bobagem.

MANJADO

ser (muito) manjado (sl.)
to be (well) known, be famous, be
notorious

Carlos Lacerda foi um político
muito manjado no Brasil.

Esse ladrão é manjado na
polícia.

MANJAR

*manjar[1] (vi, vt) (sl.)
to understand, grasp, catch on,
"get (it)"

Ele manja de Matemática.

Ela é é burra, manjou?

Não manjei bulhufas.

*manjar[2] (crim. and sl.)
to know, recognize, identify,
"make"

Você manja aquela menina do maiô
azul?

Manjei o ladrão quando entrou.

manja essa! (sl.)
get a load of this! listen!

Manja essa! Aquele burro que a
gente conheceu é milionário.

manjou? (sl.)
get it? understand? see?

Foi ela que descobriu tudo, manjou?

MANJUBA

a manjuba (vulg.)
the penis

MANO

mano[1] (voc., colloq.)
brother

Ô, mano, mamãe está te chamando!

mano[2] (voc., colloq.)
mack, pal, "brother"
(same as "meu chapa")

MANOPLA

a manopla (colloq.)
the huge, ugly hand; "mitt,"
"meat-hook"

Tire as manoplas de mim!

MANSINHO

de mansinho (colloq.)
on the sly, secretly
(same as "de fininho")

MANSO

manso (colloq.)
easy, "soft"

Que emprego manso que você tem,
meu chapa, que pode sair para tomar
um cafezinho a toda hora!

manso como um cordeiro (colloq.)
gentle as a lamb

Eu não o acho violento; é antes
manso como um cordeiro.

MANTEIGA-DERRETIDA

o manteiga-derretida (colloq.)
the crybaby, whiny child, poor
sport
(same as "o choramingas")

MANUEL

o manuel (colloq., pej.)
the Portuguese person
(same as "o portuga")

eu não me chamo Manuel (sl.)
what am I doing here? how did I get
into this?

Que esculhambação! Eu não me
chamo Manuel; o que é que eu estou
fazendo aqui?

MÃO

abrir mão de (fig.)

to give up, relinquish, put aside,
drop

Teve que abrir mão de seus planos.

à mão
at hand, on hand, close, nearby,
available

O livro estava à mão; podia
encontrá-lo facilmente.

botar a mão no fogo por (fig.)
to go to bat for, vouch for, go out
on a limb for

Eu não boto a mão no fogo por um
vigarista desses.

cair/estar nas mãos de (fig.)
to fall/be in the hands of, come/be
under the care or control of

O soldado caiu nas mãos do
inimigo.

O caso já não está nas minhas
mãos.

dar a mão à palmatória (fig.)
to admit the error of one's ways,
confess one's faults, acknowledge
one's mistakes

O melhor era dar a mão à
palmatória e pedir perdão por
tudo.

*deixar na mão (colloq.)
to leave high and dry, leave
holding the bag

Eu te ajudo, mas não me deixa na
mão, rapaz.

de segunda mão
second-hand, used

Comprou um carro de segunda mão.

estar com as mãos atadas (fig.)
to have one's hands tied, not be
able to do a thing

Não adianta me pedir o favor, que
eu estou com as mãos atadas.

estar com a(s) mão(s) na massa
(fig.)
to be right in the middle of doing
something, have already started
something, already be at it

Eu já estava com as mãos na massa
quando o João pediu para eu não
fazer nada.

estar com uma mão na frente e
outra atrás (colloq.)
to be poor, be down and out, be
destitute

Quando chegou, estava com uma mão
na frente e outra trás, mas já
tem um bom negócio lá no
comércio.

estar em boas mãos (fig.)
to be in good hands, be well cared
for

O seu dinheiro está em boas mãos
no Banco Tupiniquim.

*ficar/estar na mão (colloq.)
to be left high and dry, be left
holding the bag

Eu fiquei na mão quando aquele
amigo-da-onça se mandou com os
cobres.

a mão de ferro (fig.)
the iron-hand rule, tyranny,
despotism

Ela governa a casa com mão de
ferro.

mãos ao alto! (int.)
hands up! stick 'em up! reach for
the sky!

Larga a gaita e mãos ao alto!

mãos à obra! (colloq.)
let's get to work! let's get to it!

Mãos à obra, gente, que o
trabalho vai demorar!

meter a mão em (colloq.)
to strike, hit, punch

Se ele pintar por essas bandas, eu
vou meter a mão na cara dele.

molhar a mão de (colloq.)
to bribe, grease (someone's) palm

O motorista tentou molhar a mão do
guarda de trânsito.

pôr a mão na consciência (fig.)
to examine one's own conscience,
motives or actions, take a hard
look at oneself

Você não devia ter feito isso.
Ponha a mão na consciência!

pôr as mãos em (fig.)
to lay/get one's hands on, catch,
nab, get hold of

A polícia está querendo pôr as
mãos nessa súcia de assaltantes.

vir com as mãos abanando (fig.)
to come (back) empty-handed

Foi caçar coelhos, mas veio com as
mãos abanando.

MÃO-ABERTA

o mão-aberta (colloq.)
the liberal spender, generous,
open-handed person

Bebe à vontade, irmão, que esse
mão-aberta do Clube Comercial vai
pagar tudo.

MÃO-BEIJADA

de mão-beijada (colloq.)
on a silver platter, as a present
(same as "de bandeja")

MÃO-BOBA

o mão-boba (sl.)
the man who can't keep his hands
off women, masher

Cuidado, mana, que tem muito mão-
boba no ônibus.

MÃO-CHEIA

de mão-cheia (colloq.)
top-notch, first-rate, excellent

A Isa é uma cozinheira de mão-
cheia.

MÃO-DE-MANTEIGA

o mão-de-manteiga (colloq.)
the butterfingers, clumsy person,
klutz

Jogar basquete com esse mão-de-
manteiga é fogo.

MÃO-DE-VACA

a mão-de-vaca (colloq.)
the tightwad, stingy person
(same as "o pão-duro")

MÃO-FECHADA

o mão-fechada (colloq.)
the tightfisted person, tightwad,
cheapskate
(same as "o pão-duro")

MÃO-LEVE

o mão-leve (sl.)
the pickpocket, light-fingered
person; thief

Um mão-leve passou os cinco dedos
no bambolê e ó!

MÃOZINHA

*dar uma mãozinha (colloq.)
to help, give a hand, pitch in
(same as "dar uma ajuda")

MAPA

o mapa da mina (sl.)
the scheme, key or secret to
attaining a difficult goal easily,
"magic formula"

Eu achei o mapa da mina e já estou
numa maré boa de mulher.

MÁQUINA

a máquina[1] (sl.)
the car, "machine," "wheels"
(same as "o carango")

a máquina[2] (sl.)
the "knockout," good-looking woman
(same as "a boa[1]")

a máquina[3] (crim.)
the gun, gat, "piece"
(same as "o berro")

a máquina[4] (sl.)
the motorcycle, motorbike
(same as "a moto")

a máquina de fazer defunto (crim.,
joc.)
the gun, pistol, revolver
(same as "o berro")

a máquina de fazer doido (sl.,
joc.)
the "boob-tube," TV set

Ela ficou grudada à máquina de
fazer doido por cinco horas.

MAR

o mar de rosas (fig.)
the bed of roses, bowl of cherries

A vida não é um mar de rosas,
irmão.

o mar não está para peixe
(grande) (colloq.)
the times are rough
(same as "as vacas estão magras"

[vaca])

um mar de (fig.)
a sea of, a lot of, a great
quantity of
(same as "uma porção de")

MARACUJÁ-DE-GAVETA

o maracujá-de-gaveta (South) (sl.)
the old person with a wrinkled face

Esse maracujá-de-gaveta mete medo
em todas as crianças.

MARAFA

a marafa[1] (sl.)
the libertine or dissolute life,
licentiousness, free-living

A Jandira vive numa marafa que só
vendo. Vive bêbada e já saiu com
tudo quanto é homem da paróquia.

a marafa[2] (sl.)
the prostitute
(same as "a mulher-da-vida")

MARAFO

o marafo (sl.)
the cachaça
(same as "a pinga")

MARAFONA

a marafona (sl.)
the prostitute, hooker
(same as "a mulher-da-vida")

MARAVILHA

às mil maravilhas (fig.)
wonderfully, splendidly, very well,
swimmingly

Tudo correu às mil maravilhas no
banquete ontem.

MARAVILHOSO

maravilhoso! (colloq., cliché)
smashing! gorgeous! simply
marvelous!
(see "divino!")

MARCA

de marca maior (colloq.)
real, exceptional, of the first
order, par excellence

Ele é um cantor de marca maior.

MARCAÇÃO

estar de marcação com (colloq.)
to be constantly picking on, be
down on
(same as "estar de implicância
com")

MARCAR

marcar[1] (vi) (colloq.)
to really "rate," be a smash, be
terrific

Ele é dos cantores que marcam no
duro.

A festa marcou.

marcar[2] (vi) (sl.)
to miss a chance, be caught napping
(same as "dormir no ponto")

marcar bobeira (sl.)
to be caught napping, miss a
chance, be caught off-guard
(same as "dormir no ponto")

marcar ponto(s) (com) (sl.)
to make a hit (with), score points
(with), rise in the estimation (of)

A cantora marcou pontos no Festival
da Canção.

marcar touca (sl.)
to be caught napping, miss a
chance, be caught off-guard

(same as "dormir no ponto")

MARÉ

estar de maré alta (colloq.)
to be having a streak of good luck,
be sitting on top of the world, be
in a good mood

Quando eu estou de maré alta nada
me enche a paciência.

estar de maré baixa (colloq.)
to be in a bad way, be having a
streak of bad luck, be down on
one's luck

Não fique chateada com o Pedro,
pois ele está de maré baixa.

estar de maré mansa (colloq.)
to be loafing, be taking it easy

Deixei o emprego; já estou de
maré mansa.

estar numa maré boa/má de . . .
(colloq.)
to be in a good/bad streak with . .
.

Estou numa maré boa de mulher,
bicho.

MARFIM

mostrar o marfim (sl., joc.)
to smile
(same as "mostrar as canjicas"
[canjica])

MARIA

a maria (drug.)
the marijuana, "pot"
(same as "o fumo[1]")

dona maria (drug.)
the marijuana
(same as "o fumo[1]")

MARIA-FUMAÇA

a maria-fumaça (colloq.)
the steam-powered locomotive

As modernas locomotivas diesel já
substituíram quase que
completamente as maria-fumaças de
outrora.

MARIA-GASOLINA

a maria-gasolina (sl.)
the girl who goes out only with
guys who have nice cars

Mesmo que eu tivesse um carro
legal, incrementado, não fazia um
programa com uma maria-gasolina
dessas.

MARIA-JOANA

a maria-joana (drug.)
the marijuana
(same as "o fumo[1]")

dona maria-joana (drug.)
the marijuana
(same as "o fumo[1]")

MARIA-MOLE

o maria-mole (sl.)
the weakling, milquetoast, cream
puff, lazybones

Um maria-mole desses não é de
nada.

MARIA-VAI-COM-AS-OUTRAS

o maria-vai-com-as-outras (colloq.)
one who follows the crowd, sheep,
follower, copycat

Ele é um maria-vai-com-as-outras
que entra em qualquer onda por mais
absurda que seja.

MARICOTA

a maricota (sport.)
the ball (in soccer)

(same as "o couro[1]")

MARIPOSA

a mariposa (sl.)
the call-girl, high-class
prostitute

Eu não saio com essa mariposa,
pois não sou um ricaço.

MARITALMENTE

viver maritalmente com (colloq.)
to cohabit with, live in common-law
marriage with

Não é casado; está vivendo
maritalmente com a secretária.

MARMELADA

*a marmelada[1] (sl.)
the racket, shady deal

Quando descobriram essa marmelada,
nove ministros foram demitidos.

a marmelada[2] (sport.)
the fixed game, rigged match

A partida de ontem foi uma
marmelada na certa.

MAROLA

fazer marola (sl.)
to make a fuss, make a big to-do
(same as "fazer onda")

MARRA

a marra (sl.)
the guts, courage

É preciso ter marra para entrar de
sola numa situação dessas.

na marra (colloq.)
forcibly, by force; whatever the
cost or sacrifice, by hook or crook

Conseguiram entrar na festa na

marra.

Eu vou estudar na marra.

MARRETAR

marretar[1] (vt) (sl.)
to criticize, run down, backbite
(same as "tesourar")

marretar[2] (vt) (sl.)
to do a slipshod job of, slop
together

Ele marretou o serviço em vez de
caprichar.

marretar[3] (vt) (NE) (colloq.)
to hoodwink, put something over on,
"rob"
(same as "trapacear")

marretar[4] (vi) (vulg.)
to have sexual contact; copulate

MARRETEIRO

o marreteiro (NE) (colloq.)
the hoodwinker, crook, swindler
(same as "o trapaceiro")

MARRUDO

marrudo (sl.)
strong, muscular
(same as "parrudo")

MARTELAR

martelar (vi) (fig.)
to plug away, hammer away,
persevere; insist, harp

Com essa matéria, você precisa
martelar muito, viu?

Tanto martelou no assunto que a
gente acabou acreditando.

MARTELO

feito a martelo (colloq.)
forced, contrived, botched up,
badly put together

Era um plano feito a martelo.

MAS

mas porém (nonst.)
but, however

Não sou rico, mas porém estou
contente.

*ser . . ., mas . . . mesmo
(colloq.)
to be really . . .

A Elvira é inteligente, mas
inteligente mesmo.

MÁSCARA

a máscara (colloq.)
the conceit, snobbishness

Ele tem uma máscara muito forte;
se acha o máximo e não quer saber
dos outros.

tirar a máscara (fig.)
to shed pretense, show one's face,
reveal one's true self, stop being
snobbish

Se o sujeito tirasse a máscara, o
pessoal ia gostar dele.

MASCARADO

mascarado (also noun) (colloq.)
hypocritical; pretentious,
conceited, stuck-up

Essas meninas mascaradas só querem
se exibir; não têm talento.

MASCATE

o mascate (colloq.)
the peddler, vendor, huckster

Eu comprei esta calça na mão dum
mascate.

MASSA

massa (adj.) (sl.)
great, terrific, "far-out"

O meu carro é massa.

em massa (from the Fr.)
en masse, in force
(same as "em peso")

a massa cinzenta (colloq.)
the gray matter, brains,
intelligence

Se você não usa a massa cinzenta,
vai entrar pelo cano.

MASTIGAR

mastigar[1] (vt, vi) (sl.)
to eat, chow down; devour
(same as "papar[1]")

mastigar[2] (vt) (vulg.)
to have sexual intercourse with,
"lay"

MASTIGO

o mastigo (sl.)
the food, meal, grub, chow
(same as "a bóia")

MASTRO

o mastro (vulg.)
the penis

MATA-BICHO

o mata-bicho (colloq.)
the cachaça; hard liquor, booze
(same as "a birita")

MATA-CACHORRO

o mata-cachorro (colloq.)
the circus laborer, roustabout

Tinha um grupo de mata-cachorros
armando tendas.

MATAÇÃO

a matação (de aula) (stud.)
the truancy, ditching (of a class)

Com professores tão bacanas, a
matação de aula já virou coisa
do passado.

MATA-FOME

o mata-fome (sl.)
the food, dish, eats, grub
(same as "a bóia")

MATA-PIOLHO

o mata-piolho (colloq.)
the thumb

Aí estava o Ivo à beira do
caminho com o mata-piolho em riste.

MATAR

*matar[1] (vt, vi) (stud.)
to cut (class), ditch, play hooky

Vou matar a aula de Português para
estudar para a prova de Inglês.

matar[2] (vt) (colloq.)
to solve, figure out (puzzles,
riddles, etc.)

Você é fogo, rapaz; mata qualquer
charada.

matar[3] (vt) (sport.)
to stop or slow down (a soccer
ball), "trap"

Matou a bola no peito.

estar/andar matando cachorro a
grito (sl.)
to be down and out, be poor, be in
a bad way

Perdi o emprego e já ando matando
cachorro a grito.

eu não matei meu pai a socos!

(colloq.)
what did I do to deserve this? I
didn't do anything wrong!

Por que você está chateado
comigo? Eu não matei meu pai a
socos!

matar a cobra e mostrar o pau
(colloq.)
to prove what one has done or said

Quem mata a cobra, que mostre o
pau.

matar a fome (colloq.)
to eat, chow down, appease one's
hunger

Vamos é matar a fome com um
mocotó caindo de pimenta.

matar a pau (sl.)
to make a hit, be a smash, go over
big, clean up

Esse cantor matou a pau no festival
com uma música caipira.

Os livros dela sempre matam a pau.

matar a sede (colloq.)
to quench one's thirst, drink

É pouca água, mas dá para matar
a sede.

matar o(s) bicho(s) (colloq.)
to take a swig, take a drink of
hard liquor

Pega aqui a garrafa e mata o bicho,
mano.

*matar (o) tempo (colloq.)
to kill time, waste time, while the
time away, loaf

Às vezes eu pego num baralho e
jogo paciência só para matar o
tempo.

matar saudade(s) (colloq.)

to relieve one's homesickness,
satisfy a nostalgic longing

Brasileiro que vive no exterior é
capaz de preparar uma feijoada de
vez em quando só para matar
saudades.

ser de matar (sl.)
to be rough, be "murder"
(same as "ser de morte")

ser incapaz de matar uma mosca
(colloq.)
not to be able to hurt a fly, be
harmless

Banana desses é incapaz de matar
uma mosca. Acabar com homem, nem
brincando!

MATA-RATO(S)

o mata-rato(s) (sl.)
the cheap cigar or cigarette

Qualquer marca serve; só não fumo
aqueles mata-ratos teus.

MATERIAL

o material (sl.)
the female anatomy (esp. viewed as
a sex object), "merchandise"

Cuidado com o material!

Ele soube aproveitar bem o
material.

MATINA

a matina (sl.)
the morning, wee hours of the a.m.

Ela deitou às três horas da
matina.

MATO

o mato (drug.)
the marijuana, "pot"
(same as "o fumo")

estar no mato sem cachorro
(colloq.)
to be up the creek without a
paddle, be in a jam

Se o dinheiro não chegar, estamos
no mato sem cachorro.

ser mato (colloq.)
to be plentiful, abound, be all
over the place, be rife

Cachaça é mato nas festas do Dr.
Guimarães.

MATRACA

a matraca (colloq.)
the real talker, gabber, chatterbox
(same as "o tagarela")

estar com a matraca solta (colloq.)
to run off at the mouth, rattle on,
chatter, yak

Essa fuxiqueira já está de novo
com a matraca solta.

fechar a matraca (colloq.)
to shut up, shut one's trap, be
quiet

Diga para esse chato fechar a
matraca!

MATRACAR

matracar (vi) (colloq.)
to gab, chatter, talk a blue streak
(same as "tagarelar")

MATRAQUEAR

matraquear (vi) (colloq.)
(var. of "matracar")

MATREIRO

matreiro (colloq.)
sharp, shrewd, sly, suspicious
(same as "esperto")

MATRIMÔNIO

fazer matrimônio (colloq.)
to have sex, make love

MATRIZ

a matriz[1] (sl.)
one's lawful wife (as opposed to
one's lover)

Quem herdou a fortuna dele foi a
matriz.

a matriz[2] (sl., joc.)
the United States, viewed as a
paramount state

Foi importado da matriz.

MATUSCA

o matusca (also adj.) (sl.)
(var. of "o matusquela")

MATUSQUELA

o matusquela (also adj.) (sl.)
the nut, crazy person, screwball

Esse matusquela acha que ele é o
próprio Napoleão.

MATUTO

**o matuto (also adj.) (colloq.)
the hillbilly, backwoods hick
(same as "o caipira")

MAU-CARÁTER

o mau-caráter (also adj.) (sl.)
the louse, heel, bad egg

Não topo com ele, porque é um
mau-caráter.

MAU-CARATISMO

o mau-caratismo (sl.)
the meanness, malice, spitefulness,
rascality

Apesar do mau-caratismo dele, se
interessou pelo caso da órfã.

MÁXIMO

*o máximo (sl.)
the greatest, the living end, tops

Eu acho Alfredo o máximo.

O Alfredo se acha o máximo.

MÉDIA

*a média (colloq.)
the large cup of coffee with milk,
café au lait

Me dá uma média com pão quente
aí!

fazer média (colloq.)
to ingratiate oneself, polish the
apple, try to get in good with
someone

Ela faz média para não ser
demitida pelo chefe.

MEDO

não ter medo de careta(s)
(colloq.)
not to be frightened by threats,
not scare easily

Pode ser que me matem, mas eu não
tenho medo de caretas, viu?

ter medo da própria sombra
(colloq.)
to be afraid on one's own shadow,
scare easily

Um covarde desses tem medo da
própria sombra.

MEDRAR

medrar (vi) (sl.)
to be afraid, get scared, get cold
feet

A gente ia abafar a grana, mas aí

o cara medrou.

MEGANHA

o meganha (sl.)
the cop, policeman
(same as "o cana")

MEIA

**meia (colloq.)
six (used most often to replace
"seis" in telephone numbers and
addresses)

O meu telefone é cinco, meia,
três, zero, um (56-301) e moro no
apartamento meia-dúzia.

MEIA-DÚZIA

meia-dúzia (colloq.)
(see "meia")

MEIA-FODA

o meia-foda (vulg.)
the half-pint, shorty

MEIO

**meio (adv.) (fig.)
somewhat, rather, kind of, sort of

Ela é meio maluca, não acha?

ficar/estar meio cá, meio lá
(colloq.)
to get/be tipsy
(same as "estar alegre")

MEIO-QUILO

o meio-quilo (sl.)
the shorty, shrimp, half-pint
(same as "o tampinha")

MEL

passar o mel em (sl.)
to sweet-talk, butter up, hand a
"line"

O filho consegue o que quiser
passando o mel na mãe.

MELA-CUECA

o mela-cueca (vulg.)
the cheap dance or ball, dancing
(same as "o bate-coxa")

MELADO

o melado (sl.)
the blood

A camisa toda estava manchada de
melado.

MELANCIA

a melancia (polit. and sl., pej.)
the closet communist, pinko (esp.
one who pretends to be an ardent
anti-communist)

Aquele político é uma melancia:
verde-e-amarelo por fora, mas
vermelho por dentro.

MELAR

melar (vi) (sl.)
to fizzle, flop
(same as "furar[1]")

MELAR-SE

melar-se (sl.)
to fall flat on one's face, get
messed up
(same as "estrepar-se")

MELECA

a meleca[1] (vulg.)
the dried snot, bugger

a meleca[2] (colloq., pej.)
the trash, junk, crap

O filme foi uma meleca.

MELHOR

*estar na melhor (sl.)
to have it made, be well-off, be
well-to-do

Ele andou por baixo durante um
tempão, mas já está na melhor.

no melhor da festa
all of a sudden, unexpectedly,
without warning, when least
expected

O filme foi legal, mas no melhor da
festa o projetor enguiçou.

sair/partir/ir desta para melhor
(fig.)
to die, give up the ghost, pass
away

A Amélia adoeceu e logo saiu desta
para melhor.

MELINDROSA

a melindrosa (colloq., obs.)
the flapper; flapper dress

Melindrosa era a moda nos anos 20.

MEMBRO

o membro (colloq.)
the penis

MEMÉIA

a meméia (sl.)
the ugly girl, ugly female, "witch"
(a reference to the comic-strip
character)
(same as "a bruxa")

MEMÓRIA

a memória de elefante (colloq.)
the excellent memory, memory of an
elephant

A Vanda não esquece nunca. Tem
memória de elefante.

varrer da memória (fig.)
to erase from one's memory, put out
of one's mind

Resolveu varrer da memória toda
lembrança do marido sem-vergonha.

MENGÃO

o Mengão (sport.)
(var. of "o Mengo")

MENGO

o Mengo (sport.)
the Clube de Regatas do Flamengo
(same as "o Fla")

MENINA

a menina[1] (drug.)
the marijuana
(same as "o fumo[1]")

a menina[2] (sport.)
the soccer ball
(same as "o couro[1]")

*menina (voc., colloq.)
girl, "sister," kiddo (used to
address a female)

Que é que há de novo, menina?

Ô, menina, como é que vai?

a menina dos olhos (fig.)
the apple of one's eye

O Pedrinho é a menina dos olhos da
tia.

MENINA-DE-PROGRAMA

a menina-de-programa (sl.)
the "pick-up"; party girl

Vamos lá na boate ver se tem
algumas meninas-de-programa por
aí.

MENINA-MOÇA

a menina-moça (colloq.)
the young lady, young teenage girl

Ela tem dois filhos: um rapaz,
Jorge, e uma menina-moça, Arlete.

MENINO

menino (voc., colloq.)
man, "brother," boy

Puxa, menino! Você sabe nadar
mesmo.

fazer de menino (colloq.)
to pull (someone's) leg
(same as "fazer de criança")

MENOS

não ser para menos (colloq.)
to be no wonder

Não é para menos, meu filho; eu
já adivinhava.

MENTIR

que não me deixa mentir (colloq.)
who/which will back me up,
who/which will corroborate what I
say

Tudo isso é verdade. Eis aqui a
prova que não me deixa mentir.

MENTIRA

*mentira (sua)! (int., colloq.)
you're kidding! I can't believe it!
incredible! you don't say!

Você casou? Mentira!

*parece mentira! (int., colloq.)
incredible! you don't say!
(same as "mentira [sua]!")

MEQUETREFE

o mequetrefe[1] (colloq.)

the meddler, snoop, buttinsky

O mequetrefe do Adonias anda se
metendo na minha vida.

o mequetrefe[2] (colloq.)
the scoundrel, louse, rat

Aquele mequetrefe não tem
vergonha.

MERCEDES

o mercedes de chofer (sl., joc.)
the public bus (from the tradmark
"Mercedes Benz"; many Brazilian
buses are manufactured by that
company)

Eu vou chegar no meu mercedes de
chofer se o cobrador aceitar um
cheque.

MERDA

*a merda[1] (vulg.)
the excrement, feces, shit

a merda[2] (vulg.)
the piece of junk, trash, something
lousy

O filme é uma merda.

o merda (vulg.)
the nobody, insignificant person,
good-for-nothing, louse

Ele é um merda; não é de nada.

Ô, seu merda, que é isso, hein?

*merda! (int., vulg.)
hell! damn it! crap!

Merda! Está faltando água outra
vez.

agora é que a merda vai feder!
(vulg.)
now everything's really going to
hit the fan! sparks are about to
fly!

A inana está para começar. Agora
é que a merda vai feder!

a merda de . . . (vulg.)
the goddamned . . .

Não agüento a merda do livro.

de merda (vulg.)
lousy, crappy

Seu escritor de merda!

estar na merda (vulg.)
to be down and out, be in the worst
way, be in the gutter

Estou na merda, mas não me troco
por nenhum grã-fino filho-da-mãe.

mandar à merda (vulg.)
to tell to go to hell, tell to get
screwed

Ele me mandou à merda quando
tentei dar um palpite.

merda nenhuma (vulg.)
nothing, not a damned thing

É pobre; não tem merda nenhuma.

Não entendo merda nenhuma disto.

não ter merda para cagar (vulg.)
to be very poor, be down and out,
live from hand to mouth; be all
show (poor, but feigning wealth)

uma merda! (int., vulg.)
the hell! my eye!
(same as "uma ova!")

MERDÃO

o merdão (vulg.)
the coward, chicken
(same as "o cagão[2]")

MERGULHADOR

o mergulhador (crim.)
the con-man who offers to repair a
victim's car parked on the street
after having secretly tampered with
it in his absence

Há uma cambada de mergulhadores
que vivem passando o conto nos
motoristas lá perto do
Ministério.

MERGULHO

dar um mergulho (colloq.)
to go out for a second, duck out
for a moment
(same as "dar uma fugidinha")

MESA

por baixo da mesa (fig.)
under the table, on the sly,
secretly
(same as "por baixo do pano")

MESA-REDONDA

a mesa-redonda (fig.)
the round-table discussion,
informal discussion with
participants on an equal footing

Vamos papear, mas vai ser na base
da mesa-redonda.

MESMA

*dar/ficar na mesma (colloq.)
(var. of "dar/ficar no mesmo")

ficar na mesma (colloq.)
to remain the same, continue
unchanged

Procurei ressuscitá-lo, mas ficou
na mesma.

MESMO

**mesmo (adv.) (colloq.)
very, quite, sure, really, indeed

Ele é muito burro, mas muito burro
mesmo.

Ela é inteligente mesmo.

Você falou mesmo com ele?

Não mesmo!

*dar/ficar no mesmo (colloq.)
to make no difference, come out to
the same thing

Pode pagar agora ou depois; dá no
mesmo.

**é mesmo? (colloq.)
oh yeah? is that right? really? no
kidding?

É mesmo? Você acredita nisso?

**é mesmo! (int., colloq.)
indeed! it sure is! that's right!

--Ouvi dizer que ele é professor
universitário.
--É mesmo!

MESTRE

mestre (voc., sl.)
mack, buddy

Ô, mestre, me arranja uma
frigideira de camarão aí, por
favor.

METER

meter[1] (vt) (sl.)
to say, blurt out, come out with,
interject

Quando ele meteu uma, a gente se
riu paca. Aí ele meteu uma
segunda e a gente começou a ter
pena dele.

meter[2] (vi) (vulg.)
to copulate, have sex

METER-SE

meter-se a besta (colloq.)
to put on airs, act snobbish

Não admito que ninguém se meta a
besta comigo.

meter-se a merda (vulg.)
to put on airs, act snobbish
(same as "meter-se a besta")

meter-se a sebo (colloq.)
to put on airs, act snobbish
(same as "meter-se a besta")

meter-se onde não é chamado
(colloq.)
to intrude where one is not wanted,
meddle, butt in

Aquela xereta só se mete onde não
é chamada.

METIDA

a metida (vulg.)
the copulation, sexual intercourse

dar uma metida (vulg.)
to copulate, have sex

METIDO

metido a besta (colloq.)
snobbish, putting on airs

Eu não me dou com essa família
metida a besta.

metido a merda (vulg.)
snobbish, putting on airs
(same as "metido a besta")

metido a sebo (colloq.)
snobbish, putting on airs
(same as "metido a besta")

MEU

os meus (colloq.)

my family, my folks

Os meus vão bem. Como vão os
seus?

meu (voc., sl.)
friend, pal
(same as "meu chapa")

MEUS-PECADOS

os meus-pecados (colloq.)
my one and only, the apple of my
eye, my weakness, the death of me

Esse homem é os meus-pecados;
faria tudo por ele.

MEXER

mexer com (vt) (colloq.)
to tease, pester, mess with

Deixa de mexer comigo, seu
cachorro!

É melhor você não mexer com
aquele sujeito.

mexer em casa de marimbondo
(colloq.)
to play with fire, stir up a
hornet's nest, court danger

Se você se meter com ela, está
mexendo em casa de marimbondo.

MEXERICAR

mexericar (vi) (colloq.)
to gossip, tell tales
(same as "fofocar")

MEXERICO

o mexerico (colloq.)
the gossip, rumor
(same as "a fofoca[1]")

MEXERIQUEIRO

o mexeriqueiro (also adj.)
(colloq.)

the gossiper, talebearer,
rumormonger
(same as "o fofoqueiro")

MICHA

a micha (crim.)
the false key, jimmy, lock pick
(same as "a gazua")

*micha (sl.)
trifling, insignificant; lousy,
seedy, crummy

Esses detalhes michas, nem vale a
pena discutir.

MICHAR

michar[1] (vi) (sl.)
to fail, go down the drain, flop,
fizzle out
(same as "furar[1]")

michar[2] (vt) (sl.)
to screw up, put a damper on

Esse papo-furado michou minha
conversa com a guria.

MICHARIA

a micharia (sl.)
the trifle, trivial matter

Eu não dou bola para uma micharia
daquelas.

MICHÊ

o michê[1] (from Fr. "miché") (sl.)
the prostitution, "hustling,"
"tricking"

Ela não faz michê com todo mundo.

o michê[2] (sl.)
the customer of a prostitute,
"john"

Outro michê dela lhe deu uma surra
daquelas.

MICHETEIRA

a micheteira (sl.)
the prostitute, "hustler," hooker
(same as "a mulher-da-vida")

MICHO

micho (sl.)
lousy, crummy, insignificant
(same as "micha")

MICHURUCA

a michuruca (sl.)
the prostitute
(same as "a mulher-da-vida")

*michuruca (sl.)
worthless, insignificant, lousy,
crummy

Esta barraca só tem fruta
michuruca.

MICO

querer ser mico de circo (colloq.)
to be a monkey's uncle, eat one's
hat

Quero ser mico de circo se você
ganhar no bicho.

MICROFONE

falar no microfone (vulg.)
to perform fellatio

MÍFU

mífu (euph. for "me fodi") (sl.,
often vulg.)
I got "screwed," I got messed up

Eu mífu com esse negócio.

MIGUÉ

dar uma de migué (sl.)
to play innocent, play dumb
(same as "dar uma de joão-sem-
braço")

MIGUEL

o miguel (sl.)
the bathroom, "john," toilet

O cara está lá no miguel
meditando.

\#falar com miguel (colloq., euph.,
joc.)
to go to the john, visit the
restroom (esp. to defecate)

Onde fica o banheiro, que eu
preciso falar com miguel?

ir no miguel (colloq., euph.)
to go to the john
(same as "falar com miguel")

MIJADA

dar uma mijada (vulg.)
to urinate

dar uma mijada em (vulg.)
to bawl out, give a dressing-down
to

O sargento deu uma mijada no
praça.

MIJÃO

o mijão (vulg.)
the coward, chicken
(same as "o cagão^2")

MIJAR

\#mijar (vi) (vulg.)
to urinate

mijar fora do caco (vulg.)
to step out of line, misbehave
(same as "jogar água fora da
bacia^1")

mijar fora do penico (vulg.)
to shirk one's duty, step out of
line, botch something up, misbehave
(same as "jogar água fora da

bacia^1")

mijar para trás (vulg.)
to get scared, act like a chicken,
be a coward, be a sissy (said of a
man)

Esse covarde não tem colhões; na
hora H ele mija para trás.

não dar para mijar (vulg.)
to be a drop in the bucket (said of
money)

Uma gorjeta daquelas não dá para
mijar.

MIJAR-SE

mijar-se (de medo) (vulg.)
to be scared witless, shake in
one's boots, chicken out

Na hora H, ele se mijou.

mijar(-se) de rir (vulg.)
to split a gut laughing

MIJO

o mijo (vulg.)
the urine

MIL

mil (sl.)
galore, in abundance

Contou histórias mil, mas era tudo
papo furado.

Explicou uma porção de troços,
coisas mil.

Beijos mil, pessoal!

mil e um (fig.)
a thousand and one, numerous, many

Há mil e um motivos pelos quais
ele poderia ter sumido.

MIL-E-UM

o sorriso mil-e-um (=1001) (sl.)
the toothless smile (esp. when
lacking two front teeth, by analogy
with the configuration of the four
digits)

Aí o banguela deu um sorriso mil-
e-um.

MILHA

a milha
one thousand cruzeiros, one million
old (pre-1967) cruzeiros

Naquele mês ganhei só dez milhas.

MILHÃO

nem por um milhão! (sl.)
not on your life! not for a million
bucks!
(same as "nem morto!")

MILICO

o milico (sl., pej.)
the soldier, military man

Em qualquer cerimônia, discurso ou
inauguração, tem um monte de
milicos na plataforma.

MILONGA

a milonga[1] (sl.)
the idle talk, "bull"; lies, fast-
talk
(same as "o chute")

a milonga[2] (sl.)
the matter, affair, "business,"
thing

Não entendi bulhufas dessa milonga
toda.

MILONGAR

milongar[1] (vi) (sl.)
to talk, shoot the breeze
(same as "bater [um] papo")

milongar[2] (vi) (sl.)
to lie, talk idly
(same as "chutar[1]")

MILONGUEIRO

o milongueiro (sl.)
the liar, B.S.'er, idle talker
(same as "o chutador")

MIMOSA

a mimosa (sl.)
the male homosexual, "queer"
(same as "a bicha[1]")

MINA

*a mina (sl.)
the girl; dame (more pej. in the
South)

Conheci uma mina na praia.

As minas voltam já já; foram
lavar as mãos.

MINA-DE-OURO

a mina-de-ouro (fig.)
the gold mine, lucrative concern

Essa lanchonete é uma mina-de-
ouro.

MINCHA

mincha (NE, North) (sl.)
(var. of "micha")

MINCHAR

minchar (vi, vt) (NE, North) (sl.)
(var. of "michar")

MINCHURUCA

minchuruca (NE, North) (sl.)
(var. of "michuruca")

MINDINHO

o mindinho (colloq.)
the little finger, "pinkie"

Anel não se usa no mindinho, viu
querido?

MINETE

o minete (vulg.)
the cunnilingus

fazer o minete (em) (vulg.)
to perform cunnilingus (on)

MINETEIRO

o mineteiro (vulg.)
one given to performing cunnilingus

MINHA

essa não é minha (sl.)
that's not my "bag"
(same as "meu negócio é outro")

minha nossa! (for "minha nossa
senhora!") (int., colloq.)
good heavens!
(same as "nossa senhora")

minha nossa senhora! (int.,
colloq.)
good heavens!
(same as "nossa senhora!")

MINHOCA

a minhoca (sl.)
the foolish idea, absurdity,
nonsense, "bull," malarkey

Você precisa tirar essas minhocas
da cabeça.

o minhoca (sl.)
the lightweight, incompetent,
"worm," nobody

Um minhoca desses não pode
concorrer com um cobra como o

"papai" aqui.

estar com minhocas na cabeça (sl.)
to have bats in one's belfry, be
nuts; be full of hang-ups

Só diz besteiras; deve estar com
minhocas na cabeça.

o minhoca da terra (colloq.)
the native (as opposed to a
foreigner, tourist, immigrant,
etc.)

Não estou falando daqueles
europeus que vieram para o Brasil;
estou falando é dos minhocas da
terra.

MÍNIMA

não dar a mínima (para) (colloq.)
not to care at all (about), not
give a darn (about)
(same as "não ligar a mínima
[para]")

MINISSAIA

a minissaia (sl.)
the small bottle of beer

Eu bêbedo? Tomei foi duas
minissaias só.

MINISTERIÁVEL

ministeriável (polit.)
eligible or likely to be chosen as
a member of the president's
cabinet, i.e., as a government
minister

Não é lá muito ministeriável
embora seja amigo íntimo do
Presidente.

MINISTRO

o ministro (crim.)
the turkey, gobbler

Lalau desses só furta ministro e
penosa, viu?

MIOLO

os miolos (colloq.)
the brains, intelligence

Esse palhaço não tem miolos na
cachola.

estar de miolo mole (colloq.)
to be tetched, have a screw loose,
be crazy

Tudo aquilo que ele fez dá para
desconfiar que está de miolo mole.

fazer saltar os miolos de (colloq.)
to blow (someone's) brains out

Disparou e fez saltar os miolos do
adversário.

MIRABOLÂNCIA

a mirabolância (colloq.)
the gaudy display, "show"

Esse carrão vermelho é uma
mirabolância que eu vou te contar!

MIRABOLANTE

mirabolante (from the Fr.)
(colloq.)
gaudy, showy

Nunca vi homem com roupa tão
mirabolante.

MIRIM

mirim (from the Tupi) (colloq.)
tiny, small, wee

Táxi mirim só leva atrás.

MIRONGA

a mironga (sl.)
(var. of "a milonga")

MISERÊ

estar no miserê (sl.)

to be broke, be penniless
(same as "estar duro")

MISÉRIA

*a miséria (fig.)
the pittance, next to nothing,
"peanuts"

O Walderley ganha uma miséria
naquele emprego de vigia.

fazer misérias (sl.)
to do wonders, excel, perform great
feats

Esse jogador do Flamengo faz
misérias, marcando cada gol de
letra.

ser uma miséria (colloq.)
to be lousy, be a drag
(same as "ser uma tragédia")

MISS

a miss (from the Eng.) (sl.)
the beauty queen

Diz que essa coroa foi uma miss há
trinta anos atrás.

MISSE

a misse (sl.)
(var. of "a miss")

MISTÉRIO

fazer mistério (colloq.)
to act mysteriously, be secretive

Desembuche logo; não faça
mistério, não!

MIXA

a mixa (crim.)
(var. of "a micha")

mixa (sl.)
(var. of "micha")

MIXAR

mixar (vi, vt) (sl.)
(var. of "michar")

MIXARIA

a mixaria (sl.)
(var. of "a micharia")

MIXO

mixo (sl.)
(var. of "micho")

MIXÓRDIA

a mixórdia (colloq.)
the mishmash, hodgepodge; mess

Ali tinha uma mixórdia de comidas
diferentes, cada uma mais exótica
que a outra.

MIXURUCA

a mixuruca (sl.)
(var. of "a michuruca")

mixuruca (sl.)
(var. of "michuruca")

MOBRAL

o mobral (acronym for "Movimento
Brasileiro de Alfabetização")
(sl.)
the illiterate person
(same as "o analfa")

MOÇA

a moça[1] (East, NE)
the virgin

Quem faz mal a moça dessa idade
merece uma bala.

a moça[2] (South) (colloq.)
the prostitute; slut

O Mendes sempre fazia uma visita
às moças nos sábados.

a moça de família (colloq.)
the good girl, proper young lady,
girl of good upbringing

Moça de família não pode sair
com um vagabundo desses.

MOCINHO

o mocinho (cine. and colloq.)
the western movie hero, "good guy"
(movies)

Todo mundo sabe que mocinho usa
chapéu branco.

MOCOCA

estar na mococa (sl.)
to be living an easy life, loaf
(same as "estar no mole")

MOCORONGO

o mocorongo (also adj.) (East,
South) (colloq.)
the hillbilly, hick
(same as "o caipira")

MOCOZAR

mocozar (vt) (sl.)
to stash, hide
(same as "enrustir")

MODERNO

moderno (sl.)
young (said of people)

Lourival não é velho, não; é um
rapaz moderno.

MÔDESS

o môdess (trademark) (colloq.)
the sanitary napkin

MOITA

moita! (sl.)
mum's the word! sh!
(same as "boca de siri!")

ficar na moita[1] (sl.)
to keep one's lips sealed, keep
quiet, not say a word, keep a
secret

É melhor ficar na moita por
enquanto para a notícia não
chegar aos ouvidos dele.

ficar na moita[2] (sl.)
to stand by, wait

Fique na moita, que eu te mando a
carta logo.

na moita (sl.)
on the sly, surreptitiously
(same as "às escondidas"
[escondida])

MOLE

estar no mole (sl.)
to be loafing, be living the life
of Riley

Esse caixa-alta está no mole.
Não trabalha, não.

**ser mole (sl.)
to be easy, be a snap, be a cinch

O tráfego a essa hora não é
mole, não, viu?

Engrupir esse trouxa vai ser mole.

vai, que é mole! (sl., sarc.)
go ahead, there's nothing to it! no
sweat, you can do it!

Beber dez chopes numa hora? Vai,
que é mole, rapaz!

MOLEIRÃO

o moleirão (colloq.)

the softy, lazybones

Meu filho é um moleirão que só
quer saber de sombra e água
fresca.

MOLEJO

o molejo (sl.)
the wiggle, swaying of the body
(same as "o saçarico")

MOLE-MOLE

mole-mole (colloq.)
little by little, very slowly,
calmly

Descarregou o caminhão mole-mole.

MOLENGA(S)

o molenga(s) (also adj.) (colloq.)
the softy, lazybones
(same as "o moleirão")

MOLEQUE

o Moleque Travesso (sport.)
the Clube Atlético Juventus (a SP
soccer team)

O Moleque Travesso não conseguiu
balançar a rede nem uma só vez
naquela tarde.

MOLÉSTIA

da moléstia (NE) (colloq.)
a heckuva, the darnedest; terrible

Estou com uma fome da moléstia.

MOLEZA

a moleza (sl.)
the easy life, good life, ease

A vida dela é aquela moleza.

*ser moleza (sl.)
to be easy, be a snap
(same as "ser mole")

MOLHADO

ficar/estar molhado (sl.)
to get/be drunk, get/be soused
(same as "ficar/estar caneado")

molhado até os ossos (fig.)
soaked to the skin, drenched,
sopping wet (said of a person)

Estava molhado até os ossos.
Tinha esquecido o guarda-chuva.

molhado como um pinto (colloq.)
soaking wet, drenched to the bone
(said of a person)
(same as "molhado até os ossos")

MOLHAR

molhar o pavio (vulg.)
to copulate (said of a male)

MOLHAR-SE

molhar-se[1] (sl.)
to get drunk
(same as "canear-se")

molhar-se[2] (colloq.)
to wet one's pants

Que vexame quando o garoto se
molhou na aula!

molhar-se de rir (vulg.)
to split a gut laughing

MOLHO

o molho (sl.)
that something extra, "spice,"
pizzazz

Vamos cantar de novo, mas desta vez
com mais molho.

ficar de molho[1] (colloq.)
to soak in the bathtub

O broto ficou de molho na banheira
depois de voltar da praia.

ficar de molho[2] (colloq.)
to stay in bed, be bedridden, fall
ill

Resolvi ficar de molho, que
amanheci com uma senhora dor na
barriga.

MOLÓIDE

o molóide (sl.)
the lazybones, idler
(same as "o moleirão")

MONDRONGO

o mondrongo (colloq.)
the ugly person, "wreck," unsightly
individual

Aquele mondrongo só consegue
mulher porque é cheio da nota.

MÔNEI

o mônei (sl.)
(var. of "o môni")

MÔNI

o môni (from Eng. "money") (sl.)
the money, "dough," "bread"

Oh, me dá um môni, seu moço,
pelo amor de Deus!

MONSTRO

o monstro (colloq.)
the expert, "giant," whizz,
powerhouse

Ele é um monstro da música
moderna.

o monstro sagrado (colloq.)
the superstar, giant, great, big
name, living legend

Esse ator é o monstro sagrado do
cinema argentino.

MONTÃO

  um montão de (fig.)
  a lot of, a heap of
  (same as "uma porção de")

MONTE

  aos montes (fig.)
  galore, in abundance, in great
  quantity, in heaps

  Tinha gente aos montes espalhando-
  se pelas ruas principais.

  *um monte de (fig.)
  a pile of, a lot of
  (same as "uma porção de")

MORAL

  levantar o/a moral (sl., often
  vulg., joc.)
  to arouse sexual desire (male)
  (said of an aphrodisiac)

  Come-se amendoim para levantar o
  moral.

MORAR

  *morar (em) (vi) (sl.)
  to catch on, "get it," understand

  Eu falei com ele mesmo e não com o
  irmão, morou?

  Eu morei logo no assunto, mas ele
  ficou boiando.

  morar na jogada (sl.)
  to catch on, "get it," understand
  the situation

  Só depois de muitas explicações
  é que ele morou na jogada.

  morou? (sl.)
  get my point? understand?
  (same as "manjou?" [manjar])

MORCEGAR

  morcegar (em) (colloq.)
  to hitch a ride (on) (ride spread-
  eagle on the back of a car, bus,
  etc., often surreptitiously)

  Esse moleque vive morcegando nos
  ônibus.

MORCEGO

  o morcego[1] (fig.)
  the leech, parasite, exploiter,
  wheeler-dealer

  É um morcego que vive tirando
  partido dos outros.

  o morcego[2] (colloq.)
  the surreptitious rider (on the
  back of a bus or other vehicle)

  Tomara que aquele morcego não caia
  do ônibus.

MORDEDOR

  o mordedor (sl.)
  the sponger (of money), touch
  artist
  (same as "o facadista")

MORDER

  morder (vt) (colloq.)
  to put the bite on, hit (someone)
  up for money
  (same as "dar uma facada em")

  morder a língua (colloq.)
  to bite one's tongue, refrain from
  making an unpleasant or pejorative
  remark
  (same as "engolir em seco[2]")

  morder a poeira (fig.)
  to bite the dust, die

  Todo mundo pulou de contente quando
  o coronel Zeca mordeu a poeira.

MORDIDA

dar uma mordida em (colloq.)
to put the bite on, try to borrow
money from

(same as "dar uma facada em")

MORENO

o moreno (colloq., euph.)
the "colored person," Black
(same as "o escuro")

MORFEU

nos braços de Morfeu (fig.)
sound asleep, sawing logs, in the
arms of Morpheus

A Clarice não podia atender o
telefone, que estava nos braços de
Morfeu.

MORGAR

morgar (vi) (sl.)
to sleep, go to sleep, "crash"

A gente tem que morgar logo para
madrugar.

MORINGA

a moringa (sl.)
the head, noggin
(same as "a cuca[1]")

ficar/estar com a moringa cheia
(sl.)
to get/be drunk
(same as "ficar/estar com a cara
cheia")

MORRE-NÃO-MORRE

estar morre-não-morre (colloq.)
to have one foot in the grave, be
hovering on the brink of death

O tio Rosamundo esteve morre-não-
morre por uma semana antes de bater
as botas.

MORRER

até aí morreu o Neves (colloq.)
so far that's nothing new, that
much is obvious

Não é novidade, minha filha: até
aí morreu o Neves!

*estar morrendo de fome (fig.)
to be "starving," be "famished," be
very hungry

Quando é que a gente vai jantar,
mamãe, que eu estou morrendo de
fome?

morrer como um cão (colloq.)
to die like a dog, die abandoned by
all

Apesar do glorioso passado, morreu
como um cão, esquecido pelos
admiradores.

morrer como um passarinho (colloq.)
to die peacefully, go without
suffering

Não sofreu nada. Morreu como um
passarinho, sem acordar.

*morrer de medo (fig.)
to die of fright, be terribly
scared

A Lica quase que morreu de medo
quando o urubu baixou.

*morrer de rir/riso (fig.)
to die laughing, die of laughter

O Raul morreu de rir quando ouviu a
piada do índio.

*morrer de saudades (por/de) (fig.)
to miss a great deal, be very
homesick (for)

Estou morrendo de saudades da
Bahia.

não morrer de amores por (colloq.,

iron.)
not to be overly fond of, not be
too wild about, dislike

Vamos dizer que não morro de
amores por aquele filho-da-mãe.

MORRINHA

o morrinha[1] (sl.)
the bore, pest
(same as "o chato[1]")

o morrinha[2] (sl.)
the slowpoke, slow driver, Sunday
driver

Vambora, seu morrinha!

morrinha[1] (also noun) (sl.)
stingy, greedy, tight

O dono da empresa é morrinha em
matéria de aumentos.

morrinha[2] (sl.)
bothersome, annoying, boring
(same as "chato")

MORRINHAR

morrinhar (vt) (sl.)
to bore, bother, pester
(same as "chatear")

MORRO

*o morro (colloq.)
the hillside slum
(same as "a favela")

MORTALHA

a mortalha (sl., joc.)
the Carnival smock (costume)

A gente usa mortalha para não
sujar a roupa pulando Carnaval.

MORTE

a morte matada (colloq.)

the death by unnatural causes,
killing, murder
(see "a morte morrida")

a morte morrida (colloq.)
the death by natural causes

Sei que o homem morreu, mas foi
morte morrida ou morte matada?

*ser de morte[1] (sl.)
to be rough, be "murder," be too
much

Esse traquinas é de morte.

*ser de morte[2] (sl.)
to be hard-to-beat, be outstanding,
be great, be terrific

Esse meu amigo é de morte--um cara
cem-por-cento.

MORTO

*estar morto de (amor, ciúmes,
etc.) (fig.)
to be dying of (love, jealousy,
etc.)

O Jesuíno está morto de amores
por aquele brotinho da esquina.

*estar morto de cansaço (fig.)
to be dead tired, be "bushed," be
beat

Estou morta de cansaço depois da
viagem.

mais morto do que vivo (colloq.)
dead tired, "bushed," pooped out

Ele parecia mais morto do que vivo
quando voltou do trabalho.

morto da silva (colloq.)
dead as a doornail

Se ele está morto! Está é morto
da silva!

morto de lindo (sl.)
gorgeous, ravishing
(same as "lindo de morrer")

nem morto! (colloq.)
not on your life! not for love or
money!

Sair com ele, menina? Nem morta!

MOSCA

a mosca (colloq.)
the pest, nuisance
(same as "o chato")

a mosca no leite (colloq., pej.)
the Black man dressed in white or
alone in a group of whites

O Zé estava uma mosca no leite
naquela festa de grã-finos.

botar mosca na sopa de (sl.)
to spoil things for, cause
headaches for
(same as "bagunçar o coreto de")

dar na mosca (colloq.)
to hit the nail on the head, score
a bull's-eye
(same as "dar no vinte")

estar às moscas (colloq.)
to be empty, be deserted, be
lacking customers (said of a bar,
shop, etc.)

O bar estava às moscas quando o
Quincas deu as caras.

estar comendo moscas (sl.)
to be "out-of-it," not understand
(same as "estar voando" [voar])

estar papando moscas (sl.)
to be "out-of-it," not understand
(same as "estar voando" [voar])

MOSCA-MORTA

a mosca-morta (colloq.)
the lazy, ineffectual person;
milquetoast

Eu é que pego no pesado porque o
Raimundo é uma mosca-morta.

MOSCAR

moscar (vi) (sl.)
to goof, make a slip-up

Se você moscar, vai dançar.

MOSQUETEIRO

o mosqueteiro (also adj.) (sport.)
the player or fan of the Esporte
Clube Coríntians Paulista (a SP
soccer team)

Os mosqueteiros ganharam graças a
um frango que marcaram no apagar
das luzes.

MOSQUITO

não tem mosquito! (sl.)
there's no problem! it doesn't
matter!

Não tem mosquito! Paga quando
puder, viu?

MOSTRAR

mostrar os dentes (fig.)
to show one's teeth, look
threatening

O banana se arrancou quando o bamba
mostrou os dentes.

MOTO

a moto (colloq.)
the motorcycle, motorbike

Comprei uma moto japonesa na Zona
Franca.

MOTOCA

a motoca (sl.)
the motorcycle, motorbike
(same as "a moto")

MOTOR

o motor de arranque (sl., joc.)
the aphrodisiac (esp. a food)

Estou precisando dum motor de
arranque para levantar o moral.

M.P.B.

a m.p.b. (="música popular
brasileira") (sl.)
the Brazilian popular music

Esse cantor é um dos monstros
sagrados da m.p.b.

MUAMBA

a muamba[1] (crim.)
the loot, "haul," stolen goods
(same as "o bagulho[1]")

a muamba[2] (drug.)
the marijuana
(same as "o fumo[1]")

as muambas (sl.)
one's things, gear, belongings
(same as "os troços" [troço])

MUAMBEIRO

o muambeiro (crim.)
the dealer in stolen goods,
"fence"; smuggler

Prenderam o muambeiro em flagrante.

MUCA

a muca (sl.)
the woman, girl
(same as "a guria")

MUDAR

vamos mudar de assunto! (colloq.,
sarc.)
what's new? nice weather we're
having! (said sarcastically when
everyone is silent)
(see "mudar o disco")

Ô, seu caladão, vamos mudar de
assunto, hem?

MUFA

a mufa (sl.)
the head, noggin; mind
(same as "a cuca")

queimar a mufa (sl.)
to crack up, flip out, go crazy
(same as "fundir a cuca[1]")

queimar a mufa de (sl.)
to drive out of one's mind, strain
one's brain
(same as "fundir a cuca de[1]")

MULHER

as mulheres (colloq.)
the prostitutes

O Balduíno foi visitar as
mulheres.

a mulher na direção (colloq.)
the woman driver

Mulher na direção bota qualquer
homem no chinelo.

ser como a mulher do piolho
(colloq.)
to be stubborn (said of a female)

Ela é teimosa pra burro; é como a
mulher do piolho.

MULHERÃO

o mulherão (colloq.)
the "dish," good-looking female,
real hunk of a woman

(same as "a boa[1]")

MULHER-A-TOA

*<u>a mulher-à-toa</u> (colloq.)
the prostitute
(same as "a mulher-da-vida")

MULHER-DAMA

<u>a mulher-dama</u> (NE) (colloq.)
the prostitute
(same as "a mulher-da-vida")

MULHER-DA-RUA

<u>a mulher-da-rua</u> (colloq.)
the prostitute
(same as "a mulher-da-vida")

MULHER-DA-VIDA

*<u>a mulher-da-vida</u> (colloq.)
the prostitute

Depois das dez as mulheres-da-vida
saem à rua para fazer o
"trottoir".

MULHER-DE-ESCOTEIRO

<u>a mulher-de-escoteiro</u> (sl.)
the prostitute
(same as "a mulher-da-vida")

MULHER-DE-FRETE

<u>a mulher-de-frete</u> (sl.)
the "pick-up"; prostitute
(same as "o frete")

MULHER-DE-SARJETA

<u>a mulher-de-sarjeta</u> (sl.)
the gutter whore, low-class
prostitute

Com esta miséria só se freta
mulher-de-sarjeta.

MULHER-DE-VIDA-FÁCIL

<u>a mulher-de-vida-fácil</u> (colloq.)
the prostitute
(same as "a mulher-da-vida")

MULHER-DO-MUNDO

<u>a mulher-do-mundo</u> (colloq.)
the prostitute
(same as "a mulher-da-vida")

MULHERIO

<u>o mulherio</u> (colloq.)
the prostitutes
(same as "as mulheres" [<u>mulher</u>])

MULHER-PERDIDA

<u>a mulher-perdida</u> (colloq.)
the prostitute
(same as "a mulher-da-vida")

MULHER-PÚBLICA

<u>a mulher-pública</u> (colloq.)
the prostitute
(same as "a mulher-da-vida")

MULHER-RAMPEIRA

<u>a mulher-rampeira</u> (sl.)
the prostitute
(same as "a mulher-da-vida")

MUMUNHA

<u>as mumunhas</u> (sl.)
one's own way, whims, caprices,
peculiarities

Ele não se preocupa com as
mumunhas da mulher.

<u>mumunha</u> (sl.)
finicky, spoiled, pampered,
capricious

Ela era daquelas minas mumunhas de
família abastada.

ter suas mumunhas (sl.)
to have one's own way, be fussy

Essa chormingas bota a boca no
mundo se não tem suas mumunhas.

MUNDO

como este mundo é pequeno!
(colloq.)
what a small world!

Você por aqui, rapaz! Como este
mundo é pequeno!

desde que o mundo é mundo
(colloq.)
since the world began, since the
beginning of time

Não é nenhuma novidade, meu
filho. É assim desde que o mundo
é mundo.

ir/partir para o outro mundo (fig.)
to die, pass away
(same as "sair/partir/ir desta para
melhor")

meio mundo (fig.)
a lot of people, the whole world,
every mother's son, everybody and
his dog

Tinha meio mundo assistindo ao
desfile.

ser do outro mundo (sl.)
to be out-of-this-world, be "out-
of-sight," be "something else," be
terrific

Esse filme é do outro mundo,
fantástico.

MUNHECA

a munheca (sl.)
the hand, "paw," "mitt"

Ele feriu a munheca no tombo que
levou.

MUQUE

o muque (sl.)
the brawn, muscle, strength

Quem não tem muque, não mexa com
esse durão, viu?

a muque (sl.)
by sheer force or violence, by
brute force

Sai de lado, seu fraco! Precisa
abrir essa porta a muque.

MUQUIRANA

o muquirana (also adj.) (sl.)
the fool, idiot, clumsy oaf
(same as "o burro")

muquirana (also noun) (South) (sl.)
tight, stingy, miserly

Meu irmão é tão muquirana que
pede abatimento de preço até aos
engraxates.

MURCHO

estar murcho (fig.)
to be pooped, be beat, be worn out

Estou murcho de tanto trabalho.

MURRINHA

o murrinha (sl.)
(var. of "o morrinha")

murrinha (sl.)
(var. of "morrinha")

MURRINHAR

murrinhar (vt) (sl.)
(var. of "morrinhar")

MURRO

dar o/um murro (sl.)
to really work, go at it, hustle,

knock oneself out
(same as "dar [o/um] <u>duro</u>")

<u>dar</u> <u>um</u> <u>murro</u> <u>em</u> <u>ponta</u> <u>de</u> <u>faca</u>
(fig.)
to knock one's head against the
wall, attempt the impossible, go up
against a greatly superior
adversary

Querer brigar com ele é dar um
murro em ponta de faca.

MÚSICA

<u>a</u> <u>música</u> (crim.)
the pocketbook, wallet

Abafaram a música do dito cujo.

<u>a</u> <u>música</u> <u>(de)</u> <u>iê-iê(-iê)</u>
(colloq.)
the rock music/song, popular
music/song

Ô, maestro! Pode arranjar uma
musiquinha de iê-iê-iê para a
gente pular um bocadinho?

<u>a</u> <u>música</u> <u>jovem</u> (colloq.)
the rock music
(same as "a <u>música</u> [de] iê-iê(-
iê)")

MUTUCA

<u>a</u> <u>mutuca</u> (drug.)
the small bag of marijuana

Onde é que eu posso descolar uma
mutuca ou duas?

MUXOXO

<u>o</u> <u>muxoxo</u> (colloq.)
the pout, pucker, kiss

Ela deu um muxoxo na frente do
marido.

N

NACA

o naca (transposition of "cana")
(crim.)
the cop
(same as "o cana")

NADA

o nada (colloq.)
the nobody, nonentity,
insignificant person
(same as "o joão-ninguém")

nada! (int., colloq.)
nonsense! like heck!
(same as "que nada!")

*. . . nada! (int., colloq.)
. . . my eye! like heck . . .!

Saí? Saí nada! Fiquei o dia
inteiro aqui dando duro!

nada disso! (int., colloq.)
nothing of the sort! not at all!

Se eu estou bêbado? Nada disso,
rapaz!

nada feito! (int., colloq.)
no dice! nothing doing!

Nada feito! Você está pedindo
demais, meu chapa.

nada mau! (colloq., iron.)
not bad! pretty good!

Nada mau, Roberto! É muito melhor
que teu carro velho.

**não ser de nada (colloq.)
to be good-for-nothing, not make
the grade (said of a person or
thing), be a hopeless case

Um chove-não-molha desses não é
de nada.

por nada deste mundo (colloq.)
not for anything, not on your life,
not for love or money

Eu não vou lá por nada deste
mundo.

qual nada! (int., colloq.)
nonsense! come now!
(same as "que nada!")

**que nada! (int., colloq.)
nonsense! like heck! my eye! not at
all!

Que nada! Como é que você pode
dizer uma coisa dessas?

Difícil? Que nada! É sopa!

um pouquinho de nada (colloq.)
just a little bit, a taste, a dab

Vou experimentar, mas só quero um
pouquinho de nada, viu?

NADAR

estar nadando (colloq.)
to be in the dark, be "out-of-it"
(same as "estar voando" [voar])

nadar como bosta n'água (vulg.)
to swim like a fish, swim well,
float like a log

nadar como um prego (colloq.)
to swim like a brick, swim poorly

Ele não presta para salva-vidas;
nada como um prego.

NADINHA

nadinha (colloq.)
absolutely nothing

Não pesquei nadinha do papo deles.

NAIFA

a naifa (from Eng. "knife") (crim.)
the knife
(same as "a peixeira")

NÃO

**. . . não (colloq.)
. . . at all (additional negative
used for emphasis after the verb;
sometimes used even in absence of
preceding negative)

Não sei não.

Ela não terminou o trabalho não.

Seu livro? Tenho não.

**. . . não é?[1] (colloq.)
isn't that right?
isn't/doesn't/won't she/he/it?
aren't/don't/won't you/they/I/we?

Ela é médica, não é?

Nós vamos com elas, não é?

*. . . não é?[2] (colloq.)
. . . you see? you know?

Eu estava lá em casa, não é?
Aí alguém bateu na porta, não
é?

não é isso (mesmo)? (colloq.)
right? isn't that so?

Você veio pedir dinheiro. Não é
isso mesmo?

NÃO-SEI-QUÊ

o não-sei-quê (colloq.)
the something or other

O advogado me mostrou um não-sei-
quê que dizia que eu tinha que
comparecer no tribunal.

um não-sei-quê (de) (colloq.)
a certain something (that is), a je
ne sais quoi

Ele tem um não-sei-quê de
esquisito, não acha?

NAPA

a napa (colloq.)
the nose, big nose

Ele tem uma napa que nem elefante.

NAPO

o napo (from "guardanapo" for
"guarda") (crim.)
the cop, patrolman
(same as "o cana")

NAQUELA

estar naquela (sl.)
to be in a jam, be in a bad way
(same as "estar numa sinuca")

NARIZ

levar pelo nariz (fig.)
to lead (someone) around by the
nose, dominate (someone), control
(someone)

Lá vem o Carlos, acompanhado pelos
bajuladores que ele leva pelo
nariz.

meter o nariz (em) (colloq.)
to stick one's nose in, butt in,
meddle (in), pry (into)
(same as "meter a colher [em]")

perdeu o nariz aqui? (colloq.)
will you mind your own business?
what are you nosing around for?

Perdeu o nariz aqui, hein, seu
xereta?

ter/estar debaixo do nariz (fig.)
to have/be right under one's nose,
have/be right in front of one's
eyes

Queria saber onde estava o chapéu.
Porém tinha debaixo do nariz.

torcer o nariz (a) (colloq.)
to turn up one's nose (at)

A grã-fina torceu o nariz ao
acarajé que lhe ofereceram.

NASCER

não ter nascido ontem (colloq.)
not to have been born yesterday, be
nobody's fool, be shrewd

São marcianos uma ova! Não nasci
ontem, meu filho.

nascer em berço de ouro (fig.)
to be born with a silver spoon in
one's mouth, be born rich

Embora ela tivesse nascido em
berço de ouro, acabou caindo na
vida.

nascer para (fig.)
to be cut out for/to be, have it in
one to (be)

Acho que ele nasceu para diplomata.

Eu não nasci para guardar livros.

NAT

o nat (abbrev. of "natalício")
(sl.)
the birthday
(same as "o níver")

NATA

a nata (fig.)
the cream of the crop, choicest
part, elite

Essa gente é a nata da sociedade
nacional.

NAUFRAGAR

naufragar (vi) (colloq.)
to go to pot, go down the drain
(same as "ir por água abaixo")

NAVALHA

o navalha (sl.)
the bad driver
(same as "o barbeiro[1]")

NAVIO

deixar a ver navios (fig.)
to leave holding the bag, leave
high and dry

Esse safado, quando fugiu, deixou a
Maria a ver navios.

ficar/estar a ver navios (fig.)
to be left high and dry, have been
left holding the bag

Quando a empresa faliu, os
acionistas ficaram a ver navios.

NÉ

. . . né? (colloq.)
(var. of ". . . não é?")

NECA

neca (sl.)
nothing, "beans"

Não fiz neca ontem.

neca! (int., sl.)
no! nope! nix! uh-uh!

Se eu abafei a música do trouxa?
Neca! Foi o Dílson que fez.

neca de pitiriba (sl.)
nothing
(same as "neca")

NECESSIDADE

fazer suas necessidades (colloq.,
euph.)
to go to the bathroom
(same as "fazer uma necessidade")

fazer uma necessidade (colloq.,

euph.)
to go to the bathroom, do one's
"business"

Deixa o cachorro sair ou vai fazer
uma necessidade aqui mesmo.

NEGA

*nega (voc., colloq.)
darling, honey, sweetheart, baby
(used to address a female)

Eu te amo, nega.

minha nega (voc., colloq.)
honey, darling
(same as "nega")

NEGATIVO

*negativo! (often accompanied by
thumbs-down gesture) (int.,
colloq.)
no! nope! negative! nothing doing!
count me out!

Negativo! Não vou com vocês
àquele filme michuruca.

NEGO

o nego^1 (sl.)
the Negro, Black man
(same as "o crioulo")

o nego^2 (sl.)
the guy, fellow; man-on-the-street

O nego bateu a carteira e aí bateu
asas.

É como o nego diz: quem tem rabo,
tem medo.

*nego^1 (voc., colloq.)
darling, honey, sweetheart, baby
(used to address a male)

Tchau, nego; eu te vejo em casa,
viu?

nego^2 (voc., colloq.)

friend, pal, mack
(same as "meu chapa")

meu nego^1 (voc., colloq.)
darling, honey
(same as "nego^1")

meu nego^2 (voc., colloq.)
friend, mack
(same as "meu chapa")

NEGÓCIO

**o negócio^1 (colloq.)
the thing, thingamabob, "deal";
matter

Como é o nome desse negócio que
você tem aí nas mãos?

Você se lembra daquele negócio do
encampamento de indústrias?

o negócio^2 (vulg.)
the penis

meu negócio é outro (sl.)
that's not my "bag," that's not my
"thing"

Meu sócio vive batendo carteira,
mas meu negócio é outro, que eu
sou ventanista.

o negócio de pai para filho
(colloq.)
the deal in which no profit is
made; sale at cost price or cheaper

Para você, meu amigo, vou fazer um
negócio de pai para filho.

que negócio é esse? (colloq.)
what kind of a thing is that to
say/do? what's the big idea?
(same as "que é isso?")

*ser um negócio (colloq.)
to be really something, be terrific
(same as "ser uma coisa")

NEGÓCIO-DA-CHINA

o negócio-da-China (colloq.)
the good deal, "killing" (purchase
or sale), bargain

Comprar esse terreno foi um
negócio-da-China.

NEGRA

lá para as negras dele (sl., pej.)
among one's own people, in one's
own land, to the locals

Bem pode ser um homem de peso lá
para as negras dele, mas aqui não
passa de um joão-ninguém.

NEGRO

negro como azeviche (colloq.)
jet-black, black as night

E tem os olhos negros como
azeviche.

ver tudo negro (fig.)
to see only the dark side (of
everything), be pessimistic

Deixa de exagero--você sempre vê
tudo negro.

NEM

nem para lá nem para cá (colloq.)
on the button, on the nose, exactly
(same as "na batata")

nem sim, nem não, muito pelo
contrário! (sl., joc.)
maybe yes and maybe no! I don't
even want to get involved! (a
humorous evasive answer)

Se eu estou a favor do amor livre?
Nem sim, nem não, muito pelo
contrário!

nem vem! (sl.)
don't give me that! come off it!

Nem vem, menina, que eu não caio

nessa!

nem vem, que não tem! (sl.)
don't give me that! come off it!
(same as "nem vem!")

NENÊ

o nenê (colloq.)
the baby, new-born child

Somos três: eu, a Vanda e o nenê.

fazer nenê (vulg.)
to have sexual intercourse, make
love

Lá tinha cada mulher-da-vida
querendo fazer nenê.

NENÉM

o neném (colloq.)
(var. of "o nenê")

NENEN

o nenen (colloq.)
(var. of "o nenê")

NENHUM

estar a nenhum (sl.)
to be flat broke, be "busted"
(same as "estar duro")

NERES

neres (sl.)
nothing, nil
(same as "neca")

neres de neuribes (sl.)
nothing
(same as "neca")

neres de pitiriba (sl.)
nothing
(same as "neca")

NERUSCA

nerusca (sl.)
nothing
(same as "neca")

NERVO

ser uma pilha de nervos (colloq.)
to be a bundle of nerves, be a
nervous wreck

O Frederico é uma pilha de nervos;
estoura por dá cá aquela palha.

ser um feixe de nervos (colloq.)
to be a bundle of nerves
(same as "ser uma pilha de nervos"
[nervo])

NESSA

estou nessa (boca)! (sl.)
count me in! I'm game!

--Vamos pegar uma tela, bicho?
--'Tou nessa!

não estar nessa (sl.)
not to be "into" that, be "into"
something else

Ele me ofereceu um baseado, mas
não estou nessa.

NHACA

a nhaca (colloq.)
(var. of "a inhaca²")

NHENHENHÉM

o nhenhenhém (from Tupi) (colloq.)
the idle talk, endless gab
(same as "o blablablá")

NINHO-DE-RATO

o ninho-de-rato (colloq.)
the rat's nest, mess, pig pen

A casa dele virou um ninho-de-rato.

NINHO-DE-SARACURA

o ninho-de-saracura (colloq.)
the rat's nest, mess
(same as "o ninho-de-rato")

NÍQUEL

estar sem um níquel (colloq.)
not to have a plug nickel, be
penniless, be broke
(same as "estar duro")

NISSO

*fica nisso (mesmo)! (colloq.)
let's/we'll leave it at that!

Está combinado--fica nisso!

NÍVER

o níver (abbrev. of
"aniversário") (sl.)
the birthday

Houve ontem aqui nesta praça
deslumbrante embalo na casa de
Fulano de Tal em comemoração ao
níver de sua dondoquíssima
senhora.

NO

no . . . (sl.)
on the basis of, by way of

Ele entrou no cara-de-pau.

A miséria do camponês é no
"sempre-será".

no/na . . . (colloq.)
at/to/in so-and-so's place, chez .
. .

Depois do almoço dei um pulo lá
no Rui para buscar o negócio.

Vamos lá na Marisa?

NÓ

ter um nó na garganta (fig.)

to have a lump in one's throat, be
overcome with emotion

O orador tinha um nó na garganta,
estava com a voz embargada pelas
lágrimas.

NOCAUTE

o nocaute (from Eng. "knockout")
(sport.)
the knockout, K.O. (in boxing)

A luta terminou em nocaute.

NOITE

da noite para o dia (fig.)
overnight, suddenly, quickly, from
one moment to the next

Da noite para o dia houve uma
virada quase total.

NOME

dar nome aos bois (fig.)
to call a spade a spade, pull no
punches, name names

Chega de rodeios; vamos dar nome
aos bois.

o nome de guerra (from Fr. "nom de
guerre") (sl.)
the assumed name used by a
prostitute

O nome dela é Manuela, mas faz a
vida com o nome de guerra de Neusa
Suely.

o nome feio (colloq.)
the cuss word, dirty word,
profanity

Mamãe, o Joãozinho está falando
nomes feios!

NORMAL

que não é normal (sl.)
extraordinary, great, unbelievable;
like you wouldn't believe

Está um calor que não é normal.

NOSSA

**nossa! (for "nossa senhora!")
(int., colloq.)
heavens! goodness!
(same as "nossa senhora!")

nossa mãe! (int., colloq.)
heavens!
(same as "nossa senhora!")

**nossa senhora! (int., colloq.)
my gosh! goodness! heavens!

Nossa senhora! Que filme!

NOSSA-AMIZADE

(o) nossa-amizade (sl., voc. and
pers. pron.)
my friend; you

O que é que há, nossa-amizade?

O nossa-amizade aceita um café?

NOTA

a nota (journ.)
the news item, news story

O jornal da tarde traz uma nota
sobre tal caso.

**a(s) nota(s) (sl.)
the money, "dough"
(same as "o tutu")

nota dez! (sl.)
I like that! it's terrific! give it
an A+! it's a ten!

--Que é que você achou do filme?
--Nota dez, rapaz!

a nota quente (journ.)
the hot news story, flash

Você leu essa nota quente no
matutino da capital?

*uma boa nota (sl.)
a pretty penny
(same as "uma nota")

**uma nota (sl.)
a pretty penny, a "bundle"

Esse aparelho custa uma nota no
Rio, sabe?

uma nota alta (sl.)
a pretty penny
(same as "uma nota")

uma nota firme (sl.)
a pretty penny
(same as "uma nota")

uma nota violenta (sl.)
a pretty penny
(same as "uma nota")

NOTÃO

o notão (stud.)
the good grade, high mark

O Plínio tirou um notão na prova
de ontem.

NOVACAP

a novacap (abbrev. of "nova
capital") (sl.)
Brasília

Nasceu em Goiânia, mas já mora na
novacap.

NOVAS

quais são as boas novas? (colloq.)
what's the good news? what's new?

Tudo bem, meu filho? Quais são as
boas novas?

NOVELA

fazer novela (colloq.)
to put on an act, pretend
(same as "fazer fita")

NOVO

*novo (colloq.)
young

Tenho dois irmãos mais velhos e
uma irmã mais nova.

o novo (sl.)
New Cruzeiro (NCr$=one thousand old
cruzeiros; officially in effect
from 1967 to 1970)

Eu te dou três mil novos pela
moto.

novo em folha (colloq.)
brand new

Essa máquina que eu comprei é
nova em folha.

NU

nu em pêlo (colloq.)
stark naked
(same as "pelado")

NUM

num (corrup. of "não") (sl.,
nonst.)
not

Num é difícil, não.

Não, rapaz, num deu certo.

NUMA

estar numa (sl.)
to be in one fine mess, be in a fix
(same as "estar numa sinuca")

NÚMERO

ser um número (colloq.)
to be a card, be a funny fellow, be
a real character

O Alfredo é um número; sempre
deixa a gente estourando de riso.

NUVEM

botar nas nuvens (fig.)
to rave about, praise highly
(same as "botar no céu")

cair das nuvens (fig.)
to be thunderstruck, be completely
surprised, be dumbfounded

Caiu das nuvens ao ouvir a notícia
da morte dela.

deixar passar em brancas nuvens
(colloq.)
to ignore, disregard, let go by

Se você deixar uma sujeira dessas
passar em brancas nuvens, ele vai
te fazer de capacho.

estar nas nuvens (colloq.)
to be way off in the clouds, be
daydreaming
(same as "andar no mundo da lua")

estar pelas nuvens (fig.)
to be sky-high (said of prices and
goods)
(same as "estar pela hora da
morte")

O

o

o/a[1] (colloq.)
(definite article used before a
person's name to denote
familiarity)

O Celso é um cara esquisito.

Você conhece a Jandira. É muito
amiga minha.

o/a[2] (stressed; the "o" often
pronounced as an /ô/ for extra
stress) (sl.)
a real, a heckuva (cf.
"aquele/aquela,"
"daqueles/daquelas")

Depois de dar duro o dia todo, vou
tomar o chope!

ô

*ó (colloq.)
(sound often following certain
words to call attention for
emphasis) (cf. "assim, ó")

Ele me bateu aqui, ó.

O cara entrou por aquela porta ali,
ó.

Pode botar a caixa aí, ó.

**ó! (int., colloq.)
see! look! lo and behold! (used to
call attention; sometimes
accompanied by a gesture denoting
some specific action that has taken
or will take place)

Palavra! Foi uma coruja. Ó!
Está vendo?

Passou a mão na grana e ó!
[=fugiu]

**ó . . .! (int., colloq.)

say . . .! hey . . .! oh . . .!

Ô, Mário, me diz a hora, faz
favor!

Ô, Ruth, como é que vai?

ó de casa! (colloq.)
anyone at home? (said at the door
to get the attention of those
inside)

Ô de casa? Estou chegando.

ô

ô! (int., colloq.)
(var. of "ó!")

ô . . .! (int., colloq.)
(var. of "ó . . .!")

ÔA

ôa! (int., colloq.)
whoa! stop! (used with horses)

OBA

*oba![1] (int., colloq.)
wow! gee whiz!

Oba, rapaz! Você por aqui?

*oba![2] (int., colloq.)
hi! hello!

Oba, menina. Tudo azul?

OBRA

a obra (colloq.)
the excrement

por obra e graça do Espírito
Santo (colloq.)
as if by magic, by mysterious
means, incomprehensibly

Não se aprende por obra e graça
do Espírito Santo; é preciso dar
duro, meu chapa.

OBRAR

  obrar (vi) (colloq.)
  to defecate

OBRIGADO

**obrigado! (colloq.)
  no thank you!

  Um cigarro? Obrigado, deixei de
  fumar.

ÓBVIO

  o óbvio ululante (colloq.)
  the glaring truth, the very
  obvious, no surprise

  Se está chovendo? É o óbvio
  ululante, se eu estou molhado que
  nem pinto!

OCUPADA

  estar ocupada (colloq.)
  to be pregnant
  (same as "estar de barriga")

ÓDIO

  que ódio! (colloq.)
  I am (was, get, etc.) furious!

  Que ódio! Eu vou te contar o que
  aquele pilantra fez comigo.

OH

  oh! (int., colloq.)
  oh! aha!
  (same as "ah!")

ÔH

  ôh! (int., colloq.)
  (var. of "oh!")

OI

**oi![1] (int., sl.)
  hi! hello! say!

  Oi, gente! Como vai a barra?

  oi![2] (int., sl.)
  yes? (in response to one's name
  being called)

  --Ô, Lúcia!
  --Oi!

OITIVA

  de oitiva (colloq.)
  by hearsay, through the grapevine
  (same as "de orelhada")

OITO

  (ou) oito ou oitenta! (colloq.)
  all or nothing!

  Não sou como aquele chove-não-
  molha; comigo é ou oito ou
  oitenta!

O.K.

**está O.K.! (pronounced /oquê/)
  (sl.)
  fine! O.K.! all right!

  Está O.K.! Eu vou contigo.

**tudo O.K.? (sl.)
  everything O.K.?
  (same as "tudo bem?")

**tudo O.K.! (sl.)
  everything's O.K.! everything's
  fine!
  (same as "tudo bem!")

OLÉ

  dar olé em (sport.)
  to outplay, run circles around (in
  soccer)

  O Botafogo deu olé no Santos na
  partida de ontem.

ÔLEO

o ôleo (sl.)
the cachaça; booze, alcohol
(same as "a birita")

queimar ôleo (sl.)
to hit the bottle, booze it up,
take a nip

Despediram o cara porque estava
queimando ôleo no serviço.

queimar ôleo quarenta (sl.)
to be old, not cut the mustard any
more, be over the hill (said of a
person)

Essa coroa está queimando ôleo
quarenta, embora procure bancar a
jovem.

OLHAR

e olhe lá (colloq.)
and even that's a great deal, and
that's pushing it, and you (he,
etc.) can count yourself (himself,
etc.) lucky for even that

Mil cruzeiros? Eu lhe dou
quinhentos, e olhe lá!

**olha! (int., colloq.)
listen! look here! say!

Olha, menina, você quer pegar uma
praia hoje?

OLHO

a olho nu
with the naked eye

Não dá para ver o planeta a olho
nu.

bons olhos o/te vejam! (colloq.)
long time no see! you're a sight
for sore eyes!

Bons olhos te vejam! O que é que
tem feito nesses meses?

botar o olho gordo em (colloq.)
to covet, aspire to

Tem muito parente botando o olho
gordo na herança do Aldair.

botar o olho grande em (colloq.)
to covet, aspire to
(same as "botar o olho gordo em")

custar o(s) olho(s) da cara (fig.)
to cost a pretty penny, cost an arm
and a leg

Para pobre, mesmo carro pequeno
custa o olho da cara.

esse olho é irmão desse (sl.)
I've got eyes, I wasn't born
yesterday, I'm nobody's fool

Esse olho é irmão desse, rapaz.
Eu não caio numa história dessas.

estar de olho em (colloq.)
to have one's eye on, have designs
on, covet

Você está de olho na minha moto,
né?

ficar de olho (colloq.)
to keep one's eyes peeled, stay
alert, be on guard

Fique de olho, que a rapa é capaz
de pintar!

ficar/estar de olho em (colloq.)
to keep/have one's eye on, be
suspicious of

Fique de olho nesse cara que ele é
vivo, mas vivo mesmo!

não ter olhos senão para (fig.)
to only have eyes for, want nothing
but, have one's heart set on

O Lins não tem olhos senão para
aquela morena lá da esquina.

O Oliveira quer comprar um fusca,

mas a mulher não tem olhos senão
para uma Kombi.

o olho do cu (vulg.)
the anus

o(s) olho(s) de peixe morto
(colloq.)
the glassy-eyed look

Estava sentado num canto, com olhos
de peixe morto, sonhando.

pagar o(s) olho(s) da cara (fig.)
to pay through the nose, pay a
fortune, pay an arm and a leg

O Valentim pagou os olhos da cara
pelo cavalo.

ter olhos de águia (fig.)
to be eagle-eyed, have excellent
vision
(same as "ter olhos de lince"
[olho])

ter olhos de lince (fig.)
to be eagle-eyed, have excellent
vision

Para ser aviador você precisa ter
olhos de lince.

ter os olhos maiores que a barriga
(colloq.)
to have one's eyes bigger than
one's stomach, not be able to eat
everything one has taken

Você tem os olhos maiores que a
barriga--não comeu quase nada.

ter os olhos maiores que a boca
(colloq.)
to have one's eyes bigger than
one's stomach
(same as "ter os olhos maiores que
a barriga" [olho])

trazer de olho (colloq.)
to keep an eye on, be suspicious of

Ele pediu para eu trazer a mulher
de olho.

OLHÔMETRO

o olhômetro (sl., joc.)
the eye; vision (esp. viewed as an
instrument of scrutiny or
measurement)

Botou o olhômetro na bolada,
procurando aquilatar a sua fortuna.

Tira o olhômetro daqui!

OMBRO

chorar no ombro de (fig.)
to cry on the shoulder of

Cada vez que ele briga com a
namorada, vem chorar no ombro da
mamãe.

olhar/tratar por cima do ombro
(fig.)
to look down one's nose at, look
down on

Aquele esnobe sempre nos trata por
cima do ombro.

ONÇA

a onça (colloq.)
the ugly person, "dog"
(same as "o mondrongo")

andar/estar na onça (sl.)
to be flat broke, be penniless
(same as "estar duro")

cutucar onça com vara curta (sl.)
to court danger, play with fire

Mexer com ele é cutucar onça com
vara curta; é perigoso.

*do tempo da/do onça (colloq.)
from way back (when), as old as the
hills, old-fashioned

Ô, rapaz, conta outra, que essa

piada é do tempo da onça.

ONDA

*a onda[1] (sl.)
the fad, rage, style

Agora a onda já não é boca-de-sino.

*a onda[2] (colloq.)
the fuss, to-do, commotion, stir

Houve uma onda daquelas no baile de ontem.

*a onda[3] (sl.)
the put-on, affectation, showing off
(same as "a fita[2]")

*a onda[4] (colloq.)
the gossip, rumor
(same as "a fofoca[1]")

a onda[5] (drug.)
the "high" (from drugs)
(same as "o barato[1]")

a onda[6] (sl.)
something terrific; "groove," a "real trip," fun

Que onda--conhecer esse cantor famoso!

deixa de onda! (sl.)
stop putting on airs! cut the put-on!

Deixa de onda, meu caro, que você não vai impressionar ninguém.

*estar na onda (sl.)
to be in style, be "in" (said of a person, clothing, etc.), be with it

Para estar na onda você tem que usar a roupa que está na onda.

estar na onda de (sl.)

to be on the same wavelength as
(same as "estar na de")

*fazer onda (colloq.)
to make a fuss, make waves, make a big to-do

Não agüento o patrão, mas não quero fazer onda.

O candidato fez uma onda danada quando perdeu a eleição por um só voto.

*ir na onda[1] (sl.)
to follow the crowd, jump on the bandwagon, follow the styles

Vai na onda, rapaz, que a gente vai se divertir à bessa.

ir na onda[2] (sl.)
to let things take their course, go along with the circumstances

Vai na onda e não se preocupe!

*ir na onda de (sl.)
to follow the lead of; be strung along by, fall for (someone's) "line"

Ela foi na minha onda quando eu resolvi pegar uma tela.

Não vá na onda desse picareta.

não ir na onda de (sl.)
not to "buy" what (someone) says, disbelieve, not let oneself be fooled by

Eu não vou na sua onda não. Deixe de mentira!

*na onda (sl.)
"in," in style, fashionable

Ele vestiu uma camisa na onda.

a onda careca[1] (sl.)
the same old tune, familiar line
(same as "a lengalenga")

a onda careca[2] (sl.)
the hot air, idle talk; lies;
fast-talk
(same as "o chute")

pegar a onda (sl.)
to join the crowd, jump on the
bandwagon
(same as "ir na onda[1]")

ser uma onda (sl.)
to be terrific, be a "real trip"
(same as "ser um barato")

tirar (uma) onda (sl.)
to act snobbish, put on airs,
pretend

Essa cafona vive tirando onda.

tirar uma onda de (sl.)
to make like a, pretend to be a
(same as "dar uma de")

ONDE

**onde? (for "aonde") (colloq.)
where to? whither? (to) where? (cf.
"aonde . . .?")

Onde você vai?

não ter onde cair morto (fig.)
to be down and out, not have a dime
to one's name, be as poor as a
church mouse

Pobre nesta terra não tem nem onde
cair morto.

não ter por onde (colloq.)
for there to be no way, to be no
use
(same as "não ter saída")

ONZE-LETRAS

onze-letras (sl.)
Continental brand cigarettes

Me dá um maço de onze-letras, faz
favor.

OPA

*opa! (int., colloq.)
(var. of "oba!")

ORA

ora bolas! (int., colloq.)
shucks! golly!
(same as "bolas!" [bola])

ora essa! (int., colloq.)
gosh! wow! gee!; come now!

Ora essa! Que carro legal!

Ora essa! Você está brincando!

ora veja! (int., colloq.)
just imagine!

Que bacana seria! Ora veja!

ORA-VEJA

ficar/estar no ora-veja
to be left high and dry, have
missed the boat
(same as "ficar/estar a ver navios"
[navio])

ORDEM

tudo em ordem? (colloq.)
everything O.K.? how goes it?
(same as "tudo bem?")

tudo em ordem! (colloq.)
everything's fine!
(same as "tudo bem!")

ORELHA

a orelha (colloq.)
the inside cover flap (of a book)

Há uma crítica excelente na
orelha do livro.

estar endividado/empenhado até as
orelhas (fig.)
to be up to one's ears in debt, be

deep in debt

Não podia comprar mais nada, que estava endividada até as orelhas.

ficar de orelhas baixas (fig.)
to be humiliated, hang one's head, die of embarrassment

Eu ia ficar de orelhas baixas se tivesse que sofrer um vexame igual a esse.

ficar/estar de orelha(s) em pé (colloq.)
to be on one's guard, be suspicious, have one's eyes and ears peeled

Eu fiquei de orelhas em pé quando meu marido deu a jantar fora.

ORELHADA

de orelhada (colloq.)
through the grapevine, by hearsay

Eu sei de orelhada que o Antônio está de caso com a Iolanda.

ORELHÃO

o orelhão (sl.)
the telephone booth (with a semispherical enclosure)

Vou no orelhão ligar para o Michael.

ORIXÁ

o orixá
the Afro-Brazilian fetichistic divinity; voodoo saint (of candomblé or macumba)

Ogum, Xangô, Oxóssi e Iemanjá são quatro dos principais orixás afro-brasileiros.

OSSO

dá para contar os ossos (colloq.)
he (she, etc.) is as skinny as a rail, he (she, etc.) is all skin and bones

Está muito magro. Dá para contar os ossos.

estar em/no osso (colloq.)
to be under construction, be in an unfinished state

O prédio agora está no osso, mas para setembro está pronto.

quebrar os ossos de (colloq.)
to give a beating to, bust (someone's) head

Jurou que quebrava os ossos do cara se pintasse por aí.

ser um feixe de ossos (colloq.)
to be all skin and bones, be a bag of bones, be very skinny

O Freitas é um feixe de ossos de tanto jejuar.

toque nestes ossos! (sl.)
let's shake hands! put it there!

Parabéns, rapaz! Toque nestes ossos!

***um osso duro de roer**[1] (colloq.)
someone hard to deal with, tough customer; hard nut to crack, something difficult

Não sei o que vamos fazer com ele--é um osso duro de roer.

um osso duro de roer[2] (colloq.)
someone hard-to-beat

Marli, você é fogo em Matemática--um osso duro de roer.

OSTRA

a ostra (colloq.)
the bore, pest, someone who is hard to get rid of
(same as "o chato[1]")

OTÁRIO

*o otário (from Lunf.) (also adj.)
(sl.)
the sucker, dupe, patsy, easy mark

Esse otário cai na conversa de
todo trampolineiro que surge.

OURIÇADO

estar ouriçado (sl.)
to be excited, be shaken up

A turma toda estava ouriçada com a
emocionante história.

OURIÇAR

ouriçar (vt) (sl.)
to excite, shake up

Vamos ouriçar a festa.

Ele ouriçou meio mundo com a
notícia.

OURIÇAR-SE

ouriçar-se (sl.)
to get excited, get shaken up

Ele vai se ouriçar se lhe
contarmos o lance.

OURIÇO

o ouriço (sl.)
the excitement, stir, really
something, wild to-do

A reunião vai ser aquele ouriço.

OURO

estar deitando/nadando no ouro
(fig.)
to be swimming in money, be filthy
rich

Esse negócio deve render muito,
que o proprietário está nadando
no ouro.

nem por todo o ouro do mundo!
(colloq.)
not on your life! not for all the
tea in China!
(same as "nem morto!")

OUT

estar "out" (from the English)
(sl.)
to be "out-of-it," be "square," be
out of style
(same as "estar por fora[1]")

OUTRA

estar em outra (sl.)
to be "into" something else, not be
"into" that
(same as "não estar nessa")

OUVIDO

dar ouvidos a (fig.)
to give credence to, believe, pay
attention to

Não dê ouvidos às palavras dele,
que é um mentiroso descarado.

entrar por um ouvido e sair pelo
outro (colloq.)
to go in one ear and out the other

Não adianta explicar; com você
tudo entra por um ouvido e sai pelo
outro.

ser todo ouvidos (colloq.)
to be all ears

Essa bisbilhoteira é toda ouvidos.

OUVIR

*ouviu? (colloq.)
hear? you see?

Eu vou a Friburgo amanhã, ouviu?

OVA

uma ova! (int., sl.)

the hell! bull! my eye!

Mágico, uma ova! Ele é é
vigarista, viu?

OVELHA

a ovelha negra (fig.)
the black sheep

A ovelha negra da família é o
Vinícius.

OVNI

o ovni (="objeto voador não-
identificado") (colloq.)
the UFO, flying saucer

Diz que se vê muito ovni no
Brasil, né?

OVO

os ovos (vulg.)
the testicles

contar com o ovo na galinha
(colloq.)
to count one's chickens before they
hatch

Agüenta a mão, menina; não
adianta você contar com o ovo na
galinha, ouviu?

contar com o ovo no cu da galinha
(vulg.)
to count one's chickens before they
hatch
(same as "contar com o ovo na
galinha")

estar de ovo virado (colloq.)
to be in a rotten mood, be out of
sorts

Que cara! Você está de ovo
virado hoje, né?

OXENTE

oxente! (NE) (int., colloq.)

(var. of "ó gente!")

OXO

estar oxo (from "zero x zero" on
scoreboard) (sport., joc.)
to be tied up, be nothing to
nothing (said of a scoreless game)

O jogo estava oxo quando a gente
saiu.

P

P.

ficar/estar p. da vida (com) (sl.,
euph.)
to get/be mad (at)
(euph. for "ficar/estar puto da
vida [com]")

PÁ

a pá (sl.)
the group, gang
(same as "a patota")

pá! (int., colloq.)
pow! wham! bang! boom!
(same as "bumba!")

da pá virada (colloq.)
wild, undisciplined, reckless,
forward

Ela era meio da pá virada, pouco
dada à disciplina dum ambiente
familiar.

uma pá de (sl.)
a lot of, a bunch of

Vi uma pá de meninos jogando
futebol no parque.

Tinha uma pá de livros na mesa.

PACA

o/a paca (sl., pej.)
the male homosexual
(same as "a bicha")

*paca (euph. for "pra caralho")
(sl.)
a lot, galore; very
(same as "pra burro")

PACAS

pacas (sl., euph.)
(var. of "paca")

PACAU

o pacau (drug.)
the small bag of marijuana

Ficou de entregar dois pacaus de
fumo para a gente amanhã.

PACIÊNCIA

ter a paciência de Jó (fig.)
to have the patience of Job, be
extremely patient

Ela nunca se queixa de nada. Tem a
paciência de Jó.

PACO

o paco (crim.)
the worthless stack of paper made
to look like banknotes (used in con
games)

O trouxa viu o paco e caiu logo na
conversa do pirata.

passar o paco em (sl.)
to swindle, con; trick
(same as "trapacear")

PACOTE

os pacotes (sl.)
the money, "dough"; a lot of money
(same as "os tubos" [tubo])

ir sem pacote (sl.)
to go stag, attend unaccompanied

Eu vou sem pacote ao baile amanhã.

PADARIA

a padaria (sl.)
the fanny, derrière, buttocks

Levou um chute na padaria.

PAGAR

pagar a pena
to be worthwhile
(same as "valer a pena")

pagar na boca do cofre (colloq.)
to pay outright, pay cash on the
barrelhead

Eu lhe faço abatimento se pagar na
boca do cofre.

pagar na bucha (colloq.)
to pay on the spot, pay cash on the
barrelhead
(same as "pagar na boca do cofre")

pagar na mesma moeda (fig.)
to give tit for tat, get back at
someone, give someone a taste of
his own medicine

Esse bambambã me lenhou e eu vou
lhe pagar na mesma moeda.

pagar para ver (colloq.)
to call someone's bluff, demand
proof, doubt (someone's) claims

Você está blefando, meu filho, e
eu pago para ver.

você me paga! (colloq.)
you'll pay for this! I'll get even
with you! you'll get yours! you'll
never get away with this!

Você me paga, seu safado!
Ninguém faz uma coisa dessas
comigo, viu?

PAGODE

o pagode (colloq.)
the spree, revelry
(same as "a farra")

PAGODEAR

pagodear (vi) (colloq.)
to go on a spree, revel, carouse
(same as "cair na farra")

PAGODEIRA

a pagodeira (colloq.)
the revelry, spree
(same as "a farra")

PAGODEIRO

o pagodeiro (also adj.) (colloq.)
the fun-loving person, reveler;
bohemian, carouser
(same as "o farrista")

PAGOU-PASSOU

o pagou-passou (also adj.) (stud.)
the easy school, "party school"

Esse colégio é pagou-passou.

PAI

de pai e mãe (sl.)
total, complete, unmitigated, out-
and-out, through-and-through

O camarada é um analfabeto de pai
e mãe.

não estar com seu pai na forca
(colloq.)
to have no reason to rush
(same as "não ter que tirar o pai
da forca")

não ter que tirar o pai da forca
(colloq.)
not to have to rush, have nothing
pressing

Fica mais meia hora, seu bobo--
você não tem que tirar o pai da
forca, tem?

o pai da criança (colloq.)
the person responsible (for an
occurrence, idea, etc.), creator,
originator

Procuraram investigar a origem do
boato, mas ninguém queria se
revelar como o pai da criança.

se meu pai não morresse, estaria
vivo! (colloq.)
you don't say! (sarcastic response
to a truism)
(same as "descobriu a pólvora!"
[descobrir])

PAI-D'ÉGUA

pai-d'égua (North) (colloq.)
great, terrific, fantastic

Esse novo clube de Fortaleza é
pai-d'égua, rapaz.

PAI-DE-SANTO

*o pai-de-santo
the high priest and spiritual
leader of a candomblé or macumba

Diz que o velhinho é pai-de-santo
da macumba.

PAI-DE-TODOS

o pai-de-todos (colloq.)
the middle-finger

Já se viu mulher ou homem usar
aliança no pai-de-todos?

PAI-DOS-BURROS

o pai-dos-burros (colloq., joc.)
the dictionary

Me dá o pai-dos-burros aí, pois
não sei se esta palavra tem dois
esses ou cê cedilha.

PAIÊ

paiê! (voc., colloq.)
daddy! hey, dad!

Paiê, vem cá!

PAIXONITE

a paixonite (colloq., joc.)
the lovesickness, crush

Ela está sofrendo de paixonite

desde que conheceu aquele cantor.

PALA

a pala (sl.)
the hint, tip, word
(same as "a dica")

dar (a) pala (sl.)
to show how, give a tip, "clue in,"
give the word
(same as "dar a/uma dica")

PALAVRA

palavra? (colloq.)
honest? really? no kidding?
(same as "é mesmo?")

palavra! (colloq.)
honest! I give you my word! no
kidding! I swear!

Palavra! Parece mentira, mas ela
vai mesmo casar com um rapaz trinta
anos mais novo do que ela.

duas palavras (colloq.)
a few words

Só quero acrescentar duas palavras
ao que o colega acabou de dizer.

estar com a palavra na boca (fig.)
to have the word on the tip of
one's tongue

Deixa pensar! Estou com a palavra
na boca.

tirar a palavra da boca de (fig.)
to take the words right out of
(someone's) mouth

Na batata, meu caro! Você tirou a
palavra da minha boca.

a última palavra (colloq.)
the "last word," dernier cri, the
"latest"

Esse vestido é a última palavra

da moda européia.

PALETÔ-DE-MADEIRA

o paletô-de-madeira (crim., joc.)
the coffin, pine box, "wooden
overcoat"

Quem der o serviço vai receber de
presente um paletô-de-madeira.
Entenderam?

botar/vestir paletô-de-madeira
(crim., joc.)
to die, kick the bucket
(same as "bater as botas")

PALHA

agarrar-se a uma palha (fig.)
to grasp at straws, seize the
slightest opportunity for averting
disaster

Pode tirar o cavalo da chuva, que
agora você só está se agarrando
a uma palha, entendeu?

por dá cá aquela palha (fig.)
for a trifle, at the drop of a hat,
for no good reason at all

Ele briga por dá cá aquela palha.

PALMA

conhecer como a palma da mão
(fig.)
to know (someone) like a book, know
(someone) well

Você não me engana, não, que eu
te conheço como a palma da mão.

levar a palma (fig.)
to walk away with the prize, win

Foi ela que levou a palma no
concurso de Matemática.

ter na palma da mão (fig.)
to have (someone) in the palm of
one's hand, control (someone),
dominate (someone)

Aquele mandachuva tem o Prefeito na
palma da mão.

PALMO

não ver/enxergar um palmo
(a)diante do nariz (colloq.)
to be stupid, be ignorant, be
shortsighted, be narrow-minded, be
unable to see beyond the nose on
one's face

O resultado está na cara. Mas o
sujeito é burro; não enxerga um
palmo adiante do nariz.

PALPITE

*o palpite[1] (colloq.)
the tip, suggestion, pointer, hint

Ela fica dando palpites aos
jogadores de pôquer.

*o palpite[2] (colloq.)
the hunch, inkling, opinion

O meu palpite é que ela vai chegar
no dia doze.

PALPITEIRO

o palpiteiro (also adj.) (colloq.)
the kibitzer; meddler, buttinsky

Esse palpiteiro não deixa de
encher o saco.

PAMONHA

o pamonha (also adj.) (fig.)
the dunce, nitwit, idiot
(same as "o burro")

PAMPA

*às pampas (sl.)
galore, in great quantity; very
(same as "à beça")

PAMPARRA

às pamparras (sl.)
galore, in abundance; very
(same as "à beça")

PANACA

o panaca (sl.)
the sucker, chump, patsy
(same as "o otário")

PANAMÁ

o panamá (colloq.)
the graft, corruption, scandal
(government or corporate)

Houve um panamá daqueles no
governo de Magalhães.

PANÇA

a pança (colloq.)
the paunch, belly, tummy

Desejo de pobre é encher a pança.

PANCADA

pancada (colloq.)
loony, crazy, batty
(same as "biruta")

PANCADÃO

o pancadão (sl., obs.)
the "dish," shapely female
(same as "a boa")

PANCRÁCIO

o pancrácio (colloq.)
the fool, idiot, stupid person
(same as "o burro")

PANDARECOS

em pandarecos (colloq.)
in/to smithereens, in pieces

O calhambeque ficou em pandarecos
depois da batida.

PÂNDEGA

a pândega (colloq.)
the revelry, spree
(same as "a farra")

PANDEGAR

pandegar (vi) (colloq.)
to go on a spree, carouse, revel
(same as "cair na farra")

PÂNDEGO

o pândego (colloq.)
the merrymaker, reveler
(same as "o farrista")

PANDEIRO

o pandeiro (sl.)
the fanny, "tail," rump

Caiu e machucou o pandeiro.

PANDULHO

o pandulho (colloq.)
(var. of "o bandulho")

PANELA

a panela (colloq.)
the large cavity (tooth decay)

Tive que obturar uma panela enorme
nesse molar.

PANELINHA

**a panelinha (colloq.)
the clique, closed circle of
friends existing to further the
personal interests of its members

Quem não estiver na panelinha não
ganha eleição.

PANO

os panos (sl.)
the clothing, "threads"

Vou abafar a banca quando pintar na
festa vestido com estes panos.

a todo pano (fig.)
full sail, full speed, fast
(same as "a toda")

botar panos quentes em (colloq.)
to water down, soft pedal
(same as "passar em panos quentes"
[pano])

dar pano para mangas (colloq.)
to be intractable, create a fuss,
set the tongues wagging

Aquela cocota só dá pano para
mangas.

As farras dele deram pano para
mangas em toda a vizinhança.

o pano legal (sl.)
the snazzy clothes, fine "threads"

Você está usando um pano legal,
bicho.

o pano verde (sl.)
the gaming table(s), games of
chance, gambling

Ele faz ponto nos cassinos,
freqüenta o pano verde.

passar em panos quentes (colloq.)
to compromise (on), water down,
soft pedal

Se a gente não passar a proposta
em panos quentes, o Melo não
aceita.

por baixo do pano (fig.)
under the counter, on the sly,
secretly

O cara recebeu o dinheiro todo por
baixo do pano.

PANTERA

a pantera (sl.)
the high-society girl or woman,
elegant female
(same as "a dondoca")

PÃO

*o pão (sl.)
the cute guy, handsome male, "hunk"
(occasionally applied to a good-
looking female)

As moças dizem que tem cada pão
lá na Faculdade de Direito.

comer o pão que o diabo amassou
(colloq.)
to have a hard life, go through
hell, have it rough

Durante as secas, sertanejo é que
come o pão que o diabo amassou.

dizer pão, pão, queijo, queijo
(colloq.)
to call a spade a spade, pull no
punches

Ele sempre diz pão, pão, queijo,
queijo; não fala com rodeios.

o pão dormido (colloq.)
the day-old bread (not fresh, but
not necessarily stale)

O mendigo se alimenta com café
vagabundo e pão dormido.

PÃO-DE-FÔRMA

o pão-de-fôrma (sl., joc.)
the Volkswagen bus, Kombi

Ele vendeu a fusca e comprou um
pão-de-fôrma, também da Volks.

PÃO-DURISMO

o pão-durismo (colloq.)
the chinciness, stinginess,
tightness

O pão-durismo do meu colega
Dílson é proverbial.

PÃO-DURO

**o pão-duro (also adj.) (colloq.)
the scrooge, miser, tightwad,
cheapskate

Quem não comprar um bilhete no
nosso sorteio é um pão-duro
descarado.

PAPA

o papa (fig.)
the leader, expert, "high priest,"
champion

Ele era tido como o papa da
macrobiótica no Brasil.

não ter papas na língua (colloq.)
to be outspoken, call a spade a
spade

Com certeza o Hilário vai baixar
pau no oficial, pois não tem papas
na língua.

PAPA-DEFUNTOS

o papa-defuntos[1] (colloq., joc.)
the undertaker, grave-digger

Seu Vivaldo é o único papa-
defuntos que trabalha durante
carnaval.

o papa-defuntos[2] (colloq., joc.)
the person who shows up at
funerals, frequent funeral-goer

Só tinha papa-defuntos no enterro
do fichinha.

PAPA-FILAS

o papa-filas (sl.)
the bus, large bus

Esse papa-filas leva todo mundo.

PAPA-FINA

papa-fina (sl., obs.)
"swell," tops, terrific

Essa mulher é papa-fina.

PAPAGAIADA

a papagaiada (colloq.)
the clowning, horseplay,
shenanigans

Deixa de papagaiadas, que a gente
quer ouvir o programa.

PAPAGAIAR

papagaiar (vi) (colloq.)
(var. of "papaguear")

PAPAGAIO

o papagaio[1] (colloq.)
the chatterbox, gabber, real talker
(same as "o tagarela")

o papagaio[2] (colloq.)
the I.O.U., promissory note

Não preste dinheiro àquele
caloteiro, que ele fica com os
cobres e você fica com os
papagaios.

papagaio! (int., colloq.)
heavens! gee whiz! wow!

Papagaio! Que surpresa!

PAPA-GOIABA

o papa-goiaba (also adj.) (colloq.)
the native of Rio de Janeiro State
(same as "o fluminense")

PAPAGUEAR

papaguear (vi) (colloq.)
to chatter, gab, yak away
(same as "tagarelar")

PAPA-HÓSTIA

o papa-hóstia (colloq., pej.)
the religious fanatic, Bible-
thumper
(same as "o rato-de-igreja")

PAPAI

*o papai (sl.)
I, me, yours truly (as used by a
male)

Não se preocupe, meu caro, que o
papai sabe quebrar o galho.

**papai (voc., colloq.)
daddy, papa, dad

Papai, você me compra um picolé?

o papai aqui (sl.)
(var. of "o papai")

PAPAI-DO-CÉU

Papai-do-céu (colloq.)
"the Man upstairs," God, Jesus
Christ

Papai-do-céu mandou a gente não
matar o próximo.

PAPAI-E-MAMÃE

o papai-e-mamãe (vulg.)
the conventional male-atop-female
sexual position, "missionary
position"

brincar de papai-e-mamãe (vulg.)
to have sex, copulate

PAPA-JANTARES

o papa-jantares (colloq.)
the moocher, freeloader, sponger

Eu não convido um papa-jantares
daqueles à minha casa.

PAPA-JERIMUM

o papa-jerimum (also adj.)
(colloq.)
the native of Natal, Rio Grande do
Norte

Esse papa-jerimum não sai de
Natal.

PAPA-MOSCAS

o papa-moscas (colloq.)
the nitwit, lamebrain, pinhead
(same as "o burro")

PAPAPÁ

**papapá (colloq.)
et cetera, and so forth, and the
like

Aí pediu a mão da moça, dizendo
quanto a amava . . . papapá e
coisa e tal.

PAPAR

*papar[1] (vt, vi) (colloq.)
to eat, chow down; devour

Tá tudo na mesa, gente. Vamos
papar?

Quero é papar um churrasco deste
tamanho, com arroz e feijão.

papar[2] (vt) (sl.)
to win, gain, attain, get, "bag"

Papou o prêmio.

papar[3] (vt) (vulg.)
to have sexual intercourse with,
"lay"

PAPARICAR

paparicar[1] (vt) (colloq.)
to coddle, pamper, spoil

Os pais andam paparicando a menina
o dia todo.

paparicar[2] (vt) (colloq.)
to lick the boots of
(same as "puxar [o] saco [de]")

PAPEAR

papear[1] (vi) (colloq.)
to chat, converse
(same as "bater [um] papo")

papear[2] (vt) (sl.)
to sweet-talk, hand a "line"
(same as "cantar")

PAPEL

ficar no papel (fig.)
to stay in the planning stage,
remain on the drawing board

O Governador tem umas idéias
bárbaras, mas tudo fica no papel.

ser papel queimado (colloq.)
to be out of circulation (said of a
person who is engaged or married)

Corta esse gaiato, menina. Ele é
papel queimado.

PAPELADA

*a papelada (colloq.)
the red-tape, bureaucracy,
paperwork, necessary papers

Como é que a gente pode tratar
daquela papelada toda em tão pouco
tempo?

PAPELÃO

*fazer um papelão (colloq.)
to make a scene, make an ass of
oneself

O Roberto fez um papelão dos
diabos no bota-fora do Augusto.

PAPO

**o papo[1] (colloq.)
the chat, chitchat, conversation

(same as "o bate-papo")

**o papo[2] (colloq.)
the hot air, just talk; fast-talk
(same as "o chute")

o papo[3] (colloq.)
the boasting, bragging
(same as "a garganta")

o papo[4] (colloq.)
the belly, breadbasket, tummy
(same as "a pança")

o papo[5] (sl.)
the talker, good conversationalist

Ele é um papo fabuloso.

**bater (um) papo (colloq.)
to chat, shoot the bull, "rap"

Vamos tomar um drinque e bater um
papo antes do jantar, quer?

*contar papo (colloq.)
to brag, boast
(same as "contar vantagem")

dar papo (sl.)
to chat, converse
(same as "bater [um] papo")

de papo para o ar (colloq.)
loafing, taking it easy, lounging
about

Ela ficou em casa, de papo para o
ar, quase a manhã inteirinha.

estar em papos de aranha (colloq.)
to be in a fix, be in a jam
(same as "estar numa sinuca")

estar no papo[1] (sl.)
to have fallen for a "line," have
been convinced by sweet-talk, be
strung along

Mais uma cantada na mina e ela

está no papo.

estar no papo[2] (colloq.)
to be in the bag, be on ice, be a
sure thing

Não tem problema, rapaz: o
negócio está no papo.

levar um papo (sl.)
to chat, converse
(same as "bater [um] papo")

o papo firme (sl.)
the gospel truth, no kidding,
straight talk

Isso que ele disse é papo firme.

papo firme![1] (sl.)
right on! all right! you said it!

--Que tal uma loura suada?
--Papo firme!

papo firme![2] (sl.)
honest! on the level! no kidding!
(same as "é mesmo!")

*o papo furado (sl.)
the hot air, "bull"; "line"; lies
(same as "o chute")

passar no papo (sl.)
to hand a "line"; trick
(same as "passar o papo em")

passar o papo em (sl.)
to fast-talk, hand a "line"

Se a gente passar o papo nele, vai
dar uma colher-de-chá.

PAPO-FIRME

o papo-firme (sl.)
the straight-talker, "straight-
shooter," one in whom confidence
can be placed; great guy

Pode confiar no Moysés, que é

papo-firme.

PAPO-FURADO

o papo-furado (sl.)
the liar, B.S.'er; unreliable
individual; dirty rat

Não tenho confiança naquele
papo-furado.

PAPUDO

papudo (also noun) (colloq.)
talkative, fast-talking; given to
stretching the truth, boastful

Menino mais papudo nunca vi.
Nasceu para político.

PAQUERA

*a paquera (sl.)
the woman-chasing, attempt to meet
or pick up someone of the opposite
sex, "cruising" in search of sexual
companionship

Paquera legal é nesta praia
domingo de manhã.

Não perturbe a minha paquera,
rapaz.

*o paquera (sl.)
the woman-chaser, "wolf," man on
the make

O melhor paquera é aquele que sabe
cantar melhor as gurias.

PAQUERAÇÃO

a paqueração (sl.)
the woman-chasing, attempt to pick
someone up
(same as "a paquera")

PAQUERADA

dar uma paquerada[1] (sl.)
to be on the make, be chasing the
opposite sex, "cruise"
(same as "paquerar[1]")

dar uma paquerada[2] (sl.)
to be on the look-out, take a look
around

Eu vou dar uma paquerada pelas
lojas da galeria.

PAQUERADOR

o paquerador (sl.)
the woman-chaser
(same as "o paquera")

PAQUERAGEM

a paqueragem (sl.)
the woman-chasing, attempt to pick
someone up
(same as "a paquera")

PAQUERAR

*paquerar[1] (vi, vt) (sl.)
to be on the make, try to get to
know someone of the opposite sex,
look for sexual companionship
(heterosexual or homosexual); try
to pick up

Os alunos daquele colégio passam
mais tempo paquerando do que
estudando.

paquerar[2] (vi) (sl.)
to take a look around
(same as "dar uma paquerada[2]")

PAQUERÔDROMO

o paquerôdromo (sl., joc.)
the "pick-up" place, spot for
meeting members of the opposite sex

Ali é um dos melhores
paquerôdromos da cidade.

PAQUETE

o paquete (colloq.)
the menstrual period
(see "estar de paquete[1]")

estar de paquete[1] (South, East)

(colloq.)
to have one's period, be
menstruating

Ela não se sentia bem; estava de
paquete.

estar de paquete[2] (colloq., joc.)
to be in a bad mood (also said of a
male)

Parece que o Paulo está de paquete
hoje--está de mal com a turma
toda.

PÁRA-CHOQUE

os pára-choques (vulg., joc.)
the breasts (of a female), "boobs"

Ela tem uns pára-choques que eu
vou te contar, irmão!

PARADA

a parada[1] (colloq.)
the bet, wager

Ele perdeu essa parada.

a parada[2] (sl.)
the challenge, venture, ordeal,
difficult task

Esse trabalho vai ser uma parada.

a parada[3] (sl.)
the good-looker (male or female)

Aquela mulher é uma parada.

as paradas (sl.)
the "in" places, hangouts with the
best "action" (i.e., bars,
nightclubs, etc.)

O Zé Luiz saca todas as paradas da
Zona Sul.

*ser uma parada (sl.)
to be "really something," be
extraordinary, be hard-to-beat, be
"too much"

O Nestor entende tudo em
Matemática; é uma parada.

topar qualquer parada (colloq.)
to be game for anything, accept any
challenge, be a daredevil

Eu não gosto de fazer uma coisa
dessas, mas vai falar com o
Márcio, que topa qualquer parada.

PARADINHA

a paradinha (sport.)
the soccer penalty kick delayed
momentarily to throw goalie out of
position

O Pelé é que era especialista na
paradinha.

PARADO

estar parado em (sl.)
to be crazy about, love
(same as "ser louco por")

não fique aí parado! (colloq.)
don't just stand there!

Não fique aí parado, meu filho!
Vá ajudar a irmã!

ser parado em (sl.)
to be wild about, love
(same as "ser louco por")

PARAFUSO

ter um parafuso de mais (colloq.)
to have a screw loose, be nuts
(same as "ter um parafuso de
menos")

*ter um parafuso de menos (colloq.)
to have a screw loose, be crazy

A julgar pelas bobagens que ela
anda fazendo, deve ter um parafuso
de menos.

ter um parafuso frouxo (colloq.)

to have a screw loose, be nuts
(same as "ter um parafuso de
menos")

PARAÍBA

o paraíba (colloq., pej.)
the native of Paraíba

Nunca conheci paraíba que não se
chamasse Zé.

a paraíba (except in Paraíba)
(colloq., pej.)
the very masculine woman

Só tem paraíba aqui na festa.

PARANGO

o parango (drug.)
the small bag of marijuana

O vapozeiro foi pego no flagra com
um parango de xibaba.

PARANGOLÉ

o parangolé (sl.)
the hearsay, pack of lies, "line,"
fast-talk
(same as "o chute")

o parangolé de bico (sl.)
the fast-talk, "line," idle talk
(same as "o chute")

PARAR

parar em (colloq.)
to stay at, be living at
(temporarily), stop over at

Eu estou parado no Hotel Flórida
no Flamengo.

parar o relógio de (crim., joc.)
to do away with, "bump off," put
six feet under
(cf. "o relógio")

Se eu sei disparar um berro? Eu
já parei o relógio de meio mundo.

ser de parar o trânsito (sl.,
joc.)
to be good-looking, be enough to
stop traffic
(same as "ser de fechar o
comércio")

PARASITO

o parasito (fig.)
the moocher, parasite, freeloader

Parasito desses vive filando bóia
e cigarros.

PARATI

o parati (colloq.)
the cachaça
(same as "a pinga")

PAREDE

botar na parede (colloq.)
to put on the spot, corner for
questioning, buttonhole

Tive que botá-lo na parede para
descobrir a verdade.

PAREDÃO

botar no paredão (colloq.)
to put on the spot
(same as "botar na parede")

PAREDRO

o paredro (sport. and colloq.)
the bigwig, v.i.p., boss
(same as "o mandachuva")

PARÊNTESE

abrir um parêntese (colloq.)
to make a digression, digress,
interject a side remark

Deixe-me abrir um parêntese antes
de continuar com o assunto.

fechar o parêntese (colloq.)
to return (from a digression) to

the main topic of discussion

Vamos fechar o parêntese e voltar
à vaca fria.

PARIR

parir (vi) (vulg.)
to have a kitten, have a fit

Se não fosse pela presença do
marido, eu acho que ela teria
parido na hora quando eu disse a
notícia.

parir gatos pelas orelhas (vulg.,
joc.)
to have a fit, have a kitten
(same as "parir")

PAROARA

o paroara (from Tupi) (sl.)
the fool, sucker, naïve person

O camarada tem cara de paroara.

PARÓQUIA

a paróquia (colloq.)
the neighborhood, area, vicinity;
town, city

Os fofoqueiros da paróquia se
reúnem lá naquela praça para
malhar os vizinhos.

PARRUDO

parrudo (sl.)
strong, muscular, musclebound

Se eu fosse parrudo como ele,
também apanhava mulher às pampas.

PARTE

ficar com a parte do leão (fig.)
to get the lion's share

Quem é o mais forte fica com a
parte do leão.

mandar àquela parte (colloq.,
euph.)
to tell where to go, tell to go to
the devil
(same as "mandar para o diabo")

PARTIDA

a partida (colloq.)
the practical joke, trick, prank
(see "pregar uma partida em")

pregar uma partida em (colloq.)
to play a trick on, play a
practical joke on

Queriam pregar uma partida na
gente, mas a gente deu o fora.

PARTIDO

o bom partido (colloq.)
the good or rich prospect for
marriage, "good catch"

Você precisa é casar, meu filho,
e essa moça seria um bom partido.

PARTIR

partir como uma bala (colloq.)
to take off like a shot, go like a
bat out of hell, hurry away
(same as "sair à bala")

PARU

o paru (sl.)
the sucker, fool, naïve person
(same as "o paroara")

PASSADA

dar uma passada em (colloq.)
to drop by, stop by, make a brief
visit to
(same as "dar um pulo em")

PASSADOR

o passador[1] (crim.)
the "fence," receiver or seller of
stolen goods

(same as "o intrujão")

o passador[2] (drug.)
the "pusher," dealer (of drugs)
(same as "o atravessador")

PASSAR

passar (vt) (drug. and crim.)
to "push" (drugs); sell contraband
or stolen goods, "fence"

Ganhou uma nota passando maconha.

Nem todo mundo é que sabe passar
um carro frio.

*não passar de (fig.)
to be no more than, be nothing but

Na realidade isso não passa de
conversa, meu caro.

passar à erva (sl.)
to turn into cold cash, sell

Amanhã vou ter que passar à erva
meu violão, que eu estou
completamente limpo.

passar a mão em (colloq.)
to steal, "rip off," get oneself a
"five-finger discount" on

Ela passou a mão na carteira e
zarpou.

passar a noite em branco (colloq.)
to stay up all night, not sleep a
wink
(same as "passar a noite em claro")

passar a noite em claro (colloq.)
to stay up all night, not sleep a
wink

Não preguei olho ontem--passei a
noite em claro.

*passar mal (colloq.)
to feel/be sick, not feel good, be
under the weather

--E o Tião não veio?
--Ele está passando mal.

passar na cara (vulg.)
to have sexual relations with,
conquer sexually

passar no mastro (vulg.)
to copulate with (said of a male)

passar nos cobres (sl.)
to sell, turn into cold cash
(same as "passar à erva")

passar nos peitos (vulg.)
to conquer sexually, have sexual
relations with

passar os cinco dedos em (sl.)
to steal, "rip off"
(same as "passar a mão em")

*passar para trás[1] (colloq.)
to put one over on, trick, outdo;
hoodwink, cheat

Esse amigo-da-onça tentou me
passar para trás dizendo que
estava duro, que não tinha comido,
o diabo.

passar para trás[2] (colloq.)
to cuckold, cheat on

Homem que passa a mulher para trás
merece chifres.

passar pela cabeça (colloq.)
to cross one's mind, occur to one

Não pensei numa coisa dessas. Nem
me passou pela cabeça.

*passe bem! (colloq.)
so long! take it easy!

Passe bem, Antônio! Até a vista!

PASSARINHO

o passarinho (vulg.)
the penis

um passarinho me contou (colloq.)
a little birdie told me (so), I
heard it through the grapevine

--Quem falou isso?
--Um passarinho me contou.

ver passarinho verde (colloq.)
to be in high spirits, be happy as
a lark, be ecstatic

Depois de duas cachacinhas todo
mundo estava vendo passarinho
verde.

PASSO

a cada passo (fig.)
at every turn, at every step (of
the way), often

Surge um novo problema a cada
passo.

a dois passos de (colloq.)
near, a little ways from
(same as "a um pulo de")

a passo de boi (colloq.)
slowly, at a snail's pace

O trânsito está engarrafado; os
carros estão avançando a passo de
boi.

ceder o passo a (fig.)
to give way to, yield to

O medo inicial pouco a pouco cedeu
o passo a uma maior compreensão do
assunto.

dar um mau passo[1] (colloq.)
to make a goof, make an error, slip
up

Cuidado para não dar um mau passo
na entrevista, que ela é muito

importante.

dar um mau passo[2] (colloq., euph.)
to lose one's virginity, get
pregnant, "get into trouble" (said
of an unmarried female)

A Jesuína deu um mau passo e já
está esperando nenen.

marcar passo (fig.)
to mark time, stand still, make no
progress, spin one's wheels

Você está marcando passo nesse
emprego, sem aumentos nem
promoções.

passo a passo (fig.)
step by step, slowly and
systematically

Seria bom procedermos passo a
passo, a fim de evitarmos qualquer
erro.

o passo de urubu malandro (sl.)
the sneaky way of walking, strut of
a hoodlum

O pivete ia se aproximando do
galinheiro bem de mansinho, com
esse seu passo de urubu malandro.

seguir os passos de (fig.)
to follow in the footsteps of,
emulate

Procurou seguir os passos do
ilustre estadista.

PASTELÃO

o pastelão (theat.)
the slapstick, slapstick comedy,
low comedy

Drama, coisa nenhuma! Isso é que
é pastelão dos melhores.

PATA

a pata (colloq.)

the foot, "tootsy," "dog"

Eu não boto as patas na casa dele.

meter a pata (em) (colloq.)
to butt in, stick one's nose in,
interfere (in)
(same as "meter a colher [em]")

PATACA

de meia pataca (colloq.)
two-bit, worthless, second-rate
(same as "de meia tigela")

PATA-CHOCA

a pata-choca (colloq.)
the short, plump, slow-moving
female

Essa pata-choca fica sentada ali o
dia inteiro comendo.

PATADA

dar patadas (colloq.)
(var. of "dar [uma] patada")

dar (uma) patada[1] (colloq.)
to put one's foot in it, bungle
something up
(same as "dar uma cabeçada")

dar (uma) patada[2] (colloq.)
to behave rudely
(same as "dar coices" [coice])

PATATI

patati, patatá (colloq.)
blah-blah-blah, et cetera
(same as "e tal")

PATAVINA

*patavina (colloq.)
nothing, not a thing, "beans"

Ele não entende patavina de
Engenharia.

PATINHAS

o (tio) patinhas (from the Disney
cartoon character "Tio Patinhas"
[=Uncle Scrooge]) (North) (colloq.)
the scrooge, tightwad
(same as "o pão-duro")

PATINHO

ser um patinho feio (fig.)
to be an ugly duckling, be
potentially beautiful despite one's
initial unattractiveness

Hoje é manequim muito procurada,
mas durante a adolescência era um
patinho feio.

PATO

o pato (colloq.)
the sucker, easy mark, "sitting
duck"
(same as "o otário")

pagar o pato (colloq.)
to pay the consequences (of one's
own or another's actions), face the
music, take one's medicine

Foi o Hamilton quem fez aquela
besteira, mas quem pagou o pato fui
eu!

PATOTA

a patota (sl. and crim.)
the gang, group of friends or
malefactors

A patota toda faz ponto no bar da
esquina.

A patota de batedores de carteira
foi em cana.

PATRIOTA

a patriota (also adj.) (sl., joc.)
the big-breasted female

Essa patriota é pra frente!

PATRIOTADA

a patriotada (colloq.)
the flag-waving, super-patriotism

O discurso daquele deputado foi
pura patriotada.

PATROA

a patroa (colloq., joc.)
the wife, missus, "the boss"

Por mim era bom, mas você precisa
falar com a patroa.

PATROPI

*o patropi (abbrev. of "país
tropical") (sl.)
Brazil

Eu estou com saudades do patropi.

patropi (sl.)
Brazilian, Brazilian-style

A gente pegou uma festa estilo
patropi em Nova Iorque.

PATUREBA

o patureba (crim.)
the sucker, dupe, easy mark
(same as "o otário")

PAU

o pau[1] (sl.)
the fight, brawl, skirmish; beating
(same as "a lenha")

o pau[2] (sl.)
the cruzeiro
(same as "a prata")

o pau[3] (NE) (sl.)
the hard liquor, booze

Todo mundo ficou cheio de pau
depois de terminar os exames.

*o pau[4] (vulg.)
the penis

o pau[5] (sl. and drug.)
the puff (on a cigarette), "drag"
(same as "o tapa[2]")

*baixar/meter (o) pau em[1] (colloq.)
to give a beating to, clobber,
wallop

A inana começou quando os milicos
baixaram pau nos manifestantes.

*baixar/meter (o) pau em[2] (colloq.)
to run down, criticize, badmouth,
backbite
(same as "tesourar")

dar pau em (stud.)
to flunk, give a failing grade to

O professor deu pau naquele cara
que vive matando aula.

estar de pau duro (vulg.)
to have an erection

ficar/estar pau da vida (com) (sl.,
euph.)
to get/be mad (at)
(euph. for "ficar/estar puto da
vida [com]")

largar pau em (colloq.)
to beat, give a thrashing to
(same as "baixar/meter [o] pau
em[1]")

*levar pau (stud.)
to flunk, receive a failing grade
(on an exam or in a course)

Ele não estudou nada e assim levou
pau no exame.

mandar o pau (vulg.)
to have sexual intercourse (said of
a male)

meter o pau (vulg.)
to have sexual intercourse (said of
a male)

mostrar/ensinar com quantos paus se
faz uma canoa (colloq.)
to teach (someone) a lesson, show
(someone) a thing or two, put
(someone) in his place

Achou muita ousadia e resolveu
mostrar-lhe com quantos paus se faz
uma canoa.

pau em . . .! (int., colloq.)
kill . . .! beat up . . .! give
hell to . . .! down with . . .! let
. . . have it!

Pau nos fascistas!

o pau está cantando/cantou (sl.)
fists are/were flying
(same as "o pau está
comendo/comeu")

o pau está comendo/comeu (sl.)
there is/was a scuffle (riot,
violence, etc.); fists are/were
flying; all hell is breaking/broke
loose

O pau comeu! Foi uma bagunça dos
demônios.

o pau está falando/falou (sl.)
fists are/were flying
(same as "o pau está
comendo/comeu")

o pau está roncando/roncou (sl.)
fists are/were flying
(same as "o pau está
comendo/comeu")

*ser pau (colloq.)
to be boring, be dull, be
bothersome, be a "drag"

Vira o disco, rapaz, que esse
assunto é pau.

ser pau na moleira[1] (sl.)
to be rough, be "murder"
(same as "ser fogo[1]")

ser pau na moleira[2] (sl.)
to be really something, be hard-
to-beat
(same as "ser fogo[2]")

ser pau para toda obra (colloq.)
to be a jack-of-all-trades, be a
handyman

O Rui vai dar no couro, pois ele é
pau para toda obra.

PAU-BARBADO

o pau-barbado (vulg.)
the penis

PAU-D'ÁGUA

*o pau-d'água (colloq.)
the boozer, drunkard, lush
(same as "o cachaceiro")

PAU-DE-ARARA

o pau-de-arara[1] (colloq.)
the covered truck for transporting
migrant Northern workers southward

O Zé chegou do Pará num pau-de-
arara com uma leva de aratacas.

*o pau-de-arara[2] (also adj.)
(colloq.)
the inhabitant of or migrant from
the North of Brazil, Northerner

Sou pau-de-arara, mas não me troco
por nenhum carioca filho-da-mãe.

o pau-de-arara[3] (crim.)
the "upside-down" torture (prisoner
is hung with knees and elbows bent
over a bar)

Quando colocaram o preso no pau-
de-arara, ele botou a boca no
trombone.

PAU-DE-CABELEIRA

o pau-de-cabeleira (colloq.)
the chaperon

A Teresinha servia de pau-de-
cabeleira quando a irmã saía com
o Otávio.

PAU-DE-FOGO

o pau-de-fogo (sl.)
the rifle, firearm

O Jânio pegou no pau-de-fogo e
saiu caçando macacos.

PAU-DE-FUMO

o pau-de-fumo (South) (colloq.,
pej.)
the Negro, Black
(same as "o baiano[2]")

PAU-DE-VIRAR-TRIPA

o pau-de-virar-tripa (sl., joc.)
the beanpole; tall, skinny person
(same as "o varapau")

PAU-FURADO

o pau-furado (colloq.)
the rifle, firearm
(same as "o pau-de-fogo")

PAULEIRA

a pauleira (sl.)
the fight, skirmish
(same as "a lenha[1]")

o som pauleira (sl.)
the hard rock music

Só mesmo roqueiro dos mais devotos
ia curtir o som pauleira daquele
conjunto.

PAULIFICAÇÃO

a paulificação (colloq.)
the annoyance, bother, bore, "pain"

(same as "a amolação")

fazer as pazes (colloq.)
to make up, bury the hatchet

A gente terminou essa briga besta
fazendo as pazes.

tudo em paz? (colloq.)
everything O.K.?
(same as "tudo bem?")

tudo em paz! (colloq.)
everything's O.K.! all's well!
(same as "tudo bem!")

PAULIFICANTE

paulificante (colloq.)
boring, dull, bothersome
(same as "chato")

PAULIFICAR

paulificar (vt) (colloq.)
to bore, annoy, bother, pester
(same as "amolar")

PAULISTA

como paulista no samba (sl.)
clumsily, awkwardly, like a klutz

Ele dirige como paulista no samba.

PAÚRA

ter paúra (from the Ital.) (South)
(sl.)
to be afraid, be scared

Ela é valentona; não tem paúra
de nada.

PAUZINHO

mexer (os) pauzinhos (colloq.)
to pull strings, take the necessary
steps

A gente dá um jeito mexendo os
pauzinhos.

PAZ

*deixar em paz
to leave (someone) alone, stop
annoying (someone)

Esse chato não quis me deixar em
paz.

é de paz (colloq.)
I come in peace, I'm a friend (in
response to, "Quem vem lá?" [="Who
goes there?"])

PÉ

o pé (fig.)
the basis, footing

Estamos nesse pé, meu filho: ou
vai ou racha.

Em que pé estamos?

ao pé da letra (fig.)
literal(ly), word for word

Traduzir esse livro ao pé da letra
é fogo!

É uma tradução ao pé da letra,
bem esculhambada.

botar o pé no mundo (colloq.)
to take off, take to one's heels,
run away

Deu dois tecos no bicheiro e aí
botou o pé no mundo.

com um pé nas costas (colloq.)
handily, with the greatest of ease,
with one hand tied behind one's
back
(same as "de letra")

*dar no pé (colloq.)
to take off, run away; hit the
road, get going

Pegou o relógio e deu no pé.

Bom, vamos dar no pé, rapaz, que

é tarde e temos que levantar
amanhã cedinho.

de pés no chão (colloq.)
barefoot, without shoes

Essa gente chegou sem eira nem
beira, de pés no chão.

entrar com o pé direito/esquerdo
(colloq.)
to start off on the right/wrong
foot

Precisa entrar com o pé direito em
qualquer emprego novo.

estar com o pé no estribo (fig.)
to be about to leave, have one foot
out the door

Eu estava com o pé no estribo
quando pediram para a gente tomar
uma saideira.

*estar com um pé na cova (fig.)
to have one foot in the grave

Essa mulher só tem trinta anos mas
já está com um pé na cova.

estar de pé atrás (colloq.)
to be suspicious, have one's
doubts, be skeptical, be on one's
guard

O cara me prometeu o tutu, mas eu
estou de pé atrás.

ir num pé e voltar no outro
(colloq.)
to go and come back in a flash,
hurry back

Vou dar uma fugidinha--vou num pé
e volto no outro.

larga meu pé! (sl.)
get off my back! stop bugging me!
cut it out!

Larga meu pé, rapaz, que eu estou
de saco cheio!

meter o pé na tábua (sl.)
to accelerate (automobile speed),
step on it, "floor it," hurry

Quando vi o campana me seguindo
pedi para o motorista meter o pé
na tábua.

meter os pés pelas mãos (colloq.)
to get all balled up, make a faux
pas, put one's foot in it

O Mauricio vive metendo os pés
pelas mãos; não consegue fazer
nada direito.

não chegar aos pés de (fig.)
not to be able to hold a candle to
(someone), not measure up to
(someone)

Ele não chega aos pés do pai.

não ter pé nem cabeça (fig.)
to lack rhyme or reason, make no
sense

Papo furado essa história toda;
não tem pé nem cabeça.

negar a pés juntos (fig.)
to deny flatly

Negou a pés juntos todos os
boatos.

pegar no pé de (sl.)
to pester, make fun of, "bug"

O cara vive pegando no meu pé.

pé na tábua![1] (sl.)
step on it! give it more gas! full
steam ahead!

Pé na tábua, seu motorista, que
eu estou com pressa!

pé na tábua![2] (sl.)
go to it! go to town!
(same as "fé em Deus e pé na
tábua!")

o pé no saco (sl.)
the bore, "drag," pain in the neck
(same as "o saco³")

pôr (os) pés em (fig.)
to set foot in, go to, appear at

Eu não ponho os pés na casa desse
cachorro.

sai do meu pé! (sl.)
get off my back! cut it out!
(same as "larga meu pé!")

*sem pé nem cabeça (fig.)
without rhyme or reason, senseless

É uma explicação sem pé nem
cabeça.

ter os pés fincados na terra
(fig.)
to have both feet on the ground, be
a realist, be level-headed

Ele não se deixa iludir--tem os
pés fincados na terra.

tirar o pé da lama (colloq.)
to get ahead in life, come up in
the world, improve one's social or
financial status

O Garcia conseguiu tirar o pé da
lama e agora está faturando alto.

tirar o pé do lodo (colloq.)
to get ahead in life, come up in
the world
(same as "tirar o pé da lama")

um pé lá e outro cá! (colloq.)
come right back! go and come back
in a flash! make it snappy!

Você volta logo? Então vá, meu
filho--um pé lá e outro cá!

você dá o pé, e ele toma a mão
(fig.)
you give him an inch and he'll take
a mile

Não adianta você emprestar
dinheiro àquele mendigo--você dá
o pé e ele toma a mão.

PÊ

ficar/estar pê da vida (com) (sl.,
euph.)
(var. of "ficar/estar p. da vida
[com]")

PEÇA

a peça¹ (colloq.)
the prank, trick, practical joke
(same as "a partida")

a peça² (sl.)
the good-looker (male or female)

Essa guria é uma peça que eu vou
te contar!

a peça³ (sl.)
the V.I.P., real somebody
(same a "o troço²")

a peça⁴ (sl.)
the "character," strange bird,
oddball
(same as "a figurinha")

pregar uma peça em (colloq.)
to play a joke on, play a trick on
(same as "pregar uma partida em")

PECHADA

a pechada (South) (colloq.)
the bump, collision
(same as "a trombada")

PEDAÇO

o pedaço (sl.)
(var. of "o pedaço de mau
caminho")

o bom pedaço de mau caminho (sl.)
(var. of "o pedaço de mau
caminho")

estar caindo aos pedaços (colloq.)
to be falling apart, be in bad
shape; be pooped, be all worn out

Esse seu calhambeque está caindo
aos pedaços.

Estava caindo aos pedaços depois
de tanta lufa-lufa.

passar um mau pedaço (colloq.)
to have a rough time, spend some
troubled moments, experience
temporary difficulties

Passei um mau pedaço com o
vestibular do mês passado.

o pedaço de mau caminho (sl.)
the good-looking woman, "bombshell"
(same as "a boa")

PÉ-DE-ANJO

o pé-de-anjo (colloq., joc.)
the big foot

Ele tem que comprar sapatos enormes
para esses pés-de-anjo.

PÉ-DE-BOI

o pé-de-boi (colloq.)
the workhorse, hard worker, plodder
(same as "o burro-de-carga")

PÉ-DE-BORRACHA

o pé-de-borracha (sl.)
the car, "wheels," "machine"
(same as "o carango")

PÉ-DE-CANA

o pé-de-cana (sl.)
the drunkard, boozer, lush
(same as "o cachaceiro")

PÉ-DE-CHINELO

o pé-de-chinelo (sl.)
the poor devil, nobody
(same as "o pé-rapado")

PÉ-DE-CHUMBO

o pé-de-chumbo[1] (colloq.)
the slowpoke, one who drags his
feet, leadfoot

Aquele pé-de-chumbo vai demorar
muito tempo em chegar.

o pé-de-chumbo[2] (colloq., pej.)
the Portuguese person
(same as "o portuga")

PÉ-DE-GALINHA

os pés-de-galinha (colloq.)
the crow's feet (wrinkles at the
corner of the eye)

Brotinho nada! Você não viu os
pés-de-galinha no canto dos olhos
dela?

PÉ-DE-MEIA

fazer o pé-de-meia (colloq.)
to save up one's nest egg, put
aside a little money

Se a gente poupar a gaita pode
mesmo fazer o pé-de-meia.

PEDIDA

boa pedida! (colloq.)
good choice! good idea!

Você vai de camarão? Boa pedida!

PEDIR

estar pedindo água (sl.)
to be "hurting," be defeated, be
all pooped out

Depois da corrida, o Carlos estava
pedindo água.

pedir arreglo (sl.)
to give up, say uncle
(same as "pedir arrego")

*pedir arrego (sl.)

to say uncle, give up
(var. of "pedir arreglo")

Ele vai ter que pedir arrego se o
trabalho for demais.

PEDRA

botar uma pedra em cima de (fig.)
to erase, wipe away, forget about
(same as "passar a/uma esponja
sobre")

de pedra e cal (fig.)
firm, secure, steadfast, resolute

Estou de pedra e cal no meu
casamento.

e lá vai pedra (colloq.)
and then some (used after a round
number)
(same as "e lá vai fumaça")

não deixar pedra sobre pedra
(fig.)
to leave no stone unturned

Não vamos deixar pedra sobre pedra
até encontrarmos a solução deste
galho.

ser (da) pedra noventa (sl.)
to be tops, be a great guy, be a
terrific person
(same as "ser gente boa")

ser de pedra (fig.)
to be insensitive, be hard-hearted,
be made of stone

Um sujeito teria que ser de pedra
para não chorar numa situação
dessas.

ser uma pedra no sapato (colloq.)
to be a pain in the neck, be an
annoyance, be a headache

Aquele cara é uma pedra no meu
sapato.

PEDRADA

e lá vai pedrada (colloq.)
and then some (used after a round
number)
(same as "e lá vai fumaça")

PEDRINHO

o pedrinho (sl.)
the one cruzeiro note
(same as "o pedro")

PEDRO

o pedro (sl.)
the one cruzeiro note

Tirou dez pedros do bolso e pagou
na caixa.

PÉ-DURO

o pé-duro (sl.)
the nobody, commoner
(same as "o pé-rapado")

pé-duro (sl.)
cheap, of poor quality, shoddy
(same as "vagabundo")

PÊ-EME

o pê-eme (sl.)
(var. of "o p.m.")

PÉ-FIRME

fazer pé-firme (colloq.)
to put one's foot down, not budge
(same as "bater o pé")

PÉ-FRIO

o pé-frio[1] (colloq.)
the jinx, hard-luck person

Aquele pé-frio não pode ganhar de
jeito nenhum.

o pé-frio[2] (colloq.)
the bad luck

(same as "a urucubaca")

PEGA

  a pega (sl.)
  the good-looking female, "knockout"
  (same as "a boa'")

  o pega (colloq.)
  the scuffle, skirmish
  (same as "o pega-pega")

PEGAÇÃO

  estar na pegação (sl.)
  to streetwalk, be on the make (said
  of a prostitute, etc.)

  Aquela mariposa parada na esquina
  está na pegação.

PEGADA

  ir nas pegadas de (fig.)
  to follow in the footsteps of,
  emulate
  (same as "seguir os passos de"
  [passo])

PEGAJENTO

  pegajento (colloq.)
  bothersome, pestering

  Como aquele boboca é pegajento!

PEGAJOSO

  pegajoso (colloq.)
  (var. of "pegajento")

PEGA-PEGA

  o pega-pega (colloq.)
  the scuffle, skirmish, quarrel

  A partida de ontem deu num pega-
  pega daqueles.

PEGA-PRA-CAPAR

  o pega-pra-capar (sl.)

the scuffle, skirmish, scramble
(same as "o pega-pega")

PEGAR

  pegar[1] (vi) (colloq.)
  to go over, catch on, find
  acceptance (said of a style, joke,
  plan, etc.)

  Essa onda pegou e virou coqueluche.

  Trocadilho desses não pega, não.

  pegar[2] (vi) (colloq.)
  to go over, be believed, "wash,"
  hold water (said of a story,
  explanation, excuse, etc.)

  Essa conversa não pega.

  Será que a desculpa vai pegar?

  pegar[3] (vi) (colloq.)
  to start (a car, motor, etc.),
  "turn over"

  O carro não pegou hoje e eu tive
  que vir de ônibus.

  *pegar[4] (vt) (colloq.)
  to understand, "get"

  Eu não peguei o significado do que
  ele falou.

  pegar[5] (vt)
  to pick up, receive (a radio or TV
  station)

  Com esse rádio eu pego até a
  China.

  *pegar[6] (vt) (sl.)
  to take in, attend, "catch"

  Vamos levantar cedo para pegar
  praia.

  Você pegou a festa de ontem ou
  pegou aquele filme no Odeon?

  pegar[7] (vt) (sl.)

to pick up (procure for sexual
purposes)

Vou dar uma paquerada para ver se
eu pego uma gata por aí.

é pegar ou largar! (colloq.)
take it or leave it!

Eu não posso lhe fazer um preço
melhor. É pegar ou largar!

pega ladrão!
stop thief!

Pega ladrão! O trombadinha bateu
a minha carteira!

pegar bem/mal em (colloq.)
to look good/bad on, be/not be
becoming to (said of clothes,
colors, etc.)

Essa camisa pega bem em você.

*pegar com a boca na botija
(colloq.)
to catch red-handed, catch in the
act

Quem cometeu o crime foi aquele
malandro; pegaram ele com a boca na
botija.

pegar com as calças na mão
(colloq.)
to catch with one's pants down,
catch in an embarrassing or
compromising situation

--Ela descobriu batom na camisa do
marido?
--É, ele foi pego com as calças
na mão.

pegar e (+ verb) (colloq.)
to up and (+ verb)

O nego pegou e comprou um carro
zero-quilômetro.

pegar no sono (colloq.)
to fall asleep

Não peguei no sono até o sol
raiar.

pegou? (colloq.)
understand? see?
(same as "manjou?" [manjar])

PEGA-RAPAZ

o pega-rapaz (colloq.)
the lovelock, spit curl

Usava o cabelo curtinho, com um
pega-rapaz bem no meio da testa.

PEIDAR

peidar (vi) (vulg.)
to pass gas, fart

PEIDO

o peido (vulg.)
the fart

PEITARIA

a peitaria (vulg.)
the well-developed bustline

Ela tem uma peitaria que só vendo!

PEITO

o peito (fig.)
the courage, bravery, valor

Ele carecia do peito necessário a
uma empresa dessa índole.

levar a peito (fig.)
to take to heart, take seriously
(same as "tomar a peito")

*meter os peitos (sl.)
to tackle (a challenge) head-on,
put oneself into it, apply oneself

Você precisa meter os peitos.
Senão vai levar pau.

no peito (sl.)
by force; forcefully,
energetically, with great effort;
whatever the cost or sacrifice
(same as "na raça")

no peito e na raça (sl.)
by force or nerve; whatever the
cost
(same as "na raça")

ter peito (para) (colloq.)
to have the guts (to), have the
heart to
(same as "ter cara [para]")

tomar a peito (fig.)
to take to heart, take a serious
interest in, concern oneself with

Ele tomou muito a peito seu
compromisso.

PEITUDA

peituda (colloq.)
big-breasted, busty

Eu estou gamado por essa menina
peituda de maiô amarelo.

PEITUDO

peitudo (colloq.)
courageous, bold, gutsy

Você precisa ser peitudo ou maluco
para baixar pau no governo assim.

PEIXÃO

o peixão (colloq.)
the shapely, attractive woman,
"knock-out"
(same as "a boa[1]")

PEIXE

estar como peixe n'água (colloq.)
to feel at home, be in one's
element

Não se dá bem na cidade, mas lá

na roça está como peixe n'água.

não ter nada com o peixe (colloq.)
to have nothing to do with the
subject, have nothing to do with
the price of tea in China, be
irrelevant

Isso está muito bem, mas não tem
nada com o peixe.

ser (como) um peixe fora d'água
(fig.)
to be like a fish out of water,
feel out of place, be out of one's
element

Sertanejo no litoral é como um
peixe fora d'água.

vender o peixe pelo preço que
comprou (colloq.)
to tell it (a story) just as one
has heard it, not embellish the
truth

Não estou exagerando, rapaz; estou
vendendo o peixe pelo preço que
comprei.

vender o seu peixe (colloq.)
to speak one's piece, have one's
say

Vende logo seu peixe, meu chapa,
que eu tenho que me arrancar!

Já vendi meu peixe. Agora você
está com a palavra.

PEIXEIRA

a peixeira (crim. and sl.)
the knife

Pegou numa peixeira e abriu a
barriga do camarada.

PEIXEIRADA

a peixeirada (sl.)
the stab with a knife
(same as "a alfinetada[1]")

dar uma peixeirada em (crim. and sl.)
to stab, knife, "carve up"

Dei uma peixeirada na lata do careta quando me chamou de bicha.

PEIXEIRAR

peixeirar (vt) (crim. and sl.)
to stab, knife

Peixeirou o cara dez vezes.

PEIXEIRO

o peixeiro (also adj.) (sport.)
the player or fan of the Santos Futebol Clube (a SP soccer team)

Os peixeiros foram goleados pelo outro time.

PEIXINHO

o peixinho (colloq.)
the pet, protégé, favorite

A Marisa é peixinho do Professor Edgardo.

PELADA

a pelada (sport.)
the informal soccer match, improvised game of soccer, "scrimmage"

Sempre tem uma ou duas peladas na praia do Flamengo.

PELADO

*pelado (colloq.)
naked, in one's birthday suit

Que horror! Esse filme só tem mulher pelada.

PELE

cair na pele de (sl.)
to pester, get under (someone's) skin

(same as "cair no couro de")

estar na pele de (fig.)
to be in (someone's) shoes

Eu não queria estar na pele daquele preso.

livrar a pele (fig.)
to save one's skin, get away
(same as "salvar a pele")

o pele da turma (sl.)
the butt of all jokes, target of everyone's pranks

O Geraldinho é o pele da turma, porém nunca perde a esportiva.

salvar a pele (fig.)
to save one's skin, turn tail, get away

Resolveu salvar a pele já que a cobra estava fumando.

ser/estar pele e osso (fig.)
to be all skin and bones, be extremely thin

O Chico ficou magérrimo--está pele e osso.

PELÉ

Pelé (voc., sl., pej.)
name for any Black man or boy (an allusion to the soccer star)

Ô, Pelé! Me faz um favorzinho?

PELEGA

a pelega (colloq.)
the banknote, cash, paper money

Ela apanhou as pelegas e se mandou.

PELEGO

o pelego[1] (from Sp. "pellejo") (sl.)

the (co-opted) union boss,
government spy planted in a labor
union

Na época da ditadura, sindicato
estava cheio de pelegos.

o pelego[2] (sl.)
the "doormat," servile person
(same as "o capacho")

PÊLO

cair no pêlo de (sl.)
to pester, get in the hair of
(same as "cair no couro de")

em pêlo (colloq.)
naked, in the raw
(same as "pelado")

PELOTA

dar pelota (para) (colloq.)
to care (about), pay attention (to)
(same as "dar bola [para]")

dar pelotas (para) (colloq.)
(var. of "dar pelota [para]")

PENCA

em penca (fig.)
galore, in bunches, in great
quantity
(same as "aos montes" [monte])

PENDURA

a pendura (sl.)
the charging of a bill to someone
else, leaving without paying for a
bill

Os estudantes recorreram muitas
vezes à pendura como forma de
protesto.

estar na pendura (colloq.)
to be flat broke, be "busted"
(same as "estar duro")

PENDURAR

pendurar (vt) (sl.)
not to pay (a bill), leave without
paying (a bill); charge to one's
account

Quem diria que eles iam pendurar a
conta quando entraram?

PENETRA

*o penetra (sl.)
the party-crasher, gate-crasher,
intruder, uninvited guest

Não entendo como aquele penetra
conseguiu entrar na festa sem
ninguém notar.

PENETRAR

*penetrar (vt) (sl.)
to crash (a party, dance, game,
etc.), attend uninvited, crash the
gate

Penetrar festa de ricaço não é
mole.

penetrar pela tubulação (sl.,
joc.)
to fall on one's face, go down the
tubes
(same as "entrar pelo cano")

PENICO

o penico (colloq.)
the bedpan, chamber pot

Se não tiver banheiro eu uso o
penico.

pedir penico (sl.)
to throw in the towel, cry uncle,
give up; chicken out

Levou uma surra das piores e teve
que pedir penico.

pôr um penico na cabeça (sl.,
joc.)
to join the army, do one's military

service

Queria fazer faculdade, mas por falta de dinheiro acabou pondo um penico na cabeça.

PENOSA

a penosa[1] (crim.)
the hen, chicken

Ele foi em cana por ter afanado duas penosas.

a penosa[2] (sport.)
the easy goal (due to goalie's ineptitude)
(same as "o frango[1]")

PENSÃO

a pensão (sl.)
the brothel, house of ill repute

Ela morava numa pensão onde fazia michê à noite.

PENSAR

*já pensou? (colloq.)
(can you) imagine! just think!

E mesmo assim ele nem bateu com a língua nos dentes. Já pensou?

PENTE-FINO

passar o pente-fino em (colloq.)
to go over with a fine-toothed comb, examine meticulously

Passamos o pente-fino no conteúdo da bolsa, mas não encontramos coisa nenhuma.

PÊ-PÊ

o pê-pê (also adj.) (stud.)
(var. of "o p.p.")

PEQUENA

a pequena[1] (sl.)

the girl
(same as "a guria")

a pequena[2] (sl.)
the girl friend, sweetheart

Eu vou baixar na festa depois de apanhar a pequena.

PÊ-QUÊ-PÊ

o pê-quê-pê (sl., joc.)
(var. of "o p.q.p.")

PERA

pera aí! (corrup. of "espera aí")
(sl.)
(var. of "espera aí!" [esperar])

PÉ-RACHADO

o pé-rachado (South) (colloq.)
(var. of "o pé-rapado")

PERAÍ

peraí! (corrup. of "espera aí")
(sl.)
(var. of "espera aí!" [esperar])

PÉ-RAPADO

o pé-rapado (colloq.)
the John Doe, the nobody, vagabond; poor man

Ela casou com um pé-rapado que não tem nem um tostão.

PERDER

a perder de vista (fig.)
as far as the eye can see, galore, limitless

Nessa praia tinha rapaz boa-pinta a perder de vista.

PÉ-REDONDO

o pé-redondo (colloq.)

the devil, Satan
(same as "o cão[2]")

PERERÊ

pererê, pererê (colloq.)
etc., and so forth
(same as "e tal")

PERGUNTA

a pergunta de algibeira (colloq.)
the trick question, sixty-four-
dollar question

O professor fez uma pergunta de
algibeira que ninguém soube
responder.

PERIGO

estar a perigo (sl.)
to be in a bad way; be broke
(same as "estar na pior")

PERIQUITA

a periquita (North, NE) (vulg.)
the vagina

estar com a periquita queimada
(North, NE) (vulg.)
to be sexually excited, be "hot to
trot" (said of a female)

PERIQUITO

o periquito[1] (milit.)
the GI, army recruit, soldier
(same as "o reco")

o periquito[2] (North, NE) (vulg.)
(var. of "a periquita")

PERNA

a perna (sl.)
the one-hundred old-cruzeiro note

A viagem custava duas pernas.

com uma perna nas costas (colloq.)
easily, handily, with one's eyes
closed
(same as "de letra")

de pernas para o ar (colloq.)
upside down, topsy turvy, messed up

Depois da briga tudo na sala estava
de pernas para o ar.

em cima da perna (colloq.)
sloppily, in a slipshod way
(same as "nas coxas" [coxa])

*passar a perna em (colloq.)
to put one over on; cheat
(same as "passar para trás[1]")

pernas, para que te quero! (int.,
colloq.)
get me out of here! I'd better run
for my life! legs, don't fail me
now!

Lá vem a polícia. Pernas, para
que te quero!

PERNA-DE-PAU

o perna-de-pau (also adj.) (sport.
and sl.)
the bungling or incompetent soccer
player; bungler, clumsy person

É perna-de-pau não só em
futebol, mas em tudo quanto é
coisa.

PERNOCA

a pernoca (sl.)
the shapely leg

Usava uma minissaia com as pernocas
à mostra.

PERNÓSTICO

pernóstico (colloq.)
arrogant, pretentious, stuck-up

O marido dessa mulher é tão

pernóstico que dizem que arrota
grandezas mesmo dormindo.

PERSEGUIDA

a perseguida (vulg.)
the vagina

PERU

o peru[1] (colloq.)
the kibitzer, outsider who gives
unwanted advice, esp. in a card
game

Eu não aceito os palpites daquele
peru.

o peru[2] (sl.)
the smart aleck, brazen individual,
buttinsky

Ô, seu peru, ninguém pediu para
você apitar!

o peru[3] (vulg.)
the penis

o peru[4] (sport.)
the easy goal (due to goalie's
ineptitude)
(same as "o frango[1]")

(o) que (é que) há com seu peru?
(sl.)
what's up? what gives? what's new?

Você por aqui, rapaz? O que é
que há com seu peru?

PERUA

a perua[1] (colloq.)
the station wagon

Aí chegaram dois carros e uma
perua cheia de meninos.

a perua[2] (colloq.)
the prostitute, slut
(same as "a mulher-da-vida")

PERUAR

peruar (vi, vt) (colloq.)
to hang around, kibitz, just watch
(a card game)

Ele ficou ali peruando o jogo a
noite toda.

PESADA

da pesada[1] (sl.)
dangerous, violent, "shady" (said
of a criminal)

Aquele malandro é da pesada.

da pesada[2] (sl.)
terrific, "far-out," "heavy," "in"

Não deixa de pegar essa tela, pois
é da pesada, viu?

PESADO

pesado (colloq.)
heavy, indigestible, rich (said of
food)

Para quem está de ressaca,
feijoada é pesada demais.

estar pesado na vida (colloq.)
to have rotten luck, be unlucky, be
jinxed

Quem está pesado na vida, não
arrisque o dinheiro à-toa.

pegar no pesado (colloq.)
to work hard, do strenuous physical
labor

Para terminar esse trabalho vamos
ter que pegar no pesado.

pesado como chumbo (colloq.)
heavy as lead, heavy as a ton of
bricks

Esses livros são pesados como
chumbo.

PESCA

a pesca (stud.)
the cheating (on examinations),
copying of answers
(same as "a cola")

PESCAR

pescar[1] (vt) (colloq.)
to understand, "get," catch (on to)

Nunca consigo pescar bulhufas da
letra das músicas dele.

pescar[2] (vi) (stud.)
to cheat (on exams), copy answers
(same as "colar[3]")

pescar[3] (vt) (sl.)
to pick up (procure for sexual
purposes)
(same as "pegar[7]")

pescar em águas turvas (fig.)
to fish in troubled waters

Se você mexer com ela, está
pescando em águas turvas.

pescou? (colloq.)
you see? understand?
(same as "manjou?" [manjar])

PESCARIA

a pescaria (stud.)
the cheating (on exams)
(same as "a pesca")

PESCOÇO

estar até o pescoço (com)
(colloq.)
to be fed up (with), have had it up
to here (with)

Estou até o pescoço com esse
chato; já não aguento mais.

montar no pescoço de (colloq.)
to thoroughly dominate, walk all

over (someone)

O Santos montou no pescoço do
Corintians.

PESO

o peso (sl.)
the bad luck
(same as "a urucubaca")

a peso de ouro (colloq.)
at great cost, for a high price,
expensively

Teve que comprar o quadro a peso de
ouro.

de peso
of importance, substantial,
influential, carrying weight

Aduziu vários argumentos de peso.

Fulano é um homem de peso nesta
cidade.

em peso (fig.)
in force, en masse, in full force

O Senado reagiu em peso às
propostas do Presidente.

ser peso morto (colloq.)
to be dead weight, be a shirker, be
a deadbeat

A gente é que vai ter de fazer o
trabalho dele; é peso morto.

valer o seu peso em ouro (fig.)
to be worth one's weight in gold,
be invaluable

Ele é o meu indispensável
braço-direito; vale o seu peso em
ouro.

PESSOAL

*o pessoal (colloq.)
the "gang," group of friends

Deixa eu falar com o pessoal antes
de resolver o negócio.

#pessoal (voc., colloq.)
folks, gang, everyone
(same as "gente")

PESTANA

pregar uma pestana (colloq.)
to nap, snooze
(same as "tirar um cochilo")

#tirar uma pestana (colloq.)
take a snooze, nap, get some shut-
eye
(same as "tirar um cochilo")

PESTE

da peste (colloq.)
a heckuva, the darnedest; terrible,
confounded

Deu uma bagunça da peste.

PETARDO

o petardo (sport.)
the hard-kicked ball (in soccer)

Aí o Tostão chutou um petardo
daqueles.

PETECA

fazer de peteca (colloq.)
to make a fool of, play for a
sucker, take advantage of
(same as "fazer de bobo")

não deixar a peteca cair (sl.)
not to let up, stand the test, come
through, keep the ball rolling

Fique tranqüilo, que eu não deixo
a peteca cair.

PEXOTADA

a pexotada (sl.)
the slip-up, muff, error (esp. one

resulting from inexperience)

Só mesmo novato comete uma
pexotada dessas.

PEXOTE

o pexote[1] (from Chin.) (sl.)
the little kid, little shaver,
youngster, half pint
(same as "o guri")

o pexote[2] (sport.)
the lousy or inexperienced player
(in soccer)
(same as "o fuleiro[1]")

o pexote[3] (sl.)
the novice, greenhorn, beginner

Você, que é pexote, ainda está
engatinhando.

pexote (sl.)
tiny, small
(same as "mirim")

PIABA

a piaba (crim. and sl.)
(var. of "a biaba")

PIADA

soltar/largar uma piada (colloq.)
to crack a joke

Aí, o David soltou uma piada que
eu vou te contar.

PIÃO

tomar o pião na unha (fig.)
to take the bull by the horns
(same as "pegar o touro à unha")

PIAR

piar (vi) (fig.)
to say something, talk, speak up

Ele nem piou durante duas horas.

PICA

*a pica (vulg.)
the penis

picas (vulg.)
nothing, not a damned thing

O cara não entende picas da
matéria.

PIÇA

a piça (vulg.)
the penis

PICADA

a picada (drug.)
the narcotic injection, "fix"

Estou precisando é de uma picada.

PIÇADA

a piçada (vulg.)
the sexual intercourse

dar uma piçada (vulg.)
to copulate

PICADO

ficar/estar picado (com) (colloq.)
to get/be peeved (at), take offense
(at)
(same as "ficar/estar invocado
[com]")

ir picado (colloq.)
to race, speed, rush, hurry

O carro foi picado pelo cruzamento
e bateu em cheio numa árvore.

PICA-DOCE

o pica-doce (vulg.)
the lover boy, ladies' man, one who
gets all the women

ser pica-doce (vulg.)
to have all the luck, get all the
breaks

Ele é um pica-doce que sempre
ganha no jogo.

PICÃO

o picão (vulg.)
the lover-boy, ladies' man
(same as "o pica-doce")

PICAR

picar (vt) (colloq.)
to irritate, annoy, irk
(same as "chatear")

picar a mula (colloq.)
to leave, take off; run away

Vamos picar a mula logo, rapaz,
para chegar na hora.

picar o burro (colloq.)
to leave; run off
(same as "picar a mula")

PICAR-SE

picar-se[1] (colloq.)
to become irritated, get upset,
take offense

Ele se picou quando mencionamos o
escândalo.

picar-se[2] (East, NE) (colloq.)
to leave; run off
(same as "dar no pé")

picar-se[3] (drug.)
to "shoot up," give oneself a
"fix," inject a drug

Ela vive se picando com heroína.

PIÇAR

piçar (vi, vt) (vulg.)
to copulate (with)

PICARETA

*o picareta (colloq.)
the swindler, con man, crook;
scoundrel

O picareta tentou me tapear ontem,
mas não caí no papo dele não.

PICARETAGEM

a picaretagem (colloq.)
the cheating, swindling, crooked
action, con game

O sujeito se vira na base da
picaretagem.

PICHAÇÃO

a pichação (colloq.)
the political slogan written on a
wall, political graffiti

Essa parede está sempre cheia de
pichações.

PICHAR

pichar (vt) (colloq.)
to severely criticize, run down
(same as "tesourar")

PICHE

o piche (colloq.)
the criticism, barb

Eu prefiro deixar os piches dele
passarem em brancas nuvens.

PICIRICADA

a piciricada (vulg.)
the sexual intercourse

dar uma piciricada (vulg.)
to have sexual intercourse

PICIRICAR

piciricar (vi, vt) (vulg.)
to copulate (with)

PICIRICO

o picirico (vulg.)
the copulation

dar um picirico (vulg.)
to copulate

fazer um picirico (vulg.)
to have sexual intercourse

tirar um picirico (vulg.)
to have sexual intercourse

PICIROCAS

picirocas (sl.)
nothing
(same as "picas" [pica])

PICO

o pico (drug.)
the "fix," narcotic injection
(same as "a picada")

PIÇO

o piço (vulg.)
the copulation

dar um piço (vulg.)
to copulate

tirar um piço (vulg.)
to copulate

PICUDO

picudo (also noun) (vulg.)
having a large penis

PIÇUDO

ficar/estar piçudo (com) (sl.)
to get/be mad (at), get/be peeved
(at)

Ele está piçudo comigo desde o
dia da festa.

PIFA

o pifa (sl.)
the drunkenness
(same as "o pileque")

tomar um pifa (sl.)
to get drunk
(same as "tomar um pileque")

PIFADA

a pifada (sl.)
the failure, breakdown, fizzling
out

A pifada da reunião foi por causa
da pifada do automóvel.

PIFÃO

o pifão (sl.)
the drunkenness, binge
(same as "o pileque")

*tomar um pifão (sl.)
to get drunk, get "plastered"
(same as "tomar um pileque")

PIFAR

*pifar (vi) (sl.)
to go down the drain, fizzle out,
fail; break down (said of a
machine, car, etc.)

O meu programa pifou.

Não fui porque meu carro pifou.

PIJAMA

de pijama (sl.)
retired (said of a general or other
high-ranking military officer)

Tem muito general de pijama
querendo mandar no Governo.

usar pijama de uma listra só (sl.,
joc.)
to be very skinny

Era magro. Magérrimo até. Usava
pijama de uma listra só.

PIJAMA-DE-MADEIRA

o pijama-de-madeira (crim., joc.)
the coffin
(same as "o paletó-de madeira")

botar/vestir pijama-de-madeira
(crim., joc.)
to kick the bucket, "croak"
(same as "bater as botas")

PILANTRA

*o pilantra (colloq.)
the scoundrel, rascal, rogue

Esse pilantra não passa na minha
garganta.

a pilantra (sl.)
the prostitute, hooker
(same as "a mulher-da-vida")

PILANTRAGEM

*a pilantragem (colloq.)
the rascality, dirty dealings,
dirty trick
(same as "a sujeira[1]")

PILEQUE

o pileque (sl.)
the drunkenness, drunken spree,
binge

Depois do pileque de ontem, ele
não quer nada com a cachaça.

*tomar um pileque (sl.)
to get drunk, get "plastered"

A Fabíola tomou um pileque
daqueles a semana passada.

PILHAR

pilhar (vt) (colloq.)
to catch red-handed, catch in the

act

Pilharam o lanceiro com a carteira
do rapaz.

PÍLULA

a pílula (colloq.)
the Pill, birth-control pill

Ela não se preocupa com a
gravidez, pois toma a pílula.

PIMBA

a pimba (NE) (vulg.)
(var. of "a bimba²")

pimba! (int., colloq.)
wham! boom! bang!
(same as "bumba!")

PIMBADA

a pimbada (NE) (vulg.)
(var. of "a bimbada")

dar uma pimbada (NE) (vulg.)
(var. of "dar uma bimbada")

PIMENTA

o pimenta (colloq.)
the mischief-maker, little rascal,
brat
(same as "o capeta²")

PINCELADA

a pincelada (vulg.)
the sexual intercourse

dar uma pincelada (vulg.)
to copulate

PINDAÍBA

*estar na pindaíba (sl.)
to be in financial straits, be
broke
(same as "estar duro")

PINEL

estar pinel (sl.)
to be crazy, be out of one's mind

Extravagante? Que nada! O cara
está é pinel!

PINGA

**a pinga (colloq.)
the cachaça, Brazilian rum or
brandy made from sugar cane

Que tal uma dose de pinga antes do
almoço?

PINGA-FOGO

o pinga-fogo (crim.)
the pistol, revolver
(same as "o berro")

PINGAR

pingar (vi) (sl.)
to chip in, contribute, shell out,
cough up (money)

Vamos fazer uma vaquinha. Todo
mundo tem que pingar.

PINGO

o pingo de gente (colloq.)
the little fellow, shrimp, small
fry

A Dona Gumercinda é baixinha--um
pingo de gente.

um pingo de (colloq.)
a dab of, a dash of, a tiny bit of

Bebi foi só um pingo de cachaça.

PINGUÇO

o pinguço (sl.)
the boozer, drunkard
(same as "o cachaceiro")

PINGUELADA

a pinguelada (vulg.)
the sexual intercourse

dar uma pinguelada (vulg.)
to copulate

PINGUELAR

pinguelar (vi, vt) (vulg.)
to copulate (with)

PINGUELO

o pinguelo[1] (vulg.)
the penis

o pinguelo[2] (vulg.)
the clitoris

PINICO

o pinico (colloq.)
(var. of "o penico")

PINO

bater pino (colloq.)
to knock (said of an engine); give
out, poop out

O motor começou a bater pino bem
no alto da ladeira.

O velho já está batendo pino.

PINÓIA

pinóia! (int., sl.)
what a drag! darn it!

Pinóia! Aquilo não presta.

PINOTE

dar o pinote (crim. and sl.)
to get away, escape, run off

Vamos dar o pinote, irmão, que
essa vida de xadrez é um saco!

PINTA

*a pinta[1] (colloq.)
one's looks, appearance, mug

Tem pinta de americano.

A pinta dela é muito manjada.

A pinta do noivo não é lá para
que se diga.

a pinta[2] (sl., pej.)
the dame, woman
(same as "a sujeita")

o pinta (sl.)
the guy, fellow
(same as "o sujeito")

dar na pinta (colloq.)
to give oneself away, be
conspicuous
(same as "dar na cara")

dar pinta (colloq.)
to give oneself away, tip one's
hand, be conspicuous
(same as "dar na cara")

manjar a pinta de (sl.)
to recognize right off the bat
(same as "manjar[2]")

ter pinta manjada (sl.)
to be well-known (often in the
sense of someone very familiar to
the police)

Esse malandro tem pinta manjada na
polícia.

tirar na pinta (sl.)
to get (someone's) number, size
(someone) up immediately

Esse malandro eu tirei na pinta.

PINTA-BRABA

o pinta-braba (also adj.) (crim.
and sl.)

(var. of "o pinta-brava")

PINTA-BRAVA

o pinta-brava (also adj.) (crim.
and sl.)
the shady character, hood, tough
customer, hoodlum

Corta aquele sujeito, que é
pinta-brava.

PINTADA

dar uma pintada (sl.)
to appear, show up, arrive
(same as "pintar¹")

PINTADO

não poder ver nem pintado
(colloq.)
not to be able to stomach
(someone), hate (someone's) guts

Esse cara pernóstico--eu não
posso ver ele nem pintado.

PINTAR

*pintar¹ (vi) (colloq.)
to show up, turn up, appear, arrive

Ela pintou na festa lá pelas nove.

Não pintou nenhuma carta para
você.

*pintar² (vi) (colloq.)
to act up, raise hell
(same as "pintar o diabo")

pintar³ (vi) (colloq.)
to show signs of, look like,
forbode

O jogo está pintando briga.

Olha o céu--está pintando chuva.

pintar e bordar (colloq.)
to raise hell, act up
(same as "pintar o diabo")

*pintar o diabo (colloq.)
to raise the devil, raise hell, act
up

Os estudantes da Faculdade tomaram
um pileque daqueles e pintaram o
diabo o sábado passado.

pintar o(s) caneco(s) (colloq.)
to raise the devil, raise hell
(same as "pintar o diabo")

*pintar o sete (colloq.)
to raise hell, act up
(same as "pintar o diabo")

PINTO

o pinto (vulg.)
the penis

ser pinto (colloq.)
to be a pushover, be a cinch; be a
real nothing, be small potatoes

A prova para ele foi pinto.

Para mim, um jogador desses é
pinto.

PINTOSO

pintoso (sl.)
good-looking, handsome, attractive

Como esse rapaz é pintoso, menina!

PIO

não dar um pio (colloq.)
not to make a sound, not open one's
mouth, not say "boo"
(same as "não abrir o bico")

PIOPIO

o piopio (colloq.)
the bird, "birdie" (used with small
children)

Olha o piopio, meu filho.

PIOR

*estar na pior (sl.)
to be in the worst way, be in a
jam; be down and out, be broke

Ô, irmão, você me empresta um
pedrinho? Estou na pior.

levar a pior (sl.)
to get a raw deal, come out on the
short end of the stick

Nessa parada eu levei a pior.

PIPI

o pipi (vulg.)
the penis (esp. that of a child)

*fazer pipi (colloq.)
to urinate, go pee-pee

PIPOCAS

pipocas! (int., colloq.)
nuts! shucks!
(same as "bolas!" [bola])

PIQUE

dar um pique (colloq.)
to get a move on, run, rush, hurry

Vamos dar um pique para chegar lá
na hora!

a hora do pique (sl.)
the rush hour
(same as "a hora do 'rush'")

PIRA

dar o pira (sl.)
to run off, beat it, make tracks;
go away

E se a justa pintar, a gente dá o
pira, viu?

PIRADO

estar pirado (sl.)
to be crazy, be "bananas"

Está pirado de tanta cachaça e
droga.

estar pirado da cuca (sl.)
to be crazy
(same as "estar pirado")

estar pirado da idéia (sl.)
to be crazy
(same as "estar pirado")

PIRANDELO

dar o pirandelo (sl.)
to run off; leave
(same as "dar o pira")

PIRANHA

a piranha^1 (sl.)
the prostitute, hooker
(same as "a mulher-da-vida")

a piranha^2 (sl.)
the slut, loose woman
(same as "a vaca^1")

PIRANHUDA

a piranhuda (sl.)
(var. of "a piranha")

PIRÃO

o pirão (colloq.)
the good-looking female, cutie,
"dish"
(same as "a boa^1")

os pirões (sl.)
the grub, meal, food
(same as "a bóia")

PIRAR

pirar^1 (vi) (sl.)

to get away, take off; leave
(same as "dar o pira")

pirar[2] (vi) (sl.)
to go crazy, flip out, go "bananas"

Pirou de tanta pressão no
serviço.

PIRAR-SE

pirar-se (sl.)
(var. of "pirar[1]")

PIRATA

o pirata[1] (sl.)
the wolf, Don Juan, philanderer

Pirata desses dá em cima de tudo
quanto veste saia.

o pirata[2] (colloq.)
the cheat, crook, swindler
(same as "o vigarista")

a pirata (sl.)
the prostitute, hooker
(same as "a mulher-da-vida")

PIRIRI

o piriri (vulg.)
the diarrhea

PIROCA

a piroca (from Tupi) (vulg.)
the penis (esp. that of a child)

pirocas (vulg.)
nothing, "beans"
(same as "picas" [pica])

PIROCADA

a pirocada (vulg.)
the copulation

dar uma pirocada (vulg.)

to copulate, have sex

PIRULITO

o pirulito (vulg.)
the penis

PISADA

seguir as pisadas de (fig.)
to follow in the footsteps of,
emulate
(same as "seguir os passos de"
[passo])

PISANTE

o pisante (sl.)
the shoe
(same as "o breque")

PISAR

pisar em ovos (fig.)
to walk slowly and carefully, tip-
toe; act cautiously

Tive que pisar em ovos para não
acordar a dona-de-casa.

PISCAR

num piscar de olhos (colloq.)
in the twinkling of an eye, in
nothing flat
(same as "num abrir e fechar de
olhos")

PISO

o piso (sl.)
the shoe
(same as "o breque")

PÍSSICO

píssico (also noun) (sl.)
(var. of "psico")

PISSILONE

o pissilone (corrup. of "ípsilon")

(sl.)
the "line," bunch of "bull"; idle
talk
(same as "o chute")

PISTA

fazer a pista (sl.)
to leave, "make tracks"; run away

Quando o bambambã chegou armado
até os dentes, o Fontoura resolveu
fazer a pista.

PISTOLÃO

*o pistolão (colloq.)
the "pull," contacts, connections;
influential backer

Para entrar no corpo diplomático
é bom ter pistolão.

PISTOLEIRA

a pistoleira (colloq., joc.)
the prostitute, hooker
(same as "a mulher-da-vida")

PITAR

pitar (vt) (colloq.)
to smoke (a pipe, cigarette, etc.)

O banqueiro pitava um charuto
enquanto falava.

PITO

o pito[1] (colloq.)
the scolding, dressing down
(see "passar/dar um pito em")

o pito[2] (sl.)
the cigarette
(same as "o giz")

estar de pito aceso (sl.)
to be turned on, be excited, be
lively (enthusiastically, sexually,
etc.)

Pelo jeito, o rapaz estava de pito
aceso quando a menina chegou.

levar um pito (colloq.)
to be scolded, get a bawling-out

Betinho levou um pito da vovó.

passar/dar um pito em (colloq.)
to bawl out, scold

A viúva passou um pito no filho
quando ele chegou em casa com a
roupa rasgada.

PITOCA

a pitoca (vulg.)
the penis

PITOMBA

a pitomba[1] (sl.)
the sock, slug, punch
(same as "o tapa[1]")

a pitomba[2] (sport.)
the hard-kicked soccer ball
(same as "o petardo")

PITU

o pitu (trademark) (sl.)
the cachaça
(same as "a pinga")

PIU-PIU

o piu-piu (colloq.)
(var. of "o piopio")

PIVA

o/a piva (sl.)
the boy/girl, kid, child

Essa dona tem dois pivas.

o pivete[1] (from Sp. "pebete") (sl.)
the mischievous child, imp, brat
(same as "o capeta[2]")

o pivete[2] (sl.)
the child thief, juvenile
delinquent, street waif

Esse vigarista trabalha com a ajuda
de pivetes.

PIXOTADA

a pixotada (sl.)
(var. of "a pexotada")

PIXOTE

o pixote (sl. and sport.)
(var. of "o pexote")

pixote (sl.)
(var. of "pexote")

PLÃ

o plá[1] (sl.)
the hint, tip, word
(same as "a dica")

o plá[2] (sl.)
the chat, conversation
(same as "o bate-papo")

o plá[3] (sl.)
the gift of gab, way with words,
persuasiveness

Um bom-bico desses consegue tudo na
base do plá.

o plá[4] (sl.)
the thing, "deal," "business,"
matter

Qual foi o plá que ele te falou?

bater um plá (sl.)
to chew the fat, sling the bull,
chit-chat
(same as "bater [um] papo")

dar um plá (sl.)
to have one's say, speak one's
piece, talk

Ela chegou, deu um plá e se
mandou.

ter plá (sl.)
to have the gift of gab, be a good
talker; have charm

O rapaz não é lá muito bonito,
mas tem plá.

PLACAR

abrir o placar (sport.)
to open the scoring, be the first
to get on the scoreboard
(same as "abrir a contagem")

PLANALTO

o Planalto (polit.)
the executive branch of the
Brazilian government; the office of
the Brazilian President (so named
for the Palácio do Planalto, the
seat of the presidential offices in
Brasília)

O Senador teve que consultar o
Planalto.

PLANTADO

deixar plantado (colloq.)
to leave waiting, leave holding the
bag, stand (someone) up
(same as "dar o bolo em")

PLANTAR

plantar (vt) (colloq.)
to stand up, leave waiting
(same as "dar o bolo em")

plantar bananeira (sport.)
to do a handstand, stand on one's
head

Quem não pode plantar bananeira
não pode ser um bom capoeirista.

PLUMA

jogar/soltar plumas (sl.)

to be extravagant and affected in
one's behavior, mannerisms, etc.;
gesture effeminately

Esse fresco não sabe falar sem
soltar plumas.

P.M.

o p.m. (i.e, pê-eme) (sl.)
the military policeman, police
officer belonging to the polícia
militar

Mataram um p.m. no assalto.

PÓ

o pó (drug.)
the cocaine, "coke"

Parece que o tráfico do pó está
aumentando.

qual é o pó? (sl.)
what's new? what's up?
(same as "[o] que [é que] há?")

reduzir a pó (fig.)
to reduce to dust, wipe out,
totally demolish; liquidate, kill,
make mincemeat of

O bombardeio reduziu a cidade a
pó.

O transeunte foi reduzido a pó
pelo caminhão.

PÔ

*pô! (int., sl., euph.)
heck! darn it! damn it!
(euph. for "porra!")

Cuidado com meu carro aí, pô!

POBRE

ser pobre como Jó (colloq.)
to be as poor as a church mouse, be
as poor as Job's turkey

Era pobre como Jó. Não tinha nem

um tostão.

POBRE-DIABO

o pobre-diabo (fig.)
the poor person, have-not, poor
devil

O pobre-diabo não tem nem onde
cair morto.

POÇO

ser um poço de ciência (fig.)
to be a fount of wisdom, be a
person of great knowledge, be very
learned (sometimes ironic)

O Dr. Clarimundo, luminar dos mais
brilhantes aqui na província, é
um verdadeiro poço de ciência,
uma inteligência incomparável, um
Camões redivivo.

PÓ-DE-ARROZ

o pó-de-arroz (also adj.) (sport.)
the player or fan of the Fluminense
Futebol Clube of Rio de Janeiro;
the soccer team itself

Quanto pó-de-arroz ficou de
cabeça inchada com a última
derrota do tricolor!

PODER

a/até mais não poder
as much as one can, as hard as one
can, until one can no longer do so

Comeu até mais não poder.

Quando você ouvir a piada, vai rir
a mais não poder.

*como é que pode? (colloq.)
you're kidding! you don't say!
unbelievable!
(same as "mentira [sua]!")

PODRE

podre (sl.)

"out-of-sight," super, terrific
(same as "legal")

podre de chique (colloq.)
the utmost, terribly elegant, very
chic

Aquela badalação foi podre de
chique!

*podre de rico (colloq.)
filthy rich, rolling in money, very
wealthy

Esse caixa-alta é podre de rico.

saber/conhecer os podres de
(colloq.)
to know (someone's) deep, dark
secrets, know (someone's) skeletons
in the closet

O Maurício é que sabe todos os
podres do Governo de São Paulo.

POEIRA

dar poeira em (sl.)
to leave in the dust, overtake
(said esp. of a car)

Nós demos poeira naquele fusca.

jogar poeira nos olhos de (fig.)
to pull the wool over (someone's)
eyes, trick

Um picareta desses joga poeira nos
olhos de qualquer incauto.

POH

poh! (int., sl., euph.)
(var. of "pô!")

POIS

**pois é! (colloq.)
that's right! exactly! indeed!
(often used as a crutch in speech)

Pois é, rapaz! É isso mesmo.

**pois não! (colloq.)
certainly! of course! (acceding to
a request)

Se eu te dou uma carona? Pois
não!

pois sim! (colloq., sarc.)
sure it is (you are, etc.)! oh,
sure! tell me another one! (used to
express disbelief)

Você é um milionário? Pois sim!

POLACA

a polaca (sl., pej.)
the prostitute of foreign origin,
prostitute

Naquela época, todos os bordéis
de primeira do Rio estavam cheios
de polacas vindas de todas partes
da Europa.

POLEIRO

o poleiro (theat.)
the top gallery
(same as "as torrinhas" [torrinha])

POLVOROSA

em polvorosa (colloq.)
astir, in an uproar; topsy-turvy

A multidão estava em polvorosa com
a chegada do cantor.

POMBA

a pomba[1] (South, East) (vulg.)
the vagina

a pomba[2] (NE) (vulg.)
the penis

*pombas! (int., colloq.)
shucks! dog-gone it!
(same as "bolas!" [bola])

POMBINHO

viver como dois pombinhos (colloq.)
to live like two lovebirds

Os noivos viveram como dois
pombinhos durante mais de um ano e
meio.

POMBO-SEM-ASA

o pombo-sem-asa (sl., joc.)
the hurled rock or brick

Eu chutei um pombo-sem-asa na cuca
dele.

POMO

o pomo da discórdia (fig.)
the bone of contention, apple of
discord, source of controversy

O pomo da discórdia era a questão
da autoria do livro.

PONTA

a ponta (theat.)
the bit part

Não adianta reclamar. Fazer uma
ponta é melhor do que nada.

de ponta a ponta (fig.)
from beginning to end, from one end
to the other

Leu o livro de ponta a ponta.

Atravessamos a cidade de ponta a
ponta.

estar até a ponta dos cabelos
(com) (colloq.)
to be fed up (with)
(same as "estar até o pescoço
[com]")

estar de ponta com (colloq.)
to be constantly picking on; be at
odds with

Ele está de ponta com a turma

toda; implica com todo mundo.

saber na ponta da língua (fig.)
to know cold, know by heart, know
backwards and forwards

Eu sei toda essa matéria na ponta
da língua.

PONTE

ponte que caiu! (int., sl., euph.,
joc.)
darn it! shoot!
(euph. for "puta que pariu!")

PONTEIRO

o ponteiro da tabela (sport.)
the number-one team, frontrunner

O time dele é o ponteiro da
tabela; o meu é lanterna.

PONTINHA

ser da pontinha (da orelha)
(colloq.)
to be terrific, be excellent, be
choice
(same as "ser daqui")

PONTO

o ponto (drug.)
the place where marijuana or other
illegal drugs may be obtained
(same as "a boca-de-fumo")

assinar o ponto (colloq.)
to make an appearance, "check in,"
fulfill a routine commitment (as if
one were signing in or punching a
time clock)

Eu vou assinar o ponto lá na casa
da minha noiva, e aí eu volto para
fazer um programa.

botar os pontos nos ii (fig.)
to dot one's i's and cross one's
t's; be meticulous

Eu gosto de pessoa perfeccionista
que bota todos os pontos nos ii.

dar um ponto na boca (colloq.)
to seal one's lips, keep one's
mouth shut

Ele pediu para a gente dar um ponto
na boca para ninguém descobrir o
segredo.

em ponto de bala[1] (colloq.)
all set; ready to go, in working
order, in tip-top shape

Eu consertei o carro e já está em
ponto de bala.

em ponto de bala[2] (vulg.)
"ready and willing," sexually
aroused, willing to have sex (said
of a female)

fazer ponto em (colloq.)
to frequent, hang out at, hang
around (a place)

A turma toda faz ponto no Bar Sete
de Setembro.

não dar ponto sem nó (fig.)
to look out for one's own
interests, cover oneself

Não quero ofender você, mas não
dou ponto sem nó.

*****ponto final!** (colloq.)
that's that! there's nothing more
to be said!
(same as "[e] acabou-se!" [acabar-
se])

o ponto pacífico
the point of agreement, aspect of
an issue on which there is no
difference of opinion

Isso não se discute; é ponto
pacífico.

ponto por ponto (fig.)

point by point, bit by bit, in
minute detail

É preciso discutirmos o assunto
ponto por ponto.

tocar no ponto fraco (fig.)
to touch a sore spot, strike a
nerve, mention someone's weak point

Tocou no ponto fraco do vizinho,
aludindo ao complexo de
inferioridade, seu indiscutível
calcanhar-de-aquiles.

POPÔ

o popó (sl.)
(var. of "o popô")

POPÔ

o popô (sl.)
the behind, derrière, "cheeks"

Uma sunga dessas deixa ver o popô
todinho.

PORCA

aí é que a porca torce o rabo!
(colloq.)
there's the crux of the matter!
there's where the difficulty
arises!
(same as "aí é que está!")

PORÇÃO

******uma porção de** (fig.)
a lot of, lots of, loads of

Eu preciso ler uma porção de
livros nessa aula.

PORCARIA

*****a porcaria**[1] (colloq.)
the lousy job, mess, botch, bungle

O trabalho do Venâncio foi uma
porcaria.

a porcaria[2] (colloq.)
the junk, trash

Eu não compro uma porcaria dessas.

a porcaria[3] (colloq.)
the obscenity, obscene word(s) or
action(s)

Nesse livro só tem porcaria.

*porcaria! (colloq.)
darn it! heck!
(same as "droga!")

PORCO

o porco (fig.)
the slob, pig, sloppy person

Ô, seu porco, você foi criado num
chiqueiro?

o porco chauvinista (sl.)
the male chauvinist pig, the m.c.p.

Ele acha que mulher só serve para
cama e cozinha. Você não acha um
porco chauvinista?

PORNÔ

a pornô (sl.)
the pornography, porno, porn

Aquele filme é pornô.

PORNOCHANCHADA

a pornochanchada (cine. and theat.)
the soft porn, porno farce (said of
a movie or play)

As pornochanchadas é que dão o
maior lucro do cinema de hoje.

PORRA

a porra (vulg.)
the semen, sperm

*porra! (int., vulg.)

damn it! hell! shit!

Está chovendo, porra! Que dia
escroto!

a porra de . . . (vulg.)
the goddamned . . .

porra de nada (vulg.)
nothing, not a damned thing

porra nenhuma (vulg.)
nothing, not a damned thing

PORRADA

a porrada (vulg.)
the punch, belt, slug

Vou dar uma porrada nas fuças
daquele filho-da-puta!

uma porrada de (vulg.)
a lot of, loads of

PORRA-LOUCA

o porra-louca (also adj.) (vulg.)
the screwball, real nut, one who
acts rashly without thinking of the
consequences, daredevil

Aquele porra-louca topa tudo.

PORRA-LOUQUICE

a porra-louquice (vulg.)
the rashness, insanity, madness,
irrational behavior

A mina faz cada porra-louquice que
eu vou te contar!

PORRÃO

o porrão (colloq.)
the short, stocky fellow

Esse porrão é metido a besta.

um porrão de (vulg.)

a lot of

PORRE

o porre (colloq.)
the drunkenness, drunken spree
(same as "o pileque")

porre (North) (colloq.)
annoying, pestering, dull, boring
(same as "chato")

tomar um porre (colloq.)
to get drunk, get "bombed"
(same as "tomar um pileque")

PORRETA

*porreta (also noun) (NE) (colloq.)
great, terrific, "neat"

Essa foi uma festa porreta.

O cara se acha um porreta.

PORRETE

baixar o porrete em[1] (colloq.)
to beat up, light into
(same as "baixar/meter [o] pau
em[1]")

baixar o porrete em[2] (colloq.)
to run down, criticize
(same as "tesourar")

PORRILHÃO

um porrilhão de (vulg.)
a lot of, loads of

PORRISTA

o porrista (colloq.)
the reveler, boozer

Esse porrista é muito manjado em
tudo quanto é bar desta praça.

PORTA

bater com a cara/o nariz na porta
(fig.)
to find no one at home

Bateu com a cara na porta, de modo
que se picou.

dar/bater com a porta na cara/no
nariz de[1] (fig.)
to slam the door in (someone's)
face, turn (someone) down, rebuff

A Marina deu com a porta na cara do
Natalício, pois não queria mais
nada com ele.

dar/bater com a porta na cara/no
nariz de[2] (fig.)
to publicly insult or act rudely to

Eu ia cumprimentar a Roberta, mas
ela deu com a porta na minha cara.

dar/levar com a cara/o nariz na
porta (fig.)
to have the door slammed in one's
face, be turned down, be rebuffed

Saiu à procura de auxílio, mas
só deu com a cara na porta.

mostrar a porta a (fig.)
to show (someone) the door, get rid
of (someone)

Acabou por mostrar a porta ao
pretendente que lhe fizera tal
proposta indecente.

PORTUGA

*o portuga (colloq., pej.)
the Portuguese (person)

Tudo quanto é portuga no Brasil é
dono de padaria.

PORTUGUÊS

dar uma de português (sl.)
to do something stupid

Ele podia ter faturado, mas deu uma
de português e acabou perdendo
tudo.

PORTUNHOL

o portunhol (blend of "português"
+ "espanhol") (sl., joc.)
the macaronic mixture of Portuguese
and Spanish

Ele não fala português coisa
nenhuma--é puro portunhol!

POSITIVO

*positivo! (often accompanied by
thumbs-up gesture of one hand)
(colloq.)
great! terrific! all right!

--Vamos pegar uma praia?
--Positivo!

POSSESSO

ficar/estar possesso (do diabo)
(com) (colloq.)
to become/be furious (at), get/be
mad (at)
(same as "ficar/estar danado [da
vida] [com]")

POSSÍVEL

*não é possível! (int., colloq.)
unbelievable! you're kidding!
(same as "mentira [sua]!")

POSTE

dar uma de poste (sl., joc.)
to stand around (on a corner)

Eu estava ali na esquina dando uma
de poste quando a rapa baixou.

POTE

aos potes (fig.)
galore, in abundance, by the
bucketful
(same as "aos montes" [monte])

POTIGUAR

o potiguar (also adj.) (colloq.)
the native of Rio Grande do Norte

Tem muito potiguar no Rio de
Janeiro.

POUCAS

falar/ouvir poucas e boas (colloq.)
to give/get a piece of one's mind,
tell/be told off

O coitado do comerciante ouviu
poucas e boas do freguês.

POUCO

fazer pouco de (colloq.)
to poke fun at, make light of, kid

Tinha dois gozadores fazendo pouco
da minha cara.

POUPANÇA

a poupança (sl., joc.)
the bottom, hind quarters

Esse bolo fofo guarda tudo na
poupança.

POVÃO

o povão (sl.)
the common folk, the masses, the
people
(same as "o povo-povo")

POVO-POVO

o povo-povo (sl.)
the common folk, grass roots, poor

O povo-povo é que mora nos
subúrbios.

POXA

*poxa! (colloq.)
(var. of "puxa!")

P.P.

o **p.p.** (="pagou, passou") (also
adj.) (stud.)
the easy school, "party school"
(same as "o pagou-passou")

P.Q.P.

o **p.q.p.** (="puta que pariu!") (sl.,
joc.)
the passenger emergency handle (in
an automobile)

Quando o fusca derrapou, ele teve
que segurar o p.q.p. para não
cair.

PRA

****pra**[1] (contr. of "para") (colloq.)
for, to

Isso não é bom pra comer.

Ele fala pra burro.

Eu vou pra casa.

****pra**[2] (contr. of "para a") (colloq.)
for the, to the; for the one, to
the one

Ela fez tudo pra professora.

Virou pra direita.

Vou dar pra que chegar primeiro.

PRAÇA

a **praça** (fig.)
the city, town

O caso se deu aqui nesta praça.

o **praça**[1] (colloq.)
the cop, patrolman
(same as "o cana")

o **praça**[2] (sl.)
the guy, "dude"
(same as "o cara")

botar **na praça** (colloq.)
to make (something) public, show
(something or someone) off in
public

Ele botou a menina na praça para
tirar uma onda de importante.

PRAFRENTE

prafrente (sl.)
(var. of "pra-frente")

PRA-FRENTE

***pra-frente** (for "para a frente")
(sl.)
great, "far out"; "hip," "in," up-
to-date

Vamos lá na festa do Jorge, que a
turma de lá é pra-frente.

PRAFRENTEX

prafrentex (sl.)
(var. of "pra-frente")

PRAIANO

o **praiano** (also adj.) (sport.)
the player or fan of the Santos
Futebol Clube
(same as "o peixeiro")

PRANCHA

a **prancha de surf** (sport.)
the surfboard

Quem não tem prancha de surf não
pode ser surfista.

PRAS

****pras** (contr. of "para as")
(colloq.)
for the, to the; for those, for the
ones, to those, to the ones

Pediu pras pessoas o acompanharem.

Rumou pras bandas da fronteira.

Nota dez pras que souberem.

PRATA

a prata (sl.)
the cruzeiro

Hoje nem vale levar uma prata no
bolso, que não compra nada.

a prata da casa (fig.)
the "local product," homegrown
talent, "one of our own"

A torcida gosta tanto do Manê
porque ele é prata da casa.

PRATELEIRA

ficar na prateleira (colloq.)
to be ignored, be set aside, stay
on the shelf (said of a person)

A menina ficou na prateleira
enquanto todas as colegas foram à
festa.

PRATICAGEM

a praticagem (colloq.)
the practice driving, driver
training

A praticagem é proibida na Ladeira
da Montanha.

PRATO

botar em pratos limpos (colloq.)
to clarify, get to the bottom of (a
situation)
(same as "tirar a limpo")

PRA-TRÁS

pra-trás (sl.)
old-fashioned, behind the times,
"square"

Pra-frente, uma ova! O cara é é
pra-trás.

PREÇO

a preço de banana (sl.)
cheap(ly), dirt cheap,
inexpensively, for a song

Pode comprar sapatos a preço de
banana naquela loja.

PREGADO

*estar pregado (colloq.)
to be "beat," be worn out, be dead
tired

Eu estava pregado depois da viagem.

PREGAR

pregar (vi) (colloq.)
to give out, poop out; break down
(said of a car)
(same as "dar o prego")

não pregar (um) olho (colloq.)
not to sleep a wink, stay awake

Não preguei olho ontem de beber
tanto café.

PREGO

*dar o prego (colloq.)
to give out, be dead tired, be worn
out, poop out; break down (said of
a car)

Eu não terminei a carreira, pois
dei o prego no meio da pista.

O carro deu o prego antes que a
gente chegasse no lugar.

estar no prego (colloq.)
to be pooped, be "bushed"
(same as "estar pregado")

não pregar/meter prego sem estopa
(fig.)
to look out for oneself or one's
own interests, cover oneself
(same as "não dar ponto sem nó")

PREGUIÇA

preguiça chegou ali, parou!
(colloq.)
that's the height of laziness! what
a lazybones!

Que vidão, rapaz! Preguiça
chegou ali, parou!

PREJUÍZO

o prejuízo (sl., joc.)
the bill, tab, check, "damage"

Terminei de almoçar; vamos ver
quanto é que foi o prejuízo.

PREMIADO

ser o premiado (colloq., iron.)
to be the one chosen (for something
undesirable), be the "lucky one"

Cada dia escolhem uma pessoa para
limpar os banheiros. Hoje eu sou o
premiado.

ser premiado com (colloq., iron.)
to receive (something undesirable),
be "rewarded" with

Ela foi premiada com uma multa
enorme.

PRENSA

dar uma prensa em (sl.)
to crack down on, put the screws
to, put pressure on, put the
squeeze on
(same as "dar um duro em")

PRESENTE

de presente (fig.)
on a silver platter, for free
(same as "de bandeja")

o presente de grego (fig.)
the undesirable present, harmful
gift, white elephant (a reference
to the Trojan horse)

No aniversário ganhou um cavalo--
verdadeiro presente de grego para
quem mora em cidade.

PRESEPADA

a presepada (colloq.)
the boasting, bragging
(same as "a garganta")

PRESEPEIRO

o presepeiro (also adj.) (colloq.)
the boaster, braggart
(same as "o garganta")

PRESIDENTE

falar com o presidente (colloq.,
euph., joc.)
to go to the john (esp. to
defecate)
(same as "falar com miguel")

PRESTAR

*não prestar (para nada) (colloq.)
to be no good, be good-for-nothing
(said of a person or thing)

Aquele carro velho não presta para
nada.

Ela até que tem classe, mas o
marido não presta.

PRESUNTO

o presunto (crim., joc.)
the corpse, "stiff," cadaver

Quando o detetive voltou ele deu
pela falta do presunto.

PRETO

preto (fig.)
dangerous, ominous, dark

A situação está preta, meu caro!

botar o preto no branco (colloq.)
to put (it) in black and white, put

in writing

Botou o preto no branco só depois
de bolar o troço todinho.

PREVENIDO

estar prevenido (colloq.)
to be carrying money, have cash

Ela podia pagar a conta, fosse
quanto fosse, que estava prevenida.

PRIMA

a prima (sl.)
the prostitute
(same as "a mulher-da-vida")

PRIMEIRA

de primeira (colloq.)
first-rate, top-notch, top-quality

A comida lá é de primeira.

PRIMEIRO-TIME

primeiro-time (sl.)
first-rate, top-notch, first-string

Ela é uma médica primeiro-time.

PRIQUITO

o priquito (North, NE) (vulg.)
(var. of "o periquito")

PRO

**pro (contr. of "para o") (colloq.)
for the, to the; for the one, to
the one

Esse recado é pro diretor.

O que é que você falou pro
pessoal?

Eu reservava pro que viesse me
avisar.

PR'OCÊ

pr'ocê (for "para você") (sl.)
for you (s.), to you (s.)

Tchau pr'ocê, rapaz!

PR'OCÊS

pr'ocês (for "para vocês") (sl.)
for you (pl.), to you (pl.)

Um abraço pr'ocês, gente!

PROFESSOR

professor (voc., colloq.)
sir, mister (term of respect)

Ô, professor, tem as horas aí,
por favor?

PROGRAMA

*o programa[1] (colloq.)
the entertainment, date, plans,
something on the agenda, something
to do

Ontem o meu programa pifou.

Qual é o nosso programa para hoje?

o programa[2] (sl.)
the sexual intercourse,
prostitution, "trick"

Ela não quis um programa com o
cara mesmo que fosse cheio da nota.

*fazer um programa[1] (colloq.)
to go out (to the movies, a night
club, etc.), go out on the town, go
someplace, go on a date

Você está livre hoje? Vamos
fazer um programa por aí.

fazer um programa[2] (sl.)
to have sex, make love; engage in
prostitution, "turn a trick"

Dá para fazer um programa com ela;
faz caridade.

PROGRAMA-DE-ÍNDIO

o programa-de-índio (sl.)
the lousy time, boring experience,
no fun

A gente fez um programa-de-índio
ontem: pegou um filme michururca.

PROLETA

o proleta (for "proletário") (also
adj.) (sl.)
the poor person, nobody, common
worker

Esse proleta não ganha nem para
comprar feijão.

PROMETER

prometer mundos e fundos (fig.)
to promise the moon

Não existe político que não
prometa mundos e fundos para ganhar
votos.

PRONTIDÃO

a prontidão (sl.)
the pennilessness, being broke
(same as "a dureza")

estar na prontidão (sl.)
to be broke, be penniless
(same as "estar duro")

PRONTO

**pronto! (int., colloq.)
hello! (over the phone)

Pronto! Quem fala?

o pronto (sl.)
one who is broke

Tem cada pronto pedindo
empréstimo.

*(e) pronto! (colloq.)
(and) that's all! (and) nothing

more!; (and) that's that! period!

Quero uma coca-cola, duas
cachaças, um copo de leite . . . e
pronto!

A gente vai para onde eu digo, e
pronto!

*estar pronto (sl.)
to be broke, be penniless
(same as "estar duro")

PROPINA

a propina (colloq.)
the bribe, "inducement"
(same as "a gorjeta")

PROPINEIRO

propineiro (colloq.)
bribable, venal, capable of being
bought, on the take

Esse guarda é propineiro--é só
molhar a mão e pronto!

PRÓPRIO

ser/estar o próprio . . . (fig.)
to be the epitome of . . .

Estive a própria preguiça depois
da janta que minha velha preparou.

Ela é a própria bondade.

PROS

**pros (contr. of "para os")
(colloq.)
for the, to the; for those, for the
ones, to those, to the ones

O presente é pros Sampaios.

Aí ele falou pros meninos.

O negócio é duro pros que não
querem.

PROSA

*a prosa[1] (colloq.)
the chat, talk, conversation
(same as "o bate-papo")

a prosa[2] (colloq.)
the idle talk, chit-chat; bunk;
fast-talk
(same as "o chute")

a prosa[3] (colloq.)
the bragging, boasting
(same as "a garganta")

o prosa (colloq.)
the talker; idle talker
(same as "o prosista")

ser prosa (colloq.)
to be conceited, be proud, be
boastful

É muito prosa; vive arrotando
grandeza.

tirar uma prosa (colloq.)
to chat, converse
(same as "bater [um] papo")

PROSEADOR

o proseador (also adj.) (colloq.)
the talker, conversationalist; idle
talker
(same as "o prosista")

PROSEAR

prosear (vi) (colloq.)
to chat, talk, converse
(same as "bater [um] papo")

PROSISTA

o prosista (also adj.) (colloq.)
the chatterer, conversationalist;
idle talker

Um prosista desses só conta papo.

PROSOPOPÉIA

a prosopopéia (colloq.)
the bragging, boasting, hot air
(same as "a garganta")

PROTETOR

o protetor (higiênico)
the prophylactic, condom

PROVA-DOS-NOVE

a prova-dos-nove (colloq.)
the acid test, proof of the pudding

Pobre não quer reforma social. A
sua alegria é a prova-dos-nove.

PROVAR

provar por A mais B (colloq.)
to prove systematically, provide
detailed proof

O advogado provou por A mais B que
o acusado não podia ter assaltado
o banco.

PRÓXIMA

até a próxima! (colloq.)
so long! till next time!

Um abraço, rapaz. Até a
próxima!

PSICO

psico (also noun) (sl.)
crazy, nuts, psycho

O cara é psico no duro.

PSIU

**psiu! (int., colloq.)
psst! yoo-hoo! hey! say!

Psiu! Mano, vem cá!

P.T.

P.T.: saudações! (colloq.)
that's enough! that's all! cut it!
that's all I want to hear about it!

P.T.: saudações! Não adianta
mais discutir o assunto.

PUA

sentar a pua[1] (milit. and sl.)
to give hell, give a beating

Aí o piloto gritou: --Senta a pua
neles, pessoal!

sentar a pua[2] (sl.)
to have sex, "go at it"

PUDERA

*pudera! (colloq.)
no wonder! certainly!

Ele fala bem. Pudera! Teve um bom
professor.

PULADA

dar uma pulada em (colloq.)
to drop by, stop by
(same as "dar um pulo em")

PULA-PULA

o pula-pula (sl.)
the Carnival dancing

O pula-pula começou logo depois
que o trio elétrico chegou.

PULAR

pular[1] (vi) (colloq.)
to dance, dance samba

Você pulou muito na festa?

pular[2] (vi, vt) (colloq.)
to practice/do capoeira (a form of
martial arts of Afro-Brazilian
origin)

Ele é que pula capoeira; eu não
sei pular.

pular a cerca (sl.)
to be sexually unfaithful to one's
spouse, cheat, "run around"

Durante a ausência da mulher, ele
andou pulando a cerca um bocado.

pular Carnaval (colloq.)
to celebrate Carnival, dance in the
streets during Carnival.

Você vai pular Carnaval este ano?

pular de contente (de alegria,
etc.) (fig.)
to jump for joy

O Jeremias pulou de contente quando
recebeu a notícia.

PULGA

estar com a pulga atrás da orelha
(colloq.)
to smell a rat, smell something
fishy

Eu estou com a pulga atrás da
orelha, pois isso tem areia no
meio.

PULO

a um pulo de (colloq.)
near, a little ways from, a stone's
throw away from

O carro está a um pulo daqui.

dar pulos (de contente, de alegria,
etc.) (fig.)
to jump for joy
(same as "pular de contente [de
alegria, etc.]")

dar pulos de raiva (fig.)
to seethe with anger, fly into a
rage, see red

O homem deu pulos de raiva ao ver o

carro amassado.

**dar um pulo em (colloq.)
to drop by (a place), stop by,
go/come over (to)

Vamos dar um pulinho na casa da
Regina.

dar um pulo no escuro (colloq.)
to take a shot in the dark
(same as "dar um tiro no escuro")

PULO-DO-GATO

o pulo-do-gato (colloq.)
the trick, card up one's sleeve,
trade secret

Ele sempre descobre um novo pulo-
do-gato para enganar o chefe.

PULSO

a pulso (fig.)
by force, forcibly

Tivemos que tirá-lo a pulso; ele
não quis ceder.

tomar o pulso de (fig.)
to gauge, feel out, size up (a
situation, problem, etc.)

Mal chegando à reunião, tomou o
pulso da discussão.

PUM

soltar um pum (vulg.)
to break wind, fart

PUNGA

a punga (from Lunf.) (crim.)
the pickpocketing

Ele ganhou o relógio na punga.

PUNGUEAR

punguear (vt) (crim.)

to pick (pockets), snatch (purses,
wallets, etc.)

Aí pungueou a bolsa de uma dona
gorda.

PUNGUISTA

o punguista (crim.)
the pickpocket, thief
(same as "o batedor de carteiras")

PUNHETA

tocar/bater punheta (vulg.)
to masturbate (said of a male)

PUNHETEIRO

o punheteiro (also adj.) (vulg.)
the masturbator, one give to
masturbation (said of a male)

PURA

a pura (colloq.)
the cachaça
(same as "a pinga")

PURO

puro e simples
pure and simple, unconditional

É a verdade pura e simples.

PUTA

*a puta (vulg.)
the prostitute, whore; slut

Ela não passa de um puta reles.

mandar (alguém) para a puta que
(o) pariu (vulg.)
to tell (someone) to go to hell,
tell (someone) to get screwed

Estou querendo mandar aquela chata
para a puta que a pariu.

puta da vida! (int., vulg.)

hell! damn it!

puta mãe! (int., vulg.)
hell! damn it!

puta merda! (int., vulg.)
hell! damn it!

puta que pariu! (int., vulg.)
hell! God damn it!

Puta que pariu! O safado me bateu
a carteira!

PUTANA

a putana (from the Ital.) (vulg.)
the prostitute, whore
(same as "a puta")

PUTANHEIRO

putanheiro (also noun) (vulg.)
given to whoring (said of a male)

O cara é muito putanheiro: só sai
com pirata.

PUTA-QUE-(TE-)PARIU

na puta-que-(te-)pariu (vulg.)
way out in the middle of nowhere,
far away
(same as "no fim-do-mundo")

PUTARIA

a putaria[1] (vulg.)
the obscenity, obscene act or
behavior, depravity, licentiousness
(same as "a sacanagem[1]")

a putaria[2] (vulg.)
the dirty trick, low blow
(same as "a sujeira[1]")

a putaria[3] (vulg.)
the brothel, whorehouse
(same as "o puteiro")

PUTEADO

ficar/estar puteado (com) (vulg.)
to get/be mad (at), get/be furious
(at)
(same as "ficar/estar puto [da
vida] [com]")

PUTEIRO

o puteiro (vulg.)
the brothel, whorehouse

Puteiro é que abunda neste bairro.

PUTIFICADO

ficar/estar putificado (com)
(vulg.)
to get/be mad (at)
(same as "ficar/estar puto [da
vida] [com]")

PUTINHO

ficar/estar putinho (com) (vulg.)
to get/be mad (at)
(same as "ficar/estar puto [da
vida] [com]")

PUTO

o puto[1] (vulg., pej.)
the male homosexual, "queer"
(same as "a bicha[1]")

o puto[2] (vulg.)
the fink, scoundrel, s.o.b.

Esse puto me fez uma sacanagem.

puto (vulg.)
lousy, goddamned; a helluva

Que puta sorte, rapaz!

Ganhou uma puta nota!

*ficar/estar puto (da vida) (com)
(vulg.)
to get/be furious (at), get/be mad
(at)

Ela ficou puta da vida quando viu a
bagunça na sala.

ficar/estar puto dentro da
roupa/das calças (com) (vulg.)
to get/be hopping mad (at)
(same as "ficar/estar puto [da
vida] [com]")

não ter um puto (vulg.)
not to have a red cent, be flat
broke
(same as "estar duro")

PUTZ

putz! (int., sl., euph.)
shoot! darn it!
(euph. for "puta que pariu!")

PUTZ-GRILA!

putz-grila! (int., sl., euph.)
heck! shoot!
(same as "putz!")

PUXA

o puxa (often vulg.)
the apple-polisher, brown-noser
(same as "o puxa-saco")

**puxa! (prob. from Sp. "pucha," a
euph. for "puta") (int., colloq.)
wow! what do you know! my gosh!
gee! shoot! darn it!

Puxa! Como aquele cara é grande!

Puxa, rapaz! Deixa de amolação!

puxa que . . .! (colloq.)
wow, how . . .!

Puxa que falei um bocado!

**puxa vida! (int., colloq.)
wow! gosh! shoot!
(same as "puxa!")

PUXAÇÃO

a puxação (colloq., euph.)
the bootlicking, brown-nosing
(same as "o puxa-saquismo")

a puxação de saco (sl., often
vulg.)
the bootlicking, brown-nosing
(same as "o puxa-saquismo")

PUXADA

dar uma puxada (em) (colloq.,
euph.)
to polish the apple (of), lick the
boots (of)
(same as "puxar [o] saco [de]")

PUXADO

puxado (colloq.)
hard, difficult, rough

É puxado trabalhar tantas horas e
ainda ir à Faculdade.

PUXADOR

o puxador[1] (crim.)
the car thief

Esse ladrão é um puxador de
carros.

o puxador[2] (drug.)
the "pothead," marijuana smoker
(same as "o puxa-fumo")

PUXA-FUMO

o puxa-fumo (drug.)
the "pothead," marijuana smoker

Só mesmo puxa-fumo é que entende
toda essa gíria de droga.

PUXAR

puxar[1] (vt) (fig.)
to emphasize (a particular letter
in pronunciation)

Carioca puxa muito o erre.

puxar[2] (vt) (colloq.)
to call for, require, lead to,
"mean"

Viagem à Europa puxa dinheiro.

Mentira puxa mentira, sabe como é?

puxar[3] (vt) (crim.)
to steal (a car)

Ele ganha o pão puxando carros.

puxar[4] (vt) (drug.)
to smoke (marijuana), blow (pot)

Ele senta num canto e puxa erva a
noite toda.

estar puxando fogo (sl.)
to be drunk, be "high" (on alcohol)

A Dionísia estava puxando um fogo
legal depois de emborcar umas
batidinhas.

puxa daqui! (sl.)
scram! hit the road! shove off!
(same as "cai fora!")

puxar a (colloq.)
to take after, favor, resemble,
look like

Ele puxou ao pai.

*puxar conversa (colloq.)
to strike up a conversation, have a
talk

Ô, menina, vou puxar conversa com
aquele rapaz de camisa vermelha.

puxar o carro (sl.)
to take off, leave, be on one's way

Levantou-se, pagou a nota e puxou o
carro.

puxar (uma) briga (colloq.)
to pick a fight, start a quarrel

O marinheiro puxou uma briga com o
"hippie".

PUXA-SACO

**o puxa-saco (sl., often vulg.)
the apple-polisher, bootlicker, yes
man, servile flatterer

O puxa-saco foi promovido a chefe
da repartição.

PUXA-SAQUISMO

o puxa-saquismo (sl., often vulg.)
the boot-licking, apple-polishing,
servile flattery

O puxa-saquismo é uma arte na
burocracia governamental.

Q

QUADRADO

*quadrado (also noun) (sl.)
"square," behind the times,
narrow-minded

Não se pode esperar que esse cara
quadrado more na jogada da gente.

QUADRÚPEDE

o quadrúpede (colloq.)
the fool, stupid person, oaf
(same as "o burro")

QUAL

qual! (int., colloq.)
nonsense! my eye!
(same as "que nada!")

qual é?[1] (sl.)
how's it going? what's happening?
what's new?

Qual é, meu filho? Tudo jóia?

qual é?[2] (sl.)
cut it out! come off it! don't give
me that! what's the big idea?

Qual é? Você sabe cantar coisa
nenhuma!

qual o quê! (int., colloq.)
nonsense! my eye!
(same as "que nada!")

QUALQUER

não ser um qualquer (colloq.)
not to be just anybody, be a
somebody

Sabe com quem está falando? Não
sou uma qualquer, viu?

*qualquer coisa (colloq.)
if anything comes up, if you
want/need anything

Qualquer coisa, me telefona, ouviu?

QUANTA

não sei das quantas (colloq.)
(var. of "não sei dos quantos"
[quanto])

QUANTO

não sei dos quantos (colloq.)
so-and-so, what's his/her name
(used after first name in place of
unknown surname)
(same as "de tal")

QUARTEL

tudo como dantes no quartel de
Abrantes (colloq.)
everything's the same old way,
there's nothing new

--O que é que há, meu filho?
--Tudo como dantes no quartel de
Abrantes.

QUARTO

os quartos (colloq.)
the fanny, derrière, hind quarters

Deu uma olhada nos quartos da mina.

passar um mau quarto de hora
(colloq.)
to have a rough time, spend some
difficult moments
(same as "passar um mau pedaço")

QUÁS-QUÁS-QUÁS

o quás-quás-quás (sl.)
the idle talk, pointless chatter
(same as "o blablablá")

QUATRO-OLHOS

o quatro-olhos (colloq., often

pej.)
the "four-eyes," person who wears
glasses

Eu dei para aquele quatro-olhos que
está sentado lá no cantinho da
sala.

QUE

e outros que tais (colloq.)
et cetera, and so forth, and the
like
(same as "e tal")

**(o) que (é que) há? (colloq.)
what's up? how's everything? what's
new?

Opa, rapaz, o que é que há?--tudo
bom?

**(o) que (é que) há de novo?
(colloq.)
what's new? what's up?
(same as "[o] que [é que] há?")

(o) que (é que) você tem feito de
bom? (colloq.)
what's new? what have you been up
to?
(same as "[o] que [é que] há?")

que é de . . .? (colloq.)
where is . . .? what's happened to
. . .?
(same as "cadê . . .?")

que é feito de . . .? (colloq.)
where is . . .? what's happened to
. . .?
(same as "cadê . . .?")

que fim levou . . .? (colloq.)
what ever happened to . . .?

Que fim levou essa mulher?

*que nem (colloq.)
just like (a), as much as (a)

Ele apanhou que nem boi ladrão.

Ela é ignorante que nem burro.

O cara fala que nem papagaio.

*que . . . que nada! (int., colloq.)
. . . my eye!

Que cavalo, que nada! Isso é que
é burro!

*que só (colloq.)
just like (a)
(same as "que nem")

**que tal . . .?
how about . . .? how is/was . . .?

Que tal a gente tomar um chope bem
gelado?

Que tal o filme de ontem?

QUÊ

*como quê (colloq.)
very, quite, extremely

Está quente como quê!

sem quê nem para quê
for no good reason, without warning
(same as "sem mais nem menos")

*ter um (certo) quê (colloq.)
to have that certain something,
have charm

Essa cantora tem um certo quê.

QUEBRA

de quebra (colloq.)
to boot, in the bargain, on top of
that

Você compra dois e eu te dou mais
um de quebra.

QUEBRADEIRA

a quebradeira (colloq.)
the pennilessness, being broke

(same as "a dureza")

QUEBRADO

estar quebrado (colloq.)
to be broke, be "busted"
(same as "estar duro")

QUEBRA-GALHO

o quebra-galho (sl.)
the solve-all, trouble-shooter,
thing or person that helps to
surmount an obstacle

O Paulo serviu de quebra-galho,
resolvendo os problemas da
embaixada.

QUEBRANTO

o quebranto
the illness attributed to the evil
eye; evil eye, curse

Serviu-se do mau-olhado para botar
quebranto no inimigo.

QUEBRA-PAU

o quebra-pau (sl.)
the skirmish, fight, row

Teve aquele quebra-pau depois da
partida de futebol.

QUEBRA-QUEBRA

o quebra-quebra (colloq.)
the rioting and looting

A morte do estudante causou um
quebra-quebra dos diabos.

QUEBRAR

quebrar (vt) (vulg.)
to deflower (a virgin)
(same as "tirar o cabaço a")

quebra essa! (sl.)
come off it! cut it out!
(same as "corta essa!" [cortar])

quebra isso! (sl.)
come off it! cut it out!
(same as "corta essa!" [cortar])

quebrar a cabeça (colloq.)
to rack one's brain; strain one's
brain

Ela quebrou a cabeça tentando
lembrar o nome do sujeito.

Vai quebrar a cabeça de tanto
estudar.

quebrar a cabeça de (colloq.)
to bust (someone's) head, bash,
give a beating

Eu vou quebrar a cabeça desse
vagabundo se não pedir desculpas.

quebrar lanças por (fig.)
to stand up for, go to bat for, go
all out for

Quebrar lanças por ele não vale a
pena.

quebrar o gelo (colloq.)
to break the ice, liven up a dead
party, get things rolling

Ela entrou muito animada e quebrou
o gelo.

QUEDA

ter queda (para) (colloq.)
to have an inclination (for), have
a knack (for), have an aptitude
(for)
(same as "ter jeito [para]")

QUEDE

quede . . .? (colloq.)
(var. of "cadê . . .?")

os quedes (from the trademark
"Keds") (colloq.)
the tennis shoes
(same as "os tênis")

QUEDÊ

*quedê . . .? (colloq.)
(var. of "cadê . . .?")

QUEIJO

tem comido queijo? (colloq., joc.)
how forgetful you seem to be!

Faltou a outro compromisso, rapaz?
Tem comido queijo, hein?

QUEIMADO

*ficar/estar queimado (com)
(colloq.)
to get/be mad (at), get/be burned
up (at)
(same as "ficar/estar danado [da
vida] [com]")

QUEIMAR

queimar[1] (vt) (sl.)
to rake over the coals, run down,
criticize
(same as "tesourar")

queimar[2] (vt) (drug.)
to smoke (marijuana)
(same as "puxar[4]")

queimar[3] (vt) (colloq.)
to shoot (someone), "plug"

Prenderam o pistoleiro que queimou
o vendedor de picolê.

queimar as pestanas (colloq.)
to burn the midnight oil, hit the
books hard

A Kátia queimou as pestanas na
véspera da prova.

queimar dinheiro (sl.)
to spend money freely, blow money
(same as "torrar dinheiro")

queimar os navios (fig.)
to burn one's bridges behind one

Quem queima os navios é burro.

QUEIMAR-SE

queimar-se (sl.)
to get messed up, fall flat on
one's face, get "burned"
(same as "estrepar-se")

*queimar-se (com) (colloq.)
to get mad (at), get burned up (at)

O Mattos se queimou quando os
outros o deixaram a ver navios.

QUEIMA-ROUPA

à queima-roupa
point-blank, at close range, face
to face; on the spur of the moment

Mataram o assassino com dois tiros
à queima-roupa.

Resolvi fazer-lhe a pergunta à
queima-roupa.

QUEIXO

bater o queixo (colloq.)
to shiver
(same as "bater os dentes" [dente])

ficar de queixo caído (colloq.)
to be dumbfounded, be left
speechless, be thunderstruck

A dona ficou de queixo caído ao
ver um homem nu no corredor do
prédio.

QUEIXO-DURO

o queixo-duro (colloq.)
the hard-headed person, stubborn
individual

Discutir com aquele queixa-duro
não adianta mesmo.

QUEM

*quem diria! (int., colloq.)

who would have ever thought! who could imagine! well, what do you know!

Quem diria! Nunca passou pela minha cabeça que eles fossem casar.

*quem (me) dera (que) . . . (colloq.)
if only . . ., I wish (that) . . .

Quem me dera ser rico.

Quem me dera que isso fosse mentira.

*quem sabe (colloq.)
maybe, perhaps

É um pássaro? Quem sabe, um avião?

quem sou eu (para) . . .? (colloq.)
who am I (to) . . .?

Se ele afirma, quem sou eu para negar?

QUENGA

a quenga (vulg.)
the prostitute, whore

Essa mulher só serve para quenga.

QUENGO

o quengo (colloq.)
the head, noggin,
(same as "a cuca[1]")

QUENTE

quente[1] (sl.)
terrific, great, "far-out," "cool," "in"

Ele é um cara quente.

Que festa mais quente!

Toque uma musiquinha quente!

quente[2] (sl.)
legitimate, bona-fide, genuine, not falsified or stolen
(opp. of "frio")

Eu te juro que o carro é quente.

quente[3] (journ.)
fresh, the latest (said of news)

Eu tenho uma notícia quente para você.

quente[4] (sl.)
good-looking, sensuous; passionate

Menina quente como aquela, não tem duas.

o cheque quente (sl.)
the good (legitimate) check

Ela não achava que fosse um cheque quente e não aceitou.

estar quente (colloq.)
to be "warm" or "hot" (close to correct in games)

Você 'tá quente: mas vai ver que não encontra.

QUERER

como quem não quer nada (colloq.)
(var. of "como quem não quer [nada com] a coisa" [querer])

como quem não quer (nada com) a coisa (colloq.)
feigning disinterest, as if unconcerned, nonchalantly

Entrou na joalharia como quem não quer nada com a coisa, afanando logo duas alianças e um relógio de bolso.

*não querer nada (sl.)
to loaf, take it easy, live a life of leisure

Ele não quer nada. Tem mulher,

tem tutu e passa o dia todinho na praia.

*não querer nada com (colloq.)
to want nothing to do with

Não quero nada com esse picareta.

quero cair morto se . . . (colloq.)
may I drop dead if . . ., may God strike me down if . . .

Quero cair morto se isso não for a pura verdade.

quero ficar cego se . . . (colloq.)
may I be stricken blind if . . ., may God punish me if . . .
(cf. "quero cair morto se . . ." [querer])

quero ver a minha mãe morta se . . . (colloq.)
may my mother be stricken dead if . . ., may God punish me if . . .
(cf. "quero cair morto se . . ." [querer])

QUERIDA

querida (voc., colloq.)
dear, darling, sweetheart (used to address a female)
(same as "nega")

QUERIDO

querido (voc., colloq.)
darling, dear, sweetheart (used to address a male)
(same as "nego")

*meu querido (voc., colloq.)
pal, good friend
(same as "meu chapa")

QUESTÃO

*fazer questão (de)
to make a point (of), insist (upon)

Eu não faço questão de ficar se

você quiser sair.

Venha jantar conosco--faço questão!

QUICAR

ficar/estar quicando (dentro da roupa) (com) (sl.)
to get/be furious (at), get/be hopping mad (at)
(same as "ficar/estar danado [da vida] [com]")

QUIMBANDA

o quimbanda (from Kimb.) (esp. East)
the voodoo ritual of macumba

Não confunda umbanda com quimbanda.

QUINA

a quina (sl.)
the five-hundred old cruzeiro note

Uma quina já não vale nada.

QUINHENTOS

*isso são outros quinhentos! (colloq.)
that's a horse of a different color! that's another matter entirely!

Não é isso, não! Isso são outros quinhentos!

isso são outros quinhentos mil-réis! (colloq.)
that's a horse of a different color!
(same as "isso são outros quinhentos!")

QUIRICA

a quirica (vulg.)
the vagina

QUITUTE

os quitutes[1]
the goodies, good food

Adoro comer os quitutes de Dona
Maria.

os quitutes[2] (fig.)
charms, attraction

Ninguém resiste aos quitutes dela.

QUIZUMBA

a quizumba (sl.)
the commotion, disorder, hubbub
(same as "a bagunça[2]")

R

RABADA

a rabada (colloq.)
the tail end, last place
(same as "a rabeira")

RABANADA

dar uma rabanada (colloq.)
to turn one's back contemptuously,
turn in a huff

Escandalizada, a velha deu uma
rabanada e saiu.

RABECÃO

o rabecão (sl.)
the coroner's van, hearse, "meat
wagon"

Aí chegou o rabecão para apanhar
o presunto.

RABEIRA

a rabeira (colloq.)
the tail end, very back, last place

Esse motorista só chega na rabeira
de cada corrida.

Passou no curso, mas passou na
rabeira.

RABO

*o rabo (vulg.)
the rump, butt, "tail"; anus

O caloteiro levou um chute no rabo.

dar o rabo (vulg.)
to engage in anal intercourse
(female role); be a homosexual

enfie no rabo! (vulg.)
shove it! go to hell!

sair com o rabo entre as pernas
(fig.)
to leave with one's tail between
one's legs, go away humiliated

O time todo saiu com o rabo entre
as pernas depois da derrota.

ser do rabo (sl., euph., often
vulg.)
to be really something, be terrific
(same as "ser do caralho")

ser rabo (sl.)
to be trouble, be rough
(same as "ser rabo-de-foguete")

ter rabo (colloq.)
to have one's faults, have a bad
reputation
(same as "ter rabo-de-palha")

tirar o rabo da seringa (colloq.)
to turn tail, get the hell out, get
away
(same as "tirar o corpo fora")

toma no rabo! (vulg.)
shove it! go to hell!

tomar no rabo (vulg.)
to engage in anal intercourse
(female role); be a homosexual

RABO-DE-FOGUETE

pegar em rabo-de-foguete (colloq.)
to stick one's neck out, play with
fire, take on a difficult task

Fica sabendo que o degas não pega
em nenhum rabo-de-foguete.

ser rabo-de-foguete (sl.)
to be a pack of trouble, be a
headache, be a hornet's nest, be
rough

Não vai não, que aquilo é rabo-
de-foguete.

RABO-DE-GALO

o rabo-de-galo (colloq.)
the rum-and-vermouth cocktail

Americano é doido por rabo-de-galo.

RABO-DE-PALHA

ter rabo-de-palha (colloq.)
to have one's faults, have a bad
reputation, be notorious

Quem tem rabo-de-palha não bota
fogo no do vizinho.

RABO-DE-PEIXE

o rabo-de-peixe (sl.)
the car with large tail fins (such
as some in the 1950s, esp. the
Cadillac)

A dona chegou num rabo-de-peixe;
não era fusca não.

RABO-DE-SAIA

o rabo-de-saia (colloq.)
the woman, dame, "skirt"

Esse conquistador barato é louco
por qualquer rabo-de-saia.

não poder ver rabo-de-saia
(colloq.)
to be a skirtchaser, have a
weakness for women (said of a
male)

O fraco do Guilherme é que ele
não pode ver rabo-de-saia.

RABO-QUENTE

o rabo-quente (sl., obs.)
the rear-engine car (esp. the old
Renault)

Meu carro bateu com um rabo-quente
ontem.

RAÇA

*na raça (colloq.)
head-on, by sheer force or nerve;
with great effort, the hard way

Ele sempre faz tudo na raça.

O outro time era melhorzinho, mas a
gente ganhou na raça.

ter raça (colloq.)
to have nerve, have guts

Um deles tem raça, mas o outro tem
sangue de barata.

RACHA

a racha (vulg.)
the vagina

o racha (sport.)
the scrimmage game (informal soccer
game)
(same as "a pelada")

RACHAÇÃO

fazer uma rachação (colloq.)
to split the bill, take up a
collection

Vamos fazer uma rachação para
pagar a conta.

RACHAR

rachar (vi) (stud.)
to study hard, hit the books
(same as "rachar o crânio")

rachar as despesas (colloq.)
to split the expenses, go halves,
each pay his own share

Custava muito, mas eram dez e
racharam as despesas.

rachar o crânio (stud.)
to study hard, hit the books

Ela rachou o crânio a semana

passada e, mesmo assim, só passou
raspando.

ser de rachar[1] (sl.)
to be rough, be "murder"
(same as "ser de morte[1]")

ser de rachar[2] (sl.)
to be hard-to-beat, be terrific
(same as "ser de morte[2]")

RAÇUDO

raçudo (sl.)
gutsy, courageous, bold
(same as "peitudo")

RAGU

o ragu (sl.)
the grub, chow, food
(same as "a bóia")

RAGUM

o ragum (sl.)
(var. of "o ragu")

RAGUZAR

raguzar (vi, vt) (sl.)
to eat
(same as "papar[1]")

RAIA

passar as raias (fig.)
to go overboard, carry something
too far

Eu pedi para você fazer alguma
coisa, mas você passou as raias
com isso!

RAIMUNDA

a raimunda (sl., joc.)
the female with an ugly face but a
shapely derrière
(usually, "Raimunda--feia de cara e
boa de bunda")

RAIO

como um raio (colloq.)
like a flash, like greased
lightning, full speed

O carro passou como um raio a
caminho da praia.

o raio de . . . (colloq.)
the darned . . ., the lousy . . .,
the blasted . . .

O raio da mulher me fez uma sujeira
daquelas.

Eu não quero o raio do livro,
ouviu?

raios te partam! (colloq.)
go to hell! damn you!

Você estragou tudo--raios te
partam!

RAIVA

que raiva! (colloq.)
I am (get, was, etc.) furious
(same as "que ódio")

RAMERRANEIRO

ramerraneiro (colloq.)
humdrum, monotonous, tedious

Ele leva uma vida ramerraneira.

RAMERRÃO

*o ramerrão (colloq.)
the old grind, day-to-day routine,
humdrum

Não agüento esse ramerrão
diário.

RAMPEIRA

a rampeira (sl.)
the prostitute
(same as "a mulher-da-vida")

RANDEVU

o randevu (colloq.)
(var. of "o rendez-vous")

RANGAR

rangar (vi, vt) (sl.)
to eat, chow down
(same as "papar[1]")

RANGO

o rango (sl.)
the food, eats, grub
(same as "a bóia")

estar na maior de rango (sl.)
to be very hungry, be "famished"
(same as "estar morrendo de fome"
[morrer])

estar no rango (sl.)
to be hungry, be "famished"
(same as "estar morrendo de fome"
[morrer])

RANHETA

o ranheta (also adj.) (colloq.)
the grouch, crabapple, cranky
person

O dono da loja é um ranheta
desgraçado; vive ralhando com
todos.

RAPA

a rapa[1] (crim. and sl.)
the paddy wagon, police van (esp.
that used to confiscate the wares
of unlicensed street vendors)

A rapa levou a minha mercadoria
toda.

a rapa[2] (crim.)
the police, the "law"
(same as "a justa")

o rapa (crim.)

the cop, policeman
(same as "o cana")

dar uma rapa em (sport.)
to trip, make stumble (in soccer)
(same as "passar uma rasteira em[1]")

RAPAPÉ

fazer rapapés (a) (colloq.)
to be fawning (to), bow and scrape
(to)
(same as "fazer salamaleques [a]"
[salamaleque])

RAPARIGA

a rapariga (colloq., pej.)
the prostitute, whore; kept woman,
concubine

Nem a família sabe do seu caso com
aquela rapariga.

RAPARIGUEIRO

raparigueiro (also noun) (sl.)
given to whoring (said of a male)

O Câmara era muito raparigueiro;
fazia a zona toda noite.

RAPAZ

**rapaz (voc., colloq.)
man, pal, buddy

Olha, rapaz, que é que você acha
da menina, rapaz?

RÁPIDO

rápido e rasteiro (colloq.)
fast, in a flash

Vá lá, meu filho! Rápido e
rasteiro, hein?

RAPOSA

a Raposa (sport.)
the Esporte Clube Cruzeiro (a MG
soccer team)

O Galo deu uma lavagem na Raposa.

RASGAR

rasgar a fantasia (sl.)
to show one's true self, come out
into the open

Depois de tantos anos, o General
rasgou a fantasia, dando uma de
descontraído.

rasgar seda (colloq.)
to be overly correct, polite or
formal (to one another) in social
treatment, bow and scrape (to one
another)

Ele adora rasgar seda lá com os
outros políticos que o visitam.

RASGA-SEDA

o rasga-seda (colloq.)
the bootlicker, apple-polisher
(same as "o puxa-saco")

RASO

botar mais raso que o chão
(colloq.)
to run down, give a bad name to,
cut down to size

Essas más-línguas estão querendo
me botar mais raso que o chão com
a fofoca delas.

RASPAR

passar raspando (em) (stud.)
to pass (a course, test) by the
skin of one's teeth, pass with the
lowest possible grade, squeak by

Passei raspando em Biologia, de
modo que, afinal, não vou ser
reprovado.

RASTEIRA

passar uma rasteira em[1] (colloq.)
to trip, make stumble

O Celso tentou passar uma rasteira
em mim, mas quem acabou caindo no
chão foi ele mesmo.

passar uma rasteira em[2] (colloq.)
to trip up, pull a fast one on;
cheat
(same as "passar para trás[1]")

RATA

a rata (colloq.)
the goof, mistake, slip-up
(same as "a mancada")

dar uma rata (colloq.)
to make a goof, botch it up
(same as "dar uma mancada")

RATAZANA

o ratazana (crim.)
the thief, robber
(same as "o gatuno")

RATEAR

ratear (vi) (colloq.)
to break down, die, misfire (said
of a car's engine)

O carro já estava nas últimas
quando o motor rateou.

RATO

o rato (crim.)
the thief, robber (often used in
combination with a noun denoting
place of operation)

Nenhum rato de praia vai bater a
minha carteira.

Ele ganhava a vida "trabalhando"
como rato de hotel durante a época
de turismo e rato de loja durante o
ano inteiro.

RATO-DE-BIBLIOTECA

o rato-de-biblioteca (sl.)
the bookworm, studious person

O Hélio é um rato-de-biblioteca
que só vive estudando.

RATO-DE-IGREJA

o rato-de-igreja (colloq., pej.)
the "church rat," religious
church-goer, religious fanatic

Rato-de-igreja desses só sai da
casa para ir à missa.

RATO-DE-SACRISTIA

o rato-de-sacristia (colloq., pej.)
the religious church-goer,
religious fanatic
(same as "o rato-de-igreja")

REAÇA

o reaça (abbrev. of
"reacionário") (also adj.) (sl.)
the reactionary, ultra rightwinger

Ele não é só conservador; é um
reaça até debaixo d'água.

REBARBA

pegar rebarba (sl.)
to eat/get the leftovers (also
fig.)
(same as "pegar barranco")

REBENTAR

rebentar de rir/riso (fig.)
to burst with laughter, die
laughing
(same as "morrer de rir/riso")

REBOLADO

perder o rebolado (sl.)
to be embarrassed, become ill-at-
ease; come down a peg

O Paulo perdeu o rebolado de tanta
malhação.

REBOLAR

rebolar (vi) (sl.)
to work hard, plug away, hustle
(same as "dar [o/um] duro")

REBORDOSA

a rebordosa (colloq.)
the difficult situation, hard time;
commotion, hubbub, ruckus
(see "aguentar a rebordosa")

aguentar a rebordosa (colloq.)
to take it, stand up under a
difficult situation, bear up
(same as "aguentar o repuxo")

REBU

o rebu (sl.)
the commotion, stir, ruckus, big
to-do
(same as "a bagunça^2")

REBUCETEIO

o rebuceteio (vulg.)
the commotion, ruckus

RECADO

dar o recado (colloq.)
to come through, perform the job
well, cut it
(same as "dar conta do recado")

RECAUCHUTAGEM

a recauchutagem (sl., joc.)
the face-lift, plastic surgery,
"recap"

Essa coroa já está queimando
óleo 40 e precisando muito de uma
recauchutagem, urgente, não acha?

RECO

o reco (abbrev. of "o recruta")
(milit.)
the GI, recruit, draftee, soldier

Os recos não demoraram em aprender
a bater continência direitinho.

RECUETA

dar uma recueta (sl.)
to move back, recoil, back away;
renege

O cara deu uma recueta quando viu o
revólver.

RÉDEA

dar rédea a (fig.)
to give free rein to, give a free
hand to

Eu dei rédea a ele para que
pudesse quebrar o galho.

tomar as rédeas (fig.)
to take the reins, take control,
take over

Desde que ele tomou as rédeas da
empresa, tudo tem ido por água
abaixo.

REDENTORA

a Redentora (polit., sarc.)
the 1964 Brazilian Revolution or
the resulting military regime

A Redentora já vai para vinte
anos.

REDONDA

a redonda (sport.)
the soccer ball
(same as "o couro[1]")

REGA-BOFE

o rega-bofe (colloq.)
the blowout, party, revelry

A nossa festa vai ser um rega-bofe
com letra maiúscula.

REGO

o rego (vulg.)
the cleft between the buttocks;
anus

REGULAR

não regular bem (colloq.)
to be off one's rocker, be nuts
(same as "não girar bem")

REI

ter o rei na barriga (fig.)
to be haughty, be a snob, put on
airs

Ele tem o rei na barriga; se acha o
máximo.

RELAÇÃO

ter relações (com) (colloq.)
to have sex (with)

Broxa não pode ter relações.

RELÓGIO

o relógio (crim. and sl., joc.)
the heart, "ticker"

O relógio dele parou.

ser como um relógio (colloq.)
to be punctual, always be on time

Ele é como um relógio. Sempre
chega às onze em ponto.

REMAR

remar contra a maré (fig.)
to go against the tide
(same as "ir contra a corrente")

REMÉDIO

*não tem remédio (colloq.)
for there to be no way, to be no
use
(same as "não ter jeito")

RENDEZ-VOUS

o rendez-vous (Fr.) (colloq.)
the love nest, trysting place,
rendez-vous for illicit love
affairs

Ela é dona de um rendez-vous lá
perto do cais.

RENTE

rente como pão quente (colloq.)
very close, within a hair's-
breadth, within inches, right
beside

Tirou um fino no outro carro,
passando rente como pão quente.

REPETECO

o repeteco (sl.)
the repeat, encore, "seconds"

O primeiro foi bom. Mas gostei
mais do repeteco.

dar (um) repeteco (sl.)
to repeat, have seconds, go back
for more

Ela gostou tanto do filme que
resolveu dar um repeteco.

Que comida gostosa! Vou dar
repeteco.

REPÚBLICA

a república (de estudantes)
(stud.)
the student house, private
cooperative residence for students

Ele mora lá no Catete numa
república de estudantes.

REPUXO

agüentar o repuxo (colloq.)
to bear the burden, bear up, take
it

Agüentar o repuxo em tal

situação não é mole não.

RESOLVER

não resolver (vi) (colloq.)
to be wishy-washy, be indecisive

O cara não resolve; não é de
nada.

RESPONDÃO

o respondão (also adj.) (colloq.)
the sassy person, one who gives a
lot of back-talk

Eu não admito respondão como
aquele na minha empresa; vou
demiti-lo.

RESSACA

*a ressaca (colloq.)
the hangover

Estou de ressaca depois do pileque
de ontem.

RESSACADO

*estar ressacado (colloq.)
to have a hangover, be hung over

Por que você está ressacado, se
não tomou quase nada?

RESSAQUEADO

estar ressaqueado (colloq.)
(var. of "estar ressacado")

RESULTADO

resultado . . . (colloq.)
the upshot is, the result is
(same as "conclusão . . .")

RETA

pegar a reta (colloq.)
to hit the road, take off, head for
home
(same as "pegar o caminho da

roça")

RETADO

retado (NE) (often vulg.)
(var. of "arretado")

estar retado (NE) (colloq.)
(var. of "estar arretado")

ficar/estar retado (com) (NE)
(colloq.)
(var. of "ficar/estar arretado
[com]")

RETALHO

ser retalho da mesma peça (fig.)
to be cut from the same cloth, be
of the same stripe, be of the same
ilk
(same as "ser farinha do mesmo
saco")

RETAR

retar (vt) (NE) (often vulg.)
(var. of "arretar")

RETIRANTE

*o retirante (colloq.)
the migrant driven from the arid
interior of the Brazilian Northeast
by drought and hunger

Uma leva de retirantes chegou do
Ceará.

RETRANCA

na retranca (colloq.)
on the defense, defensively,
cautiously, frugally

Pobre tem que viver na retranca.

RETRATO

ser o retrato de (fig.)
to resemble, take after, be the
spitting image of

Ela é o retrato da avó.

ser o retrato vivo de (fig.)
to take after, be the spitting
image of
(same as "ser o retrato de")

REVEILLON

o reveillon (Fr.)
the New Year's Eve celebration

O reveillon vai começar cedo este
ano.

REVELHÃO

o revelhão (colloq.)
(var. of "o reveillon")

REVERSO

o reverso da medalha (fig.)
the other side of the picture
(same as "a outra face da medalha")

REVERTÉRIO

dar o revertério (sl.)
for all hell to break loose, for
something to backfire, for a
reversal of good fortune to occur

O jogo ia às mil maravilhas, mas
aí deu o revertério.

ter um revertério (sl.)
to have a fit, get one's dander up,
get upset
(same as "ter um ataque")

RICAÇO

*o ricaço (colloq.)
the moneybags, rich man

O dono do time é um certo ricaço
de São Paulo.

RIFIFI

o rififi (sl.)

the commotion, big to-do, uproar,
brouhaha
(same as "o bafafá")

RIPA

meter a ripa em[1] (colloq.)
to beat up, thrash, clobber
(same as "baixar/meter [o] pau
em[1]")

meter a ripa em[2] (colloq.)
to criticize, cut down
(same as "tesourar")

RIR

rir a bandeiras despregadas (fig.)
to roar with laughter
(same as "morrer de rir/riso")

RISCA

à risca
to the letter, closely, exactly

Precisa seguir à risca o modelo.

RISCADO

entender do riscado (sl.)
to know cold, have down pat
(same as "saber na ponta da
língua")

RITMO

em ritmo de (sl.)
in the process of, in the midst of,
in full

O país está em ritmo de
progresso.

Nessa altura a gente já estava em
ritmo de provas.

ROCKEFELLER

ser um Rockefeller (colloq.)
to be a moneybags, be a
millionaire, be rich

Custa apenas um bilhão? Você
acha que eu sou um Rockefeller, meu
filho?

RODA

a roda (vulg.)
the anus

RODANTE

o rodante (sl.)
the car, "wheels"
(same as "o carango")

RODAPÉ

o rodapé (sl.)
the shorty, shrimp
(same as "o tampinha")

RODAR

rodar[1] (vi) (colloq.)
to go around (walking or riding),
cruise around

Vamos rodar um pouco na Avenida
Central!

rodar[2] (vi) (South) (stud.)
to flunk, fail
(same as "levar pau")

RODA-VIVA

*a roda-viva (colloq.)
the commotion, hustle-bustle, rush,
rat race
(same as "o corre-corre")

*andar numa roda-viva (colloq.)
to be caught up in a whirlwind of
activity, be constantly on the go,
be extremely busy

Eu ando numa roda-viva dos diabos.

RODEIO

falar com rodeios (fig.)
to beat around the bush, stall

Deixe de falar com rodeios que eu
estou com pressa!

falar sem rodeios (fig.)
to come to the point, speak
plainly, talk straight

Se ele falasse sem rodeios, dava
para entender alguma coisa.

fazer rodeios (fig.)
to beat around the bush, stall
(same as "falar com rodeios"
[rodeio])

RODINHA

a rodinha (NE) (vulg.)
the anus

queimar rodinha (vulg.)
to engage in anal intercourse
(female role)

RODO

a rodo (fig.)
galore, in great quantity, in
abundance
(same as "aos montes" [monte])

ROER

roer a corda (colloq.)
to go back on one's word, renege,
back out; not show up, stand
someone up

Ficou de mandar o dinheiro mas
depois roeu a corda.

A gente combinou para as dez, mas
ela roeu a corda.

roer os ossos (colloq.)
to get a raw deal; get the
leftovers, be left with only the
crumbs

Você está numa boca rica--e eu
que roa os ossos, hem?

ROGADO

fazer-se de rogado (colloq.)
to want to be coaxed, play hard-
to-get

Cante uma música para a gente.
Não se faça de rogado.

ROJÃO

agüentar o rojão (fig.)
to see it through, stick it out

A sogra do Cavalcânti veio morar
com eles e o coitado mal agüenta o
rojão.

ROL

entrar para o rol dos homens
sérios (colloq., joc.)
to join the ranks of the married,
tie the knot (said of a male)

Parece que você finalmente entrou
para o rol dos homens sérios,
hein? E o nenen, quando chega?

ROLA

a rola (vulg.)
the penis

ROLADA

a rolada (vulg.)
the sexual intercourse, copulation

dar uma rolada (vulg.)
to have sex, copulate

ROLÊ

dar um rolê (sl.)
to take a walk, stroll
(same as "dar um giro")

ROLETA

fazer roleta paulista (sl.)
to deliberately run a red light
(esp. on a dare)

Esse topa-tudo adora fazer roleta
paulista na esquina da Avenida
Paulista com a Rua Augusta.

ROLETAR

roletar (vi) (sl.)
to stroll, take a walk

Foram roletar pela praia depois da
aula.

ROLHA

a rolha (colloq.)
the censorship, gag

Desde que tiraram a rolha, os
cineastas nacionais têm passado as
raias.

ROLO

o rolo[1] (sl.)
the row, brawl, fight; commotion,
fuss

A prisão dos malandros deu num
rolo tremendo.

o rolo[2] (colloq.)
the mess, disorder, hodgepodge

Estava um rolo de papéis em cima
da mesa.

o rolo compressor (sport.)
the (soccer) club that rolls over
all the rest like a steam roller,
first-place team

O meu time é rolo compressor; o
dele é lanterna.

ROMA

ir a Roma e não ver o Papa (fig.)
to visit Rome without seeing the
Pope, miss the main attraction

Você não viu o palácio? Então
foi a Roma e não viu o Papa.

ROMEU

Romeu e Julieta (colloq.)
the gold-dust twins; two persons or
things always found together (often
said of foods such as "rice and
beans" and "guava paste and
cheese," or of two inseparable
persons, two policemen on the beat,
etc.)
(cf. "Cosme e Damião")

De sobremesa serviu Romeu e
Julieta.

RONCO

*puxar (um) ronco (sl.)
to snooze, take a snooze, "saw
logs"
(same as "tirar um cochilo")

tirar (um) ronco (sl.)
to take a nap, snooze
(same as "tirar um cochilo")

ROQUEIRO

o roqueiro (sl.)
the rock-music artist or fan,
"rocker"

É mais do samba; não é roqueiro,
não.

ROR

um ror de (colloq.)
(var. of "um horror de")

ROSETAR

rosetar[1] (vi) (sl.)
to mess around, loaf, horse around,
have fun

Não quero saber de trabalho. Eu
quero é rosetar.

rosetar[2] (vi) (sl.)
to "fool around" sexually, engage
in sexual play, have sex

Passa o tempo todinho rosetando com

a garota dele.

ROXINHA

a roxinha (colloq.)
the young, light-skinned mulata

Ele saiu com duas mulheres--uma
branca e uma roxinha.

ROXO

andar roxo por (colloq.)
to be crazy about, love
(same as "ser louco por")

estar roxo por (colloq.)
to be crazy about, be wild about,
love
(same as "ser louco por")

R.P.

a r.p. (="rádio patrulha")
the police radio patrol car

Chegaram duas r.p.'s logo depois do
roubo.

RUA

rua! (int., colloq.)
scram! get out! shove off!
(same as "cai fora!")

arrastar pela rua da amargura
(fig.)
to make (someone) suffer (esp.
while humiliating that person), put
through hell, give a lot of grief

Arrastaram o ex-político pela rua
da amargura, caluniando-o
publicamente para destruir-lhe a
reputação.

botar na rua (colloq.)
to throw (someone) out, get rid of,
send packing; fire

Se ele vier bater na minha porta,
eu vou botá-lo na rua.

botar no olho da rua (colloq.)
to kick (somone) out, send packing;
fire
(same as "botar na rua")

estar na rua[1] (colloq.)
to be out (not be at work or at
home)

O Dr. Castelo não pode atender
porque está na rua.

estar na rua[2] (colloq.)
to be "out-of-it," not have the
least idea about what is being said
(same as "estar voando" [voar])

ir na rua da palma número cinco
(vulg.)
to masturbate (said of a male)

ir para a rua (colloq.)
to get fired, lose one's job
(same as "receber o bilhete azul")

RUBRO

o rubro (also adj.) (sport.)
the América Futebol Clube (a Rio
soccer team)

O rubro não consegue vencer meu
Bota.

RUBRO-NEGRO

o rubro-negro (also adj.) (sport.)
the Clube de Regatas do Flamengo
(same as "o Fla")

RUIM

*não é tão ruim (assim), não!
(colloq., iron.)
oh, it'll do! not too bad! (iron.)

Receber dez mil cruzeiros por esse
trabalho mole não é tão ruim
assim, não!

ruim como cobra (colloq.)
mean as a snake, rotten to the

core, evil as they come

Esse valentão é ruim como cobra.
Não mexe com ele, viu?

ruim da cabeça (colloq.)
nutty, tetched in the head, crazy

Nem todos os que são ruins da
cabeça moram em hospícios.

RUMA

uma ruma de (North, NE) (colloq.)
a lot of, a pile of
(same as "uma porção de")

RUSH

o "rush" (Eng.) (pronounced like
Eng. "hush") (sl.)
the hustle, running, rush
(same as "o corre-corre")

a hora do "rush" (sl.)
the rush hour

Ele deve demorar um bocadinho, pois
partiu justamente na hora do
"rush".

S

SABÃO

o sabão (colloq.)
the scolding, talking-to,
upbraiding
(same as "o pito[1]")

fazer sabão (North, NE) (colloq.)
to engage in lesbianism

Lá tinha também duas machonas
fazendo sabão.

levar um sabão (colloq.)
to get a scolding, be taken to task
(same as "levar um pito")

passar um sabão em (colloq.)
to give a scolding to, bawl out
(same as "passar/dar um pito em")

SABER

**(eu) sei lá! (colloq.)
how should I know? I haven't the
least idea! search me! you've got
me!

Se ela é dentista ou médica? Sei
lá, rapaz!

*não querer saber de (colloq.)
to want nothing to do with
(same as "não querer nada com")

não saber a quantas anda (colloq.)
not to know whether one is coming
or going, be confused, not know
where one stands

O bicho não sabe a quantas anda
pelo trabalhão que tem que fazer.

não saber o abc (fig.)
not to know the least thing (about
a subject), not have the slightest
knowledge (of), be ignorant of even

the fundamentals (of)

Em matéria de amor, ele não sabe
o abc.

não saber o bê-a-bá (fig.)
not to know the least thing
(about), not know beans (about)
(same as "não saber o abc")

não saber onde tem as ventas
(colloq.)
to be stupid, not know which way is
up

O cara é burro; não sabe onde tem
as ventas.

não saber o que é bom (colloq.)
not to know what one is missing

Experimenta um pouquinho, rapaz.
Você não sabe o que é bom, viu?

*quer saber de uma coisa? (colloq.)
know what?
(same as "sabe de uma coisa?"
[saber])

**sabe? (colloq.)
you know? you know what I mean?
see?

Ela é meio esquisita, sabe?

*sabe como é? (colloq.)
you know? see?
(same as "sabe?" [saber])

*sabe como é que é? (colloq.)
you know? see?
(same as "sabe?" [saber])

*sabe de uma coisa? (colloq.)
know what?

Sabe de uma coisa, meu filho? 'Cê
tem razão.

saber mais dormindo do que outros
acordados (colloq.)

to be a brain, be smarter than
everyone else put together

O cara é um crânio. Sabe mais
dormindo do que outros acordados.

saber onde lhe aperta o sapato
(fig.)
to know where the shoe pinches,
know what suits one best

Cada um sabe onde lhe aperta o
sapato.

saber onde tem o nariz (colloq.)
to know what one is doing, know
one's stuff, be an expert

Ele não é nenhum ignorante; sabe
mesmo onde tem o nariz.

*sei! (colloq.)
uh-huh! that's right! yeah!
(same as "pois é!")

*só querer saber de (colloq.)
to be interested only in, care only
about

Eu só quero saber de mulheres e
farras.

Ele só quer saber de moleza.

*você é quem sabe (colloq.)
you know best, you should know,
it's up to you

Pegar um táxi? Sei lá! Você é
quem sabe.

SABE-TUDO

*o sabe-tudo (colloq.)
the know-it-all, wise guy, smart
aleck

Esse sabe-tudo acha que ele é o
dono da verdade.

o Dr. Sabe-Tudo (colloq.)
the know-it-all, wise guy
(same as "o sabe-tudo")

SABICHÃO

o sabichão (colloq.)
the wise guy, know-it-all
(same as "o sabe-tudo")

SABIDÃO

o sabidão (colloq.)
the know-it-all, wise guy
(same as "o sabe-tudo")

SABIDO

*sabido (colloq.)
shrewd, sly, cunning
(same as "esperto")

SACAL

sacal (vulg.)
boring, dull, annoying, irritating

Nunca assisti um filme tão sacal
como esse.

SACANA

o sacana[1] (vulg., pej.)
the male homosexual, "queer"
(same as "a bicha[1]")

*o sacana[2] (also adj.) (vulg.)
the scoundrel, dirty rat, s.o.b.

Aquele sacana me fez uma sujeira
das piores.

SACANAGEM

a sacanagem[1] (vulg.)
the depravity, obscenity, obscene
act

Esse romance é cheio de
sacanagens.

a sacanagem[2] (vulg.)
the homosexuality, homosexual act

*a sacanagem[3] (vulg.)
the dirty trick, low blow

(same as "a sujeira[1]")

fazer sacanagem (vulg.)
to have sex, make love, "fool
around" sexually

fazer uma sacanagem (a) (vulg.)
to do (someone) dirty, play a dirty
trick (on), hit below the belt

Ele me fez uma sacanagem que eu vou
te contar!

sem sacanagem? (vulg.)
no kidding? you don't say! honest?

Ela foi com o outro cara? Sem
sacanagem?

sem sacanagem! (vulg.)
no kidding! on the level!

É isso mesmo, rapaz. Sem
sacanagem!

SACANEADO

ficar/estar sacaneado (com) (vulg.)
to get/be peeved (at), get/be
bugged (at)

Estou sacaneado com aquele cara que
não deixa de pedir dinheiro.

SACANEAR

sacanear[1] (vt, vi) (vulg.)
to irritate, bother, "bug"

Essa mulher sacaneia pra chuchu com
essa conversa mole para boi dormir.

sacanear[2] (vt) (vulg.)
to do (someone) dirty, play a dirty
trick on

O Aldair me sacaneou falando mal de
minha cara.

SACANETA

o sacaneta (vulg.)

the scoundrel, dirty rat
(same as "o sacana[2]")

SACAR

*sacar[1] (vt) (sl.)
to understand, "dig," "get (it)"
(same as "manjar[1]")

sacar[2] (vt) (crim. and sl.)
to know, recognize, identify,
"make"
(same as "manjar[2]")

saca essa! (sl.)
get a load of this!
(same as "manja essa!" [manjar])

sacar o lance (sl.)
to catch on, understand, get the
picture
(same as "morar na jogada")

sacou? (sl.)
get it? "dig"? understand?
(same as "manjou?" [manjar])

SAÇARICAR

saçaricar[1] (vi) (colloq.)
to wiggle, shake, oscillate

Esse cantor enquanto canta
saçarica que nem Elvis Presley.

saçaricar[2] (vi) (vulg.)
to masturbate (said of a male)

SAÇARICO

o saçarico (colloq.)
the shake, wiggle, oscillation

O saçarico da dançarina é uma
coisa de louco.

SACO

o saco[1] (vulg.)
the scrotum; testicles

o saco[2] (sl., often vulg.)
the patience

Precisa de muito saco para
agüentar um camarada daqueles.

*o saco[3] (sl.)
the bore, "drag," "bummer"

O livro foi um saco.

Você é um saco, seu chato!

Que saco!

**estar de saco cheio (com) (sl.,
often vulg.)
to have lost one's patience (with),
be fed up (with)

Ele está de saco cheio com ela.

Estou de saco cheio depois de ouvir
tanta fofoca daquela xereta.

*não ter saco para (sl., often
vulg.)
to have no patience for/to, not be
able to stomach (said of persons or
things)

Não tenho saco nem para uma
conferência nem para esses
sujeitos maçantes.

**puxar (o) saco (de) (sl., often
vulg.)
to lick (the) boots (of), polish
the apple (of), flatter servilely

É preciso puxar saco para se virar
nesta vida.

Quem puxar o saco do professor vai
ficar sujo com os colegas lá da
Faculdade.

*ter (muito) saco (sl., often vulg.)
to be long on patience, be very
patient

Essa menina deve ter muito saco
para casar com um conquistador
barato daqueles.

tomar atrás do saco (vulg.)
to engage in anal intercourse
(female role); be a homosexual

SACO-DE-FILÓ

ter um saco-de-filó (vulg., joc.)
to be very patient
(same as "ter [muito] saco")

SACO-DE-GATOS

o saco-de-gatos (colloq.)
the hodgepodge, potpourri,
conglomeration, mixed bag

O pessoal lá do escritório é um
saco-de-gatos.

SACO-DE-OURO

ter um saco-de-ouro (vulg., joc.)
to be very patient
(same as "ter [muito] saco")

SACO-DE-PANCADA

o saco-de-pancada (sl.)
the underdog, loser, punching bag

Aquele saco-de-pancada vive
apanhando.

SACRAMENTAR

sacramentar (vt) (colloq.)
to legalize, legitimize
(same as "dar o sacramento a")

SACRAMENTO

dar o sacramento a (colloq.)
to legalize, make official

É preciso dar o sacramento
àqueles babilaques antes de você
entrar no país.

SAFADEZA

*a safadeza (colloq.)
the low blow, dirty trick
(same as "a sujeira[1]")

SAFADO

**o safado (colloq.)
the scoundrel, rat, fink

Essa não, seu safado!

ficar/estar safado (da vida) (com)
(sl.)
to get/be mad (at)
(same as "ficar/estar danado [da
vida] [com]")

SAFANAGEM

a safanagem (sl., euph.)
(euph. for "a sacanagem")

SAFANÃO

o safanão (colloq.)
the push, shove, slap, blow

O moleque levou um safanão do
bamba.

SAFA-ONÇA

o safa-onça (sl.)
the stopgap, something to get by on

O livrinho serviu de safa-onça no
curso.

SAFAR

safar (a) onça (sl.)
to get by, get along, manage

Não sei muita coisa de Geometria-
-só bastante para poder safar
onça.

SAFARNAGEM

a safarnagem (sl., euph.)
(euph. for "a sacanagem")

SAIA

a saia (colloq.)
the woman, dame, "skirt"

Andar atrás das saias fica feio
para gente bem, rapaz. Vê se te
manca!

agarrado às saias de (fig.)
tied to the apron strings of,
hiding behind the skirts of

O banana vive agarrado às saias
dela.

SAÍDA

*de saída (colloq.)
right off the bat, immediately, on
the spot, straight away

O cara-de-pau penetrou a festa e de
saída fez onda.

*não ter saída (fig.)
for there to be no way out

Ou você rompe com ela ou você
rompe com a outra. Não tem
saída.

ter boas saídas (colloq.)
to be witty, have a quick wit, make
clever remarks, come out with good
lines

Dá gosto ouvir o Franco falar; tem
boas saídas.

SAIDEIRA

a saideira (colloq.)
the nightcap, one for the road,
last drink

Vamos tomar uma saideira antes de
você se mandar.

SAIDINHA

dar uma saidinha (colloq.)
to go out for a second, step out a
moment
(same as "dar uma fugidinha")

SAÍDO

saído (colloq.)
forward, bold, outgoing

Para brotinho ela é muito saída,
viu?

SAIR

*sai da minha frente! (colloq.)
get out of my way! get out of my
sight! scram!

Sai da minha frente, que eu não
quero nada com você, entendeu?

sai dessa! (sl.)
come off it! don't hand me that!

Sai dessa, meu filho! Não tinha
nada disso.

sair a (colloq.)
to take after, favor, look like
(same as "puxar a")

sair à bala (colloq.)
take off like a streak of
lightning, take off like a shot,
hurry off

Ela saiu à bala quando ouviu o
telefone.

sair à francesa (fig.)
to take French leave, depart
without saying goodbye, sneak away

Ele saiu à francesa passando
calote na gente.

sair com (sl.)
to have sex with, go to bed with

Você saiu com quantos moços
ontem, Orlane?

sair como um foguete (colloq.)
to take off like a rocket, rush off
(same as "sair à bala")

sair de baixo (sl.)
to turn tail, duck out, get away

Se der bolo, eu saio de baixo.

sair de banda (colloq.)
to sneak away, slip away
(same as "sair de fininho")

sair de fininho (colloq.)
to slip out (unnoticed), sneak out

Aquele sujeito vivo sai de fininho
quando a mulher dorme.

sair de mansinho (colloq.)
to sneak out, slip away
(same as "sair de fininho")

*sair dessa (sl.)
to get out of a jam, slip out of a
tight spot

Agora, meu filho, vê se você
consegue sair dessa.

sair do ar[1] (sl.)
to keep one's mouth shut, keep
quiet

Se lhe perguntarem um troço
desses, é bom você sair do ar.

sair do ar[2] (sl.)
to leave, go, take off

Já está na hora da gente sair do
ar.

sair na mão grande (com) (sl.)
to come to blows (with), fight
(with)
(same as "sair no tapa [com]")

sair no braço (com) (sl.)
to come to blows (with), come out
fighting (with)
(same as "sair no tapa [com]")

sair no pau (com) (sl.)
to come to blows (with), fight

(with)
(same as "sair no tapa [com]")

sair no tapa (com) (sl.)
to come out fighting (with), come
to blows (with), start swinging
(at)

O Nelson saiu no tapa porque o
Adelman xingou a mãe dele.

SALA

fazer sala a (colloq.)
to receive (guests, clients, etc.)

De tarde ele faz sala aos amigos.

SALADA

a salada (colloq.)
the mess, mishmash, hodgepodge;
disorder, commotion
(same as "a bagunça")

a salada russa (colloq.)
the potpourri; mess,
conglomeration; commotion

O repertório dele é uma salada
russa.

SALAFRA

o salafra (sl.)
(var. of "o salafrário")

SALAFRÁRIO

*o salafrário (colloq.)
the scoundrel, rat, stinker

O salafrário fugiu com meu
calhambeque.

SALAMALEQUE

fazer salamaleques (a) (colloq.)
to be obsequious (to), lick the
boots (of), bow and scrape (to)

Aquele puxa-saco fica fazendo
salamaleques sempre que cumprimenta

o chefe.

SALAME

o salame (vulg.)
the penis

SALÃO

de salão (colloq.)
tame, suitable for mixed company
(said of a joke, story, etc.),
euphemistic

É melhor não contar; não é
propriamente uma piada de salão.

Essa palavra é a forma de salão
daquela outra.

limpar o salão (colloq.)
to pick one's nose

Quando bateram o retrato, esse
casca-grossa estava limpando o
salão.

SALGADO

salgado (colloq.)
expensive, high-priced, "steep"

Quarto naquele hotel é meio
salgado.

SALIVA

a saliva (colloq.)
the fast-talk, "story," "line"
(same as "a cantada")

gastar saliva (colloq.)
to waste one's breath
(same as "perder/gastar o [seu]
latim")

SALIVAR

salivar (vt) (colloq.)
to hand a "line," sweet talk
(same as "cantar")

SALSEIRO

o salseiro (colloq.)
the brawl, row; disorder, commotion
(same as "a lenha")

SALTAR

saltar aos olhos (fig.)
to stand out, be obvious
(same as "saltar à vista")

saltar à vista (fig.)
to stand out, hit one in the face,
be quite obvious

A verdade de tal afirmação salta
à vista.

saltar de contente (de alegria,
etc.) (fig.)
to jump for joy
(same as "pular de contente [de
alegria, etc.]")

SALTO

dar saltos (de contente, de
alegria, etc.) (fig.)
to jump for joy
(same as "pular de contente [de
alegria, etc.]")

dar um salto em (colloq.)
to drop by, drop in on
(same as "dar um pulo em")

SALVAR

salvar a pátria (fig.)
to save the day, save the show

O Pelé é que salvou a pátria com
dois gols de letra.

SAMANCO

o samanco (sl.)
(var. of "o samango")

SAMANGO

o samango (sl.)
the cop, policeman
(same as "o cana")

SAMBA

o samba (colloq.)
the cachaça-and-cola cocktail

Samba é diferente de cuba-libre.

SANDUÍCHE

o sanduíche[1] (colloq.)
the wrecked vehicle sandwiched
between two other vehicles or
objects

O carro ficou um sanduíche entre o
ônibus e o morro.

o sanduíche[2] (vulg.)
the group sex, three or more
individuals having sex together

SANGRIA

não ser sangria desatada (colloq.)
not to be urgent, be no pressing
matter

Calma, João! O troço não é
sangria desatada.

SANGUE

estar na massa do sangue (colloq.)
to be in one's blood

Essa gente vai trabalhar sempre na
roça, pois aquilo está na massa
do sangue.

ser de fazer gelar o sangue (nas
veias) (fig.)
to be blood-curdling, make one's
blood run cold

As estórias dela são de fazer
gelar o sangue nas veias.

subir o sangue (colloq.)
for one's blood to boil
(same as "subir o sangue à
cabeça")

subir o sangue à cabeça (colloq.)
for one to get mad, for one's blood
to boil

O cara fez uma sujeira dos diabos.
Aí me subiu o sangue à cabeça.

ter sangue de barata (colloq.)
to be chicken, be cowardly, be
lily-livered

Abusado coisa nenhuma! Ele tem é
sangue de barata.

SANGUESSUGA

o sanguessuga (fig.)
the leech, parasite, moocher
(same as "o chupa-sangue")

SANITÁRIO

o sanitário (colloq.)
the rest room, toilet

O sanitário está ocupado?

SANTO

ser um santo (fig.)
to be a saint, be an angel
(same as "ser um anjo")

ter santo forte (colloq.)
to have backing, have powerful
connections

O cara não é lá muito
inteligente, mas tem santo forte.

todo santo dia (colloq.)
every single day, every blessed day

Ela vai à missa todo santo dia.

todos os santos ajudam (colloq.)
it's easy going, it's smooth

sledding

Subir é fogo, mas indo ladeira
abaixo, todos os santos ajudam.

SANTO-DE-PAU-OCO

o santo-de-pau-oco (colloq.)
the phony, (religious) hypocrite

Você acha que eu vou confiar num
santo de pau oco como ele?

SANTOS-DUMONT

o santos-dumont (sl.)
the ten-thousand old cruzeiro note

Esse guarda de trânsito ganhava
muito santos-dumont de propina.

SÃO

são e salvo
safe and sound

O alpinista chegou são e salvo na
cidadezinha.

SAPATÃO

o sapatão (sl., pej.)
the lesbian, "dyke"

Nesse baile só tem bicha e
sapatão.

SAPEAR

sapear (vt) (colloq.)
to spy on, observe, watch without
participating in

Elas gostam de sapear os namoros da
irmã.

SAPECA

sapeca[1] (also noun) (colloq.)
flirtatious, coquettish, forward
(said of a young lady)

Tem cada mina sapeca dando sopa por
aqui.

sapeca[2] (also noun) (colloq.)
mischievous, brattish, impish

Esse garoto sapeca pinta que só o
diabo.

SAPECAR

sapecar[1] (vi) (colloq.)
to flirt, be coquettish

É uma vergonha uma mulher casada
viver sapecando assim em passeio
público!

sapecar[2] (vt) (colloq.)
to thrash, beat, wallop

Eu vou te sapecar se não deixar de
contar mentira.

SAPEQUICE

a sapequice (colloq.)
the forwardness (of a young lady),
coquettishness

A sapequice não é característica
de moça decente, segundo vovó.

SAPO

o sapo (sl.)
the bothersome onlooker, non-
participating spectator,
eavesdropper

Aquele sapo ficou tentando ler a
minha carta enquanto ouvia a
conversa da gente.

SARARÁ

o sarará (from Tupi) (also adj.)
the light-skinned mulatto with
reddish hair, albino (person)

O menino saiu ao pai, um sarará de
olhos azuis.

SARAVÁ

saravá! (corrup. of "salvar")
(colloq.)

hail! greetings! (a salutation used
esp. in candomblé and macumba
rituals)

Saravá, meu pai Xangô!

SARDINHA

dar/tirar uma sardinha em (sl.)
to flick (someone's) rump with the
back of one's fingers

Deu uma sardinha no amigo antes de
cumprimentar.

estar como sardinha em lata (fig.)
to be packed (in) like sardines

A gente estava era como sardinha em
lata naquele elevador.

tirar a sardinha com a mão do gato
(colloq.)
to have someone else do one's dirty
work, have someone else pull one's
chestnuts out of the fire

Ele pediu para eu chamar a
polícia. Não queria se envolver
no caso e pretendia tirar a
sardinha com a mão do gato.

SARNA

procurar/buscar sarnas para se
coçar (colloq.)
to look for trouble, look for
something to complain about

Deixa de procurar sarnas para se
coçar, que você acaba apanhando
que nem boi ladrão.

SARRAFADA

dar uma sarrafada em (sl.)
to give a beating to, rough up,
give a bruising to
(same as "baixar/meter [o] pau
em[1]")

SARRAFEAR

sarrafear (vt) (sl.)

to beat up, rough up, manhandle

O zagueiro jogou sarrafeando os
jogadores adversários.

SARRAFO

o sarrafo (vulg.)
the penis

baixar o sarrafo em[1] (colloq.)
to give (someone) a beating, give a
thrashing
(same as "baixar/meter [o] pau
em[1]")

baixar o sarrafo em[2] (colloq.)
to run down, criticize, backbite
(same as "tesourar")

SARRAR

sarrar (vt) (vulg.)
to neck with, make out with,
embrace tightly, have sexual
contact with

Ele ficava lá sarrando as minas
até o sol raiar.

SARRO

o sarro (sl.)
the "gas," "groove," "kick,"
"blast," something terrific
(same as "a onda[6]")

que sarro! (sl.)
what fun! how funny! what a "gas!"
(said of a thing or person)

O quente é pegar o show do Chico.
Que sarro, hein?

tirar um sarro[1] (sl.)
to get one's kicks, have fun (esp.
at another's expense)

Ele beija as moças só para tirar
um sarro.

tirar um sarro[2] (vulg.)

to neck, pet, make out, embrace
tightly, have sexual contact, have
sex

Bom mesmo é tirar um sarro com um
brotinho desses.

tirar um sarro de (sl.)
to make fun of, tease
(same as "gozar[1]")

SATISFAÇÃO

dar/pedir satisfação
to give/request an explanation

Ele vai ter que dar satisfação à
gente pela demora.

*(muita) satisfação! (colloq.)
happy to meet you!

--Muito prazer!
--Satisfação!

SAUDADE

deixar na saudade (sl.)
to disappoint, let down, leave high
and dry

Ele ficou com a bola, deixando o
adversário na saudade.

SAÚDE

a saúde (sl., joc.)
the behind, derrière (esp. that of
a female)

Você viu essa mina, Marcos? Tem
uma saúde que eu vou te contar!

saúde![1] (int., colloq.)
Gesundheit! God bless you! (said
when someone sneezes)

saúde![2] (int., colloq.)
cheers! skoal! down the hatch!
(used as a toast)

ter uma saúde de ferro (fig.)

to be in excellent health, be fit
as a fiddle, have an iron
constitution

Esse velhote bate muito moço; tem
uma saúde de ferro.

SE

*se . . .? (colloq.)
you're asking if . . .?

Se ela é baiana? Sim, senhor, é
de Ilhéus.

Se eu quero uma cerveja? Você
está perguntando se macaco quer
banana, rapaz.

se . . . .! (colloq.)
I'll say (that) . . .! you bet
(that) . . .! Indeed . . .!

--Aquele sujeito tem dinheiro às
pampas.
--Se tem! Ele é um ricaço.

SEBISTA

o sebista (colloq.)
the used-book dealer

Eu comprei esse livro na mão dum
sebista do centro.

SEBO

o sebo (colloq.)
the used-book store

É uma edição esgotada, mas
talvez a gente encontre em algum
sebo por aí.

pôr sebo nas canelas (colloq.)
to run off, turn tail, take to
one's heels

Se o negócio pifar, é bom você
pôr sebo nas canelas, viu?

SEBOSO

seboso[1] (colloq.)

grimy, dirty, filthy

Ele mora numa pensão sebosa do
Catete.

seboso[2] (sl.)
stuck-up, conceited, snobbish

O sujeito é tão seboso que nem
dá bom dia para o pessoal.

SECAR

secar (vt) (sl.)
to stare at, look daggers at, glare
at

O cara estava me secando como se
quisesse me botar o mau-olhado,
entende?

SECO

estar seco (vulg.)
to be hard-up (sexually), be
"horny"

Ele está seco por uma mulher.

estar seco por/para (colloq.)
to be dying for/to, want in the
worst way, be itching for/to

Estou seco por uma feijoada, gente.

Ela estava seca para ir à praia.

SECRETA

o secreta (colloq.)
the secret agent, undercover police
agent

Esse cara vestido à paisana é um
secreta.

SECRETÁRIO

secretário (voc., sl.)
mack, buddy
(same as "meu chapa")

SÉCULO

há séculos (colloq.)
ages ago, it's been ages

Ele formou-se há séculos.

Há séculos que não vou ao
cinema.

SECURA

a secura[1] (colloq.)
the craving, ardent desire, longing

Ela está com uma secura de cigarro
desde que parou de fumar.

a secura[2] (vulg.)
the sexual desire, "horniness"

Ele estava com uma secura de mulher
quando saiu da cadeia.

SEDA

a seda (drug.)
the rolling paper (for a marijuana
cigarette)

Tem uma seda aí? Quero apertar um
crivo.

SEDE

ir com muita sede ao pote (fig.)
to rush headlong into something,
jump at something, act rashly

Me parece que o sujeito está indo
com muita sede ao pote. Dá para
desconfiar dos motivos dele.

SEGUIDA

*em seguida
immediately afterward, right away,
shortly thereafter

Chegou e foi jantar em seguida.

SEGUIN

negó seguin . . . (corrup. of "o
negócio é o seguinte") (sl.)
it's this way . . .
(same as "é o seguinte . . .")

SEGUINTE

**é o seguinte . . . (colloq.)
it's this way . . ., what I'm
saying is this . . .

É o seguinte: talvez ele seja
malandro, mas sempre tem sido muito
boa-praça comigo.

(é) pelo seguinte . . . (colloq.)
(it's) because of this . . .

Eu estou dizendo que ela é burra
pelo seguinte: não sabe ler, diz
cada besteira e . . .

**o negócio é o seguinte . . .
(colloq.)
it's this way . . .
(same as "é o seguinte . . .")

SEGUIR

seguir como pau na correnteza
(fig.)
to jump on the bandwagon, follow
the crowd, go along with the pack

Banana como ele não resolve. Só
segue como pau na correnteza.

SEGUNDA

de segunda (colloq.)
second-rate, second-class

O filme é de segunda--não vale a
pena assistir.

SEGUNDO-TIME

segundo-time (sl.)
second-rate, second-string

Vai ver que você se estrepa
empregando um cozinheiro segundo-
time.

SEGURAR

ninguém segura . . . . (sl.)
you can't stop . . ., you can't
hold down . . ., you can't beat . .

Ninguém segura este país.

segurar a noite pelo rabo (sl.)
to go out and keep late hours, have
fun until the early hours of the
morning, live by night

Carioca é quem gosta de segurar a
noite pelo rabo.

*segurar as pontas (sl.)
to hold on, keep one's shirt on
(same as "agüentar a mão")

SELEÇÃO

a seleção (sport.)
the all-star soccer team
(same as "o escrete")

SEM

*sem essa! (sl.)
come off it! don't hand me that!
(same as "corta essa!" [cortar])

SEMANCOL

o chá de semancol (sl., joc.)
the ability to perceive one's own
obnoxiousness
(same as "a dose de semancol")

a dose de semancol (for "se
mancou") (sl., joc.)
the dose of tactfulness, ability to
perceive one's own obnoxiousness,
sense of "when to quit"
(see "mancar-se")

Aquele chato está precisando de
uma dose de semancol.

S'EMBORA

s'embora! (for "vamos embora!")

(sl.)
let's go!
(same as "embora![1]")

SE-ME-DÃO

fumar se-me-dão (sl., joc.)
to smoke whatever brand of
cigarette one is offered, bum
cigarettes (said as if "se-me-dão"
were a brand name)

--Qual é a sua marca de cigarros?
--Eu só fumo se-me-dão.

SEM-JEITO

o sem-jeito (sl.)
the clumsy person, bungler, klutz,
butterfingers

Jogar futebol com aquele sem-jeito?
Não brinca, rapaz!

SENHOR

senhor/a (adj.) (sl.)
big, huge, fine, a real "mother" of
a

Estou com uma senhora dor de
cabeça.

Ela chegou num senhor carro que
deve ter custado uma senhora nota.

ser senhor de si (fig.)
to be one's own master
(same as "ser dono de si")

ser senhor do seu nariz (colloq.)
to be one's own master, be one's
own boss

Ninguém vai mandar em mim, que eu
sou senhor do meu nariz.

SENTIDO

sentido (sl.)
vigorous, lively, enthusiastic
(said of actions)

Mandou uma brasa sentida.

SENTIR

sinta o drama! (colloq.)
just imagine!
(same as "já pensou?" [pensar])

sinto muito, mas chorar não posso
(colloq., sarc.)
my heart bleeds for you

Não tem dinheiro, é? Bom,
menino, sinto muito, mas chorar
não posso.

SER

*ser (colloq.)
to be a fan of, be a follower of (a
team, a political party, etc.)

--Você é mais Flamengo ou mais
tricolor?
--Eu sou é Botafogo!

**ah, é? (colloq.)
oh yeah? is that so? really?

Ah, é? Como é que eu não soube
disso antes?

**é[1] (colloq.)
yeah, that's right, OK

É. Você tem razão.

--Você pretende ir?
--É. Pretendo, sim.

**é[2] (for emphasis; appears also in
other tenses) (colloq.)
what (where, how, etc.) . . . is
(was, etc.)

Dormir? Eu quero é comer!

Não era medo, não. Ela estava
sentindo era frio.

Inteligente, qual nada! Ele é é
burro!

Se ele está ajudando a mina?
Está é cantando ela.

São Paulo, não. Eu viajei foi a
Curitiba.

Nada disso! Ela canta é muito
bem.

*. . . é? (colloq.)
. . . is(n't) that so? . . . huh?

Ele falou contigo, é?

Você não sabe fazer isso, é?

*é ou não é? (colloq.)
isn't that right? am I right or
not?

O nome dele é Ubirajara. É ou
não é?

**é que (colloq.)
is/am/are the one(s) that

Eu é que não vou nessa.

Você é que sabe, meu filho.

Nós é que não pedimos.

As mesas é que faltavam.

(eu) sou mais eu (sl.)
I'm the greatest, I can take care
of myself, I can hold my own with
anyone

O cara nem de longe me bate; eu sou
mais eu.

. . . foi? (colloq.)
isn't that right? . . . huh? (used
at end of a sentence in the past
tense)
(see ". . . é?" [ser])

Aí, você chamou o sujeito de
besta, foi?

*ser com (colloq.)
to have to do with, be up to,
depend on

Isso não é comigo, rapaz. Devia
falar com aquela moça do vestido
vermelho. Isso é lá com ela.

*ser de (colloq.)
to be given or accustomed to

Não sou de brigas, amigo. Eu sou
é de paz.

SERELEPE

serelepe (also noun) (sl.)
lively, energetic, vivacious, agile

Ele vinha todo serelepe rua abaixo.

SERENO

o sereno[1] (from the Sp.) (sl.)
the night watchman

Se o sereno passar, a gente está
frito.

o sereno[2] (colloq.)
the night, night air

Vamos sair, que o sereno não faz
mal.

o sereno[3] (sl.)
the night life

Ele é o maior sucesso do sereno
carioca.

SERESTA

a seresta (colloq.)
the serenade, sing-along

Vamos fazer uma seresta! 'Tá bom?

SERESTEIRO

o seresteiro (colloq.)
the serenader

Papai acordou quando os seresteiros
começaram a tocar.

SÉRIE

a série (stud.)
one's year in school, level, grade

Eu sou aluna da segunda série
ginasial.

SERRAR

serrar (vt) (colloq.)
to mooch, sponge
(same as "filar'")

serrar uma tora (colloq.)
to catch a few winks, "saw logs,"
nap
(same as "tirar um cochilo")

SERROTE

o serrote (colloq.)
the moocher, sponger, freeloader
(same as "o filante")

SERVIÇO

*dar o serviço[1] (sl.)
to snitch, squeal, confess, inform

Assim que os tiras levaram o
salafra para a delegacia deu o
serviço.

dar o serviço[2] (sl.)
to come out with it, get something
off one's chest
(same as "desembuchar")

fazer o serviço a (colloq.)
to deflower (a virgin); have sex
with, "service"

Ela facilitou e ele lhe fez o
serviço.

ser serviço (colloq.)
to be rough, be hard, be no easy
task, be a lot of work

Tratar com esse babaquara é
serviço.

SESSENTA-E-NOVE

o sessenta-e-nove (vulg.)
the simultaneous and mutual oral

copulation by two people, "sixty-
nine"

SETE

sete palmos de terra (colloq.)
the grave, burial plot

Em vida não tinha nada, mas já é
dono de sete palmos de terra e um
caixão.

SEU

seu! (voc., colloq., pej.)
you! (used with contempt)
(see "sua!")

Não amole, seu!

**seu . . . (proclitic corrup. of
"senhor") (colloq.)
mister (used before a man's name,
especially before his first name)

Eu fui falar com seu Luís ontem.

Ô, seu Silva, como é que está?

**seu . . .! (voc., colloq., often
pej.)
you . . .! (used in name-calling)
(see "sua . . .!")

Seu safado! Seu malandro! Seu
filho-da-puta!

Vai acordar, seu preguiçoso?

os seus (colloq.)
your (his, her, their) family

Como vão os seus, Érico?

ficar no seu (colloq.)
to take care of oneself, mind one's
own business

Preferia ficar no seu; não queria
se envolver.

(os) seus . . . (anos) (colloq.)
some . . . years of age

Ele tinha seus 50 anos.

SEU-VIZINHO

o seu-vizinho (colloq.)
the ring finger

Bambolê não se usa nem no fura-
bolo, nem no mindinho, nem no pai-
de-todos; se usa é no seu-vizinho.

SEXO

o belo sexo (fig.)
the "fair sex," "weaker sex," women

Quem disse que ter inteligência
não é próprio do belo sexo?

discutir o sexo dos anjos (fig.)
to discuss trivialities, speak of
esoteric or frivolous matters,
engage in idle or pointless
discussion

Não agüento voltar a discutir o
sexo dos anjos com aquela turma de
bobocas, entende?

fazer sexo (colloq.)
to have sex, make love, copulate

Mesmo brotinho está fazendo sexo
agora.

o sexo forte (fig.)
the "stronger sex," men

Sexo forte, nada! Você é é
banana!

o sexo fraco (fig.)
the "weaker sex," women
(same as "o belo sexo")

o terceiro sexo (sl., joc.)
male homosexuals (in general)

Só entravam no baile membros do
chamado terceiro sexo.

ter sexo (colloq.)

to have sex, make love
(same as "fazer sexo")

SHERLOCK

dar uma de Sherlock (sl.)
to play the detective, investigate
something

Vou dar uma de Sherlock para
descobrir onde é que ela vai de
noite.

SHOW

o "show" (Eng.) (pronounced as in
English) (colloq.)
the show (esp. popular music
concert or night club attraction)

Você pegou o "show" de Caymmi lá
na Lagoa?

dar um "show" (sl.)
to give a brilliant performance,
put on a real show, shine

Aquele bailarino deu um "show" e
tanto.

ser um "show" (sl.)
to be really something, be a
sensation
(same as "ser um espetáculo")

SICRANA

a sicrana (colloq.)
(fem. form of "o sicrano")

SICRANO

o sicrano (colloq.)
(see "fulano, beltrano e sicrano")

SÍFU

sífu (euph. for "se fodeu," "se
foderam") (sl., often vulg.)
he (she, you, they, etc.) got
"screwed," he (she, you, they,
etc.) got messed up

Quando o Paulo comprou esse carro,
ele sífu.

A gente sífu nessa prova.

SILVA

da silva (colloq.)
very, quite

Vovô ainda está vivinho da silva.

SIM

pelo sim, pelo não
just in case, just to be sure, in
order to be on the safe side
(same as "por via das dúvidas")

SINAGOGA

a sinagoga (crim.)
the noggin, head
(same as "a cuca[1]")

SINUCA

*estar numa sinuca (from Eng.
"snooker") (sl.)
to be in a jam, be behind the eight
ball

Empresta aí um santos-dumont, que
eu estou numa sinuca que não é
mole.

estar numa sinuca de bico (sl.)
to be in a jam
(same as "estar numa sinuca")

SIRIGAITA

a sirigaita (colloq.)
the dame, biddy, hussy; floozy

O Zé está metido com aquela
sirigaita lá da esquina.

SIRIRICA

tocar siririca (vulg.)
to masturbate (said of a female)

SITU

a situ (abbrev. of "situação")
(sl.)
the situation

A situ dele não não está lá
muito boa.

SITUAÇÃO

a situação (polit.)
the party in power (as opposed to
the "oposição")

Os deputados da situação nem
deram bola para as queixas do
representante da oposição.

estar com a situação feita
(colloq.)
to have it made, be riding high, be
rich
(same as "estar feito")

SÓ

**só[1] (colloq.)
(for emphasis in certain commands;
often used where "just . . .!" is
used in English)

Veja só!

Imagine só!

só[2] (sl.)
very, quite, really

Vai ser só bom.

Quero é uma mulher só linda.

como ele (ela, etc.) só (colloq.)
like no one else can (is, does,
etc.), like nobody's business

O Hamilton canta como ele só.

é só! (colloq.)
that's all! that's it! nothing
else!

Sim, é só. Não quero mais nada

por enquanto.

**é só . . . (colloq.)
all you've got to do is . . .,
(you) just . . ., you just have to
. . .

É só telefonar, que eu estou ali
num abrir e fechar de olhos.

Qualquer coisa, é só pedir.

que só ele (ela, etc.) (colloq.)
like no one else
(same as "como ele [ela, etc.]
só")

só tudo isso? (sl., iron.)
is that all? (ironic response to
someone's reeling off a long list
of requests, activities, etc.)

Você está me dizendo que quer
carro, casa, iate, avião e
duzentos milhões de cruzeiros?
Só tudo isso?

SÔ

sô . . . (proclitic corrup. of
"senhor") (colloq.)
(var. of "seu . . .")

SOBRE

ser/estar (meio) sobre o/a (+ adj.)
(sl.)
to be . . .-ish, be on the . . .
side, be a bit . . .

O Fontes é meio sobre o careca.

A mina estava meio sobre a redonda.

SOÇAITE

o soçaite (from Eng. "society")
(sl.)
the high society, upper crust

Essa granfa é do soçaite mineiro.

SOFREDOR

o sofredor (sport.)
the fan of the Esporte Clube
Coríntians Paulista (a SP soccer
team)

Cada sofredor há de se regozijar
com a vitória do Timão.

SOL

ver o sol (nascer) quadrado (sl.,
joc.)
to be behind bars, be in jail, be
making little rocks out of big ones

Se não tiver muito cuidado,
amanhã você vai ver o sol
quadrado.

SOLÃO

o solão (colloq.)
the strong and hot sun, blazing
heat, "scorcher"

Eu não vejo a hora desse solão
acabar.

SOLINA

a solina (colloq.)
the strong and hot sun, hot weather
(same as "o solão")

SOLINGE

a solinge (crim.)
the knife
(same as "a peixeira")

SOLITÁRIO

o solitário (crim.)
the solitary confinement

Ele ficou em solitário por duas
semanas.

SOLTAR

soltar (vt) (colloq.)
to come out with, blurt out, say,
tell

Ele soltou uma crítica contra o
Prefeito.

SOM

o som¹ (sl.)
the distinct musical style, "sound"
(of a particular singer, musician
or musical group)

O som do Gil é mesmo desbundante.

o som² (sl.)
the song, "number," musical
selection

Você já curtiu o novo som daquela
cantora?

Começaram a tocar um som patropi.

curtir um som (sl.)
to listen to music, listen to a
song

Ela ficou em casa curtindo um som
até a matina.

SOMBRA

fazer sombra a (fig.)
to upstage, overshadow, outdo

Esse professor vagabundo tem inveja
de você porque você faz sombra a
ele.

não ser nem sombra do que foi
(fig.)
to be only a shadow of one's former
self

Ela ficou arrasada pela doença.
Não é nem sombra do que foi.

nem por sombras (colloq.)
not by a long shot, not in the
least, in no way
(same as "nem de longe")

sem sombra de dúvida (fig.)

beyond a shadow of a doubt,
indubitably

Ele chegará na hora--sem sombra de
dúvida.

a sombra e água fresca (sl.)
the good life, easy life; wine,
women and song

--Eu só quero saber de sombra e
água fresca, mais nada!--disse o
carioca do calção preto.

vá pela sombra!
take it easy! so long! take care!

Tchau, rapaz. Vá pela sombra!

SONANTE

o sonante (sl.)
the money, "coin"
(same as "o tutu")

SONECA

a soneca (colloq.)
the nap, snooze
(same as "o cochilo[1]")

*tirar uma soneca (colloq.)
to take a nap, snooze, catch forty
winks
(same as "tirar um cochilo")

SONGAMONGA

o songamonga (colloq.)
the shrewd customer, crafty person,
fox

O songamonga quis me tapear, mas eu
é que passei a perna nele.

SONHAR

nem sonhando! (colloq.)
not on your life! no way! you've
got to be kidding!

Ela não casa com um velhaco
desses. Nem sonhando!

nem sonhar! (colloq.)
don't even think such a thing!
forget it! no way!

Eu prestar dinheiro para você?
Nem sonhar!

SONHO

parecer um sonho (colloq.)
to be just like a dream, seem too
good (bizarre, etc.) to be true

Eu milionária? Ainda não posso
acreditar. Parece um sonho.

ser um sonho (colloq.)
to be cute, be darling, be a dream
(same as "ser um amor")

SONSO

sonso (colloq.)
cunning, sly, foxy
(same as "esperto")

SOPA

**a sopa (colloq.)
the cinch, easy going, picnic,
child's play; good-thing-going

Ninguém resiste a uma sopa dessas.

cair a sopa no mel (colloq.)
for everything to turn out just
right, for something to come just
at the right time, for something to
come in handy

Caiu a sopa no mel! Eu encontrei
apartamento justamente no dia em
que tinha que abandonar a pensão.

dar sopa[1] (sl.)
to abound, be a dime a dozen, be
readily available

Nesta praia coco está dando sopa.

dar sopa[2] (sl.)
to be tempting, be begging to be
taken (said of a thing)

A bolsa dela estava dando sopa e abafei.

**dar sopa (para)[1] (sl.)
to pay attention (to), flirt (with), give the eye (to), give the come-on (to)

Tem muita moça por aí dando sopa para a gente.

**dar sopa (para)[2] (sl.)
to give a break (to), facilitate something (for)
(same as "dar uma colher-de-chá [para]")

essa sopa vai acabar (sl.)
the "picnic" of yours won't last much longer, this good thing is going to come to an end soon

Você está ganhando uma nota agora, mas essa sopa vai acabar, ouviu?

ir na sopa de (vulg.)
to follow (another male) in sexual intercourse with the same female (said of a male)

**ser sopa (colloq.)
to be a cinch, be a snap, be a piece of cake

Parece difícil, sim, mas é sopa.

a sopa acabou (sl.)
the picnic's over

A sopa acabou. Agora eu vou ter que dar um duro danado para me defender.

SOPRADOR

o soprador (stud.)
one who whispers answers during a test

O professor pegou um soprador no exame.

SOPRAR

soprar (vt) (stud.)
to whisper (answers during an exam)

Quem soprou a resposta para você fui eu.

SORRISO

o sorriso amarelo (colloq.)
the forced or half-hearted smile

Aquela piada sem graça só provocou um sorriso amarelo do chefe.

SORTE

jogar/atirar a sorte pela janela (colloq.)
to throw away a good opportunity, let a chance slip through one's fingers

Vá à entrevista, meu filho; não jogue a sorte pela janela!

SORTUDO

sortudo (also noun) (sl.)
lucky, very lucky (said of a person)

Ele é muito sortudo; já ganhou três vezes na loteria.

SOSSEGAR

sossega, leão! (sl., obs.)
calm down! take it easy! simmer down!

Sossega, leão! Não é sangria desatada.

SOTRETA

o sotreta (sl.)
the rat, scoundrel
(same as "o safado")

SOUSA

de sousa (colloq.)
very, really

Ela ficou triste de sousa.

SUA

sua! (voc., colloq., pej.)
you! (used with contempt)
(fem. of "seu!")

Deixe o homem em paz, sua!

**sua . . .! (voc., colloq., often
pej.)
you . . .! (used in name-calling)
(fem. of "seu . . .!")

Sua vaca!

Ô, sua sabichona!

Vai me pagar, sua bruxa!

*fazer das suas (colloq.)
to act up, be up to one's usual
tricks, raise hell
(same as "pintar o diabo")

SUADEIRA

a suadeira (crim.)
the prostitute who entices clients
in order to mug or rob them

Caiu na arapuca da suadeira, que
lhe roubou o dinheiro todinho.

SUADOURO

o suadouro (crim.)
the enticement by a prostitute or
homosexual in order to mug or rob a
victim

Ganhavam a vida aplicando o
suadouro nos otários abonados.

SUAR

fazer suar (colloq.)
to be a lot of work, give a hard

time, make (someone) sweat

Esse exame me fez suar.

suar a camisa (colloq.)
to work hard, hustle, "sweat"

A partida de hoje é um jogão.
Todo mundo está suando a camisa.

suar em bica (colloq.)
to sweat bullets (excessively)

Depois de subir a ladeira naquele
mormaço todo, o gordo estava
suando em bica.

suar sangue (colloq.)
to sweat blood, really exert
oneself, work hard

Quem trabalhar para aquele patrão
tem que suar sangue.

SUBIR

subir as paredes (pelas costas)
(colloq.)
to hit the ceiling, blow one's top,
get mad

Se ela souber, vai subir as paredes
pelas costas.

SUBMUNDO

o submundo
the popular subculture, grassroots
of society; the underworld

Jorge é o único escritor a
descrever o submundo baiano com
tanto amor.

SUBURBANO

suburbano (also noun) (East)
(colloq., pej.)
coarse, tasteless, inelegant, gaudy
(same as "cafona")

SUFOCO

o sufoco (sl.)
the hassle, lot of work, rough job

Sufoco dos diabos! Não foi
brincadeira.

estar num sufoco (sl.)
to be swamped, be up to one's neck
in work, be super-busy

Ainda não terminei a tese e estou
num sufoco dos diabos.

SUGESTA

a sugesta (abbrev. of "sugestão")
(sl.)
the suggestion

Foi uma sugesta legal que ele fez.

SUJAR

sujar (vi) (colloq., euph.)
to defecate

sujar a barra (sl.)
to get a bad name, lose face

Se você fizer isso, vai sujar a
barra com ela.

sujar a barra de (sl.)
to give a bad name to, tarnish the
reputation of

O xereta sujou a barra dele,
falando com a namorada.

sujar as mãos (fig.)
to dirty one's hands, involve
oneself in crime or corruption

Era senador. Não podia sujar as
mãos com uma negociata reles.

sujar o cartaz de (colloq.)
to smear, sling mud at, severely
criticize

O Sousa quis sujar o cartaz do

outro candidato.

sujar no prato em que come (fig.)
to bite the hand that feeds one
(same as "cuspir no prato em que
come")

SUJAR-SE

sujar-se com (colloq.)
to get on (someone's) blacklist,
lose favor with
(same as "ficar sujo com")

sujar-se de rir (vulg.)
to split a gut laughing

SUJEIRA

**a sujeira[1] (sl.)
the dirty trick, low blow

Eu cortei o cara porque já fez
cada sujeira comigo, que eu vou te
contar!

a sujeira[2] (colloq.)
the excrement

estar sujeira (crim. and drug.)
for the coast not to be clear

Cai fora, pessoal; está sujeira!

SUJEITA

a sujeita (colloq., pej.)
the broad, dame, female

O Rodrigo saiu com uma sujeita do
morro.

SUJEITO

*o sujeito (colloq.)
the guy, fellow

Esse sujeito está me devendo dez
contos.

SUJISMUNDO

o sujismundo (blend of "sujo" with
the first name "Segismundo") (sl.,
joc.)
the litterbug

Joga no lixo, seu sujismundo!

SUJO

o sujo (colloq.)
the devil, Satan
(same as "o cão")

ficar sujo com (colloq.)
to get on (someone's) blacklist,
have a falling out with, lose the
confidence of

Ela ficou suja comigo depois do
papelão que fez aqui em casa.

sujo como pau de galinheiro
(colloq.)
as dirty as a pigpen, filthy

A casa estava uma bagunça. Estava
suja como pau de galinheiro.

SUMIÇO

dar (o) sumiço em (colloq.)
to get rid of, do away with, throw
away, ditch

Se você não der o sumiço na
muamba, a cana vai te pegar.

SUMIR

sumir como fumaça (colloq.)
to disappear without a trace,
vanish into thin air

Ele sumiu como fumaça. Não
deixou pista.

sumir do mapa (colloq.)
to disappear, vanish, make oneself
scarce; take off

Quando eu virei a cabeça ele já
tinha sumido do mapa.

SUPER

*super- (prefix) (sl.)
extra-, ultra-, super-

Esse disco é super-bacana.

O irmão do Guilherme é super-
chato.

SUPERCAP

a supercap (abbrev. of "super
capital") (sl.)
São Paulo (city)

Fafá de Belém, recém-chegada do
Norte, está curtindo uma temporada
na supercap.

SUPIMPA

supimpa (sl., obs.)
great, "swell," dandy, terrific

Meu avô acha a casa supimpa.

SUPRA-SUMO

o supra-sumo de (colloq.)
the utmost in, the last word in

Essa camisa tua é o supra-sumo do
chique.

SURDINA

em/na surdina[1] (colloq.)
softly, in a soft voice, quietly,
in a whisper

Ela cantou em surdina para o bebê
dormir.

em/na surdina[2] (colloq.)
on the sly, surreptitiously,
secretly
(same as "de fininho")

SURDO

surdo como uma porta (colloq.)
deaf as a post, stone-deaf

A velha é surda como uma porta.
Não vai ouvir nada.

SURF

o surf (Eng.) (sport.)
surfing

O surf já é um esporte super-
popular no Brasil.

pegar surf (sport.)
to surf, ride the surf

Não deu para pegar surf ontem.

SURFAR

surfar (vi) (sport.)
to surf
(same as "pegar surf")

SURFE

o surfe (sport.)
(var. of "o surf")

SURFISMO

o surfismo (sport.)
surfing
(same as "o surf")

SURFISTA

o surfista (sport.)
the surfer

Teve muitos surfistas na praia
hoje.

SURRA

a surra (sport.)
the trouncing, drubbing
(same as "a lavagem")

dar uma surra de boceta em (vulg.)
to give (a male) a real good time
in bed (said of a female), "lay"

dar uma surra de pica em (vulg.)
to give (a female) a real good time
in bed (said of a male), "lay"

SURRIPIAR

surripiar (vt) (colloq.)
to swipe, pilfer, steal

Só não conseguiu surripiar a
carteira do trouxa.

SURRUPIAR

surrupiar (vt) (colloq.)
(var. of "surripiar")

SURUBA

a suruba[1] (from Tupi) (vulg.)
the penis

a suruba[2] (vulg.)
the sex orgy

SURUBADA

a surubada (vulg.)
the sex orgy
(same as "a suruba[2]")

SURURU

*o sururu (colloq.)
the disturbance, commotion; row,
fight
(same as "a baderna")

SWING

ter "swing" (from the Eng.) (sl.)
to have charm, have a certain
something
(same as "ter 'it'")

T

TÁ

tá (corrup. of "está") (colloq.)
  you are; he/she/it is

  Tá bom, meu filho.

  Cê tá doente, hein?

tá? (corrup. of "está") (colloq.)
  OK? all right?

  Você vem comigo. Tá?

tá! (corrup. of "está") (colloq.)
  OK! all right! yep!

  Tá! Eu vou fazer isso mesmo.

TABACA

  a tabaca (NE) (vulg.)
  (var. of "o tabaco")

TABACADA

  a tabacada (colloq.)
  the punch, blow
  (same as "o tapa[1]")

TABACO

  o tabaco (NE) (vulg.)
  the vagina

TABARÉU

  o tabaréu (NE) (colloq.)
  the hillbilly, hick
  (fem.: a tabaroa)
  (same as "o caipira")

TABEFE

  o tabefe (colloq.)
  the punch, sock
  (same as "o tapa[1]")

TABELA

  estar caindo pelas tabelas (sl.)
  to have one foot in the grave; be
  dead tired, be "bushed"; be on the
  skids

  Essa mulher é coroa--está caindo
  pelas tabelas.

  Eu estava caindo pelas tabelas
  quando voltei da viagem.

  por tabela (colloq.)
  indirectly, in a roundabout way

  Ele me criticou por tabela.

TÁBUA

  dar uma tábua em[1] (colloq.)
  to jilt, walk out on (a girl friend
  or boyfriend)
  (same as "dar o fora em[2]")

  dar uma tábua em[2] (colloq.)
  to refuse to dance with

  Deu uma tábua no cara, porque só
  queria dançar com o namorado.

  levar uma tábua[1] (colloq.)
  to be jilted, be dumped (by a girl
  friend or boyfriend)
  (same as "levar um fora[2]")

  levar uma tábua[2] (colloq.)
  to be refused a dance

  Eu queria tirar a guria para
  dançar, mas levei uma tábua.

TACA

  meter a taca em (colloq.)
  to cut down, criticize, speak ill
  of
  (same as "tesourar")

  ser taca (sl.)
  to be rough, be difficult
  (same as "ser fogo[1]")

TACADA

de uma tacada (colloq.)
with a single blow, in one fell
swoop, all at one time
(same as "de um golpe")

TACAR

tacar (vt) (colloq.)
to toss, throw, lob

Olha quantas ostras a gente já
tacou na cesta.

tacar (um golpe, soco, tapa, a
mão, etc.) em (sl.)
to throw (a punch) at
(same as "assentar [um golpe, soco,
tapa, a mão, etc.] em")

TACO

ser um taco (sport.)
to be skilled in billiards, be a
pool hustler

Ele é um taco. Manda brasa na
sinuca.

TADINHO

tadinho! (corrup. of "coitadinho")
(sl.)
poor thing!

Tadinho! Não tem nada para comer.

TAGARELA

o tagarela (also adj.) (colloq.)
the chatterbox, real talker,
babbler

A tagarela da minha tia não pára
de falar nem para comer.

TAGARELAR

tagarelar (vi) (colloq.)
to chatter, gab, yak away

Perdi o filme inteiro, pois ele
esteve tagarelando o tempo todo.

TAÍ

*taí! (int., colloq.)
(var. of "está aí!" [estar])

TAL

*o tal (sl.)
the greatest (said of a person)
(same as "o máximo")

de tal (colloq.)
so-and-so, what's his/her name
(used after first name in place of
an unknown surname)

Aí chegou o dono da padaria, o
Jaime de tal.

**e tal (colloq.)
and so forth, and such, et cetera,
and the like

Ele me cumprimentou, perguntou pela
mulher e tal, e logo fomos tomar
uns chopes.

*e tal e coisa (colloq.)
(var. of "e tal")

um tal de (colloq., pej.)
a certain person named (followed by
the name), . . . so-and-so

Diz que o ladrão foi um tal de
Melquíades.

TALAGADA

a talagada (colloq.)
the swig, swallow, snort
(same as "a bicada")

TALHO

vir a talho de foice (fig.)
to come just in the nick of time,
come at the opportune moment, cut
it close, work out just right

Essa nova remessa veio a talho de
foice, que a outra tinha se
esgotado pouco antes.

TAMANHINHO

*deste tamanhinho (accompanied by
gesture showing small size)
(colloq.)
tiny, little bitty, itsy-bitsy

O nenen tem um nariz deste
tamanhinho.

TAMANHO

*deste tamanho (often accompanied by
gesture indicating large size)
(colloq.)
yea big, huge, great big

O Zezinho tem um cachorro deste
tamanho!

*do tamanho dum bonde (colloq.)
as big as a house, king-size

Ela usa um anel do tamanho dum
bonde.

que não tem tamanho (colloq.)
huge, enormous
(same as "sem tamanho")

sem tamanho (colloq.)
huge, enormous, great big

Ele usa sapatos sem tamanho--
verdadeiras lanchas!

TAMANHO-FAMÍLIA

tamanho-família (sl.)
king-size, family-size, gigantic
(same as "sem tamanho")

TAMBÉM

**também (não) (colloq.)
either, neither

Ele não sabe também.

Ela também não vai.

TAMPAR

tampar (vt) (vulg.)
to copulate with, "lay" (said of a
male)

TAMPINHA

o tampinha (colloq.)
the shorty, runt, shrimp

Eu sair com aquele tampinha? Deus
me livre!

TAMPO

os tampos (vulg.)
the hymen; virginity

arrancar os tampos a (vulg.)
to deflower (a virgin)
(same as "tirar o cabaço a")

arrombar os tampos de (vulg.)
to deflower (a virgin)
(same as "tirar o cabaço a")

comer os tampos de (vulg.)
to deflower (a virgin)
(same as "tirar o cabaço a")

meter os tampos adentro a (vulg.)
to deflower (a virgin)
(same as "tirar o cabaço a")

tirar os tampos a (vulg.)
to deflower (a virgin)
(same as "tirar o cabaço a")

TANAJURA

a tanajura (colloq.)
the female with a large derrière
(esp. one with a wasp waist)

Poxa, essa tanajura tem um remelexo
bárbaro!

TANGA

a tanga (sl.)

the string bikini

Lá vem uma típica "garota de
Ipanema", de corpo bronzeado e
usando uma tanga.

*estar de tanga (sl.)
to be flat broke, be down to one's
last dime

Você me paga a cerveja, amizade?
Estou de tanga, sabe como é?

TANGENTE

falar pela tangente (fig.)
to talk around something, beat
around the bush, sidestep something

Esse político é cobra em falar
pela tangente.

TANTÃ

tantã (colloq.)
screwy, crazy, nuts
(same as "biruta")

TANTO

*e tanto (colloq.)
and a half, quite a, and then some

Mulher, sim! É uma mulher e
tanto!

e tantos (colloq.)
or so, plus, odd (used after a
round number)

Ela tem vinte e tantos anos.

Pagou cento e tantos dólares pelo
terno.

*não ser para tanto (colloq.)
not to be all that bad, not be of
so much importance, not be such a
big deal

Não se preocupe, rapaz. Não é
para tanto.

**tanto faz! (colloq.)
it makes no difference, it's all
the same to me

Pode ir ou ficar. Tanto faz!

tanto faz como tanto fez! (colloq.)
(var. of "tanto faz!")

ter seu tanto de (+ adj.) (colloq.)
to be somewhat . . ., be a bit . .
., be . . .-ish

Ele não é crânio, mas tem seu
tanto de inteligente.

*um tanto
somewhat, rather

Eu acho ele um tanto reacionário.

*um tanto quanto
somewhat, rather
(same as "um tanto")

TAPA

o tapa[1] (colloq.)
the sock, punch, belt

O cara foi em cana porque deu um
tapa no tira.

o tapa[2] (drug.)
the puff on a (marijuana)
cigarette, "drag," "toke"

Me dá um tapa aí, bicho.

no tapa (sl.)
by force, one way or another; by
hook or crook
(same as "no grito")

TAPA-BOCA

o tapa-boca (colloq.)
the punch or slap in the mouth,
"knuckle sandwich"

O Sérgio tacou um tapa-boca na
mulher para fazer ela calar.

TAPADO

*ser tapado (colloq.)
to be stupid, be dense, be dumb, be
not-too-bright

Não é que seja tapado; só não
estuda.

TAPA-OLHO

o tapa-olho (colloq.)
the punch in the eye

Eu vou te dar um tapa-olho se não
deixar de me aporrinhar.

TAPAR

não dar para tapar a cova do dente
(colloq.)
not to be much, be precious little;
not be enough for a bird to eat

Eu comi, mas não deu para tapar a
cova do dente e fiquei com fome.

querer tapar o sol com a peneira
(fig.)
to try to hide what is plain to
see, attempt to cover up the
obvious

Mas todo mundo sabe, meu filho.
Você está é querendo tapar o sol
com a peneira.

TAPEAÇÃO

*a tapeação (colloq.)
the trick; swindle, "robbery"
(same as "a trapaça")

TAPEADOR

*o tapeador (also adj.) (colloq.)
the hoodwinker, con man, cheat

O tapeador furta no peso; quilo
para ele são oitocentos gramas.

TAPEAR

*tapear (vt, vi) (colloq.)

to trick; cheat, swindle, gyp

Tapear turistas na feira é sopa.

Cuidado com esse caixeiro,
Vivaldino, que diz que ele tapeia
no troco.

TAPETE

o tapete (sport.)
the soccer field
(same as "o tapete verde")

o tapete verde (sport.)
the soccer field

O time vai entrando no tapete verde
e a torcida está vibrando.

TAPONA

a tapona (sl.)
the sock, punch
(same as "o tapa[1]")

TARADO

estar tarado[1] (colloq.)
to be crazy, be unbalanced

Você está tarado, meu filho!
Quem vai acreditar num troço
desses?

estar tarado[2] (colloq.)
to be "horny," be hard up
(sexually)
(same as "estar atrasado")

*ser tarado por (colloq.)
to be wild about, be crazy about,
be nuts about

Brasileiro é tarado por futebol.

TARAMELA

fechar a taramela (colloq.)
(var. of "fechar a tramela")

TARDE

já vai tarde! (sl.)
it's about time he/she/it/you left!
good riddance!

Parecia que esse chato não ia
nunca. Já vai tarde!

TARECO

os tarecos (colloq.)
the belongings, possessions
(same as "os troços" [troço])

TARIMBA

ter tarimba (fig.)
to be experienced, have a lot of
practical knowledge

Naquela época eu era principiante;
não tinha tarimba.

TARIMBADO

tarimbado (fig.)
experienced, seasoned, veteran

O chofer é muito tarimbado.

TARRAQUETA

a tarraqueta (vulg.)
the anus

TÁRTARO

tártaro (sl.)
terrific, great, "far-out"
(same as "bárbaro")

TARTARUGA

a tartaruga[1] (fig.)
the slowpoke, "turtle"
(same as "a lesma")

a tartaruga[2] (sl.)
the traffic bump, speed bump or
traffic divider (rounded in form,
suggesting a turtle's shell)

O carro saiu como uma bala, mes
teve que diminuir a velocidade para
passar por cima de umas tartarugas.

TATATÃ

tatatá (colloq.)
etc., and so forth
(same as "e tal")

TATU

o tatu (sl.)
the sucker, fool, patsy

Um tatu desses vai cair logo no
conto.

TCHAU

**tchau! (Braz. spelling of Ital.
"ciao") (colloq.)
so long! bye!

Tchau, rapaz! Passe bem!

TÉ

*té (corrup. of "até") (colloq.)
until, till

Té logo, meu filho.

TEATRO

fazer teatro (colloq.)
to act dramatic, turn on the
theatrics, ham it up

Não faça teatro, que o caso não
é assim tão grave.

o teatro rebolado (sl.)
the "burlesque" show, revue

Já não tem mais teatro rebolado
lá na Cinelândia.

TECO

o teco (sl.)
the shot, bullet

Ela levou um teco na perna.

dar o teco (sl.)
to hit the ceiling, blow up, get
mad
(same as "dar o estrilo")

dar um teco (em) (sl.)
to shoot (at), fire (at)
(same as "passar fogo [em]")

TECO-TECO

o teco-teco (colloq.)
the single-engine airplane

O nosso avião é um teco-teco do
tempo da onça.

TEIMOSO

teimoso como mula (colloq.)
stubborn as a mule

Você não consegue convencer o
velho, que ele é teimoso como
mula.

TELA

a tela (sl.)
the movie, "flick"

Que é que você achou dessa tela?

pegar uma tela (sl.)
to go to the movies, catch a
"flick"

Vamos pegar uma tela hoje.

TELEFONE

o telefone (sl.)
the cuff to both ears

Na briga, o sujeito levou um
telefone que deixou os ouvidos
zumbindo.

ter tirado (diploma, carteira de
motorista, etc.) por telefone (sl.)

to have gotten (one's degree,
driver's license, etc.) by
questionable means, have bought
(one's diploma, driver's license,
etc.)

Ô, seu barbeiro! Tirou a carteira
por telefone, hein?

TELEGRAMA

o telegrama (journ.)
the news flash, brief preliminary
report sent by wire

O desastre foi noticiado por um
diário carioca em telegrama de
última hora.

#passar um telegrama (colloq.,
euph., joc.)
to go to the john (esp. to
defecate)
(same as "falar com miguel")

TELEVISÃO

a televisão de cachorro (sl.,
joc.)
the rotisserie broiler in a
restaurant window

Era um desses restaurantes que tem
uma televisão de cachorro para
atrair os fregueses.

TELHA

a telha (colloq.)
the head, "noodle"; mind
(same as "a cuca")

dar na telha (que) (colloq.)
to get (it) into one's skull (that)
(same as "dar na cabeça [que]")

ter uma telha de mais (colloq.)
to have a screw loose, be crazy
(same as "ter um parafuso de
menos")

ter uma telha de menos (colloq.)
to have a screw loose, be tetched

(same as "ter um <u>parafuso</u> de
menos")

TELHADO

<u>o</u> <u>telhado</u> (sl., joc.)
the hair (on one's head)

Esse careca já comprou um telhado
de araque.

TEMPESTADE

<u>fazer</u> tempestade <u>em</u> <u>copo</u> <u>d'água</u>
(fig.)
to make a big to-do about nothing
(same as "<u>afogar-se</u> num copo
d'água")

TEMPO

<u>em</u> <u>dois</u> <u>tempos</u> (colloq.)
in a jiffy, in a flash
(same as "num <u>abrir</u> e fechar de
olhos")

<u>em</u> tempo . . . (colloq.)
P.S. . . ., by the way . . .

Em tempo: acabei de receber a carta
mencionada acima.

<u>fazer</u> <u>um</u> <u>tempo</u> <u>quente</u> <u>para</u> (sl.)
to make it hard for, make (someone)
sweat it out, clamp down on, put
the heat on
(same as "dar um <u>duro</u> em")

*<u>há</u> <u>quanto</u> <u>tempo</u>! (colloq.)
long time no see!

Há quanto tempo, meu velho! Como
você mudou!

*<u>já</u> <u>era</u> <u>tempo</u>! (colloq.)
it's about time! it's high time!

O Malcolm está chegando. Já era
tempo!

Já era tempo para eles resolverem
aquilo.

<u>já</u> <u>não</u> <u>era</u> <u>mais</u> <u>sem</u> <u>tempo</u>!
(colloq.)
it's about time!
(same as "já era <u>tempo</u>!")

*<u>não</u> <u>dar</u> <u>tempo</u> <u>(para)</u> (colloq.)
for there not to be enough time
(to)

Olhe, não dá tempo para ir em
casa e voltar antes da aula.

<u>no</u> <u>tempo</u> <u>da/do</u> <u>onça</u> (colloq.)
a long time ago, way back when, in
the old days

No tempo da onça, mulher não
saía sozinha.

<u>no</u> <u>tempo</u> <u>de</u> <u>Maria</u> <u>Castanha</u>
(colloq.)
a long time ago, in olden times
(same as "no <u>tempo</u> da/do onça")

<u>no</u> <u>tempo</u> <u>do</u> <u>padre</u> <u>Inácio</u> (colloq.)
a long time ago, in the old days
(same as "no <u>tempo</u> da/do onça")

<u>no</u> <u>tempo</u> <u>dos</u> <u>Afonsinhos</u> (colloq.)
a long time ago, in olden times
(same as "no <u>tempo</u> da/do onça")

<u>no</u> <u>tempo</u> <u>em</u> <u>que</u> <u>Adão</u> <u>era</u> <u>cadete</u>
(colloq.)
a long time ago, in the old days
(same as "no <u>tempo</u> da/do onça")

<u>no</u> <u>tempo</u> <u>em</u> <u>que</u> <u>se</u> <u>amarrava</u>
<u>cachorro</u> <u>com</u> <u>lingüiça</u> (colloq.)
in the good old days, way back when

Casa nova a preço de banana--só
no tempo em que se amarrava
cachorro com lingüiça.

<u>o</u> <u>tempo</u> <u>das</u> <u>vacas</u> <u>gordas</u> (fig.)
the good times, period of
prosperity, fat years

A década de 50 era tempo das vacas
gordas.

o tempo das vacas magras (fig.)
the hard times, lean years

No tempo das vacas magras arranjar
emprego é fogo.

o tempo está fechando (colloq.)
there's trouble brewing, violence
is about to erupt
(same as "a cobra está fumando")

TENDINHA

a tendinha (colloq.)
the cheap bar, saloon (esp. one
located in a favela)

Fazia ponto numa tendinha lá do
morro.

TÊNIS

os tênis (colloq.)
the tennis shoes, sneakers

Calça os tênis para a gente ir
logo bater bola.

TER

*ir ter com (colloq.)
to meet (someone), go meet
(someone)

A Georgina foi ter com o namorado
lá no Jardim de Alá.

*não tem nada(, não)! (colloq.)
there's nothing wrong! it's all
right! no problem!

Não tem nada, não, meu filho!
Foi engano meu.

--Opa, desculpe!
--Não tem nada!

**não ter nada (a ver) com (colloq.)
to have nothing to do with

Eu não tenho nada a ver com aquela
turma.

O caso não tem nada comigo.

*que é que tem isso? (colloq.)
what's wrong with that? so what?
what of it?

É judeu, sim senhor! Que é que
tem isso?

ter com que (colloq.)
to have the wherewithal (to), have
something to . . . (with)

A gente nem tem com que comer.

ter para dar e vender (colloq.)
to have (something) to spare (often
refers to good health)

O Salgado é um monstro de homem
que tem saúde para dar e vender.

O cara tem roupa fina para dar e
vender.

ter para si (que) (colloq.)
to think (that), feel (that),
believe (that), have the idea
(that)

Eu tenho para mim que isso vai dar
encrenca.

*vai ter (colloq.)
all hell will break loose
(same as "vai haver/ter o diabo")

*vai ter (comigo)! (colloq.)
you're going to get it! I'm going
to give you a heck of a beating

Palavra de honra! Você vai ter
comigo! Viu?

Menino, você vai ter quando a
gente chegar em casa.

TERÉM

os teréns (NE) (colloq.)
(var. of "os trens" [trem])

TERERÊ

tererê, tererê (colloq.)

etc., and so forth
(same as "e tal")

ninguém.

TERNO-DE-MADEIRA

o terno-de-madeira (crim., joc.)
the coffin
(same as "o paletó-de-madeira")

ganhar terreno (fig.)
to gain ground

Parece que eu estou ganhando
terreno neste jogo.

TERRA

ir à terra (colloq.)
to go down the drain, flop, fall
flat
(same as "ir por água abaixo")

perder terreno (fig.)
to lose ground

O partido oposicionista perdeu
terreno nas últimas eleições.

TERRA-A-TERRA

terra-a-terra (colloq.)
down-to-earth, commonplace,
grassroots

Esse romancista cria personagens
bem terra-a-terra.

preparar o terreno (fig.)
to pave the way, lay the groundwork

Precisamos preparar o terreno antes
de agir.

TERRA-DA-GAROA

a terra-da-garoa (sl.)
São Paulo (city)

O camarada foi trabalhar lá na
terra-da-garoa e nunca mais voltou.

sondar o terreno (fig.)
to get the lay of the land, probe
the situation

Quero sondar o terreno antes de
entrar de sola no negócio.

TERRÍVEL

terrível (sl.)
terrific, fantastic, "out-of-sight"
(same as "legal")

TERREIRO

o terreiro (colloq.)
the place of worship of a
candomblé or macumba; the religion
itself

Ele foi lá no terreiro para
consultar a mãe-de-santo.

TESÃO

o/a tesão[1] (vulg.)
the (sexual) erection; sexual
desire

o/a tesão[2] (vulg.)
the good-looker, real "turn-on"
(male or female)

Que tesão! Ela é de fechar o
comércio, rapaz!

TERRENO

apalpar o terreno (fig.)
to study the situation
(same as "sondar o terreno")

ceder terreno (fig.)
to give ground, yield

Ele é duro; não cede terreno para

ser um tesão (vulg.)
to be something special, be "really
something," be terrific

O livro foi um tesão.

TESO

*estar teso (sl.)
to be broke, be penniless
(same as "estar duro")

TESOURAR

*tesourar (vt) (colloq.)
to run down, disparage, speak ill
of, backbite

Essa má-língua vive tesourando as
amigas.

TESTA-DE-FERRO

o testa-de-ferro (fig.)
the figurehead, puppet, paper
tiger, front man

Esse ministro não passa de um
testa-de-ferro.

TESUDO

estar tesudo (vulg.)
to have an erection

TESURA

a tesura (sl.)
being broke, the pennilessness
(same as "a dureza")

TETÉIA

a tetéia (colloq.)
the sweet young thing, cutie-pie

O Roberto está namorando com essa
tetéia mal saída das fraldas.

Você está uma tetéia hoje,
menina.

TETÉU

o tetéu (North) (colloq.)
the night-owl, night person

De noite tem um programa de rádio
para os tetéus.

TIA

a tia (sl.)
the madam (of a brothel)
(same as "a cafetina")

minha tia (voc., colloq.)
ma'am (term of respect for an older
woman)

A senhora não queria sentar, minha
tia?

TIBUM

tibum! (int., colloq.)
splash! plop! boom!

Aí o cara mergulhou: tibum!

TICO

um tico de (colloq.)
a little bit of, a little piece of
(same as "um pingo de")

TICO-TICO

o tico-tico (sl.)
the small person, half-pint
(same as "o tampinha")

TIGELA

de meia tigela (colloq.)
two-bit, worthless, mediocre,
insignificant

O marido dela é um escritor de
meia tigela.

TIJOLO-DE-BAIANO

o tijolo-de-baiano (South) (sl.,
joc.)
the (small) transistor radio

Aí está o Djalma com o tijolo-
de-baiano grudado ao ouvido.

TIMAÇO

o timaço (sport.)

the terrific team

A seleção brasileira é um
timaço!

TIMÃO

o timão (sport.)
the terrific team
(same as "o timaço")

o Timão (sport.)
the Esporte Clube Corintians
Paulista (a SP soccer team)

Esse goleiro não era lá muito
querido pela torcida do Timão.

TIME

o time (sl.)
the crowd, "gang," bunch (of
people)

Não seja do time dos chatos! Vai
na onda, meu chapa!

Eu estava chateado da vida, quando
um time de garotas chegou para
animar a festa.

tirar o time (sl., joc.)
to leave, take off
(same as "tirar o time de campo")

tirar o time de campo (sl., joc.)
to get going, take off, leave

Lá vem esse chato de novo--vamos
tirar o time de campo.

TIM-TIM

tim-tim! (colloq.)
cheers! here's to you! (used as a
toast)
(same as "saúde!^{2}")

TINHOSO

o tinhoso (colloq.)
the devil, Satan
(same as "o cão^2")

TINIR

estar tinindo (sl.)
to be in tip-top shape, be in fine
working order

O carro está tinindo; está em
ponto de bala.

TINTIM

tintim por tintim (colloq.)
blow by blow, in minute detail

Ele me contou o caso tintim por
tintim.

TINTUREIRO

o tintureiro (crim. and sl.)
the paddy-wagon, police van, "black
Maria"

A turma toda foi levada em cana no
tintureiro.

TIO

meu tio (voc., colloq.)
sir (term of respect for an older
man)

Ô, meu tio, queria me dar uma
informação?

TIPA

a tipa (colloq., pej.)
the dame, woman
(same as "a sujeita")

TIPO

*o tipo (colloq.)
the guy, fellow
(same as "o sujeito")

TIRA

*o tira (crim. and sl.)
the cop, policeman; police
detective

Quando o tira apareceu na esquina a

piranha tentou se disfarçar de
moça de família.

TIRACOLO

a tiracolo (sl.)
along, in tow, on one's arm

Ela chegou com o noivo a tiracolo.

TIRADENTES

o tiradentes[1] (colloq.)
the dentist, tooth-puller

Aquele tiradentes nem sabe obturar
um dente.

o tiradentes[2] (colloq.)
the five-thousand old cruzeiro bill

Na época eu paguei um tiradentes
pelo livro.

TIRAR

sem tirar nem pôr (colloq.)
exactly, precisely, to the letter,
without any difference whatsoever

Esse quadro é igual ao outro sem
tirar nem pôr.

Ele é a cara do pai sem tirar nem
pôr.

tirar de letra (sl.)
to make short work of, easily
overcome (an obstacle), deal
handily with, do a good job with,
"ace"

Pode ficar descansado que essa eu
tiro de letra.

**tirar um curso (stud.)
to take a course

Minhas irmãs vão tirar um curso
de Engenharia em março.

tirar uma de (sl.)
to make like a, pretend to be a

(same as "dar uma de[1]")

TIRA-TEIMAS

o tira-teimas (colloq.)
the proof, decisive argument,
clincher

Aí é que tá--o tira-teimas.
Não adianta mais discutir, viu?

TIRIRICA

ficar/estar tiririca (com) (sl.)
to get/be mad (at), get/be furious
(at)
(same as "ficar/estar danado [da
vida] [com]")

TIRO

dar um tiro em (sl.)
to hit (someone) up for money, put
the bite on
(same as "dar uma facada em")

dar um tiro na praça (sl.)
to ruin other parties financially
be declaring (false) bankruptcy

O Waldir também ficou de tanga
quando essa companhia deu um tiro
na praça.

dar um tiro no escuro (colloq.)
to take a shot in the dark

Deu um tiro no escuro, lançando
esse produto novo sem fazer as
pesquisas necessárias.

sair o tiro pela culatra (fig.)
for something to backfire, for
something to boomerang

Eu tentei pregar uma partida na
turma, mas o tiro saiu pela
culatra.

ser tiro e queda (colloq.)
to be a sure thing, be a cinch, be
as easy as pie
(same as "ser sopa")

TITIA

**a titia[1] (colloq. and voc.)
auntie (affectionately)

Que é que a senhora trouxe para a
gente, titia?

*a titia[2] (colloq.)
the old maid, spinster

Quanto às mulheres da família,
não casou nenhuma--só tem titia.

**ficar para titia (colloq.)
to remain/become an old maid

Ela nunca casou; ficou para titia.

TITICA

a titica[1] (colloq.)
the excrement

a titica[2] (colloq.)
the trash, junk
(same as "a merda[2]")

o titica (colloq.)
the good-for-nothing, insignificant
person
(same as "o merda")

cheio de titica na cabeça (sl.)
full of it, all wet, messed up in
one's thinking

Não liga para ela--está cheia de
titica na cabeça.

TITIO

**o titio (colloq. and voc.)
uncle (affectionately)

Titio, o senhor é o irmão mais
velho de papai?

TOA

à toa[1] (fig.)
aimlessly; at random

Esse vagau anda à toa pela cidade.

Escolhi à toa, mas meu número
ganhou.

à toa[2] (fig.)
carelessly, rashly

Eu gastei tanto dinheiro à toa
ontem que só vendo, meu filho!

à toa[3] (fig.)
needlessly, in vain, for nothing

Discutiu comigo à toa, pois eu
não sabia de nada.

à toa[4] (fig.)
idle, doing nothing, not busy

O Paulo estava à toa e topou logo
a festa.

TOCA

a toca (fig.)
the hideaway, lair, hideout

A polícia desta praça só
descobriu a toca dos malfeitores
depois do crime.

TOCADO

ficar/estar tocado (colloq.)
to get/be tipsy
(same as "ficar/estar alegre")

TOCAR

tocar[1] (vi) (colloq.)
to get going, go on, continue
(same as "tocar o bonde [para a
frente]")

tocar[2] (vt) (sl.)
to inform, tell, let know, lead to
believe

Ele me tocou que vai viajar.

tocar o bonde (para a frente)

(colloq.)
to continue, get going, go on

Se não tocarmos o bonde para a
frente, não acabamos nunca o
negócio.

tocar o carro (para a frente)
(colloq.)
to go on, get going
(same as "tocar o bonde [para a
frente]")

tocar para (colloq.)
to head for, set out for, make for,
take off for

Depois que o gajo deu o golpe na
empresa, tocou para outras bandas.

*tocar (para) (colloq.)
to give a ring (to), telephone
(same as "ligar [para]²")

tocar para a frente (colloq.)
to go on, continue
(same as "tocar o bonde [para a
frente]")

TOCAR-SE

tocar-se (sl.)
to realize, become aware, notice

Entrou num papo furado, mas ele nem
se toca.

Eu cheguei perto, mas eles não se
tocaram.

tocar-se para (colloq.)
to head for, set out for
(same as "tocar para")

TOCO-DE-AMARRAR-ONÇA

o toco-de-amarrar-onça (colloq.)
the short person, runt
(same as "o tampinha")

TODA

a toda (colloq.)
at full speed, hurriedly

Ela saiu a toda com a galinha na
mão.

O carro vinha a toda pelo
cruzamento.

estar em todas (sl.)
to be everywhere, be all over the
place, be universal, be found far
and wide

Cabelo comprido já está em todas.

TOLETE

o tolete (vulg.)
the mass of excrement, turd

TOLO

fazer de tolo (colloq.)
to make a fool of
(same as "fazer de bobo")

fazer-se de tolo (colloq.)
to play dumb
(same as "bancar o bobo")

TOMA-LÁ-DÁ-CÁ

o toma-lá-dá-cá (colloq.)
the give-and-take, mutual exchange

A nossa relação é na base do
toma-lá-dá-cá.

TOMARA

**tomara (que . . .)
I hope (that . . .); I wish (that .
. .)

--Será que vai fazer sol?
--Tomara!

Tomara que ela venha.

Tomara que ela não viesse.

TOMARA-QUE-CAIA

o tomara-que-caia (sl., joc.)
the strapless dress; risqué attire

Ela estava vestida de um vestido
daqueles, verdadeiro tomara-que-
caia, que lembrava a moda dos anos
50.

TOMATE

os tomates (vulg.)
the testicles

TOPAR

*topar (vi, vt) (colloq.)
to be game, be up for/to, agree
(to)

Se a turma toda for, então eu
também topo.

Vamos à praia! Você topa?

não topar com (a cara de) (sl.)
not to like (someone), not be able
to take (someone), hate (someone's)
guts
(same as "não ir com a cara de")

topar a jogada (sl.)
to accept the challenge, go along
with the idea
(same as "topar a parada")

*topar a parada (colloq.)
to accept the challenge, take the
dare, go along with the idea

Seu time vai topar a parada, ou tem
medo de jogar conosco?

topar com (colloq.)
to meet, run across, come upon

Eu topei com o tio do Fulano no
centro ontem.

TOPA-TUDO

o topa-tudo (colloq.)
the daredevil, one who never turns
down a proposition or challenge

Eu sabia que aquele topa-tudo não
ia recusar a jogada.

TOPETE

abaixar o topete (fig.)
to come down a peg; be crestfallen
(same as "abaixar a crista")

abaixar o topete de (fig.)
to cut down to size, take down a
peg
(same as "abaixar a crista de")

ter (o) topete (de) (colloq.)
to have (the) guts (to), have (the)
nerve (to), have (the) gall (to)

Você ainda tem o topete de se
meter numa dessas?

TOP-TOP

top-top! (int., sl.)
I (you, he, she, they) got
"screwed," I (you, he, she, they)
got messed up (often accompanied by
a vulgar gesture)
(same as "mifu"/"sifu")

TOQUE

a toque de caixa (colloq.)
in a hurry, quickly, hurriedly

Tive que fazer o trabalho a toque
de caixa.

dar um toque (sl.)
to tell, inform, suggest, hint,
request

Ela me deu um toque para pintar na
casa dela.

TORA

a tora (colloq.)
the nap, snooze
(same as "o cochilo[1]")

tirar uma tora (colloq.)
to snooze, catch some shut-eye,
"saw logs"
(same as "tirar um cochilo")

TORCEDOR

*o torcedor (sport.)
the fan, rooter

Sou torcedor do Botafogo.

TORCER

**torcer por/para (sport.)
to root for, cheer for

Você torceu por que time, hem?

TORCIDA

*a torcida[1] (sport.)
the cheering, rooting

O pessoal fez uma torcida legal
pelo time da Faculdade.

*a torcida[2] (sport.)
the rooting section, fans

A torcida do Vasco não é de nada
comparada com a nossa.

TORCIDA-DE-PIJAMA

a torcida-de-pijama (sl. and TV)
the home fans, home audience (of a
broadcast program)

A torcida-de-pijama adora o
programa do Chacrinha.

TORNEIRA

abrir a torneira (colloq.)
to weep, cry, turn on the tears
(same as "abrir o bué")

TORÓ

o toró (colloq.)
the shower, rain, downpour

Ela chegou debaixo de um toró que
não era mole.

TORRAR

torrar (vt, vi) (sl., euph.)
to get on (someone's) nerves
(euph. for "torrar o saco [de]")

torrar a paciência (de) (sl.,
euph.)
to try (someone's) patience
(euph. for "torrar o saco [de]")

torrar dinheiro (sl.)
to blow money, spend freely, waste
money

Esse ricaço torra dinheiro com
farras toda noite.

torrar o saco (de) (sl., often
vulg.)
to get one's goat, grate on one's
nerves, be a nuisance
(same as "encher o saco [de]")

TORRINHA

as torrinhas (theat.)
the gallery, balcony

A gente chegou tarde e teve que
sentar nas torrinhas.

TORTO

a torto e a direito
left and right, every which way,
pell-mell

Os soldados dispararam a torto e a
direito.

TOSSE

a tosse de cachorro (colloq.)
the croupy cough, hacking cough

Se estou doente! Estou é com uma
tosse de cachorro e uma febre alta.

TOSTÃO

*estar sem um tostão (furado)
(colloq.)
to be penniless, not have a plug
nickel
(same as "estar duro")

TOUPEIRA

a toupeira (colloq.)
the ignoramus, idiot
(same as "o burro")

TOURO

pegar o touro à unha (fig.)
to take the bull by the horns

Numa situação dessas é preciso
pegar o touro à unha, e não
tentar sair de baixo.

pegar o touro pelos chifres (fig.)
to take the bull by the horns
(same as "pegar o touro à unha")

ter força de touro (colloq.)
to be as strong as an ox

Ele é parrudo à beça; tem força
de touro.

TRABALHAR

trabalhar[1] (vi) (colloq.)
to run, function, operate, work

O meu relógio não está
trabalhando.

trabalhar[2] (vi) (crim.)
to carry out a heist, pull a "job,"
commit a robbery

Não dá pedal a gente tentar
trabalhar com tanto guarnapa pelas
aí.

trabalhar como um burro (colloq.)
to work like a horse, work hard
(same as "trabalhar como um negro")

trabalhar como um mouro (colloq.)
to work like a dog, work hard
(same as "trabalhar como um negro")

trabalhar como um negro (colloq.)
to work like a slave, work one's
head off, work hard

Dei um duro danado; tive que
trabalhar como um negro.

TRABALHO

*dar (muito) trabalho (colloq.)
to be hard, not be easy, be rough

Dá muito trabalho pegar um táxi
no centro da cidade a essa hora.

dar o trabalho (crim.)
to squeal, inform
(same as "dar o serviço[1]")

dar trabalho (a) (colloq.)
to be troublesome (to), give a bad
time (to)
(same as "dar que fazer [a]")

TRAÇA

entregue às traças (colloq.)
abandoned, neglected
(same as "entregue às baratas"
[barata])

TRAÇADA

a traçada (sl.)
the swallow, gulp, swig

Você precisa de uma traçada de
uísque.

TRAÇA-DE-BIBLIOTECA

a traça-de-biblioteca (sl.)
the bookworm, studious person
(same as "o rato-de-biblioteca")

TRAÇAR

traçar[1] (vt) (sl.)

to eat or drink, down, polish off, devour

O cara traçou três pratos antes de terminar.

Vamos traçar um chopinho, viu?

traçar[2] (vt) (sl.)
to have sex with, "lay"

Ele já traçou uma porção de cabritas.

TRAGAR

não tragar (colloq.)
not to be able to stomach (someone), not be able to stand (someone)
(same as "não ir com a cara de")

TRAGÉDIA

ser uma tragédia (colloq.)
to be lousy, be sad, be crummy, be a drag

Aquele disco é uma tragédia.

TRAGO

ser bom no trago (colloq.)
to be quite a drinker, be able to hold one's liquor

Precisa ser bom mesmo no trago para bater o récorde daquele cachaceiro.

#**tomar um trago** (colloq.)
to have a drink (i.e., of liquor)

Não faz mal a gente tomar um trago só, faz?

TRAJE

em trajes de Adão (colloq.)
in one's birthday suit, naked
(same as "pelado")

TRALHA

as tralhas (colloq.)
the belongings, possessions
(same as "os troços" [troço])

TRAMBICAR

trambicar (vt) (sl.)
to trick; cheat, swindle
(same as "trapacear")

TRAMBIQUE

o trambique (sl.)
the trick; swindle
(same as "a trapaça")

TRAMBIQUEIRO

o trambiqueiro (also adj.) (sl.)
the swindler, con man, chiseler
(same as "o trapaceiro")

TRAMELA

estar com a tramela solta (colloq.)
to run off at the mouth, chatter
(same as "estar com a matraca solta")

fechar a tramela (colloq.)
to shut up, shut one's trap
(same as "fechar a matraca")

TRAMPOLINA

a trampolina (colloq.)
(var. of "a trampolinagem")

TRAMPOLINADA

a trampolinada (colloq.)
(var. of "a trampolinagem")

TRAMPOLINAGEM

a trampolinagem (colloq.)
the swindle, fraud; trick, trickery
(same as "a trapaça")

TRAMPOLINAR

trampolinar (vt) (colloq.)
to trick; swindle, con, hoodwink
(same as "trapacear")

TRAMPOLINEIRO

o trampolineiro (colloq.)
the con man, swindler, chiseler
(same as "o trapaceiro")

TRANCA

agüentar a tranca (colloq.)
to bear up to the task, stand the
gaff, take the heat
(same as "agüentar o repuxo")

TRANÇA

soltar as tranças (colloq.)
to let one's hair down, hang loose
(same as "botar as mangas de fora"
[manga])

TRANCADO

trancado (colloq.)
introspective, not outgoing
(same as "fechado")

TRANCAFIAR

trancafiar (vt) (sl.)
to lock up, jail, put behind bars
(same as "encanar")

TRANCAR

trancar (vt) (sl.)
to jail, lock up, put behind bars
(same as "encanar")

TRANCAR-SE

trancar-se (colloq.)
to shut up, keep quiet
(same as "fechar-se")

TRANCHÃ

tranchã (from the Fr. "tranchant")
(sl., obs.)
bold, vigorous, incisive; eloquent,
elegant; terrific

O discurso do orador foi muito
tranchã.

TRANCO

o tranco (sl. and drug.)
the puff on a (marijuana)
cigarette, "drag," "hit"
(same as "o tapa²")

aos trancos e barrancos
by fits and starts, jolted every
which way, with great difficulty

Desceu o morro aos trancos e
barrancos.

TRANQÜILO

#tranqüilo (colloq.)
certain, sure, easy; easily, with
"no sweat"

Não há risco nenhum; é lucro
tranqüilo.

O disco vai ser um sucesso
tranqüilo.

Você vai faturar tranqüilo.

TRANSA

#a transa[1] (from "transação")
(sl.)
the affair, matter, dealings,
goings-on; thing, "deal"

Eu estou por fora das transas de
política.

O que é que é aquela transa ali?

#a transa[2] (sl.)
the agreement, understanding,
arrangement, deal

Arranjaram uma transa com a

oposição.

a transa[3] (sl.)
the sexual affair

Ela tem uma transa com o cara.

TRANSAR

*transar[1] (vi) (sl.)
to have dealings, have something
going

Eu não transo com aqueles caras,
que é tudo barra-pesada.

transar[2] (vi) (sl.)
to have sex, have a "thing" going

Ele transa com tudo quanto é
mulher.

*transar[3] (vt) (sl.)
to agree on, plan, arrange, set up

As meninas transaram um negócio
lá no Brás.

transar[4] (vt) (sl.)
to sell, make a sale; deal in

Se eu não arranjar emprego logo,
vou ter que transar meu carro.

Aqui a gente não transa revista.

transar[5] (vt) (sl.)
to spend (time)

Estou a fim de transar uma
temporada nos States.

TRAPAÇA

*a trapaça (colloq.)
the swindle, fraud, gyp; trick

Não gosto deste negócio--cheira a
trapaça.

TRAPACEAR

*trapacear (vt) (colloq.)
to trick; swindle, gyp, hoodwink

O sem-vergonha trapaceou a velha
deixando a coitada sem um tostão.

TRAPACEIRO

*o trapaceiro (also adj.) (colloq.)
the swindler, hoodwinker, cheat

Não caio na conversa daquele
trapaceiro.

TRAPALHADA

a trapalhada[1] (colloq.)
the mess, confusion, imbroglio
(same as "o embrulho[1]")

a trapalhada[2] (colloq.)
the swindle, gyp; trick
(same as "a trapaça")

TRAPALHÃO

o trapalhão[1] (colloq.)
the sad sack, ragamuffin

Esse trapalhão não sabe mesmo se
vestir.

o trapalhão[2] (colloq.)
the swindler, crook, con man
(same as "o trapaceiro")

TRAPO

ser/estar um trapo (colloq.)
to be a "wreck" (said of a person),
be a shadow of one's former self

Ele está um trapo desde o
acidente.

TRAQUE

o traque (vulg.)
the fart

dar um traque (vulg.)
to break wind, fart

TRÁS

dar para trás (fig.)
to fail, go to pot, take a bad turn

O negócio deu para trás.

TRASEIRA

*a traseira (colloq.)
(var. of "o traseiro")

TRASEIRO

*o traseiro (colloq.)
the rump, butt, behind; anus
(same as "a bunda")

TRATANTE

*o tratante (colloq.)
the swindler, crook, cheat
(same as "o trapaceiro")

TRATANTICE

a tratantice (colloq.)
the swindle, raw deal; foul play,
trickery

Vai ver que há tratantice no caso.

TRATAR

tratar como a um cão (colloq.)
to treat like a dog, mistreat

Eles me trataram como a um cão só
por eu ser pobre, entende?

TRATAR-SE

tratar-se (drug.)
to take drugs, inject drugs, "shoot
up"
(same as "aplicar-se")

TRAULITADA

a traulitada (colloq.)
the licking, beating, thrashing
(same as "a fubeca")

TRECO

*o treco (sl.)
the thing, "deal"
(same as "o troço^1")

os trecos (sl.)
(var. of "os tarecos" [tareco])

TRÉGUA

não dar trégua a (fig.)
not to give a moment's peace to,
give no time to catch one's breath

Essa mulher não me dá trégua com
suas queixas incessantes.

TRELA

a trela (colloq.)
the chat, conversation
(same as "o bate-papo")

dar trela (para)^1 (colloq.)
to converse (with), chat (with)

Prefere não dar trela para os
caixeiros.

dar trela (para)^2 (colloq.)
to give attention (to), lead on,
flirt (with)
(same as "dar sopa [para]^1")

TREM

o trem (Centr., South) (colloq.)
the thing, "deal"
(same as "o troço^1")

os trens (Centr., South) (colloq.)
the belongings, possessions
(same as "os troços" [troço])

TREMENDÃO

tremendão (sl.)
terrific, tremendous
(same as "legal")

TREMENDO

tremendo (colloq.)
terrific, excellent, tremendous
(same as "legal")

TREMER

tremer como varas verdes (colloq.)
to shake like a leaf

Ela estava tremendo como varas
verdes de tão nervosa.

TREME-TREME

o treme-treme (sl.)
the tenement building of ill repute

Ele mora num treme-treme perto da
zona.

TRENZINHO

o trenzinho (vulg.)
the group sex among males

TREPADA

a trepada (vulg.)
the copulation, sexual intercourse

dar uma trepada (vulg.)
to have sexual intercourse

TREPADEIRA

a trepadeira (also adj.) (vulg.)
the "easy lay," sexually
promiscuous female, slut

TREPADOR

o trepador (also adj.) (vulg.)
the "stud," promiscuous male, male
given to frequent sex

TREPAR

*trepar (vi, vt) (vulg.)
to have sexual intercourse,
copulate (with)

TRÊS

a três por dois (colloq.)
often, at every turn, at the drop
of a hat

Tem chovido a três por dois
ultimamente.

Meu chefe fica brabo a três por
dois.

a três por quatro (colloq.)
(var. of "a três por dois")

TRÊS-VINTÉNS

os três-vinténs (vulg.)
the hymen; virginity

TRETA

a treta (sl.)
the fight, disturbance
(same as "a lenha'")

TRI

tri- (prefix) (sl.) (South)
super-, ultra-
(same as "super-")

TRICHA

a tricha (sl., pej., joc.)
the extremely effeminate male
homosexual, "flaming fag" (a pun
involving the replacement of the
first syllable of "bicha" [i.e.,
bi-, which also means "twice"] with
the prefix tri-, "thrice")

Se é bicha, rapaz? Ele é é
tricha!

TRICHONA

a trichona (sl., pej., joc.)
the extremely effeminate male
homosexual
(same as "a tricha")

TRICOLOR

o tricolor[1] (also adj.) (sport.)
the Fluminense Futebol Clube (a Rio
soccer team)
(same as "o Flu")

o tricolor[2] (also adj.) (sport.)
the São Paulo Futebol Clube (a SP
soccer team)

O tricolor só tem pixotes--é tudo
frangueiro e perna-de-pau.

TRINCA-ESPINHAS

o trinca-espinhas (sl., joc.)
the bean pole, tall and skinny
person
(same as "o varapau")

TRINQUE

andar nos trinques (sl., obs.)
to be very stylishly dressed, be
all spruced up

Essa melindrosa anda nos trinques.

TRINTA-E-UM

bater o trinta-e-um (sl.)
to die, kick the bucket
(same as "bater as botas")

TRIO-ELÉTRICO

o trio-elétrico (sl.)
the Carnival music truck (truck
loaded with musicians, loud
speakers and dancers that
circulates through the streets at
Carnival time)

Vamos pular atrás do trio-
elétrico.

TRIPA

comer à tripa forra (colloq.)
to eat a lot, fill one's stomach
(same as "encher a barriga")

fazer das tripas coração
(colloq.)
to find courage in the depth of
despair, take heart, bear up

Ele conseguiu fazer das tripas
coração apesar da morte do filho.

TRISCADO

ficar/estar triscado (sl.)
to get/be drunk
(same as "ficar/estar caneado")

TRIZ

por um triz
by the skin of one's teeth,
narrowly, barely

O Bráulio escapou por um triz.

TROÇA

a troça (colloq.)
the mocking, ridicule, making fun

Essa troça deles foi de mau gosto.

fazer troça de (colloq.)
to poke fun at, make fun of
(same as "fazer pouco de")

TROCADALHO

o trocadalho (vulg.)
the obscene pun, gross play on
words

A outra foi boa, Ernesto, mas essa
foi um trocadalho.

o trocadalho do carilho (for
"trocadilho do caralho") (vulg.)
the obscene pun
(same as "o trocadalho")

TROCADILHO

o trocadilho do caralho (vulg.)
the obscene pun
(same as "o trocadalho")

TROCAR

trocar as bolas (colloq.)
to goof, get all balled up, get
one's wires crossed

Ele fez foi trocar as bolas e lá
foi tudo para o brejo.

trocar de óleo (vulg.)
(var. of "trocar óleo")

trocar em miúdos (colloq.)
to explain, clarify, spell out

Deixe-me trocar em miúdos para
você melhor compreender o
negócio.

trocar óleo (vulg.)
to have sexual intercourse, catch
up on one's sex (said of a male)

*trocar pernas (colloq.)
to stagger, walk zig-zag, weave,
reel

O velho pau-d'água ia ladeira
abaixo, trocando pernas e cantando
um samba do tempo da onça.

trocar trilhos (sl., joc.)
to make puns, play on words (joc.
imitation of the word "trocadilho")

Ah, aí está o Ronaldo soltando
piadas e trocando trilhos de novo.

TROCAR-SE

não se trocar por (colloq.)
not to want to trade places with,
not want to be (somebody)

Sou preto, mas não me trocava por
nenhum branco, viu?

TROÇAR

troçar de (colloq.)
to make fun of
(same as "fazer pouco de")

TROCA-TROCA

o troca-troca (vulg.)
the simultaneous and mutual oral
copulation by two males

TROCO

dar o troco a (sl.)
to give tit for tat, get even with,
pay (someone) back
(same as "ajustar contas com"
[conta])

TROÇO [ô]

**o troço[1] [ô] (colloq.)
the thing, "deal," thingamajig,
what-you-may-call-it

Eu não agüento aquele troço.

Me dá esse troço aí!

o troço[2] [ô] (sl.)
the big shot, V.I.P., big cheese

O Borges é um troço na música
popular.

*os troços [ô] (colloq.)
the belongings, possessions

A mala continha todos os troços
dele.

*ser um troço [ô] (colloq.)
to be really something, be terrific
(same as "ser uma coisa")

*ter um troço [ô] (sl.)
to have a fit, get upset
(same as "ter um ataque")

ter um troço [ô] com (sl.)
to have a love affair with, have a

"thing" going with
(same as "estar de caso com")

TROÇO [õ]

o troço [ô] (vulg.)
the mass of excrement, turd

TROLHA

a trolha[1] (vulg.)
the penis

a trolha[2] (sl.)
the difficulty, problem, raw deal,
the "shaft"

Quem levou a pior trolha fui eu.

TROMBA

a tromba (vulg.)
the penis

empurrar tromba (vulg.)
to have sexual intercourse (said of
a male)

TROMBADA

a trombada (fig.)
the bump, collision, crash

O bêbado deu uma trombada no carro
estacionado.

TROMBADINHA

o trombadinha (sl.)
the juvenile delinquent, child
thief (esp. one of a group of
street waifs who snatch purses,
watches, wallets, etc., from
pedestrians on the street after
running into them to divert their
attention)

Logo depois do esbarrão, notei que
o trombadinha tinha batido a minha
carteira.

TRONO

o trono (colloq., joc.)
the toilet, "john," "throne"

Ela estava sentada no trono quando
bateram na porta.

TROTE

*passar/dar um trote em (colloq.)
to play a trick on (esp. over the
telephone); haze, put through
initiation ceremonies

Pega o telefone, que eu quero
passar um trote no Toínho.

Passaram um trote bárbaro nos
calouros.

TROTOAR

fazer o trotoar (sl.)
(var. of "fazer o 'trottoir'")

TROTTOIR

fazer o "trottoir" (Fr.) (sl.)
to walk the streets (said of a
prostitute), engage in prostitution

Esta rua está cheia de marafonas
fazendo o "trottoir".

TROUXA

*o trouxa (colloq.)
the sucker, dupe, easy mark

Um trouxa desses cai logo na minha
conversa.

TRUMBICAR

trumbicar (vt) (sl.)
to mess up, screw up
(same as "bagunçar")

TRUMBICAR-SE

trumbicar-se (sl.)
to get messed up, fall flat on
one's face

O Chacrinha diz que quem não se
comunica, se trumbica.

TRUNFO

o trunfo (colloq.)
the V.I.P., big wheel
(same as "o troço²")

TRUTA

a truta (sl.)
the trick; "line," "story"

Essa história da mina de ouro é
truta dele.

TSÉ-TSÉ

ter sido mordido por uma mosca
tsé-tsé (sl.)
to be very sleepy
(same as "estar caindo de sono"
[cair])

TUBO

*os tubos (sl.)
the money, "dough"; a lot of money,
a pretty penny

Gastei os tubos com esse carro.

estar por cima dos tubos (sl.)
to be well-heeled, be rich, be
"loaded," be in the money

Quem compra um carro desses, tem
que estar por cima dos tubos.

gastar (dinheiro) aos tubos (sl.)
to spend freely, blow money, waste
money
(same as "torrar dinheiro")

TUBULAÇÃO

a tubulação (sl.)
the failure, difficult situation,
problem
(same as "o cano")

TUBULAR

tubular (vi) (sl.)
to go down the tubes, fall flat on
one's face
(same as "entrar pelo cano")

TUDO

estar com tudo (sl.)
to have everything one could
desire, be well-to-do, be sitting
pretty, be rich

Que é que eu vou dar para ele? O
cara está com tudo.

fazer de tudo (colloq.)
to have sex, engage in various
sexual practices, do the whole bit

Dia de domingo, ele pegava uma
vagabunda por aí e fazia de tudo
com ela.

fazer tudo (colloq.)
(var. of "fazer de tudo")

TUDO-NADA

um tudo-nada de (colloq.)
a very little bit of, next to
nothing
(same as "um pingo de")

TULIPA

a tulipa (sl.)
the small glass of draft beer;
small tulip-shaped glass

Eu vou de chope--uma tulipa, viu?

TUPINIQUIM

tupiniquim (from Tupi) (sl.,
sometimes pej.)
Brazilian

A nota só apareceu na imprensa
tupiniquim.

TURBILHÃO

como um turbilhão (colloq.)
like a flash, like the wind
(same as "como um raio")

TURCO

o turco (colloq.)
the Arab, Arab-Brazilian

Nesse clube só tem sírio,
libanês e outros turcos.

TURISTA

o turista (stud.)
the student who rarely comes to
class, chronic ditcher

Ô, seu turista! Resolveu aparecer
no dia da prova, hein?

TURMA

**a turma[1] (colloq.)
the group of friends, "gang"

A gente tem uma turma pra-frente.

A turma toda pulou de contente.

a turma[2] (stud.)
the (graduating) class

Ele não se formou com a turma.

a turma da pesada (sl.)
the "in crowd"

Quem não se entrosa na turma da
pesada é quadrado.

TURRÃO

o turrão (also adj.) (colloq.)
the stubborn person
(same as "o queixo-duro")

TUSTA

estar sem um tusta (sl.)
(var. of "estar sem um tostão
[furado]")

TUTAMÉIA

a tutaméia (colloq.)
the trifle, insignificant amount,
pittance

Paguei uma tutaméia pela comida.

TUTANO

ter tutano (colloq.)
to have brains, have a head on
one's shoulders, be talented

A menina tem tutano; é um crânio.

TUTU

**o tutu (sl.)
the money, "bread," "coin," "dough"

Para viajar à Europa, rapaz, você
tem que ter é tutu às pampas.

U

UAI

uai! (Centr.) (int., colloq.)
oh! ah! gee!

Uai, menino! Que coisa bonita,
aquela!

UAU

uau! (from Eng. "wow") (int., sl.)
wow! gee whiz!

Uau! Ele falou isso, foi?

UCA

a uca (sl.)
the cachaça; booze
(same as "a birita")

UÉ

ué! (int., colloq.)
well! gee! wow!

Ué! Não era tão ruim, hein?

UÊ

uê! (int., colloq.)
(var. of "ué!")

ÚI

*úi! (int., colloq.)
ooh! ow! ouch!

Úi! Cê tá me queimando com teu
cigarro!

ÚLTIMAS

as últimas (colloq.)
the latest (news)

Me conta as últimas, minha filha,
que eu estou morrendo de
curiosidade!

estar nas últimas[1] (colloq.)
to be down and out, be at the end
of one's rope

Ele está nas últimas--não tem um
vintém.

estar nas últimas[2] (colloq.)
to be about to die, be on one's
death bed, be on one's last legs

Quando eu cheguei da Faculdade,
vovó já estava nas últimas.

UMA

dar uma (vulg.)
to copulate, have sex

dar uma (em) (sl.)
to give a punch (in), give a blow
(to), sock (in)

O malandro deu uma na chocolateira
do guarda.

UMAS

beber/tomar umas e outras (colloq.)
to have a few drinks, put away a
few

Nós estávamos lá conversando,
bebendo umas e outras, quando a
bronca estourou no outro lado da
sala.

UMBANDA

*o umbanda (Kimb.) (esp. East)
the religious cult that combines
Afro-Brazilian ritual with
Brazilian Spiritualism, "white
magic"

O umbanda é a chamada magia
branca; difere do baixo
espiritismo.

UNHA

com unhas e dentes (fig.)
tooth and nail, with all one's
might, furiously

Defendeu-se com unhas e dentes.

ser unha e carne (com) (fig.)
to be very close (to), be hand and
glove (with)

Éramos unha e carne, mas a amizade
foi por água abaixo por causa duma
mulher.

Ela é unha e carne com essa
sirigaita.

UNHADA

dar unhada e esconder a unha
(colloq.)
to be a sneak, be a hypocrite, be
two-faced

Ele dá unhada e esconde a unha,
pois faz uma sujeira e logo banca o
bonzinho.

UNHA-DE-FOME

*o unha-de-fome (colloq.)
the tightwad, skinflint, cheapskate
(same as "o pão-duro")

UPA

upa!^{1} (int., colloq.)
wow! gee whiz!

Upa! Que jardim bonito!

upa!^{2} (int., colloq.)
get going! get up! go to it!

Upa, rapaz, mãos à obra!

Upa, cavalo teimoso!

URSADA

a ursada (colloq.)
the dirty trick, knife in the back,

betrayal, double-cross

Depois da ursada que me fez, eu
não sou mais amigo dele.

URUBU

o urubu^1 (sl., joc.)
the undertaker, "body snatcher"

Que apito eu toco, meu filho? Eu
sou urubu e chupo o sangue dos
mortos.

o urubu^2 (sl., pej.)
the Negro, Black
(same as "o baiano^2")

o urubu^3 (sl., joc.)
the Catholic priest (esp. one
dressed in a black cassock)

Ele foi se confessar com o urubu da
paróquia.

o Urubu (sport.)
the Clube de Regatas do Flamengo
(same as "o Fla")

estar que nem urubu em cima da
carniça (sl.)
to swarm around (someone or
something) like flies

Desde que ela deu um chute no
namorado, os pretendentes estão
que nem urubu em cima da carniça.

um urubu pousou/baixou na minha
sorte (sl.)
I had some bad luck

Eu estava de maré alta, meu filho;
aí um urubu pousou na minha sorte.

URUBUSSERVAR

urubusservar (vt, vi) (sl., joc.)
to observe, keep an eye on (joc.
imitation of verb "observar,"
combined with "urubu")

Eu fiquei lá do outro lado da rua

só para urubusservar.

URUCA

a uruca (sl.)
the tough luck
(same as "a urucubaca")

URUCUBACA

*a urucubaca (colloq.)
the rotten luck, jinx, hex

Estou com uma urucubaca desgraçada
desde a perda do meu relôgio.

UVA

*a uva (sl.)
the attractive woman, "dish"
(same as "a boa'")

V

VACA

a vaca[1] (sl., pej.)
the hussy, slut; whore

O marido dela está de cacho com
aquela vaca.

a vaca[2] (colloq.)
the ninny, wishy-washy person
(same as "o chove-não-molha")

fazer uma vaca (colloq.)
to take up a collection
(same as "fazer uma vaquinha")

ir a vaca para o brejo (sl.)
for all to be lost, for everything
to go down the drain

Se ele souber disso, a vaca vai
para o brejo, entendeu?

nem que a vaca tussa (de joelho na
beira da estrada)! (sl., joc.)
not on your life! under no
circumstances! fat chance!
(same as "nem morto!")

as vacas estão magras (fig.)
these are hard times, these are
lean years

A empresa faliu porque as vacas
estão magras atualmente.

**voltar à vaca fria (colloq.)
to get back to the subject

Foi uma piada engraçada, mas vamos
voltar à vaca fria, hein pessoal?

Voltando à vaca fria, eu acho uma
boa idéia o que você disse antes.

VACA-LEITEIRA

a vaca-leiteira[1] (colloq.)
the good-thing-going, gold mine
(same as "a mina-de-ouro")

a vaca-leiteira[2] (sl.)
the big-busted female, buxom woman
(same as "a patriota")

VACA-PRETA

a vaca-preta (colloq.)
the ice-cream-and-cola float

Você vai de vaca-preta ou de
milkshake?

VACILADA

dar uma vacilada (sl.)
to make a slip-up, be caught off-
guard
(same as "vacilar")

VACILAR

vacilar (vi) (sl.)
to be caught off-guard, make a
slip-up, make a mistake

Se vacilar, meu filho, vai dançar.

VACINADO

estar vacinado (colloq.)
to be exempt, be immune

Não vai acontecer nenhum desastre,
que eu estou vacinado.

VADIA

a vadia (sl.)
the prostitute; loose woman

Pegou uma vadia e foi fazer um
programa.

VADIAÇÃO

a vadiação (NE) (colloq.)
the sexual intercourse, "fooling

around"

VADIAGEM

a vadiagem (NE) (colloq.)
(var. of "a vadiação")

VADIAR

vadiar (NE) (vi) (colloq.)
to have sex, "fool around"

Passava as noites a vadiar com a
pequena.

VAGABUNDA

*a vagabunda (colloq., pej.)
the slut, tramp; whore

Ele saiu procurando vagabundas por
aí.

VAGABUNDO

**vagabundo (colloq.)
cheap, shoddy, crummy, lousy

Eu não compro esse café
vagabundo--tem sabor de lixo.

VAGA-LUME

o vaga-lume (colloq., joc.)
the usher (in a theatre)

O vaga-lume levou a gente para a
galeria.

VAGAU

o vagau (sl.)
the bum, tramp, no-account

Aí os dois vagaus voltaram para o
morro.

VAI-DA-VALSA

ir no vai-da-valsa (sl.)
to take things as they come, play
it by ear, get along one way or
another

Eu não me preocupo com o futuro;
é melhor ir no vai-da-valsa.

VAI-NÃO-VAI

o vai-não-vai (colloq.)
the wishy-washy person, namby-pamby
(same as "o chove-não-molha")

VALER

(assim) não vale! (colloq.)
that's not fair! that's not
cricket!

Assim não vale! Não é jogo
leal, meu chapa.

a valer (colloq.)
a lot, galore; really, very
(same as "para valer")

não valer o que o gato enterra
(colloq., euph.)
not to be worth a hill of beans
(same as "não valer um tostão")

não valer um níquel (colloq.)
not to be worth a plug nickel
(same as "não valer um tostão")

*não valer um tostão (colloq.)
not to be worth a red cent

Essa gerigonça não vale um
tostão, meu filho.

*para valer (colloq.)
a lot, a great deal, galore; for
real, really, very

A gente se divertiu para valer.

Ela estava cansada para valer.

**ser para valer (colloq.)
to be for real, be in earnest, be
for keeps

É para valer; não é brincadeira,
não.

**valer a pena
to be worth it, be worthwhile, be
worth the trouble

Não vale a pena se queixar, que
tudo fica na mesma.

vale tudo (colloq.)
anything goes

Nesse jogo vale tudo.

valeu! (int., sl.)
right on! I can dig it! all right!
(same as "falou!" [falar])

VAMBORA

*vambora! (for "vamos embora")
(colloq.)
let's get going! come on!
(same as "embora!")

vambora lá! (for "vamos embora
lá!") (colloq.)
let's go! come on!
(same as "embora!")

VAMP

a vamp (from the Eng.) (colloq.)
the vamp, alluring woman, siren

Ela é conhecida mundialmente como
a vamp de Ipanema.

VANTAGEM

**contar vantagem (colloq.)
to boast, brag, blow one's own horn

O faroleiro começou a contar
vantagem para a menina, mas ela deu
o fora nele.

VAPOR

a todo vapor (fig.)
at full steam, full blast,
hurriedly
(same as "a toda")

VAPOZEIRO

o vapozeiro (drug.)
the drug trafficker, drug courier

O vapozeiro foi preso quando deu
bandeira.

VAQUINHA

**fazer uma vaquinha (colloq.)
to pass the hat, take up a
collection

Ô, pessoal, vamos fazer uma
vaquinha para pagar uma garrafa de
uísque importado.

VARA

a vara (vulg.)
the penis

ficar uma vara (sl.)
to get mad, become furious
(same as "ficar uma fúria")

VARAPAU

o varapau (colloq.)
the beanpole, tall and slender
person

Esse varapau é tão alto que seria
um bom guarda de trânsito de
avião.

VARIAR

para variar (colloq., iron.)
for a change, just for the sake of
variety (used ironically to mean
"as always")

Depois do jantar, vamos tomar um
cafezinho--para variar, né?

VASCÃO

o Vascão (sport.)
the Clube de Regatas Vasco da Gama
(a Rio soccer team)

O Vascão abriu a contagem com um

gol antológico.

VASELINA

o vaselina (from the trademark
"Vaseline") (sl.)
the flatterer, mealy-mouthed or
unctuous person, hypocrite

Um vaselina desses quer levar todo
mundo no papo.

vaselina (adj.) (sl.)
wishy-washy, mealy-mouthed,
obsequious, slick

Ele é um cara vaselina que vive
puxando o saco do patrão.

VASSOURA

a vassoura (sl.)
the man-chaser, coquette, rakish
female

Essa vassoura namora com tudo
quanto é homem.

VASSOURADA

a vassourada (fig.)
the purge, "house-cleaning"

Ele promete dar uma vassourada no
governo se for eleito.

VEADO

**o veado (sl., pej.)
the male homosexual, "queer"
(same as "a bicha'")

VEDETE

a vedete (from the Fr.) (fig.)
the "star," headliner, publicity-
seeker, one who seeks the limelight

Aquele ministro adora esta na
berlinda. É a vedete do Governo.

VELA

acender uma vela a Deus e outra ao
diabo (fig.)
to play both ends against the
middle

Um hipócrita desses vive acendendo
uma vela a Deus e outra ao diabo.

a toda vela (fig.)
full sail, full speed, fast
(same as "a toda")

estar com a vela na mão (colloq.,
joc.)
to be about to kick the bucket
(same as "estar com um pé na
cova")

segurar a vela (colloq.)
to chaperon a couple

Quando a Susie sai com o namorado
quem segura a vela sou eu.

VELHA

*a velha (colloq.)
one's mother, "old lady"

Vou pedir permissão à velha.

VELHACAP

a velhacap (abbrev. of "velha
capital") (sl.)
Rio de Janeiro (city)
(same as "a belacap")

VELHO

*o velho (colloq.)
one's father, "old man"

O velho cortou a minha mesada.

*os velhos (colloq.)
one's parents, one's folks

Nem todo mundo tem velhos
prafrentex.

velho (voc., colloq.)
pal, "old man," "old chap"
(same as "meu velho")

mais velho que meu avô (colloq.)
as old as the hills

Aquela canção é mais velha que
meu avô.

mais velho que minha avó (colloq.)
as old as the hills
(same as "mais velho que meu avô")

*meu velho (voc., colloq.)
pal, "old chap," "old man" (used
among close male friends)

Tudo bem, meu velho?

VENCIDO

dar-se por vencido
to give up, acknowledge defeat

Eu não me dou por vencido sem
lutar.

VENDER

ser capaz de vender geladeira a
esquimó (sl., joc.)
to be shrewd, be a fast talker

Esse velhote é tão vivaldino que
é capaz de vender geladeira a
esquimó.

vender a camisa do corpo (colloq.)
to sell everything (in order to
raise cash), sell even the shirt
off one's back

Ele estava tão duro que vendeu a
camisa do corpo para pagar o
aluguel.

vender farinha (colloq.)
to have one's shirt-tail out or
one's slip showing

Prenda a fralda da camisa, bicho,
que cê tá vendendo farinha.

vender no papo (sl.)
to sell by fast-talking, use hard-
sell tactics to sell

Eu não compro nessa loja, pois o
dono sempre procura vender tudo no
papo.

vender saúde (colloq.)
to have health to spare, be very
healthy

Apesar da idade, o velho está
vendendo saúde.

VENENO

o veneno (sl.)
the charm, that certain something

É uma baianinha cheia de veneno.

VENETA

dar na veneta (que) (colloq.)
to get it into one's head (that),
have a whim (that), get a notion
(that)
(same as "dar na cabeça [que]")

de veneta (colloq.)
whimsical, moody
(same as "de lua")

VENEZIANA

a veneziana (crim.)
the face, "mug"
(same as "a lata")

VENTA

as ventas (colloq.)
the face, "kisser," "mug," nose
(same as "as fuças" [fuça])

nas ventas de (colloq.)
to/in the face of (someone), in
front of, under the nose of
(same as "nas fuças de" [fuça])

VENTANA

a ventana (from the Sp.) (crim.)
the window (esp. in relation to
burglary)

O lalau quebrou a perna pulando
duma ventana.

VENTANISTA

o ventanista (crim.)
the housebreaker, second-story man,
burglar

Bom ventanista é o Zé Cláudio,
que entra e sai num piscar de
olhos.

VENTILADO

o ventilado (also adj.) (sl., joc.,
pej.)
the male homosexual, effeminate
male, sissy
(a facetious euph. for "fresco")
(same as "a bicha[1]")

VENTILADOR

botar/ligar ventilador na farofa de
(sl.)
to spoil things for, cause
headaches for
(same as "bagunçar o coreto de")

VENTO

bons ventos o levem! (colloq.,
often sarc.)
have a good trip! Godspeed!; good
riddance! scram!

Bons ventos o levem, meu filho! E
nunca mais apareça aqui, viu?

de vento em popa (fig.)
swimmingly, well, without a hitch

Tudo vai de vento em popa na loja.

onde o vento faz a volta (sl.,
joc.)
in the boondocks, in the sticks

(same as "no fim-do-mundo")

ver de que lado sopra o vento
(colloq.)
to size up the situation, get one's
bearings

Antes de proceder, eu quero ver de
que lado sopra o vento.

VER

*deixa ver (isso)! (colloq.)
let me see that! could you give me
that?

O relógio é de ouro? Deixa ver!

*está vendo? (colloq.)
you see? understand?
(same as "viu?" [ver])

*já se viu . . .? (colloq.)
who ever heard of . . .?

Já se viu político honesto?

não se poderem ver (colloq.)
not to be able to stand the sight
of one another, be unable to
stomach each other, hate each
other's guts

É uma rivalidade séria. Os dois
não se podem ver.

não ver a hora de (colloq.)
to hardly be able to wait until,
look forward to

Não vejo a hora dela chegar.

quem te viu, quem te vê! (colloq.)
I knew you when . . .! I knew you
when you were a nobody! well,
haven't you changed!

Quem te viu, quem te vê! Quanto
você mudou!

*que só vendo! (colloq.)
unbelievable! that you should have

seen! which you have to see to
believe!; like you wouldn't
believe!

Foi um jogo que só vendo!

Ela cavalga que só vendo!

*vai ver (que) . . . (colloq.)
I'll bet (that) . . .

Vai ver que ela também não sabe a
resposta.

*vê se . . . (colloq.)
(let's) see if . . ., could you . .
., please . . .

Vê se me arranja um copo d'água,
chefe.

ver com bons olhos (fig.)
to approve of, look favorably upon,
think well of

A Igreja não vê essa atividade
com bons olhos.

ver com maus olhos (fig.)
to disapprove of, look unfavorably
upon, take a dim view of, frown on

A mãe dela vê o casório com maus
olhos.

ver com os olhos e comer com a
testa (colloq.)
to see but not be able to touch,
covet hopelessly
(same as "comer com a testa")

**viu? (colloq.)
see? hear? understand?

Isso não vai ser possível, viu?

VERBO

meter/largar/soltar o verbo
(colloq.)
to speak, start talking

Depois da piada ela meteu o verbo.

VERDADE

dizer umas verdades a (colloq.)
to give a piece of one's mind to,
tell a thing or two to

Eu fui lá dizer umas verdades
àquela fofoqueira.

**é verdade? (colloq.)
really? is that so?

É verdade? Você vai viajar
mesmo?

*. . . não é verdade? (colloq.)
isn't that so? isn't that right?
(same as ". . . não é?")

a verdade nua e crua (fig.)
the naked truth

Não é brincadeira, não! É a
verdade nua e crua!

VERDÃO

o Verdão (sport.)
the Sociedade Esportiva Palmeiras
(a SP soccer team)

O Verdão ganhou o campeonato
naquele ano.

VERDE

estar verde de fome (colloq.)
to be terribly hungry, be "starving
to death"
(same as "estar morrendo de fome"
[morrer])

jogar verde (colloq.)
to bait the hook, ask leading
questions
(same as "plantar verde para colher
maduro")

plantar verde para colher maduro
(colloq.)
to bait the hook, ask leading
questions

Não caio nessa, que você está
plantando verde para colher maduro.

VERDE-AMARELO

verde-amarelo (polit. and colloq.)
very patriotic, flag-waving (said
of an ultra-nationalistic
Brazilian; a reference to the
colors of the Brazilian flag)

Ele é dos políticos verde-
amarelos que querem que todo mundo
vista tanga e fale tupi.

VERDE-E-AMARELO

verde-e-amarelo (polit. and
colloq.)
(var. of "verde-amarelo")

VERGONHA

não ter vergonha na cara (colloq.)
to have no shame, be insolent, be
shameless

Quem fez essa sujeira não tem
vergonha na cara.

tome vergonha na cara! (colloq.)
you should be ashamed of yourself!
show some respect!

Ah, não diga um palavrão desses!
Tome vergonha na cara!

VERME

o verme (fig.)
the louse, "worm," snake in the
grass

Um verme desses é capaz de fazer
qualquer sujeira.

VERTER

verter água(s) (colloq., euph.)
to urinate

VESTIBA

o vestiba (abbrev. of "o
vestibular") (stud.)
the college entrance exam, i.e.,
vestibular; crash course taken to
prepare for the vestibular

Está estudando agora para o
vestiba.

VESTIBULAR

o vestibular (stud.)
the college entrance exam

Se eu passar no vestibular com uma
nota bem alta, será vaga garantida
na Faculdade.

VÉU-DA-NOIVA

o véu-da-noiva (sport.)
the goalpost net (in soccer)

Chutou a bola . . . e balançou o
véu-da-noiva. Go-o-o-ol!

VEXAME

#dar um vexame (colloq.)
to make a fool out of oneself, make
a scene

O Sousa deu um vexame daqueles com
essa mancada.

VEZ

#fazer as vezes de (colloq.)
to take the place of, replace, fill
in for

Ninguém pode fazer as vezes de uma
mãe.

#não ter vez (colloq.)
to stand no chance, have no way out

O Bahia não tem vez na partida de
amanhã.

uma vez na vida e outra na morte
(colloq.)

once in a blue moon

Um troço desses acontece só uma
vez na vida e outra na morte.

VIA

ir/chegar às vias de fato (fig.)
to come to blows, become violent

Antes da polícia aparecer, eles
já tinham chegado às vias de
fato.

por via das dúvidas
just in case, just to be sure

Não parece que vá chover. Mas,
por via das dúvidas, pretendo
levar o guarda-chuva.

VIADO

o viado (sl., pej.)
(var. of "o veado")

VIAGEM

a viagem (drug.)
the "trip," drug experience (esp.
with hard drugs)

Quais os efeitos de uma viagem de
LSD?

para viagem (sl.)
to-go, take-out (said of food
purchased at a restaurant or lunch
stand)

Me dá dois sanduíches para
viagem.

VIAJAR

estar viajando (drug.)
to be "tripped out," be "high"

Tomou entorpecentes e já está
viajando.

VIBRAÇÃO

a vibração (colloq.)
the thrill, excitement

O jogo de hoje foi aquela
vibração.

VIBRAR

vibrar (vi) (colloq.)
to be thrilled, become excited

Todo mundo vibrou quando a
seleção brasileira ganhou a Copa.

VIDA

a vida (colloq.)
the prostitution, streetwalking

Ele me tirou da vida; depois, a
gente casou.

assim é a vida! (colloq.)
that's life!
(same as "a vida é essa!")

**a boa vida (colloq.)
the good life, dolce vita, leisure,
loafing

Passou dois meses de boa vida.

*cair na vida (colloq.)
to turn to prostitution, become a
prostitute

Muitas moças pobres caem na vida
por necessidades econômicas.

**da vida (colloq.)
really, very (when used after words
meaning "happy," "angry," etc.)

O cara ficou contente da vida
quando soube do resultado.

A Zuzu estava danada da vida
comigo.

é a vida! (colloq.)
that's life!

(same as "a vida é essa!")

*fazer a vida (colloq.)
to turn to prostitution, be a
prostitute, streetwalk

Ela faz a vida há cinco anos.

ter sete vidas (fig.)
to have nine lives
(same as "ter fôlego de gato")

toda a vida (colloq.)
as far as you can go, all the way,
till the end of the line/road

Depois de dobrar para a esquerda,
você segue aquela rua toda a vida
até chegar na praça.

a vida de cachorro (colloq.)
the dog's life, hard life

O pai da Sônia sempre levou uma
vida de cachorro.

*a vida é boa, hein? (colloq.)
what a soft life (you've got)!
(same as "que vidão!")

*a vida é essa! (colloq.)
such is life! that's the way it
goes!

É triste. É uma pena. Mas, a
vida é essa, meu irmão!

a vida mansa (sl.)
the easy life, good life
(same as "a boa vida")

a vida mole (sl.)
the easy life, leisure
(same as "a boa vida")

VIDA-MANSA

o vida-mansa (sl.)
the bon-vivant, loafer
(same as "o boa-vida")

VIDÃO

*que vidão! (sl.)
what an easy life! what leisure!

Você está de férias, é? Que
vidão!

VIDA-TORTA

a vida-torta (sl., euph.)
the fallen woman, prostitute,
"low-life"
(same as "a desajustada [social]")

VÍDEO-TAPE

o vídeo-tape (stud., joc.)
the repeater, one who must repeat a
year's course due to failure

Não passou, não. Ficou de
vídeo-tape no próximo ano.

VÍDEO-TEIPE

o vídeo-teipe (stud., joc.)
(var. of "o vídeo-tape")

VIDRADO

estar vidrado em (sl.)
to be crazy about, love, adore
(same as "ser louco por")

estar vidrado por (sl.)
to be wild over, be crazy about,
adore
(same as "ser louco por")

ser vidrado em (sl.)
to be wild about, love
(same as "ser louco por")

ser vidrado por (sl.)
to be wild about, love
(same as "ser louco por")

VIDRAR

vidrar em (sl.)
to flip over, go wild over

(same as "gamar por")

vidrar por (sl.)
to go crazy over, flip over, fall
in love with
(same as "gamar por")

VIGARICE

*a vigarice (colloq.)
the swindle, raw deal, con game

Esse "negócio-da-China" foi
vigarice da parte dele.

VIGARISTA

**o vigarista (colloq.)
the con artist, swindler, cheat

É idiotice comprar na mão daquele
vigarista.

VINHO

ser vinho da mesma pipa (fig.)
to be cut from the same mold, be of
a kind, be of the same ilk
(same as "ser farinha do mesmo
saco")

VINTE

as vinte (sl.)
the cigarette; cigarette butt

Me dá as vinte, bicho!

*dar no vinte (colloq.)
to hit the mark, hit the nail on
the head

Você deu no vinte com essa
resposta.

VINTE-E-QUATRO

o vinte-e-quatro (sl., joc.)
the male homosexual (the number 24
corresponds to the deer, or
"veado," in the jogo-do-bicho)
(same as "a bicha")

VINTÉM

*estar sem vintém (colloq.)
not to have a red cent, be
penniless
(same as "estar duro")

VIOLA

meter a viola no saco (sl.)
not to have a thing to say, not
open one's mouth, hold one's
tongue, keep one's mouth shut

Depois da esculhambação que ele
deu na gente, eu meti a viola no
saco.

VIOLÃO

o violão (sl.)
the shapely female, "bombshell"

Um violão desses é de fechar o
comércio.

VIOLONADA

a violonada (colloq.)
the serenade, performance or sing-
along accompanied by guitar
(see "a seresta")

VIP

o vip (from Eng. "V.I.P." [="very
important person"]) (sl.)
the V.I.P., big shot, dignitary,
celebrity

Ela conhece todos os vipes do
Governo Estadual.

VIR

*vem/venha cá! (int., colloq.)
listen (here)! say!

Mas, vem cá! O que foi que você
disse antes?

vir abaixo (fig.)
to roar with applause (a theater,
stadium, etc.), for the house to be

brought down with applause

O estádio veio abaixo quando a
bola entrou de novo na rede.

vir ao caso
to be relevant, be pertinent, tie
in

São outros quinhentos, meu chapa.
Isso não vem ao caso--nem de
longe!

VIRA-BOSTA

o vira-bosta (sl.)
the no-account, good-for-nothing,
bum

Um vira-bosta desses não presta
para nada.

VIRAÇÃO

a viração[1] (colloq.)
the livelihood, bread and butter,
job

Eu preciso arrumar uma viração--
se não, entro pelo cano.

a viração[2] (sl.)
the prostitution, "tricking"
(same as "a vida")

dar uma viração (colloq.)
to use any and every means to get
something done, do by hook or crook
(same as "dar um jeito")

VIRA-CASACA

o vira-casaca (fig.)
the turncoat, traitor

Quem não é patriota é vira-
casaca.

VIRADA

dar uma virada (colloq.)
to do an about-face, mend one's
ways, do a turnabout, turn over a
new leaf

Não estudei bulhufas a semana
passada, mas vou ter que dar uma
virada agora, que tem um provão
sexta-feira.

VIRADOR

o virador (colloq.)
the go-getter, wheeler-dealer; one
who uses devious means to achieve
his ends

Cuidado com o Freitas, que ele é
um virador até debaixo d'água.

VIRA-E-MEXE

vira-e-mexe (colloq.)
frequently, at the drop of a hat

Vira-e-mexe, tem uma briga por
essas bandas.

VIRA-LATA

o vira-lata[1] (colloq.)
the mongrel, mutt, stray dog

Um vira-lata desses é mais
inteligente do que muito cachorro
de raça.

o vira-lata[2] (sl.)
the bum, tramp, drifter

Eu não dou comida a um vira-lata
daqueles.

VIRAR

virar (vi, vt) (colloq.)
to guzzle (alcoholic beverages),
hit the bottle, booze it up
(same as "entornar")

**virar a cabeça de (colloq.)
to sweep (someone) off his/her
feet, turn (someone's) head

O boa-pinta virou a cabeça da
moça com uma cantada genial.

virar a mesa (colloq.)
to upset the applecart, spoil
things, be disruptive or rude
(same as "entornar o caldo")

virar bicho (colloq.)
to get mad, blow one's top
(same as "ficar uma fera")

virar gargalo (sl.)
to hit the bottle, booze it up
(same as "queimar óleo")

virar presunto (crim., joc.)
to die, "croak," become a corpse
(same as "bater as botas")

virar tigre (colloq.)
to get angry, blow up
(same as "ficar uma fera")

VIRAR-SE

**virar-se[1] (colloq.)
to get by, manage, get along by
some means (often devious)

Não ficamos com muito tutu para
viajar, é certo, mas não tem
problema, que a gente se vira.

Ele que se vire, que eu não tenho
nada com ele.

*virar-se[2] (colloq.)
to have a hard time, struggle (to),
move heaven and earth (to)

Papai teve que se virar mesmo para
arranjar essa boca-rica.

virar-se[3] (sl.)
to make one's living by
prostitution, "trick"

Ela ganha a vida se virando nos
subúrbios.

VIRGEM

*virgem! (for "virgem Maria!")
(int., colloq.)

heavens!
(same as "nossa senhora!")

*virgem Maria! (int., colloq.)
heavens! my goodness!
(same as "nossa senhora!")

VÍRGULA

(uma) vírgula! (int., colloq.)
my eye! like heck!

--Você é que vai pagar, não é?
--Vou pagar, uma vírgula!

VISAGEM

a visagem (sl.)
the showing off, grandstanding

Jogar futebol desse jeito é só
visagem.

VISITA

a visita da cegonha (colloq.)
the birth of a child, "blessed
event," "visit from the stork"

O casal estava esperando uma visita
da cegonha.

a visita de médico (colloq.)
the short visit, brief social call

Ela me fez uma visita de médico,
mas ainda não tive tempo de
conversar com ela.

VISTA

até a vista! (colloq.)
so long! see you soon!

Tchau, menina! Até a vista!

*dar na vista (colloq.)
to make oneself obvious, be
conspicuous, attract attention
(same as "dar na cara")

fazer (a) vista grossa (a)

(colloq.)
to look the other way, pretend not
to see, turn one's head, ignore

O guarda sentiu pena da velha e fez
vista grossa ao furto que ela
cometeu.

VISUAL

o visual (sl.)
the visual display or effect,
spectacle, appearance, looks;
beautiful sight, eyeful

O show da Gal foi o maior visual.

VITALINA

a vitalina (NE) (colloq.)
the spinster, old maid
(same as "a titia²")

VITROLA

a vitrola (from the trademark
"Victrola") (colloq., joc.)
the chatterbox, real talker
(same as "o tagarela")

ter engolido uma agulha de vitrola
(sl.)
to talk a blue streak, be a
chatterbox

Ele deve ter engolido uma agulha de
vitrola, que não pára de falar.

VIÚVA-ALEGRE

a viúva-alegre (crim. and sl.,
obs.)
the paddy-wagon, police van
(same as "o tintureiro")

VIVALDICE

a vivaldice (sl.)
the cunning, slyness, trickiness;
trick

A vivaldice desse macaco velho não
tem comparação.

VIVALDINO

*vivaldino (also noun) (sl.)
sly, tricky, cunning
(same as "esperto")

VIVER

*vivendo e aprendendo! (colloq.)
we live and learn

Não sabia, não. Vivendo e
aprendendo!

viver como um rei (colloq.)
to live like a king, live high on
the hog

Ele vive como um rei lá nesse
palacete que herdou do avô.

VIVINHO

estar vivinho (colloq.)
to be alive and kicking

Morreu, nada! Ainda está vivinho.

VIVO

**vivo (also noun) (colloq.)
shrewd, sly, cunning, smart
(same as "esperto")

*dar no vivo (fig.)
to hit home, hit where it hurts,
strike a nerve

Foi uma crítica mordaz, e deu no
vivo.

VOAR

**estar voando (colloq.)
to be in the dark, be "out-of-it,"
not have the least idea about what
is being said or going on

Não entendo bulhufas do assunto
que estão tratando. Estou voando.

VOGAR

não vogar (vi) (colloq.)
not to work, fail

Esse plano chinfrim não voga.

VOLTA

*estar/andar às voltas com
(colloq.)
to be tied up with, be busy with,
be having a hard time with

Ela está às voltas com toda
aquela papelada que a gente tem que
preencher.

VOLTA-E-MEIA

volta-e-meia (colloq.)
often, frequently, at every turn

Volta-e-meia, ele se queixa da
vida.

VOLTAR

voltar a si (fig.)
to come to, regain consciousness

Desmaiou, só voltando a si uma
hora depois.

*voltar atrás (fig.)
to go back on something, back out
of something, renege, retract what
one has said

Ela tentou voltar atrás, mas eu
fiz questão.

VOLTAR-SE

não saber para onde se voltar
(colloq.)
to be up to one's neck in work; not
know where to turn

Depois da morte da minha
secretária não sei mesmo para
onde me voltar.

VOMITAR

vomitar (vt) (colloq.)
to blab, reveal (a secret), confess

Durante o interrogatório, ele
vomitou o segredo.

VONTADE

*cheio de vontades (colloq.)
spoiled, babied, coddled, pampered

Essa mina é tão cheia de vontades
que eu tenho pena de quem casar com
ela.

*fazer as vontades de (colloq.)
to cater to (someone's) wishes, let
(someone) have his/her way, coddle,
pamper

Ele está emburrando porque acha
que a gente vai fazer as vontades
dele.

**fique à vontade! (colloq.)
make yourself comfortable! make
yourself at home!

Está em casa, meu filho. Fique à
vontade; não faça cerimônia.

VÔO

a vôo de pássaro (fig.)
superficially, at a glance,
cursorily

Eu só examinei o relatório a vôo
de pássaro.

VOTO

fazer votos (que) (fig.)
to hope (that), wish (that)

Faço votos que você tire uma boa
nota na prova.

VOVÓ

**a vovó (colloq. and voc.)
grandma

Quantos anos a vovó tem, papai?

Quantos anos a senhora tem, vovó?

é a vovó! (int., colloq., pej.)
your grandmother's one!
(see "é a mãe!")

VOVÔ

**o vovô (colloq. and voc.)
grandpa

Vai pedir para o vovô contar uma
história para a gente!

Conte uma história, vovô!

VOZ

a voz de taquara rachada (colloq.)
the nasal or screechy voice

Aí o Pereira começou a falar com
aquela voz de taquara rachada.

VULGO

o vulgo (colloq.)
the alias, nickname

Ele se chama Godofredo; vulgo,
"Mão-Boba".

X

X

#o X [="xis"] do problema (assunto, etc.) (colloq.)
the crux of the problem (matter, etc.)

Aí é que está o X do problema, meu caro!

XADREZ

**o xadrez (colloq.)
the jail, "clink," "slammer"
(same as "a cadeia")

XANGÔ

o xangô (NE)
the Afro-Brazilian fetichistic religious cult, voodoo
(see "o candomblé")

XARÃ

o xará (colloq.)
the namesake, one who has the same first name

Telefonei para o Roberto Braga, meu xará lá no Ministério.

Ô, xará, como vai essa força?

xará (voc., sl.)
buddy, pal, friend
(same as "meu chapa")

XAROPADA

a xaropada (colloq.)
the bother, bore, "drag"
(same as "a amolação")

XAROPÃO

o xaropão (colloq.)
the pest, nuisance

(same as "o chato^1")

XAROPE

o xarope^1 (colloq.)
the "drag," bore, "bummer"
(same as "a droga")

o xarope^2 (colloq.)
the pest, nuisance, bore
(same as "o chato^1")

XAROPEAÇÃO

a xaropeação (colloq.)
the "drag," bore, bother
(same as "a amolação")

XAROPEAR

xaropear (vi, vt) (colloq.)
to annoy, bore, pester
(same as "chatear")

XARRO

o xarro (drug.)
(var. of "o charro")

XAVECO

o xaveco^1 (sl.)
the swindle, gyp, fraud

Quando descobriu o xaveco, já era tarde.

o xaveco^2 (colloq.)
the ugly woman, hag
(same as "a bruxa")

XAVEQUEIRO

o xavequeiro (sl.)
the crook, swindler
(same as "o trapaceiro")

XEPA

a xepa (colloq.)
the leftover food, discarded

produce, table scraps, salvageable
trash or garbage

Ele se vira apanhando a xepa nas
feiras livres.

XEPEIRO

o xepeiro (colloq.)
the scavenger, ragpicker; person
who picks through trash, garbage or
leftover produce for food or usable
material

Por que não deixa um pouquinho
para os xepeiros?

XERECA

a xereca (vulg.)
the vagina

XERETA

*o xereta[1] (colloq.)
the busybody, snoop, nosy person

Aquele xereta mete as fuças na
vida do sobrinho a toda hora.

*o xereta[2] (colloq.)
the adulator, bootlicker
(same as "o puxa-saco")

XERETAR

xeretar (vi, vt) (colloq.)
(var. of "xeretear")

XERETEAR

xeretear[1] (vi) (colloq.)
to meddle, snoop

Esse mexeriqueiro só vem aqui
xeretear.

xeretear[2] (vt) (colloq.)
to adulate, flatter, butter up
(same as "puxar [o] saco [de]")

XI

xi! (int., colloq.)
gee! wow!

Xi, rapaz! Você viu isso?

XIBABA

a xibaba (drug.)
the "grass," "pot," marijuana
(same as "o fumo[1]")

XIBIU

o xibiu (NE) (vulg.)
(var. of "o chibiu")

XIBUNGO

o xibungo (colloq., pej.)
(var. of "o chibungo")

XILINDRÔ

o xilindrô (sl.)
the jail, calaboose, hoosegow,
"poky"
(same as "a cadeia")

XIXI

*fazer xixi (colloq.)
to go wee-wee, urinate

XIXI-DE-ANJO

o xixi-de-anjo (colloq.)
a type of batida cocktail

XÔ

xô! (int., colloq.)
shoo! get away! scat! (used to
drive away animals, esp. birds)

Xô, urubu danado! Xô!

XODÔ

o xodô[1] (colloq.)
the sweetheart, darling, girl

friend

A gente só tem um xodó verdadeiro
na vida.

o xodó[2] (colloq.)
the passion, love affair

Ele tem um xodó quente.

XOXOTA

*a xoxota (vulg.)
(var. of "a chochota")

Z

ZANZAR

zanzar (vi) (colloq.)
to knock about, wander, roam around

Ela saiu zanzando por Botafogo.

ZARPAR

zarpar (vi) (colloq.)
to push off, leave, get going; run
away

Está na hora; vamos zarpar, gente!

ZÉ

o zé (colloq.)
the guy; man-on-the-street

Um zé da rua quis me paquerar.

zé (voc., colloq.)
mack, friend, buddy

Ô, zé! Tem as horas aí, por
favor?

ZEBRA

a zebra[1] (colloq.)
the fool, idiot
(same as "o burro")

a zebra[2] (sport. and sl.)
the upset, surprise result,
reversal
(see "dar zebra")

A vitória do Vitória foi a maior
zebra da semana.

dar zebra (sport. and sl.)
for the unexpected to happen, for
there to be an upset

Naquele dia deu cada zebra que foi
de pasmar.

ZEBRADO

estar zebrado (sl.)
to be down on one's luck, be
unlucky, be jinxed

Tenho estado zebrada ultimamente:
nada tem dado certo.

ZEBRÓIDE

o zebróide (colloq.)
the fool, idiot
(same as "o burro")

ZÉ-MANÉ

o zé-mané (sl.)
the sucker, fool
(same as "o otário")

ZÉ-POVINHO

*o zé-povinho (colloq.)
the average Joe, man-on-the-street,
"the little man"; nobody

Quem morre nas guerras é o zé-
povinho, não o mandachuva.

ZERO

estar reduzido a zero (colloq.)
to be penniless, be flat broke
(same as "estar duro")

reduzir a zero (colloq.)
to clean out, bankrupt, win or take
all of (someone's) money

Ele me reduziu a zero no jogo de
ontem.

ser um zero (à esquerda) (colloq.)
to be a (complete) nobody, be a
nonentity

Aquele fichinha é um zero à
esquerda.

ZERO-QUILÔMETRO

zero-quilômetro[1] (sl.)

brand new, unused

Você também pode ganhar um Volks
zero-quilômetro no nosso fabuloso
concurso.

Compre seu televisor zero-
quilômetro na liquidação anual.

zero-quilômetro^2 (sl., joc.)
virgin, not experienced in sexual
intercourse

Era uma moça zero-quilômetro, mas
o paquera lhe fez o serviço.

ZIGUEZAGUE

fazer ziguezagues (sl.)
to stagger, zigzag, walk from side
to side
(same as "trocar pernas")

ZINHA

a zinha (colloq., pej.)
the girl, dame; slut

Uma zinha dessas cai logo na vida.

ZINHO

o zinho (colloq.)
the John Doe, guy, nobody; man-on-
the-street
(same as "o zé-povinho")

ZIQUIZIRA

a ziquizira (colloq.)
the bad luck
(same as "a urucubaca")

ZIRIGUIDUM

o ziriguidum (sl.)
the samba, samba music

Assistiram um programa de
ziriguidum na TV.

ZONA

*a zona^1 (sl.)
the red-light district, tenderloin

Ela mora numa pensão lá perto da
zona.

a zona^2 (sl.)
the mess, pigpen, "dump"

Este hotel é uma zona--vamos a
outro.

a zona^3 (sl.)
the fuss, commotion, to-do

O cara chega e tudo vira zona.

estar na zona do agrião (sl.)
to be in a dangerous place or
situation, be in the danger zone

Cuidado com essa mina, que você
está na zona do agrião.

fazer a zona (sl.)
to go whoring

A turma toda foi fazer a zona.

fazer uma zona (sl.)
to create a fuss, raise hell
(same as "fazer [um] barulho")

ZONEAR

zonear (vt) (sl.)
to mess up, turn upside down
(same as "bagunçar")

ZORRA

a zorra (sl.)
the fuss, stir, uproar, commotion
(same as "a bagunça^2")

zorra! (int., colloq., euph.)
heck! shoot!
(euph. for "porra!")

ZUNZUM

  o zunzum (colloq.)
  the rumor, gossip
  (same as "a fofoca[1]")

ZUNZUNZUM

  o zunzunzum (colloq.)
  (var. of "o zunzum")

ZURETA

  estar zureta[1] (colloq.)
  to be crazy, be nuts

  O cara está zureta: não liga duas
  palavras.

  estar zureta[2] (drug.)
  to be "high," be "tripped out"
  (same as "estar louco")

English Index

A

ABOUND, to _____
- chover
- dar sopa[1]

ABOUT (approximately)
- coisa de

ACCOUNT, to take into _____
- levar em conta

ACE, the _____
(see "the EXPERT")

ACID, the _____ test
- a prova-dos-nove

ACT, to put on an _____ (pretend)
- botar banca[1]
- fazer cinema
- fazer encenação
- fazer farol
- fazer fita
- fazer novela
(see also "to SHOW off")

ACT, to _____ up (behave badly)
- aprontar
- fazer (cada) feio
- pintar[2]
- pintar e bordar
- pintar o(s) caneco(s)
- pintar o diabo
- pintar o sete
- fazer das suas [sua]

ACTIVITY, the burst of energetic
_____
- a mandação de brasa

AD, the _____ girl
- a garota-propaganda

ADAPTABLE, to be _____ (a person)
- dançar conforme tocam
- dançar conforme a música

ADEQUATE, to be _____ (to)
- dar (para)[1]

ADULT, to become an _____
- ficar gente

AFFECTATION, the _____
- a bichice[2]

- o cinema
- a encenação
- a firula
- o firulete
- a fita[2]
- a frescura[2]
- a fresçuragem
- a onda[3]
(see also "the FUSSINESS," "the
SNOBBISHNESS")

AFFECTED
- abonecado
- afrescalhado
- cheio de frescura
- fiteiro
- fresco[2]
(see also "SNOBBISH," "FUSSY")

AFFECTED, the _____ female
- a boneca deslumbrada[1]

AFFECTED, to act _____
- afrescalhar-se
- fazer cinema
- desmunhecar[2]
- fazer encenação
- fazer fita
- frescar
- fazer frescura
- jogar/soltar plumas [pluma]
(see also "to act SNOBBISH")

AFRAID, to be _____ of one's own
shadow
- ter medo da própria sombra

AGENDA, what's on the _____?
- qual é o bizu?

AGES, _____ ago (exaggeration)
- há séculos [século]

AGREE, to _____ on
- transar[3]

AGREEMENT, the _____
- o arreglo
- o arrego
- a transa[2]

AGREEMENT, the point of _____
- o ponto pacífico

AHA!
- ah!
- hã!
- oh!
- ôh!

AHEAD, to get _____ in life
  - tirar o pé da lama
  - tirar o pé do lodo

AIMLESSLY
  - ao deus-dará[1]
  - a esmo
  - ao léu
  - à toa[1]

AIR, to be up in the _____
  (unresolved)
  - estar no ar[2]

AIRPLANE, the single-engine _____
  - o teco-teco

AIRS, to put on _____
  (see "to act SNOBBISH")

AIRS, stop putting on _____!
  - (deixa de) frescura[2]!
  - deixa de onda

ALBINO, the _____
  - o sarará

ALERT, to be _____
  - estar aceso[2]

ALERT, to be on the _____
  (see "to be on one's GUARD")

ALIAS, the _____
  - o vulgo

ALIEN, the illegal _____
  - o clandestino

ALIVE, to be _____ and kicking
  - estar vivinho

ALL, _____ or nothing!
  - (ou) oito ou oitenta
  - (ou vai ou racha! [ir])

ALL, _____ that (with negative)
  - lá

ALL, _____ you've got to do is . . .
  - é só . . .

ALL, at _____ (with negative)
  - . . . não

ALL, to go _____ out
  - botar pra acabar
  - botar pra derreter
  - botar pra efe
  - botar pra esbuguelar

  - botar pra foder (vulg.)
  - botar pra jambrar
  - botar pra quebrar
  - botar pra rachar
  (see also "to go to TOWN")

ALL, to go _____ out for
  (see "to go to BAT for")

ALL, is that _____? (ironic response)
  - só tudo isso?

ALL, not at _____!
  (see "NONSENSE!," "no WAY!")

ALL, that's _____!
  - (e) pronto!
  - é só!

ALL RIGHT!
  (see "O.K.!")

ALONE, to leave (someone) _____ (stop
  pestering)
  - deixar em paz

ALWAYS, as _____
  - para variar

AMAZED, to be _____
  - ficar besta
  - ficar/estar bestificado
  - ficar/estar de boca aberta

AMBULANCE, the _____ chaser
  - o advogado de porta de xadrez

ANAL, to engage in _____ intercourse
  - agasalhar a rola (vulg.)
  - agasalhar (o) croquete (vulg.)
  - levar atrás (vulg.)
  - besourar (vulg.)
  - besourrar (vulg.)
  - sentar na boneca (vulg.)
  - dar a bunda (vulg.)
  - tomar na bunda (vulg.)
  - dar o cu (vulg.)
  - tomar no cu (vulg.)
  - enrabar (vulg.)
  - entubar (vulg.)
  - esconder (vulg.)
  - esconder cobra (vulg.)
  - comer jiló (vulg.)
  - dar o rabo (vulg.)
  - tomar no rabo (vulg.)
  - queimar rodinha (vulg.)
  - tomar atrás do saco (vulg.)

ANGEL, to be an _____
  - ser um anjo

- ser um cristo
- ser um santo

ANSWER, the _____ sheet (key to a test)
- o bizu[1]

ANUS, the _____
- o assento
- o botão (vulg.)
- a bunda[2]
- o buraco[2] (vulg.)
- o chicote (vulg.)
- o cu (vulg.)
- o fiofó (vulg.)
- o furo[2] (vulg.)
- o olho do cu (vulg.)
- o rabo (vulg.)
- o rego (vulg.)
- a roda (vulg.)
- a rodinha (vulg.)
- a tarraqueta (vulg.)

ANYBODY, not to be just _____
- não ser um qualquer

ANYTHING, _____ goes
- vale tudo [valer]

ANYTHING, if _____ comes up
- qualquer coisa

APARTMENT, the _____
- o apê
- o apetê
- (o buraco[1])

APÉRITIF, the _____
- a abrideira

APHRODISIAC, the _____
- o motor de arranque

APHRODISIAC, to act as an _____
- levantar o/a moral (often vulg.)

APPEAR, to _____
(see "to SHOW up")

APPEAR, to _____ to be
- ter cara de
- pintar[3]

APPEARANCE, one's _____ (looks)
- a cara[1]
- a pinta[1]

APPEARANCE, to put in an _____
- dar um ar de sua graça

APPEARANCES, to keep up false _____ of wealth
- comer angu e arrotar peru

APPLAUSE, to roar with _____ (a theater, stadium, etc.)
- vir abaixo

APPLE, the _____ of one's eye
- a menina dos olhos
- (os meus-pecados)

APPLECART, to upset the _____
- entornar o caldo[1]
- virar a mesa
- (estragar a festa)

APPROVE, to _____ of
- ir com/em
- ver com bons olhos

APRON, tied to the _____ strings of
- agarrado às saias de [saia]

ARAB, the _____
- o turco

ARE, you _____
- tá

ARGUE, to _____
- bater boca

ARGUMENT, the _____
- o bate-boca

ARM, the _____
- a asa

ARM, _____ in _____
- de braço(s) dado(s) [braço]

ARMED, _____ to the teeth
- armado até os dentes

ARMED, to be _____
- estar coberto

ARMS, to welcome with open _____
- abrir os braços a [braço]
- receber de braços abertos [braço]
- (fazer festas a[1] [festa])

AROUND (around here, around there)
- pela aí
- pelas aí

AROUND, to walk or ride _____
- rodar[1]

AROUSE, to _____ sexually
- arretar (often vulg.)
- levantar (vulg.)
- levantar o/a _moral_ (often vulg.)
- retar (often vulg.)

AROUSED, to get/be sexually _____
- estar _arretado_ (often vulg.)
- estar em _brasa_
- ficar/estar de _fogo_[2]
- estar com a _periquita_ queimada (vulg.)
- estar _retado_ (often vulg.)
- (em _ponto_ de bala[2] [vulg.])
(see also "to have an ERECTION,"
"to be 'HORNY'")

ARRANGE, to _____
- engatilhar[1]
- transar[3]

ARREST, to _____
(see "to JAIL")

ARRESTED, to be _____
(see "to go to JAIL")

ARRIVE, to _____
(see "to SHOW up")

ASHAMED, you should be _____ of yourself!
- tome _vergonha_ na cara!

ASKING, you're _____ if . . .?
- se . . .?

ASLEEP, to fall _____
- apagar[2]
- _apagar_ o pavio[1]
- capotar[1]
- morgar
- _pegar_ no sono
(see also "to NAP")

ASLEEP, sound _____
- nos braços de _Morfeu_

ASS, to make an _____ of oneself
(see "to ACT up," "to make a
SCENE," "to make/create a FUSS")

ASTRONOMICAL (large, expensive)
- astronômico

ATTENDER, the habitual _____ (of functions)
- o gato-pingado[2]

ATTENTION, to pay _____ (to)
- dar _bola_ (para)[1]
- dar bolas (para) [_bola_]
- fazer _caso_ de
- _ligar_ (para)[1]
- dar ouvidos a [_ouvido_]
- dar _pelota_ (para)
- dar pelotas (para)[1] [_pelota_]
- dar _sopa_ (para)
- dar _trela_ (para)[2]

AUDIENCE, the home _____ (TV)
- a torcida-de-pijama

AUNTIE, the _____
- a titia[1]

AUTHORITY, to have it on good _____
- saber de _fonte_ limpa

AVOID, to _____ someone like the plague
- _fugir_ de alguém como o diabo da cruz

AWAKE, to stay _____ all night
- _emendar_ a noite (com o dia)
- _passar_ a noite em branco
- _passar_ a noite em claro
- não _pregar_ (um) olho
(see also "to keep LATE hours")

B

BABY, the _____ (infant)
- o nenê
- o neném
- o nenen

"BACHELOR," the summertime _____
(married man who sends family away
on vacation during summer)
- o cigarra

BACK, get off my _____!
- larga meu pé!
- sai do meu pé!

BACK, to turn one's _____ on
- voltar as costas a [costa]

BACK, to go through the _____ door
(fig.)
- entrar de pára-quedas (em)
- entrar pela janela (em)

BACK, I take it _____ (I stand
corrected)
- já não está aí quem falou
[estar]

BACK, to _____ away
- dar uma recueta

BACK, to _____ out (renege)
(see "to RENEGE")

BACK, who/which will _____ me up
- que não me deixa mentir

BACKFIRE, for something to _____
- virar o feitiço contra o
feiticeiro
- dar o revertério
- sair o tiro pela culatra

BACKFIRE, to have something _____ on
one
- ir buscar lã e sair tosquiado

BACK-TALKER, the _____
- o respondão

BACKWARDS, to go _____
- andar como caranguejo

BAD, to go from _____ to worse
- ir de mal a pior

BAD, not to be all that _____
- não ser para tanto

BAD EGG, to be a _____
- não ser flor de se cheirar
- não ser flor que se cheire
- ser flor que não se cheira
(see also "the SCOUNDREL")

BAG, to be in the _____
- ser favas contadas [fava]
- estar no papo

BAG, to be left holding the _____
(see "to be left HIGH AND DRY")

BAG, to leave holding the _____
(see "to leave HIGH AND DRY")

"BAG," one's _____
(see "one's own 'THING'")

BAHIA, the state of _____
- a Boa-Terra

BAIT, to _____ the hook (ask leading
questions)
- jogar verde
- plantar verde para colher maduro

BAIT, to swallow the _____ (fig.)
(see "to fall into the TRAP," "to
FALL for," "to be SWINDLED")

BALD, the _____ head
- o aeroporto de mosquito

"BALD," to be _____ (said of a tire)
- estar careca

BALLED, to get all _____ up
(see "to get/be MIXED up")

BALLOON, to send up a trial _____
- lançar/soltar um balão de
ensaio

BALONEY!
(see "NONSENSE!")

BANDWAGON, to jump on the _____
- aproveitar o embalo
- entrar na dança
- entrar na roda
- entrar no cordão
- ir na onda
- pegar a onda
- seguir como pau na correnteza

BANG!
(see "BOOM!")

BANKRUPT, to _____ (someone)
- limpar
- reduzir a zero
(see also "to CLEAN out")

BANKRUPTCY, to feign _____
- dar um estouro na praça
- dar um tiro na praça

BAR, the _____ (saloon)
- a biboca
- a birosca
- o boteco
- a tendinha

BARB, the _____ (biting remark)
- a alfinetada

BAREFOOT
- de pés no chão [pé]

BARELY
- por um fio
- por um triz

BARGAIN, the _____
- o negócio-da-China

BARGE, to _____ in(to)
- entrar de alegre (em)
- entrar de gaiato (em)
- entrar de rijo (em)
- entrar de sola (em)

BASIS, the _____ (footing)
- o pé

BAT, to go to _____ for (vouch for, defend)
- botar a mão no fogo por
- quebrar lanças por

BATHROOM, the _____
- o miguel

BATHROOM, to go to the _____
- ir lá dentro
- lavar as mãos
- falar com miguel
- ir no miguel
- fazer suas necessidades [necessidade]
- fazer uma necessidade
- falar com o presidente
- passar um telegrama
(see also "to DEFECATE," "to URINATE")

BATHROOM, to need to go to the _____
- estar apertado

BAWL, to _____
- abrir o berreiro
- abrir o bué
- chorar como (um) bezerro desmamado
(see also "to CRY one's eyes out")

BAWL, to _____ out
(see "to SCOLD")

BEACH, the _____ bum
- o caiçara
- o fiscal da natureza

BEANPOLE, the _____ (tall, thin person)
- o bambu vestido
- o coqueiro
- o espanador da lua
- o espeto
- o galalau
- a girafa
- o jaburu
- o pau-de-virar-tripa
- o trinca-espinhas
- o varapau

BEAR, to _____ up (take it)
- agüentar a rebordosa
- agüentar o repuxo
- agüentar o rojão
- agüentar a tranca

BEAR, to be _____ (tired out)
(see "to be TIRED out")

BEAT, to _____ (surpass, top)
- bater
- botar no chinelo

BEAT, to _____ around the bush
- encher lingüiça
- falar com rodeios [rodeio]
- fazer rodeios [rodeio]
- falar pela tangente

BEAT, _____ it!
(see "SCRAM!")

BEAT, to _____ up (give a beating)
- meter o braço em
- baixar o cacete em[1]
- partir a cara de
- dar uma coça em
- dar em[3]
- encher a cara de
- esquentar o couro de

- fubecar
- meter lenha em[1]
- lenhar[1]
- quebrar os ossos de [osso]
- baixar/meter (o) pau em[1]
- largar pau em
- baixar o porrete em
- sentar a pua[1] [em]
- quebrar a cabeça de
- meter a ripa em[1]
- sapecar[2]
- dar uma sarrafada em
- sarrafear
- baixar o sarrafo em[1]
(see also "to PUNCH")

BEATEN, to get _____ (up)
- apanhar[1]
- apanhar que nem boi ladrão
- entrar na lenha
- entrar no pau
- entrar na pua
- levar[2]

BEATING, the _____
- a biaba
- a fubeca
- a fubecada
- a lambada
- a lenha[1]
- o pau[1]
- a piaba
- a traulitada
(see also "the PUNCH," "the FIGHT")

BEATING, stop _____ around the bush!
(see "come to the POINT!")

BEAUTY
- a bacanidade[1]

BEAUTY, the _____ queen
- a miss
- a misse

BECAUSE, (it's) _____ of this . . .
- (é) pelo seguinte . . .

BED, to give (someone) a real good
time in _____ (vulg.)
- dar uma surra de boceta em
(vulg.)
- dar uma surra de pica em (vulg.)

BED, to stay in _____
- ficar de molho[2]

BEDPAN, the _____
- o penico
- o pinico

BEER, the _____
- a brahma
- a brama
- a bramota
- a loura
- (a barriguda)
- (o garoto)
- (a loura suada)
- (a minissaia)
- (a tulipa)

BEER, the light (light-colored) _____
- a loura
- a loura suada

BEG, _____ your pardon! (what's
that?)
- como é que é?
- hein?
- hem?[1]

BEGINNER, the _____
- o pexote[3]
- o pixote

BEGINNER, to be a _____
- engatinhar

BEGINNING, from _____ to end
- de cabo a rabo
- de fio a pavio
- de ponta a ponta

BEHAVE!
- juízo!

BEHIND, the _____ (bottom, rump)
- o assento
- o balaio
- o bumbum
- a bunda
- o cachorro
- a chocolateira[2]
- o cu (vulg.)
- o fiofó (vulg.)
- a jaca
- o latifúndio dorsal
- o lombo (vulg.)
- a mala[2] (vulg.)
- a padaria
- o pandeiro
- o popô
- o popô
- a poupança
- os quartos [quarto]
- o rabo (vulg.)
- a saúde
- a traseira
- o traseiro

BELIEVE, like you wouldn't _____!
- que não é _brincadeira_
- (que) eu vou te _contar_!
- que não é _normal_
- que só vendo! [_ver_]

BELIEVE, to make _____ (that)
- fazer de _conta_ (que)

BELL, to be saved by the _____ (have a close call)
- ser salvo pelo _gongo_

BELLY, the _____
- o bandulho
- o bucho
- a pança
- o pandulho
- o papo[4]

BELONGINGS, one's _____
- os cacarecos [_cacareco_]
- as muambas [_muamba_]
- os tarecos [_tareco_]
- os teréns [_terém_]
- as tralhas [_tralha_]
- os trecos [_treco_]
- os trens [_trem_]
- os troços [_troço_]

BELT, to tighten one's _____
- apertar o _cinto_

BENEFIT, to _____ (someone else)
- botar _azeitona_ na empada de

BEST, of the very _____ quality
- do _bom_ e do melhor

BET, the _____ (wager)
- a parada[1]

BET, to make a _____ (wager)
- fazer uma _dobradinha_
- fazer uma _fé_
- fazer uma _fezinha_

BET, to _____ on a long shot
- _apostar_ no azar

BET, I'll _____ (that)
- vai _ver_ (que)

BICYCLE, the _____
- o camelo
- a magrela

BIG
- açu
- baita

- bigue[1]
- federal
- senhor/a
- deste _tamanho_
- do _tamanho_ dum bonde
- que não tem _tamanho_
- sem _tamanho_
- tamanho-família

BIGGEST, the _____ . . . you can imagine
- o/a maior
- o/a _maior_ . . . da paróquia
- o/a _maior_ . . . do mundo

BIG SHOT, the _____
- o cartola
- o chefão
- o _dono_ da bola
- o figurão
- o maioral
- o mandachuva
- o mandão
- o paredro
- a peça[3]
- o troço[2]
- o trunfo
- o vip

BIGWIG, the _____
(see "the BIG SHOT")

BIKINI, the string _____
- a tanga

BILL, the _____ (tab, check)
- a dolorosa
- o prejuízo

BIRDIE, the _____ (bird)
- o piopio
- o piu-piu

BIRDIE, a little _____ told me (so)
- um _passarinho_ me contou

BIRDS, to be _____ of a feather
(see "to be cut from the same CLOTH")

BIRDS, to kill two _____ with one stone
- matar dois coelhos de uma cajadada [_coelho_]

BIRTH, the _____ of a child
- a _visita_ da cegonha

BIRTH, to give _____ (to)
- dar à _luz_[1]

BIRTHDAY, the _____
- o nat
- o níver

BISEXUAL, the _____
- a barca da cantareira
- o dá-e-come (vulg.)
- o entendido
- o gilete

BISEXUAL, to be _____
- cortar pelos dois lados
- entender

BIT, a _____ . . .
(see "SOMEWHAT")

BIT, a little _____ (of)
- um bocadinho de
- um bocado de
- dois dedos de [dedo]
- um dedo de
- uma gota de
- um pouquinho de nada
- um pingo de
- um tico de
- um tudo-nada de

BIT, quite a _____ of
- um bocado de
(see also "a LOT of")

BITE, to have a _____
(see "to SNACK")

BITE, to put the _____ on (for money)
- esfaquear
- dar uma facada em
- morder
- dar uma mordida em
- dar um tiro em

BITE, to take a _____ of
- dar uma bicada em

BITE, to _____ off more than one can chew
- querer abarcar o mundo com as pernas

BITE, to _____ one's tongue (fig.)
- engolir em seco²
- morder a língua
- (vira essa boca para lá!)
- (dobrar a língua)

BITE, to _____ the dust
- beijar a lona
- morder a poeira

BITE, to _____ the hand that feeds one
- cuspir no prato em que come
- sujar no prato em que come

BIT PART, the _____ (theat.)
- a ponta

BLAB, to _____ (reveal indiscreetly)
- badalar⁷
- dizer o que vem à boca
- bater/dar com a língua nos dentes
- vomitar
(see also "to INFORM [on]," "to get something off one's CHEST")

BLABBERMOUTH, the _____
- o boca-de-trombone
- o língua-de-trapo
(see also "the GOSSIPER," "the CHATTERBOX")

BLACK, _____ as night (jet-black)
- escuro como (o) breu
- negro como azeviche

BLACK, the _____ person
(see "the NEGRO")

BLACKLIST, the _____
- o listão

BLACKLIST, to be/get on (someone's) _____
- estar de mal com
- sujar-se com
- ficar sujo com

BLANK, for a _____ to be drawn (by)
(for something to be forgotten)
- dar um branco (em)²

BLESSING, give me your _____!
(traditional greeting)
- a bênção!

BLIND, _____ as a bat
- cego como uma toupeira

BLIND ALLEY, the _____
- o beco-sem-saída

BLOCKHEAD, the _____
(see "the IDIOT")

BLOND, the light-complexioned _____
- o alemão

BLOOD, the _____
  - o melado

BLOOD, to suck the _____ of (fig.)
  - <u>chupar</u> o sangue de

BLOOD, to be in one's _____
  - estar na massa do <u>sangue</u>

BLOOD, to make one's _____ run cold
  - ser de fazer gelar o <u>sangue</u> nas
  veias

BLOW, _____ by _____ (in detail)
  - com todos os <u>efes</u> e erres
  - <u>ponto</u> por ponto
  - <u>tintim</u> por tintim

BLOW, to _____ money
  (see "to WASTE money")

BLOW, to _____ (someone's) brains out
  - fazer saltar os miolos de [<u>miolo</u>]

BLOWHARD, the _____
  (see the "the BRAGGART")

BLOWOUT, the_____ (wild party)
  - o embalo[1]
  - a <u>festa</u> de arromba
  - a <u>festa</u> de embalo
  - a <u>festa</u> embalada
  - o festão
  - o rega-bofe
  (see also "the PARTY")

BLOWS, to come to _____ [with]
  - <u>sair</u> na mão-grande (com)
  - <u>sair</u> no braço (com)
  - <u>sair</u> no pau (com)
  - <u>sair</u> no tapa (com)
  - ir/chegar às vias de fato [<u>via</u>]
  (see also "to PUNCH," "to THROW [a
  punch] at")

BLUE, to be _____
  (see "to be down in the DUMPS")

BLUFF, the _____
  - o blefe

BLUFF, to _____
  - blefar

BLUFF, to call a _____
  - <u>pagar</u> para ver

BLUNDER, the _____
  (see "the MISTAKE")

BLUNDER, to _____
  (see "to make a MISTAKE")

BLURT, to _____ out (say, tell)
  - lascar[1]
  - meter[1]
  - soltar

B.O., the _____ (body odor)
  - a aca
  - o bodum
  - o c.c.
  - o cecê
  - o fartum[1]
  - a inhaca[1]
  - (o chulé)

B.O., one who has _____
  - o gambá[2]

BOAST, to _____
  (see "to BRAG")

BOASTER, the _____
  (see "the BRAGGART")

BOASTING, the _____
  (see "the BRAGGING")

BOAT, to be in the same _____
  -estar no mesmo <u>barco</u>

BODY, _____ and soul
  - de <u>corpo</u> e alma

BODY, the female _____
  - o material

BODY, over my dead _____!
  - só passando por cima do meu
  <u>cadáver</u>!

BOGUS
  (see "PHONY")

BONE, the _____ of contention
  - o <u>pomo</u> da discórdia

BOO! (shout of disapproval)
  - fora![2]

BOOGYMAN, the _____
  - o bicho-papão

BOOK, the favorite _____
  - o <u>livro</u> de cabeceira

BOOK, the pocket _____ (small
  paperback)
  - o <u>livro</u> de bolso

BOOK, the second-hand _____ dealer
 - o sebista

BOOK, to be an open _____
 - ser um <u>livro</u> aberto

BOOKIE, the _____ (in the "jogo do
 bicho")
 - o bicheiro

BOOKIE, the _____'s headquarters
 - a fortaleza

BOOKS, to hit the _____ hard (study a
 lot)
 - <u>queimar</u> as pestanas
 - rachar
 - <u>rachar</u> o crânio

BOOKSTORE, the second-hand _____
 - o sebo

BOOKWORM, the _____
 - o c.d.a.
 - o c.d.a.i.
 - o c.d.f.
 - o cê-dê-a
 - o cê-dê-a-i
 - o cê-dê-efe
 - o crente[2]
 - o cu-de-aço (vulg.)
 - o cu-de-aço-inoxidável (vulg.)
 - o cu-de-ferro (vulg.)
 - o rato-de-biblioteca
 - a traça-de-biblioteca

BOOM!
 - bum!
 - bumba!
 - pá!
 - pimba!
 - (tibum!)

BOONDOCKS, in the _____
 (see "in the middle of NOWHERE")

BOOR, the _____ (uncultured person)
 - o bugre[1]
 - o índio
 (see also "the HILLBILLY,"
 "HICKISH")

BOOST, to give a _____ to (favor)
 - dar um <u>empurrão</u> em

BOOT, to _____ (added, extra)
 - de <u>lambuja</u>
 - de <u>lambujem</u>
 - de <u>quebra</u>

BOOTLICKER, the _____
 - o badalador[1]
 - o chaleira
 - o lambedor
 - o puxa (often vulg.)
 - o puxa-saco (often vulg.)
 - o rasga-seda
 - o vaselina
 - o xereta[2]

BOOTLICKING, the _____
 - a badalação[5]
 - a puxação
 - a <u>puxação</u> de saco (often vulg.)
 - o puxa-saquismo (often vulg.)

BOOZE, the _____
 - a birita
 - o carburante
 - o óleo
 - o pau[3]
 - a uca
 (see also "the CACHAÇA," "the
 COCKTAIL")

BOOZER, the _____
 (see "the DRUNKARD")

BORE, the _____ (person)
 (see "the PEST," the 'DRAG'")

BORE, to be a _____
 (see "to be a 'DRAG'")

BORING
 - cacete
 - chato
 - crica
 - cricri
 - maçante
 - maçudo
 - morrinha[2]
 - murrinha
 - paulificante
 - porre
 - sacal (vulg.)
 (see also "BOTHERSOME")

BORN, not to have been _____
 yesterday
 - não ter nascido ontem [<u>nascer</u>]
 - (esse <u>olho</u> é irmão desse)

BORN, to be _____
 - ver a <u>luz</u>

BORROW, to _____
 - emprestar

BORROW, to try to _____ money from
(see "to put the BITE on")

BOSS, the _____
(see "the BIG SHOT")

BOSS, the rural political _____
- o coronel[1]

BOSS, to _____ around
- <u>mandar</u> em

BOSSY (domineering)
- mandão

BOTCH, to _____ up
(see "to MESS up," "to make a
MISTAKE")

BOTHERSOME
- amolante
- bolha[1]
- cacete
- chato
- crica
- cricri
- invocador
- maçante
- maçudo
- morrinha[2]
- murrinha
- paulificante
- pegajento
- pegajoso
- porre
- sacal (vulg.)
(see also "BORING," "the PEST,"
"the 'DRAG'")

BOTTLE, to hit the _____
- chupar[1]
- emborcar
- entornar
- queimar <u>óleo</u>
- virar
- <u>virar</u> gargalo
(see also "to GUZZLE," "to get/be
DRUNK")

BOTTOM, the _____ (rump)
(see "the BEHIND")

BOTTOM, to get to the _____ of
- tirar a <u>limpo</u>
- botar em pratos limpos [<u>prato</u>])

BOUNCER, the _____ (of a nightclub,
bar, etc.)
- o leão-de-chácara

BOY, the _____
- o guri
- o piva

BRAG, to _____ (blow one's own horn)
- arrotar
- <u>arrotar</u> grandeza
- badalar-se
- botar <u>banca</u>[1]
- contar <u>farol</u>
- fazer <u>farol</u>
- contar <u>papo</u>
- contar <u>vantagem</u>
(see also "to SHOW off")

BRAGGART, the _____
- o cartão
- o <u>contador</u> de farol
- o <u>contador</u> de papo
- o <u>contador</u> de prosa
- o farofeiro
- o faroleiro
- o gabola
- o garganta
- [o] papudo
- o presepeiro

BRAGGING, the _____
- o bafo
- o bafo-de-boca
- a farofa[1]
- o farol[1]
- a garganta
- a lambança
- o papo[3]
- a presepada
- a prosa[3]
- a prosopopéia
(see also "the IDLE TALK," "the
LIE")

BRAIN, to be a _____ (intelligent
person)
- ser uma <u>cabeça</u>
- ser um <u>Camões</u>
- ser um <u>crânio</u>
- ser um <u>cuca</u>
- <u>saber</u> mais dormindo do que outros
acordados
- ter <u>tutano</u>

BRAIN, to rack one's _____
- dar tratos à <u>bola</u>
- <u>quebrar</u> a cabeça

BRAINS, the _____ (intelligence)
- a cachimônia
- a cuca[2]
- a <u>massa</u> cinzenta
- os miolos [<u>miolo</u>]

(see also "the HEAD[1]," "the MIND")

BRAINS, to strain one's _____
- fundir a cuca[1]
- queimar a mufa
- quebrar a cabeça

BRAINSTORM, to have a _____
- dar o clique (em)
- dar o estalo (em)
- dar o estalo-de-Vieira (em)

BRASÍLIA
- a novacap

BRAT, the _____ (mischievous child)
- o artista[1]
- o capeta[2]
- o pimenta
- o pivete[1]
- [o] sapeca[2]

BRAVERY, to feign _____
- cartar marra

BRAZIL
- o patropi
- (a filial[2])

BRAZILIAN, the _____
- [o] brasuca

BRAZILIAN (adj.)
- brasuca
- patropi
- tupiniquim

BRAZILIAN-STYLE
- patropi

"BREAD," the _____
(see "the MONEY")

BREAD, the day-old _____
- o pão dormido

BREAK, to give a _____ (to)
- abrir as pernas[2] (vulg.)
- afrouxar a corda
- dar uma colher-de-chá (para)
- dar uma colher-de-sopa (para)
- dar sopa (para)[2]

BREAK, to _____ down (car, machine, engine, etc.)
- enguiçar
- pifar
- dar o prego
- ratear
- (bater pino)

BREAKDOWN, the _____ (car, machine, etc.)
- o enguiço[1]

BREAKS, to get all the _____
(see "to be LUCKY")

BREASTS, the _____ (of a female)
- a leiteria (vulg.)
- os pára-choques [pára-choque] (vulg.)
- (a peitaria [vulg.])

BREATH, the bad _____
- o bafo-de-onça
- o bafo-de-tigre

BREATH, to be out of _____
- botar a alma pela boca
- botar os bofes pela boca [bofe]

BREATH, don't hold your _____!
- pode esperar sentado!

BREEZE, to be a _____
(see "to be a CINCH")

BREEZE, to shoot the _____
(see "to CHAT")

BRIBABLE
- propineiro

BRIBE, the _____
- o abre-a-boca
- a bola[2]
- o cala-a-boca
- a gorjeta
- a gruja[2]
- o jabaculê
- a propina

BRIBE, to take a _____
- comer bola

BRIBE, to _____
- molhar a mão de

BRIDGES, to burn one's _____ behind one
- queimar os navios

"BROAD," the _____
(see "the DAME")

BROKE, to be _____
- estar/andar por baixo
- estar de brisa
- estar de caixa baixa
- estar sem um centavo

- não ter <u>dez-réis</u>
- estar <u>durango</u>
- estar <u>durango</u> kid
- estar <u>durão</u>
- estar <u>duro</u>
- estar sem <u>eira</u> nem beira
- estar <u>limpo</u>
- estar <u>liso</u>
- estar <u>liso</u>, leso e louco
- estar na (última) <u>lona</u>
- estar/andar matando cachorro a grito [<u>matar</u>]
- estar no <u>miserê</u>
- estar a <u>nenhum</u>
- estar sem um <u>níquel</u>
- andar/estar na <u>onça</u>
- estar na <u>pendura</u>
- estar a <u>perigo</u>
- estar na <u>pindaíba</u>
- estar na <u>pior</u>
- estar na <u>prontidão</u>
- estar <u>pronto</u>
- não ter um <u>puto</u> (vulg.)
- estar <u>quebrado</u>
- estar de <u>tanga</u>
- estar <u>teso</u>
- estar sem um <u>tostão</u> (furado)
- estar sem um <u>tusta</u>
- estar sem <u>vintém</u>
- estar reduzido a <u>zero</u>
- (estar mais <u>duro</u> que pau de tarado [vulg.])
(see also "to be DOWN and out")

BROKE, one who is _____
- o pronto

BROTHEL, the _____
- a casa-das-primas
- a casa-de-putaria (vulg.)
- o curro
- a pensão
- a putaria[3] (vulg.)
- o puteiro (vulg.)
- (o castelo)
- (o randevu)
- (o rendez-vous)

BROTHER (voc.)
- mano[1]

BRUISER, the big _____
- o latagão

BRUSHED, not to be easily _____ off
- não ser de jogar/botar <u>fora</u>

BRUSH-OFF, to be given the
- levar um <u>bico</u>[2]
- levar um <u>chute</u>[2]

- levar um <u>fora</u>[1]

BUCK, passing the _____
- o <u>jogo</u> de empurra

BUCKET, to kick the _____
(see "to DIE")

BUCKTEETH, the _____
- a dentuça

BUCKTOOTHED
- dentuço

BUDDY, the _____
(see "the FRIEND")

BUDDY (voc.)
(see "FRIEND")

BUDDY, the bosom _____
- o <u>amigo</u> do lado esquerdo
- o <u>amigo</u> do peito

"BUG," to _____
(see "to PESTER")

BULL, to be as graceful as a _____ in a china shop
- ser gracioso/delicado como <u>elefante</u> em cristaleira

BULL, the _____ session
(see "the CHAT")

BULL, to shoot the _____
(see "to CHAT")

BULL, to take the _____ by the horns
- meter a <u>cara</u>
- meter os peitos [<u>peito</u>]
- tomar o <u>pião</u> na unha
- pegar o <u>touro</u> à unha
- pegar o <u>touro</u> pelos chifres

BULLET, the _____
- a ameixa
- o arrebite[1]
- a azeitona
- a brasa[3]
- o chumbo
- (o teco)

BULLY, the _____ (the tough guy)
- o bamba[1]
- o bambambã[1]
- o cabra-macho
- o durão
(see also "the HOODLUM")

BUM, the _____ (vagrant, tramp)
 - o maloqueiro
 - o vagau
 - o vira-lata[2]
 (see also "the GOOD-FOR-NOTHING")

BUM, to _____ (a cigarette)
 - filar[1] [um cigarro]
 - (fumar se-me-dão)

"BUMMER," to be a _____
 (see "to be a 'DRAG'")

BUNDLE, a/the _____ (a lot of money)
 (see "a/the pretty PENNY")

BUNGLE, to _____
 (see "to make a MISTAKE")

BUNGLER, the _____
 - o barbeiro[2]
 - o perna-de-pau
 - (o fuleiro[1])
 (see also "the CLUMSY person")

BUNGLING, the _____ (incompetency)
 - a barbeiragem[2]

BUNGLING (adj.)
 - perna-de-pau

BUREAUCRAT, the petty _____
 - o barnabé
 - o bernabé

BURGLAR, the _____
 (see "the THIEF")

BURLESQUE, the _____ show (revue)
 - o teatro rebolado

BURY, to _____ the hatchet
 - fazer as pazes [paz]

BUS, the _____
 - o coletivo
 - o mercedes de chofer
 - o papa-filas
 - (o chifrudo[2])
 - (o frescão)
 - (o gostosão)
 - (a jardineira)

BUS, the back of the _____
 - a cozinha do ônibus

"BUSHED," to be _____
 (see "to be TIRED out")

BUSINESS, to be none of (one's) _____
 - não ser da conta de

BUSINESS, to get down to _____
 - arregaçar as mangas [manga]

BUSINESS, to mean _____
 - falar para valer

BUSINESS, this _____ of
 - isso de

BUSINESS, will you mind your own
 _____?
 - perdeu o nariz aqui?

"BUSTED," to get _____
 (see "to go to JAIL")

BUSTLINE, the well-developed _____
 - a peitaria
 (see also "the BREASTS")

BUSTY, to be _____ (big-breasted)
 - [ser] patriota
 - [ser] peituda
 - [ser uma] vaca-leiteira[2]

BUSY, to be _____ with
 - estar/andar às voltas com
   [volta]

BUSY, to be very _____
 - estar abafado
 - estar num sufoco

BUSYBODY, the _____
 - o bisbilhoteiro
 - a comadre
 - o entrão
 - o mequetrefe[1]
 - o palpiteiro
 - o peru[2]
 - o xereta[1]
 (see also "the GOSSIPER")

BUT (however)
 - mas porém

BUTT, the _____ of all jokes
 - o pele da turma

BUTT, to _____ in[1] (meddle)
 - meter o bedelho (em)
 - meter o bico (em)
 - meter a cara (em)
 - meter a colher (em)
 - meter a colher enferrujada (em)
 - meter a colherada (em)
 - meter as fuças (em) [fuça]

  - _fuçar_ (em)
  - _meter-se_ onde não é chamado
  - meter o _nariz_ (em)
  - meter a _pata_ (em)
  - xeretar
  - xeretear[1]
  - (não dê seu _apito_!)
  - (futicar)
  - (futucar)

BUTT, to _____ in[2] (a line)
  - furar[2]

BUTTER, to _____ up
(see "to LICK [the] boots [of],"
"to FAST-TALK")

BUTTERBALL, to be a _____ (be fat)
  - ser uma _bola_[1]
  - ser um _bolo_ fofo

BUTTERFINGERS, the _____
  - o mão-de-manteiga
(see also "the CLUMSY person")

BUTTON, on the _____ (exactly)
  - na _batata_[1]
  - _nem_ para lá nem para cá

C

CABLE-CAR, the _____ (elevated
cableway)
- o bondinho

CACHAÇA (and cachaça drinks)
- a abrideira
- a água-que-passarinho-não-bebe
- aquela-que-matou-o-guarda
- a birita
- a boa[2]
- a branquinha
- a cana[1]
- a canjebrina
- a januária
- o marafo
- o mata-bicho
- o óleo
- o parati
- a pinga
- o pitu
- a pura
- a uca
- (a batida[1])
- (a caipirinha)
- (o leite-de-onça)
- (o limãozinho)
- (o samba)
- (o xixi-de-anjo)
(see also "the BOOZE," "the
COCKTAIL")

CAFÉ AU LAIT, the large _____
- a média

CALL, to _____ for (require)
- puxar[2]

CALM, to _____ down
- tirar o(s) cabelo(s) da venta
[cabelo]
- maneirar[1]
- manerar
- (devagar!)
- (sossega, leão! [sossegar])

CALMED, _____ down
- de cabeça fria

CANDLE, not to be able to hold a
_____ to
- não chegar aos pés de [pé]

CAPOEIRA, the _____ fighting
- a capoeira

CAPOEIRA, one skilled in _____
- o capoeirista

CAPOEIRA, to practice _____
- pular[2]

CAR, the _____
- a borracha
- a caranga
- o carango
- a carreta
- a máquina[1]
- o pé-de-borracha
- o rodante
(see also "the JALOPY")

CAR, the _____ with large tail fins
- o rabo-de-peixe

CAR, the hot _____ (stolen auto)
- a cotia
- [o carro] frio

CAR, the girl who is after a guy only
for his _____
- a maria-gasolina

CAR, the large (American) _____
- o carrão

CAR, the rear-engine _____ (esp. old
Renault)
- o rabo-quente

CARD, to be a _____ (amusing person)
- ser uma bola[2]
- ser um número

CARDS, to lay one's _____ on the
table
- abrir o jogo
- botar as cartas na mesa [carta]
- descobrir o jogo[1]
- entregar o jogo[1]
- (falar sem rodeios [rodeio])

CARDSHARP, the _____
- o batoteiro

CARE, I can take _____ of myself
- (eu) sou mais eu [ser])

CARE, to take _____ of
- tomar conta de

CARE, to _____ (about)
- dar bola (para)[1]
- dar bolas (para) [bola]
- ligar (para)[1]
- dar pelota (para)

- dar pelotas (para) [pelota]
- dar sopa (para)[1]

CARE, not to _____ less about
(see "not to give a DARN [about]")

CARELESSLY
- à toa[2]

CARESS, to _____
- fazer festas a[2] [festa]

CARNIVAL, the Brazilian _____
- o carná

CARNIVAL, the _____ costume
- a fantasia

CARNIVAL, the _____ dancing
- o pula-pula

CARNIVAL, the _____ music truck
- o trio-elétrico

CARNIVAL, the _____ parade unit
- o bloco

CARNIVAL, the _____ perfume squirter
- o lança-perfumes

CARNIVAL, the _____ "samba school"
- a escola de samba

CARNIVAL, the _____ smock
- a mortalha

CARNIVAL, to celebrate/dance _____
- pular carnaval

CARNIVAL, to dress (oneself) up in
_____ costume
- fantasiar-se

CARNIVAL, the group of _____
celebrants
- o cordão

CARPENTER, the _____
- o carpina

CARRY, to _____ on
(see "to make a SCENE")

CART, to put the _____ before the
horse
- colocar o carro adiante dos bois

CARTWHEEL, the _____ (gymnastics)
- o aú

CASE, to be a hopeless _____ (said of
a person)
- ser um caso perdido

CASE, in that _____
- aí[2]

CASE, just in _____
- pelo sim, pelo não
- por via das dúvidas

CASH, the hard _____ (ready money)
- o dinheiro vivo
- a erva viva
- (a pelega)
(see also "the MONEY")

CASH, to have _____ (be carrying
money)
- estar prevenido

CASH, in _____
- na ficha

CASTLES, to build _____ in the air
- fazer castelos no ar [castelo]

CAT, the _____ ate it!
- o gato comeu!

CAT, has the _____ got your tongue?
- o gato comeu sua língua?

CATCH, (but) there's a _____
- (mas) tem uma coisa

CATCH, the "good _____" (marriage
prospect)
- o bom partido

CATCH, to _____ (a girl friend or
boyfriend)
- amarrar[2]
- ganhar

CATCH, to _____ on (understand)
- dar pela coisa
- pegar a deixa
- morar na jogada
- sacar o lance
(see also "to UNDERSTAND")

CATCH, to _____ up on events
- botar a escrita em dia[1]

CATCH, to _____ with one's pants down
- pegar com as calças na mão

CATCH, you're going to _____ it!
- vai ter (comigo)!

CATER, to _____ to the whims of
 - paparicar[1]
 - fazer as vontades de [vontade])

CAUTIOUS
 - escaldado

CAUTIOUSLY, to act _____
 - pisar em ovos

CAVITY, the large _____ (tooth decay)
 - a panela

CEILING, to hit the _____
 (see "to get/be MAD")

CELLAR, the "_____ dweller" (sport.)
 - a lanterna
 - a lanterninha

CENSORSHIP, the _____
 - a rolha

CEREMONY, to stand on _____
 - fazer cerimônia

CERTAIN, a _____ person named
 - um tal de

CERTAIN, to be _____ that
 - ser batata que

CERTAINTY, with _____
 - na batata[2]
 - no duro

CHALLENGE, the _____
 - a parada[2]

CHALLENGE, to accept the _____
 topar a jogada
 topar a parada

CHAMP, like a _____ (well)
 (see "SPLENDIDLY")

CHAMPION, the _____
 (see "the EXPERT")

CHANCE, not a _____!
 - que esperança!
 - pode esperar sentado!

CHANCE, to stand no _____
 - não ter vez

CHAP, the _____
 (see "the GUY")

CHAPERON, the _____
 - o pau-de-cabeleira

CHAPERON, to _____ (a couple)
 - segurar a vela

CHARACTER, to be a _____
 (see "to be a CARD")

CHARGE, to take _____ of
 - tomar conta de

CHARM, the _____
 - o borogodó
 - os quitutes[2] [quitute]
 - o veneno

CHARM, to have _____
 (see "to have a certain SOMETHING")

CHARM, to turn on the _____
 - fazer charme
 - fazer charminho

CHARMING
 - charmoso

"CHASE," to _____ (someone of the
 opposite sex)
 - batalhar[1]
 - dar uma paquerada[1] [em]
 - paquerar[1]

CHAT, the _____ (informal
 conversation)
 - o bate-caixa
 - o bate-papo
 - dois dedos de prosa [dedo])
 - o papo[1]
 - o plá[2]
 - a prosa[1]
 - a trela

CHAT, to _____
 - boquejar
 - bater (uma) caixa
 - engrenar um papo
 - milongar[1]
 - papear
 - bater (um) papo
 - dar papo
 - levar um papo
 - bater um plá
 - tirar uma prosa
 - prosear
 - puxar conversa
 - dar trela (para)[1]

CHATTER, to _____ (talk rapidly and
 incessantly)

- <u>falar</u> como (um) papagaio
- gralhar
- estar com a <u>matraca</u> solta
- matracar
- matraquear
- papagaiar
- papaguear
- tagarelar
- estar com a <u>tramela</u> solta

CHATTERBOX, the _____
- a gralha
- o gramofone
- a lavadeira
- a matraca
- o papagaio[1]
- [o] papudo
- o tagarela
- a vitrola
(see also "the BLABBERMOUTH")

CHATTERBOX, to be a _____
- falar pelos cotovelos [<u>cotovelo</u>]
- <u>falar</u> mais do que o homem da cobra
- <u>falar</u> mais do que o preto do leite
- ter a <u>língua</u> comprida
- ter engolido uma agulha de <u>vitrola</u>

CHEAP[1] (inexpensively)
- de <u>graça</u>
- a <u>preço</u> de banana

CHEAP[2] (shoddy)
- bunda (vulg.)
- chinfrim
- fuleiro
- furado
- mambembe[1]
- micha
- micho
- michuruca
- mincha
- minchuruca
- pé-duro
- vagabundo
(see also "LOUSY")

CHEAPSKATE, the _____
(see "the TIGHTWAD")

CHEAT, the _____
(see "the SWINDLER")

CHEAT, to _____[1]
(see "to SWINDLE")

CHEAT, to _____[2] (on exams)
- colar[3]
- pescar[2]
- (soprar)

CHEAT, to _____ on (be sexually unfaithful to)
(see "to CUCKOLD")

CHEATED, to be _____
(see "to be SWINDLED")

CHEATER, the _____ (on exams)
- o colador
- (o espírito-santo-de-orelha)
- (o soprador)

CHEATING, the _____[1] (on exams)
- a cola[1]
- a pesca
- a pescaria

CHEATING, the _____[2] (at cards)
- a batota[1]

CHEAT-SHEET, the _____
- a cola[2]
- (o bizu[1])

CHECK, the good _____ (legitimate)
- o cheque <u>quente</u>

CHECK, the rubber _____ (one that bounces)
- o <u>cheque</u> borrachudo
- o <u>cheque</u> bumerangue
- o <u>cheque</u> de borracha
- o cheque <u>frio</u>

CHECK, the rubber _____ that one must race to the bank to cover
- o <u>cheque</u> atleta
- o <u>cheque</u> voador

CHECK, to _____ (verify)
- checar

CHECK, to "_____ in" (make a routine appearance)
- assinar o <u>ponto</u>

CHEER, to _____ (someone) up
- tirar da <u>fossa</u>

CHEERS!
- saúde![2]
- tim-tim!

CHEESE! (said while taking a photograph)

- giz!

CHEST, to get something off one's
_____
- abrir-se[1]
- desembuchar
- despejar o saco
- dar o serviço[2]
(see also "to INFORM [on]," "to
BLAB")

CHESTNUTS, to have someone else pull
one's _____ out of the fire
- tirar a castanha com a mão do
gato
- tirar a sardinha com a mão do
gato

CHEW, to _____ out
(see "to SCOLD")

CHEW, to _____ the fat/rag
(see "to CHAT")

CHIC, terribly _____
- podre de chique

CHICKEN, the _____
(see "the COWARD")

CHICKEN, to be _____ (act cowardly)
- [ser uma] galinha[1]
- mijar para trás (vulg.)
- ter sangue de barata

CHICKEN, to _____ out (act cowardly)
- agalinhar-se[1]
- cagar-se[2] (vulg.)
- mijar para trás (vulg.)
- mijar-se (de medo) (vulg.)
- pedir penico

CHICKENS, to go to bed with the _____
(fig.)
- dormir/deitar-se com as galinhas
[galinha]

CHILD, the _____
(see "the KID")

CHIP, to be a _____ off the old block
- ser filho de seu pai

CHIP, to _____ in (contribute)
- cuspir
- pingar

CHISELER, the _____
(see "the SWINDLER")

CHOICE, good _____!
- boa pedida!

CHOOSE, to _____
- ir de

CHOOSE, to _____ carefully (hand-
pick)
- escolher a dedo

CHORDS, to be able to pick out a few
_____ (on the guitar)
- bater cordas

CHOW, the _____
(see "the FOOD")

CHOW, to _____ down
(see "to EAT")

CIGARETTE, the _____
- o crivo
- o giz
- o pito[3]
- as vinte
(see also "the 'JOINT'[2]")

CIGARETTE, the _____ butt
- a baga
- a bagana
- a coxia[2]
- a guimba
- as vinte
(see also "the 'ROACH'")

CIGARETTE, the cheap _____
- o mata-rato(s)

CIGARETTE, the strong _____
- o estoura-peito

CIGARETTES, the Continental brand
_____
- onze-letras

CINCH, the _____
- a barbada[1]
- a garapa
- a sopa
(see also "to be a CINCH")

CINCH, to be a _____
- ser barbada
- ser café-pequeno
- ser canja
- ser de colher
- ser mais fácil do que tirar doce
de criança
- ser favas contadas [fava]
- ser de letra

- ser <u>mangaba</u>
- ser <u>mole</u>
- ser <u>moleza</u>
- ser <u>pinto</u>
- ser <u>sopa</u>
- ser <u>tiro</u> e queda

CINDERELLA, the _____ (menial
homebody)
- a gata-borralheira

CIRCULATION, to be out of _____
(engaged or married)
- estar <u>amarrado</u>
- ser <u>papel</u> queimado

CIRCUMFLEX, the _____ accent mark
- o chapeuzinho

CITY, the _____
-.a paróquia
- a praça

CLAMP, to _____ down on
(see "to give a HARD TIME to," "to
PRESSURE")

CLARIFY, to _____
- tirar a <u>limpo</u>
- lançar <u>luz</u> sobre
- botar em pratos limpos [<u>prato</u>]
- <u>trocar</u> em miúdos

CLASS, the (graduating) _____
- a turma[2]

CLASS, to have _____ (be classy)
- ter <u>classe</u>

CLEAN, to have a _____ record
- ter a <u>ficha</u> limpa

CLEAN, to _____ out (someone,
something) (leave penniless)
- depenar
- limpar
- reduzir a <u>zero</u>

CLEAN, to _____ up
(see "to make a MINT," "to WIN by a
mile")

CLEAR, _____ as mud (unclear)
- <u>claro</u> como a noite

CLEARED, the weather _____ up
- o tempo abriu [<u>abrir</u>])

CLEVER
- batuta[2]

CLINCHER, the _____ (decisive
argument)
- o tira-teimas

"CLINK," the _____
(see "the JAIL")

CLIP, to _____ the wings of
- <u>cortar</u> as asas de

CLIQUE, the _____
- a chacrinha
- a igrejinha
- a panelinha

CLITORIS, the _____
- o grelo (vulg.)
- o pinguelo[2] (vulg.)

CLOSE, very _____ (within inches)
- <u>rente</u> como pão quente

CLOSING, the rapid _____ of houses
and shops (panic reaction)
- o fecha-fecha

CLOTH, to be cut from the same _____
- ser <u>farinha</u> do mesmo saco
- ser <u>retalho</u> da mesma peça
- ser <u>vinho</u> da mesma pipa

CLOTHES, the _____
- a beca
- a encadernação
- os panos [<u>pano</u>]
- (o <u>pano</u> legal)

CLOTHES, what baggy _____ you're
wearing!
- o <u>defunto</u> era maior
- o <u>falecido</u> era maior

CLOUDS, to be way off in the _____
- andar no mundo da <u>lua</u>
- estar nas nuvens [<u>nuvem</u>]
(see also "to be OUT-OF-IT[2]")

CLOWN, to _____ around
- fazer macaquices [<u>macaquice</u>]

CLOWNING, the _____
- a papagaiada

CLUE, the _____
(see "the HINT")

CLUMSILY
- como <u>paulista</u> no samba

CLUMSINESS, the _____
- a barbeiragem[2]

CLUMSY
- <u>cheio</u> de dedos[1]
- errado
- fundo

CLUMSY, the _____ person
- o barbeiro[2]
- o mão-de-manteiga
- o perna-de-pau
- o sem-jeito
- (ser gracioso/delicado como
<u>elefante</u> em cristaleira)

CLUTCHES, the _____
- as garras [<u>garra</u>]

COACH, to _____ (supply with clues
for an exam)
- bizurar

COAST, for the _____ not to be clear
- estar <u>sujeira</u>

COAST, for the _____ to be clear
- estar <u>limpeza</u>

COASTER, the paper beer _____
- o biscoito
- a bolacha[2]

COAX, to _____
(see "to FAST-TALK")

COAXED, to want to be _____
- fazer <u>cu</u> doce (vulg.)
- fazer <u>doce</u>
- fazer-se de <u>rogado</u>

COCA-COLA, the _____
- a coca[1]

COCAINE, the _____
- a coca[2]
- o pó

COCKTAIL, the <u>cachaça</u>-and-cola _____
- o samba

COCKTAIL, the <u>cachaça</u>-and-fruit-
juice _____
- a batida[1]

COCKTAIL, the <u>cachaça</u>-and-lemon
_____
- a <u>batida</u> [de limão]
- a caipirinha
- o limãozinho

COCKTAIL, the _____ party
- o coquetel

COCKTAIL, the rum-and-vermouth _____
- o rabo-de-galo

CODDLE, to _____
(see "to CATER to the whims of")

COFFEE, the _____ diluted with water
- o café <u>carioca</u>

COFFEE, the weak (American-style)
_____
- o chafé

COFFEE-COLORED
- café-com-leite

COFFIN, the _____
- o envelope-de-madeira
- o paletó-de-madeira
- o pijama-de-madeira
- o terno-de-madeira

COHABIT, to _____
(see "to LIVE together [with]")

"COLD," to be _____ (way off the mark
in a game)
- estar <u>frio</u>

COLD, to be given the _____ shoulder
- levar uma <u>fria</u>

COLD, _____ as ice
- <u>frio</u> como gelo

COLD, to give the _____ shoulder
- dar uma <u>fria</u> (em)
- botar na <u>geladeira</u>[2]
- gelar[1]
- dar um <u>gelo</u> (em)

COLD, to be left out in the _____
(see "to be left HIGH AND DRY")

COLD, to have a head _____
- estar <u>entupido</u>[1]

COLLEGE, to go to _____
- fazer <u>faculdade</u>

COLLISION, the _____
- a batida[3]
- a pechada
- a trombada

COLOR, of indefinite _____
- cor-de-burro-quando-foge

COME, _____ again! (what?, I beg your pardon!)
- _como_ é que é?
- _hein_?
- _hem_?

COME, _____ back!
(see "DROP by [again] some time!")

COME, _____ closer!
- chega para cá! [_chegar_]

COME, to _____ into (win unexpectedly)
- abiscoitar[1]

COME, to _____ into some money
- entrar nos cobres [_cobre_]

COME, _____ off it!
- de _araque_!
- _assim_ não!
- _comigo_ não!
- corta essa! [_cortar_]
- corta isso! [_cortar_]
- deixa disso! [_deixar_]
- espera aí![2] [_esperar_]
- _essa_ não!
- _eu_, hein?[2]
- faça-me o _favor_!
- vá pregar noutra freguesia! [_ir_]
- _isso_ não!
- que é _isso_?
- de _lado_!
- _nem_ vem!
- _nem_ vem, que não tem!
- _ora_ essa!
- _pera_ aí!
- peraí!
- _qual_ é?
- quebra essa! [_quebrar_]
- quebra isso! [_quebrar_]
- sai dessa! [_sair_]
- _sem_ essa!
(see also ". . . my EYE!," "CUT it out!," "NONSENSE!")

COME, to _____ out with
(see "to BLURT out")

COME, _____ right back!
- um _pé_ lá e outro cá!

COME, to _____ through (deliver the goods)
- dar _conta_ do recado
- dar no _couro_
- dar o _recado_

COME, to _____ to (regain consciousness)
- _voltar_ a si

COME, _____ what may
- nem que chovam canivetes [_chover_]
- quer chova quer faça sol [_chover_]

COMIC, the _____ book
- o gibi

COMMON FOLK, the _____
- o povão
- o povo-povo

COMMOTION, the _____ (uproar, disturbance)
- a alaúza
- o arranca-rabo
- o auê
- o bababá
- a baderna
- o bafafá
- a bagunça[2]
- a bagunçada
- o banzé
- o bate-fundo
- o bicho[6]
- o bode[1]
- o bolo
- a bronca[3]
- o carnaval
- o chinfrim[1]
- a confa
- o cu-de-boi (vulg.)
- o deus-nos-acuda
- o escândalo
- o fandango
- a fofoca[2]
- o forró
- o forrobodó[2]
- o frege[2]
- o furdúncio
- o furdunço
- o furrrundu[2]
- a fuzarca[2]
- o fuzuê
- o mafuá[1]
- a onda[2]
- a quizumba
- a rebordosa
- o rebu
- o rebuceteio (vulg.)
- o rififi
- o rolo[1]
- a salada
- a _salada_ russa
- o salseiro
- o sururu

- a zona[3]
- a zorra
(see also "the FIGHT")

COMMOTION, to create a _____
  (see "to make/create a FUSS")

COMMUNIST, the _____
  - o comuna
  - a melancia

COMPLAIN, to _____ (gripe)
  - bronquear
  - bufar
  - chiar
  - espernear
  (see also "to get/be MAD")

COMPLAIN, to _____ without reason
  - chorar de barriga cheia

COMPLAINT, the _____
  - a bronca[2]

COMPLICATED
  - cabeludo[2]
  - embrulhado
  - enrolado
  - (mais enrolado do que papel
  higiênico)
  - (mais enrolado do que pentelho de
  africano [vulg.])

COMPLICATIONS, to create _____
  - dar (um) bode
  - dar (um) bolo
  - dar galho
  - dar grilo

CONCEITED
  (see "SNOBBISH")

CONCEITED, to be _____
  - [achar-se] o máximo
  - ser prosa
  - ter o rei na barriga
  (see also "SNOBBISH," "to act
  SNOBBISH")

CONDOM, the _____
  - a camisa
  - a camisa-de-vênus
  - o protetor (higiênico)

CONFUSED, to get/be _____
  (see "to get/be MIXED up")

CONFUSION, the _____
  (see "the MIX-UP," "the MESS[1]")

CON GAME, the _____
  (see "the SWINDLE")

CON MAN, the _____
  (see "the SWINDLER")

CONNECTIONS, to have _____
  (see "to have 'PULL'")

CONSCIENCE, to examine one's _____
  - pôr a mão na consciência

CONSPICUOUS, to be _____
  - dar bandeira
  - dar na cara
  - dar na pinta
  - dar pinta
  - dar na vista

CONSTIPATED, to be _____
  - estar entupido[2]

CONSTRUCTION, to be under _____
  - estar em/no osso

CONTRARINESS, the _____
  - o espírito-de-porco[1]

CONTRIVED (artificial, forced)
  - biônico
  - feito a martelo

CONTROL, to be in _____ of the
  situation
  - ter a faca e o queijo na mão

CONTROL, to take _____
  - tomar as rédeas [rédea]

CONTROVERSIAL, to be _____
  - causar espécie

CONVERSATION, after some _____
  - conversa vai, conversa vem

COOK, the _____
  - o chofer-de-fogão

COOK, to _____ up (plan, conceive)
  - bolar
  - craniar

COOKING, what's _____?
  (see "what's NEW?")

COOL, to lose one's _____
  (see "to get/be MAD [at]," "to lose
  one's HEAD")

"COOL HEAD," the _____ (calm, collected person)
- o cabeça-fresca
- o cuca-fresca

COOL-HEADED, to be _____
- ter a cabeça fria

COOPERATIVE, to be _____
- ser camarada

COP, the _____
(see "the POLICEMAN")

COPS, the _____
(see "the POLICE")

COPULATE, to _____ (with)
(see "to have SEX [with]")

COPULATION, the _____
(see "the SEXUAL intercourse")

COQUETTE, the _____ (flirtatious female)
- a galinha³
- [a] sapeca¹
- a vassoura
- (a sirigaita)

COQUETTISH
- sapeca¹

COQUETTISHNESS, the _____
- a sapequice

CORE, to the _____
- até debaixo d'água
- de quatro costados [costado]
- da gema
- de pai e mãe

CORPSE, the _____
- o presunto

CORRUPTION, the _____ (official scandal)
- o panamá
(see also "the BRIBE")

COUGH, the croupy _____
- a tosse de cachorro

COUNT, _____ me in!
- estou nessa (boca)!

COUNT, to be able to _____ them on one hand
- poder contar nos dedos

COUNT, to _____ one's chickens before they hatch
- contar com o ovo na galinha
- contar com o ovo no cu da galinha (vulg.)

COUNTER, under the _____
- por trás da cortina
- por baixo da mesa
- por baixo do pano
(see also "SECRETLY")

COUNTERFEIT, the _____ money machine
- a guitarra

COUNTERFEITER, the _____
- o guitarrista

COURAGE, the _____
- o peito

COURAGE, to muster _____ in the depth of despair
- fazer das tripas coração [tripa]

COURSE, the crash _____
- o cursinho
- o vestiba

COURSE, to make up a _____ (class)
- fazer segunda época

COURSE, of _____!¹ (certainly)
- claro!
- lógico!
- pois é!

COURSE, of _____!² (acceding to a favor or request)
- como não!
- pois não!

COURSE, to take a _____ (class)
- tirar um curso

COVER, the inside _____ flap (of a book)
- a orelha

COVER, to _____¹ (a news story)
- cobrir¹

COVER, to _____² (protect, keep covered with a weapon)
- dar cobertura a
- cobrir²

COVER, to _____ oneself (protect one's own interests)

- não dar ponto sem nó
- não pregar/meter prego sem estopa

COVERAGE, the news _____
- a cobertura[2]

COVERED, to be _____ with (full of)
- estar cheio de

COVET, to _____
- botar o olho gordo em
- botar o olho grande em
- estar de olho em

COVETING, to be left hopelessly _____
- comer com a testa
- ver com os olhos e comer com a testa

COWARD, the _____
- [o] arregado
- o arregador
- [o] arreglado
- o arreglador
- o bunda-mole (vulg.)
- o bundão (vulg.)
- o cagão[2] (vulg.)
- a galinha
- o merdão (vulg.)
- o mijão (vulg.)

COWARDICE, the _____
- a galinhagem

COWARDLY
- arregado
- arregador
- arreglado
- arreglador
- frouxo

CRACK, to _____ down on
(see "to give a HARD TIME," "to PRESSURE")

CRAFTY
(see "SLY")

CRAMP, to _____ the style of
(see "to SPOIL things for")

"CRASH," to _____ (sleep)
(see "to go to SLEEP," "to NAP")

CRASH, to _____ the gate, a party, etc.
- entrar de carona
- entrar de peru
- entrar pela janela[2]

- furar[3]
- penetrar

CRAVING, the _____
- a secura[1]

CRAZY
- abilolado
- aloprado
- biruta
- biruto
- doido de pedras
- gira
- lelé
- lelé da cuca
- leso
- louquete
- pancada
- píssico
- porra-louca (vulg.)
- psico
- ruim da cabeça
- tantã

CRAZY, to be _____
- ter uma aduela de mais
- ter uma aduela de menos
- não ser certo da bola
- ser virado da bola
- sofrer da bola
- ter uma bola de mais
- ter uma bola de menos
- estar com a cuca fundida[1]
- ter a cuca frouxa
- estar eminhocado
- não girar bem
- ter macaquinhos no sótão
- estar com minhocas na cabeça
- estar de miolo mole
- ter um parafuso de mais
- ter um parafuso de menos
- ter um parafuso frouxo
- estar pinel
- estar pirado
- estar pirado da cuca
- estar pirado da idéia
- não regular bem
- estar tarado
- ter uma telha de mais
- ter uma telha de menos
- estar zureta

CRAZY, to be _____ about
- adorar
- estar amarrado em
- estar arriado dos quatro pneus por
- estar amarrado por
- ser amarrado em
- estar babado por

- estar de <u>beiço</u> caído por
- estar <u>caído</u> por
- dar o <u>cavaco</u> por
- dar um <u>dente</u> por
- estar <u>derretido</u> por
- andar <u>doido</u> por
- estar <u>doido</u> por
- ser <u>doido</u> por
- estar <u>enrabichado</u> por
- estar <u>fissurado</u> em
- ter um <u>fraco</u> por
- estar <u>gamado</u> em
- estar <u>gamado</u> por
- ser <u>gamado</u> em
- ser <u>gamado</u> por
- estar <u>louco</u> por
- ser <u>louco</u> por
- estar <u>parado</u> em
- ser <u>parado</u> em
- andar <u>roxo</u> por
- estar <u>roxo</u> por
- ser <u>tarado</u> por
- estar <u>vidrado</u> em
- estar <u>vidrado</u> por
- ser <u>vidrado</u> em
- ser <u>vidrado</u> por
- ([eu] gosto que me enrosco [<u>gostar</u>])
- (estar <u>ligado</u> [em])

CRAZY, to drive _____[1]
- fundir a <u>cuca</u> de[1]
- queimar a <u>mufa</u> de

CRAZY, to go _____[1]
- fundir a <u>cuca</u>[1]
- descompensar
- embirutar
- perder o <u>juízo</u>
- dar a <u>louca</u>
- queimar a <u>mufa</u>
- pirar[2]

CRAZY, to go _____ over
- <u>alucinar-se</u> por
- <u>amarrar-se</u> com
- <u>babar-se</u> por
- <u>derreter-se</u> por
- <u>encucar</u> em
- <u>enrabichar-se</u> por
- <u>fissurar</u> em
- <u>gamar</u> em
- <u>gamar</u> por
- <u>gamar-se</u> em
- <u>gamar-se</u> por
- <u>vidrar</u> em
- <u>vidrar</u> por

CREAM, the _____ (choicest part)
- o filé

- a fina <u>flor</u>
- a nata

CREDITOR, the _____
- o cadáver

CREEK, to be up the _____ without a paddle
- estar numa <u>canoa</u> furada
- estar catando minhoca no asfalto [<u>catar</u>]
- estar no <u>mato</u> sem cachorro
(see also "to be in a JAM," "to be in the worst WAY")

CRESTFALLEN, to be _____
- abaixar a <u>cabeça</u>
- abaixar a <u>crista</u>
- abaixar a <u>grimpa</u>
- abaixar o <u>topete</u>

CRIME, to be mixed up in a _____
- ter culpas no cartório [<u>culpa</u>]

CRIPPLE, the _____ (one who limps)
- o deixe-que-eu-chuto

CRITICISM, the _____
- a malhação
- o piche

CRITICIZE, to _____ (run down, backbite)
- <u>arrastar</u> pela lama[2]
- baixar o <u>cacete</u> em[2]
- fazer a <u>caveira</u> de
- dizer cobras e lagartos de [<u>cobra</u>]
- descascar[1]
- escrachar[1]
- meter a <u>lenha</u> em[2]
- malhar
- marretar[1]
- baixar/meter (o) <u>pau</u> em[2]
- pichar
- baixar o <u>porrete</u> em[2]
- queimar[1]
- botar mais <u>raso</u> que o chão
- meter a <u>ripa</u> em[2]
- baixar o <u>sarrafo</u> em[2]
- <u>sujar</u> o cartaz de
- meter a <u>taca</u> em
- tesourar
- (afiar a <u>língua</u>)

CROOK, the _____
(see "the SWINDLER," "the HOODLUM")

CROSS, to _____ one's fingers (in Brazilian fashion)

- fazer _figa_

CROWD, the _____ (of people)
- o enxame
- o formigueiro

CROWD, to go along with/follow the
_____
(see "to jump on the BANDWAGON")

CROWDED, to be _____ (with people)
- ser/estar _cheio_ de gente
- ser/estar assim de _gente_

CROW'S-FEET, the _____ (wrinkles
around eye)
- os pés-de-galinha [_pé-de-_
galinha]

"CRUISE," to _____ (search for sexual
companionship)
- dar uma _badalada_
- badalar[5]
- batalhar[3]
- dar uma _caçada_
(see also "to STREETWALK," "to be
on the MAKE")

CRUMMY
(see "LOUSY," "CHEAP[1]")

CRUX, the _____ of the problem
- o _X_ do problema

CRUX, there's the _____ of the
matter!
- _aí_ (é que) está!
- aí é que são elas! [_ela_]
- aí é que a _porca_ torce o rabo!

CRUZEIRO, the _____
- a cruza
- o mango
- o pau[2]
- o pedrinho
- o pedro
- a prata
- (o antigo)
- (o novo)

CRUZEIRO, the fifty old _____ note
- o galo[2]

CRUZEIRO, the five-hundred old _____
note
- a quina

CRUZEIRO, the five-thousand old _____
note
- o tiradentes[2]

CRUZEIRO, the one-hundred old _____
note
- a perna

CRUZEIRO, the ten-thousand old _____
note
- o santos-dumont

CRUZEIRO, the two-hundred old _____
note
- o duque

CRUZEIROS, one thousand _____
- a abobrinha
- o barão
- o cabral
- o conto
- o jirau
- a luca
- a milha

CRY, to _____ one's eyes out
- _chorar_ pitangas
- abrir a _torneira_
(see also "to BAWL")

CRY, to _____ over spilled milk
- _chorar_ a morte da bezerra

CRYBABY, the _____
- o choramingas
- o manteiga-derretida

CUB, the _____ reporter
- o foca

CUCKOLD, the _____
- o cabrão
- o chifrudo[1]
- o corno
- o galhudo
- (o _corno_ convencido)
- (o _corno_ manso)

CUCKOLD, to _____
- chifrar
- botar (os) chifres em [_chifre_]
- cornear
- botar (os) cornos em [_corno_]
- enfeitar
- _passar_ para trás[2]
- (_pular_ a cerca)

CUCKOLDED, to be _____
- entrar na confraria de São
Cornélio

CUE, the _____
- a deixa

CUNNILINGUS, the _____
  - o _banho_ de língua (vulg.)
  - a chupada (vulg.)
  - o minete (vulg.)

CUNNILINGUS, one who performs _____
  - o chupador[2] (vulg.)
  - o chupão[3] (vulg.)
  - o mineteiro (vulg.)

CUNNILINGUS, to perform _____ on
  - _cair_ de língua em (vulg.)
  - dar uma _chupada_ em (vulg.)
  - chupar[2] (vulg.)
  - lamber (vulg.)
  - fazer o _minete_ em (vulg.)

CUNNING
  (see "SLY")

CUP, one's _____ of tea
  - a cachaça

CURE, for the _____ to be worse than
  the ailment
  - ser pior a _emenda_ que o soneto

CURSE, the _____ (spell)
  - a coisa-feita
  - (o quebranto)

CUSTOMER, a tough _____ (person hard
  to deal with)
  (see "a HARD nut to crack")

CUT, one's _____ (share of loot,
  etc.)
  - a beirada

CUT, to be _____ out for
  - _dar_ para[2]
  - _nascer_ para
  (see also "to have a KNACK [for]")

"CUT," to _____ class
  - cabular
  - filar[2]
  - gazear
  - fazer _gazeta_
  - gazetear
  - matar[1]
  - (enforcar)

CUT, to _____ it
  (see "to cut the MUSTARD")

CUT, _____ it out!
  - se abra não! [_abrir-se_]
  - _assim_ não!
  - corta essa! [_cortar_]

  - corta isso! [_cortar_]
  - deixa disso! [_deixar_]
  - _essa_ não!
  - faça-me o _favor_!
  - se feche! [_fechar-se_]
  - larga meu _pé_!
  - sai do meu _pé_!
  - quebra essa! [_quebrar_]
  - quebra isso! [_quebrar_]
  - _sem_ essa!
  - (deixa de . . .! [_deixar_])
  (see also "COME off it!")

CUT, to _____ off (another car)
  - dar uma _fechada_ em
  - _fechar_[3]

CUT, to _____ (someone) down to size
  - abaixar a _cabeça_ de
  - abaixar a _crista_ de
  - abaixar a _grimpa_ de
  - botar mais _raso_ que o chão
  - abaixar o _topete_ de

CUTE
  - bonitinho
  - engraçadinho

CUTE, to be _____
  (see "to be DARLING")

CUTE, the _____ girl
  - a cocada
  - a cocadinha
  - a dendeca
  - a tetéia
  - (o doce-de-coco)
  - (a peça[2])
  (see also "the 'DISH'," "the
  'GOOD-LOOKER'")

CUTE, the _____ guy
  - o boa-pinta
  - o pão

CUTS, to be several _____ above
  (quite a bit better than)
  - estar três furos acima de [_furo_]

"CUTTER," the class _____
  - o cábula
  - o gazeteiro
  - o turista

D

DADDY (voc.)
- paiê!
- papai

DAISIES, to be pushing up _____ (be
dead)
- estar comendo capim pela raiz
[comer]

DAME, the _____ (pej. for female)
- a cara^2
- a gaja (pej.)
- a grinfa
- a indivídua (pej.)
- a mina
- a pinta^2 (pej.)
- o rabo-de-saia
- a rachada (vulg., pej.)
- a saia
- a sirigaita
- a sujeita
- a tipa (pej.)
- a zinha (pej.)

DAMN, _____ it!
- caceta! (vulg.)
- cacete! (vulg.)
- caralho! (vulg.)
- merda! (vulg.)
- pô!
- poh!
- porra! (vulg.)
- puta da vida! (vulg.)
- puta mãe! (vulg.)
- puta merda! (vulg.)
- puta que pariu! (vulg.)
(see also "DARN it!," "SHUCKS!")

DAMNED
(see "GODDAMNED")

DAMPER, the _____
- a ducha (fria)

DAMPER, to put a _____ on (something)
- botar água na fervura
- botar areia em
- jogar areia em
- michar^2
- minchar
- mixar
- (mandar brasa em^1)

DANCE, the cheap (lower-class) _____
- o arrasta-pé
- o bate-coxa
- o bate-saco (vulg.)
- o engoma-cueca (vulg.)
- o forró
- o forrobodó^1
- a gafieira
- o mela-cueca (vulg.)

DANCE, the (informal) _____
- o arrasta-pé
- o assustado

DANCE, to _____
- arrastar o pé
- sacudir as cadeiras [cadeira]
- balançar o esqueleto
- pular

DANCE, to be turned down for a _____
- levar uma tábua^2

DANCE, to refuse to _____ with
- dar uma tábua em^2

DANDY, the _____ (clothes-conscious
man)
- o almofadinha

DANGER, to court _____
(see "to play with FIRE")

DANGEROUS
- de barra pesada
- barra-pesada^1
- da pesada^1

DANGEROUS, to be in a _____ place or
situation
- estar numa canoa furada
- estar com a corda na garganta/no
pescoço
- estar na zona do agrião
- (cair na boca do leão)

DANGEROUS, to be very _____ (a thing)
- ser pior que andar na corda bamba

DAREDEVIL, the _____
- [o] esporreteado (vulg.)
- o porra-louca (vulg.)
- o topa-tudo
(see also "RECKLESS")

DAREDEVIL, to be a _____
- topar qualquer parada

DARK, to be in the _____
(see "to be 'OUT-OF-IT'^{2}")

DARK, _____ as night (pitch-black)
 - escuro como (o) breu

DARLING, my _____ (voc.)
 - amor
 - meu amor
 - bem
 - meu bem
 - meu bem-querer
 - meu bichinho
 - boneca
 - meu coração
 - meu doce
 - minha filha
 - meu filho
 - fofo
 - gorda
 - gordo
 - nega
 - minha nega
 - nego[1]
 - meu nego[1]
 - querida
 - querido

DARLING, to be _____
 - ser um amor
 - ser um encanto
 - ser uma gamação
 - ser uma graça
 - ser uma gracinha
 - ser um sonho

DARN, _____ it!
 - arre![2]
 - cacilda!
 - corra!
 - diabo!
 - que diabo!
 - droga!
 - ó droga!
 - pinóia!
 - pó!
 - poh!
 - ponte que caiu!
 - porcaria!
 - poxa!
 - putz!
 - putz-grila!
 - puxa!
 - puxa vida!
 - zorra!
 (see also "DAMN it!," "SHUCKS!")

DARN, not to give a _____ (about)
 - [não] dar bola (para)[1]
 - não dar bola para a torcida
 - [não] dar bolas (para) [bola]
 - cagar (para) (vulg.)
 - cagar e andar (para) (vulg.)

 - [não] ligar (para)[1]
 - não ligar a mínima (para)
 - não dar a mínima (para)
 - [não] dar pelota (para)
 - [não] dar pelotas (para)
 [pelota]
 - [não] dar sopa (para)[1]

DARNED, the _____ . . .
 - o diabo de . . .
 - o raio de . . .

DARNEDEST, the _____ . . .
 - aquele/aquela
 - cada[2]
 - danado
 - daqueles/daquelas
 - do demônio
 - dos demônios [demônio]
 - descacetado (vulg.)
 - desgraçado
 - desgramado
 - despentelhado (vulg.)
 - do diabo
 - dos diabos [diabo]
 - de lascar
 - o/a maior
 - o/a maior . . . da paróquia
 - o/a maior . . . do mundo
 - da moléstia
 - da peste
 - (puto [vulg.])

DARNEDEST, the _____ things
 - cada coisa
 - cada uma

DARNEDEST, to do one's _____ (to)
 (see "to MOVE heaven and earth,"
 "to WORK hard")

DARNEDEST, to tell/say the _____
 things
 - contar/dizer cada uma

DAWDLE, to _____
 (see "to KILL time," "to LOAF," "to
 STALL," "to TWIDDLE one's thumbs")

DAWDLING, the _____
 - a coçação
 - a coçação de saco (vulg.)

DAY, every single _____
 - todo santo dia

DAY, one fine _____
 - um belo dia

DAYDREAMING, to be _____
  (see "to be way off in the CLOUDS")

DAYS, to have one's _____ numbered
  - estar com os dias contados [dia]

DAZZLE, to _____ (impress)
  - desacatar
  - desbundar[1]
  (see also "to make/be a HIT")

DEAD, _____ as a doornail
  - morto da silva

DEAD WEIGHT, to be _____
  - ser peso morto

DEADWOOD, the _____ (useless person)
  - o imprestável

DEAF, _____ as a post (stone-deaf)
  - surdo como uma porta

"DEAL," the _____ (thing)
  (see "the THING," "the MATTER")

DEAL, to be no big _____
  - não ser lá essas coisas [coisa]
  - não ser lá para que se diga
    [dizer]

DEAL, the break-even _____
  - o negócio de pai para filho

DEAL, the good _____ (bargain)
  - o negócio-da-China

DEAL, a great _____
  (see "GALORE," "a LOT")

DEAL, no _____!
  (see "NOTHING doing!")

DEALINGS, the _____
  - a transa[1]

DEALINGS, to have _____
  - transar[1]

DEATH, the _____ by natural causes
  - a morte morrida

DEATH, the "_____ squad"
  - o esquadrão da morte

DEBT, to be deep in _____
  - estar endividado/empenhado até
    as orelhas [orelha]

DEFECATE, to _____
  - dar uma cagada (vulg.)
  - cagar (vulg.)
  - fazer cocô
  - fazer suas necessidades
    [necessidade]
  - fazer uma necessidade
  - obrar
  - falar com o presidente
  - sujar
  - passar um telegrama
  (see also "to go to the BATHROOM")

DEFENSIVELY (cautiously)
  - na retranca

DEFLOWER, to _____ (a virgin)
  - tirar o cabaço a (vulg.)
  - tirar de casa
  - descabaçar (vulg.)
  - furar[1] (vulg.)
  - fazer mal a
  - quebrar (vulg.)
  - fazer o serviço a
  - arrancar os tampos a [tampo]
    (vulg.)
  - arrombar os tampos de [tampo]
    (vulg.)
  - comer os tampos de [tampo]
    (vulg.)
  - meter os tampos adentro a [tampo]
    (vulg.)
  - tirar os tampos a [tampo] (vulg.)

DEMANDING, to be _____ (a person)
  - ser um arrocho

DEMONSTRATION, the improvised street
  _____
  - o comício-relâmpago

DENTIST, the _____
  - o tiradentes[1]

DENY, to _____ flatly
  - negar a pés juntos [pé]

DEPRESSION, the _____ (sadness)
  - a fossa

DETECTIVE, to play the _____
  - dar uma de cherloque
  - dar uma de Sherlock

DEVIL, the _____
  (see "SATAN")

DEVIL, as the _____ (very)
  - como o demônio
  - como o diabo

DEVIL, to be between the _____ and
the deep blue sea
- estar entre a _cruz_ e a
caldeirinha
- estar entre a _espada_ e a parede
- estar entre dois fogos [_fogo_]

DEVIL, speak of the _____!
- _falar_ no mau, preparar o pau!

DEVOUR, to _____ with one's eyes
- _comer_ com os olhos

DIAPERS, just out of _____ (fig.)
- mal saído das fraldas [_fralda_]
- fedendo a _leite_

DIARRHEA, the _____
- a caganeira (vulg.)
- o piriri (vulg.)

DICE, no _____!
(see "NOTHING doing!")

DICTIONARY, the _____
- o pai-dos-burros

DIE, to _____
- abotoar[1]
- _abotoar_ o paletó
- virar _anjo_
- apagar[3]
- _apagar_ o pavio[2]
- _bater_ a bota
- _bater_ as botas
- bater o _beleléu_
- ir para o _beleléu_[1]
- botar o _bloco_ na rua
- bater a _caçoleta_
- _cair_ duro
- capotar[2]
- ir/embarcar para a _cidade-dos-pés-juntos_
- desencarnar
- bater com as _dez_
- embarcar
- empacotar
- esticar
- _esticar_ as canelas
- _falar_ com São Pedro
- fechar[1]
- _fechar_ o paletó
- sair/partir/ir desta para _melhor_
- ir/partir para o outro _mundo_
- botar/vestir _paletó-de-madeira_
- botar/vestir _pijama-de-madeira_
- bater o _trinta-e-um_
- _virar_ presunto

DIE, to be about to _____
- [estar] _mais_ para lá do que para
cá[2]
- estar _morre-não-morre_
- estar com um _pé_ na cova
- estar caindo pelas tabelas
[_tabela_]
- estar nas _últimas_
- estar com a _vela_ na mão
- (_chegar_ a hora de)
- (estar por um _fio_)

DIE, to _____ like a dog
- _morrer_ como um cão

DIE, to _____ peacefully
- _morrer_ como um passarinho

DIFFERENCE, to make no _____
- dar/ficar na _mesma_
- dar/ficar no _mesmo_
- (_tanto_ faz!)
- (_tanto_ faz como tanto fez!)

DIFFICULT
(see "ROUGH")

DIFFICULT, to be _____
(see "to be ROUGH")

DIGRESS, to _____
- abrir um _parêntese_

DILDO, the _____ (artificial phallus)
- o consolador (vulg.)
- o consolo-de-viúva (vulg.)

DINNER, the _____
- a janta

DIRECTION, under the _____ of
- sob a _batuta_ de

DIRTY (filthy, grimy)
- seboso[1]
- _sujo_ como pau de galinheiro

DIRTY, to be _____ (nasty, filthy)
- ser _caca_

DIRTY, to do (someone) _____
- dar uma _cagada_ em[1] (vulg.)
- _cagar_ em (vulg.)
- fazer uma _sacanagem_ (a) (vulg.)
- _sacanear_[2] (vulg.)

DIRTY, to _____ one's hands (fig.)
- _sujar_ as mãos

DIRTY TRICK, the _____
- o <u>abraço</u> de tamanduá
- o <u>abraço</u> de urso
- a baianada
- a crocodilagem
- a fajutice
- a falseta
- a filhadaputice (vulg.)
- o <u>golpe</u> baixo
- o <u>jogo</u> sujo
- a pilantragem
- a <u>putaria</u> (vulg.)
- a <u>sacanagem</u> (vulg.)
- a safadeza
- a safanagem
- a safarnagem
- a <u>sujeira</u>
- a ursada
- (o gatilho)
(see also "the DOUBLE-CROSS," "the
SWINDLE")

DISAGREEMENT, the _____
- o atrito

DISAGREEMENT, to have a _____ with
- <u>atritar-se</u> com

DISAGREEMENT, they're in constant
_____
- se um diz <u>branco</u>, o outro diz
preto

DISAPPEAR, to _____
- <u>sumir</u> como fumaça
- <u>sumir</u> do mapa
- tomar <u>chá-de-sumiço</u>

DISAPPOINTED, to be _____
- ficar de <u>cabeça</u> inchada

DISAPPOINTED, the _____ look
- a cara-de-quem-comeu-e-não-
gostou

DISAPPOINTED, to leave (someone)
_____
- deixar na <u>saudade</u>

DISAPPOINTMENT, to be a _____ (a
person)
- desmunhecar[3]

DISAPPROVE, to _____ of
- [não] <u>ir</u> com/em
- <u>ver</u> com maus olhos
- (não <u>ir</u> nessa/nisso)

DISASTER, to be on the brink of _____
- estar à beira do <u>abismo</u>

DISCIPLINARIAN, the _____
- o braço-de-ferro
- o caxias

DISCUSS, to _____ trivialities
- discutir o <u>sexo</u> dos anjos

"DISH," the _____ (attractive female)
- a belezoca
- o biju
- a boa
- a boazuda
- a boceta-de-ouro (vulg.)
- a boneca
- a brasa
- a certinha
- o chuchu
- a comível
- a dendeca
- a <u>dona</u> boa
- a máquina
- o mulherão
- o pancadão
- a peça
- o pedaço
- o bom <u>pedaço</u> de mau caminho
- o <u>pedaço</u> de mau caminho
- a pega
- o peixão
- o pirão
- a uva
- o violão
- (a tetéia)
(see also "the CUTE girl," "the
'GOOD-LOOKER'")

DISHONEST
- <u>direito</u> como anzol

DISINTEREST, feigning _____
- como quem não quer nada [<u>querer</u>]
- como quem não quer (nada com) a
coisa [<u>querer</u>]

DISORDER, the _____
(see "the MESS," "the COMMOTION")

DISORIENTED
- feito <u>barata</u> tonta

"DITCH," to _____ (school, classes)
(see "to 'CUT' class")

DITTO (likewise)
- idem

"DIVE," the _____ (low-class
restaurant, night club, etc.)
- o antro
- a baiúca

- a espelunca
- a gafieira
- o inferninho
- o mangue[2]
- (a zona[2])

DO, not to want anything to _____
with
- não querer nada com
- não querer saber de

DOCTOR, to _____ up (a used car)
- engatilhar[3]
- envenenar
- guaribar

"DOG," the _____ (ugly person)
- o bofe[1]
- a bomba[2]
- a bruaca
- o brucutu
- a bruxa
- a bucha de canhão
- o bucho[2]
- o canhão[1]
- a coruja
- o couro[3]
- o estrepe
- o fio-maravilha
- o jacaré
- o lobisomem
- o macaco[5]
- a meméia
- o mondrongo
- a onça
- o xaveco[2]
(see also "UGLY")

DOG, the stray _____
- o vira-lata[1]

DOGMATIC, not to be too _____
- não ser muito católico[2]

DOLL, to _____ up
- empetecar

DOLLED, to get all _____ up
(see "to get all SPRUCED up")

DOMINATE, to _____
- abafar[2]
- abafar a banca
- botar banca[3]
- levar pelo nariz
- ter na palma da mão
- montar no pescoço de
- (botar no bolso)

DOOR, to have the _____ slammed in
one's face
- dar/levar com a cara/o nariz na
porta

DOOR, to show (someone) the _____
- mostrar a porta a

DOOR, to slam the _____ in someone's
face
- fechar a porta/janela na cara de
- dar/bater com a porta na cara/no
nariz de[1]

DOORMAT, the _____ (fig.)
- o capacho
- o pelego[2]

DOORMAT, to make a _____ out of
- fazer de capacho
- fazer gato-sapato de

DOT, to _____ one's i's and cross
one's t's
- botar os pontos sobre os ii
[ponto]

DOUBLE-CROSS, the _____
- o abraço de tamanduá
- o abraço de urso
- a baianada[2]
- a crocodilagem
- a falseta
- a ursada
(see also "the DIRTY TRICK," "the
SWINDLE")

DOUBLE, the _____ feature (two in a
row)
- a dobradinha

DOUBLE-CROSS, to _____
- dar um banho em[2]
(see also "to SWINDLE")

"DOUGH," the _____
(see "the MONEY")

DOWN, to be _____ and out (poor,
destitute)
- estar/andar por baixo
- estar de caixa baixa
- estar sem eira nem beira
- estar com uma mão na frente e
outra atrás
- estar/andar matando cachorro a
grito [matar]
- estar na merda (vulg.)
- não ter merda para cagar (vulg.)
- não ter onde cair morto

- estar na pior
- estar de tanga
- estar nas últimas[1]
(see also "to be BROKE")

DOWN-TO-EARTH
- terra-a-terra

"DRAG," the _____ (bore, nuisance)
- o abacaxi[1]
- a amolação
- a aporrinhação (often vulg.)
- a cacetada
- a caceteação
- a chateação
- a chatice
- a droga
- a foda[2] (vulg.)
- o grilo[2]
- a maçada
- a paulificação
- o pé no saco
- o saco[3]
- a xaropada
- o xarope[1]
- a xaropeação

"DRAG," to be a _____
- [ser um] abacaxi[1]
- [ser uma] amolação
- [ser uma] aporrinhação (often vulg.)
- [ser uma] cacetada[1]
- [ser] cacete
- [ser uma] caceteação
- [ser uma] chateação
- [ser uma] chatice
- [ser] chato
- [ser uma] droga
- [ser] foda[2] (vulg.)
- [ser um] grilo[2]
- [ser uma] maçada
- [ser] maçante
- [ser] morrinha[2]
- [ser] murrinha
- [ser] pau
- [ser uma] paulificação
- [ser] paulificante
- [ser um] pé no saco
- ser uma pedra no sapato
- [ser um] saco[3]
- ser uma tragédia
- [ser uma] xaropada
- [ser um] xarope[1]
- [ser uma] xaropeação
- (ser o fim)
- (ser o fim-da-picada[1])
- (ser o fim-do-mundo)

DRAIN, to go down the _____ (said of a thing)
- ir por água abaixo
- ir para o brejo
- ir para cucuia
- degringolar
- estourar[2]
- furar[1]
- gelar[2]
- melar
- michar[1]
- minchar
- mixar
- naufragar
- pifar
- ir à terra
- dar para trás
- (entrar areia)
- (dar cupim)

DRAMA, to live a continuous _____
- ser um drama[2]

DREAM, to be just like a _____ (incredible but true)
- parecer um sonho

DREAM, like a _____ (see "SPLENDIDLY")

DREAMS, to have pleasant _____
- sonhar com os anjos [anjo]

DRESS, to _____ (oneself) up
- becar-se
- embandeirar-se
- embecar-se
- emperiquitar-se
- empetecar-se
- encadernar-se
- (fantasiar-se)

DRESSED
- encadernado

DRESSED, gaudily _____
- apapagaiado

DRINK, the _____ (alcoholic)
- o drinque

DRINK, the final _____
- a saideira

DRINK, to take a _____
- molhar o bico
- [tomar um] drinque
- emborcar
- entornar
- molhar a garganta

- tomar um <u>gole</u>
- <u>matar</u> o(s) bicho(s)
- queimar <u>óleo</u>
- tomar um <u>trago</u>
- virar
- (beber <u>umas</u> e outras)
- (<u>virar</u> gargalo)
(see also "to hit the BOTTLE")

DRINK, to _____ (polish off)
- traçar[1]

DRINK, to _____ like a fish
- <u>beber</u> como um funil
- <u>beber</u> como um gambá
- <u>beber</u> como um peixe
(see also "to GUZZLE," "to hit the
BOTTLE")

DRINKER, to be quite a _____
- <u>beber</u> como um funil
- <u>beber</u> como um gambá
- <u>beber</u> como um peixe
- [ser um] <u>bom-copo</u>
- ser bom no <u>trago</u>

DRIVE, the _____ (enthusiasm,
persistence)
- a garra

DRIVER, the fast _____
- o Fittipaldi

DRIVER, the poor _____
- o barbeiro[1]
- o navalha

DRIVER, the Sunday _____ (slow
motorist)
- o morrinha[2]
- o murrinha

DRIVER, the woman _____
- a <u>mulher</u> na direção

DRIVING, the _____ practice
- a praticagem

DRIVING, the poor _____
- a barbeiragem[1]

DROP, to be a _____ in the bucket
(said of money)
- não dar para <u>mijar</u> (vulg.)

DROP, the _____ in the bucket
- uma <u>gota</u> d'água no oceano

DROP, to _____ by/in
- dar uma <u>chegada</u> em

- dar uma <u>passada</u> em
- dar uma <u>pulada</u> em
- dar um <u>pulo</u> em
- dar um <u>salto</u> em

DROP, _____ by (again) some time!
- apareça! [<u>aparecer</u>]

DROWN, to _____ one's sorrows (drink
heavily)
- <u>afogar</u> as mágoas

DRUGS, the _____ (narcotics, dope)
- o baratino[1]
- a(s) coisa(s)[2] [<u>coisa</u>]
- a cristina

DRUGS, the administration or taking
of _____
- a aplicação
- o aplico

DRUGS, to take _____
- aplicar-se
- fazer a <u>cabeça</u>
- tratar-se
- (maconhar-se)
- (picar-se[3])
- (puxar[4])
- (queimar[2])

DRUMS, the _____
- a batera

DRUNK, to get/be _____
- ficar/estar na <u>água</u>
- ficar/estar <u>balão</u>
- ficar/estar <u>bêbedo</u> como um
gambá
- ficar/estar <u>bebido</u>
- ficar/estar <u>bebinho</u>
- ficar/estar <u>bebo</u>
- ficar/estar (de) <u>bebum</u>
- ficar/estar <u>borracho</u>
- ficar/estar <u>caneado</u>
- canear-se
- ficar/estar com a <u>cara</u> cheia
- ficar/estar <u>carregado</u>
- ficar/estar com a <u>caveira</u> cheia
- ficar/estar <u>cheio</u> de cana (etc.)
- ficar/estar <u>chumbado</u>
- chumbar-se
- ficar/estar na <u>chuva</u>
- ficar/estar com a <u>cuca</u> cheia
- ficar/estar <u>encharcado</u>
- encharcar-se
- <u>encher</u> a cara
- <u>encher</u> a caveira
- <u>encher</u> a cuca
- <u>encher</u> a moringa

- ficar/estar de <u>fogo</u>[1]
- ficar/estar no <u>fogo</u>
- ficar/estar <u>gambá</u>
- [estar] <u>mais</u> para lá do que para cá[1]
- ficar/estar <u>mamado</u>
- mamar-se
- ficar/estar <u>molhado</u>
- molhar-se[1]
- ficar/estar com a <u>moringa</u> cheia
- tomar um <u>pifa</u>
- tomar um <u>pifão</u>
- tomar um <u>pileque</u>
- tomar um <u>porre</u>
- estar puxando fogo [<u>puxar</u>]
- ficar/estar <u>triscado</u>
(see also "to get/be TIPSY," "to GUZZLE," "to hit the BOTTLE")

DRUNKARD, the _____
- o bebum
- o biriteiro
- o cachaceiro
- o carburador[1]
- o chupador[1]
- a esponja
- o gambá[1]
- o pau-d'água
- o pé-de-cana
- o pinguço
- o porrista

DRUNKENNESS, the _____
- a carraspana
- o fogo[2]
- o pifa
- o pifão
- o pileque
- o porre

DUCKLING, to be an ugly _____
- ser um <u>patinho</u> feio

DUD, the _____
- o abacaxi[1]
- a bomba[1]

DUD, the attractive _____
- o belo-antônio[2]

DUMB (stupid)
  (see "STUPID")

DUMB, to play _____
- não se dar por <u>achado</u>
- bancar o <u>bobo</u>
- fazer-se de <u>bobo</u>
- dar uma de <u>joão-sem-braço</u>
- dar uma de <u>migué</u>
- fazer-se de <u>tolo</u>

DUMMY, the _____
  (see "the IDIOT")

"DUMP," the _____ (pigpen, "dive")
  (see "the 'DIVE'")

DUMPS, to be down in the _____
- estar com a <u>cachorra</u>
- estar na <u>fossa</u>
- [estar] <u>jururu</u>

DUMPS, to get to feeling down in the _____
- entrar na <u>fossa</u>

DUNE BUGGY, the _____
- o bugre[2]

DUST, to leave in the _____
  (overtake)
- dar <u>poeira</u> em

DUTCH, to go _____ treat
- pagar à <u>inglesa</u>

DYING, to be _____ for/to
- estar <u>seco</u> por/para

DYING, to be _____ of (love, jealousy, etc.)
- estar <u>morto</u> de (amor, ciúmes, etc.)

E

EAGLE-EYED, to be _____
- ter olhos de águia [olho]
- ter olhos de lince [olho]

EAR, the _____
- o escutador de bolero
- o escutador de novela

EAR, to go in one _____ and out the other
- entrar por um ouvido e sair pelo outro

EARN, to _____
- beliscar[2]

EARN, to _____ a living
- ganhar o pão

EARN, to _____ a pittance
- não ganhar nem para o cafezinho

EARS, to be all _____
- ser todo ouvidos [ouvido]

EARTH, come down to _____!
- aterrize! [aterrizar]

EASILY (handily)
- de letra
- na maciota
- com um pé nas costas
- com uma perna nas costas
- tranqüilo

EASY
- manso
- tranqüilo

EASY, to be _____
(see "to be a CINCH")

EASY GOING, it's _____
- todos os santos ajudam [santo]

EAT, to _____
- boiar
- fazer uma boquinha
- calçar o peito
- enganar a barriga
- mastigar[1]
- matar a fome
- papar[1]
- raguzar

- rangar
- traçar[1]

EAT, to _____ a lot
- comer como um lobo
- comer por quatro
- ter estômago de avestruz
(see also "to EAT one's fill," "to be a good EATER")

EAT, to _____ enough to appease one's hunger
- enganar a barriga

EAT, to _____ one's fill
- tirar a barriga da miséria
- comer como um leão
- encher a barriga
- encher a pança
- encher o bucho
- encher o papo
- forrar-se
- comer à tripa forra

EAT, to _____ one's hat
- dar a cara a tapa
- querer ser mico de circo
- (macacos me mordam! [macaco])

EAT, to _____ one's words (retract)
- dar o dito por não dito
- engolir as próprias palavras

EAT, to _____ very little
- comer como um passarinho

EATEN, to have _____ one's fill
- estar forrado

EATER, to be a good _____
- ser de/ter boa boca
- [ser] bom-garfo
- [ser] garfo
- (ter estômago de avestruz)

EATING, what's _____ you?
- que bicho te mordeu?

EITHER (neither)
- também (não)

ELEGANT (in dress, behavior, etc.)
- chique
- dondoca
- frajola
- podre de chique
- tranchã

ELEMENT, to be in one's _____
- estar como peixe n'água

EMBARRASSED, to become _____
- querer enfiar-se num buraco
- ficar com a cara na parede
- ficar com a cara no chão
- ficar com cara de bunda
- ficar com cara de tacho
- não saber onde enfiar a cara
- ficar/estar desbundado
- ficar sem graça
- perder a graça
- ficar sem jeito
- ficar de orelhas baixas [orelha]
- perder o rebolado

EMBRACE, to _____ tightly
- atracar-se com

EMPHASIZE, to _____ (a particular
letter in pronunciation)
- puxar

EMPTY, to be _____ (a bar, shop,
etc.)
- estar às moscas [mosca]

EMPTY, the _____ bottle
- o casco

EMPTY-HANDED, to come (up) _____
- engolir em seco
- vir com as mãos abanando [mão]

ENCYCLOPEDIA, the walking _____
- a biblioteca viva
- o dicionário
- o dicionário vivo

END, the tail _____ (back, last
place)
- a rabada
- a rabeira

ENDS, to play both _____ against the
middle
- jogar com pau de dois bicos
- acender uma vela a Deus e outra
ao diabo

ENERGY, to have a lot of _____
- ter muito gás

ENOUGH, to be _____ (for)
- chegar (para)

ENOUGH, to be (good) _____ to get by
- dar para o gasto

ENOUGH, not to be _____ for a bird to
eat
- não dar para tapar a cova do

dente

ENOUGH, that's _____ . . .!
- chega de . . .! [chegar]

ENTERTAINMENT, the _____ (something
to do)
- o programa

ENTHUSIASM, the _____
- a garra

ENTHUSIASM, the short-lived _____
- o fogo-de-palha

ENTHUSIAST, to be a short-lived _____
- ser fogo-de-palha

ENTHUSIAST, the impressionable _____
(someone easily dazzled)
- o deslumbrado

ENVY, the _____ (jealousy)
- a dor-de-corno
- a dor-de-cotovelo

EPITOME, to be the _____ of . . .
- ser/estar o próprio . . .

ERECTION, the _____ (sexual)
- o/a tesão (vulg.)

ERECTION, to have an _____
- estar armado (vulg.)
- estar arretado (often vulg.)
- estar de lança em riste (vulg.)
- estar de pau duro (vulg.)
- estar retado (often vulg.)
- estar tesudo (vulg.)
- (o circo está em pé [vulg.])
(see also "to get/be sexually
AROUSED," "to be 'HORNY'")

ERRAND BOY, the _____
- o bói
- o boy

ERROR, the _____
(see "the MISTAKE")

ERRORS, to admit one's _____
- dar a mão à palmatória

ET CETERA (and so forth, and the
like)
- e por aí afora
- e por aí vai
- e assim por diante
- barabadá
- e outros bichos [bicho]

- blablablá
- essas bossas [bossa]
- e o cacete (vulg.)
- (e) os cambaus
- e coisa e tal
- essas coisas [coisa]
- (e) o diabo
- iscambau
- papapá
- patati, patatá
- pererê, pererê
- e outros que tais [tal]
- e tal
- e tal e coisa
- tatatá
- tererê, tererê

EVEN, to get _____ (with)
- ajustar contas com [conta]
- saldar contas com [conta]
- tirar uma diferença com
- ir à forra
- tirar uma forra
- dar o troco a
(see also "to give a taste of one's own MEDICINE")

EVEN, I'll get _____ with you!
- você me paga! [pagar]

EVERYWHERE, to be _____
- estar em todas [toda]

EXACT, to be _____
- ser batata

EXACTLY
(see "on the BUTTON," "to the LETTER")

EXAGGERATE, to _____
- dar um balão
- cascatear
- chutar
- chutar alto
(see also "to LIE")

EXAM, the college entrance _____
- o vestiba
- o vestibular

EXAMINE, to _____ meticulously
- passar o pente-fino em

EXCELLENT
(see "FIRST-RATE," "TERRIFIC")

EXCESS, to use in _____
- carregar em

EXCITE, to _____
- ouriçar

EXCITE, to _____ sexually
(see "to AROUSE sexually")

EXCITED, to be _____
- estar aceso
- estar ouriçado
- estar de pito aceso

EXCITED, to get _____
- ouriçar-se

EXCITED, to get/be sexually _____
(see "to get/be sexually AROUSED")

EXCITEMENT, the _____
- ouriço

EXCREMENT, the _____
- a bosta
- o cocô
- a merda (vulg.)
- a obra
- a sujeira
- a titica
- (o cagalhão [vulg.])
- (o tolete [vulg.])
- (o troço [ô] [vulg.])

EXECUTIVE, the Brazilian _____ branch
- o Planalto

EXHIBIT, to _____ one's private parts
- dar um lance

EXHIBITION, the _____ of one's private parts
- o lance

EXPECTATIONS, to live up to _____
- encher as medidas

EXPECTED, to turn out better than _____
- sair melhor que a encomenda

EXPENSIVE
- salgado
- (astronômico)

EXPENSIVE, to be _____ (goods, prices)
- estar pela hora da morte
- estar pelas nuvens [nuvem]

EXPENSIVELY (for a high price)
- a peso de ouro

EXPERIENCE, the _____ (extraordinary occurrence)
  - a curtição^2

EXPERIENCE, the bad _____
  - o bode^3

EXPERIENCE, to have _____
  - ter cancha
  - ter tarimba

EXPERIENCE, to _____
  - curtir^3

EXPERIENCED (seasoned)
  - escolado
  - tarimbado

EXPERT, the _____ (ace, champion)
  - o ás
  - o bamba^2
  - o bambambã^2
  - o bichão
  - o bicho^1
  - o cobra
  - o cobrão
  - o cracão
  - o craque^2
  - a fera^2
  - o monstro
  - o papa
  - (estar afiado)
  - (batuta^2)
  - (ser danado em)

EXPLANATION, to give/request an _____
  - dar/pedir satisfação

EXPLOIT, to _____ (someone)
  - tirar o couro de
  - esfolar
  - mamar
  (see also "to SWINDLE")

EXTRA, that something _____
  - o champignon
  - a ginga
  - o molho

EXTRAORDINARY
  - desbundante
  - fora-de-série
  - louco
  - de marca maior
  - que não é normal
  (see also "the DARNEDEST . . .," "TERRIFIC")

EYE, the _____
  - a botuca

  - o bugalho
  - o olhômetro$_2$
  - (as lunetas^2 [luneta])

EYE, an _____ for an _____
  - elas por elas [ela]

EYE, to keep an _____ on
  - acampanar
  - campanar
  - urubusservar
  - (peruar)
  - (sapear)

EYE, . . . my _____!
  - uma banana!
  - . . . o cacete! (vulg.)
  - . . . o caralho! (vulg.)
  - . . . coisa nenhuma!
  - . . . coisíssima nenhuma!
  - uma merda! (vulg.)
  - . . . nada!
  - que nada!
  - uma ova!
  - que . . . que nada!
  - (uma) vírgula!
  (see also "COME off it!," "NONSENSE!")

EYE, with the naked _____
  - a olho nu

EYEFUL, to be an _____ (attractive)
  - ser colírio para os olhos
  - encher a vista
  - encher os olhos
  - (ser de fechar o comércio)
  - (ser de parar o trânsito)
  - (o visual)

EYES, to have one's _____ bigger than one's stomach (fig.)
  - ter os olhos maiores que a barriga [olho]
  - ter os olhos maiores que a boca [olho]

EYES, I've got _____
  - esse olho é irmão desse

EYES, to keep one's _____ on (not let out of one's sight)
  - ficar/estar de olho em
  - trazer de olho
  - urubusservar

EYES, to keep one's _____ (and ears) peeled
  - ficar/estar de antenas ligadas [antena]

   - ficar de <u>olho</u>
   - ficar/estar de orelha(s) em pé
   [<u>orelha</u>]

EYES, to make _____ (at)
   - cruzar linhas com [<u>linha</u>]
   - tirar uma <u>linha</u>

EYES, never to have laid _____ on
   - nunca ter visto mais <u>gordo</u>

EYES, to only have _____ for
   - não ter olhos senão para [<u>olho</u>]

F

FACE, the _____
- a chocolateira[1]
- os cornos [corno]
- o esgar
- a facha
- a fachada
- o focinho
- o frontispício
- as fuças [fuça]
- as fussas [fussa]
- a lata
- a veneziana
- as ventas [venta]

FACE, to fall flat on one's _____
(see "to get MESSED up[1]")

FACE, to say to (someone's) _____
- dizer nas bochechas de [bochecha]

FACE, to/in one's _____
- nas fuças de [fuça]
- nas ventas de [venta]

FAD, the _____ (rage)
- a coqueluche
- o embalo[3]
- a onda[1]
(see also "the STYLE")

"FAG," the _____
(see "the male HOMOSEXUAL")

FAIL, to _____
(see "to go down the DRAIN," "to
FLUNK[1,2]")

FAILURE, the _____ (breakdown)
- o cano
- a pifada
- a tubulação

FAINT, to _____
- apagar[2]
- apagar o pavio[1]
- arriar
- capotar[1]
- [ter um] chilique
- desligar

FAINTING, the _____ spell
- o chilique

FAIR, no _____!
- (assim) não vale! [valer]

FAIR PLAY, the _____
- o jogo limpo

FAITH, in good _____
- de boa fé

FAKE
(see "PHONY")

FAKE, to _____ (falsify)
- fajutar

FALL, to be about to _____
- estar cai-não-cai

FALL, to _____ for ("swallow," be
taken in by)
- cair em
- embarcar em
- engolir
- entrar em[2]
- (engolir a pílula[2])
(see also "to fall into the TRAP,"
"to be STRUNG along by," "to be
SWINDLED")

FALL, to _____ for it
(see "to fall into the TRAP," "to
be SWINDLED")

FALL GUY, the _____
(see "the SCAPEGOAT," "the SUCKER")

FALLING, to be _____ apart
- estar caindo aos pedaços
[pedaço]

FALSE
(see "PHONY")

FAME, the _____
- o cartaz[1]

FAMILY, to be like one of the _____
(fig.)
- ser de casa

FAMILY, my _____
- os meus [meu]

FAMILY, your (his, her, their) _____
- os seus [seu]

FAN, the _____ (rooter, devotee)
- o fã
- o torcedor

FAN, to be a _____ of (a team, a
political party, etc.)
- ser

FAN, the female _____ (one who
frequents TV studios, etc.,
"groupie")
- a macaca-de-auditório

FAN, now everything's going to hit
the _____
- agora é que a merda vai feder!
(vulg.)

FANATIC, the religious _____
- o papa-hóstia
- o rato-de-igreja
- o rato-de-sacristia

FANNY, the _____
(see "the BEHIND")

FANS, the sports _____
- a galera
- a torcida[2]

FANTASTIC
(see "TERRIFIC")

FAR, as _____ as you can go (all the
way)
- toda a vida

FAR, to carry something too _____
(see "to go OVERBOARD")

FAR, _____ be it from me!
- longe de mim tal coisa!

FARCE, the _____ (theat.)
- a chanchada

"FARE," the _____ (passenger)
- o boneco[2]

"FAR-OUT"
(see "TERRIFIC")

FART, the _____
- o peido (vulg.)
- o traque (vulg.)

FART, to _____ (break wind)
- soltar um foguete (vulg.)
- balançar o galho (vulg.)
- soltar um gás
- peidar (vulg.)
- soltar um pum (vulg.)
- dar um traque (vulg.)

FAST
(see "HURRIEDLY")

FAST-TALK, the _____
- a baba de quiabo
- o baratino[2]
- a bicaria
- o bico[3]
- a cantada
- a cantiga
- a cascata
- a charla
- o chute[2]
- o conto[2]
- o conto-do-vigário
- a conversa
- a engabelação
- a engambelação
- o grupo
- a história[1]
- a lambança
- a milonga[1]
- a mironga
- a onda careca[2]
- o papo[2]
- o papo furado
- o parangolé
- o parangolé de bico
- o pissilone
- a prosa[2]
- a saliva
- a truta
(see also "the LIE," "the IDLE
TALK")

FAST-TALK, to _____ (someone)
- dar uma de bico
- levar/passar no bico
- passar o bico em
- dar/passar uma cantada em
- cantar
- arriar cascata em
- charlar
- dar/passar uma conversa (em)
- dar uma conversada em
- conversar
- engabelar
- engambelar
- engrupir
- levar na conversa (no papo, etc.)
- passar o mel em
- papear
- passar no papo
- passar o papo em
- salivar
(see also "to LIE," "to SWINDLE")

FAST-TALK, to _____ one's way in
- entrar de bico
(see also "to CRASH the gate, a

party, etc.")

FAST-TALKER, the _____
- o bicão[1]
- [o] papudo
(see also "the LIAR," "the
SWINDLER," "the IDLE TALKER")

FAST-TALKER, to be a _____
- ser capaz de vender geladeira a
esquimó

FAST-TALKING
- labioso
- papudo

FATHER, one's _____
- o coroa
- o velho

FATSO, the _____
- o baiacu
- a baleia
- o barril de chope
- a casa-da-banha
- o elefante

FATSO, to be a _____
- ser uma bola[1]
- ser um bolo fofo

FAULTS, to have _____
- ter rabo
- ter rabo-de-palha

FEAR, the _____
- o cagaço (vulg.)

FEATHER, to _____ one's (own) nest
- puxar a brasa para a sua sardinha

FED, to be _____ up (with)
- estar cheio (de)
- estar até o pescoço (com)
- estar até a ponta dos cabelos
(com)
- estar de saco cheio (com) (often
vulg.)
- (estou por/até aqui!)

FED, to get _____ up (with)
- encher(-se) (de)

FED, I'm _____ up!
- estou por/até aqui!

FEE, the entertainer's _____
- o cachê

FEE, the initiation _____ (to a club,
etc.)
- a jóia

FEEL, to _____ like
- estar a fim de
- topar

FEEL, to _____ out (a situation)
- tomar o pulso de

FEEL, not to _____ like
- não estar com cabeça para
- não ter coragem para

FEET, to land on one's _____
- cair de pé

FEIGN, to _____
- cartar

FELLATIO, the _____
- o banho de língua (vulg.)
- o buchê (vulg.)
- a chupada (vulg.)

FELLATIO, one who performs _____
- a chupadeira (vulg.)
- o chupador[2] (vulg.)
- o chupão[3] (vulg.)

FELLATIO, to perform _____ (on)
- dar uma chupada em (vulg.)
- chupar[2] (vulg.)
- fumar apagado (vulg.)
- tocar (na) flauta (vulg.)
- lamber (vulg.)
- falar no microfone (vulg.)

FELLOW, the _____
(see "the GUY")

"FENCE," the _____ (dealer in stolen
property)
- o intrujão
- o muambeiro
- o passador[1]

"FENCE," to _____ (resell stolen
goods)
- intrujar
- passar

"FENCING," the _____ (dealing in
stolen goods)
- a intrujice

FENDERS, to touch _____ with (another
car)
- beijar[2]

FIASCO, the _____
(see "the FAILURE")

FIBER, the moral _____
- a fibra[1]

FIFTH WHEEL, the _____
- o empata
- o empata-foda (vulg.)

FIFTIESH, to be/get to be _____
(eightiesh, etc.)
- estar/chegar na casa dos
cinqüenta (oitenta, etc.)
- estar/chegar na carreira dos
cinqüenta (oitenta, etc.)

FIFTY, to be _____ (eighty, etc.)
years old
- ter cinqüenta (oitenta, etc.)
anos no lombo

FIGHT, the _____
- o arranca-rabo
- a baderna
- a biaba
- o cacete[1]
- o cu-de-boi (vulg.)[2]
- o frege[2]
- a lenha[1]
- o pau[1]
- a pauleira
- o pega
- o pega-pega
- o pega-pra-capar
- a piaba
- o quebra-pau
- o rolo[1]
- o salseiro
- o sururu
(see also "the COMMOTION," "the
BEATING")

FIGHT, to _____ someone else's battle
for him
- comprar a briga de

FIGHT, to _____ (with)
(see "to come to BLOWS [with]")

FIGHT, to _____ like cats and dogs
- brigar como gato e cachorro

FIGHTER, to be a good _____
- ser bom de briga

FIGURE, to _____ out (puzzles,
riddles, etc.)
- matar[2]

FIGUREHEAD, the _____ (puppet,
"front")
- o homem-de-palha
- o testa-de-ferro

FILE, in single _____
- em fila indiana

FINGER, the index _____
- o cata-piolho
- o fura-bolo

FINGER, the little _____
- o mindinho

FINGER, the middle _____
- o maior-de-todos
- o pai-de-todos

FINGER, the ring _____
- o seu-vizinho

FINGER, "the_____" (vulgar gesture)
- a banana[3]

FINGER, to give "the _____" (vulgar
gesture)
- dar (a) banana

FINGER, not to lift a _____ (for)
- estar de beleza
- cruzar os braços [braço]
- estar de braços cruzados
[braço]
- não mover/levantar um dedo
(para)
- ficar de flozô
- ficar de frozô
(see also "to LOAF," "to TWIDDLE
one's thumbs")

FINGER, to wrap (someone) around
one's _____
- botar no bolso

FINGER, to _____ (accuse, implicate)
- dedar
- dedurar
- dedodurar
(see also "to INFORM [on]")

FINICKY
(see "FUSSY")

FINISH, to _____ with a bang
- fechar com chave de ouro

FIRE, to play with _____ (fig.)
- brincar com fogo
- mexer em casa de marimbondo

- cutucar <u>onça</u> com vara curta
- pegar em <u>rabo-de-foguete</u>

FIRE, to _____ (dismiss)
- dar o <u>bilhete</u> azul (a)[1]
- botar na <u>rua</u>
- botar no olho da <u>rua</u>

FIRE, to _____ (on) (shoot or shoot at someone)
- mandar <u>bala</u> (em)
- largar <u>brasa</u> (em)
- lascar <u>brasa</u> (em)
- mandar <u>brasa</u> em[2]
- chumbar
- cuspir <u>chumbo</u> (em)
- passar <u>fogo</u> (em)
- queimar[3]
- dar um <u>teco</u> (em)

FIRED, to get _____
- receber o <u>bilhete</u> azul[1]
- ir para a <u>rua</u>

FIREWORKS, the _____ are about to start
(see "all HELL is about to break loose")

FIRM (steadfast)
- de <u>pedra</u> e cal

FIRST-RATE (top-quality, highly qualified)
- de <u>alto</u> bordo
- camisa-dez
- para ninguém botar <u>defeito</u>
- gabaritado
- de (alto) <u>gabarito</u>
- de <u>mão-cheia</u>
- de <u>primeira</u>
- primeiro-time
(see also "TERRIFIC")

FISH, the _____ (esp. as food)
- o <u>frango</u> marítimo

FISH, to be like a _____ out of water
- ser (como) um <u>peixe</u> fora d'água

FISH, to _____ in troubled waters
- <u>pescar</u> em águas turvas

FISHY, to expose something _____
- levantar a <u>lebre</u>

FISHY, there's something _____ (about this)
- tem <u>areia</u> no meio
- tem <u>carne</u> debaixo desse angu

- aí tem <u>coisa</u>
- tem <u>dente</u> de coelho

FISTS, _____ are flying/flew
- o <u>pau</u> está cantando/cantou
- o <u>pau</u> está comendo/comeu
- o <u>pau</u> está falando/falou
- o <u>pau</u> está roncando/roncou

FIT, to have a _____ (get upset)
- ter um <u>ataque</u>
- [ter um] <u>chilique</u>
- ter um <u>elefante</u>
- dar <u>faniquito</u>
- ter um <u>filho</u>
- ter um <u>filho</u> pela boca
- ter um <u>gato</u>
- parir (vulg.)
- <u>parir</u> gatos pelas orelhas (vulg.)
- ter um <u>revertério</u>
- ter um <u>troço</u> [6]
(see also "to get/be MAD [at]")

FITS, by _____ and starts
- aos trancos e barrancos [<u>tranco</u>]

FIT, to _____ like a glove
- assentar/cair como uma <u>luva</u>

FITS, if the shoe _____, wear it!
- a <u>carapuça</u> lhe serviu?

FITTING, not to be _____
- não ter <u>cabimento</u>
(see also "to LOOK bad")

FIX, the _____ (jam, predicament)
(see "the JAM")

"FIX," the _____ (narcotic injection)
- a aplicação
- o aplico
- a picada
- o pico

"FIX," to give oneself a _____
(inject drugs)
- aplicar-se
- picar-se[3]
- tratar-se

FIX, to _____ (repair)
- dar um <u>jeito</u> em

FIZZLE, to _____ (out)
(see "to go down the DRAIN")

FLAG-WAVING, the _____
- a patriotada

FLAG-WAVING (adj.) (ultra-
nationalistic)
- verde-amarelo
- verde-e-amarelo

FLAPPER, the _____
- a melindrosa

FLASH, like a _____
- como um raio
- como um turbilhão
(see also "HURRIEDLY," "in a
JIFFY")

FLASHY
(see "GAUDY," "OSTENTATIOUS")

"FLICK," the _____
(see "the MOVIE")

FLICK, to _____ (someone's) rump with
one's fingers (a prank)
- dar/tirar uma sardinha em

FLIRT, the _____
(see "the COQUETTE")

FLIRT, to _____ (with)
- dar bola (para)²
- dar corda (em)¹
- fretar
- cruzar linhas (com) [linha]
- tirar uma linha
- sapecar¹
- dar sopa (para)¹

FLIRTATIOUS
- sapeca¹

FLOAT, the ice-cream-and-cola _____
- a vaca-preta

FLOORED, to be _____ (stunned,
astonished)
- cair de costas
(see also "to be THUNDERSTRUCK")

FLOP, the _____
(see "the FAILURE")

FLOP, to _____
(see "to go down the DRAIN")

FLUNK, to _____¹ (give a failing
grade to)
- dar bomba em
- dar pau em

FLUNK, to _____² (receive a failing
grade)

- afundar-se²
- levar bomba
- levar pau
- rodar²

FLUNKED, to have _____ a course
- estar no gancho

FLUSTER, to _____
- afobar

FLUSTERED, to be _____
- estar afobado
- perder as estribeiras
[estribeira]

FLY, to have one's _____ open
- estar com a gaiola aberta

FLY, to _____ off the handle
(see "to get/be MAD [at]," "to have
a FIT")

FLY, go _____ a kite!
(see "SCRAM!")

FOG, the _____ (mist)
- a garoa

FOLKS (voc.) (friends, people)
- gente
- pessoal

FOLKS, one's _____ (parents)
(see "one's PARENTS")

FOLLOW, to _____ closely
- ir na esteira de

FOLLOW, to _____ someone's lead
- aproveitar o embalo
- ir na esteira de
- ir na onda de

FOND, not to be overly _____ of
(dislike)
- não morrer de amores por

FOOD, the _____
- a bóia
- o de-comer
- a gororoba
- o grude
- o mastigo
- o mata-fome
- os pirões [pirão]
- o ragu
- o ragum
- o rango

FOOL, the _____
  (see "the IDIOT," "the SUCKER")

FOOL, to make a _____ of
  - fazer de _besta_
  - fazer de _bobo_
  - fazer de _joguete_
  - fazer de _peteca_
  - fazer de _tolo_

FOOL, to play the _____
  (see "to play DUMB")

FOOL, to _____
  (see "to TRICK," "to SWINDLE")

FOOL, to _____ around
  - fazer (uma) _bagunça_
  - tirar a sua _casquinha_
  - rosetar[1]

FOOL, to _____ with
  - futicar
  - futucar

FOOL, you can't _____ me
  - o _buraco_ é mais embaixo

FOOLED, not to let oneself be _____
  (by that)
  - não _embarcar_ em canoa furada
  - não _embarcar_ nessa canoa
  - não _ir_ nessa/nisso
  - não ir na _onda_ de

FOOLISH
  (see "STUPID")

FOOLISH, to do something _____
  - apelar
  - _apelar_ para a ignorância
  - [fazer uma]
  asneira/_besteira_/_burrice_
  - bobear
  - dar uma de _português_

FOOLISH, the _____ action/remark
  (see "the STUPID action/remark,"
  "the FOOLISHNESS")

FOOLISH, the _____ idea
  - a caraminhola
  - a minhoca

FOOLISHNESS, the _____ (quality)
  - a asneira
  - a asnice
  - a babaquice
  - a baboseira
  - a besteira[1]

  - a bobagem[1]
  - a bobeira
  - a burrada
  - a burrice
  - a cavalice
  - a cocorocada
  - a frescura[3]
  - a frescuragem
  - a leseira
  (see also "the STUPID
  action/remark")

FOOT, the _____
  - a pata

FOOT, the big _____
  - a chanca
  - a lancha
  - o pé-de-anjo

FOOT, to have one _____ in the grave
  (see "to be about to DIE")

FOOT, on _____ (walking)
  - no _calcante_

FOOT, to put one's _____ down
  - _bater_ o pé
  - fazer pé-firme

FOOT, to put one's _____ in it
  - dar cabeçadas [_cabeçada_]
  - dar uma _cabeçada_
  - dar patadas [_patada_]
  - dar (uma) _patada_[1]
  - meter os pés pelas mãos [_pé_]
  (see also "to make a MISTAKE")

FOOT, to set _____ in
  - pôr (os) pés em [_pé_]

FOOT, to start off on the right/wrong
  _____
  - entrar com o _pé_ direito/esquerdo

FOOTSTEPS, to follow in the _____ of
  - ir nas _águas_ de [_água_]
  - ir na _esteira_ de
  - seguir os passos de [_passo_]
  - ir nas pegadas de [_pegada_]
  - seguir as pisadas de [_pisada_]

FOR
  - pra[1]

FOR, _____ the
  - pra[2]
  - pras
  - pro
  - pros

FOR, _____ the one
- pra[2]
- pro

FOR, _____ the ones
- pras
- pros

FORCE, by (sheer) _____
- no <u>grito</u>
- na <u>marra</u>
- a <u>muque</u>
- no <u>peito</u>
- no <u>peito</u> e na raça
- a <u>pulso</u>
- na <u>raça</u>
- no <u>tapa</u>
(see also "by HOOK or crook")

FORCE, in _____ (en masse)
- em <u>massa</u>
- em <u>peso</u>

FORCE, to _____ the issue (insist)
- <u>forçar</u> a barra

FORD, the vintage model _____
- o <u>Ford</u> bigode

FOREIGNER, the _____
- o gringo

FOREIGNERS, the group of _____
- a gringada

FORERUNNER
- o abre-alas

FORGET, to _____ about
- arquivar
- tirar da <u>cabeça</u>
- passar a/uma <u>esponja</u> sobre
- varrer da <u>memória</u>
- botar uma <u>pedra</u> em cima de

FORGET, to _____ it
- <u>deixar</u> cair[3]
- <u>deixar</u> para lá

FORGETFUL, how _____ you seem to be!
- tem comido <u>queijo</u>?

FORMAL (requiring formal treatment)
- de <u>cerimônia</u>

FORTUNATELY
- <u>ainda</u> bem (que)

FORWARD (outgoing)
- da <u>pá</u> virada

- saído
- sapeca[1]

FOULED, to get _____ up
(see "to get MESSED up")

FOUL-MOUTHED
- boca-suja
- desbocado

FOURS, on all _____
- de gatinhas [<u>gatinha</u>]

FRANKLY
- com a <u>boca</u> cheia
- de <u>boca</u> cheia

FREE, as _____ as a bird
- <u>livre</u> como o ar
- <u>livre</u> como um pássaro

FREE, to get in _____ (pay no admission)
- <u>entrar</u> de beiço
- <u>entrar</u> de carona
- <u>entrar</u> no beiço
(see also "to CRASH the gate, a party, etc.")

FREELOAD, to _____
(see "to MOOCH," "to WELSH," "to put the BITE on")

FREELOADER, the _____
(see "the MOOCHER," "the WELSHER")

FRENCH, to speak _____ poorly
- falar <u>francês</u> como uma vaca espanhola

FREQUENTLY
(see "OFTEN")

FRESH, to get _____ (with)
- adiantar-se (com)
- dar em <u>cima</u> de[2]
- embandeirar-se (com)

FRESHMAN, the _____ (university)
- o bicho[2]
- o calouro

FRIEND, the _____
- o amigão
- o camaradinha
- o compincha
- o cumpincha
- o cupincha
- (o <u>amigo</u> do lado esquerdo)
- (o <u>amigo</u> do peito)

FRIEND (voc.)
- amigão
- amigo
- meu amigo
- amizade
- bichão
- bicho
- boa-gente
- camará
- camarada
- cara
- meu caro
- meu chapa
- chefe
- cidadão
- compadre
- distinto
- meu distinto
- meu faixa
- meu filho
- gente-boa
- irmão
- joão
- meu liga
- major
- mano[2]
- mestre
- meu
- nego[2]
- meu nego[2]
- (o) nossa-amizade
- meu querido
- rapaz
- secretário
- velho
- meu velho
- xará
- zé

FRIEND, the false _____
- o amigo-da-onça
- o amigo-urso
- o crocodilo
- (o papo-furado)

FRIEND, the female _____
- a amiguinha

FRIENDS, to be among _____
- estar em família

FRIENDS, to be close _____
- ser assim
- ser corda e caçamba
- [ser] Cosme e Damião
- [ser] Romeu e Julieta
- ser unha e carne (com)
(see also "to be as THICK as
thieves")

FRIENDS, the close _____
- as intimidades [intimidade]

FRIENDSHIP, the intimate _____
(between persons of the opposite
sex)
- o chamego[1]

FRIGHTENING, to be _____
- ser de arrepiar (o cabelo)
- ser de fazer gelar o sangue (nas
veias)

FRONT, in _____ of one
- pela frente

FRONTRUNNER, the _____ (number-one
team)
- o ponteiro da tabela
- o rolo compressor

FRUGALLY
- na retranca

FRYING PAN, to jump from the _____
into the fire
- sair da frigideira para o fogo
- sair da lama e cair/meter-se no
atoleiro

FUEL, to add _____ to the fire
- atiçar o fogo
- botar lenha no fogo

FULL, _____ of (overflowing with)
- caindo de [cair]

FULL, _____ of it (misinformed)
- cheio de titica na cabeça

FUN, the _____
- o barato[2]
- a curtição[2]
- a farra[2]
- a onda[6]

FUN, to cease to be _____
- perder a graça[1]

FUN, just for _____
- só de/por farra
- por folia

FUN, to make _____ of
- gozar a cara de
- debochar
- deitar em
- gozar[1]
- fazer hora com
- fazer pouco de

- tirar um _sarro_ de
- fazer _troça_ de
- _troçar_ de
(see also "to MOCK," "to TEASE")

FUN, (not) to be _____
- (não) ter _graça_

FUN, what _____!
- que _sarro_!

FUNCTION, to _____ (work)
- trabalhar[1]

FUNERAL, it's your _____!
- sua _alma_, sua palma!

FUNERAL-GOER, the frequent _____
- o papa-defuntos[2]

FUNNY (humorous)
- gozado[1]

FUNNY, to cease to be _____
- perder a _graça_[1]

FUNNY, how _____!
- que _sarro_!

FUNNY, (not) to be _____
- (não) ter _graça_

FUNNY BONE, the _____ pain
- a dor-de-viúva

FURIOUS, I am (get, was, etc.) _____
- que _ódio_!
- que _raiva_!

FUSS, the _____ (stir)
(see "the COMMOTION," "the HUSTLE-
BUSTLE")

FUSS, to make/create a _____
- fazer (uma) _bagunça_
- fazer (um) _barulho_
- dar (um) _bode_
- dar (um) _bolo_
- fazer/criar _confusão_
- dar/fazer um _escândalo_
- fazer um _escarcéu_
- fazer uma _farofa_
- fazer _marola_
- fazer _onda_
- fazer uma _zona_
- (dar _pano_ para mangas)
(see also "to make a SCENE," "to
ACT up")

FUSS, to make a _____ over (welcome
warmly)
- fazer festas a[1] [_festa_]

FUSSINESS, the _____
- a bichice[2]
- a(s) coisa(s)[1]
- a frescura[2]
- a frescuragem
- o fricote
- o luxo
(see also "the AFFECTATION," "the
SNOBBISHNESS")

FUSSY
- _cheio_ de coisa(s)[2]
- _cheio_ de dedos[2]
- _cheio_ de frescura
- _cheio_ de luxo
- _cheio_ de me-deixes
- _cheio_ de merda (vulg.)
- _cheio_ de não-me-toques
- _cheio_ de nós-pelas-costas
- _cheio_ de nove-horas
- fricoteiro
- luxento
- (manhoso)
(see also "SNOBBISH," "AFFECTED")

G

GALL, the _____ (brazenness)
  - a cara-de-pau
  - a descaração

GALL, to have the _____ to
  (see "to have [the] GUTS [to]")

GALLERY, the theater _____
  - o poleiro
  - as torrinhas [torrinha]

GALORE
  - que não acaba mais [acabar]
  - às baldas [balda]
  - à beça
  - à bessa
  - às braçadas [braçada]
  - pra burro
  - pra cacete (vulg.)
  - pra cachorro
  - pra caralho (vulg.)
  - pra caramba
  - às carradas [carrada]
  - pra chuchu
  - para dar e vender
  - pra diabo
  - mil
  - aos montes [monte]
  - paca
  - pacas
  - às pampas [pampa]
  - às pamparras [pamparra]
  - em penca
  - a perder de vista
  - aos potes [pote]
  - a rodo
  - a valer
  - para valer
  (see also "a LOT," "a LOT of")

GAME, the fixed _____
  - a marmelada[2]

GAME, the numbers _____
  - o bicho[5]
  - o jogo-do-bicho

GAME, the numbers _____ results list
  - a lista de bicho

GAME, to play someone's _____
  - fazer o jogo de

GAME, to play the numbers _____
  - jogar no bicho

GAME, the really great _____
  - o jogão

GAME, to be _____ for/to (up to)
  - estar a fim de
  - topar
  - topar a jogada
  - topar a parada
  - (estou nessa [boca]!)

GAME, to be _____ for anything
  - topar qualquer parada

GAMING, the _____ table
  - o pano verde

GANG, the _____[1] (group of people or
  friends)
  - a batota[2]
  - a bicharada[1]
  - a corriola
  - a curriola
  - o gango
  - a gangue
  - a macacada
  - a pá
  - a patota
  - o pessoal
  - o time
  - a turma[1]

GANG, the _____[2] (of thieves, etc.)
  - a batota[2]
  - a corriola
  - a curriola
  - o gango
  - a gangue
  - a pá
  - a patota

GANG, to _____ way (for)
  - abrir alas (para)

GANTLET, the _____ (torture)
  - o corredor polonês

"GAS," the _____ (joy, fun, "kick")
  - o barato[2]
  - a curtição[2]
  - a gozação
  - o gozo[1]
  - a onda[6]
  - o sarro

"GAS," to be a _____
  (see "to be TERRIFIC")

"GAS," what a _____!
- que <u>barato</u>!
- que <u>sarro</u>!

GASOLINE, the _____
- a gasosa

GATE-CRASHER, the _____
(see "the PARTY-CRASHER")

GAUDINESS
- a cafonice
- (a firula)
- (a mirabolância)

GAUDY
- cafona
- mirabolante
- suburbano
(see also "OSTENTATIOUS")

GAUDY, the _____ display
- a mirabolância

GEE, _____ (whiz)!
(see "GOSH!," "WOW!")

GENERATION, the older _____
- a velha <u>guarda</u>

GENERATION, the younger _____
- a <u>geração</u> pão-com-cocada
- a jovem <u>guarda</u>

GENEROUS, to be _____ with others'
property
- fazer cortesia com (o) <u>chapéu</u>
alheio

GENEROUS, the _____ individual
- o mão-aberta

GENTLE, _____ as a lamb
- <u>manso</u> como um cordeiro

GERMAN, the _____
- o boche (pej.)
- o chucrute (pej.)
- o coxa-branca (pej.)
- o fritz (pej.)

GESTURE, the fine _____
- o belo <u>gesto</u>

GESUNDHEIT!
- saúde!

GET, to _____ (understand)
(see "to UNDERSTAND," "to CATCH
on")

GET, (for something) to _____ into
(someone) (happen to)
- dar uma <u>coisa</u> em
- <u>dar</u> em
- dar a <u>louca</u> em
- (que <u>bicho</u> te mordeu?)

GET, _____ a load of this!
- manja essa! [<u>manjar</u>]
- saca essa! [<u>sacar</u>]

GET, to _____ along
(see "to GET by")

GET, to _____ along well with
- <u>jogar</u> no time de

GET, to _____ away (escape, flee)
- <u>arrepiar</u> carreira
- tirar o <u>corpo</u> fora
- tirar o <u>cu</u> da seringa (vulg.)
- espiantar
- espiantar-se
- livrar a <u>pele</u>
- salvar a <u>pele</u>
- dar o <u>pinote</u>
- tirar o <u>rabo</u> da seringa
- <u>sair</u> de baixo
(see also "to TAKE off," "to SNEAK
away")

GET, to _____ by (manage)
- arranjar-se
- arrumar-se
- cavar-se
- defender-se
- dar um <u>jeito</u>
- maneirar
- manerar
- <u>safar</u> (a) onça
- virar-se
- (<u>cavar</u> a vida)

GET, _____ it?
(see "UNDERSTAND?")

GET, _____ out of here!
(see "SCRAM!")

GET, to _____ the picture
(see "to UNDERSTAND")

GET, _____ up! (used to get animals
to move)
- arre!
- eh!
- upa!

GET, something to _____ by on
- a defesa

– o safa-onça

GET, that's what you _____ ! (you
  asked for it!) (iron.)
  – <u>bem</u> feito!
  – dá nisso [<u>dar</u>]
  – é no que dá [<u>dar</u>]

GET, you're going to _____ it!
  (see "you're going to CATCH it!")

GETTING, to be _____ along (well)
  – <u>ir</u> andando[1]
  – <u>ir</u> empurrando
  – <u>ir</u> indo[1]
  – <u>ir</u> levando[1]
  – <u>ir</u> navegando
  – <u>ir</u> remando
  – <u>ir</u> rolando (por aí)
  – ir no <u>vai-da-valsa</u>

GETTING, that's what I was _____ at
  – era lá que eu queria <u>chegar</u>

GETTING, what are you _____ at?
  – onde é que você queria <u>chegar</u>?

GHOST, to look as if one has just
  seen a _____
  – parecer ter visto um <u>fantasma</u>

GI, the _____ (Brazilian soldier)
  – o periquito[1]
  – o reco

GIANT, the _____ (great, superstar)
  – o monstro
  – o <u>monstro</u> sagrado

GIRL, the _____
  – a boneca[1]
  – a gata
  – a gatinha
  – a guria[1]
  – a mina
  – a muca
  – a pequena[1]
  – a piva

GIRL (voc.)
  – boneca
  – minha <u>filha</u>
  – menina

GIRL, the good _____ (proper young
  lady)
  – a <u>moça</u> de família

GIRL, the ugly but shapely _____
  – a raimunda

GIRL FRIEND, the _____
  – a garota[3]
  – a guria[2]
  – a pequena[2]
  – o xodó[1]
  – (a <u>garota</u> de fé)

GIVE, to _____ in/up (surrender)
  – arregar-se
  – dar o <u>braço</u> a torcer
  – <u>entregar</u> os pontos
  – <u>pedir</u> arreglo
  – <u>pedir</u> arrego
  – pedir <u>penico</u>
  – dar-se por <u>vencido</u>
  – (tirar o <u>cavalo</u> da chuva)

GIVE, to _____ oneself away (be
  conspicuous)
  (see "to be CONSPICUOUS")

GIVE, to _____ up (relinquish)
  – abrir <u>mão</u> de

GIVE-AND-TAKE, the _____
  – o toma-lá-dá-cá

GIVEN, to be _____ to (accustomed to)
  – <u>ser</u> de

GLASSES, the _____
  – as lunetas[1] [<u>luneta</u>]

GLASSES, the person who wears _____
  – o quatro-olhos

GLASSY-EYED, the _____ look
  – o(s) olho(s) de peixe morto
  [<u>olho</u>]

GLOAT, to _____
  – <u>banhar-se</u> em água de rosas
  – <u>lamber</u> os beiços

GO, to be constantly on the _____
  – andar numa <u>roda-viva</u>

GO, to _____ all out
  (see "to SHOOT the works")

GO, to _____ along with (accept)
  – <u>entrar</u> em[1]
  – <u>ir</u> com/em

GO, to _____ at it
  (see "to go to TOWN")

GO, _____ away!
  (see "SCRAM!")

GO, to _____ far (get ahead)
- ir longe

GO, to _____ for
(see "to be GAME for/to," "to be
CRAZY about")

GO, to _____ out (on the town)
- fazer um programa[1]

GO, to _____ over[1] (catch on)
- colar[1]
- grudar[1]
- pegar[1]

GO, to _____ over[2] (be believed)
- colar[2]
- grudar[2]
- pegar[2]

GO, to _____ to it
(see "to go to TOWN")

GO, let's _____! (let's leave!)
- bora!
- bora lá!
- borandá!
- embora![1]
- s'embora!
- vambora!
- vambora lá!

GO, not to _____ for (disapprove of)
- não ir com
- (não ir nessa/nisso)

GOAT, to get the _____ of
(see "to get on the NERVES of")

GOD
- Papai-do-céu

GOD, in _____'s hands (to fate)
- ao deus-dará[2]

GOD, may _____ help me!
- valha-me Deus!

GOD, may _____ reward you!
- Deus lhe pague!

GODDAMNED
- filho-da-mãe (often vulg.)
- filho-da-puta (vulg.)
- a merda de . . . (vulg.)
- de merda (vulg.)
- a porra de . . . (vulg.)
- puto (vulg.)

GODFATHER, the _____
- o dindinho

GODMOTHER, the _____
- a dindinha

GODSEND, the _____
- o achado

GODSEND, to be a _____
- cair do céu

GODSPEED!
- vá com Deus!
- bons ventos o levem! [vento]

GO-GETTER, the _____
- o cavador
- o virador

GOING, get _____!
- upa[2]!

GOING, to get _____ (go on)
- tocar[1]
- tocar o bonde (para a frente)
- tocar o carro (para a frente)
- tocar para a frente
(see also "to TAKE off")

GOING, to have something _____
- transar[1]

GOING, let's get _____!
- vamos nessa! [ir]

GOING, to really get _____
- deslanchar

GOINGS-ON, the _____
- a transa[1]

GOLD MINE, the _____ (lucrative
concern)
- a mina-de-ouro
- a vaca-leiteira[1]

GOLD DIGGER, the male _____ (man who
marries for money)
- o caçador de dote

GOLD DUST, the _____ twins (two
people or things always together)
- Cosme e Damião
- Romeu e Julieta

GOLLY!
(see "GOSH!," "WOW!")

GONE, pretty far _____ (drunk,
  unconscious, etc.)
  - mais para lá do que para cá[1]

GONORRHEA, the _____
  - o esquentamento
  (see also "V.D.")

GOOD, to be just as _____ as anyone
  else
  - também ser filho de Deus
  - também ser gente

GOOD, to do any _____ (work)
  - adiantar
  (see also "to WORK out [to]")

GOOD, to do _____ for its own sake
  - fazer o bem sem ver a quem

GOOD, it's a _____ thing (that)
  - ainda bem (que)

GOOD, a real _____ . . .
  - . . . dos bons [bom]

GOOD, very _____
  - bonzão

GOOD, what's really _____ is . . .
  - bom mesmo é . . .

GOOD-BYE!
  (see "SO LONG!")

GOOD DEED, to do a _____
  - fazer o bacana
  - fazer um bonito

GOOD-FOR-NOTHING, the _____ (bum)
  - o bosta
  - o cocô[3]
  - o coisa-à-toa
  - o coisa-ruim
  - o fulustreca
  - o merda (vulg.)
  - o titica
  - o vira-bosta
  (see also "the BUM," "the
  SCOUNDREL," "the S.O.B.")

GOOD-FOR-NOTHING
  - à-toa
  - de uma figa
  - imprestável

GOOD-FOR-NOTHING, to be _____[1] (a
  person)
  - ser de fritar bolinhos
  - não ser de nada

- não prestar (para nada)

GOOD-FOR-NOTHING, to be _____[2] (a
  thing)
  - ser bom para o fogo
  - não ser de nada
  - não prestar (para nada)

GOODIES (good food)
  - os quitutes[1] [quitute]

"GOOD-LOOKER," the _____ (attractive
  person)
  - o doce-de-coco
  - a parada[3]
  - a peça[2]
  - o/a tesão[2] (vulg.)
  - (o pão)

GOOD-LOOKING (pretty, handsome)
  - bem-apanhado
  - enxuto
  - fofo
  - gostoso
  - pintoso
  - quente
  - (chuchu beleza)
  (see also "HANDSOME," "PRETTY")

GOOD-LOOKING, to be _____
  - ser colírio para os olhos
  - ser de fechar
  - ser de fechar o comércio
  - ser de parar o trânsito

GOODNESS, my _____!
  - ave Maria!
  - meu Deus!
  - meu Deus do céu!
  - valha-me Deus!
  - minha nossa!
  - minha nossa senhora!
  - nossa!
  - nossa mãe!
  - nossa senhora!
  - pela madrugada!
  - pela mãe do guarda!
  - virgem!
  - virgem Maria!
  (see also "GOSH!")

GOODS, to deliver the _____
  (see "to COME through")

GOOD-THING-GOING, to have a _____
  - [estar numa] boca
  - [estar numa] boca-rica
  - [estar numa] mamata
  - [estar numa] sopa

GOOF, the _____[1] (error)
(see "the MISTAKE")

GOOF, the _____[2] (stupid person)
(see "the IDIOT")

GOOF, to _____
(see "to make a MISTAKE")

GOOF, to _____ off
(see "to FOOL around," "to LOAF")

GOOSE, to have one's _____ cooked
- estar _frito_

GOOSE, to kill the _____ that lays
the golden egg
- matar a _galinha_ dos ovos de ouro

GORGEOUS! (darling, smashing)
- bacanérrimo [-_érrimo_]
- divino!
- _lindo_ de morrer
- maravilhoso!
- _morto_ de lindo

GOSH!
- caramba!
- que _coisa_!
- ô _gente_!
- homessa!
- _ora_ essa!
- oxente!
- poxa!
- puxa!
- _puxa_ vida!
- uai!
- xi!
(see also "WOW!," "my GOODNESS!")

GOSPEL, to accept as _____ (believe
implicitly)
- _crer_ como num Evangelho

GOSSIP, the _____ (talk, rumors)
- o babado[1]
- a badalação[4]
- a bisbilhotice
- o bochincho
- a candonga
- o disse-que-disse
- o diz-que-diz
- a fofoca[1]
- a futrica
- o fuxico
- o mexerico
- a onda[4]
- o zunzum
- o zunzunzum

GOSSIPER, the _____
- o bisbilhoteiro
- a candinha
- o candongueiro
- a comadre
- o fofoqueiro
- o futriqueiro
- o fuxiqueiro
- o leva-e-traz
- o má-língua
- o mexeriqueiro
(see also "the BLABBERMOUTH," "the
BUSYBODY")

GOVERNMENT, the _____ vehicle
- a chapa-branca

GRADE, the good _____ (stud.)
- o notão

GRADE, anything else just doesn't
make the _____
- o resto é _conversa_

GRAFFITI, the political _____
- a pichação

GRANDMA, the _____
- a vovó

GRANDPA, the _____
- o vovô

GRANDSTAND, to _____ (show off)
- fazer _firula_

GRAPEVINE, I heard it through the
_____
- um _passarinho_ me contou

GRAPEVINE, through the _____
(see "by HEARSAY")

"GRASS," the _____
(see "the MARIJUANA")

GRASS ROOTS, the _____ of society
- o povão
- o povo-povo
- o submundo

GRAVE, the _____
- _sete_ palmos de terra

GRAVE, to have one foot in the _____
(see "to be about to DIE")

GRAVE, to turn over in one's _____
- virar-se na _cova_

GRAVEYARD, the _____
- a cidade-dos-pés-juntos

GREASY-SPOON, the _____ (seedy
restaurant)
- o frege
- o frege-moscas

GREAT
(see "TERRIFIC")

GREAT, the _____ guy
(see "the nice GUY")

GREATEST, the _____ (said of a
person)
- o maior
- o máximo
- o tal
(see also "to be 'the MOST'")

GREEK, what you're saying is _____ to
me
- você está falando chinês
- você está falando grego
- (ser da China)
- (ser grego para)

GREENHORN, the _____
(see "the BEGINNER")

GRIND, the old _____
(see "the HUMDRUM")

GRIPE, to _____
(see "to COMPLAIN")

GROCERY, the cheap _____ store
- a birosca

"GROOVE," what a _____!
(see "what a 'GAS'!")

"GROOVY"
(see "TERRIFIC")

GROUCH, the _____
- o ranheta
(see also "the HOTHEAD")

GROUCH, to be a _____
- ser de/ter maus bofes [bofe]
- dar coices na sombra [coice]
- [ser] genioso
- [ser] ranheta
(see also "to be a HOTHEAD")

GROUCHY
- genioso
- ranheta

GROUND, to gain _____
- ganhar terreno

GROUND, to give _____ (yield)
- ceder terreno

GROUND, to lose _____
- perder terreno

GROUNDWORK, to lay the _____
- preparar o terreno

GROUP, the _____ (of persons)
- o time

GROW, to _____ like a weed (a child)
- tomar chá-de-trepadeira

GROW, _____ up!
- cresça e apareça! [crescer]

GROWLING, my stomach's _____
- minha barriga está dando horas
- minha barriga está roncando

GRUB, the _____
(see "the FOOD")

GUARD, to be on one's _____
- ficar/estar de antenas ligadas
[antena]
- botar as barbas de molho [barba]
- ficar de olho
- ficar/estar de orelha(s) em pé
[orelha]
- estar de pé atrás

GUESS, to _____ (fake answers)
- chutar

GUESS, to _____ right
- pegar no ar

GUESSER, the good _____
- o batata
- o bidu

GUILT, to have _____ written all over
one's face
- estar com cara de cachorro que
quebrou prato/panela

GUINEA PIG, to be/serve as a _____
- ser/servir de cobaia

GUN, the _____ (pistol, revolver,
"piece")
- o bacamarte
- o berrante
- o berro

- a draga
- o estouro
- a máquina³
- a <u>máquina</u> de fazer defunto
- o pinga-fogo

GUN, to jump the _____
- <u>avançar</u> o sinal¹

GUNS, to stick to one's _____
- [não] dar o <u>braço</u> a torcer
- ser <u>durão</u>
- ser <u>firmão</u>

GUTS, to hate (someone's) _____
(see "not to be able to STOMACH")

GUTS, to have (the) _____ (to)
- [ser] <u>abusado</u>
- ter <u>cara</u> (para)
- ter colhões [<u>colhão</u>] (vulg.)
- ser <u>colhudo</u> (vulg.)
- [ter] <u>marra</u>
- ter <u>peito</u> (para)
- [ser] <u>peitudo</u>
- ter <u>raça</u>
- [ser] <u>raçudo</u>
- ter (o) <u>topete</u> (de)
(see also "to be MACHO")

GUTSY (daring, bold)
- abusado
- fodão (vulg.)
- peitudo
- raçudo

GUY, the _____
- o barbado
- o bicho³
- o cabra²
- o camarada
- o cara
- o careta¹
- o cristão
- o elemento
- o gajo
- o grinfo
- o indivíduo
- o nego²
- o pinta
- o praça²
- o sujeito
- o tipo
- o zé
- (o zinho)

GUY, to be a nice _____
- [ser] <u>boa-praça</u>²
- [ser uma] <u>brasa</u>²
- [ser] <u>cem-por-cento</u>

- ser <u>gente</u> boa
- [ser] <u>papo-firme</u>
- ser (da) <u>pedra</u> noventa

GUY, the "good _____" (western movie hero)
- o mocinho

GUY, the nice _____
- [o cara] <u>batuta</u>¹
- a boa-praça
- a brasa²
- [o cara] <u>cem-por-cento</u>
- [o cara] <u>legal</u>
- o papo-firme

GUY, to play the nice _____
- bancar o <u>bonzinho</u>

GUY, that _____ (said individual)
- o cujo
- o dito
- o dito-cujo

GUZZLE, to _____ (alcoholic beverages)
- chupar¹
- emborcar
- entornar
- virar
(see also "to hit the BOTTLE," "to get/be DRUNK")

GYP, the _____
(see "the SWINDLE")

GYP, to _____
(see "to SWINDLE")

H

HAD, he (she, etc.) _____ it coming
- escreveu, não leu, o pau comeu
[escrever]

HAG, the _____
(see "the 'DOG'")

HAGGLE, to _____
- chorar o preço

HAIL!
- saravá!

HAIR, the _____ (on one's head)
- a crista
- o telhado
- (a juba)

HAIR, the kinky _____
- o cabelo de bom-bril (pej.)

HAIR, to let one's _____ down
- deixar cair[1]
- desbundar[4]
- botar as mangas de fora [manga]
- soltar as tranças [trança]

HAIR-RAISING, to be _____
- ser de arrepiar (o cabelo)

HALVES, to go _____ (split expenses)
- ir a meias
- rachar as despesas

HAM, the _____ actor
- o canastrão

HAMMER, to _____ away (persevere)
- martelar

HAND, the _____
- a manopla
- a munheca

HAND, at _____ (nearby)
- à mão

HAND, to be _____ and glove
(see "to be close FRIENDS")

HAND, to give a _____ (help)
- dar uma ajuda
- dar uma mãozinha

HAND, _____ to _____
- corpo a corpo

HAND, don't _____ me that!
- essa não!
- isso não!

HAND, to _____ over (a game,
advantage, etc.) to one's opponent
- entregar o ouro aos bandidos

HAND, _____ over the "dough!"
- solta/larga a gaita!

HANDICRAFT, the _____ sale
- a feira do "hippie"

HANDLE, the passenger emergency _____
(in a car)
- o pê-quê-pê
- o p.q.p.

HANDS, to be in good _____
- estar em boas mãos [mão]

HANDS, to fall/be in the _____ of
- cair/estar nas mãos de [mão]

HANDS, to get one's _____ on
- pôr as mãos em [mão]

HANDS, to have one's _____ tied
- estar com as mãos atadas [mão]

HANDSOME (said of a male)
- boa-pinta
- fofo
(see also "GOOD-LOOKING")

HANDSOME, the _____ guy
- o boa-pinta
- o pão
(see also "the 'GOOD-LOOKER,'" "the
LADIES' MAN")

HANDSTAND, to do a _____
- plantar bananeira

HANG, to "_____ loose"
(see "to let one's HAIR down")

HANG, to _____ out at (frequent)
- fazer ponto em

HANGOVER, the _____
- a ressaca

HANGOVER, to have a _____
- [estar de] ressaca
- estar ressacado

- estar <u>ressaqueado</u>

"HANG-UP," the _____
- o grilo³
(see also "the PROBLEM," "the
HITCH")

"HANG-UPS," full of _____ (a person)
- <u>cheio</u> de coisa(s)
- <u>cheio</u> de frescura
- <u>cheio</u> de grilos
- <u>cheio</u> de merda (vulg.)
- (estar <u>eminhocado</u>)
- (estar com <u>minhocas</u> na cabeça)
(see also "FUSSY")

HAPPEN, something's going to _____!
- aí vem <u>coisa</u>!

HAPPEN, that won't _____ to me
- desta <u>água</u> não beberei

HAPPENED, what _____ to . . .?
- cadê . . .?
- <u>que</u> é de . . .?
- <u>que</u> é feito de . . .?
- <u>que</u> fim levou . . .?
- quede . . .?
- quedê . . .?

HAPPENING, the _____
- o lance¹

HAPPY, to be _____ as a lark
- não <u>caber</u> em si de contente
- não <u>caber</u> na pele de contente
- estar no sétimo <u>céu</u>
- ver <u>passarinho</u> verde
- [estar contente] da <u>vida</u>

HARD
(see "ROUGH")

HARD, _____ as a rock
- <u>duro</u> como uma pedra

HARD, to be _____ (difficult)
(see "to be ROUGH")

HARD, the _____ line
- a <u>linha</u> dura

HARD, a _____ nut to crack
- a carne-de-pescoço
- <u>duro</u> de roer¹
- um <u>osso</u> duro de roer

HARDER, to be _____ than hell
- ser mais fácil um <u>boi</u> voar

HARD-HEARTED, to be _____
- ser de <u>pedra</u>

HARD-LINE
- linha-dura

HARD TIME, to give a _____ to
(someone)
- dar um <u>aperto</u> em
- arrochar¹
- botar na <u>bunda</u> de (vulg.)
- chamar na <u>chincha</u>
- dar um <u>duro</u> em
- dar uma <u>prensa</u> em
- fazer um <u>tempo</u> quente para
- (dar que <u>fazer</u> [a])
- (dar <u>trabalho</u> [a])
(see also "to PRESSURE")

HARD TIME, the _____
- a rebordosa

HARD-TO-BEAT, to be _____
- ser uma <u>bicha</u> danada
- [ser] <u>duro</u> de roer²
- ser <u>fogo</u>²
- ser <u>fogo</u> na jaca
- ser <u>fogo</u> na jacutinga
- ser <u>fogo</u> na roupa
- ser <u>foguete</u>
- ser de <u>lascar</u>²
- ser de <u>lascar</u> o cano
- ser de <u>morte</u>²
- [ser] um <u>osso</u> duro de roer²
- ser <u>pau</u> na moleira²
- ser uma <u>parada</u>
- ser de <u>rachar</u>²
- (see also "to be TERRIFIC," "to
be 'the MOST'")

HARD-TO-GET, to play _____
- fazer <u>charme</u>
- fazer <u>charminho</u>
- fazer <u>cu</u> doce (vulg.)
- fazer <u>doce</u>
- bancar o <u>durão</u>
- fazer-se de <u>rogado</u>

HARD-TO-PLEASE
(see "FUSSY")

HARP, to _____ (insist)
- martelar

HARP, to _____ on the same string
- <u>bater</u> na mesma tecla

HAS-BEEN, the _____
- a <u>bananeira</u> que já deu cacho
- o <u>caldo</u> requentado

HASSLE, the _____[1] (lot of work)
 - o sufoco

HASSLE, the _____[2] (problem)
 (see "the PROBLEM," "the HITCH")

HASTILY
 - de afogadilho

HAT, to pass the _____ (take up a
 collection)
 - fazer uma rachação
 - fazer uma vaca
 - fazer uma vaquinha

HAT, to take off one's _____ to
 (fig.)
 - tirar o chapéu a

"HAUL," the _____ (stolen goods)
 (see "the LOOT")

HAVE, to _____ to do with (someone)
 - ser com

HAY, to make _____ while the sun
 shines
 - aproveitar enquanto o Brás é
 tesoureiro

HAYWIRE, to go _____
 - dar a louca

HAZARDS, the occupational _____
 - os cavacos do ofício [cavaco]

HEAD, the _____[1]
 - a bola
 - a cachimônia
 - a cachola
 - o coco
 - a cuca
 - os cornos [corno]
 - a moringa
 - a mufa
 - o quengo
 - a sinagoga
 - a telha
 (see also "the BRAINS")

HEAD, the _____[2] (on beer)
 - o colarinho

HEAD, from _____ to toe
 - de cabo a rabo
 - de fio a pavio

HEAD, to get into something over
 one's _____
 - meter-se a fogueteiro

HEAD, to get (it) into one's _____
 - meter na cabeça
 - (fique sabendo! [ficar])

HEAD, to get (it) out of one's _____
 - tirar da cabeça

HEAD, to get one's _____ together
 - desencucar

HEAD, to have on one's _____ (be
 responsible for)
 - ter às costas [costa]

HEAD, to knock one's _____ against
 the wall
 - dar com a cabeça na parede
 - dar um murro em ponta de faca

HEAD, to lose one's _____ (be unable
 to restrain oneself)
 - apelar
 - apelar para a ignorância
 - perder a cabeça
 - perder a linha
 (see also "to go OVERBOARD")

HEAD, to _____ for
 - bater para
 - bater-se para
 - tocar para
 - tocar-se para

HEADLINE, to make _____ news
 - virar manchete

HEADLONG, to go _____ into
 (see "to BARGE in[to]")

HEAD-ON (directly)
 - na raça

HEADS, _____ or tails?
 - cara ou coroa?

HEALTHY, to be very _____
 - ter uma saúde de ferro
 - vender saúde

HEARD, but you haven't _____ anything
 yet!
 - não lhe conto nada! [contar]
 - nem te conto! [contar]
 - não lhe digo nada! [dizer]

HEARD, who ever _____ of . . .?
 - já se viu . . .? [ver]

HEARSAY, the _____
 (see "the IDLE TALK")

HEARSAY, by _____
- de <u>oitiva</u>
- de <u>orelhada</u>

HEARSE, the _____
- o rabecão

HEART, the _____
- o rel<u>ó</u>gio

HEART, to have one's _____ set on
- não ter olhos senão para [<u>olho</u>]

HEART, to know by _____ (know cold)
- saber de <u>cabeça</u>
- saber de <u>cor</u> e salteado
- saber na <u>ponta</u> da língua
- entender do <u>riscado</u>

HEART, my _____ bleeds for you!
(sarc.)
- sinto muito, mas chorar não
posso! [<u>sentir</u>]

HEART, not to have the _____ (to)
- [não] ter <u>cara</u> (para)
- não ter <u>coragem</u> (para)
- [não] ter <u>peito</u> (para)

HEART, to speak from the _____
- falar com o <u>coração</u> nas mãos

HEART, to take to _____
- levar a <u>peito</u>
- tomar a <u>peito</u>

HEARTBREAKING
- de <u>cortar</u> o coração

HEAT, to be able to take the _____
- ter (as) costas largas[1] [<u>costa</u>]
- ter (as) costas quentes[2] [<u>costa</u>]

HEAT, to put the _____ on (someone)
(see "to give a HARD TIME")

HEAVEN, to be in seventh _____
- estar no sétimo <u>céu</u>

HEAVEN, for _____'s sake!
- pelo <u>amor</u> de Deus!

HEAVEN, _____ forbid!
- <u>Deus</u> me livre!
- <u>Deus</u> me livre e guarde!

HEAVY (hard to digest; said of food)
- pesado

HEAVY, _____ as lead
- <u>pesado</u> como chumbo

HECK!
(see "DARN it!," "SHUCKS!,"
"GOSH!")

HELL!
(see "DAMN it!")

HELL, all _____ has broken loose
- o <u>diabo</u> está andando solto (na
rua)
- começou a <u>inana</u>
- o <u>pau</u> está cantando/cantou
- o <u>pau</u> está comendo/comeu
- o <u>pau</u> está falando/falou
- o <u>pau</u> está roncando/roncou

HELL, all _____ is about to break
loose
- vai começar a <u>inana</u>

HELL, all _____ will break loose
- vai haver/ter o <u>diabo</u>
- vai <u>ter</u>

HELL, as _____
(see "as the DEVIL")

HELL, to be as likely as _____
freezing over
- ser mais fácil um <u>boi</u> voar

HELL, to give 'em _____
- mandar <u>brasa</u>[1]
- sentar a <u>pua</u>[1]
- (<u>ferro</u> na boneca!)
(see also "to go to TOWN," "to go
ALL out")

HELL, give _____ to . . .!
- <u>pau</u> em . . .!

HELL, to go through _____
(see "to have a ROUGH time")

HELL, go to _____!
- vá à merda! [<u>ir</u>] (vulg.)
- vá para a puta que te pariu!
[<u>ir</u>] (vulg.)
- vá para o diabo (que te
carregue)! [<u>ir</u>]
- vá para o inferno! [<u>ir</u>]
- raios te partam! [<u>raio</u>]
(see also "SHOVE it!")

HELL, the _____ of it is that . . .
- o <u>diabo</u> é que . . .

HELL, to raise _____
  (see "to ACT up," "to make/create a
  FUSS," "to make a SCENE")

HELL, to tell (someone) to go to

  _____
  - mandar para o beleléu
  - mandar para o diabo
  - mandar às favas [fava]
  - mandar à merda (vulg.)
  - mandar àquela parte
  - mandar (alguém) à puta que (o)
  pariu (vulg.)

HELL, when _____ freezes over (never)
  - no dia de São Nunca
  - quando as galinhas tiverem dentes
  [galinha]

HELLO![1]
  - boa!
  - oba![2]
  - oi![1]
  - opa!

HELLO![2] (over the phone)
  - alô!
  - pronto!

HELLUVA, a _____
  (see "the DARNEDEST")

HELP, to ask someone else for _____
  - bater em outra porta

HELP, to request _____ from
  - bater na porta de

HELP, to _____
  (see "to give a HAND")

HEN, the _____ (chicken)
  - a penosa[1]

HERE, right _____
  - aqui, ó [ó]

HEY!
  (see "SAY!")

HI!
  (see "HELLO![1]")

HICK, the _____
  (see "the HILLBILLY")

HICKEY, the _____ (mark from a kiss)
  - o chupão[2]

HICKISH (countrified)
  - bororó
  - cafona
  - caipira
  - jeca
  - matuto
  - mocorongo
  (see also "the HILLBILLY")

HIDE, to _____ (conceal)
  - enrustir
  - malocar
  - mocozar

HIDE, to _____ out
  - malocar-se

HIDE, to try to _____ the obvious
  - querer tapar o sol com a peneira

HIDEOUT, the _____ (of criminals)
  - a maloca
  - a toca

"HIGH," the _____ (produced by drugs)
  - o baratino[1]
  - o barato[1]
  - a curtição[1]
  - o embalo[2]
  - a onda[5]
  - a viagem

"HIGH," to be _____[1] (on drugs, etc.)
  (see "to get/be 'STONED'")

"HIGH," to be _____[2] (on alcohol)
  (see "to get/be TIPSY," "to get/be
  DRUNK")

HIGH AND DRY, to be left _____
  - ficar/estar apitando [apitar]
  - ficar/estar na mão
  - ficar/estar a ver navios [navio]
  - ficar/estar no ora-veja

HIGH AND DRY, to leave _____
  - deixar na mão
  - deixar a ver navios [navio]
  - deixar na saudade

HIGH-CLASS
  - da alta
  - [da] alta-roda
  - de alto bordo
  - bem

HIGH SOCIETY, the _____
  - a alta-roda
  - a gente bem
  - a grã-finagem

- o soçaite

HILL, to be over the _____
- queimar óleo quarenta
- (dobrar o cabo da Boa Esperança)

HILLBILLY, the
- o caipira
- o capiau
- o jacu
- o jeca
- o matuto
- o mocorongo
- o tabaréu
(see also "the BOOR," "HICKISH")

HINT, the _____
- a barbada[2]
- o bizu[2]
- a deixa
- a dica
- a pala
- o palpite[1]
- o plá[1]
- (o macete)

HINT, to catch the _____
- pegar a deixa

HINT, to take the _____
- mancar-se[1]

HINT, to take the _____ personally
- enfiar a carapuça

"HIP," to be _____
(see "to be 'IN,'" "to be in the KNOW," "to UNDERSTAND")

HIT, the _____ (success)
- o desacato
- o desbum
- o desbunde
- a fechação

HIT, to make/be a _____ (success)
- abafar[2]
- abafar a banca
- botar banca[2]
- barbarizar
- deixar cair[2]
- desacatar
- desbundar[2]
- emplacar[1]
- estourar[3]
- fechar[4]
- fazer furor
- dar ibope[2]
- marcar[1]
- marcar ponto(s) (com)

- matar a pau

HIT, to _____ directly on/in
- dar em cheio (em)

HIT, to _____ home (strike a sore spot)
- pôr o dedo na chaga
- pôr o dedo na ferida
- tocar na ferida
- dar no vivo

HIT, to _____ the nail on the head
- dar na mosca
- dar no vinte

HITCH, the _____
- o abacaxi[2]
- a banana[1]
- o bode[1]
- o bolo
- a encrenca
- o enguiço[2]
- o galho[1]
- o grilo[3]
(see also "the PROBLEM")

HITCHED, to get _____
(see "to get MARRIED")

HITCHHIKE, to _____
(see "to hitch a RIDE")

HOBBY, one's _____
(see "one's 'PASSION'")

HODGEPODGE, the _____
- a colcha de retalhos
- a mixórdia
- o rolo[2]
- o saco-de-gatos
- a salada
- a salada russa
(see also "the MESS[1]," "the POTPOURRI")

HOGWASH!
(see "NONSENSE!")

HOLD, to get a _____ of (obtain)
- acertar
- ajeitar[1]
- amarrar[1]
- arranjar
- arrumar
- descolar
- engatilhar[2]

HOLD, to _____ on (wait a minute)
- agüentar a mão

- agüentar as pontas
- agüentar firme
- segurar as pontas
- (aguenta aí! [agüentar])
- (espera aí! [esperar])
- (pera aí!)
- (peraí!)

HOLD, to _____ up (rob)
- estarrar

HOLDING, to be _____ back (not
revealing something, esp. something
good)
- esconder (o) leite

HOME, anyone at _____?
- ô de casa!

HOME, to find no one at _____
- bater com a cara/o nariz na porta

HOME, to head for _____
- pegar o caminho da roça
- pegar a reta

HOME, make yourself at _____!
- está em casa!
- não faça cerimônia! [fazer
cerimônia]
- fique à vontade!

HOMOSEXUAL, the male _____ (many
pej.)
- o assumido
- o badalado
- o baitola
- o baitolo
- a bicha[1]
- o bicha
- a bicha louca
- a bichana
- a bicharoca
- a bichona
- o bofe[2]
- o bói
- a boneca[2]
- a boneca deslumbrada[2]
- o boy[2]
- o carregador-de-bandeja
- o chibungo
- o desmunhecado
- o entendido
- o enxuto
- o fanchona
- o frango[2]
- o fresco
- a fruta
- a galinha[2]
- o jiló

- a louca
- o mágico
- a mimosa
- o/a paça
- o puto (vulg.)
- o sacana (vulg.)
- a tricha
- a trichona
- o veado
- o ventilado
- o viado
- o vinte-e-quatro
- o xibungo
- (o besouro[2] [vulg.])
- (o gilete)
- (o terceiro sexo)

HOMOSEXUAL, to be a _____
- agasalhar a rola (vulg.)
- agasalhar (o) croquete (vulg.)
- jogar água fora da bacia[2]
- levar atrás (vulg.)
- sentar na boneca (vulg.)
- dar a bunda (vulg.)
- tomar na bunda (vulg.)
- dar o cu (vulg.)
- tomar no cu (vulg.)
- desmunhecar[1]
- entender
- [ser um] entendido
- esconder (vulg.)
- esconder cobra (vulg.)
- não ser muito fanático
- jogar no outro time[2]
- dar o rabo (vulg.)
- tomar no rabo (vulg.)
- tomar atrás do saco (vulg.)

HOMOSEXUAL, to become a _____
- desmunhecar[1]
- virar o disco[2]

HOMOSEXUALITY, the _____
- a bichice[1]
- a frescura[1]
- a frescuragem
- a galinhagem[2]
- a sacanagem[2] (vulg.)

HOMOSEXUALS, the group of male _____
- a bicharada[2]
- (o terceiro sexo)

HONEST?
(see "no KIDDING?")

HONEST! (no kidding!)
(see "no KIDDING!")

HONOR, the man of _____ (honorable person)
- o <u>homem</u> de bem

HOODLUM, the _____
- o cabra[1]
- o capanga
- o jagunço
- o pinta-braba
- o pinta-brava
(see also "the BULLY")

HOODWINK, to _____
(see "to SWINDLE")

HOOK, by _____ or crook
- a <u>ferro</u> e (a) fogo
(see also "by [sheer] FORCE")

HOOKER, the _____
(see "the PROSTITUTE")

HOOKY, to play _____
(see "to 'CUT' class")

HOOLA HOOP, the _____
- o bambolê[1]

HOPE, to _____ (that)
- fazer votos (que) [<u>voto</u>]

HOPE, I _____ (that)
- <u>tomara</u> (que . . .)
- (<u>quem</u> [me] dera [que] . . .)
- (fazer votos [que] [<u>voto</u>])

HORN, to blow/toot one's own _____
(see "to BRAG")

"HORNINESS," the _____ (sexual longing)
- a secura[2]

"HORNY," to be _____ (sexually hard-up)
- estar <u>atrasado</u>
- estar <u>seco</u>
- estar <u>tarado</u>[2]
(see also "to have an ERECTION," "to get/be sexually AROUSED")

HORRIBLE, how _____!
- que <u>horror</u>!

HORSE, that's a _____ of a different color
- isso <u>já</u> é outra coisa
- isso são outros <u>quinhentos</u>
- isso são outros <u>quinhentos</u> mil-réis

HORSE, to _____ around
(see "to FOOL around")

"HOT" (stolen)
- frio

HOT, to be _____ (the weather)
- estar <u>calor</u>

HOT AIR, the _____
(see "the FAST-TALK," "the IDLE TALK," "the BRAGGING")

HOT DOG, the _____
- o cachorro-quente

HOTHEAD, the _____
- a fera[1]
(see also "the GROUCH")

HOTHEAD, to be a _____
- ter cabelos na venta [<u>cabelo</u>]
(see also "to be a GROUCH")

HOT POTATO, the _____ (troublesome issue)
- a <u>batata</u> quente

"HOT-WIRE," to _____ a car, truck, etc.
- fazer <u>ligação</u> direta

HOUR, the rush _____
- a hora do pique
- a hora do "<u>rush</u>"

HOUSE, the _____ of cards (fig.)
- o <u>castelo</u> de cartas

HOUSE, the old _____
- o mafuá[2]

"HOUSE-CLEANING," the _____ (purge in government, etc.)
- a vassourada

HOW, and _____!
- e <u>como</u>!
- demais!
- nem se fala! [<u>falar</u>]

HOW, _____ . . .!
- <u>puxa</u> que . . .!

HOW, _____ about . . .?
- <u>que</u> tal . . .?

HOW, _____ goes it?
- como vai/está a <u>barra</u>?
- como vão as coisas? [<u>coisa</u>]

- como vai essa força?
(see also "everything O.K.?,"
"what's NEW?[1]")

HOW, _____ 's that? (what do you
mean?)
- como assim?

HUBBUB, the _____
(see "the COMMOTION")

HUFFING, to be _____ and puffing
(see "to be out of BREATH")

HUGE
(see "BIG")

HUH?
- hein?
- hem?[1]
- como é que é?

HULLABALOO, the _____
(see "the COMMOTION")

HUMDRUM, the _____ (old grind)
- o lesco-lesco
- o ramerrão

HUMDRUM
- ramerraneiro

HUNCH, the _____
- o palpite[2]

HUNGRY, to be _____ (famished,
starving)
- estar arado
- estar com a broca
- estar de broca
- estar com uma fome canina
[canino]
- estar morrendo de fome [morrer]
- estar na maior de rango
- estar no rango
- estar verde de fome

"HUNG-UP," to be/get _____ (over)
(see "to WORRY [about]")

HUNT, to _____ and peck (on the
typewriter)
- catar milho

HURRIEDLY
- de afogadilho
- às carreiras [carreira]
- corrido
- embalado[1]
- lascado

- a todo pano
- rápido e rasteiro
- a toda
- a toque de caixa
- a todo vapor
- a toda vela
(see also "in a JIFFY")

HURRY, to _____ (run, rush, race,
dash)
- meter o pé na tábua
- ir picado
- dar um pique
(see also "to TAKE off like a
shot")

HURRY, to _____ there and back
- ir num pé e voltar no outro

HURT, the _____ (minor injury)
- o dodói

HURTS, to be so good (pretty, etc.)
it _____
- ser bom (bonito, etc.) que dói
[doer]

HUSTLE, to _____
(see "to WORK hard")

HUSTLE-BUSTLE, the _____
- a afobação
- o corre-corre
- a lufa-lufa
- a roda-viva
- o "rush"

HUSTLER, the _____
(see the "GO-GETTER")

HYMEN, the _____
- o cabaço[1] (vulg.)
- os tampos [tampo] (vulg.)
- os três-vinténs (vulg.)

HYPOCRITE, the _____
- o crocodilo
- [o] mascarado
- o santo-de-pau-oco
- o vaselina
(see also "to be TWO-FACED")

I

I (myself, yours truly)
- este seu <u>criado</u>
- o degas
- o filho-de-meu-pai
- o filho-de-minha-mãe
- a mamãe
- a <u>mamãe</u> aqui
- o papai
- o <u>papai</u> aqui
- (a gente)

ICE, to break the _____
- <u>quebrar</u> o gelo

IDEA, the _____
- a bolação

IDEA, what's the big _____ ?
(see "WHAT kind of thing is that to say/do?")

IDENTIFICATION, the _____ document
(I.D., personal papers)
- a babila
- o babilaque

IDIOT, the _____
- o arara
- o asno
- [o] babaca
- o babão
- o babaquara
- o baboso
- o baiano[1] (pej.)
- o besta
- a <u>besta</u> quadrada
- o bestalhão
- o <u>bobo</u> alegre
- [o] boboca
- [o] bocó
- o bolha[2]
- o bolha-d'água
- o burro
- o <u>burro</u> quadrado
- o burro-sem-rabo
- o cabeça-de-pau
- o cabeça-de-vento
- o cagão[1] (vulg.)
- o cara-de-mamão-macho
- o cavalão
- a cavalgadura
- o cavalo
- o <u>cavalo</u> batizado
- o cocoroca

- o cretino
- o curiboca
- o <u>débil</u> mental
- o debilóide
- o goiaba[2]
- o jegue
- o jerico
- [o] mambembe
- o muquirana
- o pamonha
- o pancrácio
- o papa-moscas
- o quadrúpede
- a toupeira
- a zebra[1]
- o zebróide
(see also "the SUCKER")

IDIOTIC
(see "STUPID")

IDLE
- à <u>toa</u>[4]

IDLER, the _____
(see "the LAZYBONES," "the LOAFER")

IDLE TALK, the _____
- o bafo
- o bafo-de-boca
- o balão[1]
- a balela
- o barabadá
- o bico[3]
- o blablablá
- a cascata
- o chute
- a conversa
- a <u>conversa</u> fiada
- a <u>conversa</u> mole
- a <u>conversa</u> mole para boi dormir
- a <u>conversa</u> para boi dormir
- a léria
- o lero-lero
- a milonga[1]
- a mironga
- o nhenhenhém
- a <u>onda</u> careca[2]
- o papo[2]
- o <u>papo</u> furado
- o parangolé
- o <u>parangolé</u> de bico
- o pissilone
- a prosa[2]
- o quás-quás-quás
- (a <u>encheção</u> de lingüiça)
(see "the LIE," "the FAST-TALK")

IDLE TALK, to engage in _____
- discutir o <u>sexo</u> dos anjos

IDLE TALKER, the _____
  - o cascateiro
  - o chutador
  - o milongueiro
  - o papo-furado
  - o prosa
  - o proseador
  - o prosista

IF, _____ only . . .
  - quem (me) dera (que) . . .
  - tomara (que . . .)

IGNORE, to _____ (something)
  - fechar os olhos a
  - deixar passar em brancas nuvens
    [nuvem]
  - fazer (a) vista grossa (a)

IGNORED, to be _____ (a person)
  - ficar na prateleira

ILL, to wish (someone) _____
  - querer ver a caveira de

ILL-AT-EASE, to become _____
  (see "to become EMBARRASSED")

ILLITERATE, the _____ (person)
  - o analfa
  - o mobral

ILL-MANNERED
  (see "RUDE")

ILLNESS, the _____ attributed to the
  evil eye
  - o quebranto

IMAGINE, just _____!
  - ora veja!
  - já pensou? [pensar]
  - sinta o drama! [sentir]
  - imagine só! [só[1]]

IMMEDIATELY
  - de cara
  - de entrada
  - logo de cara
  - logo de entrada
  - logo de saída
  - de saída
  - em seguida

IMMINENT, to be _____
  - estar na bica

IMMUNE, to be _____ (fig.)
  - estar vacinado

IMPASSE, the _____
  - o beco-sem-saída

IMPORTANCE, the _____
  - o cartaz[2]

IMPOTENCE, the sexual _____ (said of
  a male)
  - a broxura (vulg.)

IMPOTENT, the sexually _____ male
  - o belo-antônio[1]
  - o broxa (vulg.)

IMPOTENT, to become sexually _____ (a
  man)
  - broxar (vulg.)
  - não dar (mais) conta do recado
  - negar fogo (vulg.)

IMPRESS, to _____ (overwhelm)
  - desacatar[1]
  - desbundar[1]

IMPRESS, to _____ everyone
  - impressionar o eleitorado

IMPRESSIVE
  - desbundante

IMPUDENT, the _____ little squirt
  - o garnisé

"IN" (in style)
  - avançado
  - da chinfra
  - chinfreiro
  - embalado[2]
  - do embalo
  - pra frente
  - inserido (no contexto)
  - na onda
  - da pesada[2]
  - prafrente
  - pra-frente
  - prafrentex
  - quente[1]

"IN," to be _____ (in style) (said of
  a person)
  - estar por dentro[1]
  - estar no embalo
  - estar "in"
  - estar na onda
  (see also "to be in STYLE")

INCH, you give an _____ and he'll
  take a mile
  - você dá o pé e ele toma a mão

INCIDENT, the _____
- o lance[1]

INCLINATION, to have an _____ for
(see "to have a KNACK [for]")

INCOMPREHENSIBLE, to be _____
- não caber na cabeça de ninguém
- não ter cabimento
- não entrar na cabeça

INCONCEIVABLE, to be _____
- não caber na cabeça de ninguém
- não ter cabimento
- não entrar na cabeça

"IN CROWD," the _____
- a turma da pesada

"IN CROWD," the member of the _____
- o/a cocota[1]

INDEED
- nem se fala! [falar]
- lá isso . . .
- mesmo
- se . . .!

INDIAN, the person of mixed _____ and
black ancestry
- o cafuzo

INDIRECTLY (in a roundabout way)
- por tabela

INEVITABLE, it was _____
- estava escrito

INEXPERIENCED (said of a soccer
player)
- fundo

INFORM, to _____ (on) (squeal,
snitch)
- alcagüetar
- abrir o bico
- botar a boca no trombone
- buzinar
- cagüetar
- dedar
- dedodurar
- dedurar
- discursar
- dar o serviço[1]
- dar o trabalho
(see also "to BLAB," "to get
something off one's CHEST")

INFORMATION, for (someone's) _____
- para o governo de

INFORMER, the _____ (stoolie)
- o alcagüete
- o boca-de-trombone
- o cagüete
- o dedo-duro
(see also "the BLABBERMOUTH")

INSENSITIVE
- duro como uma pedra

INSENSITIVE, to be _____
- ser de ferro
- ser de pedra

INSINUATION, the _____
- a carapuça

INSIST, to _____ on
(see "to make a POINT of")

INSTINCT, the _____
- o faro

INSULT, to _____
- dar/bater com a porta na cara/no
nariz de[2]
(see also "to CRITICIZE")

INTEGRALIST, the _____ (Brazilian
fascist)
- o galinha-verde

INTEGRATE, to _____ oneself
- entrosar-se
- enturmar-se

INTELLIGENT, to be _____
(see "to be a BRAIN")

INTERESTED, to be _____ in
- estar a fim de

INTERESTED, to be _____ only in
- só querer saber de

INTERESTS, one's _____
- o lado (de alguém)

INTERESTS, to look out for one's own
_____
- puxar a brasa para a sua sardinha
- não dar ponto sem nó
- não pregar/meter prego sem
estopa

"INTO," not to be _____ that
- não estar nessa
- estar em outra

INTOLERABLE (said of a person)
- indigesto
- intragável

INTOLERABLE, to be _____ (a person)
- ser demais
- não passar na garganta

INTROVERTED
- enrustido
- fechado
- incubado
- trancado

INTRUDER, the _____
(see "the PARTY-CRASHER")

INVULNERABLE, to make (the body)
_____ through witchcraft
- fechar o corpo

I.O.U., the _____
- o papagaio^2

IRON, to strike while the _____ is
hot
- bater (n)o ferro enquanto está
quente

IRON-HAND, the _____ rule
- a mão de ferro

IS, he/she/it _____
- tá

-ISH, to be . . . _____
- ser/estar (meio) sobre o/a (+
adj.)
- ter seu tanto de (+ adj.)

ITALIAN, the _____
- o carcamano (pej.)

ITCHING, to be _____ to say something
- ter cócega na língua
- sentir cócegas na língua
[cócega]

J

JACKASS, the _____
  (see "the IDIOT")

JACKASS, you _____!
  - vá comer capim! [ir]
  - vá pastar! [ir]

JACKHAMMER, the _____
  - a lambreta-de-baiano

JACK-OF-ALL-TRADES, to be a _____
  - ser pau para toda obra

JAIL, the _____
  - o beleléu
  - a cadeia
  - a cana[2]
  - a gaiola
  - a gaveta
  - a geladeira
  - a(s) grade(s) [grade]
  - o xadrez
  - o xilindró

JAIL, to be in _____
  - estar em cana
  - estar encanado
  - ver o sol (nascer) quadrado

JAIL, to go to _____
  - entrar/ir em cana
  - dançar[1]
  - entrar em fria[2]

JAIL, to _____
  - arrochar[2]
  - meter em cana
  - encanar
  - engaiolar
  - engavetar
  - grampear
  - dar o grampo em
  - trancafiar
  - trancar

JALOPY, the _____
  - o calhambeque
  - a carroça[1]
  - a fubica
  - o galipão
  - a lata velha
  (see also "the CAR")

JAM, the _____
  - o atoleiro
  - a banana[1]
  - a embrulhada
  - o embrulho[1]
  - a encrenca
  - a enrascada
  - a trapalhada[1]
  - (o beco-sem-saída)

JAM, to get/be in a _____
  - atolar-se
  - estar numa bananosa
  - estar em boa
  - cair na boca do lobo
  - estar numa camisa de onze varas
  - estar numa canoa furada
  - estar com a corda na garganta
  - encalacrar-se
  - estar numa encrenca
  - estar numa enrascada
  - estar enrascado
  - enrascar-se
  - entrar em fria[1]
  - estar numa fria
  - estar frito
  - meter-se em funduras [fundura]
  - entrar numa gelada
  - estar na de horror
  - estar em lençóis difíceis
  [lençol]
  - estar em maus lençóis [lençol]
  - estar no mato sem cachorro
  - estar naquela
  - estar numa
  - estar em papos de aranha [papo]
  - estar a perigo
  - estar na pior
  - estar numa sinuca
  - estar numa sinuca de bico
  (see also "to fall into the TRAP,"
  "to get MESSED up[1]," "to be up the
  CREEK," "to be in the worst WAY")

JAM, to get out of a _____
  - livrar a cara
  - descalçar a bota
  - descascar a bota
  - descascar o abacaxi
  - escapar de boa
  - pular/saltar a fogueira
  - sair dessa

JANITOR, the _____
  - o faxineiro

JAPANESE, the _____
  - o cara-chata (pej.)
  - o japa (pej.)
  - o japona (pej.)

JAZZ, to _____ up (enliven or
  embellish)
  - incrementar

JEALOUS, the _____ fit
  - a ciumeira

JEALOUSY, the _____
  - a dor-de-corno
  - a dor-de-cotovelo

JESUS CHRIST
  - Papai-do-céu

JIFFY, in a _____
  - num abrir e fechar de olhos
  - enquanto o diabo esfrega um olho
  - num grito
  - já já
  - num piscar de olhos
  - em dois tempos [tempo]
  - (agora[1])
  (see also "HURRIEDLY")

JIG, the _____'s up!
  - babau!

JILT, to _____ (a suitor, lover,
  etc.)
  - dar (um) bico em[3]
  - dar o bilhete azul (a)[2]
  - chutar[6]
  - dar um chute em[3]
  - chutar para córner
  - cortar
  - chutar para escanteio
  - dar o fora em[2]
  - dar a lata em
  - dar uma tábua em[1]
  (see also "to give the BRUSH-OFF
  to")

JILTED, to get _____
  - levar um bico[3]
  - receber o bilhete azul[2]
  - levar um chute[3]
  - levar um fora[2]
  - levar a lata
  - levar uma tábua[1]
  (see also "to be given the BRUSH-
  OFF")

JINX, the _____ (unlucky person)
  - o baixo-astral[1]
  - o caipora[1]
  - o pé-frio[1]

JOB, the _____ (livelihood)
  - a batalha[1]
  - o batente

- o ganha-pão
- a viração[1]

"JOB," the _____ (criminal action)
  - o golpe[2]

"JOB," to do a _____ (commit a crime)
  - trabalhar[2]

JOB, the easy _____
  - a boca[4]

JOB, the lousy _____[1]
  - a porcaria[1]

JOB, not to hold a _____ for long
  - não esquentar lugar

JOB, the part-time _____
  - o bico[2]
  - o biscate[1]
  - a boca[1]
  - o galho[2]
  - o gancho

JOBS, to hold down several _____
  - ser um cabide de empregos

JOG, to _____ (run for exercise)
  - fazer cooper

JOHN, to use the _____
  (see "to go to the BATHROOM")

JOHN DOE, the _____
  (see "SO-AND-SO," "the NOBODY")

JOIN, to _____ in with (bring,
  contribute)
  - entrar com

"JOINT," the _____[1]
  (see "the 'DIVE'")

"JOINT," the _____[2] (marijuana
  cigarette)
  - o baseado
  - a beata
  - a beatriz
  - o charro
  - o cheio
  - o crivo
  - o dólar
  - o fininho
  - o fino
  - o finório
  - o xarro
  (see also "the CIGARETTE," "the
  'ROACH'")

JOKE, to be no _____ (to be rough)
 - não ser brincadeira
 - ser um caso sério
 - [não] ser mole

JOKE, to crack a _____
 - soltar/largar uma piada

JOKE, the practical _____ (trick)
 (see "the PRANK")

JOKE, that was a good ____!
 - essa foi boa!
 - boa bola!

JOKER
 - o gozador[2]

JOKER, the gratuitous _____
 - o gozador barato

JUMP, go _____ in the lake!
 (see "SCRAM!")

JUMP, to _____ for joy
 - pular de contente (de alegria,
 etc.)
 - dar pulos (de contente, de
 alegria, etc.) [pulo]
 - saltar de contente (de alegria,
 etc.)
 - dar saltos (de contente, de
 alegria, etc.) [salto]
 - (não caber em si de contente)
 - (não caber na pele de contente)

JUNIOR (referring to children)
 - dente-de-leite[2]

JUNK, the _____
 (see "the TRASH")

JUST, _____ imagine/look/etc.!
 (see "só[1]")

JUST, you _____ have to . . .
 (see "ALL you've got to do is . .
 .")

K

KEEP, _____ away from there!
- para lá está chovendo! [chover]

KEY, the _____ to attaining a
difficult goal easily
- o mapa da mina

KEY, the false _____
- a gazua
- a micha
- a mixa

KIBITZ, to _____
- cagar regras (vulg.)
- peruar

KIBITZER, the _____
- o caga-regras (vulg.)
- o palpiteiro
- o peru[1]

KICK, the _____
- o bico[4]
- o chambão

"KICK," to _____ (complain)
(see "to COMPLAIN")

KICK, to _____ the bucket
(see "to DIE")

KICKS, to get one's _____ (too)
- tirar a sua casquinha
- tirar um sarro[1]

KID, the _____ (child)
- o guri
- o pexote[1]
- o/a piva
- o pixote

KIDDING, no _____? (honest?)
- será o Benedito?
- no duro?
- firme?
- é mesmo?
- palavra?
- sem sacanagem? (vulg.)
(see also "is that RIGHT?")

KIDDING, no _____! (honest!)
- no duro!
- é mesmo!
- palavra!

- papo firme![2]
- sem sacanagem! (vulg.)

KIDDING, you're _____!
- não brinca! [brincar]
- não diga! [dizer]
- mentira (sua)!
- parece mentira!
- como é que pode? [poder]
- não é possível!

KID GLOVES, to treat with _____
- tratar com luvas de pelica [luva]

KILL, to _____
- abotoar[2]
- abotoar o paletó de
- acabar com a raça de
- apagar[1]
- dar cabo de
- fechar[2]
- fechar o paletó de
- liquidar
- mandar desta para melhor
- mandar para o outro mundo
- parar o relógio de
- reduzir a pó

KILL, to _____ time
- fazer hora(s) [hora]
- matar (o) tempo
(see also "to LOAF," "to TWIDDLE
one's thumbs")

KILL, not to be able to _____ a flea
- ser incapaz de matar uma mosca

KILLJOY, the _____
(see "the PARTY-POOPER")

KIND, _____ of
(see "SOMEWHAT")

KISS, the _____
- a beijoca
- o chupão[1]
- o muxoxo

KISS, to _____
- beijocar

KISS, to _____ the canvas (sport.)
- beijar a lona

KITTY, the _____ (money box)
- a caixinha

KNACK, the _____
- a bossa[2]
- o jeitinho

- o jeito

KNACK, to have a _____ (for)
- ter dedo (para)
- ter jeito (para)
- ter queda (para)
- ([ter] bossa²)
- (ser jeitoso)
(see also "to be CUT out for")

KNEW, I _____ you when . . .!
- quem te viu, que te vê! [ver]

KNIFE, the _____
- a lambedeira
- a naifa
- a peixeira
- a solinge

KNIFE, the _____ in the back
(treachery)
(see "the DOUBLE-CROSS")

"KNOCK," to _____
(see "to CRITICIZE")

KNOCK, to _____ about
(see "to ROAM around")

KNOCKOUT, the _____ (sport.)
- o nocaute

"KNOCKOUT," the _____ (good-looking
female)
(see "the 'DISH'")

"KNOCKOUT," to be a _____ (a female)
(see "to be GOOD-LOOKING")

KNOW, to be in the _____
- estar por dentro²

KNOW, to be in the _____ about
(see "to be UP on [a subject]")

KNOW, how should I _____?
- (eu) sei lá! [saber]

KNOW, to _____ (someone) from way
back when
- conhecer de outros carnavais

KNOW, to _____ (someone) like a book
- conhecer como a palma da mão
- conhecer por dentro e por fora

KNOW, _____ what?
- quer saber de uma coisa? [saber]
- sabe de uma coisa? [saber]

KNOW, to _____ what one is doing
- saber onde tem o nariz

KNOW, not to _____ the least thing
(about a subject)
- não saber o abc
- não saber o bê-a-bá

KNOW, not to _____ what one is missing
- não saber o que é bom

KNOW, not to _____ whether one is
coming or going
- não saber a quantas anda

KNOW, you _____?
- não é?²
- né?
- sabe? [saber]
- sabe como é? [saber]
- sabe como é que é? [saber]
(see also "UNDERSTAND?")

KNOW, you _____ best
- você é quem sabe [saber]

KNOW-IT-ALL, the _____
- o caga-regras (vulg.)
- o sabe-tudo
- o Dr. Sabe-Tudo
- o sabichão
- o sabidão

KNOW-IT-ALL, to set oneself up as a
_____
- meter-se a gato-mestre

KNOWLEDGE, the _____
- a luz

KOSHER, not to be too _____ (proper)
- não ser muito católico¹

K.P., to do _____
- fazer faxina

L

LABORER, the _____ (said of the
Northerners who built Brasília)
- o candango[1]

LACKEY, the _____
- o cão de fila

LADIES' MAN, the _____ (lover boy,
attractive male)
- o cacetudo[1] (vulg.)
- o gostosão[1]
- o pica-doce (vulg.)
- o picão (vulg.)
(see also "the 'WOLF'," "the STUD,"
"the HANDSOME guy")

LADY, the _____
- a dona[1]
- (a madame[1])

LADY, the _____ of the house
- a madame[1]

LADY, the young _____
- a menina-moça

LAMEBRAIN, the _____
(see "the IDIOT")

LANGUAGE, just to get by in a _____
- arranhar (uma língua)

LAST, to finish _____
- fechar a raia

LAST STRAW, the _____
- a gota d'água que faz
transbordar o copo

LAST STRAW, to be the _____
- ser o cúmulo
- ser o fim
- ser o fim-da-picada[1]
- ser o fim-do-mundo
- ser a última gota

LATE, to keep _____ hours (partying,
etc.)
- segurar a noite pelo rabo
(see also "to stay AWAKE all
night")

LATE, _____ at night
(see "in the WEE hours")

LATEST, the _____ news
- as últimas
- (quente[3])

LATEST, the _____ thing
- a bossa nova[1]
- a última palavra

LAUGH, to _____
- abrir de rir[2]
- abrir-se
- ter um ataque de riso
- cagar-se de rir (vulg.)
- esporrar(-se) de rir (vulg.)
- estourar de rir/riso
- dar uma gaitada
- mijar(-se) de rir (vulg.)
- molhar-se de rir (vulg.)
- morrer de rir/riso
- rebentar de rir/riso
- rir a bandeiras despregadas
- sujar-se de rir (vulg.)

LAURELS, to rest on one's _____
- criar fama e deitar-se na cama
- dormir sobre os louros

"LAY," the _____ (casual bed partner)
- o cobertor-de-orelhas

LAY, the "easy _____" (promiscuous
female)
(see "the SLUT")

LAY, to be an "easy _____" (said of a
promiscuous female)
- abrir as pernas[1] (vulg.)
- agalinhar-se[2]
- fazer caridade (vulg.)
- ser coco (vulg.)
- dar (vulg.)
- dar mais do que chuchu na serra
(vulg.)
- facilitar (vulg.)
- fazer favores [favor] (vulg.)

LAZY, to be a _____ bum
- ser (um) folgado
(see also "to LOAF")

LAZYBONES, the _____
- o maria-mole
- o moleirão
- o molenga(s)
- o molóide
- a mosca-morta
- (preguiça chegou ali, parou!)
(see also "the LOAFER")

LEAD, the _____ attraction or article
- o carro-chefe

LEAD, to _____ on
(see "to FLIRT [with]")

LEAF, to turn over a new _____
(see "to do a TURNABOUT")

LEARN, to _____
- meter na cabeça

LEARN, to _____ by experience
- aprender nas coxas [coxa]

LEARNED, to be very _____
- ser um poço de ciência

LEAVE, to take French _____
- sair à francesa
(see also "to SNEAK away")

LEAVE, to _____ (go away)
(see "to TAKE off")

LEAVE, to be about to _____
- estar com o pé no estribo
(see also "I'm LEAVING")

LEAVE, to _____ something to be
desired
- deixar a desejar

LEAVE, let's _____ it at that!
(agreed!)
- fica nisso (mesmo)!

LEAVING, I'm _____
- vou abrindo [abrir]
- vou chegando [chegar]
(see also "to be about to LEAVE")

LEECH, the _____
(see "the MOOCHER," "the SPONGER")

LEFT, the pseudo-_____
- a esquerda festiva [festivo]

LEFTOVERS, the discarded _____
- a xepa

LEFTOVERS, to eat _____
- pegar barranco
- pegar rebarba
- (roer os ossos)

LEG, the _____
- a gâmbia

LEG, the shapely _____
- a pernoca

LEGALIZE, to _____
- sacramentar
- dar o sacramento a

LEGITIMATE$_2$ (genuine, valid)
- quente^2

LEGS, to be on one's last _____
- estar por um fio

"LEMON," the _____ (dud)
- o abacaxi^1
- a bomba^1

LESBIAN, the _____
- a fanchona
- a machona
- o sapatão

LESBIANISM, to practice _____
- fazer sabão

LESSON, to teach (someone) a _____
- exemplar
- mostrar/ensinar com quantos paus
se faz uma canoa [pau]

LET, to _____ down
(see "to leave HIGH AND DRY," "to
be a LET-DOWN")

LET, not to _____ up (come through)
- não deixar a peteca cair

LET-DOWN, to be a _____ (person)
- desmunhecar^3

LETTER, to the _____
- ao pé da letra
- à risca
- sem tirar nem pôr

LIAR, the _____
- o cascateiro
- o chutador
- o milongueiro
- o papo-furado
(see also "the IDLE TALKER," "the
FAST-TALKER," "the SWINDLER")

LIBERTINE, the _____ life
- a marafa^1

LICK, to _____ one's chops (gloat)
- lamber os beiços

LICK, to _____ (the) boots (of)
  - badalar[2]
  - pegar no _bico_ da chaleira
  - chaleirar
  - _encher_ de confetes
  - _lamber_ as botas de
  - fazer _média_
  - paparicar[2]
  - dar uma _puxada_ (em)
  - fazer rapapés (a) [_rapapé_]
  - puxar (o) _saco_ (de) (often vulg.)
  - _rasgar_ seda
  - fazer salamaleques (a)
  [_salamaleque_]
  - _xeretar_
  - xeretear[2]

LIE, the _____
  - o araque
  - o balão[1]
  - a balela
  - o bico[3]
  - o conto/a história da _carochinha_
  - a cascata
  - o chute[2]
  - o conto[2]
  - o grupo
  - a lambança
  - a lorota
  - a milonga[1]
  - a mironga
  - a _onda_ careca[2]
  - o _papo_ furado
  - o parangolé
  - o _parangolé_ de bico
  - a truta
  - (a fajutice)
  (see also "the IDLE TALK," "the
  FAST-TALK")

LIE, to _____
  - dar um _balão_
  - cascatear
  - chutar[1]
  - _chutar_ alto
  - milongar[2]
  (see also "to EXAGGERATE")

LIFE, the dog's _____
  - a _vida_ de cachorro

LIFE, the good _____
  - o bem-bom
  - a moleza
  - a _sombra_ e água fresca
  - a boa _vida_
  - a _vida_ mansa
  - a _vida_ mole

LIFE, to have a hard _____
  - comer da _banda_ podre
  - _comer_ fogo
  - _comer_ tampado
  - comer o _pão_ que o diabo amassou

LIFE, to live an easy _____
  (see "to LOAF")

LIFE, not on your _____!
  - nem a _bala_!
  - nem _morto_!
  - nem por _decreto_!
  - nem por um _milhão_!
  - nem por todo o _ouro_ do mundo!
  - nem que a _vaca_ tussa (de joelho
  na beira da estrada)!
  - por _nada_ deste mundo!
  - nem sonhando! [_sonhar_]
  - (nem _aqui_ nem na China)
  (see also "no WAY!," "don't even
  THINK such a thing!")

LIFE, that's _____!
  - assim é a _vida_!
  - a _vida_ é essa!
  - é a _vida_!

LIFE, what an easy _____!
  - a _vida_ é boa, hein?
  - que _vidão_!

LIFT, the _____ (free ride)
  - o bigu
  - a carona

"LIGHT," the _____ (match or lighter
  for smokers)
  - o fogo[1]

LIGHT, to come to _____ (be
  disclosed)
  - vir à _luz_

LIGHT, to deliberately run a red
  _____
  - fazer _roleta_ paulista

LIGHT, to shed _____ on
  - lançar _luz_ sobre
  (see also "to CLARIFY")

LIKE, just _____ (a)
  - feito
  - _que_ nem
  - _que_ só

LIKE, _____ that (of that type)
  - _desses_/dessas

LIKE, _____ this (in this way)
  - <u>assim</u>, ó

LIKE, to _____ (someone)
  - <u>ir</u> com a cara de
  - <u>jogar</u> no time de

LIKE, does a bee _____ honey?
  - está perguntando se <u>macaco</u> quer banana!

LIKELY, to be _____ to
  - ser <u>capaz</u> de

LIMELIGHT, to be in the _____
  - estar na <u>berlinda</u>

LIMIT, to be the _____
  (see "to be the LAST STRAW")

"LINE," the _____ (fast-talk)
  (see "the FAST-TALK," "the LIE")

"LINE," to hand (someone) a _____
  (see "to FAST-TALK")

LINE, to step out of _____
  - jogar <u>água</u> fora da bacia[1]
  - <u>cuspir</u> fora do caco
  - sair (fora) dos eixos [<u>eixo</u>]
  - sair da <u>linha</u>
  - <u>mijar</u> fora do caco (vulg.)
  - <u>mijar</u> fora do penico (vulg.)

LINE, what's your _____?
  - que <u>apito</u> você toca?

LINES, to read between the _____
  - ler nas entrelinhas [<u>entrelinha</u>]

LION, to get the _____'s share
  - ficar com a <u>parte</u> do leão

LIONS, thrown to the _____
  - atirado às feras [<u>fera</u>]

LIPS, my _____ are sealed
  - a minha <u>boca</u> é um túmulo

LIQUOR, to drink _____
  (see "to take a DRINK")

LITTERBUG, the _____
  - o <u>sujismundo</u>

LITTLE (small)
  - <u>mirim</u>
  - <u>pexote</u>
  - <u>pixote</u>
  - deste <u>tamanhinho</u>

LITTLE, a _____ (of)
  (see "a little BIT [of]")

LIVE, _____ and learn!
  - vivendo e aprendendo! [<u>viver</u>]

LIVE, to _____ like a king
  - <u>viver</u> como um rei

LIVE, to _____ together (with)
  (cohabit)
  - <u>amigar-se</u> com
  - <u>casar</u> na igreja verde
  - <u>juntar-se</u> com
  - viver <u>maritalmente</u> com

LIVELY[1] (said of a person)
  - <u>serelepe</u>

LIVELY[2] (said of a thing)
  - <u>braseado</u>
  - <u>sentido</u>

LIVER, the _____
  - o <u>figueiredo</u>

LIVES, to have nine _____
  - ter <u>fôlego</u> de gato
  - ter sete vidas [<u>vida</u>]

LIVE WIRE, the _____ (person)
  - o <u>azougue</u>

LIVING ROOM, the _____
  - o <u>living</u>

"LOADED"
  (see "RICH")

"LOADED," to be _____
  (see "to be RICH," "to get/be DRUNK")

LOAF, to _____ (be idle)
  - estar de <u>beleza</u>
  - estar de <u>bobeira</u>
  - estar/viver de <u>brisa</u>
  - <u>coçar</u>
  - <u>coçar</u> o saco (vulg.)
  - fazer <u>corpo</u> mole
  - <u>flautear</u>
  - ficar de <u>flozô</u>
  - ficar de <u>frozô</u>
  - estar de <u>maré</u> mansa
  - estar na <u>mococa</u>
  - estar no <u>mole</u>
  - [estar] de <u>papo</u> para o ar
  - não <u>querer</u> nada
  - <u>rosetar</u>[1]
  - [estar de] boa <u>vida</u>

(see also "to KILL time," "to
TWIDDLE one's thumbs")

LOAFER, the _____ (idler)
- o boa-vida
- o fiscal da natureza
- o gozador
- o vida-mansa
(see also "the LAZYBONES")

LOBSTER, to be as red as a _____
- parecer um camarão

LOCALS, among the _____
- lá para as negras dele [negra]

LOCOMOTIVE, the steam-powered _____
- a maria-fumaça

LONG, _____ time no see!
- venha de lá um abraço!
- bons olhos o/te vejam! [olho]
- há quanto tempo!

LONG-FACE, the _____ (sad face)
- a cara comprida
- a cara de missa-de-sétimo-dia

LONG-WINDED, to be _____
(see "to be a CHATTERBOX")

LOOK, the _____ (facial expression)
- a cara[1]

LOOK, to take a _____ around
- dar uma paquerada[2]
- paquerar[2]

LOOK! (see!)
- ô!
- ô!

LOOK, to _____ at
- assuntar

LOOK, to _____ bad (improper)
- ficar feio
(see also "not to be FITTING")

LOOK, to _____ forward to
- não ver a hora de

LOOK, to _____ good/bad on (someone)
- pegar bem/mal em

LOOK, to _____ just alike
- parecerem-se como duas gotas
d'água [gota]

LOOK, to _____ the other way (at)
(ignore)
- fechar os olhos a
- fazer (a) vista grossa (a)

LOOK-OUT, the _____
- o campana
- o farol[2]

LOOK-OUT, to act as a _____
- estar na campana

"LOOSE" (licentious)
- alegre

"LOOSE," to be or become morally
_____ (said of a woman)
- agalinhar-se[2]

LOOSE, the _____ woman
(see "the SLUT")

LOOSEN, to _____ up ("dust off,"
exercise)
- desenferrujar

LOOT, the _____ (stolen goods)
- o bagulho[1]
- a muamba[2]

LOOTING, the _____
- o quebra-quebra

LOSE, you have nothing to _____ by
- não custa nada [custar]

LOSER, the habitual _____ (losing
team)
- o freguês

LOST, for all to be _____
- ir a vaca para o brejo
- (fodeu-se o cafezal da viúva!
[foder-se] [vulg.])

LOST, get _____!
(see "SCRAM!")

LOT, a _____ (adv.)
- alto[1]
- uma enormidade
- horrores [horror]
- a valer
- para valer
- (como gente grande)
(see also "GALORE," "a LOT of")

LOT, a _____ of
- uma batelada de
- uma cacetada de (vulg.)

- um <u>cacetão</u> de (vulg.)
- uma <u>cagalhada</u> de (vulg.)
- um <u>catatau</u> de
- um <u>despotismo</u> de
- um <u>despropósito</u> de
- um <u>horror</u> de
- um <u>mar</u> de
- <u>mil</u> e um
- um <u>montão</u> de
- um <u>monte</u> de
- uma <u>pá</u> de
- uma <u>porção</u> de
- uma <u>porrada</u> de (vulg.)
- um <u>porrão</u> de (vulg.)
- um <u>porrilhão</u> de (vulg.)
- um <u>ror</u> de
- uma <u>ruma</u> de
(see also "GALORE," "a LOT")

LOT, for there to be a _____ of
- chover

LOT, to be quite a ___ (excessive)
- ser muita <u>coisa</u>

LOTS, _____ of
(see "a LOT of," "GALORE")

LOTTERY, the official sports _____
- a Loteca

LOUSE, the _____
(see "the SCOUNDREL")

LOUSY (crummy, no good)
- bunda (vulg.)
- cavernoso
- chinfrim
- chué[1]
- escroto (vulg.)
- de uma <u>figa</u>
- filho-da-mãe (often vulg.)
- filho-da-puta (vulg.)
- fodido (vulg.)
- fuleiro
- furado
- mambembe[1]
- de <u>merda</u> (vulg.)
- micha
- micho
- michuruca
- mincha
- minchuruca
- mixa
- mixo
- mixuruca
- puto (vulg.)
- vagabundo
(see also "CHEAP," "SECOND-RATE,"
"TWO-BIT," "GOOD-FOR-NOTHING")

LOUSY, to be _____
- ser um <u>lixo</u>
- ser uma <u>miséria</u>
- ser uma <u>tragédia</u>

LOVE, the _____ (passion between two
people)
- o chamego[1]
- a gamação
- o rabicho
- o xodó[2]

LOVE, to have a _____ affair with
- estar de <u>cacho</u> com
- estar de <u>caso</u> com
- transar[2] [com]
- ter um <u>troço</u> com

LOVE, the _____ affair
- a amigação
- o cacho
- o caso
- a transa[3]
- o xodó[2]

LOVE, to _____
(see "to be CRAZY about")

LOVEBIRDS, to live like two _____
- viver como dois pombinhos
[pombinho]

LOVELINESS, the _____
- a bacanidade[1]

LOVELOCK, the _____ (curl)
- o pega-rapaz

LOVER, the _____ (paramour)
- a amiga[1]
- o amigo[1]
- o cacho
- o caso
- o contrabando
- (a filial[1])

LOVER, to be a good _____
- ser bom de <u>cama</u> (vulg.)

LOVER BOY, the _____
(see "the LADIES' MAN")

LOVESICKNESS, the _____
- a paixonite

LOW-DOWN, the _____ (inside
information)
- o bizu[2]
- a dica
- o macete

     – a pala
     – o plá[1]

LOW-DOWN, to give (someone) the _____
  (see "to show the ROPES")

LOW-DOWN, to give the _____ on
  (someone)
     – dar a _ficha_ de

L.P., the _____ (long-play record)
     – o elepê

L.S.D., the _____ (a hallucinogen)
     – o ácido

LUCK, the bad _____
     – o baixo-astral[2]
     – a cafifa
     – a cagüira
     – o caiporismo
     – a inhaca[2]
     – a nhaca
     – o pé-frio[2]
     – o peso
     – a uruca
     – a urucubaca
     – a ziquizira

LUCK, to be down on one's _____
     – estar de _maré_ baixa
     – estar _pesado_ na vida
     – estar _zebrado_
     – (estar numa _maré_ má de . . .)
     – (um _urubu_ pousou/baixou na minha
     sorte)

LUCK, to be having a streak of good
    _____
     – estar de _maré_ alta
     – (estar numa _maré_ boa de . . .)

LUCK, by sheer _____ (guessing)
     – na _cagada_ (vulg.)
     – no _chute_

LUCK, tough _____!
     – azar!

LUCKY (said of a person)
     – sortudo

LUCKY, and you can count yourself
    _____ for even that
     – e olhe lá [_olhar_]

LUCKY, to be _____
     – nascer de _cu_ para a lua (vulg.)
     – ter _cu_ (vulg.)
     – nascer _empelicado_

     – ser _pica-doce_ (vulg.)
     – [ser] _sortudo_

LUCKY, to be the "_____ one" (iron.)
     – ser o _premiado_

LUCKY, the _____ dog
     – o felizardo
     – [o] sortudo

LUCKY, the _____ find
     – o achado

LUMP, to have a _____ in one's throat
     – ter um _nó_ na garganta

LUMP, the _____ on the head
     – o galo[1]

LUSH, the _____
  (see "the DRUNKARD")

M

MA'AM (voc.)
- minha tia

MACHINE GUN, the _____
- a lurdinha

MACHINE-GUN, to _____[2]
- costurar[2]

MACHO, to be _____
- usar calças [calça]
- ser homem
- ser homem com H maiúsculo
(see also "to have [the] GUTS [to]")

MACK (voc.)
(see "FRIEND")

MAD, to get/be _____ (at)
- ficar aceso
- amarrar a cara
- arrancar os cabelos
- ficar/estar arretado (com)
- ficar/estar brabo (com)
- ficar/estar bravo (com)
- dar uma bronca em
- ficar/estar bronqueado (com)
- bronquear
- ficar/estar chato da vida (com)
- ficar/estar por conta (da vida) (com)
- ficar/estar danado (da vida) (com)
- danar-se[1]
- empombar
- perder a esportiva
- esquentar a cabeça
- esquentar-se
- estourar
- dar o estouro
- perder as estribeiras [estribeira]
- estrilar
- dar o estrilo
- fechar a cara
- ficar uma fera
- ficar/estar fulo (de raiva/da vida) (com)
- fumar numa quenga
- ficar uma fúria
- ficar/estar louco (da vida) (com)
- ficar/estar p. da vida (com)
- ficar/estar pau da vida (com)

- ficar/estar pê da vida (com)
- ficar/estar piçudo (com)
- ficar/estar possesso (do diabo) (com)
- dar pulos de raiva [pulo]
- ficar/estar puteado (com) (vulg.)
- ficar/estar putificado (com) (vulg.)
- ficar/estar putinho (com) (vulg.)
- ficar/estar puto (da vida) (com) (vulg.)
- ficar/estar puto dentro da roupa/das calças (com) (vulg.)
- ficar/estar queimado (com)
- queimar-se (com)
- ficar/estar quicando (dentro da roupa) (com) [quicar]
- ficar/estar retado (com)
- ficar/estar safado (da vida) (com)
- subir o sangue
- subir o sangue à cabeça
- subir as paredes (pelas costas)
- dar o teco
- ficar/estar tiririca (com)
- ficar uma vara
- virar bicho
- virar tigre
- (ficar/estar mais brabo que siri na lata)
(see also "to get/be PEEVED [at]," "to lose one's HEAD")

MADAM, the _____ (of a brothel)
- a cafetina
- a madame[2]
- a tia

MADNESS, the _____
- a birutice
- a porra-louquice (vulg.)

MAGIC, the black _____
(see "the WITCHCRAFT")

MAGIC, the "white _____"
- a magia negra
- o umbanda

MAKE, to be on the _____ (seek sexual companionship)
- batalhar[3]
- dar uma caçada
- dar uma paquerada[1]
- paquerar[1]
(see also "to 'CRUISE,'" "to STREETWALK")

MAKE, to _____ like (a)
- atacar (com uma) de

– curtir uma (onda) de[1]
– dar uma de[1]
– tirar uma onda de
– tirar uma de

MAKE, to _____ with the
– atacar (com uma) de
– dar uma de[2]

MAKE-BELIEVE, the _____ world
– o (mundo do) faz-de-conta

MALE, the _____ chauvinism
– o machismo

MALE, the _____ chauvinist pig
– o machista
– o porco chauvinista

MAMA'S BOY, the _____
– o filhinho-da-mamãe
– o filhinho-do-papai

MAN, the _____
(see "the GUY")

MAN (voc.)
– bicho
– cara
– menino
– rapaz
(see also "FRIEND")

MAN, _____ alive!
– homem de Deus!
(see also "GOSH!")

MANAGE, to _____ (get by)
(see "to GET by")

MAN-ON-THE-STREET, the _____
– o nego[2]
– o zé
– o zé-povinho
– o zinho
(see also "the NOBODY")

MARIJUANA, the _____
– o bagulho[3]
– o baratino[1]
– o chá
– a chibaba
– a chincha
– a diamba
– a erva[1]
– a erva maldita
– o fumo[1]
– o jererê
– a liamba
– a maria

– dona maria
– a maria-joana
– dona maria-joana
– o mato
– a menina[1]
– a muamba[2]
– a xibaba
– (a cristina)

MARIJUANA, the group of _____ smokers
– o esquadrão da fumaça
– a esquadrilha da fumaça

MARIJUANA, the _____ cigarette
(see "the 'JOINT'[2]")

MARIJUANA, the _____ cigarette butt
(see "the ROACH")

MARIJUANA, the _____ smoker
– o chincheiro
– o puxador[2]
– o puxa-fumo

MARIJUANA, the place where _____ or
other illegal drugs may be obtained
– a boca[5]
– a boca-de-fumo
– o ponto

MARIJUANA, the small bag of _____
– o dólar
– a mutuca
– o pacau
– o parango

MARIJUANA, to smoke or get "high" on
_____
– maconhar-se
– puxar[4]
– queimar[2]

MARK, the (easy) _____
(see "the SUCKER")

MARK, to _____ time (stand still)
– marcar passo

MARRIED, to get _____
– amarrar-se
– enforcar-se
– entrar para o rol dos homens
sérios
– (casar no padre e no juiz)

MARRY, to _____ for/into money
– [dar] o golpe-do-baú

MARRY, to _____ off (an old-maid
daughter)

- desencalhar

MASCULINE, the _____ woman
- a machona
- a paraíba

MASHER, the _____
- o mão-boba

MASTER, to be one's own _____
- ser dono de si
- ser dono do seu nariz
- ser maior e vacinado
- ser senhor de si
- ser senhor do seu nariz
- ([eu] sou mais eu [ser])

MASTURBATE, to _____
- descascar a banana (vulg.)
- bater bronha (vulg.)
- bater a gloriosa (vulg.)
- tocar/bater punheta (vulg.)
- ir na rua da palma número cinco
  (vulg.)
- saçaricar^2 (vulg.)
- tocar siririca (vulg.)

MASTURBATOR, the _____
- o punheteiro (vulg.)

MATTER, the _____ (affair)
- o babado^2
- o barato^3
- a barra$_3$
- a bossa^3
- a jogada^2
- o lance$_4$
- a milonga^2
- o negócio^1
- o plá$_4$
- a transa^1
(see also "the THING")

MATTER, to be no laughing _____
(see "to be no JOKE")

MATTER, it's all a _____ of
- é tudo na base de
- (no . . .)

MATTER, that's another _____
(see "that's a HORSE of a different
color")

MATTER, it doesn't _____
- não faz mal [fazer]
(see also "no PROBLEM")

MAYBE
- quem sabe

MAYBE, _____ yes and _____ no!
- nem sim, nem não, muito pelo
contrário!

ME, _____ too
- idem

MEAL, to stretch a _____ (in order to
feed more people)
- botar mais água no feijão

MEAN, _____ as a snake
- ruim como cobra

MEANNESS, the _____
- o mau-caratismo

MEANS, by no _____!
(see "no WAY!," "not on your
LIFE!")

MEDDLE, to _____ in
(see "to BUTT in")

MEDDLER, the _____
(see "the BUSYBODY")

MEDDLING, the _____ old woman
- a lambisgóia

MEDDLING, the object of community

_____
- o cu-de-mãe-joana (vulg.)

MEDICINE, to give a taste of one's
own _____
- pagar na mesma moeda
- dar o troco a
(see also "to get EVEN [with]")

MEDIOCRE
- de meia tigela

MEDIOCRE, to be _____
- não cheirar nem feder

MEET, to go _____ (someone)
- ir ter com

MEET, happy to _____ you!
- (muita) satisfação!

MELODRAMA, the _____
- o dramalhão

MEMORIZE, to _____
- gravar (na memória)

MEMORY, to erase from one's _____
(see "to FORGET about")

MEMORY, the excellent ＿＿
  - a memória de elefante

MERRYMAKER, the ＿＿ (reveler)
  - o farrista
  - o pagodeiro
  - o pândego
  - o porrista

MESS, the ＿＿[1] (disorder)
  - a anarquia
  - o angu
  - o angu-de-caroço
  - a avacalhação
  - a bagunça[1]
  - a bagunçada[2]
  - o esculacho[2]
  - a esculhambação[2] (often vulg.)
  - a mixórdia
  - o ninho-de-rato
  - o ninho-de-saracura
  - o rolo[2]
  - a salada
  - a salada russa
  - a zona[2]
  (see also "the HODGEPODGE")

MESS, the ＿＿[2] (jam, predicament)
  (see "the JAM")

MESS, to be a real ＿＿
  - ser aquela água

MESS, what a ＿＿ !
  - que buraco!

MESS, what ＿＿ did I get myself
  into?
  - onde amarrei a minha égua?
  [amarrar]
  - eu não me chamo Manuel

MESS, to ＿＿ around
  (see "to FOOL around," "to LOAF")

MESS, to ＿＿ up (things)
  - anarquizar
  - botar areia em
  - jogar areia em
  - avacalhar
  - bagunçar
  - embocetar[2] (vulg.)
  - embrulhar[1]
  - encrencar[2]
  - esculachar[2]
  - esculhambar[2] (often vulg.)
  - foder[2] (vulg.)
  - grilar[2]
  - michar[2]
  - minchar

  - mixar
  - trumbicar
  - zonear
  - (fazer uma cagada [vulg.])
  - (fazer nas coxas [coxa])

MESSED, to be ＿＿ up (said of a
  person)
  - estar ferrado (vulg.)
  - estar fodido (vulg.)
  - estar fodido e mal pago (vulg.)
  - estar frito
  (see also "to get/be in a JAM")

MESSED, to get ＿＿ up[1] (said of a
  person)
  - afundar-se[1]
  - ir para o beleléu[2]
  - dar com os burros n'água [burro]
  - levar na cabeça
  - tomar na cabeça
  - cagar-se[1] (vulg.)
  - cair da cama
  - cair do cavalo
  - quebrar a cara
  - levar chumbo
  - dançar[2]
  - entrar bem
  - entrar pela tubulação
  - entrar pelo cano
  - estrepar-se
  - estrumbicar-se
  - ferrar-se (vulg.)
  - levar ferro
  - foder-se (vulg.)
  - entrar em fria[1]
  - levar fumo
  - lascar-se
  - levar a breca
  - machucar-se
  - melar-se
  - penetrar pela tubulação
  - queimar-se
  - trumbicar-se
  - tubular
  - (mifu)
  - (sifu)
  - (top-top!)
  (see also "to get/be in a JAM")

MESSED, to get ＿＿ up[2] (said of
  things)
  (see "to hit a SNAG," "to go down
  the DRAIN")

MESSED-UP (sloppy, messy)
  - avacalhado
  - bagunçado
  - embrulhado
  - enrolado

- esculachado
- esculhambado (often vulg.)
- fodido (vulg.)
- de pernas para o ar [perna]

MESSY
(see "MESSED-UP")

MESTIZO, the _____
- o caboclo
(see also "the MULATTO," "the
person of mixed INDIAN and black
ancestry")

MIDDLE, to be in the _____ of doing
something
- estou com a(s) mão(s) na massa
[mão]

MIDDLE, to come in on the _____ of
(something)
- pegar o bonde andando

MIDST, in the _____ of (activity)
- em ritmo de

MIGRANT, the _____ from the arid
interior of the Brazilian Northeast
- o retirante

MILITARY, to do _____ service
- pôr um penico na cabeça

MILITARY, the _____ man
- o gorila (pej.)
- o milico (pej.)

MILITARY, the _____ policeman
- o macaco[1] (pej.)

MIMIC, the _____ (impressionist)
- o macaco[1]

MIND, the _____ (psyche)
- a bola[1]
- a cuca[2]
- a idéia
- a mufa
- a telha

MIND, to cross one's _____
- passar pela cabeça

MIND, to lose one's _____
(see "to go CRAZY")

MINDING, to be _____ one's business
- estar bem do seu
- ficar no seu
- (estar na sua)

MINISTER, likely to be chosen as a
government _____
- ministeriável

MINISTRY, the Brazilian _____ of
Foreign Relations
- o Itamarati

MINT, to make a _____
- beliscar uma nota
- entrar nos cobres [cobre]
- faturar[1]
- fazer-se
- fazer a féria
- lavar a burra[2]
- lavar a égua[2]
- lavar o cavalo[2]
- fazer a mala

MINUTE, in just a _____
- agora[1]
- agorinha

MISCHIEF, the _____
- a arte

MISCHIEF, to make _____
- aprontar
- fazer arte
(see also "to ACT up")

MISCHIEVOUS
- sapeca[2]
(see also "NAUGHTY")

MISCHIEVOUS, to be _____
- estar com/ter o diabo no corpo

MISS, to _____ badly (feel nostalgia
for)
- morrer de saudades (por/de)

MISS, to _____ the boat
(see "to be left HIGH AND DRY")

MISS, to _____ the main attraction
- ir a Roma e não ver o Papa

MISSING, to notice (someone) is _____
- dar pela falta de

MISTAKE, the _____
- a bola-fora
- o erro de cabo-de-esquadra
- a mancada
- a pexotada
- a pixotada
- a rata
- (a barbeiragem[2])

MISTAKE, to make a _____
- dar uma bandeira
- bobear
- bolar as trocas
- tomar/pegar o bonde errado
- dar cabeçadas [cabeçada]
- dar uma cabeçada
- entrar bem
- dar um fora
- dar uma furada
- dar um furo
- fazer/cometer uma gafe
- dar uma mancada
- mancar-se²
- moscar
- dar um mau passo¹
- dar patadas [patada]
- dar (uma) patada¹
- meter os pés pelas mãos [pé]
- dar uma rata
- trocar as bolas
- dar uma vacilada
- vacilar

MISTAKE, to _____ one thing for another
- confundir alhos com bugalhos [alho]
- pensar que berimbau é gaita

MISTER (used before a man's name)
- seu . . .
- sô . . .

MISTREAT, to _____
(see "to TREAT like a dog")

MIX, to _____ up (confuse)
- baratinar
- fundir a cuca de²
- enrolar¹

MIXED, to get/be _____ up
- estar afobado
- estar baratinado²
- baratinar-se²
- bolar as trocas
- estar com a cuca fundida²
- fundir a cuca²
- embananar-se
- enrolar-se
- meter os pés pelas mãos [pé]
- trocar as bolas

MIX-UP, the _____
- a enrolação

MOCK, to _____
- debochar
(see also "to make FUN of," "to

TEASE")

MOCKER, the _____
- o debochado

MOCKING, the _____
- o deboche
- a gozação
- o gozo
- a troça

MOCKING
- debochativo

MODEL, the fashion _____
- a maneca

MODERN
- avançado
- bossa-nova
- pra frente
- prafrente
- pra-frente
- prafrentex

MOM (voc.)
- mamãe
- manhê!

MOMENT, the _____ of truth
- a hora da onça beber água
(see also "ZERO hour")

MONEY, the _____
- algum
- o arame
- a bijuja
- a bufunfa
- o cacau
- os caraminguás [caraminguá]
- o carvão
- os cobres [cobre]
- a erva²
- a erva viva
- a(s) estia(s) [estia]
- o ferro¹
- a(s) folha(s) [folha]
- a gaita
- a grana
- a guita
- a jiripoca
- o mônei
- o môni
- a(s) nota(s) [nota]
- os pacotes [pacote]
- o sonante
- os tubos [tubo]
- o tutu
- (a pelega)
(see also "the hard CASH")

MONEY, the fake bundle of ____
- o paco

MONEY, a lot of ____
(see "a/the pretty PENNY")

MONEY, to print worthless or bogus
____
- botar a guitarra para funcionar

MONEYBAGS, the ____
(see "the RICH man")

MONKEY, to be a _____'s uncle
(see "to EAT one's hat")

MONSTER, the ____ (fiend, cruel
person)
- a fera[1]

MOOCH, to ____
- filar[1]
- serrar
(see also "to put the BITE on")

MOOCHER, the ____
- o chupa-sangue
- o come-e-dorme
- o fila-bóia
- o filante[1]
- o morcego
- o papa-jantares
- o parasito
- o sanguessuga
- o serrote
(see also "the SPONGER")

MOOD, the ____ (one's humor)
- a lua

MOOD, to be in a good ____
- [estar] numa boa
- estar de maré alta

MOOD, to be in a rotten ____
- estar em/com seus azeites
[azeite]
- ter cara de poucos amigos
- estar de lua
- estar de maré baixa
- estar de ovo virado
- estar de paquete[2]

MOOD, in a good ____
- numa boa

MOOD, not to be in the ____ for/to
(see "not to FEEL like")

MOODY
- de lua
- de veneta

MOON, the ____
- o iaci

MORE, to be no ____ than
- não passar de

MORNING, the ____
- a madruga
- a matina

MOST, to be "the ____ "
- [ser] cem-por-cento[2]
- ser o fim-da-picada
- ser o fino
- [ser] o maior
- [ser] o máximo
- ser (da) pedra noventa
- [ser] o tal
- (é Deus no céu e . . . na
terra)
(see also "to be TERRIFIC," "to be
HARD-TO-BEAT")

MOST, to make the ____ of it (take
advantage)
- tirar a sua casquinha
- deitar
- deitar e rolar

MOTHER, one's ____
- a coroa
- a velha

MOTORBIKE, the ____
- a lambreta
- a máquina[4]
- a moto
- a motoca

MOTORCYCLE, the ____
- a máquina[4]
- a moto
- a motoca

MOUNTAIN, to make a ____ out of a
molehill
- afogar-se num copo d'água
- fazer um bicho-de-sete-cabeças
- fazer tempestade em copo d'água
- (fazer um cavalo-de-batalha de)

MOUTH, the ____
- o bico[1]

MOUTH, me and my big ____!
- eu e minha boca grande!

MOUTH, not to open one's _____
  (remain silent)
  - [não] <u>apitar</u>
  - não abrir o <u>bico</u>
  - [não] <u>piar</u>
  - não dar um <u>pio</u>
  - meter a <u>viola</u> no saco

MOUTH, the running off at the _____
  - a <u>disenteria</u> verbal

MOUTHWATERING, to be _____
  - dar <u>água</u> na boca
  - fazer (crescer) <u>água</u> na boca

MOVE, the _____ (action, deed)
  - a <u>cartada</u>
  - o <u>golpe</u>[1]
  - a <u>jogada</u>[1]
  - o <u>lance</u>[1]

MOVE, the good _____ (feat)
  - o <u>gol</u> de letra[2]
  - o <u>golpe</u> de mestre
  - (o <u>golpe</u>[1])

MOVE, to make a _____ with the
  - <u>dar</u> uma de[2]

MOVE, to _____ heaven and earth (to)
  - revolver/mexer/mover céus e
  terra [<u>céu</u>]
  - fazer o <u>diabo</u> (para)
  - virar-se[2]

MOVE, _____ it closer!
  - chega para cá! [<u>chegar</u>]

MOVE, _____ it over!
  - chega para lá! [<u>chegar</u>]

MOVE, to _____ on to (travel to)
  - <u>tocar</u> para
  - <u>tocar-se</u> para

MOVE, _____ over!
  - chega para lá! [<u>chegar</u>]

MOVIE, the _____[1]
  - a <u>fita</u>[1]
  - a tela

MOVIE, the second-rate _____
  - a chanchada

MOVIE, the stag _____
  - o <u>filme</u> de putaria (vulg.)

MOVIE, the western _____
  - o bangue-bangue

- o filme de <u>faroeste</u>
- o <u>filme</u> de mocinho

MOVIES, to go to the _____
  - pegar uma <u>tela</u>

MUCH, as _____ as one can
  - a/até mais não <u>poder</u>

MUCH, to be "too _____" (positive or
  negative)
  - ser <u>demais</u>

MUCH, not to be _____ (to eat)
  - não dar para <u>tapar</u> a cova do
  dente

MUD, to sling _____ at
  (see "to CRITICIZE")

"MUG," the _____
  (see "the FACE")

MUG-SHOT, the _____
  - o <u>boneco</u>[1]

MULATTO, the _____
  - o <u>branco</u> da Bahia
  - a grinfa
  - o grinfo
  - (a brancarana)
  - (a roxinha)
  - (o sarará)
  (see also "the NEGRO," "the
  MESTIZO," "the person of mixed
  INDIAN and black ancestry")

MUM, _____'s the word!
  - <u>boca</u> de siri!
  - moita!
  (see also "to keep QUIET," "SHUT
  up!")

MUMBLE, to _____
  - <u>falar</u> entre os dentes

MURDER, the _____
  - a <u>morte</u> matada

"MURDER," to be _____
  - ser de <u>amargar</u>
  - ser do <u>diabo</u>
  - ser de <u>doer</u>
  - ser <u>fogo</u>[1]
  - ser <u>fogo</u> na jaca
  - ser <u>fogo</u> na jacutinga
  - ser <u>fogo</u> na roupa
  - ser <u>foguete</u>
  - estar uma coisa <u>horrível</u>
  - ser de <u>lascar</u>[1]

- ser de <u>lascar</u> o cano
- ser de <u>matar</u>[1]
- ser de <u>morte</u>[1]
- [ser] um <u>osso</u> duro de roer[1]
- ser <u>pau</u> na moleira[1]
- ser de <u>rachar</u>[1]
(see also "to be ROUGH")

"MUSCLE," the _____ (strength)
- o muque

MUSHROOMS, to spring up like _____
- <u>brotar</u> como cogumelo

MUSHY (maudlin, oversentimental)
- açucarado
- água-com-açúcar
- <u>doce</u> como o açúcar
- mais <u>doce</u> do que o mel

MUSIC, the Brazilian popular _____
- a eme-pê-bê
- a m.p.b.
- (a <u>bossa</u> nova[2])

MUSIC, to face the _____
(see "to PAY the consequences")

MUSIC, to listen to _____
- curtir um <u>som</u>

MUSIC, the rock _____
- a <u>música</u> (de) iê-iê(-iê)
- a <u>música</u> jovem
- (o som <u>pauleira</u>)

MUSTACHE, the big, bushy _____
- o escovão

MUSTARD, to cut the _____
- dar <u>conta</u> do recado
- dar no <u>couro</u>
- dar o <u>recado</u>

MYSELF
(see "I")

MYSTERIOUS, by _____ means
- por <u>obra</u> e graça do Espírito
Santo

N

NAKED
- <u>nu</u> em pêlo
- pelado
- em <u>pêlo</u>
- em trajes de Adão [<u>traje</u>]

NAMBY-PAMBY, the _____
(see "the WISHY-WASHY person")

NAME, to clear one's _____
- <u>limpar</u> a barra

NAME, to clear the _____ of
- <u>limpar</u> a barra de

NAME, to get a bad _____
- <u>sujar</u> a barra

NAME, to give a bad _____ to
- botar mais <u>raso</u> que o chão
- <u>sujar</u> a barra de

NAME, to have a _____ (fame,
notoriety)
- ter <u>cartaz</u>

NAME, if . . . then my _____ isn't .
. .
- não me chamo mais . . . se . . .
[<u>chamar</u>]

NAME, in order to uphold one's good
_____
- por <u>honra</u> da firma

NAME, to uphold one's good _____
- <u>honrar</u> a firma

NAME, what's your first _____?
- qual é a sua graça?

NAMESAKE, the _____
- o xará

NAP, the _____
- o cochilo[1]
- a soneca
- a tora

NAP, to _____ (take a nap)
- tirar uma <u>cochilada</u>
- cochilar
- tirar um <u>cochilo</u>
- pegar uma <u>horizontal</u>

- pregar uma <u>pestana</u>
- tirar uma <u>pestana</u>
- puxar (um) <u>ronco</u>
- tirar (um) <u>ronco</u>
- <u>serrar</u> uma tora
- tirar uma <u>soneca</u>
- tirar uma <u>tora</u>
(see also "to go to SLEEP")

NARROW-MINDED
- bitolado
- careta[2]
- quadrado
(see also "SQUARE")

NARROW-MINDED, to be _____
- não ver/enxergar um <u>palmo</u>
(a)diante do nariz

NATIVE, the _____ (as opposed to a
foreigner)
- o <u>minhoca</u> da terra

NATIVE, the _____ of Ceará
- o cabeça-chata

NATIVE, the _____ of Espírito Santo
- o capixaba

NATIVE, the _____ of Natal, Rio
Grande do Norte
- o papa-jerimum

NATIVE, the _____ of
Northern/Northeastern Brazil
- o arataca
- o baiano[3]
- o cabeça-chata[3]
- o pau-de-arara[2]

NATIVE, the _____ of Paraíba
- o paraíba

NATIVE, the _____ of Rio de Janeiro
(city)
- o carioca

NATIVE, the _____ of Rio de Janeiro
State
- o fluminense
- o papa-goiaba

NATIVE, the _____ of Rio Grande do
Norte
- o potiguar

NATIVE, the _____ of Rio Grande do
Sul
- o gaúcho

NATIVE, the _____ of Santa Catarina
- o barriga-verde
- o catarina

NAUGHT, to come to _____
- dar em droga

NAUGHTY
- levado
- levado da breca
(see also "MISCHIEVOUS")

NEAR
- a dois passos de [passo]
- a um pulo de

"NEAT"
(see "TERRIFIC")

NECK, to be up to one's _____ in work
- estar abafado
- estar num sufoco
- não saber para onde se voltar
[voltar-se]

NECK, to stick one's _____ out
- arriscar a pele
- pegar em rabo-de-foguete

"NECK," to _____ (engage in sexual play)
- agarrar-se (com)
- bolinar
- mandar brasa[2]
- tirar uma casquinha
- castigar[3]
- dar um castigo em
- ver as corridas de submarinos [corrida]
- esfregar-se (com)
- mandar lenha[2]
- rosetar[2]
- sarrar (vulg.)
- tirar um sarro[2] (vulg.)

NECKING, the _____ (sexual play)
- o agarramento
- a bolina
- a bolinação
- o chamego[2]
- a esfregação

NEEDED, that's all I _____! (iron.)
- era o que faltava! [faltar]

NEEDLE, to look for a _____ in a haystack
- procurar agulha em palheiro

NEEDLE, to _____
(see "to PESTER," "to TEASE")

NEGLECTED
- entregue às baratas [barata]
- jogado
- entregue às traças [traça]

NEGRO, the _____
- o baiano[2] (pej.)
- o bom-cabelo
- o crioulo[1]
- o escurinho
- o escuro
- a grinfa
- o grinfo
- o macaco[2] (pej.)
- o moreno
- o nego[1]
- o pau-de-fumo (pej.)
- o urubu[2] (pej.)
- (o/a colored)
- (Pelé) (pej.)
(see also "the MULATTO," "the person of mixed INDIAN and black ancestry")

NEGRO, the _____ in white or among whites
- a mosca no leite

NEIGHBORHOOD, the _____
- a paróquia

NERVE, how could (someone) have the _____ to . . .?
- com que cara . . .?

NERVE, by sheer _____
- na raça

NERVE, to strike a _____ (with/of)
- pisar nos calos de [calo]
- pôr o dedo na chaga
- pôr o dedo na ferida
- tocar na ferida
- tocar no ponto fraco
- dar no vivo

NERVES, to be a bundle of _____
- ser uma pilha de nervos [nervo]
- ser um feixe de nervos [nervo]

NERVES, to get on the _____ of
- dar no saco (de) (often vulg.)
- encher
- encher a paciência (de)
- encher as medidas (de)
- encher o saco (de) (often vulg.)
- encher os bagos (de) (vulg.)

- <u>encher</u> os colhões (de) (vulg.)
- torrar
- <u>torrar</u> a paciência (de)
- <u>torrar</u> o saco (de) (often vulg.)
(see also "to PESTER")

NEST EGG, to save one's _____
- fazer o <u>pé-de-meia</u>

NEVER
- no <u>dia</u> de São Nunca
- quando as galinhas tiverem dentes
[<u>galinha</u>]

NEW, brand _____
- <u>novo</u> em folha
- zero-quilômetro[1]

NEW, (there's) nothing _____! (in
response to "what's new?")
- muita <u>galinha</u> e pouco ovo
- tudo como dantes no <u>quartel</u> de
Abrantes

NEW, what's _____?[1]
- quais (são) os babados? [<u>babado</u>]
- qual é o <u>bizu</u>?
- qual é o <u>caso</u>?
- quais são as boas <u>novas</u>?
- (o) que (é que) há com seu
<u>peru</u>?
- qual é o <u>pó</u>?
- <u>qual</u> é?[1]
- (o) <u>que</u> (é que) há?
- (o) <u>que</u> (é que) há de novo?
- (o) <u>que</u> (é que) você tem feito
de bom?
(see also "HOW goes it?,"
"everything O.K.?")

NEW, what's _____?[2] (said
sarcastically when everyone is
silent)
- vamos <u>mudar</u> de assunto

NEWS, to be old _____ (nothing new)
- ser <u>jornal</u> de ontem

NEWS, the hot _____ story
- a <u>nota</u> quente

NEWS, the _____ flash
- o telegrama

NEWS, the _____ story
- a nota

NEWSWORTHY (said of a person)
- colunável

NEW YEAR, the _____'s Eve celebration
- o reveillon
- o revelhão

NIBBLE, to _____
- beliscar[1]
- bicar
- lambiscar

NICE (said of a person)
- <u>bonzinho</u>/boazinha

NICKNAME, the _____
- o vulgo

NIGHT, the _____ air
- o sereno[2]

NIGHT, the _____ life
- o sereno[3]

NIGHTFALL, the _____
- a boca-da-noite

NIGHT OWL, the _____
- o tetéu

NIL
(see "NOTHING")

NITWIT, the _____
(see "the IDIOT")

NIX!
(see "NO!")

NO!
- neca!
- negativo!

NO, _____ thank you!
- obrigado!

NOBODY, the _____ (unimportant or
common person)
- o borra-botas
- o bosta
- o bunda-suja (vulg.)
- o cocô[3]
- o fichinha
- o gato-pingado[1]
- o <u>ilustre</u> desconhecido
- o joão-ninguém
- o merda (vulg.)
- o minhoca
- o nada
- o pé-de-chinelo
- o pé-duro
- o pé-rachado
- o pé-rapado

- o proleta
- o titica
- o zé
- o zé-povinho
- o zinho
- (ser um zero [à esquerda])

NOGGIN, the _____
(see "the HEAD¹")

NONE, _____ of that!
- essa não!
- isso não!
- nada disso!
(see also "COME off it!")

NONSENSE, the _____
(see "the FOOLISHNESS")

NONSENSE!
- de araque!
- coisa nenhuma!
- coisíssima nenhuma!
- de lado!
- nada!
- nada disso!
- qual nada!
- que nada!
- pois sim!
- qual!
- qual o quê!
(see also "COME off it!" ". . . my
EYE!")

NON-VIRGIN, the _____
- a furada (vulg.)

NO ONE, like _____ else can (is,
does, etc.)
- como ele (ela, etc.) só
- que só ele (ela, etc.)

NOPE!
(see "NO!")

NOSE, the _____
- a napa
- as ventas [venta]

NOSE, to be as plain as the _____ on
your face
(see "to be OBVIOUS [that]")

NOSE, to be unable to see beyond
one's _____
- não ver/enxergar um palmo
(a)diante do nariz

NOSE, to follow one's _____ (go by
instinct)
- ir pelo faro

NOSE, to have/be right under one's
_____
- ter/estar debaixo do nariz

NOSE, to lead around by the _____
- levar pelo nariz

NOSE, to look down one's _____ at
- olhar/tratar por cima do ombro

NOSE, on the _____ (exactly)
(see "on the BUTTON")

NOSE, to pick one's _____
- limpar o salão

NOSE, to stick one's _____ in
(see "to BUTT in¹")

NOSE, to turn up one's _____ (at)
- fazer cara feia (para)
- torcer o nariz (a)

NOSE, under the _____ of
- nas barbas de [barba]
- nas fuças de [fuça]
- nas ventas de [venta]

NOSTALGIA, to relieve one's _____
- matar saudade(s)

NOSY
(see "SNOOPY")

NOSY, to be _____
(see "to BUTT in¹")

NOSINESS, the _____
(see "the SNOOPINESS")

NOT
- num

NOT, _____ again!
- mais essa!

NOT, _____ bad! (pretty good)
- nada mau!
- (não é tão ruim [assim] não!)

NOTHING
- bolhufas
- bolufas
- bulhufas
- bulhufas de nada
- bulufas

- chongas
- ooisíssima nenhuma
- lhufas
- merda nenhuma (vulg.)
- nadinha
- neca
- neca de pitiriba
- neres
- neres de neuribes
- neres de pitiriba
- nerusca
- patavina
- picas [pica] (vulg.)
- picirocas (vulg.)
- pirocas [piroca] (vulg.)
- porra de nada (vulg.)
- porra nenhuma (vulg.)

NOTHING, go ahead--there's _____ to
  it! (sarc.)
- vai, que é mole!

NOTHING, to have _____ to do with
- não ter nada (a ver) com

NOTHING, to have _____ to do with the
  subject
- não ter nada com o peixe
- (o que tem o cu com as calças?
  [vulg.])

NOTHING, it was _____! (don't mention
  it!)
- besteira!
- bobagem!

NOTHING, _____ doing!
- nada feito!
- negativo!

NOTION, to get a _____ (that)
- dar na cabeça (que)
- dar na telha (que)
- dar na veneta (que)

NOW, to be for right _____
- ser para já

NOW, just _____
- agora^2
- agorinha
- ainda agorinha

NOW, right _____
- agora mesmo
- agorinha

NOWHERE
- nem aqui nem na China

NOWHERE, in the middle of _____
- no cafundó-de-judas
- lá em caixa-prego(s)
- no calcanhar-de-judas
- (lá) na China
- nos confins-de-judas
- no cu-da-perua (vulg.)
- no cu-de-judas (vulg.)
- onde o diabo perdeu as botas
- no fim-do-mundo
- onde Judas perdeu as botas
- na puta-que-(te-)pariu (vulg.)
- onde o vento faz a volta

NUDGE, the _____
- a cotucada^1
- a cutucada^1

NUDGE, to _____
- cotucar^1
- cutucar^1

NUISANCE, the _____ (pest)
  (see "the PEST")

NUISANCE, the _____ tactics in a game
- a catimba

NUISANCE, the player given to _____
  tactics
- o catimbeiro

NUISANCE, to use _____ tactics in a
  game
- catimbar

NUMBER, to get someone's _____
  (see "to SIZE up [someone]")

NUMBER, have someone's _____
- saber a ficha de

"NUT," the _____ (crazy person)
- o doido varrido
- o matusca
- o matusquela
- o porra-louca (vulg.)

NUTS
  (see "CRAZY")

NUTS!
  (see "SHUCKS!")

NUTTY
  (see "CRAZY")

O

OBNOXIOUS
(see "BOTHERSOME")

OBNOXIOUSNESS, the _____
- a chatura

OBNOXIOUSNESS, the ability to
perceive one's own _____
- o desconfiômetro
- o mancômetro
- o chá de _semancol_
- a dose de _semancol_

OBSCENE
- cabeludo[1]

OBSCENE, to become _____ (person or
conversation)
- engrossar[1,2]

OBSCENITY, the_____
- a porcaria[3]
- a putaria[1] (vulg.)
- a sacanagem[1] (vulg.)

OBSERVE, to _____
(see "to keep an EYE on")

OBVIOUS
- _claro_ como água
- _claro_ como um dia de sol

OBVIOUS, to be _____ (that)
- estar na _cara_ (que)
- _saltar_ aos olhos
- _saltar_ à vista

OBVIOUS, that much is _____ (what you
say is nothing new)
- até aí morreu o Neves [_morrer_]

ODDBALL, the _____ (strange bird)
- a figura
- a figurinha
- a peça[4]

ODDS, to be at _____ with
(see "to be on bad TERMS with")

OFFENSE, to take _____
- dar o _cavaco_
- picar-se[1]

OFF-GUARD, to be (caught) _____
- bobear
- cochilar[2]
- _dormir_ de touca
- _dormir_ no ponto
- marcar[2]
- _marcar_ bobeira
- _marcar_ touca
- dar uma _vacilada_
- vacilar

OFTEN
- a cada _passo_
- a _três_ por dois
- a _três_ por quatro
- vira-e-mexe
- volta-e-meia

OH!
- ah!
- ai!
- hã!
- ih!
- oh!
- ôh!
- uai!
(see also "WOW!," "GOSH!")

O.K.? (all right?)
- está _bom_?
- tá?

O.K.! (fine!, sure!, yes!)
- está _bom_!
- falou! [_falar_]
- (está) _legal_!
- está _O.K._!
- positivo!
- é [_ser_]
- tá!

O.K., everything _____?
- tudo _azul_?
- tudo _bem_?
- tudo _bom_?
- você está _bom_?
- tudo _certo_?
- vai bem? [_ir_]
- tudo _jóia_?
- tudo _legal_?
- tudo _limpeza_?
- tudo _O.K._?
- tudo em _ordem_?
- tudo em _paz_?
(see also "HOW goes it?," "what's
NEW?[1]")

O.K., everything's _____!
- tudo _azul_!
- tudo _azul_ com bolinhas brancas!

- tudo <u>bem</u>!
- tudo <u>bom</u>!
- tudo <u>certo</u>!
- tudo <u>jóia</u>!
- tudo <u>legal</u>!
- tudo <u>limpeza</u>!
- tudo <u>O.K.</u>!
- tudo em <u>ordem</u>!
- tudo em <u>paz</u>!

OLD, as _____ as the hills
- do tempo da/do <u>onça</u>
- mais <u>velho</u> que meu avô
- mais <u>velho</u> que minha avô

OLD, to be _____[1] (said of a person)
- queimar <u>óleo</u> quarenta

OLD, to be _____[2] (said of a story, joke, etc.)
- ter barbas [<u>barba</u>]

OLD, in the _____ days (way back when)
- no <u>tempo</u> da/do onça
- no <u>tempo</u> de Maria Castanha
- no <u>tempo</u> do padre Inácio
- no <u>tempo</u> dos Afonsinhos
- no <u>tempo</u> em que Adão era cadete
- no <u>tempo</u> em que se amarrava cachorro com lingüiça

OLD-FASHIONED
(see "SQUARE")

OLD-FASHIONED, something _____
- a caretice

OLD HAND, the _____ (veteran)
- o <u>macaco</u> velho

OLD LADY, your _____'s one! (strong insult)
- é a <u>filha</u> da vovó!
- é a <u>mãe</u>!
- (é a <u>vovó</u>!)

OLD MAID, the _____ (spinster)
- a titia[2]
- a vitalina

OLD MAID, to become an _____
- ficar no <u>barricão</u>
- ficar no <u>caritó</u>
- encalhar
- dar/levar o tiro na <u>macaca</u>
- ficar para <u>titia</u>

OLD MAN (voc.) (term of endearment used among male friends)

- velho
- meu <u>velho</u>

OLDSTER, the _____
- o/a coroa
- o coroca
- (a <u>coroa</u> doida)
- (a coroada[1])

OMINOUS
- preto

ONCE, _____ in a blue moon
- uma <u>vez</u> na vida e outra na morte

ONE (a person in general)
- a gente

ONE-OF-A-KIND, he (it, etc.) is _____
- não tem <u>dois</u>

ONE(S), is/am/are the _____ that
- é que [<u>ser</u>]

ONESELF, to _____ (inwardly)
- com os seus botões [<u>botão</u>]

ONLOOKER, the bothersome _____
- o sapo

OPEN, to _____ one's (own) eyes (recognize the truth)
- <u>abrir</u> os olhos

OPEN, to _____ (someone's) eyes
- <u>abrir</u> os olhos de

OPEN, to _____ up (speak frankly)
- <u>abrir</u> o jogo
- abrir-se[1]
- desembuchar

OPERATION, to have an _____
- entrar na <u>faca</u>

OPINION, to express an _____
- apitar[1]

OPINION, keep your _____ to yourself!
- não dê seu <u>apito</u>!

OPPORTUNITY, the _____ (chance)
- a <u>boca</u>[3]
- a brecha[3]
- a jogada[3]

OPPORTUNITY, to throw away an _____
- jogar/atirar a <u>sorte</u> pela janela

ORDEAL, to be an (emotional) _____
- ser um drama[1]

ORDER, out of _____
- enguiçado

ORDERS, to follow _____
- amarrar o burro à vontade do dono

ORGASM, the _____
- o gozo[2] (vulg.)

ORGASM, to have an _____
- acabar (vulg.)
- esporrar(-se) (vulg.) (male)
- gozar (vulg.)

ORGASM, to have _____ quickly (said of a male)
- ser um galo (vulg.)

ORGY, the sex _____
- a esbórnia
- a farra[1]
- a suruba[2] (vulg.)
- a surubada (vulg.)

ORNAMENTATION, the _____
- a firula
- o firulete

OSTENTATIOUS (showy, flashy)
- badalativo
(see also "GAUDY")

OUCH!
- ai!
- úi!

OUR(S)
- da gente

OUT, to be _____ (not at home)
- estar fora
- estar na rua[1]

OUT, _____ of one's way
- fora de mão

"OUT-OF-IT," to be _____[1] (be "square," out of style)
(see "to be 'SQUARE,'" "to be out of STYLE")

"OUT-OF-IT," to be _____[2] (not understand; be in one's own world)
- estar aéreo
- estar no ar[1]
- estar boiando [boiar]

- estar desligado
- estar no escuro
- estar por fora[2]
- estar comendo moscas [mosca]
- estar papando moscas [mosca]
- estar nadando [nadar]
- estar na rua[2]
- estar voando [voar]
- [não entender] bulhufas
- [não entender] patavina
- (estar mais por fora do que arco de barril)
- (estar mais por fora do que asa de avião)
- (estar mais por fora do que umbigo de vedete)
(see also "to be way off in the CLOUDS")

OUTSPOKEN, to be _____
- dar nome aos bois
- dizer pão, pão, queijo, queijo
- não ter papas na língua

OVERBOARD, to go _____
- passar as raias [raia]

OVERNIGHT (suddenly)
- da noite para o dia

OVER-PRAISING, the _____ of one's children
- o corujismo

OVERPRAISING, _____ of one's children (adj.)
- coruja

OVERSEXED, to be _____
- ter fogo no rabo (vulg.)

OVERSIGHT, the _____
- o cochilo[2]

OWN, "one of our _____" (local talent)
- a prata da casa

OWN, on one's _____
- por sua conta e risco

P

PAD, to _____ (lengthen a story)
 - encher lingüiça

PADDING, the _____ (unnecessary
  words)
 - a lingüiça

PADDY-WAGON, the police _____
 - o camburão
 - o coração-de-mãe
 - a rapa
 - o tintureiro
 - a viúva-alegre

PAIN, to be a _____ in the neck
 - [ser] um pé no saco
 - ser uma pedra no sapato
 (see also "to be a DRAG," "the
 PEST")

PAINT, to _____ the town (red)
 (see "to go out on a SPREE")

PAL, the _____
 (see "the FRIEND")

PAL (voc.)
 (see "FRIEND")

PALM, to get (someone) to eat out of
  the _____ of one's hand
 (see "to wrap [someone] around
 one's FINGER")

PALM, to have (someone) in the _____
  of one's hand
 - ter na palma da mão

PAMPER, to _____
 (see "to CATER to the whims of")

PANDEMONIUM, the _____
 - a casa-de-loucos

PANTS, the "high-water" _____
 - a calça de pegar/pescar siri

PANTS, to wear the _____
 - usar calças [calça]
 - cantar de galo

PANTY-WAIST, the _____
 (see "the COWARD," "the male
 HOMOSEXUAL")

PAPER, the rolling _____ (for a
  marijuana cigarette)
 - a seda

PARENTS, one's _____
 - os coroas [coroa]
 - a coroada
 - os velhos [velho]

PARK, to _____ (an auto)
 - encostar

"PARK," to _____ (park car to neck)
 - ver as corridas de submarinos
 [corrida]

PARTY, the _____ (great party, wild
  party, etc.)
 - a badalação
 - o chinfrim
 - o embalo
 - o festão
 - o forró
 - o forrobodó
 - o furrundu
 - o rega-bofe
 - (o assustado)
 - (o bota-fora)
 - (a brincadeira)
 - (a cervejada)
 - (a chopada)
 - (a festa de arromba)
 - (a festa de embalo)
 - (a festa embalada)
 - (o furdúncio)
 - (o furdunço)

PARTY, the _____ in power
 - a situação

PARTY-CRASHER, the _____
 - o bicão
 - o carona
 - o penetra

"PARTY GIRL," the _____
 - a garota-de-programa
 - a gata
 - a gatinha
 - a menina-de-programa
 (see also "the female 'PICK-UP'")

PARTY-POOPER, the _____
 - o chato
 - o desmancha-prazeres
 - o espírito-de-porco
 - o estraga-festas
 - o estraga-prazeres
 - o cara frio
 - (a turma do deixa-disso)

- (o empata)
- (o empata-foda [vulg.])

PARTY-POOPER, to be a _____
- ser do contra
- estragar a festa
(see also "to SPOIL the fun of")

PASS, to _____ (hand over)
- chutar³

PASS, to barely _____ (an exam,
course)
- passar raspando (em) [raspar]

PASSÉ, that's _____!
- já era!

PASSES, to make _____ (at)
(see "to get FRESH [with]")

"PASSION," one's _____
- a cachaça

PATIENCE, the _____
- o saco² (often vulg.)

PATIENCE, to have lost one's _____
(with)
(see "to be FED up [with]")

PATIENCE, to have no _____ for/to
- não ter saco para (often vulg.)

PATIENCE, to try the _____ of
(see "to get on the NERVES of")

PATIENT, to be (very) _____
- ter a paciência de Jó
- ter (muito) saco (often vulg.)
- ter um saco de filó (vulg.)
- ter um saco de ouro (vulg.)

PAVE, to _____ the way
- preparar o terreno

PAY, to _____
- cair com os cobres

PAY, not to offer to _____ the bill
- não se coçar [coçar-se]

PAY, to _____ cash (outright)
- pagar na boca do cofre
- pagar na bucha

PAY, to _____ the consequences
- pagar o pato

PAY, to _____ through the nose
- pagar o(s) olho(s) da cara [olho]

PAY, you'll _____ for this!
- você me paga! [pagar]

PAYING, to leave without _____
- dar o calote (em)
- passar o calote (em)
- calotear
- dar o cano (em)
- (pendurar)

PEACE, I come in _____
- é de paz

PEACE, not to give a moment's _____
to
- não dar trégua a

PEDDLER, the _____
- o mascate

PEEP, to _____ (at) (voyeurism)
- cocar

PEEPING TOM, the _____
- o cocador

PEEVED, to get/be _____ (at)
- ficar/estar aporrinhado (com)
(often vulg.)
- estar atravessado com
- estar bodeado
- dar o cavaco
- ficar/estar chateado (com)
- chatear-se (com)
- ficar/estar enfezado (com)
- enfezar-se (com)
- ficar/estar invocado (com)
- ficar/estar picado (com)
- picar-se¹
- ficar/estar picudo (com)
- ficar/estar sacaneado (com)
(vulg.)
(see also "to get/be MAD [at]")

PEG, to come down a _____
- abaixar a cabeça
- abaixar a crista
- abaixar a grimpa
- perder o rebolado
- abaixar o topete

PENIS, the _____
- a arma (vulg.)
- o badalo₂ (vulg.)
- a banana² (vulg.)
- a bimba² (vulg.)
- a broca (vulg.)

- o cacete[2] (vulg.)
- o canivete (vulg.)
- o caralho (vulg.)
- o charuto (vulg.)
- a chibata (vulg.)
- a clarineta (vulg.)
- a estrovenga (vulg.)
- a faca (vulg.)
- a ferramenta (vulg.)
- o ferro[2] (vulg.)
- a flauta (vulg.)
- o fumo[2] (vulg.)
- o ganso (vulg.)
- o instrumento (vulg.)
- a lenha[2] (vulg.)
- a madeira (vulg.)
- a mala[1] (vulg.)
- a manjuba (vulg.)
- o mastro (vulg.)
- o membro
- o negócio[2] (vulg.)
- o passarinho (vulg.)
- o pau[4] (vulg.)
- o pau-barbado (vulg.)
- o peru[3] (vulg.)
- a pica (vulg.)
- a piça (vulg.)
- o pinguelo[1] (vulg.)
- a pimba (vulg.)
- o pinto (vulg.)
- o pipi (vulg.)
- a piroca (vulg.)
- o pirulito (vulg.)
- a pitoca[2] (vulg.)
- a pomba[2] (vulg.)
- a rola (vulg.)
- o salame (vulg.)
- o sarrafo (vulg.)
- a suruba[1] (vulg.)
- a trolha[1] (vulg.)
- a tromba (vulg.)
- a vara (vulg.)

PENIS, having a large _____
- picudo (vulg.)

PENNILESS, to be _____
(see "to be BROKE," "to be DOWN and out")

PENNILESSNESS, the _____
- a dureza
- a limpeza[1]
- a prontidão
- a quebradeira
- a tesura

PENNY, to cost a pretty _____
- custar o(s) olho(s) da cara [olho]

PENNY, a/the pretty _____ (a lot of money)
- [uma] bolada
- a dinheirama
- o dinheirão
- uma boa nota
- uma nota
- uma nota alta
- uma nota firme
- uma nota violenta
- os pacotes [pacote]
- os tubos [tubo]
(see also "the MONEY")

PENT-HOUSE, the[1] _____
- a cobertura[1]

PEOPLE, many _____
- meio mundo

PEP PILL, the _____ (drug)
- o arrebite[2]
- a boleta
- a bolinha

PERDITION, to be on the road to _____
- estar no mau caminho

PERFORM, to _____ (a song, etc.)
- atacar
- castigar[1]

PERFUME, the cheap _____
- o espanta-nego

PERIOD, the menstrual _____
- o bode[1]
- o boi
- o chico
- o paquete

PERIOD, to be having one's _____ (be menstruating)
- estar de bode[1]
- estar de boi
- estar de paquete[1]

PERSON, in _____
- em carne e osso

PERSUADE, to _____
- fazer a cabeça de

PESSIMISTIC, to be _____
- ver tudo negro

PEST, the _____ (nuisance)
- o bolha[1]
- o bolha-d'água
- o carrapato

- o chato[1]
- o chiclete
- [o] crica
- [o] cricri
- o fode-mansinho (vulg.)
- o goiaba[1]
- o invocador
- o morrinha[1]
- a mosca
- o murrinha
- a ostra
- o xaropão[2]
- o xarope[2]
- (o chato de galocha)
- (o chato de guizo)

PESTER, to _____
- amolar
- aporrinhar (often vulg.)
- aprontar
- tomar assinatura com
- atucanar
- azucrinar
- cacetear
- cansar a beleza de
- cansar o T.B.S. de
- chacoalhar
- chatear
- cair no couro de
- dar no saco (de) (often vulg.)
- emputecer (vulg.)
- encarnar em
- encher[1]
- encher a paciência (de)
- encher as medidas (de)
- encher o saco (de) (often vulg.)
- encher os bagos (de) (vulg.)
- encher os colhões (de) (vulg.)
- encricrizar
- foder[3] (vulg.)
- estar de implicância com
- implicar com
- invocar
- estar de marcação com
- morrinhar
- murrinhar
- paulificar
- pegar no pé de
- cair na pele de
- cair no pêlo de
- picar
- estar de ponta com
- sacanear[1] (vulg.)
- torrar
- torrar a paciência (de)
- torrar o saco (de) (often vulg.)
- xaropear
(see also "to TEASE," "to PICK on")

PESTERING, the _____
- a chateação
- a encheção

PET, the _____ (favorite)
- o peixinho

PHONINESS, the _____
- a fajutice

PHONY
- de araque
- biônico
- fajuto
- farjuto
- frajuto
- frio

PHOTO, to take a _____ (of)
- bater uma chapa (de)

PHOTOGRAPHER, the sidewalk _____
- o lambe-lambe

PHYSICAL, the _____ examination
  (checkup)
- o checape

PICAYUNISH
  (see "FUSSY")

PICK, to _____ a fight
- puxar (uma) briga

PICK, to _____ on (constantly pester)
- tomar assinatura com
- encarnar em
- estar de implicância com
- implicar com
- estar de marcação com
- estar de ponta com
(see also "to PESTER," "to TEASE")

PICK, to _____ pockets
- bater carteiras
- lancear
- punguear
(see also "to STEAL")

PICK, to _____ up[1] (a radio station,
  etc.)
- pegar[5]

PICK, to _____ up[2] (procure for
  sexual purposes)
- apanhar[2]
- fisgar
- fretar
- pegar[7]
- pescar[3]

PICKPOCKET, the _____
- o batedor de carteiras
- o lanceiro
- o mão-leve
- o punguista
(see also "the THIEF")

PICKPOCKETING, the _____
- a punga
(see also "the THEFT")

"PICK-UP," the female _____
- o frete
- a freteira
- a garota-de-programa
- a menina-de-programa
- a mulher-de-frete
(see also "the 'PARTY GIRL,'" "the SLUT")

"PICK-UP," the _____ place (place for meeting members of the opposite sex)
- o paquerôdromo

PICNIC, the _____'s almost over (fig.)
- essa sopa vai acabar

PICNIC, the _____'s over! (fig.)
- acabou-se o que era doce
- a sopa acabou

PICTURE, to be out of the _____
- ser carta fora do baralho

PIECE, to give a _____ of one's mind (to)
- falar poucas e boas [a]
- dizer umas verdades a [verdade]

PIECE, to speak one's _____
(see "to have one's SAY")

PIG, to buy a _____ in a poke
- comprar nabos em saco

PIGPEN, were you raised in a _____?
- você foi criado num chiqueiro?

PIGSTY, not to be in a _____ (have no right to act up)
- não estar na casa da mãe Joana
- não estar na casa da sogra

PILE, to _____ on (have a heavy hand with)
- carregar a mão em

PILL, the _____ (birth-control pill)
- a pílula

PIMP, the _____
- o cafetão
- o cafiola
- o cafiolo

PIN-BALL, the _____ establishment
- o fliperama

PITTANCE, the _____
(see "the TRIFLE")

PIZZAZZ, the _____
- o champignon
- a ginga
- o molho

PLACE, the _____ (spot; locale)
- as bandas [banda]
- a boca
- o canto

PLACE, at/to/in so-and-so's _____
- no/na

PLACE, to be all over the _____
- estar para cima e para baixo

PLACE, not to stay in one _____ long
- não esquentar lugar

PLACE, to take the _____ of (substitute for)
- fazer as vezes de [vez]

PLACES, the "in" _____
- as paradas [parada]

PLAGUED, to be _____ with
- ser cheio de

PLAIN, _____ as day
- claro como água
- claro como um dia de sol

PLAN, the _____
- a bolação

PLAN, to _____
- bolar
- craniar
- transar[3]

PLANNING, to remain in the _____ stage
- ficar no papel

PLASTIC, the _____ surgery
 - a recauchutagem

PLATTER, on a silver _____
 - de bandeja
 - de colher
 - de mão-beijada
 - de presente

PLAY, to make a _____ for
 - batalhar[1]

PLAY, the second-rate _____ (theat.)
 - a chanchada

PLAY, to _____ well (a musical
 instrument)
 - castigar[2]

PLAYING, to be _____ (said of a movie
 or play)
 - estar em cartaz

PLAYMATE, the _____
 - o companheiro-de-brinquedo

PLEASE, _____ . . .
 - vê se . . . [ver]

PLEASE, to _____ everyone
 - contentar/agradar gregos e
 troianos [grego]

PLENTIFUL, to be _____
 - chover
 - ser mato[1]
 - dar sopa[1]

PLUG, to _____ away
 (see "to WORK hard")

POCKET, the breast _____
 - a janelinha

POETRY, the popular chapbook _____
 - o cordel
 - a literatura de cordel
 - (o A.B.C.)

POINT, come to the _____ !
 - deixa de conversa(s)! [conversa]
 - (falar sem rodeios [rodeio])

POINT, to make a _____ of (insist on)
 - fazer questão de

POINT, _____ by _____
 (see "BLOW by BLOW")

POINT-BLANK
 - à queima-roupa

POINTER, the _____
 (see "the TIP")

POISONED, the _____ food
 - a bola[3]

POLICE, the _____
 - os homens [homem]
 - os homens da lei [homem]
 - a justa
 - dona justa
 - dona justina
 - a rapa[2]

POLICE, to conduct a _____ raid (on)
 - dar uma batida (em)
 - estourar[1]

POLICE, to have a _____ record
 - estar/ser escrachado
 - ter uma ficha
 - estar/ser fichado

POLICE, the _____ comissário
 - o comissa

POLICE, the _____ precinct chief
 - o delega

POLICE, the _____ radio patrol car
 - a errepê
 - a r.p.
 (see also "the police PADDY-WAGON")

POLICE, the _____ raid
 - a batida[2]

POLICE, the _____ station
 - o distrito

POLICE, the _____ undercover agent
 - o secreta

POLICE, the _____ van
 (see "the police PADDY-WAGON")

POLICEMAN, the _____
 - o cana
 - o guarnapa
 - o meganha
 - o naca
 - o napo
 - o praça[1]
 - o rapa
 - o samanco
 - o samango
 - o tira

- (<u>Cosme</u> e <u>D</u>amião)
- (o macaco[4])
- (o pê-eme)
- (o p.m.)
- (<u>Romeu</u> e Julieta)

POLITE, to be very _____
- ser uma <u>dama</u>

POOL, to be a _____ hustler
- ser um <u>taco</u>

POOP, to _____ out
- esbaldar-se
- faltar <u>gás</u>
- perder o <u>gás</u>
- bater <u>pino</u>
- pregar
- dar o <u>prego</u>

POOPED, to be _____ out
(see "to be TIRED out")

POOR, to be _____
(see "to be DOWN and out," "to be
BROKE")

POOR, to be _____ as a church mouse
- ser <u>pobre</u> como Jó

POOR, the _____ man
- o caixa-baixa
- o pé-rachado
- o pé-rapado
- o pobre-diabo
- o proleta

POOR, _____ thing!
- tadinho!

PORN, the soft _____ (movie or play)
- a pornochanchada

PORNO, the _____
- a pornô

PORTUGUESE, the _____ person
- o bacalhau[2] (pej.)
- o cotruco (pej.)
- o cutruco (pej.)
- o galego (pej.)
- o joaquim (pej.)
- o manuel (pej.)
- o pé-de-chumbo[2] (pej.)
- o portuga (pej.)

PORTUGUESE, in plain _____
- em <u>língua</u> de gente

PORTUGUESE, the mixture of _____ and
Spanish
- o portunhol

POSTPONE, to _____ solution of
- cozinhar

"POT," the _____
(see "the MARIJUANA")

POT, to go to _____
(see "to go down the DRAIN")

POT BELLY, the _____ (big stomach)
- a curva-da-prosperidade

"POT-HEAD," the _____
(see "the MARIJUANA smoker")

POTPOURRI, the _____
- o saco-de-gatos
- a <u>salada</u> russa
(see also "the HODGEPODGE")

POUT, to _____
- fazer <u>bico</u>
- fazer <u>beicinho</u>

POW!
(see "BOOM!")

PRAISE, to _____ highly
- badalar[2]
- botar no <u>céu</u>
- botar nas nuvens [<u>nuvem</u>]

PRANK, the _____
- a partida
- a peça[1]

PRANK, to play a _____ on
(see "to play a TRICK on")

PREACH, to _____ on deaf ears
- pregar/clamar no <u>deserto</u>

PREGNANT, to be _____
- estar de <u>barriga</u>
- estar <u>barriguda</u>
- estar <u>cheia</u> (vulg.)
- esperar
- estar em <u>estado</u> interessante
- estar <u>ocupada</u>

PREGNANT, to make _____ (a woman)
- encher[2] (vulg.)

PREMIUM, the _____ paid over and
above the rent
- as luvas [<u>luva</u>]

PREPARE, to _____
- engatilhar[1]

PRESS, the sensationalist or yellow
_____
- a <u>imprensa</u> marrom

PRESSURE, to _____ (someone)
- dar um <u>aperto</u> em
- chamar na <u>chincha</u>
- dar em <u>cima</u> de[1]
- dar um <u>duro</u> em
- dar uma <u>prensa</u> em
(see also "to give a HARD TIME to")

PRETEND, to _____ (that)
- fazer de <u>conta</u> (que)

PRETEND, to _____ to do (something)
- fazer (algo) de <u>araque</u>
- tirar (uma) <u>onda</u>

PRETTY (said of things or persons)
- bacana[1]
- <u>chuchu</u> beleza
(see also "GOOD-LOOKING,"
"HANDSOME," "GORGEOUS!")

PRETTY, how _____!
- que <u>beleza</u>!

PRIEST, the Catholic _____
- o urubu[3]

PRIME, to pass one's _____
- dobrar o <u>cabo</u> da Boa Esperança

PRINTING, the _____ error
- o gato[2]

PROBE, to _____ the situation
- apalpar o <u>terreno</u>
- sondar o <u>terreno</u>

PROBLEM, the _____
- o abacaxi[2]
- a banana[1]
- o bicho-de-sete-cabeças
- o bode[1]
- o bolo
- o cano
- a encrenca[2]
- o enguiço[2]
- o galho[1]
- o grilo[3]
- a história[2]
- a trolha[2]
- a tubulação

PROBLEM, no _____!
- não tem <u>grilo</u>!
- não tem <u>mosquito</u>!
- não tem nada(, não)! [<u>ter</u>]

PROFANITY, the _____ (swear word)
- a bocagem
- o <u>nome</u> feio

PROFANITY, to use _____
- falar/dizer besteiras [<u>besteira</u>]
- falar/dizer bobagens [<u>bobagem</u>]

PROMENADE, to _____
- fazer <u>footing</u>

PROMISE, to _____ the moon
- <u>prometer</u> mundos e fundos

PROMOTION MAN, the _____ (esp. in
recording industry)
- o caititu

PROMOTIONAL, the _____ campaign (esp.
in recording industry)
- a caitituagem

PROMOTIONAL, to put on a _____
campaign (esp. in recording
industry)
- caitituar

PROOF, to shove (_____, etc.) in
(someone's) face
- <u>esfregar</u> na cara de

PROPER, as is _____
- como manda o <u>figurino</u>

PROSTITUTE, the _____ (many pej.)
- o biscate[2]
- a cachorra
- a cadela
- a catraia
- a china
- a dama
- a <u>desajustada</u> (social)
- a desclassificada
- a égua
- a escoteira
- o frete
- a freteira
- a marafa[1]
- a marafona
- a mariposa
- a micheteira
- a michuruca
- a mixuruca
- a moça[2]
- a mulher-à-toa

- a mulher-dama
- a mulher-da-rua
- a mulher-da-vida
- a mulher-de-escoteiro
- a mulher-de-frete
- a mulher-de-sarjeta
- a mulher-de-vida-fácil
- a mulher-do-mundo
- a mulher-perdida
- a mulher-pública
- a mulher-rampeira
- a perua[2]
- a pilantra[1]
- a piranha[1]
- a piranhuda
- a pirata
- a pistoleira
- a prima
- a puta (vulg.)
- a putana (vulg.)
- a quenga (vulg.)
- a rampeira
- a rapariga
- a vaca[1]
- a vadia
- a vagabunda
- a vida-torta
- (as mulheres [mulher])
- (o mulherio)
- (a polaca)
- (a suadeira)

PROSTITUTE, to be a _____
- rodar a bolsa
- fazer o trotoar
- fazer o "trottoir"
- fazer a vida
- virar-se[3]
- (fazer um programa[2])

PROSTITUTE, the _____'s alias
- o nome de guerra

PROSTITUTE, the _____'s customer
- o michê[2]

PROSTITUTION, the _____
- o michê[1]
- a vida
- a viração[2]
- (o programa[2])

PROSTITUTION, to turn to _____
- cair na vida

PROTESTANT, the _____
- o crente[1]

PROVE, to _____ systematically
- provar por A mais B

PROVE, to _____ what one has done
- matar a cobra e mostrar o pau

PRUDISH
- cheio de me-deixes
- cheio de não-me-toques

PRUDISHNESS, the _____ (esp. in relation to virginity)
- o cabacismo (vulg.)

P.S.
- em tempo

PUBLIC, to show (something or someone) off in _____
- botar na praça

PUBLICITY, the _____
- a badalação[1]

PUBLICIZE, to _____
- badalar[1]

PUBLISH, to _____
- dar à luz[2]

PUBLISHED, to be _____
- sair à luz

PUFF, the _____ on a (marijuana) cigarette
- o pau[5]
- o tapa[2]
- o tranco

"PULL," to have _____ (connections)
- [ter] cartucho
- ter (as) costas largas[2] [costa]
- ter (as) costas quentes[1] [costa]
- [ter] pistolão
- ter santo forte

PULL, to _____ someone's leg
- fazer de criança
- fazer de menino

PUN, the obscene _____
- o trocadalho (vulg.)
- o trocadalho do carilho (vulg.)
- o trocadilho do caralho (vulg.)

PUNCH, the _____ (blow, sock)
- o bife
- a caqueirada
- o catiripapo
- o contravapor
- o direto
- a pitomba[1]
- a porrada (vulg.)

- o safanão
- a tabacada
- o tabefe
- o tapa[1]
- o tapa-boca
- o tapa-olho
- a tapona
- o telefone
(see also "the SLAP")

PUNCH, to _____
- acender
- ir às fuças de [fuça]
- jantar
- meter a mão em
- dar uma (em)
(see also "to THROW [a punch] at,"
"to come to BLOWS [with]")

PUNCTUAL, to be _____
- ser como um relógio

PUNISH, to _____
- dar um corretivo em
- enquadrar
- exemplar

PUNISHMENT, the _____
- o enquadramento

PUNS, to make _____
- trocar trilhos

PUPPET, the _____
(see "the FIGUREHEAD")

PURE, _____ and simple
- puro e simples

PURE-BLOODED
- de quatro costados [costado]

PURITANICAL
- família

"PUSH," to _____ (drugs)
- passar

"PUSHER," the drug _____
- o atravessador
- o passador[2]
- (o vapozeiro)

PUSHOVER, the _____
(see "the CINCH," "the SUCKER")

PUSHY, the _____ person
- o cara-de-pau
- o caradura
- o entrão

- o furador
- o furão[2]
- o peru[2]
(see also "the WISE GUY")

PUSSYCAT, the _____
- o bichano

PUT, to _____
- botar[1]

PUT, to _____ one over on
(see "to TRICK," "to SWINDLE")

PUT, to _____ (someone) off
- botar em água morna/fria
- cozinhar/botar em banho-maria

PUT, to _____ (something) off
- botar na geladeira[1]

Q

"QUEER," the _____
  (see "the male HOMOSEXUAL")

QUESTION, the trick _____
  - a _pergunta_ de algibeira

QUESTIONABLE, to have gotten (one's
  degree, driver's license, etc.) by
  _____ means
  - ter tirado (o diploma, a carteira
  de motorista, etc.) por _telefone_

QUEUE, the _____
  - a bicha²

QUICK
  - corrido

QUIET, to keep _____
  - apagar-se
  - botar uma _batata_ quente na
  língua
  - desligar-se
  - fechar-se¹
  - _fechar-se_ em copas
  - fechar a _matraça_
  - ficar na _moita_¹
  - dar um _ponto_ na boca
  - _sair_ do ar¹
  - fechar a _taramela_
  - fechar a _tramela_
  - trancar-se
  - (não dê seu _apito_!)
  (see also "MUM's the word!," "SHUT
  up!")

QUITE
  (see "VERY")

QUITE, _____ a . . .
  - . . .(que) eu vou te _contar_!
  - . . . e _tanto_

QUITS, to call it _____ (abandon an
  undertaking)
  - tirar o _cavalo_ da chuva

R

RABBLE-ROUSER, the _____
- o cabeça
- o cabeça-de-motim

RACKET, the _____ (shady deal)
- o arranjo
- o cambalacho
- a mamata
- a marmelada[1]

RADIO, the transistor _____
- o tijolo-de-baiano

RAGE, the _____
(see "the FAD")

RAID, to _____
(see "to conduct a POLICE raid
[on]")

RAIN, the _____ (downpour)
- o toró

RAIN, to be threatening to _____
- estar chove-não-chove

RAIN, come _____ or shine
(see "COME what may")

RAIN, to _____ cats and dogs
- chover a cântaros
- chover canivetes

RANDOM, at _____[1]
- ao deus-dará[1]
- a esmo
- ao léu
- à toa[1]

RAP, the "_____ session"
(see "the CHAT")

"RAP," to _____
(see "to CHAT")

RAPE, the gang _____
- a curra

RAPED, the female who is gang-_____
- a currada

RAPE, to gang-_____ (a female)
- currar

RAPIST, the gang _____
- o currador

RATHER (somewhat)
(see "SOMEWHAT")

RATINGS, to have high _____ (a TV or
radio program)
- dar ibope[1]

RATIONALLY
- de cabeça fria

RAW DEAL, the _____
(see "the SWINDLE")

RAW DEAL, to get a _____
- ficar/estar apitando [apitar]
- levar a pior
- roer os ossos
(see also "to be SWINDLED")

RAZZ, to _____
(see "to make FUN of," "to MOCK,"
"to TEASE")

REACH, to _____ (an age, birthday,
milestone, etc.)
- emplacar[2]

REACTIONARY, the _____
- o reaça

READ, to _____ (peruse)
- dar uma lida em

READY, "_____ and willing" (said of a
female willing to have sex)
- em ponto de bala[2]

READY-TO-GO (in good working order)
- em ponto de bala[1]

REAL, a _____ . . . (extraordinary)
- aquele/aquela
- com letra maiúscula
- de marca maior
- o/a[2]
(see also "EXTRAORDINARY")

REAL, to be for _____ (a serious
thing)
- ser para valer

REALIST, to be a _____
- ter os pés fincados na terra
[pé]

REALIZE, to _____ (become aware)
- tocar-se

REALLY
- no <u>duro</u>
- . . . mesmo
- a <u>valer</u>
- pra <u>valer</u>

REALLY?
(see "no KIDDING?," "is that
RIGHT?")

REALLY, to be _____ . . .
- ser . . ., mas . . . mesmo

REASON, for no apparent _____
- sem <u>mais</u> nem menos
- sem <u>quê</u> nem para quê

REASONS, for these and other _____
- por essas e outras [<u>essa</u>]

RECEIVE, to _____ (guests, clients, etc.)
- fazer <u>sala</u> a

RECKLESS (foolhardy)
- esporreteado (vulg.)
- porra-louca (vulg.)
(see also "the DAREDEVIL")

RECOGNIZE, to _____ (someone)
- manjar²
- manjar a <u>pinta</u> de
- sacar²

RECREATION, the _____
- a descontração
- o descontraimento

RED-HANDED
- no <u>flaga</u>
- no <u>flagra</u>
- no <u>fraga</u>

RED-HANDED, to catch _____
- <u>pegar</u> com a boca na botija
- dar o <u>flaga</u> (em)
- dar o <u>flagra</u> (em)
- flagrar
- dar o <u>fraga</u> (em)
- pilhar
- (<u>pegar</u> com as calças na mão)

REDHEAD, the _____
- o cabelo-de-fogo

RED-LIGHT, the _____ district
- a boca-do-lixo
- o mangue
- a zona
- (a boca-do-luxo)

RED TAPE, the _____
- a papelada

REFRESHMENTS, the _____ (food and drinks)
- os <u>comes</u> e bebes

REGARDS, give my _____ to . . .
- dá um <u>abraço</u> em . . .

REGION, the _____
- as bandas [<u>banda</u>]

REGRET, to live to _____ one's words
- pagar pela <u>língua</u>

REIN, to give free _____ to
- dar <u>rédea</u> a

REIN, to have free _____ (carte blanche)
- ter <u>carta</u> branca

REINS, to take the _____
- tomar as rédeas [<u>rédea</u>]

RELAX, to _____
- descontrair-se

RELAXATION, the _____
- a descontração
- o descontraimento

RELAXED
- descontraído

RELEVANT, to be _____
- <u>vir</u> ao caso

RENEGE, to _____ (go back on one's word)
- dar uma <u>recueta</u>
- <u>roer</u> a corda
- <u>voltar</u> atrás

REPEAT, the _____ (second time)
- o repeteco

REPEAT, to _____ (go back for more)
- dar (um) <u>repeteco</u>

REPEATER, the _____ (one who repeats courses due to failure)
- o vídeo-tape
- o vídeo-teipe

REPORT CARD, the _____
- o boletim

REPORTER, the veteran _____
- o dromedário

RESIDENT, the _____ of Brasília
- o candango[2]

RESORT, to use the last _____
- jogar a última cartada
- queimar o(s) último(s)
cartucho(s) [cartucho]

RESPECT, to speak with more _____
- dobrar a língua

RESPONSIBLE, the person _____
(originator)
- o pai da criança

REST, to _____ (take it easy)
- descansar o esqueleto

RESTLESS, to be _____
- ter o bicho-carpinteiro
- ter formiga no rabo

REST ROOM, the _____
- o sanitário

RESULT, to _____ in[1]
- dar em

RETIRE, to _____ (go into retirement)
- encostar as chuteiras [chuteira]
- pendurar as chuteiras [chuteira]

RETIRED (military)
- de pijama

REVELRY, the _____
- a esbórnia
- a farra[1]
- o furdúncio
- o furdunço
- a fuzarca[1]
- o pagode
- a pagodeira
- a pândega

REVENGE, to take _____
- ir à forra
- tirar uma forra
(see also "to get EVEN [with]," "to
give a taste of one's own
MEDICINE")

REVOLUTION, the Brazilian _____ of
1964
- a Redentora

"REWARDED," to be _____ with (iron.)
- ser premiado com

RHYME, to lack _____ or reason
- não ter pé nem cabeça

RHYME, without _____ or reason
- sem pé nem cabeça

RHYTHM, the _____ (in music)
- a batucada

RICH
- abonado
- cheio da nota (da grana, da
gaita, da erva, etc.)
- estribado

RICH, to be _____
- estar de caixa alta
- estar por cima da carne-seca
- estar montado/sentado na carne-
seca
- estar por cima
- estar por cima da jogada
- ter dinheiro como água
- estar feito
- estar bem forrado
- estar de mala feita
- estar na melhor
- estar deitando/nadando no ouro
- ser um Rockefeller
- estar com a situação feita
- estar por cima dos tubos [tubo]
- estar com tudo
(see also "to be WELL-OFF")

RICH, filthy _____
- podre de rico

RICH, to get _____
(see "to make a MINT")

RICH, the _____ man
- o bacana
- o bacano
- o caixa-alta
- o grã-fino
- o granfa
- o granfo
- o ricaço

RID, to get _____ of[1] (something)
- dar (o) sumiço em

RID, to get _____ of[2] (someone) (send
away)
- dar uma bandeira[2] em
- dar (um) bico em[2]
- chutar[5]

- dar um <u>chute</u> em^2
- cortar
- dar o <u>fora</u> em^1
- <u>mandar</u> passear
- botar na <u>rua</u>
- botar no olho da <u>rua</u>
(see also "to give the BRUSH-OFF
to," "to JILT")

RIDDANCE, good _____!
- já vai tarde! [<u>ir</u>]
- bons ventos o levem! [<u>vento</u>]

RIDE, to give a _____ (to)
- dar um <u>bigu</u> (para)
- dar (uma) <u>carona</u> (para)

RIDE, to hitch a _____ (lift)
- pegar um <u>bigu</u>
- pegar (uma) <u>carona</u>
- (<u>morcegar</u> em)

RIDE, to let it _____ (wait and see)
- <u>deixar</u> andar
- <u>deixar</u> correr
- <u>deixar</u> o barco correr
- <u>deixar</u> o barco rolar
- <u>deixar</u> rolar
- ir na <u>onda</u>^{2}

RIDER, the surreptitious _____ (on
the back of a bus or other vehicle)
- o morcego^2

RIDING, _____ high (feeling good)
- numa <u>boa</u>

RIFFRAFF, the _____ (dregs of
society)
- a arraia-miúda

RIFLE, the _____
- o pau-de-fogo
- o pau-furado

RIGHT, to come to the _____ place
- <u>bater</u> em boa porta

RIGHT, to hit it _____
- dar uma <u>dentro</u>

RIGHT, isn't that _____?
- . . . <u>não</u> é?^{1}
- <u>não</u> é isso (mesmo)?
- né?
- é ou não é? [<u>ser</u>]
- . . . não é <u>verdade</u>?

RIGHT, is that _____?
- no <u>duro</u>?

- é <u>mesmo</u>?
- ah, é? [<u>ser</u>]
- . . . é? [<u>ser</u>]
- . . . foi? [<u>ser</u>]
- é <u>verdade</u>?
(see also "no KIDDING?")

RIGHT, one who is always _____
- o batata
- o bidu

RIGHT, _____ off
(see "IMMEDIATELY")

RIGHT, that's _____
- é <u>assim</u> mesmo
- (é) <u>bidu</u>!
- certo!
- claro!
- é como eu lhe digo! [<u>dizer</u>]
- está aí! [<u>estar</u>]
- falou! [<u>falar</u>]
- falou e disse! [<u>falar</u>]
- é <u>isso</u> aí
- é <u>isso</u> aí, bicho
- é <u>isso</u> (mesmo)
- é <u>mesmo</u>
- <u>pois</u> é!
- sei! [<u>saber</u>]
- é^1 [<u>ser</u>]
- taí!
- valeu! [<u>valer</u>]

RIGHT, to work out just _____
- cair a <u>sopa</u> no mel
- vir a <u>talho</u> de foice

RIGHT-HAND, one's _____ man
- o braço-direito

RING, the wedding _____
- o bambolê^2
- o <u>bambolê</u> de otário

RING, to give a _____ to
(see "to TELEPHONE")

RINGLEADER, the _____
- o cabeça

RINGSIDE, to have a _____ seat
- assistir de <u>camarote</u>

RIO DE JANEIRO (city)
- a belacap
- a <u>cidade</u> maravilhosa
- a velhacap

RIP, to "_____ off"
(see "to STEAL," "to EXPLOIT," " to

SWINDLE")

"RIP-OFF," the _____
  (see "the SWINDLE," "the THEFT")

RISE, _____ and shine!
  (see "WAKE up!")

RISKS, not to take _____
  - não embarcar em canoa furada
  - não embarcar nessa canoa

"ROACH," the _____ (marijuana
  cigarette butt)
  - a baga
  - a bagana
  - a beata
  - a beatriz
  - a guimba
  (see also "the CIGARETTE butt,"
  "the 'JOINT'[2]")

ROAM, to _____ around
  - dar uma badalada
  - badalar[3]
  - bater mundo
  - bater pernas
  - zanzar
  (see also "to take a WALK," "to
  WALK a lot")

ROB, to _____
  (see "to STEAL")

ROB, to _____ Peter to pay Paul
  - despir um santo para vestir outro

ROBBER, the _____
  (see "the THIEF")

ROBBERY, the _____
  (see "the THEFT")

ROCK, the hurled _____
  - o pombo-sem-asa

ROCK-MUSIC, the _____ artist or fan
  - o roqueiro

ROLL, to _____ (a marijuana
  cigarette)
  - apertar

ROOM, for there to be no more _____
  - não caber nem mais um alfinete

ROOT, to _____ for (cheer on)
  - torcer por/para

ROOTER, the _____
  (see "the FAN")

ROOTING, the _____ (cheering)
  - a torcida[1]

ROOTING, the _____ section
  - a torcida[2]

ROPES, to show the _____
  - dar o bizu
  - dar a/uma dica
  - dar o(s) macete(s) [macete]
  - dar (a) pala
  - (bizurar)

ROSES, the bed of _____ (fig.)
  - o mar de rosas

ROSY, everything's _____!
  - tudo azul!
  - tudo azul com bolinhas brancas!

ROTISSERIE, the _____ broiler in a
  restaurant window
  - a televisão de cachorro

ROUGH (hard, difficult)
  - arrochado
  - barra-pesada[2]
  - duro
  - puxado
  - (a dose para elefante)
  - (a dose para leão)

ROUGH, to be _____ (hard, difficult)
  - ser de amargar
  - [ser] arrochado
  - [ser] barra-pesada[2]
  - não ser bolinho
  - não ser brincadeira
  - ser (um) buraco
  - ser o diabo
  - ser de doer
  - [ser] dose para elefante
  - [ser] dose para leão
  - ser dureza
  - [ser] duro
  - ser duro de roer[1]
  - ser um duro (danado)
  - ser espeto
  - [ser] foda[2] (vulg.)
  - ser fogo[1]
  - ser fogo na jaca
  - ser fogo na jacutinga
  - ser fogo na roupa
  - ser foguete
  - ser de lascar[1]
  - ser de lascar o cano
  - ser (uma) lenha

- ser de <u>matar</u>
- [não] ser <u>mole</u>
- [não] ser <u>moleza</u>
- ser de <u>morte</u>[1]
- [ser] um <u>osso</u> duro de roer[1]
- ser <u>pau</u> na moleira[1]
- [ser] <u>puxado</u>
- ser <u>rabo</u>
- ser <u>rabo-de-foguete</u>
- ser de <u>rachar</u>[1]
- ser <u>serviço</u>
- ser <u>taça</u>
- dar (muito) <u>trabalho</u>
(see also "to be 'MURDER'")

ROUGH, to have a _____ time
- comer da <u>banda</u> podre
- roer <u>beira</u> de penico
- <u>comer</u> fogo
- <u>comer</u> tampado
- <u>cortar</u> uma volta
- comer o <u>pão</u> que o diabo amassou
- passar um mau <u>pedaço</u>
- passar um mau <u>quarto</u> de hora

ROUGH, to make it _____ on (someone)
(see "to give a HARD TIME")

ROUGH, the _____ neighborhood
- a <u>barra</u> pesada

ROUGHNECK, the _____
- o <u>bagunceiro</u>
- o <u>espalha-brasa</u>
- o <u>fuleiro</u>[2]
- o <u>galo-de-briga</u>
(see also "the TROUBLEMAKER")

ROUND-TABLE, the _____ discussion
- a <u>mesa-redonda</u>

ROUSTABOUT, the circus _____
(laborer)
- o <u>mata-cachorro</u>

ROW, in a _____ (consecutively)
- a <u>fio</u>

RUDE (ill-mannered, coarse, unrefined)
- <u>casca-grossa</u>
- (não ter tomado <u>chá</u> em pequeno)

RUDELY, to behave _____
- dar coices [<u>coice</u>]
- dar patadas [<u>patada</u>]
- dar (uma) <u>patada</u>[2]
- (<u>embandeirar-se</u> [com])

RULE, to _____ the roost
- usar calças [<u>calça</u>]
- <u>cantar</u> de galo
- <u>fazer</u> e acontecer
(see also "to RUN the show")

RUMOR(S), the _____
(see "the GOSSIP")

RUMP, the _____
(see "the BEHIND")

RUN, I'd better _____ for my life
- <u>pernas</u>, para que te quero!
[<u>perna</u>]

RUN, to _____ across (come upon)
- dar de <u>cara</u> com
- <u>topar</u> com

RUN, to _____ away
(see "to TAKE off," "to TAKE off like a shot," "to GET away," "to SNEAK away," "to make oneself SCARCE")

RUN, to _____ down (criticize)
(see "to CRITICIZE")

RUN, to _____ the show
- dar as cartas [<u>carta</u>]
- (estar por <u>cima</u>)
- (estar por <u>cima</u> da jogada)
(see also "to RULE the roost")

RUNNER, to be a fast _____
- ser uma <u>bala</u>

RUSH, to _____
(see "to HURRY")

RUSH, to _____ off
(see "to TAKE off like a shot")

RUSH, not to have to _____ (so much)
- não estar com seu <u>pai</u> na forca
- não ter que tirar o <u>pai</u> da forca

RUSH, to _____ into something
- ir com muita <u>sede</u> ao pote

S

SACK, to get the _____
(see "to get FIRED")

SACK, to give the _____
(see "to FIRE")

SACK, to hit the _____ (go to bed)
- cair na _cama_

SACRIFICING, the _____ wife or
girlfriend
- a amélia

SAD SACK, the _____ (ragamuffin)
- o trapalhão[1]

SAFE, _____ and sound
- _são_ e salvo

SAFE, the _____ neighborhood
- a _barra_ leve

SAID, no sooner _____ than done
- _dito_ e feito

SAID, you _____ it!
- falou! [_falar_]
- falou e disse! [_falar_]
- _papo_ firme![1]
- valeu! [_valer_]
(see also "that's RIGHT")

SALESMAN, the traveling _____
- o alabama

SALT, . . . is the _____ of the earth
- abaixo de _Deus_, só . . .

SAMBA, the _____
- o ziriguidum

SAME, it's all the _____ (to me)!
- _tanto_ faz!
- _tanto_ faz como tanto fez!

SANITARY, the _____ napkin
- o módess

SÃO PAULO (city)
- a supercap
- a terra-da-garoa
SARDINES, to be packed like _____
- estar como _sardinha_ em lata

SATAN
- o cão[2]
- o cão-tinhoso
- o capeta[1]
- o demo
- o diacho
- o exu
- o homem
- o pé-redondo
- o sujo
- o tinhoso

SAVE, to _____ the day
- _salvar_ a pátria

SAY, to have one's _____
- apitar[1]
- vender seu _peixe_
- piar
- dar um _plá_

SAY! (listen!)
- escuta! [_escutar_]
- ô . . .!
- ô . . .!
- olha! [_olhar_]
- vem/venha cá! [_vir_]

SAY, don't _____ I didn't tell you
so!
- sua _alma_, sua palma!

SAY, I'll _____ (that) . . .!
- se . . .!

SAY, to _____ one thing and mean
another
- _falar_ da boca para fora

SAY, they _____ that . . .
- diz que . . . [_dizer_]

SAY, you don't _____![1]
- não diga! [_dizer_]
(see also "you're KIDDING!")

SAY, you don't _____![2] (sarcastic
response to a truism)
- descobriu a pólvora! [_descobrir_]
- descobriu o Brasil! [_descobrir_]
- se meu _pai_ não morresse, estaria
vivo!

SCALPER, the _____ (ticket profiteer)
- o cambista

SCAM, the _____
(see "the FAST-TALK," "the
SWINDLE," "the RACKET")

SCAPEGOAT, the _____
  - o bode expiatório

SCAPEGOAT, to make a _____ out of
  - pegar para cristo

SCARCE, to make oneself _____
  - tomar chá-de-sumiço
  (see also "to TAKE off")

SCARCE, something _____
  - a manga de colete

SCARE, not to _____ easily
  - não ter medo de careta(s)

SCARE, to _____ easily
  - ter medo da própria sombra

SCARED, to get/be _____
  - borrar-se (vulg.)
  - estar de cabelos em pé [cabelo]
  - cagar-se[2] (vulg.)
  - medrar
  - mijar-se (de medo) (vulg.)
  - morrer de medo
  - ter paúra
  - (parecer ter visto um fantasma)

SCAVENGER, the _____ (garbage-picker)
  - o xepeiro

SCENE, the _____ (fuss, commotion)
  (see "the COMMOTION")

SCENE, to make a _____ (fuss,
  spectacle)
  - fazer (um) barulho
  - fazer uma cena
  - desbundar[3]
  - dar/fazer um escândalo
  - fazer um escarcéu
  - fazer um papelão
  - dar um vexame
  (see also "to make/create a FUSS,"
  "to ACT up")

SCHOOL, the "party _____" (easy
  school; lousy school)
  - o bacanal
  - a boate
  - o pagou-passou
  - o pê-pê
  - o p.p.

SCHOOL, the public elementary _____
  - o grupo (escolar)

SCOLD, to _____
  - achar ruim (com)

- dar uma bronca em
- soltar os cachorros em cima de
  [cachorro]
- dar uma cagada em[2] (vulg.)
- passar um carão em
- descompor
- [dar uma] descompostura [em]
- dar uma dura em
- dar um esbregue em
- escrachar[2]
- dar uma esculachada em
- esculachar[1]
- dar um esculacho em
- dar uma esculhambação em (often
  vulg.)
- dar uma esculhambada em (often
  vulg.)
- esculhambar[1] (often vulg.)
- dar uma espinafração em
- espinafrar
- dar um esporro em (vulg.)
- falar alto (com)
- dar uma mijada em (vulg.)
- passar/dar um pito em
- falar poucas e boas [a]
- passar um sabão em
- dizer umas verdades a [verdade]

SCOLDING, the _____
  - a bronca[1]
  - o carão
  - a descompostura
  - o esbregue
  - o escracho
  - o esculacho[1]
  - a esculhambação[1] (often vulg.)
  - a espinafração
  - o esporro (vulg.)
  - o pito[1]
  - o sabão

SCOLDING, to get a _____
  - levar uma bronca
  - levar um carão
  - [levar uma] descompostura
  - [levar um] esbregue
  - [levar um] esculacho[1]
  - [levar uma] esculhambação[1]
  (often vulg.)
  - [levar uma] espinafração
  - [levar um] esporro (vulg.)
  - levar um pito
  - levar um sabão

"SCOOP," the _____ (exclusive news
  story)
  - o furo[1]

SCORE, to _____ (attain, chalk up)
  - faturar[1]

"SCORE," to _____ with (succeed in
having sex with)
- faturar³

SCORELESS, to be _____ (said of a
game)
- estar oxo

SCOUNDREL, the _____
- a boa-bisca
- o cabra-da-peste
- o cachorro¹
- o calhorda
- o cão¹
- o escarro
- o mau-caráter
- o mequetrefe²
- o papo-furado
- o pilantra
- o sacana² (vulg.)
- o sacaneta (vulg.)
- o safado
- o salafra
- o salafrário
- o sotreta
- o verme
(see also "the GOOD-FOR-NOTHING,"
"the S.O.B.")

SCRAM!
- desencarna! [desencarnar]
- desguia! [desguiar]
- desinfeta! [desinfetar]
- desinteressa! [desinteressar]
- desliga! [desligar]
- embora!²
- fora!¹
- cai fora!
- dá o fora!
- vá amolar o boi! [ir]
- vá apitar longe! [ir]
- vá baixar em outro terreiro!
[ir]
- vá catar cavaco! [ir]
- vá catar piolhos! [ir]
- vá catar pulgas! [ir]
- vá fritar bolinho! [ir]
- vá lamber sabão! [ir]
- vá levando! [ir]
- vá para a China! [ir]
- vá para caixa-prego! [ir]
- vá pentear macacos! [ir]
- vá plantar batatas! [ir]
- vá pregar noutra freguesia! [ir]
- vá procurar a sua turma! [ir]
- vá tomar banho! [ir]
- vá ver se eu estou na esquina!
[ir]
- puxa daqui! [puxar]
- rua!

- sai da minha frente! [sair]
- bons ventos o levem! [vento]

SCRATCH, to _____ each other's back
- coçar um as costas do outro

SCREW, to have a _____ loose
(see "to be CRAZY")

SCREWDRIVER, the _____ (vodka and
orange juice)
- o hi-fi

"SCREWED," to get _____ (messed up)
(see "to get a RAW DEAL," "to get
MESSED up'")

"SCREWED-UP"
- fodido (vulg.)
(see also "MESSED-UP")

SCRUPULOUS, not to be overly _____
- ter a consciência elástica

SCUFFLE, the _____
(see "the FIGHT")

SEARCH, _____ me!
(see "how should I KNOW?")

SECOND-HAND
- de segunda mão

SECOND-RATE
- de água doce
- de meia pataca
- de segunda
- segundo-time
- de meia tigela
(see also "TWO-BIT," "LOUSY,"
"CHEAP²")

SECRET, the inadvertently disclosed
_____
- o gato escondido com o rabo de
fora

SECRETIVE, to be _____
- fazer mistério

SECRETLY
- por trás da cortina
- às escondidas
- de fininho
- de mansinho
- por baixo da mesa
- na moita
- por baixo do pano
- em/na surdina²

SECTIONALISM, the _____
- o bairrismo

SECTIONALIST, the _____
- o bairrista

SEE, let me _____ that! (give that to
me)
- deixa ver (isso)!

SEE, to _____ through (someone)
- descobrir/perceber o jogo de

SEE, you _____?
(see "you KNOW?," "UNDERSTAND?")

SELL, to _____
- passar à erva
- passar nos cobres
- transar[4]

SELL, to _____ by fast-talking
- vender no papo

SELL, to _____ everything
- vender a camisa do corpo

SENATOR, the indirectly elected _____
- o senador biônico

SEND, to _____ (someone) away
(see "to get RID of[2]")

SENILE
- broco
- gagá

SENSATION, to be a _____
(see "to be TERRIFIC")

SENSATIONAL
(see "TERRIFIC")

SENSE, to get some _____
- tomar/criar juízo

SENSE, to make no _____
- não caber na cabeça de ninguém
- não ter cabimento
- não entrar na cabeça
- não ter pé nem cabeça

SENSES, to come to one's _____
- cair em si

SERENADE, the _____
- a seresta
- a violonada

SERENADER, the _____
- o seresteiro

SERIOUS, to become _____
- fechar-se[2]

SERIOUSLY, not to take _____
(see "not to TAKE seriously")

SERIOUSLY, to take too _____
(see "to TAKE too seriously)

SEX, to catch up on one's _____ life
(said of a male)
- tirar o atraso
- botar a escrita em dia[2]
- trocar de óleo (vulg.)
- trocar óleo (vulg.)

SEX, the "fair _____" (women)
- o belo sexo
- o sexo fraco

SEX, to follow (another male) in
_____ with the same female (said of
a male)
- ir na sopa de (vulg.)

SEX, the group _____
- o sanduíche[2] (vulg.)
(see also "the sex ORGY")

SEX, the group _____ among males
- o trenzinho (vulg.)

SEX, to have _____ (with)
- abrir as pernas[1] (vulg.)
- afogar o ganso (vulg.)
- fazer (o) amor
- andar com
- dar uma bimbada (vulg.)
- bimbar (vulg.)
- dar uma bombada (vulg.)
- botar[2] (vulg.)
- mandar brasa[2]
- bulir com
- dar uma cacetada (vulg.)
- ir para a cama com
- afiar canivete (vulg.)
- amolar o canivete (vulg.)
- cascar (vulg.)
- castigar[3]
- tirar um coco (vulg.)
- comer (vulg.)
- deitar-se com
- dar uma derrubada em (vulg.)
- derrubar (vulg.)
- dar uma dormida com
- dormir com
- empurrar (vulg.)

- dar uma <u>enfiada</u> (vulg.)
- enfiar (vulg.)
- amolar a <u>faca</u> (vulg.)
- passar a <u>faca</u> (vulg.)
- faturar[3]
- amolar a <u>ferramenta</u> (vulg.)
- ferrar (vulg.)
- passar o <u>ferro</u> (vulg.)
- sentar o <u>ferro</u> (vulg.)
- dar uma <u>foda</u> (vulg.)
- tirar uma <u>foda</u> (vulg.)
- foder[1] (vulg.)
- dar uma <u>fodida</u> (vulg.)
- tirar uma <u>fodida</u> (vulg.)
- fuder (vulg.)
- fazer <u>fuque-fuque</u> (vulg.)
- mandar <u>lenha</u>[2]
- lenhar (vulg.)
- marretar[4]
- mastigar[2]
- fazer <u>matrimônio</u>
- meter[2] (vulg.)
- dar uma <u>metida</u> (vulg.)
- <u>molhar</u> o pavio (vulg.)
- fazer <u>nenê</u> (vulg.)
- brincar de <u>papai-e-mamãe</u> (vulg.)
- papar[3] (vulg.)
- <u>passar</u> na cara (vulg.)
- <u>passar</u> no mastro (vulg.)
- <u>passar</u> nos peitos (vulg.)
- mandar o <u>pau</u> (vulg.)
- meter o <u>pau</u> (vulg.)
- dar uma <u>piçada</u> (vulg.)
- piçar (vulg.)
- dar uma <u>piciricada</u> (vulg.)
- piciricar (vulg.)
- dar um <u>picirico</u> (vulg.)
- fazer um <u>picirico</u> (vulg.)
- tirar um <u>picirico</u> (vulg.)
- dar um <u>piço</u> (vulg.)
- tirar um <u>piço</u> (vulg.)
- dar uma <u>pimbada</u> (vulg.)
- dar uma <u>pincelada</u> (vulg.)
- dar uma <u>pinguelada</u> (vulg.)
- pinguelar (vulg.)
- dar uma <u>pirocada</u> (vulg.)
- fazer um <u>programa</u>[2]
- sentar a <u>pua</u>[2]
- ter relações (com) [<u>relação</u>]
- dar uma <u>rolada</u> (vulg.)
- rosetar[2]
- fazer <u>sacanagem</u> (vulg.)
- <u>sair</u> com
- fazer o <u>serviço</u> a
- fazer <u>sexo</u>
- ter <u>sexo</u>
- dar uma <u>surra</u> de boceta em (vulg.)
- dar uma <u>surra</u> de pica em (vulg.)
- tampar (vulg.)

- traçar[2]
- transar[2]
- dar uma <u>trepada</u> (vulg.)
- trepar (vulg.)
- <u>trocar</u> de óleo (vulg.)
- <u>trocar</u> óleo (vulg.)
- empurrar <u>tromba</u> (vulg.)
- fazer de <u>tudo</u>
- fazer <u>tudo</u>
- dar <u>uma</u> (vulg.)
- vadiar

SEX, to have ____ with one's fiancé(e) ("jump the gun")
- <u>avançar</u> o sinal[2]

SEX, the "stronger ____" (men)
- o <u>sexo</u> forte

SEXUAL, the ____ desire
- o/a tesão[1] (vulg.)

SEXUAL, the ____ intercourse
- a bimbada (vulg.)
- a cacetada[2] (vulg.)
- a comida (vulg.)
- a dormida
- a enfiada[2] (vulg.)
- a foda (vulg.)
- a fodelança (vulg.)
- a fodida (vulg.)
- o foque-foque (vulg.)
- o fuque-fuque (vulg.)
- a metida (vulg.)
- a piçada (vulg.)
- a piciricada (vulg.)
- o picirico (vulg.)
- o piço (vulg.)
- a pimbada (vulg.)
- a pincelada (vulg.)
- a pinguelada (vulg.)
- a pirocada (vulg.)
- a rolada (vulg.)
- a trepada (vulg.)
- a vadiação
- a vadiagem
- (o michê[1])
- (o programa[2])

SEXUAL, ____ positions
- o <u>frango</u> assado (vulg.)
- o papai-e-mamãe (vulg.)

SEXUALLY, to arouse ____
(see "to AROUSE sexually")

SEXUALLY, to get/be ____ aroused/excited
(see "to get/be sexually AROUSED")

SHACK, to "_____ up" (with)
(see "to LIVE together [with]")

SHADOW, beyond a _____ of a doubt
- sem <u>sombra</u> de dúvida

SHADY (suspect)
- de <u>barra</u> pesada
- barra-pesada[1]
- da <u>pesada</u>[1]
- pinta-braba
- pinta-brava

SHADY, the _____ business
establishment
- a arapuca

SHADY, the _____ character
- o pinta-braba
- o pinta-brava

SHADY, the _____ deal
(see "the RACKET")

SHAKE, let's _____ hands!
- toque nestes ossos! [<u>osso</u>]

SHAKE, to _____ like a leaf
- <u>tremer</u> como varas verdes

SHAME, to have no _____
- não ter <u>vergonha</u> na cara

SHAPE, to be in _____ (a person)
- estar em <u>forma</u>

SHAPE, to be in tip-top _____ (said
of a thing)
- estar tinindo [<u>tinir</u>]
- (em <u>ponto</u> de bala[1])

SHAPE, to be ship _____ (spick-and-
span)
- estar um <u>brinco</u>

SHAPE, to _____ up (fall into line)
- entrar nos eixos [<u>eixo</u>]
- entrar na <u>linha</u>

SHAPELY (said of a good-looking
person)
- enxuto

SHARP, to be _____ in (a subject)
- ser <u>danado</u> em
- (estar <u>afiado</u> em)

"SHEEP," the _____ (follower)
- o maria-vai-com-as-outras

SHEEP, the black _____
- a <u>ovelha</u> negra

SHELVE, to _____ (postpone solution
or execution of)
- cozinhar
- botar na <u>geladeira</u>[1]

SHIP, the coastal-navigation _____
- o ita

SHIRT-TAIL, to have one's _____ out
- <u>vender</u> farinha

SHIVER, to _____
- bater os dentes [<u>dente</u>]
- bater o <u>queixo</u>

SHODDY
(see "CHEAP[2]")

SHOE, the _____
- o breque
- o bute
- a chuteira
- o pisante
- o piso

SHOE, to know where the _____ pinches
- <u>saber</u> onde lhe aperta o sapato

SHOE, the large _____
- a chanca
- a lancha

SHOES, to be in someone's _____
- estar na <u>pele</u> de

SHOES, the tennis _____
- os quedes [<u>quede</u>]
- os tênis

SHOO! (used with animals)
- xô!

SHOO-IN, the _____
- a barbada[1]
(see also "the CINCH")

SHOOT![1]
(see "SHUCKS!," "DARN IT!,"
"GOSH!")

SHOOT![2] (say it!)
- chuta! [<u>chutar</u>]
- manda! [<u>mandar</u>]

SHOOT, to _____ (at)
(see "to FIRE [on]")

SHOOT, to _____ the breeze/bull
(see "to CHAT")

SHOOT, to _____ off one's mouth
(see "to BLAB," "to INFORM")

SHOOT, to _____ the works
(see "to go ALL out")

SHOPPING, to go on a _____ spree
- tomar um banho-de-loja

SHORT, the _____, plump, lazy female
- a pata-choca

SHORT, the _____ stocky individual
- o porrão
- o tampinha

SHORTY, the _____ (runt)
- o catatau
- o meia-foda (vulg.)
- o meio-quilo
- o rodapé
- o tampinha
- o tico-tico
- o toco-de-amarrar-onça
(see also "the SMALL FRY")

SHOT, not by a long _____
- nem de longe
- nem por sombras [sombra]

SHOT, to take a _____ in the dark
- dar um pulo no escuro
- dar um tiro no escuro

SHOTS, to call the _____
(see "to RUN the show," "to RULE
the roost")

SHOULDER, to cry on the _____ of
- chorar no ombro de

SHOUT, to _____
- botar a boca no mundo

SHOVE, _____ it! (vulg.)
- aqui, ó! (vulg.)
- uma banana para você! (vulg.)
- meta na bunda! (vulg.)
- enfie no cu! (vulg.)
- toma no cu! (vulg.)
- enfie no rabo! (vulg.)
- toma no rabo! (vulg.)
(see also "go to HELL!")

SHOVE, _____ off!
(see "SCRAM!")

SHOW, the _____ (entertainment)
- o "show"

SHOW, just for _____
- (só) para inglês ver

SHOW, to put on a real _____
(brilliant performance)
- dar um "show"

SHOW, to _____ off
- botar banca[1]
- fazer cinema
- fazer encenação
- dar uma esnobada
- esnobar
- fazer farol
- ferver
- fazer firula
- fazer fita
(see also "to BRAG")

SHOW, to _____ one's true self
- tirar a máscara
- rasgar a fantasia

SHOW, to _____ up
- apitar[2]
- apitar na curva
- baixar
- dar a cara
- dar as caras [cara]
- encostar[2]
- dar uma pintada
- pintar
- (badalar[4])

SHOWER, the wedding _____
- o chá-de-cozinha
- o chá-de-panela

SHOWING, the _____ off
- o cinema
- a encenação
- o farol[1]
- a fita[2]
- a onda[3]
- a visagem
(see also "the AFFECTATION")

SHOW-OFF, the _____
- o faroleiro
- o fiteiro

SHOWY
(see "GAUDY," "OSTENTATIOUS")

SHREW, the _____ (bitchy woman)
- a jararaca

SHREWD
 (see "SLY")

SHREWD, the _____ customer
 - o águia
 - o espertalhão
 - [o] esperto
 - o gabiru
 - o macaco velho
 - o mandraque
 - o songamonga
 - [o] vivaldino
 - [o] vivo

SHUCKS!
 - bolas! [bola]
 - caramba!
 - homessa!
 - ora bolas!
 - pipocas! [pipoca]
 - pombas! [pomba]
 - poxa!
 - puxa!
 - puxa vida!
 (see also "DARN it!," "DAMN it!")

SHUT, to be _____ down (a factory,
 etc.)
 - estar de fogo morto

SHUT, _____ up!
 - cala o bico!
 - cala a boca!
 (see also "to keep QUIET," "MUM's
 the word!")

SHUT, to _____ up
 (see "to keep QUIET")

SHY, the _____ person
 - o bicho-do-mato

SICK
 - chué[2]

SICK, to be/feel _____
 - estar bombardeado[2]
 - passar mal

SIDE, to be on the other _____
 (belong to the opposition)
 - jogar no outro time[1]

SIDE, to be on the . . . _____
 - ser/estar (meio) sobre o/a (+
 adj.)

SIDE, to be on the _____ of
 - jogar no time de

SIDE, to get up on the wrong _____ of
 the bed
 - levantar com o pé esquerdo

SIDE, on this/that _____
 - do lado de cá/lá

SIDE, the other _____ of the coin
 (fig.)
 - a outra face da medalha
 - o reverso da medalha

SIDESWIPE, to (almost) _____ (a car)
 - tirar um fino (em)

SIGHT, the beautiful _____
 - o visual

SIGNATURE, the _____
 - o jamegão

SIGNS, to show _____ of
 - ter cara de
 - pintar[3]

SINK, to _____ into one's head
 - ir lá dentro[1]

SIP, to take a _____ from (a glass,
 bottle, etc.)
 - beijar[1]

SIP, to _____
 - bicar

SIR (voc.)
 - doutor
 - professor
 - meu tio

SIS (voc.)
 - mana

SISSINESS, the _____ (effeminacy)
 - a frescura[1]
 - a frescuragem
 - a galinhagem[2]

SISSY, the _____
 (see "the male HOMOSEXUAL," "the
 COWARD")

SISSY (effeminate)
 - abonecado[1]
 - afrescalhado[1]
 - aveadado
 - desmunhecado
 - fresco[1]
 - ventilado
 - (a boneca deslumbrada[2])

- (o carregador de <u>bandeja</u>)
(see also "COWARDLY")

SIT, to always _____ in the front row
- ser da turma do <u>gargarejo</u>

SITTING, to be _____ pretty
(see "to be WELL-OFF")

SITUATION, the _____
- a barra
- a jogada[2]
- o lance[4]
- a situ

SIX (in telephone numbers, addresses,
etc.)
- meia
- meia-dúzia

"SIXTY-NINE," the _____ (vulg.)
- o sessenta-e-nove (vulg.)
- (o troca-troca) (vulg.)

SIZE, to _____ up (someone)
- tirar na <u>pinta</u>

SIZE, to _____ up a situation
- ver onde o <u>galo</u> está cantando
- sondar o <u>terreno</u>
- ver de que lado sopra o <u>vento</u>
- (tomar o <u>pulso</u> de)

SKELETONS, to know (someone's) _____
in the closet
- saber/conhecer os podres de
[<u>podre</u>]

SKEPTICAL, to be _____ (have one's
doubts)
- estar de <u>pé</u> atrás

SKILL, the _____
- o jeitinho
- o jeito

SKILLFULLY
- com <u>jeito</u>

SKIN, the _____[2] (of a person)
- o couro[2]

SKIN, to be all _____ and bones
(see "to be very SKINNY")

SKIN, by the _____ of one's teeth
- por um <u>fio</u>
- por um <u>triz</u>

SKIN, to save one's (own) _____
- livrar a <u>cara</u>
- livrar a <u>pele</u>
- salvar a <u>pele</u>

SKINNY, to be very _____
- ser um <u>esqueleto</u>
- ser <u>magro</u> como um palito
- ser um feixe de ossos [<u>osso</u>]
- ser/estar <u>pele</u> e osso
- usar <u>pijama</u> de uma listra só
- (dá para contar os ossos [<u>osso</u>])

SKINNY, very _____
- chupado

SKINNY, the _____[1] person
- o bacalhau[1]
- o espeto

SKIRMISH, the _____
(see "the FIGHT")

SKIRTCHASER, to be a _____
- não poder ver <u>rabo-de-saia</u>

SKY-HIGH, to be _____
(see "to be EXPENSIVE")

"SLAMMER," the _____
(see "the JAIL")

SLAP, the _____[1]
- a bolacha[1]
- a caqueirada
- o safanão
- (o tapa-boca)
(see also "the PUNCH")

SLAPSTICK, the _____
- o pastelão
- (a chanchada)

"SLAUGHTER," the _____ (trouncing in
soccer, etc.)
- o banho
- a enfiada[1]
- a goleada
- a lavagem
- a surra

"SLAUGHTER," to _____ (trounce in
soccer, etc.)
- dar um <u>banho</u> em[1]
- golear
- dar uma <u>lavagem</u> em
- [dar uma] <u>surra</u> [em]

SLEEP, to go to _____
(see "to fall ASLEEP")

SLEEP, to _____
  (see "to NAP," "to SLEEP like a
  log")

SLEEP, not to _____ a wink
  (see "to stay AWAKE all night")

SLEEP, to _____ like a log (soundly)
  - dormir a sono solto
  - dormir como uma pedra
  - dormir ferrado
  - ferrar no sono

SLEEP, to _____ on it (postpone a
  decision until the following day)
  - consultar o travesseiro

SLEEP, to _____ with one eye open
  - dormir com um olho aberto e outro
  fechado

SLEEPER, the _____ (one who is
  asleep, esp. when considered an
  easy robbery victim)
  - o balão apagado

SLEEPER, the excessive _____
  (lazybones)
  - o dorminhoco

SLEEPY, to be _____
  - estar caindo de sono [cair]
  - ter sido mordido por uma mosca
  tsé-tsé

SLEEVE, to have something up one's
  _____
  - esconder o jogo
  - esconder (o) leite

SLIGHTEST, not to have the _____ idea
  - estar boiando [boiar]
  - estar desligado[1]
  - estar na rua[2]
  - estar voando [voar]

SLIP, to have one's _____ showing
  - vender farinha

SLIP, to _____ away
  (see "to SNEAK away")

SLIPSHOD, to do a _____ job of
  - fazer nas coxas [coxa]
  - marretar[2]

SLIP-UP, the _____
  (see "the MISTAKE")

SLIP-UP, to make a _____
  (see "to make a MISTAKE," "to be
  [caught] OFF-GUARD")

SLOB, the _____ (sloppy person)
  - o porco

SLOPPILY
  - à bangu
  - nas coxas [coxa]
  - em cima da perna

SLOPPY
  (see "MESSED-UP")

SLOT, the _____ machine
  - o caça-níquel

SLOW-DOWN, the _____ strike
  - a greve-tartaruga

SLOWLY
  - mole-mole
  - a passo de boi

SLOWLY, take it _____!
  - devagar!
  - devagar com a louça!
  - devagar com o andor (que o santo
  é de barro)!

SLOWPOKE, the _____
  - o cágado
  - a carroça[2]
  - a lesma
  - o morrinha[2]
  - o murrinha
  - o pé-de-chumbo[1]
  - a tartaruga[1]

SLUM, the _____
  - a favela
  - o morro
  (see also "the TENEMENT")

SLUM-DWELLER, the _____
  - o favelado

SLURP, to _____
  - churupitar

SLUT, the _____[2]
  - o biscate[2]
  - a cachorra
  - a cadela
  - a égua
  - a fácil
  - o frete
  - a freteira
  - a galinha[3]

- a moça^2
- a perua^2
- a piranha^2
- a piranhuda
- a puta (vulg.)
- a trepadeira (vulg.)
- a vaca^1
- a vadia
- a vagabunda
- a zinha
(see also "the COQUETTE," "the
PARTY GIRL," "the PROSTITUTE")

SLY
- cabreiro
- passado na casca do alho
- passado na casca do angico
- escolado$_2$
- escovado^2
- espertalhão
- esperto
- labioso
- ladino
- matreiro
- sabido
- sonso
- vivaldino
- vivo

SLY, to be _____
- ser de circo
- ser capaz de vender geladeira a
esquimó

SLY, on the _____
(see "SECRETLY")

SLYNESS, the _____ (cunning)
- a vivaldice

SMALL
(see "LITTLE")

SMALL FRY, the _____ (small-statured
person)
- a amostra de gente
- o pingo de gente
(see also "the SHORTY")

SMART, to be _____
(see "to be a BRAIN")

SMART ALECK, the _____
(see "the WISE GUY")

"SMASH," the _____ (hit)
(see "the HIT")

SMASHING!
(see "GORGEOUS")

SMEAR, to _____
(see "to CRITICIZE")

SMELL, to _____ a rat
- estar com a pulga atrás da
orelha

SMILE, the forced _____
- o sorriso amarelo

SMILE, to _____
- abrir-se^2
- mostrar as canjicas [canjica]
- mostrar o marfim

SMITHEREENS, in/to _____
- em pandarecos

SMOKE, to _____ (a pipe, cigar,
cigarette, etc.)
- carburar
- castigar um crivo
- pitar (um cachimbo, um charuto,
etc.)

SMOKE, to _____ whatever brand of
cigarette one is offered
- fumar se-me-dão

SMOOTH (refined, sharp)
- escovado^1

SMOOTH, _____ as a baby's bottom
(beardless)
- liso como bundinha de nenê

SMUDGE, to _____
- lambuzar

SMUGGLER, the _____
- o muambeiro

SNACK, the _____
- o lanche

SNACK, to _____
- fazer uma boquinha
- lanchar
- [fazer um] lanche

SNACK-BAR, the _____
- a lanchonete

SNAG, the _____
(see "the PROBLEM," "the HITCH")

SNAG, to hit a _____
- embocetar^1 (vulg.)
- encrencar^3
- (ter boi na linha)

(see also "to go down the DRAIN")

SNAP, to be a _____
  (see "to be a CINCH")

SNEAK, to _____ away
  - escafeder-se
  - escamar-se
  - _sair_ à francesa
  - _sair_ de banda
  - _sair_ de fininho
  - _sair_ de mansinho
  (see also "to TAKE off," "to GET
  away")

SNIFF, to _____ out
  - farejar
  - fariscar

SNOB, the _____
  - o cartola
  - o esnobe
  - o grã-fino
  - o granfa
  - o granfo
  - [o] mascarado

SNOBBISH
  - charmoso
  - _cheio_ de si
  - convencido
  - mascarado
  - _metido_ a besta
  - _metido_ a merda (vulg.)
  - _metido_ a sebo
  - pernóstico
  - seboso^2
  - (besta)
  (see also "FUSSY," "AFFECTED")

SNOBBISH, to act _____
  - botar _banca_^{1}
  - tirar um _barato_^{2}
  - fazer-se de _besta_
  - fazer _charme_
  - tirar uma _chinfra_
  - dar uma _esnobada_
  - esnobar
  - _meter-se_ a besta
  - _meter-se_ a merda (vulg.)
  - _meter-se_ a sebo
  - tirar (uma) _onda_
  - ter o _rei_ na barriga
  (see also "to act AFFECTED," "to be
  CONCEITED")

SNOBBISHNESS, the _____
  - o convencimento
  - a esnobação
  - o esnobismo

- a máscara
(see also "the AFFECTATION," "the
FUSSINESS")

SNOOP, the _____
  (see "the BUSYBODY," "the
  GOSSIPER")

SNOOP, to _____
  (see "to BUTT in^1")

SNOOPINESS, the _____
  - a abelhudice
  - a bisbilhotice

SNOOPY
  - abelhudo
  - bisbilhoteiro
  - enxerido

SNOOZE, to _____
  (see "to NAP")

SNOT, the dried _____
  - a meleca^1

SO^1 (therefore)
  (see "THEREFORE")

SO^2 (very)
  - mais

SO, . . . isn't that _____?
  - hein?
  - hem^2?
  - . . . é? [_ser_]
  - é ou não é? [_ser_]
  - . . . foi? [_ser_]

SO, or _____ (after a number)
  - e tantos [_tanto_]

SO, _____ be it!
  - fica por isso mesmo! [_ficar_]

SO, _____ many
  - cada^1

SO, _____ what?
  - e _daí_?
  - que é que tem isso? [_ter_]

SOAK, to _____ (oneself) in the
bathtub
  - ficar de _molho_^{1}

SO-AND-SO
  - a beltrana
  - o beltrano
  - o coisa

- a fulana
- a _fulana_ de tal
- o fulano
- o _fulano_ de tal
- a sicrana
- o sicrano
- (_fulano_, beltrano e sicrano)
- (não sei das quantas [_quanta_])
- (não sei dos quantos [_quanto_])
- (de _tal_)
- (um _tal_ de)

SO-AND-SO, that _____ (pej.)
- aquilo
- o fulustreca
(see also "the SCOUNDREL")

S.O.B., the _____
- o fê-da-pê
- o filho-da-mãe (often vulg.)
- o filho-da-pê-quê-pê
- o filho-da-p.q.p.
- o filho-da-puta (vulg.)
- o filho-de-(uma-)égua (vulg.)
- o puto[2] (vulg.)
- o sacana[2] (vulg.)
- o sacaneta (vulg.)
(see also "the SCOUNDREL," "the
GOOD-FOR-NOTHING")

SOBER, to be _____ (not under the
influence of alcohol or drugs)
- estar _careta_
- estar com a _cara_ limpa
- estar de _cara_ limpa

SOCCER
- a bola[4]

SOCCER, the ace _____ scorer
- o artilheiro
- o goleador

SOCCER, the all-star _____ team
- o escrete
- a seleção

SOCCER, the América F.C. (MG) _____
team
- o Coelho

SOCCER, the América F.C. (RJ) _____
team
- o rubro

SOCCER, the Atlético Mineiro _____
team
- o alvinegro[3]
- o Galo
- o _Galo_ Carijó

SOCCER, the Bangu _____ team
- o alvirrubro

SOCCER, to be a good _____ player
- ser bom de _bola_

SOCCER, the "bicycle" _____ kick
- a bicicleta

SOCCER, the bonus to _____ players
- o bicho[4]

SOCCER, the Botafogo _____ team
- o alvinegro[1]
- o Bota
- a _Estrela_ Solitária

SOCCER, the Coríntians _____
player/fan
- o mosqueteiro
- o sofredor

SOCCER, the Coríntians _____ team
- o alvinegro[2]
- o Timão

SOCCER, the Coritiba _____ player/fan
- o coxa
- o coxa-branca[2]

SOCCER, the Coritiba _____ team
- o alviverde

SOCCER, the Cruzeiro _____ team
- a Raposa

SOCCER, the delayed penalty kick in

_____
- a paradinha

SOCCER, the easy (effortless) _____
goal
- o frango[1]
- a penosa[2]
- o peru[4]

SOCCER, the exhibition _____ game
- o amistoso

SOCCER, to expel from a _____ game
- mandar para o _chuveiro_

SOCCER, to fake-out in _____
- driblar[1]
- fintar

SOCCER, the "falling leaf" kick in

_____
- a folha-seca

SOCCER, the final moments of a _____
game
- o _apagar_ das luzes

SOCCER, the first-place _____ team
- o _ponteiro_ da tabela
- o _rolo_ compressor

SOCCER, the Flamengo _____ team
- o Fla
- o Mengão
- o Mengo
- o rubro-negro
- o Urubu

SOCCER, the Fluminense _____
player/fan
- o pó-de-arroz

SOCCER, the Fluminense _____ team
- o Flu
- o tricolor[1]

SOCCER, to give away a goal in _____
(said of an incompetent goalie)
- _engolir_ um frango
- _engolir_ um gol

SOCCER, the hard-kicked _____ ball
- o canhão[2]
- o petardo
- a pitomba[2]

SOCCER, the high pass (kick) to a
teammate in _____
- o chuveirinho

SOCCER, the incompetent _____ goalie
- o frangueiro

SOCCER, the incompetent _____ player
- o cabeça-de-bagre
- o fuleiro[1]
- o perna-de-pau
- o pexote[2]
- o pixote

SOCCER, the informal _____ match
- a pelada
- o racha

SOCCER, the Internacional _____
player/fan
- o colorado

SOCCER, the Internacional _____ team
- o Inter

SOCCER, the Juventus _____ team
- o _Moleque_ Travesso

SOCCER, to kick (a _____ ball)
- _emendar_ de bico
(see also "the KICK")

SOCCER, little-league (in _____)
- dente-de-leite[1]

SOCCER, to outplay in _____
- dar _olé_ em

SOCCER, the Palmeiras _____ team
- o Verdão

SOCCER, to practice _____
- _bater_ bola

SOCCER, to put on a real show in
_____
- dar um show de _bola_
- (fazer _firula_)

SOCCER, the Santos _____ player/fan
- o peixeiro
- o praiano

SOCCER, the São Paulo F.C. _____
team
- o tricolor[2]

SOCCER, to score (a goal) in _____
- _balançar_ a rede
- _balançar_ a roseira
- _balançar_ o véu-da-noiva

SOCCER, to score the first goal in
_____
- abrir a _contagem_
- abrir o _placar_

SOCCER, the short pass (kick) to
oneself over opponent's head in
_____
- o chapéu
- o lençol

SOCCER, the skillful manipulation of
the _____ ball
- a embaixada

SOCCER, the sliding steal of the
_____ ball
- o carrinho

SOCCER, the _____ ball
- o balão[2]
- o caroço
- o couro[1]
- a criança
- a esfera
- o esférico

- a leonor
- a maricota
- a menina[2]
- a redonda

SOCCER, the _____ fake-out
- o drible
- a finta

SOCCER, the _____ field
- o tapete
- o _tapete_ verde

SOCCER, the _____ goalpost net
- o véu-da-noiva

SOCCER, the _____ match between
Flamengo and Fluminense
- o Fla-Flu

SOCCER, the _____ play
- o lance[2]

SOCCER, the _____ practice session
- o bate-bola

SOCCER, the toppling backwards of an
opponent in _____
- a cama-de-gato

SOCCER, to "trap" the ball in _____
- matar[3]

SOCCER, to trounce in _____
- golear
(see also "to 'SLAUGHTER'")

SOCCER, the trouncing in _____
- a enfiada[1]
- a goleada
(see also "the 'SLAUGHTER'")

SOCCER, the Vasco da Gama _____
player/fan
- o bacalhau[3]
- o cruzmaltino

SOCCER, the Vasco da Gama _____ team
- o Vascão

SOCCER, the well-executed _____ goal
- o _gol_ antológico
- o _gol_ de letra[1]
- o _gol_ de placa
- o golaço

SOCCER, the well-executed _____ play
- o bolaço
- o bolão

SOCIALITE, the _____[1] (male)
- o grã-fino
- o granfa
- o granfo
(see also "the SNOB")

SOCIALITE, the _____[2] (female)
- a dondoca
- a pantera

SOCIALIZER, the frequent _____
(partygoer)
- o badalador[2]

SOCIALIZING, the frequent _____
- a badalação[3]

SOCK, the _____ (punch, blow)
(see "the PUNCH")

SOCK, to _____
(see "to PUNCH")

SOFT, in a _____ voice (softly,
quietly, whispering)
- à _boca_ pequena
- em/na _surdina_[1]

SOLDIER, the _____
(see "the GI")

SOLID, _____ as a rock
- _firme_ como o Pão de Açúcar
- _firme_ como uma rocha

SOLITARY, the _____ confinement
- o solitário

SO LONG!
- aquele _abraço_!
- um _abraço_!
- até!
- bai-bai!
- ciao!
- felicidades! [_felicidade_]
- até _já_!
- até _logo_!
- passe bem! [_passar_]
- até a _próxima_!
- vá pela _sombra_!
- tchau!
- até a _vista_!
- (um _abraço_ geral!)
- (vá com _Deus_!)

SOLVE, to _____ the/a problem
- _descalçar_ a bota
- _descascar_ a bota
- _descascar_ o abacaxi
- quebrar um _galho_

- (dar um jeito)
- (dar uma viração)
(see also "to get out of a JAM")

SOLVE-ALL, the _____ (person or
  thing)
  - o quebra-galho

SOME, and then _____ (after a number)
  - e cacetada
  - e caqueirada
  - e danou-se [danar-se]
  - e lá vai fumaça
  - e lá vai pedra
  - e lá vai pedrada

SOMEONE
  - a cara de (alguém)

SOMETHING, to be "really _____"
  (see "to be TERRIFIC")

SOMETHING, a certain _____ (that is)
  (something indefinite)
  - um não-sei-quê (de)

SOMETHING, to have a certain _____
  (charm)
  - ter algo mais
  - ter blá
  - [ter] borogodó
  - ter um ímã
  - ter "it"
  - ter plá
  - ter um (certo) quê
  - ter "swing"

SOMETHING, the _____ or other
  - o não-sei-quê

SOMEWHAT (rather)
  - assim
  - meio
  - um tanto
  - um tanto quanto
  - (ser/estar [meio] sobre o/a [+
  adj.])
  - (ter seu tanto de [+ adj.])

SONG, the _____
  - o som[2]

SOON, pretty _____
  - agora
  - logo mais[1]

SOONER, _____ or later
  - mais dia, menos dia

SORT, _____ of
  (see "SOMEWHAT")

"SOUND," the _____ (distinct musical
  style)
  - o som[1]

SOUP, to _____ up (a car)
  - envenenar
  - guaribar
  - (engatilhar[3])

SPADE, to call a _____ a _____
  (see "to be OUTSPOKEN")

SPARE, to have (something) to _____
  - ter para dar e vender

SPARE, not to _____ (someone) (not to
  exempt)
  - não livrar a cara de

SPEAK, to _____
  - meter/largar/soltar o verbo

SPEAK, to _____ loudly and clearly
  - falar alto e bom som

SPEAK, _____ of the Devil!
  - falar no mau, preparar o pau!

SPEAK, to _____ rudely (with)
  - falar alto (com)
  - falar com sete pedras na mão

SPEAK, _____ up!
  - chuta! [chutar]
  - diga![1] [dizer]

SPECTACULAR
  (see "TERRIFIC," "EXTRAORDINARY")

SPEED, full _____
  (see "HURRIEDLY")

SPEED, the _____ bump
  - a tartaruga[2]

SPEND, to _____ (time)
  - transar[5]

SPEND, to _____ freely
  - abrir os cordões da bolsa
  (see also "to WASTE money")

SPERM, the _____ (semen)
  - a gala (vulg.)
  - a porra (vulg.)

SPILL, to _____ the beans
- <u>entornar</u> o caldo²
(see also "to INFORM," "to BLAB")

SPIT, to _____ it out
(see "to get something off one's
CHEST," "to OPEN up")

SPITTING IMAGE, the _____
- <u>cuspido</u> e escarrado
- escarrado
- escrito

SPITTING IMAGE, to be the _____ of
- ser a <u>cara</u> de
- ser o <u>retrato</u> de
- ser o <u>retrato</u> vivo de

SPLASH!
- tibum!

SPLENDIDLY
- que é um <u>amor</u>
- que é uma <u>beleza</u>
- que é uma <u>delícia</u>
- como <u>gente</u> grande
- que faz <u>gosto</u>
- que é uma <u>graça</u>
- às mil maravilhas [<u>maravilha</u>]
- (alto¹)
- (que não é <u>brincadeira</u>)
- (de <u>vento</u> em popa)

"SPLIT," to _____
(see "to TAKE off")

SPLIT, to _____ the expenses
- pagar à <u>inglesa</u>
- fazer uma <u>rachação</u>
- <u>rachar</u> as despesas

SPLURGE, to _____
(see "to WASTE money")

SPOIL, to _____ (coddle, pamper)
(see "to CATER to the whims of")

SPOIL, to _____ everything
(see "to upset the APPLECART")

SPOIL, to _____ the fun of
- cortar a <u>onda</u> de
- cortar o <u>barato</u> de
(see also "to be a PARTY-POOPER")

SPOIL, to _____ things for (someone)
- bagunçar o <u>coreto</u> de
- balançar o <u>coreto</u> de
- michar o <u>coreto</u> de
- botar <u>mosca</u> na sopa de

- botar/ligar <u>ventilador</u> na farofa
de
- (mandar <u>brasa</u> [em]¹)

SPOILED (ill-bred)
- mal-acostumado
- mumunha
- cheio de vontades [<u>vontade</u>]

SPOILSPORT, the _____
(see "the PARTY-POOPER")

SPONGE, to _____
(see "to MOOCH," "to put the BITE
on")

SPONGER, the _____ (of money)
- o facadista
- o mordedor
(see also "the MOOCHER")

SPOON, to be born with a silver _____
in one's mouth
- <u>nascer</u> em berço de ouro

SPORT, the poor _____
(see "the CRYBABY," "the PARTY-
POOPER")

SPORTSCAR, the _____
- a barata
- a baratinha

SPOT, to be on the _____
- estar na <u>berlinda</u>

SPOT, to put on the _____ (corner)
- botar na <u>parede</u>
- botar no <u>paredão</u>

SPOT, to put (someone) in a bad _____
- botar no <u>fogo</u>

SPRAWLED, to be _____ out (prostrate)
- <u>catar</u> ficha(s)

SPREE, the _____ (binge, revelry)
- a esbórnia
- a farra¹
- a fuzarca¹
- o pagode
- a pagodeira
- a pândega

SPREE, to go out on a _____ (binge)
- cair na <u>farra</u>
- farrear
- cair na <u>gandaia</u>
- pagodear
- pandegar

SPRUCED, all _____ up
- alinhado
- dondoca

SPRUCED, to be all _____ up
- estar na <u>estica</u>
- andar nos trinques [<u>trinque</u>]

SPRUCED, to get all _____ up
- embandeirar-se
- emperiquitar-se
- empetecar-se
(see also "to DRESS [oneself] up")

"SQUARE," the _____ (old fogy)
- o careta^2
- [o] quadrado
- (o cara <u>frio</u>)

"SQUARE" (narrow-minded, behind-the-times)
- bitolado
- careta^2
- desligado
- devagar
- devagar-quase-parando
- esqüer
- pra-trás
- quadrado

"SQUARE," to be _____ ("out-of-it")
- estar <u>desligado</u>^{2}
- estar por <u>fora</u>^{1}
- estar "out"

SQUATTER, the _____ (illegal resident)
- o grileiro

SQUATTER, the _____'s land
- o grilo^1

"SQUEAL," to _____
(see "to INFORM")

SQUEEZE, the _____ (difficulty, pinch)
- o arrocho

STAB, the _____ (with knife, etc.)
- a alfinetada
- a cotucada$_2$
- a cutucada^2
- a peixeirada

STAB, the _____ in the back (treachery)
(see "the DOUBLE-CROSS")

STAB, to _____ (with a knife, etc.)
- abrir uma <u>avenida</u> em
- cotucar$_2$
- cutucar^2
- dar uma <u>peixeirada</u> em
- peixeirar

STAG, to go _____ (unaccompanied)
- ir sem <u>pacote</u>

STAGGER, to _____ (reel)
- fazer esses [<u>esse</u>]
- <u>trocar</u> pernas
- fazer ziguezagues [<u>ziguezague</u>]

STAKE, to be at _____
- estar em <u>jogo</u>

STALL, to _____
- fazer <u>cera</u>
- embromar^1
- fazer hora(s) [<u>hora</u>]
- encher <u>lingüiça</u>
- falar com rodeios [<u>rodeio</u>]
- fazer rodeios [<u>rodeio</u>]

STALLER, the _____
- o embromador^1

STALLING, the _____
- a embromação^1
- a <u>encheção</u> de lingüiça

STAND, don't just _____ there!
- não fique aí <u>parado</u>!

STAND, to _____ around (on a corner)
- dar uma de <u>poste</u>

STAND, to _____ by (wait)
- ficar na <u>moita</u>$_2$

STAND, to _____ by for word
- ficar na <u>escuta</u>

STAND, to _____ out (in history)
- fazer <u>época</u>

STAND, to _____ (someone) up
- dar o <u>bolo</u> em
- deixar <u>plantado</u>
- plantar
- (<u>roer</u> a corda)

"STAR," the _____ (limelight seeker)
- a vedete

STARE, to _____ daggers at
- <u>fuzilar</u> com os olhos
- secar

STARS, to see _____
- ver estrelas [estrela]

START, to _____ (a car, motor, etc.)
- pegar[3]

STARTED, to get (someone) _____ (on a subject)
- dar corda (em)[2]

STASH, to _____ (loot)
- enrustir
- malocar
- mocozar

STATION WAGON, the _____
- a perua[1]

STATISTIC, to become a _____ (be injured or die)
- virar manchete

STAY, to _____ at (lodge at)
- parar em

STEAL, to _____
- abafar[1]
- abiscoitar[2]
- afanar
- aliviar
- desapertar
- mandar
- passar a mão em
- passar os cinco dedos em
- puxar[3]
- surripiar
- surrupiar
- (depenar)
- (limpar)
(see also "to SWINDLE")

STEAM, to run out of _____
(see "to POOP out")

STEAMBOAT, the small river _____
- o gaiola

STEP, _____ by _____
- passo a passo

STEP, to _____ on it (accelerate speed)
- meter o pé na tábua

STEP, _____ on it!
- pé na tábua![1]

STEP, to _____ out for a moment
- dar uma fugidinha
- dar um mergulho

- dar uma saidinha

STICK, _____ 'em up!
- mãos ao alto! [mão]

STICK, to _____ it out (endure)
(see "to BEAR up")

STICKLER, the _____
(see "the DISCIPLINARIAN")

STICKS, out in the _____
(see "in the middle of NOWHERE")

STILL (yet)
- inda

STINGINESS, the _____
- o pão-durismo

STINGY
- casquinha
- fominha
- judeu (pej.)
- morrinha[1]
- muquirana
- murrinha
- pão-duro
(see also "the TIGHTWAD")

STINGY, to be _____
- não abrir a mão
- não dar nem água a pinto

STINK, the _____ (bad smell)
- a aca
- o bodum
- o fartum
- a inhaca[1]
(see also "the B.O.")

STIR, the _____
(see "the COMMOTION," "the HUSTLE-BUSTLE")

STOCK, to take _____ of (review, examine)
- fazer um balanço de
- (tomar o pulso de)

STOLEN
- frio

STOMACH, to have one's _____ tied in knots
- estar com o estômago embrulhado

STOMACH, not to be able to _____ (someone)
- ter atravessado na garganta

- não <u>ir</u> com a cara de
- não poder ver nem <u>pintado</u>
- não ter <u>saco</u> para (often vulg.)
- não <u>topar</u> com (a cara de)
- não <u>tragar</u>
- (não se poderem <u>ver</u>)

STONE, to leave no _____ unturned
- não deixar <u>pedra</u> sobre pedra

"STONED," to get/be _____ (on drugs)
- estar <u>alto</u>
- estar <u>balão</u>
- estar <u>baratinado</u>[1]
- baratinar-se[1]
- tirar um <u>barato</u>[1]
- estar com as coisas na cuca
  [<u>coisa</u>]
- <u>curtir</u>[2]
- estar <u>doidão</u>
- estar <u>doido</u>
- estar <u>embalado</u>
- estar <u>ligado</u>
- ligar-se
- estar <u>louco</u>
- estar <u>maconhado</u>
- maconhar-se
- estar viajando [<u>viajar</u>]
- estar <u>zureta</u>[2]

STOOD, to be _____ up
- levar o <u>bolo</u>

STOOL PIGEON, the _____
(see "the INFORMER")

STOP, to put a _____ to
- dar o/um <u>basta</u> em

STOP, _____ thief!
- pega ladrão! [<u>pegar</u>]

STOP, you can't _____ . . .
- ninguém segura . . . [<u>segurar</u>]

STORM, there are _____ clouds on the
horizon
(see "there's TROUBLE brewing")

STORY, the _____ (account, narration)
- o <u>lance</u>[3]

STORY, to be left to tell the _____
- ficar para contar a <u>história</u>

STORY, the long, drawn-out _____
- a cantilena
- a ladainha
- a lengalenga

STOWAWAY, the _____
- o clandestino

"STRAIGHT," one who is _____ (non-
drug user)
- o careta[3]

STRAIGHT-SHOOTER, the _____ (honest
individual)
- o papo-firme

STRANGE (odd, curious)
- gozado[2]

STRANGER, to be a _____
- ser de <u>fora</u>

STRANGEST, to do the _____ things
- fazer <u>cada</u> uma

STRANGLE-HOLD, the _____
- a gravata

STRAPLESS, the _____ dress
- o tomara-que-caia

STRAWS, to grasp at _____
- agarrar-se a uma <u>palha</u>

STREETCAR, the _____
- o bonde[1]

STREETWALK, to _____
- dar uma <u>badalada</u>
- badalar[6]
- batalhar[3]
- rodar a <u>bolsa</u>
- dar uma <u>caçada</u>
- procurar <u>frete</u>
- estar na <u>pegação</u>
- fazer o <u>trotoar</u>
- fazer o "<u>trottoir</u>"
- fazer a <u>vida</u>
(see also "to 'CRUISE,'" "to be on
the MAKE," "to be a PROSTITUTE")

STREETWALKER, the _____
(see "the PROSTITUTE")

STREETWALKING, the _____
- a batalha[2]
(see also "the PROSTITUTION")

STRETCH, at a single _____
- de um só <u>fôlego</u>
- de um <u>golpe</u>
- de uma <u>tacada</u>

STRETCH, to _____ one's legs (take a
walk)

- <u>desenferrujar</u> as pernas
- <u>estirar</u> as pernas
(see also "to take a WALK")

STRIKE, may God _____ me down if . .
.
- quero cair morto se . . .
[<u>querer</u>]
- quero ficar cego se . . .
[<u>querer</u>]
- quero ver a minha mãe morta se .
. . [<u>querer</u>]

STRIKE, to _____ out
(see "to get MESSED up[1]")

STRIKE, to _____ up a conversation
- <u>engrenar</u> um papo
- <u>puxar</u> conversa

STRINGS, to pull _____
- dar um <u>jeito</u>
- mexer (os) pauzinhos [<u>pauzinho</u>]
- dar uma <u>viração</u>

STRONG (brawny)
- marrudo
- parrudo

STRONG, to be _____ as an ox
- ter força de <u>leão</u>
- ter força de <u>touro</u>

STRUGGLE, the _____ to get along
- a cavação

STRUGGLE, to _____ to get along
- <u>cavar</u> a vida

STRUNG, to be _____ along by (a
person)
- <u>cair</u> na conversa (etc.) de
- <u>entrar</u> na conversa (etc.) de
- <u>ir</u> na/pela conversa (etc.) de
- ir na <u>onda</u> de
- (estar no <u>papo</u>[1])
(see also "to be SWINDLED")

STUBBORN
- cabeçudo
- turrão

STUBBORN, to be _____ (said of a
female)
- ser como a <u>mulher</u> do piolho

STUBBORN, to get _____
- emburrar

STUBBORN, _____ as a mule
- <u>teimoso</u> como mula

STUBBORN, the _____ individual
- o cabeça-dura
- o queixo-duro
- o turrão

STUCK, to become _____ (a car, bus,
etc.)
- encrencar[1]

STUCK-UP
(see "SNOBBISH")

"STUD," the _____ (sexually
promiscuous male)
- o comedor (vulg.)
- o fodedor (vulg.)
- o trepador (vulg.)
(see also "the 'WOLF,'" "the
LADIES' MAN")

STUDENT, the _____ excursion group
- a <u>caravana</u> de estudantes
- a <u>embaixada</u> de estudantes

STUDENT, the _____ house
- a <u>república</u> (de estudantes)

STUFF, the _____
(see "the THING," "the MATTER")

STUFF, to _____ oneself
(see "to EAT one's fill")

STUPID
- babaca
- babão
- babaquara
- baboso
- besta
- bestalhão
- boboca
- bocó
- bolha[2]
- burro
- coió
- cretino
- debilóide
- mambembe[2]
- muquirana
- pamonha
(see also "the IDIOT")

STUPID, to be _____
- não <u>ligar</u> duas palavras
- não ver/enxergar um <u>palmo</u>
(a)diante do nariz
- não <u>saber</u> onde tem as ventas

- ser <u>tapado</u>

STUPID, how _____ of me!
- que <u>cabeça</u> (a minha)!

STUPID, the _____ action/remark
- a asneira
- a asnice
- a babaquice
- a baboseira
- a baianada[1]
- a barbeiragem[2]
- a besteira[1]
- a besteirada
- a bobageada
- a bobagem[1]
- a bobajada
- a bobeira
- a burrada
- a burrice
- a cavalice
- a cocorocada
- a leseira

STUPIDITY, the _____
(see "the FOOLISHNESS")

STYLE, the _____
- a bossa[1]
- a onda[1]
(see also "the FAD")

STYLE, to be in _____ (said of
persons and things)
- estar por <u>dentro</u>[1]
- estar no <u>embalo</u>
- estar "<u>in</u>"
- estar na <u>onda</u>
(see also "to be 'IN'")

STYLE, to be out of _____
- estar <u>desligado</u>[2]
- estar por <u>fora</u>[1]
- estar "<u>out</u>"
- (<u>já</u> era!)

STYLE, one's (own) _____ (behavior)
- o jeitão

STYLE, to set a _____
- fazer <u>escola</u>

SUBJECT, to change the _____
- mudar o <u>disco</u>[1]
- virar o <u>disco</u>[1]

SUBJECT, to get back to the _____
- fechar o <u>parêntese</u>
- voltar à <u>vaca</u> fria

SUBSTANTIAL
- de <u>peso</u>

SUCK, to _____
- churupitar

SUCKER, the _____ (easy mark,
gullible person)
- o arigô
- o <u>bobo</u> alegre
- o chapéu-de-lavadeira
- o gorgota
- o julião
- o loca
- o loque
- o mané
- o otário
- o panaca
- o paroara
- o paru
- o pato
- o patureba
- o tatu
- o trouxa
- o zé-mané
(see also "the IDIOT")

SUDDENLY
- de <u>estalo</u>
- no <u>melhor</u> da festa
- à <u>queima-roupa</u>

SUFFER, to _____ (something)
- curtir[1]

SUFFER, to make (someone) _____
- arrastar pela <u>rua</u> da amargura

SUGAR-COAT, to _____
- <u>dourar</u> a pílula

SUGAR DADDY, the _____
- o coronel[2]
- o <u>coronel</u> de mulher

SUGGEST, to _____
- dar um <u>toque</u>

SUGGESTION, the _____
- a sugesta

SUIT, the _____ of clothes
- a beca

SUN, the strong, hot _____
- o solão
- a solina

"SUPER-" (prefix)
- super-

- tri-

SUPERFICIALLY
- por alto
- a vôo de pássaro

SUPERSTAR, the _____ (living legend)
- o monstro sagrado
(see also "the EXPERT")

SUPPOSE, let's _____ that . . .
- vamos que . . . [ir]

SURE
- tranqüilo

SURE, _____ as can be (certain,
inevitable)
- certo como a morte
- tão certo como dois e dois são
quatro
- tão certo quanto eu me chamo . .

SURE, the _____ thing
(see "the CINCH")

SURF, to _____
- fazer jacaré
- pegar surf
- surfar

SURF, to body _____
- fazer jacaré

SURFBOARD, the _____
- a fibra²
- a prancha de surf

SURFER, the _____
- o surfista

SURFING
- o surf
- o surfe
- o surfismo

SURPRISE, the _____ (bombshell)
- a bomba³

SURPRISE, to come as a great _____
- cair como uma bomba

"SWALLOW," to _____ (fall for, be
taken in by)
(see "to FALL for")

SWALLOW, to _____ a bitter pill
- engolir a pílula¹

SWALLOW, to _____ an insult
- engolir a pílula¹
- engolir em seco²
- engolir (um) sapo
- engolir uma afronta

SWALLOW, to _____ the bait (fig.)
(see "to be SWINDLED," "to fall
into the TRAP," "to FALL for")

SWAMPED, to be _____ (very busy)
- estar abafado
- estar num sufoco
- não saber para onde se voltar
[voltar-se]

SWARM, to _____ around (someone or
something) like flies
- estar que nem urubu em cima da
carniça

SWEAT, to be no _____ (easy)
(see "to be a CINCH")

SWEAT, to _____ bullets
- suar em bica

SWEEP, to _____ off one's feet
- virar a cabeça de

SWEET, _____ as sugar/honey
- doce como o açúcar
- mais doce do que o mel

SWEETHEART, the _____
- o xodó¹
- (os meus-pecados)
(see also "the GIRL FRIEND")

"SWELL"
(see "TERRIFIC")

SWIG, the _____ (swallow of liquid)
- a bicada
- a talagada
- a traçada

SWIM, to _____ like a brick (poorly)
- nadar como um prego

SWIM, to _____ like a fish (well)
- nadar como bosta n'água (vulg.)

SWIMMINGLY
- às mil maravilhas [maravilha]
- de vento em popa

SWINDLE, the _____
- o bonde
- o conto

- o conto-do-vigário
- a embromação[2]
- o embrulho[2]
- a engabelação
- a engambelação
- a enrolação[2]
- o logro
- a picaretagem
- a tapeação
- o trambique
- a trampolina
- a trampolinada
- a trampolinagem
- a trapaça
- a trapalhada[2]
- a tratantice
- a vigarice
- a vivaldice
- o xaveco
- (a batota)
- (o gatilho)
- (o golpe[2])

SWINDLE, to _____
- dar (um) bico em[1]
- bigodear
- blefar
- botar no bolso
- vender um bonde a
- dar o cano em
- chutar[4]
- dar um chute em[1]
- aplicar o conto em
- passar o conto em
- passar o conto-do-vigário em
- driblar[2]
- embromar[2]
- embrulhar[2]
- engabelar
- engambelar
- engrupir
- enrolar[2]
- vender/passar gato por lebre
- aplicar um golpe em
- dar um golpe em
- levar na conversa (no papo, etc.)
- lograr
- marretar[3]
- passar o paco em
- passar para trás[1]
- passar a perna em
- passar uma rasteira em[2]
- tapear
- trambicar
- trampolinar
- trapacear
(see also "to FAST-TALK," "to LIE,"
"to TRICK," "to DOUBLE-CROSS," "to
EXPLOIT")

SWINDLED, to be _____
- levar um bico[1]
- comprar um bonde
- cair
- cair como um patinho
- cair como um pato
- cair na arapuca
- cair na armadilha
- cair na esparrela
- cair na ratoeira
- cair no anzol
- cair no buraco
- cair no laço
- levar um chute[1]
- comer moscas
- meter a mão em cumbuca
- dançar[2]
- engolir a pílula[2]
- comer/comprar gato por lebre
- morder/engolir a isca
- (estar no papo[1])
(see also "to fall into the TRAP,"
"to FALL for," "to be STRUNG along
by")

SWINDLER, the _____
- o artista[1]
- o bobina
- o embromador[2]
- o embrulhador
- o engabelador
- o engambelador
- o enrolão
- o golpista
- o mandraque
- o marreteiro
- o picareta
- o pirata[2]
- o tapeador
- o trambiqueiro
- o trampolineiro
- o trapaceiro
- o trapalhão[2]
- o tratante
- o vigarista
- o xavequeiro
- (o mergulhador)

SWIPE, to _____
(see "to STEAL")

SWORD, to be a two-edged _____
- ser uma faca de dois gumes

T

TABLE, to _____
  (see "to SHELVE")

TACKLE, to _____ head-on (a
  situation)
  - meter a cara
  - meter os peitos [peito]

"TAIL," the _____ ("shadow,"
  detective)
  - o campana

TAIL, to leave with one's _____
  between one's legs
  - sair com o rabo entre as pernas

"TAIL," to _____ (follow, "shadow")
  - acampanar
  - campanar

"TAILING," to be _____ (someone)
  - estar na campana

"TAKE," to _____ (swindle)
  (see "to SWINDLE")

TAKE, not to _____ seriously
  - levar na flauta

TAKE, to _____ after (resemble)
  - ser a cara de
  - puxar a
  - ser o retrato de
  - ser o retrato vivo de
  - sair a

TAKE, to _____ in (attend, "catch" an
  event)
  - pegar[6]

TAKE, _____ it easy! (goodbye!)
  - passe bem! [passar]
  - vá pela sombra!
  (see also "SO LONG!")

TAKE, _____ it from me!
  - . . . (que) eu vou te contar!
  - podes crer!

TAKE, _____ it or leave it!
  - é pegar ou largar!

TAKE, to _____ off (leave or flee)
  - abrir nos paus

  - arrancar-se
  - arredar pé
  - arrepiar carreira
  - arrumar a trouxa
  - azular
  - bater asas
  - apanhar seu boné
  - pedir seu boné
  - dar no calcanhar
  - dar nos calos [calo]
  - pegar o caminho da roça
  - capar o gato
  - tirar o corpo fora
  - danar-se[2]
  - desguiar
  - espiantar
  - espiantar-se
  - cair fora
  - dar o fora
  - ganhar o mundo
  - ir andando[2]
  - ir indo[2]
  - ir levando[2]
  - levar[1]
  - mandar-se
  - botar o pé no mundo
  - dar no pé
  - picar a mula
  - picar o burro
  - picar-se[2]
  - dar o pinote
  - dar o pira
  - dar o pirandelo
  - pirar[1]
  - pirar-se
  - fazer a pista
  - puxar o carro
  - pegar a reta
  - sair de baixo
  - sair do ar[2]
  - pôr sebo nas canelas
  - sumir do mapa
  - tirar o time
  - tirar o time de campo
  - zarpar
  (see also "to GET away," "to SNEAK
  away")

TAKE, to _____ off like a shot
  - partir como uma bala
  - sair à bala
  - sair como um foguete

TAKE, to _____ to (make a practice
  of)
  - dar para[1]

TAKE, to _____ too seriously
  - levar à ponta de faca

"TAKEN," to be/get _____ (in)
(see "to be SWINDLED")

TALENT, to have a _____ (for)
(see "to have a KNACK [for]")

TALK, to be the _____ of the town
- estar em todas as bocas [boca]
- estar na boca do povo

TALK, to _____ a blue streak
(see "to CHATTER," "to be a
CHATTERBOX")

TALK, to _____ a lot about
- badalar[1]

TALKATIVE
- papudo
- tagarela

TALKATIVE, to be _____
(see "to be a CHATTERBOX")

TALKED-ABOUT
- badalado

TALKER, the _____ (good
conversationalist)
- a boa-conversa
- o bom-papo
- o papo[5]
- o prosa
- o proseador
- o prosista

TALKER, to be a good/smooth _____
- ser bom de bico[1]
- ser bico-doce
- ter blá
- ser bom-bico[1]
- ter plá

TALKING, do you realize who you're
_____ to?
- sabe com quem está falando?
[falar]

TALL TALE, the _____
- a história/coisa do arco-da-_____
velha
- o conto/a história da carochinha

TAME (inoffensive, suitable for mixed
company)
- de salão

TASTE, the unpleasant _____ in one's
mouth
- o gosto de cabo de guarda-chuva

TEACH, to try to _____ fishes to swim
- ensinar o padre a rezar missa
- ensinar o padre-nosso ao vigário

TEACHER, the hard _____
- a fera[3]

TEAM, the terrific _____ (sport.)
- o timaço
- o timão

TEARS, the crocodile _____
- as lágrimas de crocodilo
[lágrima]

TEARS, to shed bitter _____
- chorar lágrimas de sangue

TEASE, to _____ (someone) (taunt,
torment)
- dar um baile em
- deitar em
- encarnar em
- gozar[1]
- mexer com
(see also "to PESTER," "to PICK
on")

TEASED, to be _____
- levar um baile

TEENAGE, the young _____ girl
- o brotinho
- o broto
- a cabrita
- a menina-moça

TEENYBOPPER, the _____
- o cocô-boy
- a cocô-girl
- o/a cocota

TEETH, to show one's _____ (fig.)
- mostrar os dentes

TELEPHONE, the _____
- o crioulo[2]
- o fone
- o macaco[3]

TELEPHONE, the _____ booth
- o orelhão

TELEPHONE, the _____ number
- o fone

TELEPHONE, to _____
- dar um alô (para)
- bater um crioulo (para)
- bater um fio (para)

- <u>bater</u> um telefone (para)
- fazer uma <u>conexão</u> (para)
- bater um <u>Graham Bell</u> (para)
- bater um <u>grambel</u> (para)
- fazer uma <u>ligação</u> (para)
- dar uma <u>ligada</u> (para)
- <u>ligar</u> (para)²
- <u>tocar</u> (para)

TELEVISION, the imported _____
program
- o enlatado

TELEVISION, the _____ set
- a <u>máquina</u> de fazer doido

TELL, to _____
- tocar²
- dar um <u>toque</u>

TELL, to _____ it as one heard it
- vender o <u>peixe</u> pelo preço que
comprou

TELL, to _____ off
(see "to SCOLD," "to give a PIECE
of one's mind [to]")

TELL, to _____ (someone) to go to . .
.
- <u>mandar</u> (alguém) a . . .

TELL, to _____ (someone) where to go
(euph.)
- mandar (alguém) àquela <u>parte</u>

TELL, to _____ stories, jokes, etc.
- contar casos [<u>caso</u>]

TEMPER, the _____ (touchiness,
irascibility)
- o calundu
- o gênio

TEMPTING, to be _____ (a thing)
- dar <u>sopa</u>²

TENEMENT, the _____ (esp. of ill
repute)
- o balança-mas-não-cai
- a cabeça-de-porco
- o cortiço
- o treme-treme
(see also "the SLUM")

TERMS, to be on bad _____ with
- estar <u>atravessado</u> com
- estar de <u>mal</u> com
- estar de <u>ponta</u> com
- (ficar <u>sujo</u> com)

TERMS, to come to _____ (agree)
- <u>acertar</u> os ponteiros

TERRIBLE
- da <u>moléstia</u>
- da <u>peste</u>

TERRIBLE, to be _____
- estar uma coisa <u>horrível</u>

TERRIFIC²
- alto²
- arretado
- de <u>arromba</u>
- bacana²
- bárbaro
- barra-limpa
- bidu
- bigue²
- camisa-dez
- cem-por-cento
- embalado²
- do <u>embalo</u>
- envenenado
- espetacular
- fabuloso
- fora-de-série
- formidável
- pra <u>frente</u>
- genial
- incrementado
- infernal
- jóia
- legal
- mãe
- maneiro
- massa
- pai-d'égua
- papa-fina
- da <u>pesada</u>²
- poder
- porreta
- prafrente
- pra-frente
- prafrentex¹
- quente¹
- retado
- supimpa
- tártaro
- terrível
- tranchã
- tremendão
- tremendo
- (bonzão)
- (positivo!)
(see also "FIRST-RATE")

TERRIFIC, to be _____
- ser uma <u>amarração</u>
- ser do <u>balacobaco</u>

- ser um <u>barato</u>
- ser do <u>barulho</u>
- ser uma <u>brasa</u>
- ser do <u>cacete</u> (vulg.)
- ser do <u>caralho</u> (vulg.)
- ser um <u>caso</u>
- ser uma <u>chinfra</u>
- ser uma <u>coisa</u>
- ser (uma) <u>coisa</u> de louco
- ser uma <u>coisa</u> louca
- ser um <u>colosso</u>
- ser <u>daqui</u>
- ser <u>demais</u>
- ser <u>duca</u> (often vulg.)
- ser de <u>entortar</u> o cano
- ser um <u>espetáculo</u>
- ser um <u>estouro</u>
- ser o <u>fino</u>
- ser <u>fogo</u>^{2}
- ser <u>fogo</u> na jaca
- ser <u>fogo</u> na jacutinga
- ser <u>fogo</u> na roupa
- ser <u>foguete</u>
- ser de <u>lascar</u>
- ser de <u>lascar</u> o cano
- ser <u>limpeza</u>
- ser de <u>louco</u>
- ser uma <u>loucura</u>
- marcar^1
- ser de <u>morte</u>^{2}
- ser do outro <u>mundo</u>
- ser um <u>negócio</u>
- ser uma <u>onda</u>
- ser uma <u>parada</u>
- ser <u>pau</u> na moleira^2
- ser da <u>pontinha</u> (da orelha)
- ser do <u>rabo</u> (often vulg.)
- ser de <u>rachar</u>^{2}
- ser um "<u>show</u>"
- ser um <u>tesão</u> (vulg.)
- ser um <u>troço</u>
- (<u>nota</u> dez!)
(see also "to be HARD-TO-BEAT," "to
be 'the MOST'")

TERRIFICNESS
- a bacanidade

TESTICLES, the _____
- os bagos [<u>bago</u>] (vulg.)
- os colhões [<u>colhão</u>] (vulg.)
- os culhões [<u>culhão</u>] (vulg.)
- os ovos [<u>ovo</u>] (vulg.)
- o saco^1 (vulg.)
- os tomates [<u>tomate</u>] (vulg.)

THAT, _____'s that! (period! enough
said!)
- um <u>abraço</u>!
- acabou-se! [<u>acabar-se</u>]

- (e) <u>fim</u> de papo!
- <u>ponto</u> final!
- e <u>pronto</u>!
- <u>P.T.</u>: saudações!

THEATRICS, to turn on the _____
- fazer <u>teatro</u>

THEFT, the _____
- o afano
- a limpeza^2
- (o suadouro)
(see also "the SWINDLE")

THEN (at that moment, next)
- aí^1

THERE, right _____
- ali, ó [<u>ó</u>]
- aí, ó [<u>ó</u>]

THEREFORE
- conclusão . . .
- resultado . . .
- vai daí [<u>ir</u>]

THICK, to be _____ as thieves
- <u>comer</u> da/na mesma gamela
- <u>comer</u> no mesmo cocho
(see also "to be close FRIENDS")

THIEF, the _____
- o abafador
- o afanador
- o amigo-do-alheio
- o gato^1
- o gatuno
- o lalau
- o mão-leve
- o ratazana
- o rato
- (o arrombador)
- (o descuidista)
- (o puxador^1)
- (a suadeira)
- (o ventanista)
(see also "the PICKPOCKET," "the
SWINDLER")

THIEF, the child _____
- o capitão-da-areia
- o pivete^2
- o trombadinha

THING, the _____ (thingamajig)
- o babado^2
- o barato^3
- a bossa^3
- a história^3
- a joça

- a jogada^2
- o lance^4
- o negócio^1
- o plá^4
- a transa^1
- o treco
- o trem
- o troço^1 [6]

"THING," to do one's own _____
- estar na sua

"THING," one's own _____
- a de (alguém)

"THING," that's not my _____
- essa não é minha
- meu negócio é outro

THING, one _____ and another (various things)
- coisas e loisas [coisa]

THINGAMAJIG, the _____
(see "the THING")

THINK, to _____ (reason, use one's head)
- botar a cabeça para funcionar

THINK, to be unable to _____ straight (momentarily)
- não estar com a cabeça para nada

THINK, don't even _____ such a thing!
- mas nem de brincadeira!
- mas nem brincando! [brincar]
- nem sonhar!
(see also "not on your LIFE!," "no WAY!")

THINK, that's what you _____!
- isso é o que você diz! [dizer]

THINK, to _____ alike
- rezar/ler pelo mesmo breviário
- rezar/ler pela mesma cartilha

THINK, to _____ a lot of (appreciate)
- dar o cavaco por
- dar um dente por
(also see "to be CRAZY about")

THINK, to _____ it over
- consultar os botões

THINK, to _____ (that) (believe)
- estar crente (que)
- ter para si (que)

THINKING, to wonder what one is/was _____
- não saber onde está/estava com a cabeça
- (que cabeça [a minha]!)

THIRST, to quench one's _____
- matar a sede

THIRTIESH, the _____ woman
- a balzaca
- a balzaquiana

THOUGHT, who would have ever _____!
- quem diria!

THREAD, to be hanging by a _____
- estar por um fio

THREAD, to lose the _____ (of a conversation, story, etc.)
- perder o fio
- perder o fio da meada

THRILL, the _____
- a vibração

THRILLED, to be _____
- vibrar

THROUGH, _____ and _____
- até debaixo d'água
- de quatro costados [costado]
- da gema
- de pai e mãe

THROW, to _____ (a punch) at
- aplicar (um golpe, soco, tapa, a mão, etc.) em
- assentar (um golpe, soco, tapa, a mão, etc.) em
- mandar (um golpe, soco, tapa, a mão, etc.) em
- tacar (um golpe, soco, tapa, a mão, etc.) em
(see also "to PUNCH," "to come to BLOWS [with]")

THROW, to _____ away
- chutar^2

THROW, to _____ the game (sport.)
- entregar o jogo^2

THROW, to _____ together (do carelessly)
- fazer nas coxas [coxa]

THUG, the _____
- o cabra^1

- o capanga
- o jagunço
(see also "the HOODLUM," "the BULLY")

THUMB, the _____
- o mata-piolho

THUMBS, all _____
- cheio de dedos[1]

THUMP, the _____ on the head
- o cascudo

THUNDERSTRUCK, to be _____
- cair das nuvens [nuvem]
- ficar de queixo caído

THUS (therefore)
(see "THEREFORE")

TIDE, to go against the _____
- ir contra a corrente
- remar contra a maré

TIGHT
(see "STINGY")

TIGHTROPE, to walk a _____
- dançar na corda bamba

TIGHTWAD, the _____
- o judeu (pej.)
- a mão-de-vaca
- o mão-fechada
- [o] morrinha[1]
- [o] muquirana
- [o] murrinha
- o pão-duro
- o (tio) patinhas
- o unha-de-fome
(see also "STINGY")

TIME, all at one _____
- de um só fôlego
- de um golpe
- de uma tacada

TIME, to be _____ (to)
- estar na hora (de)

TIME, to come at the right _____
- vir de encomenda
- vir a talho de foice
- (cair a sopa no mel)

TIME, do you have the _____?
- tem as horas (aí)? [hora]

TIME, for there not to be enough
_____ (to)
- não dar tempo (para)

TIME, to have no _____ to think
- não poder se coçar [coçar-se]

TIME, it'll be a long _____
- muita água vai passar/correr
debaixo da ponte
- (pode esperar sentado!)

TIME, it's about _____!
- já era tempo!
- já não era mais sem tempo!

TIME, the lousy _____
- o programa-de-índio

TIME, right on _____
- na horinha

TIMES, the bad _____
- o tempo das vacas magras

TIMES, the good _____ (prosperity)
- o tempo das vacas gordas

TIMES, these are bad _____
- o mar não está para peixe
(grande)
- as vacas estão magras [vaca]

TINY
(see "LITTLE")

TIP, the _____[1] (gratuity)
- a gruja[1]

TIP, the _____[2] (information, advice)
- a barbada[2]
- o bizu[2]
- a dica
- o macete
- a pala
- o palpite[1]
- o plá[1]

TIPSY, to get/be _____
- ficar/estar alegre
- ficar/estar alto
- ficar/estar grogue
- ficar/estar meio cá meio lá
- ficar/estar tocado
(see also "to get/be DRUNK")

TIP-TOE, to _____
- pisar em ovos

TIRE, to _____ out (get tired out)
(see "to POOP out")

TIRED, to be _____ of
- estar careca de

TIRED, to be _____ out
- estar bombardeado[1]
- estar chumbado
- [estar] descadeirado
- estar entregue
- [estar] escornado
- estar morto de cansaço
- [estar] mais morto do que vivo
- estar murcho
- estar caindo aos pedaços
[pedaço]
- estar pedindo água [pedir]
- estar pregado
- estar no prego
- estar caindo pelas tabelas
[tabela]

TIT, _____ for tat
- elas por elas [ela]

TO
- pra[1]

TO, _____ the
- pra[2]
- pras
- pro
- pros

TO, _____ the one
- pra[2]
- pro

TO, _____ the ones
- pras
- pros

TO-DO, the _____
(see "the COMMOTION")

TOE, the big _____
- o dedão (do pé)

TO-GO (said of take-out food)
- para viagem

TOILET, the _____
- o trono

TOLD, I _____ you so!
- bem que eu lhe/te disse! [dizer]
- eu não disse? [dizer]

TOM, _____, Dick and Harry
- fulano, beltrano e sicrano

TONGUE, to have a sharp _____
- ter língua afiada
- ter língua de prata
- ter língua de sogra
- ter uma língua ferina
- ter uma língua viperina

TONGUE, to have the word on the tip
of one's _____
- estar com a palavra na boca

TOO, _____ much
- a dose para elefante
- a dose para leão

TOOTH, _____ and nail
- com unhas e dentes [unha]

TOOTHLESS, the _____ smile
- o sorriso mil-e-um

TOP, to _____ (someone)
(see "to BEAT [someone]")

TOP DOG, the _____
(see "the BIG SHOT")

TOP-NOTCH
(see "FIRST-RATE")

TOPS
(see "FIRST-RATE," "TERRIFIC," "the
EXPERT")

TOPS, to be _____
(see "to be 'the MOST'")

TOPSY-TURVY
- de pernas para o ar [perna]
- em polvorosa

TORTURE, the "upside-down" _____
- o pau-de-arara[3]
(see also "the GANTLET")

TOSS, to _____
- chutar[2]
- tacar

TOUGH, the _____ guy
(see "the BULLY," "the HOODLUM,"
"the THUG")

TOW, in _____ (on one's arm,
accompanying)
- a tiracolo

TOWARD, _____ someone
- para/em cima de (alguém)
- para o lado de (alguém)

TOWN, to go out on the _____
following a party
- fazer/dar uma esticada

TOWN, to go to _____
- mandar brasa[1]
- meter bronca
- meter ficha
- tacar ficha
- mandar lenha[1]
- mandar ver
- (fé em Deus e pé na tábua!)
- (ferro na boneca!)
- (pé na tábua![2])
(see also "to go ALL out," "to give 'em HELL")

TOWN, to go to _____ (on/with)
- castigar[2]

TRACK, to put back on the right _____
- botar no bom caminho
- botar nos eixos [eixo]

TRADE, not to want to _____ places with
- não se trocar por [trocar-se]

TRAFFIC, the small cement _____
divider
- o gelo-baiano

TRAFFICKER, the drug _____
- o vapozeiro

TRAMP, the _____
(see "the BUM," "the SLUT")

TRANSPORTATION, the vehicle _____
- a condução

TRAP, to fall into the _____
- cair
- cair como um patinho
- cair como um pato
- cair na arapuca
- cair na armadilha
- cair na esparrela
- cair na ratoeira
- cair no anzol
- cair no buraco
- cair no laço
- meter a mão em cumbuca
- engolir a pílula[2]
- morder/engolir a isca
- (cair na boca do lobo)

(see also "to be SWINDLED," "to FALL for," "to be STRUNG along by")

TRASH, the _____ (worthless person or thing)
- o bagaço
- o bagulho[2]
- a bodega
- a bosta[2]
- o breguéço
- o cocô[1]
- a coxia[1]
- a escrotidão (vulg.)
- a meleca
- a merda[2] (vulg.)
- a porcaria[2]
- a titica[2]

TREAT, to _____ like a dog
- tratar como a um cão

TRICK, the _____[1] (key, solution, secret)
- o macete
- o pulo-do-gato

TRICK, the _____[2] (deception)
(see "the SWINDLE," "the LIE," "the PRANK")

TRICK, to play a _____ (on)
- pregar uma boa (em)
- pregar uma partida (em)
- pregar uma peça (em)
- passar/dar um trote (em)
- (aprontar)

TRICK, to _____ (deceive)
- dar (um) bico em
- bigodear
- blefar
- botar no bolso
- dar o cano em
- chutar[4]
- dar um chute em[1]
- aplicar o conto em
- passar o conto em
- passar o conto-do-vigário em
- driblar[2]
- embromar[2]
- embrulhar[2]
- engabelar
- engambelar
- engrupir
- enrolar[2]
- aplicar um golpe em
- dar um golpe em
- levar na conversa (etc.)
- lograr
- marretar[3]

- <u>passar</u> para trás[1]
- passar a <u>perna</u> em
- jogar <u>poeira</u> nos olhos de
- passar uma <u>rasteira</u> em[2]
- tapear
- trambicar
- trampolinar
- trapacear
(see also "to SWINDLE," "to FAST-
TALK," "to LIE," "to play a TRICK
on")

TRICKED, to be _____
(see "to be SWINDLED," "to fall
into the TRAP")

TRICKERY, the _____
(see "the SWINDLE")

TRICKSTER, the _____
(see "the SWINDLER")

TRICKY, to be _____
- <u>esconder</u> o jogo

TRIFLE, the _____
- a besteira[2]
- a bobagem[2]
- a caganificância
- a <u>caixinha</u> de fósforos
- a micharia
- a miséria
- a mixaria
- a tutaméia
(see also "the PITTANCE")

TRIFLE, for a _____
- por dá cá aquela <u>palha</u>

TRIFLING
- micha
- micho
- michuruca
- mincha
- minchuruca
- mixa
- mixo
- mixuruca

"TRIP," the _____ (drug high)
(see "the 'HIGH'")

"TRIP," the bad _____
- o bode[2]

"TRIP," to be on a _____ (high on
drugs)
- estar viajando [<u>viajar</u>]

"TRIP," to be on/have a bad _____
(drugs)
- <u>amarrar</u> o bode
- estar de <u>bode</u>[2]
- estar numa de <u>horror</u>

TRIP, to _____ (make stumble)
- dar uma <u>rapa</u> em
- passar uma <u>rasteira</u> em[1]

TROUBLE, to be a pack of _____
- ser <u>rabo</u>
- ser <u>rabo-de-foguete</u>

TROUBLE, to cause _____
- criar casos [<u>caso</u>]

TROUBLE, for there to be _____
- sair <u>fumaça</u>

TROUBLE, to lead to _____
(see "to create COMPLICATIONS," "to
make/create a FUSS")

TROUBLE, to look for _____
- <u>comprar</u> briga(s)
- procurar/buscar sarnas para se
coçar [<u>sarna</u>]

TROUBLE, there's _____ brewing
- a <u>cobra</u> está fumando
- o <u>tempo</u> está fechando

TROUBLEMAKER, the _____
- o bagunceiro
- o <u>criador</u> de casos
- o encrencão
- o encrenqueiro
- o espalha-brasa
- o fuleiro[2]
- o galo-de-briga

TROUBLESOME, to be _____ (to)
- dar que <u>fazer</u> (a)
- dar <u>trabalho</u> (a)

TROUNCE, to _____ (sport.)
- dar um <u>banho</u> em[1]
- golear
- dar uma <u>lavagem</u> em
- [dar uma] <u>surra</u> [em]

TRUANCY, the _____
- a cabulagem
- a gazeta
- a <u>matação</u> (de aula)

TRUANT
- cabuloso
- gazeteiro

TRUANT, to be _____
  (see "to 'CUT' class")

TRUCK, the migrant worker _____
  - o pau-de-arara[1]

TRUCKER, the _____'s helper
  - o calunga

TRUTH, the glaring _____
  - o óbvio ululante

TRUTH, the gospel _____
  - o papo firme

TRUTH, the naked _____
  - a verdade nua e crua

TRY, let's _____ it!
  - vamos lá! [ir]

TUBES, to go down the _____
  (see "to go down the DRAIN")

TUNE, the same old _____
  - a mesma canção
  - a mesma cantiga
  - a lengalenga
  - a onda careca[1]

TURKEY, the _____ ("gobbler")
  - o ministro

TURN, to make a U-_____ (in a car)
  - fazer um balão

TURN, not to know where to _____
  - não saber para onde se voltar
  [voltar-se]

TURN, to _____ in a huff
  - dar uma rabanada

TURN, to _____ (someone) down
  - fechar a porta/janela na cara de
  - dar/bater com a porta na cara/no
  nariz de

TURN, to "_____ (someone) on" (drug.)
  - agitar
  - ligar

TURNABOUT, to do a _____ (change)
  - dar uma virada

TURNCOAT, the _____
  - o vira-casaca
  (see also "the DOUBLE-CROSSER")

TURNCOAT, to become a _____
  - mudar de camisa
  - virar a casaca

TURNED, to be _____ down
  - dar/levar com a cara/o nariz na
  porta

TWIDDLE, to _____ one's thumbs (fig.)
  (do nothing)
  - cruzar os braços [braço]
  - estar de braços cruzados
  [braço]
  - catar cavaco
  - chupar o dedo
  - coçar
  - coçar o saco (vulg.)
  - encangar grilos
  - lamber sabão
  - (fazer corpo mole)
  (see also "to LOAF," "to KILL
  time")

TWO, _____ freckles past a hair
  (humorous answer to "what time is
  it?")
  - cinco minutos para daqui a pouco

TWO-BIT
  - de água doce
  - coca-cola
  - de uma figa
  - de meia pataca
  - de meia tigela
  (see also "SECOND-RATE," "LOUSY,"
  "CHEAP[2]")

TWO-FACED
  - escamoso
  - falso como Judas

TWO-FACED, to be _____ (hypocritical)
  - ter duas caras [cara]
  - jogar com pau de dois bicos
  - dar unhada e esconder a unha
  (see also "the HYPOCRITE")

U

U.F.O., the _____ (unidentified flying object)
- o ovni

UGLY (said of a person)
- exótico
- mal-acabado
(see also "the 'DOG'")

UGLY, to be as _____ as sin
- ser feio como o mapa do inferno
- ser feio como o pecado
- ser feio que nem briga de foice (no escuro)
- ser mais feio do que a necessidade

UH-HUH
- ah-ah!
- falou! [falar]
- falou e disse! [falar]
- sei! [saber]
- é! [ser]

UMBRELLA, the beach _____
- a barraca

UNABASHED, to remain _____
- ficar com a mesma cara

UNBELIEVABLE
- (que) eu vou te contar!
- que não é normal
- que só vendo! [ver]

UNBELIEVABLE, to be _____
- não existir

UNCLE, the _____
- o titio

UNCLE, to cry _____
- pedir arreglo
- pedir arrego
- pedir penico
(see also "to GIVE in/up")

UNCONTROLLABLE, to be _____
- não ter dono

UNDERDOG, the _____
- o saco-de-pancada

UNDERESTIMATE, to _____ something
- pensar que berimbau é gaita
- pensar que cachaça é água

UNDERSTAND, to _____
- dar pela coisa
- estar por dentro[2]
- manjar[1]
- morar (em)
- morar na jogada[4]
- pegar[4]
- pescar[1]
- sacar[1]
- sacar o lance

UNDERSTAND? (see? get it?)
- compreende? [compreender]
- compreendeu? [compreender]
- entende? [entender]
- entendeu? [entender]
- manjou? [manjar]
- morou? [morar]
- ouviu? [ouvir]
- pegou? [pegar]
- pescou? [pescar]
- sabe? [saber]
- sabe como é? [saber]
- sabe como é que é? [saber]
- sacou? [sacar]
- está vendo? [ver]
- viu? [ver]

UNDERTAKER, the _____
- o papa-defuntos[1]
- o urubu[1]

UNDERWORLD, the _____ (world of crime)
- o submundo

UNEASINESS, for a feeling of _____ to strike
- dar um branco (em)[1]

UNEASY, to become _____
(see "to become EMBARRASSED")

UNEXPECTED, to obtain _____ results
- atirar no que viu e matar o que não viu

UNION, the labor _____ boss (esp. a government spy)
- o pelego[1]

UNIQUE
- fora-de-série

UNIQUE, to be _____
- não estar (escrito) no gibi

- (não tem <u>dois</u>)

UNITED STATES, the _____
  - (a matriz²)

UNLUCKY
  - caipora

UNPREPARED
  - com a <u>cara</u>
  - com a <u>cara</u> e a coragem

UNQUESTIONABLE, to be _____
  - não ter <u>conversa</u>

UNSHAKEABLE (tough, thick-skinned)
  - <u>duro</u> na queda

UNTIL
  - tê

UP, to be _____ on (a subject) (in
  the know)
  - estar <u>afiado</u> em
  - (estar por <u>dentro</u>²)

UP, to _____ and (do something)
  - <u>pegar</u> e (+ vb.)

UP, to be _____ to (someone) (depend
  on)
  - <u>ser</u> com

UPPER CRUST, the _____
  (see "the HIGH SOCIETY")

UPROAR, the _____
  (see "the COMMOTION")

UPROAR, in an _____ (astir)
  - em <u>polvorosa</u>

UPSET, the _____ (surprise result,
  esp. in sports)
  - a zebra²

UPSET, for there to be an _____ (esp.
  in sports)
  - dar <u>zebra</u>

UPSET, to _____ (someone) (worry
  someone)
  - encucar

UPSET, to get/be _____
  (see "to have a FIT," "to get/be
  MAD [at]," "to get/be PEEVED [at],"
  "to WORRY [about]")

UPSHOT, the _____ of it all is (that)
  . . .
  - conclusão . . .
  - resultado . . .

UPSIDE DOWN
  - de pernas para o ar [<u>perna</u>]

UPSTAGE, to _____ (someone)
  - fazer <u>sombra</u> a

URCHIN, the _____ (beach waif, street
  waif, etc.)
  (see "the street WAIF")

URGENT, not to be _____
  - não ser <u>sangria</u> desatada

URINATE, to _____
  - tirar <u>água</u> do joelho
  - dar uma <u>desaguada</u> (vulg.)
  - dar uma <u>mijada</u> (vulg.)
  - mijar (vulg.)
  - fazer <u>pipi</u>
  - <u>verter</u> água(s)
  - fazer <u>xixi</u>
  - (molhar-se²)
  (see also "to go to the BATHROOM")

URINE, the _____
  - o mijo (vulg.)

US
  - a gente

USHER, the _____ (theater)
  - o vaga-lume

UTMOST, the _____ in
  - o <u>supra-sumo</u> de
  (see also "to be 'the MOST'")

V

VAGINA, the _____
- a aranha (vulg.)
- a babaca (vulg.)
- a bimba[1] (vulg.)
- a boceta (vulg.)
- a buceta (vulg.)
- o chibiu (vulg.)
- a chochota (vulg.)
- a cona (vulg.)
- a crica (vulg.)
- a greta (vulg.)
- a lasca (vulg.)
- a periquita (vulg.)
- o periquito[2] (vulg.)
- a perseguida (vulg.)
- a pomba[1] (vulg.)
- o priquito (vulg.)
- a quirica (vulg.)
- a racha (vulg.)
- a tabaca (vulg.)
- o tabaco (vulg.)
- a xereca (vulg.)
- o xibiu (vulg.)
- a xoxota (vulg.)

VAGUE, to have only a _____ idea (of something)
- ouvir o galo cantar, mas não saber (a)onde

VAIN, in _____
- à toa[3]

VAMP, the _____ (seductive female)
- a vamp

VANISH, to _____
- tomar chá-de-sumiço
- sumir do mapa

V.D. (venereal disease)
- a doença
- a doença-do-mundo
- o esquentamento

V.D., to get _____
- pegar uma doença

VEHICLE, the wrecked _____ sandwiched between two objects
- o sanduíche[1]

VERGE, to be on the _____ (of)
- estar na bica (para)

VERY (quite, extremely)
- à beça
- à bessa
- pra burro
- pra cacete (vulg.)
- pra cachorro
- pra caralho (vulg.)
- pra caramba
- pra chuchu
- (que) eu vou te contar!
- danado de
- como o diabo
- pra diabo
- estupidamente
- para lá de
- mesmo
- paca
- pacas
- às pampas [pampa]
- às pamparras [pamparra]
- como quê
- da silva
- só[2]
- de sousa
- a valer
- para valer
- da vida
(see also "'SUPER-'")

V.I.P., the _____
(see "the BIG SHOT")

VIRGIN (sexually inexperienced)
- cabaçuda (vulg.)
- zero-quilômetro[2]

VIRGIN, the _____ (sexually inexperienced female)
- a aleijada
- o cabaço[2] (vulg.)
- a cabaçuda (vulg.)
- a moça[1]

VIRGIN, to die a _____
- levar (o cabaço) a São Pedro (vulg.)

VIRGINITY, the _____
- o cabaço[1] (vulg.)
- os tampos [tampo] (vulg.)
- os três-vinténs (vulg.)

VIRGINITY, to lose one's _____
- perder o cabaço (vulg.)
- sair de casa
- dar um mau passo[2]

VIRGIN MARY, the _____
- Mamãe-do-céu

VIRILITY, the _____
- a macheza
- o machismo

VISIT, the short _____
- a <u>visita</u> de médico

VOICE, to have a good singing _____
- ser bom de <u>bico</u>[2]
- ser <u>bom-bico</u>[2]

VOICE, the screechy _____
- a <u>voz</u> de taquara rachada

VOLKSWAGEN, the _____ bug
- o besouro[1]
- o fuca
- o fuque
- o fusca

VOLKSWAGEN, the _____ bus (Kombi)
- o pão-de-fôrma

VOODOO, the _____
- o candomblé
- o <u>candomblé</u> de caboclo
- a macumba[1]
- o xangô
- (o quimbanda)
- (o terreiro)
- (o umbanda)

VOODOO, the _____ believer
- o macumbeiro

VOODOO, the _____ divinity
- o orixá

VOODOO, the _____ house of worship
- o terreiro
- (o candomblé)

VOODOO, the _____ offering
- o bozó
- o despacho
- o ebó
- a macumba[2]

VOODOO, the _____ priest
- o babalaô
- o babalorixá
- o pai-de-santo
- (o macumbeiro)

VOODOO, the _____ priestess
- a ialorixá
- a mãe-de-santo

W

WAD, a/the _____ (a lot of money)
(see "a/the pretty PENNY")

WAIF, the street _____
- o capitão-da-areia
- o pivete[2]
- (o trombadinha)

WAITING, to be _____
- estar na boca-de-espera
- ficar na moita[2]

WAKE, in the _____ of
- na esteira de

WAKE, _____ up!
- acorda para cuspir! [acordar]

WALK, to take a _____
- dar uma badalada
- badalar[3]
- dar uma bandola
- dar um bordejo
- dar uma circulada
- dar um giro
- dar um rolê
- roletar
(see also "to ROAM around," "to
WALK a lot," "to STRETCH one's
legs")

WALK, the sneaky _____
- o passo de urubu malandro

WALK, to _____ a lot
- bater calçada
- gastar botina
- gastar pernas
(see also "to take a WALK," "to
ROAM around")

WALK, to _____ all over (someone)
(see "to make a DOORMAT out of")

WALLET, the _____
- a música

WALLFLOWER, to be a _____
- tomar chá-de-cadeira
- estar na geladeira
- (ficar na prateleira)

WANDER, to _____ around
(see "to ROAM around")

"WARM," to be _____ (close to correct
in a game)
- estar quente

WASH, to _____ one's hands of
- lavar as mãos de

WASP-WAIST, to have a _____
- [ser] tanajura

WASTE, not to _____ time (not to fool
around)
- não brincar em serviço

WASTE, to _____ money
- jogar dinheiro pela janela
- estourar dinheiro
- queimar dinheiro
- torrar dinheiro
- gastar (dinheiro) aos tubos
[tubo]
(see also "to SPEND freely")

WASTE, to _____ one's effort
- dar com a cabeça na parede
- chover no molhado
- perder/gastar o (seu) latim
- malhar em ferro frio
- dar um murro em ponta de faca

WASTE, to _____ one's words
- perder/gastar o (seu) latim
- gastar saliva

WATCHMAN, the night _____
- o sereno[1]

WATER, to _____ down[1] (a beverage)
- batizar

WATER, to _____ down[2] (attenuate,
soft-pedal)
- botar panos quentes em [pano]
- passar em panos quentes [pano]

WAVELENGTH, to be on the same _____
as
- estar na de
- estar na onda de

WAVES, to make _____ (sl.)
- fazer marola
- fazer onda
(see also "to make/create a FUSS")

WAY, to be in the same familiar _____
- ir/estar naquela base

WAY, to be in the worst _____
- estar/andar por baixo

- estar catando minhoca no asfalto
[catar]
- estar na de horror
- estar naquela
- estar pedindo água [pedir]
- estar na pior
(see also "to be in a JAM," "to be
up the CREEK without a paddle," "to
be DOWN and out")

WAY, to be the only/best _____
- ser o jeito

WAY, every which _____
- a torto e a direito

WAY, to find a _____
- dar um jeitinho
- dar um jeito

WAY, for there to be no _____ (out)
- não ter jeito
- não ter por onde
- não ter remédio
- não ter saída

WAY, get out of the _____!
- sai de lado!
- sai de minha frente! [sair]
(see also "SCRAM!")

WAY, to give _____ to
- ceder o passo a

WAY, to have a _____ with
- ter jeito (para)
(see also "to have a KNACK [for]")

WAY, to have one's own _____ (be
catered to)
- ter suas mumunhas [mumunha]

WAY, in a bad _____
- daquele jeito

WAY, in every _____
- a todas as luzes [luz]

WAY, in no _____ whatever
- nem assim nem assado

WAY, (in) this _____ or that
- assim ou assado

WAY, it's this _____ . . .
- negó seguin . . .
- é o seguinte . . .
- o negócio é o seguinte . . .

WAY, no _____ !
- de jeito maneira!
- de jeito nenhum!
- de maneira nenhuma!
(see also "not on your LIFE!,"
"don't even THINK such a thing!")

WAY, one's personal _____ of being
and doing
- a bossa[2]
- o jeitão

WE
- a gente

WEAK
- borocoxô

WEAK, to be as _____ as a mouse
- não poder com a gata pelo rabo

WEATHER, to be under the _____
(see "to be/feel SICK")

WEAVE, to _____ in and out of traffic
- costurar[1]

WEDDING, the _____
- o casório

WEE, in the _____ hours
- a horas mortas [hora]
- às altas horas da
madrugada/noite [hora]
- lá pelas tantas

WEIGHT, to be worth one's _____ in
gold
- valer o seu peso em ouro

WEIGHT, to carry a lot of _____
- pesar na balança

WEIRD
- escalafobético
- estapafúrdio
- exótico
- gozado[2]

WELCOME, you're _____!
- disponha! [dispor]

WELL (splendidly)
(see "SPLENDIDLY")

WELL, if all goes _____
- se tudo correr bem

WELL-DESIGNED (cleverly made)
- maceteado

WELL-KNOWN, to be _____
- ter _cartaz_
- ser (muito) _manjado_
- ter _pinta_ manjada

WELL-OFF
(see "to be "WELL-OFF," "RICH")

WELL-OFF, to be _____ (have an
excellent situation)
- estar com uma _bola_ branca
- estar por _cima_
- estar por _cima_ da jogada
- estar na _crista_ da onda
- estar _feito_
- estar de _mala_ feita
- estar na _melhor_
- estar com a _situação_ feita
- estar com _tudo_
(see also "to be RICH")

WELL-TO-DO
(see "RICH")

WELL-TO-DO, to be _____
(see "to be RICH")

WELSH, to _____ (not pay one's debts)
- dar o _calote_ (em)
- passar o _calote_ (em)
- calotear
- dar o _cano_ (em)
- (pendurar)
(see also "to MOOCH," "to put the
BITE on")

WELSHER, the _____ (debt dodger)
- o caloteiro
(see also "the MOOCHER")

WELSHING, the _____ (nonpayment of a
debt)
- o calote
- (a pendura)

WESTERN, the _____ movie
(see "the western MOVIE")

WET, soaking _____ (said of a person)
- _molhado_ até os ossos
- _molhado_ como um pinto

WET, to _____ one's whistle
(see "to take a DRINK")

WET BLANKET, the _____
(see "the PARTY-POOPER")

WHAM!
(see "BOOM!")

WHAT, _____ a . . .!
- eta . . .!

WHAT, _____ in the world . . .?
- que _diabo_ . . .?

WHAT, _____ . . . is (was, etc.)
- é^2 [_ser_]

WHAT, _____ kind of thing is that to
say/do?
- que _coisa_ é essa?
- que _história_ é essa?
- que é _isso_?
- que _negócio_ é esse?

WHAT, _____'ll you have?
- diga!^{2} [_dizer_]
- que é que você/o senhor manda?
[_mandar_]

WHAT, _____ of it?
(see "SO what?")

WHAT'S-HIS-NAME
(see "SO-AND-SO")

WHAT-YOU-MAY-CALL-IT, the _____
(see "the THING")

WHEELER-DEALER, the _____
- o cavador
- o golpista
- o morcego^1
- o virador
(see also "the SWINDLER")

WHERE . . .? (in what place . . .?)
- aonde . . .?

WHERE, from _____ . . .?
- daonde . . .?

WHERE, _____ is/are . . .?
- cadê . . .?
- _que_ é de . . .?
- _que_ é feito de . . .?
- _que_ fim levou . . .?
- quede . . .?
- quedê . . .?

WHERETO . . .? (to where, whither)
- onde . . .?

WHEREWITHAL, to have the _____ to
- _ter_ com que

WHILE, a little _____
- um _bocadinho_
- um _bocado_

WHIMS, the _____
  - as mumunhas [mumunha]

WHIMSICAL
  - de lua
  - de veneta

WHINING, the _____
  - a manha

WHINY
  - manhoso

WHISPER, to _____ (answers on an
  exam)
  - soprar

WHISPERER, the _____ of answers
  (during an exam)
  - o espírito-santo-de-orelha
  - o soprador

WHITE, _____ as snow
  - branco como a neve

WHITE ELEPHANT, the _____ (burdensome
  gift)
  - o elefante branco
  - o presente de grego

WHO, _____ am I (to) . . .?
  - quem sou eu (para) . . .?

WHOA! (used to get a horse to stop)
  - eh!²
  - ôa!

WHOLEHEARTEDLY
  - de todo o coração
  - de corpo e alma

WHOPPER, the _____
  (see "the TALL TALE," "the LIE,"
  "the FAST-TALK")

WHORE, the _____
  (see "the PROSTITUTE")

WHOREHOUSE, the _____
  (see "the BROTHEL")

WHORING, given to _____
  - putanheiro (vulg.)
  - rapariqueiro

WHORING, to go _____
  - fazer a zona

WHY, _____ in the world . . .?
  - por que cargas d'água . . .?

[carga]

WIFE, the _____
  - a cara-metade
  - a costela
  - a dona
  - a patroa
  - (a matriz¹)

WIGGLE, the _____ (of the body, hips,
  etc.)
  - o molejo
  - o saçarico

WIGGLE, to _____
  - saçaricar¹

WILD (reckless, undisciplined)
  - da pá virada
  (see also "RECKLESS")

WILD, to be _____ about
  (see "to be CRAZY about")

WIN, to _____¹ (be victorious)
  - levar a palma

WIN, to _____² (gain)
  - abiscoitar¹
  - papar²

WIN, to _____ by a mile
  - lavar a burra¹
  - lavar a égua¹
  - lavar o cavalo¹

WIN, to _____ the game but lose the
  prize
  - ganhar, mas não levar

WIND, to _____ up in
  - bater/dar com os costados em
  [costado]
  - bater em

WINDOW, the _____
  - a ventana

WIPE, to _____ out (destroy totally)
  - cortar pela raiz
  - reduzir a pó

WIRES, to get one's _____ crossed
  (see "to make a MISTAKE," "to
  get/be MIXED up")

WISE, to _____ up (learn one's
  lesson)
  - abrir os olhos
  - tomar/criar juízo

- mancar-se[1]

WISE, _____ up! (learn your lesson!)
- vê se te manca! [mancar-se]

WISE GUY, the _____ (impudent person)
- o cara-de-pau
- o caradura
- o debochado
- o entrão
- o espertalhão
- o furão
(see also "the PUSHY person," "the
KNOW-IT-ALL")

WISH, I _____ (that)
- quem (me) dera (que) . . .
- tomara (que . . .)
- (fazer votos [que] [voto])

WISHY-WASHY
- vaselina

WISHY-WASHY, to be _____ (indecisive)
- não apitar
- não atar nem desatar
- não cagar nem desocupar a moita
(vulg.)
- não ser carne nem peixe
- não cheirar nem feder
- não chover nem molhar
- não foder nem sair de cima
(vulg.)
- ser de fritar bolinho(s)
- não resolver
- (não ser de nada)

WISHY-WASHY, the _____ person
- o água-morna
- o ata-não-desata
- o banana
- o chove-não-molha
- a mosca-morta
- a vaca[2]
- o vai-não-vai

WITCHCRAFT, the _____
- o catimbó
- a coisa-feita
- a mandinga
- (o quebranto)
(see also "the VOODOO offering,"
"the VOODOO")

WITH, to be "_____ it"
(see "to be in STYLE," "to be
'IN,'" "to be in the KNOW")

WITH, not to be "_____ it"
(see "to be OUT-OF-IT," "to be out

of STYLE")

WITTY, to be _____
- ter boas saídas [saída]

WOE, _____ is/to . . .!
- ai de . . .!

"WOLF," the _____ (Don Juan, woman-
chaser)
- o coió
- o conquistador barato
- o garanhão
- o gavião
- o paquera
- o paquerador
- o pirata[1]
(see also "the STUD," "the LADIES'
MAN")

WOLF, the _____ in sheep's clothing
- o lobo em pele de cordeiro
- o santo-de-pau-oco

WOMAN, the _____ (pej.)
(see "the DAME")

WOMAN-CHASER, the _____ (man on the
make)
(see "the 'WOLF'")

WOMAN-CHASING, the _____
- a batalha[2]
- a paquera
- a paqueração
- a paqueragem

WOMENFOLK, the _____
- o gado (pej.)

WONDER, no _____!
- não admira [admirar]
- pudera!
- (não ser para menos!)

WONDERS, to do _____
- fazer misérias [miséria]

WOO, to _____ (court)
- arrastar a asa (para)

WOOD, to knock on _____
- bater na madeira

WOOL, to pull the _____ over
(someone's) eyes
(see "to TRICK")

WORD, the "last _____"
- a última palavra

WORD, _____ for _____ (literally)
- ao pé da letra

WORDS, a few _____
- dois dedos de prosa [dedo]
- duas palavras [palavra]

WORDS, to have a way with _____
(see "to be a good/smooth TALKER")

WORDS, to take the _____ right out of
(one's) mouth
- tirar a palavra da boca de

WORDS, to use big (difficult) _____
- falar difícil

WORDS, the way with _____
(persuasiveness)
- o plá³

WORK, to be a lot of _____
- ser serviço
- fazer suar

WORK, let's get to _____!
- mãos à obra! [mão]
- (vamos lá! [ir])

WORK, to make short _____ of
(something)
- tirar de letra

WORK, to _____
- batalhar²
(see also "to WORK hard")

WORK, it'll _____ or else!
- ou vai ou racha [ir]

WORK, not to _____ (fail)
- não vogar

WORK, to _____ against (undermine)
- trabalhar de bandido contra

WORK, to _____ hard
- dar (o/um) duro
- dar o/um murro
- pegar no pesado
- rebolar
- suar a camisa
- suar sangue
- trabalhar como um burro
- trabalhar como um mouro
- trabalhar como um negro
(see also "to WORK")

WORK, to _____ out (to)
- dar certo

- dar condição (para)
- dar (para)²
- dar pé (para)
- dar pedal (para)
- engrenar
(see also "to do any GOOD")

WORKHORSE, the _____ (hard worker)
- o burro-de-carga
- o pé-de-boi

WORLD, to be out of this _____
- não existir
- ser do outro mundo

WORLD, since the _____ began
- desde que o mundo é mundo

WORLD, small _____!
- como este mundo é pequeno!

WORN, to be _____ out
(see "to be TIRED out")

WORRY, to _____ (about)
- ficar/estar encucado (com)
- encucar (com)
- encucar-se (com)
- ficar/estar grilado (com)
- grilar-se (com)

WORRYING, to stop _____
- desencucar

WORTH, not to be _____ a plug nickel
- não valer o que o gato enterra
- não valer um níquel
- não valer um tostão

WORTHWHILE, to be _____
- pagar a pena
- valer a pena

"WOUND-UP," to be all _____
- estar com a corda toda

WOW!
- eh!¹
- epa!
- eta!
- eta ferro!
- eta mundo!
- eta pau!
- eu hein?¹
- ô gente!
- homem de Deus!
- oba!
- opa!
- ora essa!
- oxente!

- papagaio!
- poxa!
- puxa!
- <u>puxa</u> vida!
- uai!
- uau!
- ué!
- uê!
- upa! [1]
- xi!
- (<u>puxa</u> que . . .!)
(see also "GOSH!")

"WRECK," to be a _____ (said of a
person)
- ser/estar um <u>trapo</u>

WRINKLE-FACED, the old _____ person
- o maracujá-de-gaveta

WRISTWATCH, the _____
- o bobo

WRITER, the hack _____
- o escrevinhador

WRITING, to put (it) in _____
- botar o <u>preto</u> no branco

WRONG, to come to the _____ place
- <u>bater</u> em má porta
- <u>bater</u> na porta errada

WRONG, there's nothing _____ (with
it)!
- não tem nada(, não)! [<u>ter</u>]

WRONG, what did I do _____ to deserve
this?
- eu não matei meu pai a socos!
[<u>matar</u>]

WRONG, what's _____ with that?
- que é que tem isso? [<u>ter</u>]

WROTE, that's all she _____!
- babau!

YOURS, _____ truly (I)
(see "I")

Y

YEAH
  (see "YES")

YEAR, next _____
  - para o ano

YEAR, one's _____ in school (level)
  - a série

YEARS, some . . . _____ of age
  - (os) seus . . . (anos) [seu]

YEP
  (see "YES")

YES
  - é[1] [ser]

YES? (in response to one's name being
  called)
  - oi![2]

YOO-HOO!
  - psiu!

YOU
  - o amigo[2]
  - cê
  - o nossa-amizade

YOU! (voc., term of contempt)
  - seu!
  - sua!

YOU, _____ . . .! (voc., used in
  name-calling)
  - seu . . .!
  - sua . . .!

YOU, for _____
  - pr'ocê
  - pr'ocês

YOU, to _____
  - pr'ocê
  - pr'ocês

YOUNG
  - moderno
  - novo

YOUNGEST, the _____ child
  - o benjamim
  - o caçula

Z

ZERO, _____ hour (critical moment)
- a <u>hora</u> da onça beber água
- a <u>hora</u> H

SELECTED BIBLIOGRAPHY

The following works are recommended as basic references for the
further study of informal Brazilian Portuguese:

Albuquerque, Arcy Tenório Cavalcante de. Gauchismos: A Linguagem
   do Rio Grande do Sul. Porto Alegre: Sulina, 1954 (?),

Amaral, Amadeu. O Dialeto Caipira. 2nd ed.   São Paulo: Anhembi,
   1955. (1st ed., 1920; 3rd ed., São Paulo: HUCITEC, 1976).

Cabral, Tomé. Novo Dicionário de Termos e Expressões Populares.
   Fortaleza: UFC,   1982.   (Earlier: Dicionário   de   Termos   e
   Expressões Populares. Fortaleza: UFC, 1972)

Cascudo, Luís   da   Câmara.   Locuções   Tradicionais   do   Brasil.
   Recife: Imprensa Universitária de Pernambuco, 1970.

Chamberlain,   Bobby   J.   "Lexical   Similarities   of   Lunfardo   and
   Gíria." Hispania, 64 (1981), 417-25.

Clerót, L. F. R. Vocabulário   de   Termos   Populares   e   Gíria   da
   Paraíba. Rio, 1959.

Costa,   F.   A.   Pereira   da.   Vocabulário   Pernambucano.   Recife:
   Imprensa   Oficial,   1937.   (2nd ed., Recife: Governo do Estado de
   Pernambuco, 1976).

Dennis,   Ronald   D. 2200 Brazilian Idioms. Provo, UT: Brigham   Young
   University, 1979.

Fody,   Michael,   III.   "Uma   Lista   de   Gírias."   Hispania,   55   (1972),
   909-12.

Franco,   Cid. Dicionário de Expressões   Populares   Brasileiras.   3
   vols.   São Paulo: Editoras Unidas, 1970 or 71.

Garcia,   Rodolfo.   Dicionário   de   Brasileirismos: Peculiaridades
   Pernambucanas. Rio: Imprensa Nacional, 1915.

Girão,   Raimundo.   Vocabulário   Popular   Cearense.   Fortaleza:
   Imprensa Universitária do Ceará, 1967.

Lessa, Luiz Carlos. O Modernismo Brasileiro e a Língua Portuguesa.
   Rio: Fundação Getúlio Vargas, 1966.

Magalhães Júnior, R. Dicionário de Provérbios   e   Curiosidades.
   2nd ed.   São Paulo: Cultrix, 1964.

Marroquim, Mário. A Língua do Nordeste: Alagoas e Pernambuco. 2nd
   ed.   São Paulo: Nacional, 1945.

Martins, Loreto. Gíria Policial. Curitiba: Academia Paranaense   de
   Letras, 1976.

Mendes, Amando. Vocabulário Amazônico: Estudos. São Paulo: Sociedade Impressora Brasileira, 1942.

Merryman, Montgomery. Portuguese: A Portrait of the Language of Brazil. Rio: Irmãos Pongetti, 1945.

Miranda, Vicente Chermont de. Glossário Paraense ou Coleção de Vocábulos Peculiares à Amazônia e Especialmente à Ilha do Marajó. 2nd ed. Belém: UFPa, 1968.

Mota, Mauro. Os Bichos na Fala da Gente. Recife: Instituto J. Nabuco-MEC, 1969.

Nascentes, Antenor. A Gíria Brasileira. Rio: Acadêmica, 1953.

_____. O Linguajar Carioca. 2nd ed. Rio: Simões, 1953 (1st ed., Rio: Sussekind de Mendonça, 1922).

_____. Tesouro da Fraseologia Brasileira. 2nd ed. Rio/São Paulo: Freitas Bastos, 1966.

Oliveira, Sebastião Almeida. Expressões do Populário Sertanejo. São Paulo/Rio: Civilização Brasileira, 1940.

Ortêncio, Bariani. Dicionário do Brasil Central: Subsídios à Filologia. São Paulo: Ática, 1983.

Palhano, Herbert. A Língua Popular. Rio: Organização Simões, 1958.

Passos, Alexandre. A Gíria Baiana. Rio: São José, 1973.

Pederneiras, Raul. "Esta É a 'Geringonça' do Rio." Rio de Janeiro em Prosa e Verso. Ed. M. Bandeira and Carlos Drummond de Andrade. Rio: 1965, pp. 362-69.

_____. Geringonça Carioca. 2nd ed. Rio: Briguiet, 1946 (1st ed., Rio: Jornal do Brasil, 1922).

Perdigão, Edmylson. Linguajar da Malandragem. Rio, 1940.

Pinto, Luis C. Entre Gauchos y Gaúchos: Argentinismos y Brasileirismos. Buenos Aires, 1963.

Ponte Preta, Stanislaw [Sérgio Porto]. "E Esta É a Gíria de Hoje." Rio de Janeiro em Prosa e Verso. Ed. M. Bandeira and Carlos Drummond de Andrade. Rio, 1965, pp. 370-79.

Portilho, Creston. "Pequeno Dicionário Ipanemense da Língua Brasileira," Manchete, No. 930 (14 de fev. de 1970), pp. 112-13.

Pugliesi, Márcio. Dicionário de Expressões Idiomáticas: Locuções Usuais da Língua Portuguesa. São Paulo: Parma, 1981.

Rasmussen, Kenneth. "Brazilian Portuguese Terms for Sexual Intercourse." Orbis, Tome xxii, No. 1 (1973), 114-33.

_____. "Brazilian Portuguese Words and Phrases for Certain Aspects of Love and Parts of the Body." Unpublished Ph.D. diss. University of Wisconsin 1971.

Rector, Mônica. _A Linguagem da Juventude: Uma Pesquisa Geo-Lingüística_. Petrópolis: Vozes, 1975.

Seraine, Florival. _Dicionário de Termos Populares (Registrados no Ceará)_. Rio: Simões, 1958.

Serpa, Oswaldo. _Dicionário de Expressões Idiomáticas Inglês-Português/Português-Inglês_. 4th ed. Rio: Ministério da Educação e Cultura, 1982.

Silva, A. M. Braz da. _Gíria Marinheira: Como Falam os Homens do Mar_. Rio: 1964.

Silva, Euclides Carneiro da. _Dicionário da Gíria Brasileira_. Rio: Bloch, 1973.

_____. _Dicionário de Locuções da Língua Portuguesa_. Rio: Bloch, 1975.

Silva, Felisbelo da. _Dicionário de Gíria_. São Paulo: Prelúdio, 1969. (Subsequent editions)

Sousa, Arlindo de. _A Língua Portuguesa do Brasil_. Rio: Fundo de Cultura, 1960.

Souto Maior, Mário. _Dicionário do Palavrão e Termos Afins_. 2nd ed. Recife: Guararapes, 1980.

"Suplemento Feminino." _O Estado de São Paulo_. 20 de set. de 1970, p. 8.

Tacla, Ariel. _Dicionário dos Marginais_. Rio: Record, 1968.

Vieira Filho, Domingos. _A Linguagem Popular do Maranhão_. 2nd ed. São Luís, 1958.

Viotti, Manuel. _Novo Dicionário da Gíria Brasileira_. São Paulo: Bentivegna, 1956. (Earlier: _Dicionário da Gíria Brasileira_. São Paulo: Universitária, 1945).

Vítor, E. d'Almeida. _Pequeno Dicionário de Gíria entre Deliqüentes_. Rio: Pongetti, 1969.

Vocabulário Sul-Rio-Grandense. Rio/Porto Alegre/São Paulo: Globo, 1964. (Includes items from: Corrêa, Romaguera. _Vocabulário Sul-Rio-Grandense_; Coruja, Antônio Álvares Pereira. _Coleção de Vocábulos na Província do Rio Grande do Sul_; Moraes, Luiz Carlos de. _Vocabulário Sul-Rio-Grandense_; and Callage, Roque. _Vocabulário Gaúcho_.)